BIBLIOTHECA

SCRIPTORVM GRAECORVM ET ROMANORVM

TEVBNERIANA

PLVTARCHI

VITAE PARALLELAE

RECOGNOVERVNT

CL. LINDSKOG ET K. ZIEGLER

VOL. I FASC. 2

TERTIVM RECENSVIT

KONRAT ZIEGLER

EDITIONEM CORRECTIOREM
CVM ADDENDIS
CVRAVIT

HANS GÄRTNER

STVTGARDIAE ET LIPSIAE
IN AEDIBVS B. G. TEVBNERI MCMXCIV

Die Deutsche Bibliothek — CIP-Einheitsaufnahme

Plutarchus:
[Vitae parallelae]
Plutarchi Vitae parallelae / recogn. Cl. Lindskog et K. Ziegler. —
Ed. corr. — Stutgardiae ; Lipsiae : Teubner.
Text griech.
NE: Lindskog, Claes [Hrsg.]

Ed. corr.
Vol. 1.
Fasc. 2. Tertium rec. Konrat Ziegler. —
Ed. corr. cum addendis / cur. Hans Gärtner. — 1994
ISBN 3-8154-1671-X
NE: Gärtner, Hans [Hrsg.]

Printed in Germany
Druck: Druckhaus Köthen GmbH
Buchbinderei: Verlagsbuchbinderei D. Mikolai, Berlin

PRAEFATIO

In recensendis vitis quae in hoc fasciculo altero voluminis I insunt iidem libri mss. mihi praesto fuerunt qui in
fasciculo priore, nempe S (per vitas Periclis et Fabii Ma- S
ximi et Niciae et Crassi) et Y (per omnes vitas), unde nihil Y
hic addere me opus est ad ea quae in praefatione fasciculi I 1 (et alterius et tertiae editionis) de hoc argumento exposui.

Paucis tamen supplenda descriptio codicis Matritensis N,
qui cum ad vitas fasciculi I 1 non pertineret, mentio qui- N
dem eius facienda (p. IX/XII), non diligentius tractandus erat. Lindskogii igitur de eo (p. VII editionis a. 1914) haec sunt verba: „Huius libri recensionem multis et egregiis lectionibus praecellentem obscuratam persaepe esse lascivia librariorum dolendum est; neque modo in rebus orthographicis adeo peccaverunt librarii, ut in iis vix ulla auctoritas libro Matritensi tribuenda sit, itacismis similibusque vitiis redundantibus, sed etiam gravioribus mendis nec non stupidis interpolationibus laborat. in vitis Niciae Crassi Coriolani Alcibiadis Demosthenis Ciceronis maiorem auctoritatem habent eius lectiones quam in Agesilai et Pompeii (cf. Ziegler, Plutarchstudien, Rhein. Mus. 68, 1913, 97)". post Rudolfum Beer, cuius collationem satis neglegenter factam C. Th. Michaelis in commentatione De Plutarchi cod. ms. Matritensi Berolini 1893 ediderat, ego anno 1908 Matritensem totum (abiecta scilicet parte posteriore, quae nullius est pretii) excussi et schedas meas Lindskogio commodavi, qui iis in apparatu suo diligenter usus est. atque utinam non mihi eas schedas reddidisset, ut quae pro dolor mense Novembri 1943 in domo mea Berolinensi plane collapsa cum ceteris libris meis perierunt. ex Lindskogii igitur apparatu critico scripturas libri Matritensis in editione altera anni 1959 in appara-

tum meum transtuli, nisi quod paulo antequam is liber typis exprimeretur ectypum microfilmicum (quod dicimus) earum libri **N** paginarum nactus, quae Niciae et Crassi vitas continent, duos locos inveni, quibus Plutarchi verba puriora traderentur, quam in Lindskogiana leguntur (p. 124, 23 *καὶ* om. et 129, 28 *τοῦ* pro *τὴν* ceterorum). quae messis etsi non ita ampla videbatur esse, tamen etiam per ceteras vitas (idest Coriol.-Alc. et Demosth.-Cic.) codicem **N** iterum excutiendum esse mihi persuasi et ectypum microfilmicum Matrito mihi missum cum textu editionis meae alterius contuli. cumque in vitis Demosthenis et Ciceronis aliquot locis scripturas adhuc ignotas vel neglectas (et veras et spurcas) in **N** repperissem, etiam gemellum eius codicem Vaticanum *U* Gr. 138 (scilicet folia 258–273 eius chartacea vetustis membranis adnexa et ab homine satis docto nitide exarata, v. fasc. I 1 praef. p. XVI) denuo examinandum esse arbitratus ectypum earum paginarum mihi paravi et contuli. quo factum est, ut his locis textum emendatiorem quam adhuc legebatur exhibere possem: (Coriol.) p. 206, 26 *καὶ* om. 207, 29 *μὲν* add. 212, 23 *μὲν* add. 221, 21 *γενομένων* bis. 222, 14 *οἷον*. – (Alc.) 254, 25 *καὶ* add. 271, 4 *ὅπῃ* pro *ὅποι*. – (Cic.) 315, 13 *μόλις* pro *μόγις*. 319, 14 *κρίσιν* pro *δίκην*. 325, 22 *τῷ* add. 332, 23 *δὲ* pro *τε*. 336, 25 *ἀπώμνυεν*. 342, 12 *δὲ* add. – Scripturas **N** in apparatu meo non commemoratas, sed fortasse commemoratione dignas (necnon libri *U*, qui plerisque libri **N** vitiis caret) praetermissis meris vitiis in p. 374 addidi.

N Consensum librorum **N** et *U* siglo N notavi.

In iudicandis aestimandisque libri **N** (vel N) lectionibus simili fere modo a Lindskogii ratione recessi atque in eligendis abiciendisve scripturis sive **S** sive **Y** (cf. fasc. I 1 p. XVIII). ut enim manifestum est textum a codice **N** praebitum permultis locis textui **SY** praestare necnon lacunas eius explere, ita vix paucioribus locis textum **N** misere depravatum vel mutilatum vel etiam interpolatum esse in una quaque fere pagina ex apparatu meo cognoscere licet. sequitur igitur (id quod I 1 p. XVIII de S et Y dixi), ut iis locis, quibus et **N** (N) et **Y** (et **S**) tolerabilem textum praebent, haud ubique textus N (N) ceteris libris praeferendus, sed uno quoque loco uter melior textus sit deliberandum ac diiudicandum sit. quo factum est, ut saepius quam Lindskogius memoriam Y memoriae N (N) praetulerim, quamquam non desunt loci, quibus contra Lindskogium N (N) pro Y sequendum esse duxerim. sane singulis locis quin aliud iudicium ferri possit atque quod ego tuli, nullus dubito; sed quod eclectica (quam dicimus) ratione usus sum, recte me egisse adhuc persuasum habeo.

Per Crassi capita 15, 7–33 ad codices Plutarcheos egregius testis accedit historia Parthica (*Παρθική*), quam Appiani libri mss. exhibent historiae Syriacae subiunctam quamque in Photii codice Appiani eodem loco exstitisse patriarcha doctus bibl. cod. 57 testatur. re vera Appianum – ut Viereckii et Roosii verbis utar, ed. corr. a E. Gabba 1962 curatae vol. I p. VII, adn. 1 – historiam Parthicam scribere in animo habuisse, sed nondum scripsisse, quo tempore Emph. II et V composuit, documento sunt Emph. II § 67 et Emph. V § 276. hanc certe Parthicam, quae nobis tradita Appiani nomen prae se fert, minime ab Appiano conscriptam, sed a falsario quodam e Plutarchi vitis Crassi et Antonii consutam et libris vere Appianeis per fraudem suppositam esse iam W. Xylander et J. Perizonius intellexerunt; quem falsarium iam exeunte antiquitate munere suo functum esse fortasse ex eo concludere licet, quod iam Photius in codice suo Appianeo spuriam illam historiam Parthicam in calce Syriacae invenit. sed quoniam falsarius ille vitarum Plutarchi et Crassi et Antonii librum quendam ante oculos habuit multo meliorem (O), O
quam nostri sunt libri, optima nobis remedia ad contextum restituendum suppeditat. – ex libris Appianeis optimi sunt Vat. Gr. 134 saec. XIV/XV (O^v) et Marc. Ven. O^v
387 a. 1441 (O^m). accedit deterior neque tamen prorsus O^m
contemnenda classis O^i. excussit Viereck, qui collationes O^i
suas liberaliter Lindskogio misit; cuius ex apparatu critico scripturas O in meum apparatum transtuli.

De quaestione olim inter Fr. Focke et me disceptata, nunc ab H. Erbse (in Gnomonis vol. 30, 1958, p. 526) redintegrata, utri duarum recensionum, scil. bipartitae et tripartitae, codex Matritensis attribuendus esset, nolo hoc loco longus esse, quamquam magis magisque mihi persuadeam neutrius earum textum in **N** obvium esse, sed quoquo modo ex fonte utraque vetustiore fluxisse. sed utut res se habet, hic satis habeo declarasse ad redintegrationem veri textus hanc totam disputationem mea quidem sententia haud multum conferre, quoniam ex argumenti (id est rerum) et dictionis perquisitione quam diligentissima, non ex stemmatum auctoritate satis lubrica verba genuina veterum auctorum restituenda sunt.

Textus huius fasciculi quod satis purus (nisi fallor) lectoribus praebetur, factum est Br. Doer diligentia, qui plagulas a se emendatas utendas mihi misit.

Gottingae mense Octobri 1962 Konrat Ziegler.

CONSPECTVS SIGLORVM

N = cod. Matritensis saec. XIV
N^1 = scriptura manus primae cod. N
N^2 = scriptura manus secundae cod. N
N^m = scriptura marginis cod. N (ubi nil aliud adnotatur, in ipso textu N idem legitur quod in meo textu)
N^t = scriptura ipsius textus cod. N (ubi nil aliud adnotatur, in margine N idem legitur quod in meo textu). eadem ratione in scripturis ceterorum codicum usus sum
U = Vaticanus 138 veteris manus saec. X/XI
U = Vaticanus 138 recentioris manus (in Demosthene et Cicerone) saec. XIV
N = N*U* (in Demosthene et Cicerone)
S = Seitenstettensis saec. XI/XII
M = Marcianus 385 saec. XIV/XV
A = Parisinus 1671 a. 1296
B = Parisinus 1672 saec. XIV ineuntis
C = Parisinus 1673 saec. XIII
E = Parisinus 1675 saec. XIV
Υ = UMA (BCE)
O = Pseudo-Appianus
O^v = Pseudo-Appiani cod. Vaticanus saec. XIV/XV
O^m = Pseudo-Appiani cod. Marcianus a. 1441
O^1 = Pseudo-Appiani classis deterior

NOTAE

Am. = Amyot
Anon. = Anonymus
Br. = Bryan
Cast. = Castiglioni
Cob. = Cobet
Cor. = Coraes
Emp. = Emperius
Ha. = Hartman
Herw. = van Herwerden
Kron. = Kronenberg
Leop. = Leopold
Li. = Lindskog
Mu. = Muret
Rei. = Reiske
Ri. = Richards
Scal. = Scaliger
Sch. = Schaefer
Sint. = Sintenis
Sol. = Solanus
Va. = Valckenaer
Vulc. = Vulcobius
We. = Westermann
Wil. = v. Wilamowitz-Moellendorff
Wytt. = Wyttenbach
Xy. = Xylander
Zie. = Ziegler

Margini exteriori adscripsi paginas editionis Francofurtanae (a. 1599 et 1620), interiori Sintenisianae minoris (a. 1852—55, postea saepius repetitae) et Lindskogianae (a. 1914).

ΠΕΡΙΚΛΗΣ ΚΑΙ ΦΑΒΙΟΣ ΜΑΞΙΜΟΣ

1 L **1.** Ξένους τινὰς ἐν Ῥώμῃ πλουσίους κυνῶν ἔκγονα καὶ c
πιθήκων ἐν τοῖς κόλποις περιφέροντας καὶ ἀγαπῶντας
ἰδὼν ὁ Καῖσαρ ὡς ἔοικεν ἠρώτησεν, εἰ παιδία παρ'
αὐτοῖς οὐ τίκτουσιν αἱ γυναῖκες, ἡγεμονικῶς σφόδρα
νουθετήσας τοὺς τὸ φύσει φιλητικὸν ἐν ἡμῖν καὶ φιλό-
στοργον εἰς θηρία καταναλίσκοντας, ἀνθρώποις ὀφειλό-
μενον. ἆρ' οὖν, ἐπεὶ [κυνῶν τε καὶ πιθήκων ἔκγονα] φιλο- 2
299 S μαθές τι κέκτηται καὶ φιλοθέαμον ἡμῶν ἡ ψυχὴ φύσει, d
λόγον ἔχει ψέγειν τοὺς καταχρωμένους τούτῳ πρὸς τὰ μη-
δεμιᾶς ἄξια σπουδῆς ἀκούσματα καὶ θεάματα, τῶν δὲ καλῶν
καὶ ὠφελίμων παραμελοῦντας; τῇ μὲν γὰρ αἰσθήσει, κατὰ
πάθος τὴν πληγὴν ἀντιλαμβανομένῃ τῶν προστυγχανόν-
των, ἴσως ἀνάγκη πᾶν τὸ φαινόμενον, ἄν τε χρήσιμον ἄν
τ' ἄχρηστον ᾖ, θεωρεῖν, τῷ νῷ δ' ἕκαστος, εἰ βούλοιτο,
χρῆσθαι καὶ τρέπειν ἑαυτὸν ἀεὶ καὶ μεταβάλλειν ῥᾷστα
πρὸς τὸ δοκοῦν πέφυκεν, ὥστε χρὴ διώκειν τὸ βέλτιστον,
ἵνα μὴ θεωρῇ μόνον, ἀλλὰ καὶ τρέφηται τῷ θεωρεῖν. ὡς 3
γὰρ ὀφθαλμῷ χρόα πρόσφορος, ἧς τὸ ἀνθηρὸν ἅμα καὶ e
τερπνὸν ἀναζωπυρεῖ καὶ τρέφει τὴν ὄψιν, οὕτω τὴν διά-
2 L νοιαν ἐπάγειν δεῖ θεάμασιν ἃ τῷ χαίρειν πρὸς τὸ οἰκεῖον
αὐτὴν ἀγαθὸν ἐκκαλεῖ. ταῦτα δ' ἔστιν ἐν τοῖς ἀπ' ἀρετῆς 4
ἔργοις, ἃ καὶ ζῆλόν τινα καὶ προθυμίαν ἀγωγὸν εἰς μίμη-
σιν ἐμποιεῖ τοῖς ἱστορήσασιν· ἐπεὶ τῶν γ' ἄλλων οὐκ

cf. Ekkehard Meinhardt, Perikles bei Plutarch, Diss. Frankfurt am Main 1957

[S(UMA=)Υ] **2** *ἔκγονα* Zie. ex l. 9: *τέκνα* || **8** *κυνῶν—ἔκγονα* del. Rei. (cf. l. 2) || **13** *πάθος* del. Li. *τὴν πληγὴν* del. Cor. *κατὰ πάθος τῆς πληγῆς* Rei.; intellige *κατὰ πάθος* scil. *τὴν πλ.* || **15** *ἕκαστον*: em. Steph. || **16** *καὶ* del. Cor. male post *χρῆσθαι* distinctione posita || **21** *τῷ* S ante corr., U^2M: *τὸ* S^1 e corr., U^1A || **24** *ἱστορήσασιν* post Am. Rei.: *ἱστορήμασιν*

*εὐθὺς ἀκολουθεῖ τῷ θαυμάσαι τὸ πραχθὲν ὁρμὴ πρὸς τὸ
πρᾶξαι, πολλάκις δὲ καὶ τοὐναντίον χαίροντες τῷ ἔργῳ
τοῦ δημιουργοῦ καταφρονοῦμεν, ὡς ἐπὶ τῶν μύρων καὶ
τῶν ἁλουργῶν τούτοις μὲν ἡδόμεθα, τοὺς δὲ βαφεῖς καὶ
5 μυρεψοὺς ἀνελευθέρους ἡγούμεθα καὶ βαναύσους. διὸ
f καλῶς μὲν Ἀντισθένης ἀκούσας ὅτι σπουδαῖός ἐστιν αὐλη-
τὴς Ἰσμηνίας, „ἀλλ᾽ ἄνθρωπος“ ἔφη „μοχθηρός· οὐ γὰρ ἂν
6 οὕτω σπουδαῖος ἦν αὐλητής“· ὁ δὲ Φίλιππος πρὸς τὸν υἱὸν
ἐπιτερπῶς ἔν τινι πότῳ ψήλαντα καὶ τεχνικῶς εἶπεν· „οὐκ
αἰσχύνῃ καλῶς οὕτω ψάλλων;“ ἀρκεῖ γάρ, ἂν βασιλεὺς ἀ-
κροᾶσθαι ψαλλόντων σχολάζῃ, καὶ πολὺ νέμει ταῖς Μούσαις
ἑτέρων ἀγωνιζομένων τὰ τοιαῦτα θεατὴς γιγνόμενος.*

153 **2.** *Ἡ δ᾽ αὐτουργία τῶν ταπεινῶν τῆς εἰς τὰ καλὰ
ῥᾳθυμίας μάρτυρα τὸν ἐν τοῖς ἀχρήστοις πόνον παρέχεται
καθ᾽ αὑτῆς, καὶ οὐδεὶς εὐφυὴς νέος ἢ τὸν ἐν Πίσῃ θεασά-
μενος Δία γενέσθαι Φειδίας ἐπεθύμησεν, ἢ τὴν Ἥραν* 300 S
*τὴν ἐν Ἄργει Πολύκλειτος, οὐδ᾽ Ἀνακρέων ἢ Φιλήμων
ἢ Ἀρχίλοχος ἡσθεὶς αὐτῶν τοῖς ποιήμασιν. οὐ γὰρ ἀναγ-
καῖον, εἰ τέρπει τὸ ἔργον ὡς χαρίεν, ἄξιον σπουδῆς εἶναι
2 τὸν εἰργασμένον. ὅθεν οὐδ᾽ ὠφελεῖ τὰ τοιαῦτα τοὺς θεωμέ-
νους, πρὸς ἃ μιμητικὸς οὐ γίνεται ζῆλος οὐδ᾽ ἀνάδοσις* 3 L
*κινοῦσα προθυμίαν καὶ ὁρμὴν ἐπὶ τὴν ἐξομοίωσιν. ἀλλ᾽
b ἥ γ᾽ ἀρετὴ ταῖς πράξεσιν εὐθὺς οὕτω διατίθησιν, ὥσθ᾽
ἅμα θαυμάζεσθαι τὰ ἔργα καὶ ζηλοῦσθαι τοὺς εἰργασ-
3 μένους. τῶν μὲν γὰρ ἐκ τύχης ἀγαθῶν τὰς κτήσεις καὶ
ἀπολαύσεις, τῶν δ᾽ ἀπ᾽ ἀρετῆς τὰς πράξεις ἀγαπῶμεν,
καὶ τὰ μὲν ἡμῖν παρ᾽ ἑτέρων, τὰ δὲ μᾶλλον ἑτέροις παρ᾽
4 ἡμῶν ὑπάρχειν βουλόμεθα. τὸ γὰρ καλὸν ἐφ᾽ αὑτὸ πρακτι-
κῶς κινεῖ καὶ πρακτικὴν εὐθὺς ὁρμὴν ἐντίθησιν, ἠθοποιοῦν*

[**S**(**UMA** =)**Υ**] **1** *ὁρμῆι* ante ras. **S** || **4** *καὶ* om. **S** || **8** *οὕτω* **S**: *τῶ* **Υ** || **9** *πόπωι* ante corr. **S** | *ψάλαντα* **U A** *ψάλλοντα* **M** | *τεχνικῶς* **S** et ras. **U**: *κατατεχνικῶς* **Υ** *κατατέχνως* Rei. || **11** *ψαλόντων* **Υ** | *νέμῃ* **Υ** || **15** *ἑαυτῆς* **U** || **17** *Φιλήμων*] *Φιλητᾶς* Br. *Ἱππῶναξ* Cob. || **20** *τὸν εἰργασμένον* **S**[2]**U**[2]**M**: *τῶν εἰργασμένων* **S**[1]**U**[1] *τῶν εἰργασμένῶν* **A** || **22** *ὁρμὴν* Rei.: *ἀφορμὴν* || **24** *ἅμα* ⟨*τῷ*⟩ vel *θαυμάζεσθαί* ⟨*τε*⟩ Zie. | *εἰργασμένους* Iunt. Ald.: *ἐργασαμένους* || **25** *τύχης* **S**: *τῆς τύχης* **Υ**

*οὐ τῇ μιμήσει τὸν θεατήν, ἀλλὰ τῇ ἱστορίᾳ τοῦ ἔργου τὴν
προαίρεσιν παρεχόμενον.*
Ἔδοξεν οὖν καὶ ἡμῖν ἐνδιατρῖψαι τῇ περὶ τοὺς βίους 5
*ἀναγραφῇ, καὶ τοῦτο τὸ βιβλίον δέκατον συντετάχαμεν,
τὸν Περικλέους βίον καὶ τὸν Φαβίου Μαξίμου τοῦ δια-* c
*πολεμήσαντος πρὸς Ἀννίβαν περιέχον, ἀνδρῶν κατά τε
τὰς ἄλλας ἀρετὰς ὁμοίων, μάλιστα δὲ πρᾳότητα καὶ δι-
καιοσύνην, καὶ τῷ δύνασθαι φέρειν δήμων καὶ συναρχόν-
των ἀγνωμοσύνας ὠφελιμωτάτων ταῖς πατρίσι γενομέ-
νων. εἰ δ' ὀρθῶς στοχαζόμεθα τοῦ δέοντος, ἔξεστι κρί-
νειν ἐκ τῶν γραφομένων.*

3. *Περικλῆς γὰρ ἦν τῶν μὲν φυλῶν Ἀκαμαντίδης, τῶν
δὲ δήμων Χολαργεύς, οἴκου δὲ καὶ γένους τοῦ πρώτου
κατ' ἀμφοτέρους. Ξάνθιππος γὰρ ὁ νικήσας ἐν Μυκάλῃ* 2
*τοὺς βασιλέως στρατηγοὺς ἔγημεν Ἀγαρίστην Κλεισθέ-
νους ἔγγονον, ὃς ἐξήλασε Πεισιστρατίδας καὶ κατέλυσε* d
τὴν τυραννίδα γενναίως καὶ νόμους ἔθετο καὶ πολιτείαν
4 L
301 S *ἄριστα κεκραμένην πρὸς ὁμόνοιαν καὶ σωτηρίαν κατέστη-
σεν. αὕτη κατὰ τοὺς ὕπνους ἔδοξε τεκεῖν λέοντα, καὶ μεθ'* 3
*ἡμέρας ὀλίγας ἔτεκε Περικλέα, τὰ μὲν ἄλλα τὴν ἰδέαν τοῦ
σώματος ἄμεμπτον, προμήκη δὲ τῇ κεφαλῇ καὶ ἀσύμμε-
τρον. ὅθεν αἱ μὲν εἰκόνες αὐτοῦ σχεδὸν ἅπασαι κράνεσι* 4
*περιέχονται, μὴ βουλομένων ὡς ἔοικε τῶν τεχνιτῶν ἐξο-
νειδίζειν. οἱ δ' Ἀττικοὶ ποιηταὶ σχινοκέφαλον αὐτὸν ἐκά-
λουν· τὴν γὰρ σκίλλαν ἔστιν ὅτε καὶ σχῖνον ὀνομάζουσι.
τῶν δὲ κωμικῶν ὁ μὲν Κρατῖνος ἐν Χείρωσι* (fr. 240 5
CAF I 86) „*Στάσις δὲ* (*φησί*) *καὶ πρεσβυγενὴς Κρόνος* e
ἀλλήλοισι μιγέντε μέγιστον τίκτετον τύραννον, ὃν δὴ

19 Herod. 6, 131

[S(UMA=)Υ] **4** *τὸ δέκατον τοῦτο συνέγραψα* S[m] (m. 1) || **7** *πρᾳότητι καὶ δικαιοσύνῃ* e corr. man. rec. S || **10. 11** *εἰ—γραφομένων* om. S[r], in mg. add. S m. rec. || **10** *δέοντος* Υ: *πρέποντος* S[2] | *ἐξέσται* Ri. || **15** *βασιλέως* UM: *βασιλέων* SA || **16** *τοὺς Πεισ.* Rei. || **20** *ἰδέαν* MA: *εἰδέαν* SU || **24. 25** *οἱ δ' Ἀττικοὶ...ὀνομάζουσι* del. Kron. cl. c. 13, 10 || **26** *Χείρωσι* Sch.: *χείροσι* || **27** *Κρόνος* Anon.: *χρόνος*

Κεφαληγερέταν θεοὶ καλέουσι“, καὶ πάλιν ἐν Νεμέσει
(fr. 111 CAF I 49)· „μόλ' ὦ Ζεῦ ξένιε καὶ καραϊέ.“
6 Τηλεκλείδης δὲ „ποτὲ μὲν“ ὑπὸ τῶν πραγμάτων ἠπορη-
μένον καθῆσθαί φησιν (fr. 44 CAF I 220) αὐτὸν ἐν τῇ
πόλει „καρηβαροῦντα, ποτὲ δὲ μόνον ἐκ κεφαλῆς ἑνδεκα-
7 κλίνου θόρυβον πολὺν ἐξανατέλλειν“, ὁ δ' Εὔπολις ἐν τοῖς
Δήμοις (fr. 93 CAF I 280) πυνθανόμενος περὶ ἑκάστου
τῶν ἀναβεβηκότων ἐξ Ἅιδου δημαγωγῶν, ὡς ὁ Περικλῆς
ὠνομάσθη τελευταῖος·

ὅ τί περ κεφάλαιον τῶν κάτωθεν ἤγαγες.

4. Διδάσκαλον δ' αὐτοῦ τῶν μουσικῶν οἱ πλεῖστοι
f Δάμωνα γενέσθαι λέγουσιν, οὗ φασι δεῖν τοὔνομα βρα-
χύνοντας τὴν προτέραν συλλαβὴν ἐκφέρειν, Ἀριστοτέλης
(fr. 364) δὲ παρὰ Πυθοκλείδῃ μουσικὴν διαπονηθῆναι
2 τὸν ἄνδρα φησίν. ὁ δὲ Δάμων ἔοικεν ἄκρος ὢν σοφιστὴς
καταδύεσθαι μὲν εἰς τὸ τῆς μουσικῆς ὄνομα πρὸς τοὺς
154 πολλοὺς ἐπικρυπτόμενος τὴν δεινότητα, τῷ δὲ Περικλεῖ 5 L
συνῆν καθάπερ ἀθλητῇ τῶν πολιτικῶν ἀλείπτης καὶ διδά-
3 σκαλος. οὐ μὴν ἔλαθεν ὁ Δάμων τῇ λύρᾳ παρακαλύμματι
χρώμενος, ἀλλ' ὡς μεγαλοπράγμων καὶ φιλοτύραννος
4 ἐξωστρακίσθη καὶ παρέσχε τοῖς κωμικοῖς διατριβήν. ὁ 302
γοῦν Πλάτων (fr. 191 CAF I 655) καὶ πυνθανόμενον αὐτοῦ
τινα πεποίηκεν οὕτω·

πρῶτον μὲν οὖν μοι λέξον, ἀντιβολῶ· σὺ γὰρ
ὥς φασι [ὦ] Χείρων ἐξέθρεψας Περικλέα.

5 διήκουσε δὲ Περικλῆς καὶ Ζήνωνος τοῦ Ἐλεάτου πρα-
γματευομένου ⟨μὲν⟩ περὶ φύσιν ὡς Παρμενίδης, ἐλεγκτι-
b κήν δέ τινα καὶ δι' ἀντιλογίας εἰς ἀπορίαν κατακλείουσαν

11 Plat. Alc. I 118c || **19** v. Aristid. 1, 7 Nic. 6, 1 Aristot. Ἀθπ. 27, 4

[S(UMA =)Υ] **2** καραϊέ Meineke: κάριε S μακάριε Υ καράνιε Kock || **3** ἠπορημένων ante corr. S || **5** δὲ om. U s. s. A || **12. 13** οὗ φασι . . . ἐκφέρειν del. Ha. || **14** μουσικὴν ἂν διαπ. Υ || **18** συνεῖναι Rei. || **25** ὦ del. Cob. || **26** ἐλαιάτου S || **27** μὲν add. Rei. || **28** ἀντιολογίας Υ | κατακλείουσαν εἰς ἀπορίαν Υ

ἐξασκήσαντος ἕξιν, ὥς που καὶ Τίμων ὁ Φλειάσιος εἴρηκε διὰ τούτων (fr. V W.)·

ἀμφοτερογλώσσου τε μέγα σθένος οὐκ ἀλαπαδνὸν
Ζήνωνος, πάντων ἐπιλήπτορος.

ὁ δὲ πλεῖστα Περικλεῖ συγγενόμενος καὶ μάλιστα περι- 6
θεὶς ὄγκον αὐτῷ καὶ φρόνημα δημαγωγίας ἐμβριθέστερον, ὅλως τε μετεωρίσας καὶ συνεξάρας τὸ ἀξίωμα τοῦ ἤθους, Ἀναξαγόρας ἦν ὁ Κλαζομένιος, ὃν οἱ τότ' ἄνθρωποι Νοῦν προσηγόρευον, εἴτε τὴν σύνεσιν αὐτοῦ μεγάλην εἰς φυσιολογίαν καὶ περιττὴν διαφανεῖσαν θαυμάσαντες, εἴθ' ὅτι τοῖς ὅλοις πρῶτος οὐ τύχην οὐδ' ἀνάγκην διακοσμήσεως ἀρχήν, ἀλλὰ νοῦν ἐπέστησε καθαρὸν καὶ c
L ἄκρατον, ἐν μεμειγμένοις πᾶσι τοῖς ἄλλοις ἀποκρίνοντα τὰς ὁμοιομερείας.

5. Τοῦτον ὑπερφυῶς τὸν ἄνδρα θαυμάσας ὁ Περικλῆς καὶ τῆς λεγομένης μετεωρολογίας καὶ μεταρσιολεσχίας ὑποπιμπλάμενος, οὐ μόνον ὡς ἔοικε τὸ φρόνημα σοβαρὸν καὶ τὸν λόγον ὑψηλὸν εἶχε καὶ καθαρὸν ὀχλικῆς καὶ πανούργου βωμολοχίας, ἀλλὰ καὶ προσώπου σύστασις ἄθρυπτος εἰς γέλωτα καὶ πρᾳότης πορείας καὶ καταστολὴ περιβολῆς πρὸς οὐδὲν ἐκταραττομένη πάθος ἐν τῷ λέγειν καὶ πλάσμα φωνῆς ἀθόρυβον καὶ ὅσα τοιαῦτα πάντας θαυμαστῶς ἐξέπληττε. λοιδορούμενος γοῦν ποτε 2 d
καὶ κακῶς ἀκούων ὑπό τινος τῶν βδελυρῶν καὶ ἀκολάστων ὅλην ἡμέραν ὑπέμεινε σιωπῇ κατ' ἀγοράν, ἅμα τι τῶν
303 S ἐπειγόντων καταπραττόμενος, ἑσπέρας δ' ἀπῄει κοσμίως οἴκαδε παρακολουθοῦντος τοῦ ἀνθρώπου καὶ πάσῃ χρω-

3 vide ap. Wachsmuth || 15 Plat. Phaedr. 270a

[S(UMA =) Υ] 1 ὥς που S: ὥσπας U ὥσπερ MA (in A ερ s. s. m. 2) | φλιάσιος libri || 3 ἀλαπαδνὸν MA (sed in A tota vox in ras.) Diog. L. 9, 5, 25: ἀπατηλὸν SU || 7 συνεξαίρας S || 9 νοῦν s. s. U² || 13 ἐν μεμιγμένοις SM: ἐμμεμιγμένοις U ἐν ἐμμεμιγμένοις A | ἄλλοις, s. s. ὅλοις m. 1, S || 19 σύστασις S²: συστάσει S¹Υ

μένου βλασφημίᾳ πρὸς αὐτόν. ὡς δ' ἔμελλεν εἰσιέναι
σκότους ὄντος ἤδη, προσέταξέ τινι τῶν οἰκετῶν φῶς
λαβόντι παραπέμψαι καὶ καταστῆσαι πρὸς τὴν οἰκίαν
3 τὸν ἄνθρωπον. ὁ δὲ ποιητὴς Ἴων (FGrH 392 F 15) μοθω-
νικήν φησι τὴν ὁμιλίαν καὶ ὑπότυφον εἶναι τοῦ Περικλέους,
καὶ ταῖς μεγαλαυχίαις αὐτοῦ πολλὴν ὑπεροψίαν ἀνα-
e μεμεῖχθαι καὶ περιφρόνησιν τῶν ἄλλων, ἐπαινεῖ δὲ τὸ
Κίμωνος ἐμμελὲς καὶ ὑγρὸν καὶ μεμουσωμένον ἐν ταῖς
⟨συμ⟩περιφοραῖς. ἀλλ' Ἴωνα μὲν ὥσπερ τραγικὴν διδα-
σκαλίαν ἀξιοῦντα τὴν ἀρετὴν ἔχειν τι πάντως καὶ σατυρι-
κὸν μέρος ἐῶμεν, τοὺς δὲ τοῦ Περικλέους τὴν σεμνότητα
δοξοκοπίαν τε καὶ τῦφον ἀποκαλοῦντας ὁ Ζήνων παρε- 7 L
κάλει καὶ αὐτούς τι τοιοῦτο δοξοκοπεῖν, ὡς τῆς προσποι-
ήσεως αὐτῆς τῶν καλῶν ὑποποιούσης τινὰ λεληθότως
ζῆλον καὶ συνήθειαν.

6. *Οὐ μόνον δὲ ταῦτα τῆς Ἀναξαγόρου συνουσίας ἀπέ-
λαυσε Περικλῆς, ἀλλὰ καὶ δεισιδαιμονίας δοκεῖ γενέ-
f σθαι καθυπέρτερος, ἣν τὸ πρὸς τὰ μετέωρα θάμβος ἐνερ-
γάζεται τοῖς αὐτῶν τε τούτων τὰς αἰτίας ἀγνοοῦσι καὶ
περὶ τὰ θεῖα δαιμονῶσι καὶ ταραττομένοις δι' ἀπειρίαν
αὐτῶν, ἣν ὁ φυσικὸς λόγος ἀπαλλάττων ἀντὶ τῆς φοβερᾶς
καὶ φλεγμαινούσης δεισιδαιμονίας τὴν ἀσφαλῆ μετ' ἐλπί-
2 δων ἀγαθῶν εὐσέβειαν ἐνεργάζεται. λέγεται δέ ποτε
κριοῦ μονόκερω κεφαλὴν ἐξ ἀγροῦ τῷ Περικλεῖ κομισθῆ-
ναι, καὶ Λάμπωνα μὲν τὸν μάντιν, ὡς εἶδε τὸ κέρας ἰσχυ-
ρὸν καὶ στερεὸν ἐκ μέσου τοῦ μετώπου πεφυκός, εἰπεῖν
155 ὅτι δυεῖν οὐσῶν ἐν τῇ πόλει δυναστειῶν, τῆς Θουκυδίδου
καὶ Περικλέους, εἰς ἕνα περιστήσεται τὸ κράτος παρ' ᾧ
γένοιτο τὸ σημεῖον· τὸν δ' Ἀναξαγόραν τοῦ κρανίου δια-
κοπέντος ἐπιδεῖξαι τὸν ἐγκέφαλον οὐ πεπληρωκότα τὴν

cap. 6 cf. mor. 435 f Coriol. 38 et ibi l. l.

[S(UMA =)Υ] **4** *μοχθωνικὴν* U² ‖ **9** *περιφοραῖς*: em. Madvig | *ἴων*ᵃ (α s. s. m. 2) U ‖ **12** *δοξοκομπίαν* Υ ‖ **13** *δοξοκομπεῖν* Υ ‖ **14** *ἐμποιούσης* Cob. *ὑπεμποιούσης* Zie. ‖ **16** *συνηθείας* S ‖ **18** *ἣν τὸ* Cob. Sauppe: *ὅση* libri *ὅσην τὸ* Anon. | *ἐργάζεται* Υ ‖ **29** *διακοπέντος*, *κο* s. s. m. 1, S

304 S βάσιν, ἀλλ' ὀξὺν ὥσπερ ᾠὸν ἐκ τοῦ παντὸς ἀγγείου συνω-
λισθηκότα κατὰ τὸν τόπον ἐκεῖνον ὅθεν ἡ ῥίζα τοῦ κέρα-
τος εἶχε τὴν ἀρχήν. καὶ τότε μὲν θαυμασθῆναι τὸν Ἀνα- 3
ξαγόραν ὑπὸ τῶν παρόντων, ὀλίγῳ δ' ὕστερον τὸν Λάμ-
πωνα, τοῦ μὲν Θουκυδίδου καταλυθέντος, τῶν δὲ τοῦ δήμου
πραγμάτων ὁμαλῶς ἁπάντων ὑπὸ τῷ Περικλεῖ γενομέ-
νων. ἐκώλυε δ' οὐδέν, οἶμαι, καὶ τὸν φυσικὸν ἐπιτυγχά- 4
8 L νειν καὶ τὸν μάντιν, τοῦ μὲν τὴν αἰτίαν, τοῦ δὲ τὸ τέλος b
καλῶς ἐκλαμβάνοντος· ὑπέκειτο γὰρ τῷ μέν, ἐκ τίνων
γέγονε καὶ πῶς πέφυκε θεωρῆσαι, τῷ δέ, πρὸς τί γέγονε
καὶ τί σημαίνει προειπεῖν. οἱ δὲ τῆς αἰτίας τὴν εὕρεσιν 5
ἀναίρεσιν εἶναι τοῦ σημείου λέγοντες οὐκ ἐπινοοῦσιν ἅμα
τοῖς θείοις καὶ τὰ τεχνητὰ τῶν συμβόλων ἀθετοῦντες,
ψόφους τε δίσκων καὶ φῶτα πυρσῶν καὶ γνωμόνων ἀπο-
σκιασμούς· ὧν ἕκαστον αἰτίᾳ τινὶ καὶ κατασκευῇ σημεῖον
εἶναί τινος πεποίηται. ταῦτα μὲν οὖν ἴσως ἑτέρας ἐστὶ
πραγματείας.

7. Ὁ δὲ Περικλῆς νέος μὲν ὢν σφόδρα τὸν δῆμον εὐλα-
βεῖτο. καὶ γὰρ ἐδόκει Πεισιστράτῳ τῷ τυράννῳ τὸ εἶδος c
ἐμφερὴς εἶναι, τήν τε φωνὴν ἡδεῖαν οὖσαν αὐτοῦ καὶ τὴν
γλῶτταν εὔτροχον ἐν τῷ διαλέγεσθαι καὶ ταχεῖαν οἱ
σφόδρα γέροντες ἐξεπλήττοντο πρὸς τὴν ὁμοιότητα. πλού- 2
του δὲ καὶ γένους προσόντος αὐτῷ λαμπροῦ καὶ φίλων
οἳ πλεῖστον ἐδύναντο, φοβούμενος ἐξοστρακισθῆναι τῶν
μὲν πολιτικῶν οὐδὲν ἔπραττεν, ἐν δὲ ταῖς στρατείαις ἀνὴρ
ἀγαθὸς ἦν καὶ φιλοκίνδυνος. ἐπεὶ δ' Ἀριστείδης μὲν ἀπο- 3
τεθνήκει καὶ Θεμιστοκλῆς ἐξεπεπτώκει, Κίμωνα δ' αἱ
στρατεῖαι τὰ πολλὰ τῆς Ἑλλάδος ἔξω κατεῖχον, οὕτω δὴ
φέρων ὁ Περικλῆς τῷ δήμῳ προσένειμεν ἑαυτόν, ἀντὶ τῶν d
πλουσίων καὶ ὀλίγων τὰ τῶν πολλῶν καὶ πενήτων ἑλόμενος

18 Val. Max. 8, 9 ext. 2

[S(UMA=)Y] **1** *ὀξὺν ὥσπερ ᾠὸν* suspecta censet Ha. || **10** *γέγονε* Rei.: *γεγονέναι* || **12** *λέγοντες τοῦ σημείου*: trp. Sint. || **23** *αὐτοῦ* S || **26** *ἐτεθνήκει* Cob.

4 παρὰ τὴν αὑτοῦ φύσιν ἥκιστα δημοτικὴν οὖσαν. ἀλλ' ὡς 305
ἔοικε δεδιὼς μὲν ὑποψίᾳ περιπεσεῖν τυραννίδος, ὁρῶν δ'
ἀριστοκρατικὸν τὸν Κίμωνα καὶ διαφερόντως ὑπὸ τῶν
καλῶν κἀγαθῶν ἀνδρῶν ἀγαπώμενον, ὑπῆλθε τοὺς πολ- 9 L
λούς, ἀσφάλειαν μὲν ἑαυτῷ, δύναμιν δὲ κατ' ἐκείνου παρα-
5 σκευαζόμενος. εὐθὺς δὲ καὶ τοῖς περὶ τὴν δίαιταν ἑτέραν
τάξιν ἐπέθηκεν. ὁδόν τε γὰρ ἐν ἄστει μίαν ἑωρᾶτο τὴν
ἐπ' ἀγορὰν καὶ τὸ βουλευτήριον πορευόμενος, κλήσεις τε
δείπνων καὶ τὴν τοιαύτην ἅπασαν φιλοφροσύνην καὶ συνή-
e θειαν ἐξέλιπεν, ὡς ἐν οἷς ἐπολιτεύσατο χρόνοις μακροῖς
γενομένοις πρὸς μηδένα τῶν φίλων ἐπὶ δεῖπνον ἐλθεῖν·
πλὴν Εὐρυπτολέμου τοῦ ἀνεψιοῦ γαμοῦντος ἄχρι τῶν
6 σπονδῶν παραγενόμενος εὐθὺς ἐξανέστη. δειναὶ γὰρ αἱ
φιλοφροσύναι παντὸς ὄγκου περιγενέσθαι, καὶ δυσφύλα-
κτον ἐν συνηθείᾳ τὸ πρὸς δόξαν σεμνόν ἐστι· τῆς ἀληθινῆς
δ' ἀρετῆς κάλλιστα φαίνεται τὰ μάλιστα φαινόμενα,
καὶ τῶν ἀγαθῶν ἀνδρῶν οὐδὲν οὕτω θαυμάσιον τοῖς
7 ἐκτὸς ὡς ὁ καθ' ἡμέραν βίος τοῖς συνοῦσιν. ὁ δὲ καὶ τῷ
δήμῳ, τὸ συνεχὲς φεύγων καὶ τὸν κόρον, οἷον ἐκ διαλειμ-
μάτων ἐπλησίαζεν, οὐκ ἐπὶ παντὶ πράγματι λέγων οὐδ'
f ἀεὶ παριὼν εἰς τὸ πλῆθος, ἀλλ' ἑαυτὸν ὥσπερ τὴν Σαλαμι-
νίαν τριήρη, φησὶ Κριτόλαος, πρὸς τὰς μεγάλας χρείας
ἐπιδιδούς, τἆλλα δὲ φίλους καὶ ῥήτορας ἑτέρους καθιεὶς
8 ἔπραττεν. ὧν ἕνα φασὶ γενέσθαι τὸν Ἐφιάλτην, ὃς κατέ-
λυσε τὸ κράτος τῆς ἐξ Ἀρείου πάγου βουλῆς, πολλὴν κατὰ
τὸν Πλάτωνα (respubl. 562c) καὶ ἄκρατον τοῖς πολίταις
ἐλευθερίαν οἰνοχοῶν, ὑφ' ἧς ὥσπερ ἵππον ἐξυβρίσαντα
156 τὸν δῆμον οἱ κωμῳδοποιοὶ λέγουσι (adesp. 41 CAF III 406)
„πειθαρχεῖν οὐκέτι τολμᾶν,
ἀλλ' ⟨ἐν⟩δάκνειν τὴν Εὔβοιαν καὶ ταῖς νήσοις ἐπιπηδᾶν".

6 mor. 800c || **18** sq. mor. 811 c, d

[S(UMA=)Υ) **12** πλὴν S: πρὶν Υ || **15** ἐστι Br.: ἐπὶ || **16** ⟨μὴ⟩ μάλιστα Cor. ἥκιστα Cob. || **18.19** τῷ δήμῳ Sauppe: τοῦ δήμου || **19** οἷον del. Cor. || **23** ἑτέρους Xy.: ἑταίρους libri (ἑταίρους ῥήτορας Holzapfel Li.) || **24** ὧν] ὃν U || **28** κωμωδοποιοὶ SM κωμωδϊοποιοὶ U κωμῳδιοποιοὶ A || **30** ἀλλὰ δάκνειν: em. Zie. (ἀναδ. Sch.)

8. *Τῇ μέντοι περὶ τὸν βίον κατασκευῇ καὶ τῷ μεγέθει*
306 S *τοῦ φρονήματος ἁρμόζοντα λόγον ὥσπερ ὄργανον ἐξαρτυό-*
μενος, παρενέτεινε πολλαχοῦ τὸν Ἀναξαγόραν, οἷον
βαφὴν τῇ ῥητορικῇ τὴν φυσιολογίαν ὑποχεόμενος. τὸ γὰρ 2
,,ὑψηλόνουν τοῦτο καὶ πάντῃ τελεσιουργόν'', ὡς ὁ θεῖος
Πλάτων (Phaedr. 270a) *φησί, ,,πρὸς τῷ εὐφυὴς εἶναι*
κτησάμενος'' ἐκ φυσιολογίας, καὶ τὸ πρόσφορον ἑλκύσας
ἐπὶ τὴν τῶν λόγων τέχνην, πολὺ πάντων διήνεγκε. διὸ 3
καὶ τὴν ἐπίκλησιν αὐτῷ γενέσθαι λέγουσι· καίτοι τινὲς b
ἀπὸ τῶν ⟨ἀναθημάτων⟩ οἷς ἐκόσμησε τὴν πόλιν, οἱ δ'
ἀπὸ τῆς ἐν τῇ πολιτείᾳ καὶ ταῖς στρατηγίαις δυνάμεως
'Ολύμπιον αὐτὸν οἴονται προσαγορευθῆναι· καὶ συνδρα-
μεῖν οὐδὲν ἀπέοικεν ἀπὸ πολλῶν προσόντων τῷ ἀνδρὶ τὴν
δόξαν. αἱ μέντοι κωμῳδίαι τῶν τότε διδασκάλων, σπουδῇ 4
τε πολλὰς καὶ μετὰ γέλωτος ἀφεικότων φωνὰς εἰς αὐτόν,
ἐπὶ τῷ λόγῳ μάλιστα τὴν προσωνυμίαν γενέσθαι δηλοῦσι,
,,βροντᾶν'' μὲν αὐτὸν καὶ ,,ἀστράπτειν'' ὅτε δημηγοροίη,
,,δεινὸν δὲ κεραυνὸν ἐν γλώσσῃ φέρειν'' λεγόντων (Ari-
stoph. Ach. 531. adesp. 10 CAF III 4)

Διαμνημονεύεται δέ τις καὶ Θουκυδίδου τοῦ Μελησίου 5
λόγος εἰς τὴν δεινότητα τοῦ Περικλέους μετὰ παιδιᾶς
εἰρημένος. ἦν μὲν γὰρ ὁ Θουκυδίδης τῶν καλῶν καὶ ἀγα- c
θῶν ἀνδρῶν, καὶ πλεῖστον ἀντεπολιτεύσατο τῷ Περικλεῖ
χρόνον. Ἀρχιδάμου δὲ τοῦ Λακεδαιμονίων βασιλέως πυν-
θανομένου πότερον αὐτὸς ἢ Περικλῆς παλαίει βέλτιον,
11 L *,,ὅταν'' εἶπεν ,,ἐγὼ καταβάλω παλαίων, ἐκεῖνος ἀντιλέγων*
ὡς οὐ πέπτωκε, νικᾷ καὶ μεταπείθει τοὺς ὁρῶντας.''

Οὐ μὴν ἀλλὰ καὶ οὕτως ὁ Περικλῆς περὶ τὸν λόγον εὐλα- 6
βὴς ἦν, ὥστ' ἀεὶ πρὸς τὸ βῆμα βαδίζων ηὔχετο τοῖς θεοῖς

4 Cic. orat. 15 || **14** Cic. orat. 29 || **24** mor. 802 c Aristoph. eq. 571 sq.

[S(UMA =)Υ] **3** *παρενέτεινε* SUM *παρέτεινε, ρε* in ras., A *παρ-ενεῖρε* Cob. *παρενέσπειρε* cl. Dion. 11,1 Zie., sed Sol. 3,4 cft. Erbse Gnom. 33,41 || **4** *βαφὴν* Br.: *βαφῆι* S *βαφῇ* Υ | *ὑπερχεόμενος* S *ἐπιχεόμενος* Cor. || **7** *καὶ τὸ πρόσφορον ἐκ φυσιολ.* Ha. || **10** *ἀναθημάτων* add. Zie. || **13** *τῷ ἀνδρὶ αὐτῷ τὴν* Υ || **20** *μιλησίου*: em. Sint. || **28** *οὕτως* Holzapfel: *αὐτὸς*

[μηδὲ] ῥῆμα μηδὲν ἐκπεσεῖν ἄκοντος αὐτοῦ πρὸς τὴν προ-
7 κειμένην χρείαν ἀνάρμοστον. ἔγγραφον μὲν οὖν οὐδὲν
ἀπολέλοιπε πλὴν τῶν ψηφισμάτων, ἀπομνημονεύεται δ᾽
d ὀλίγα παντάπασιν, οἷον τὸ τὴν Αἴγιναν ὡς λήμην τοῦ Πει-
ραιῶς ἀφελεῖν κελεῦσαι, καὶ τὸ τὸν πόλεμον ἤδη φάναι
8 καθορᾶν ἀπὸ Πελοποννήσου προσφερόμενον· καί ποτε 307 S
τοῦ Σοφοκλέους, ὅτε συστρατηγῶν ἐξέπλευσε μετ᾽ αὐτοῦ,
παῖδα καλὸν ἐπαινέσαντος, „οὐ μόνον" ἔφη „τὰς χεῖρας ὦ
Σοφόκλεις δεῖ καθαρὰς ἔχειν τὸν στρατηγόν, ἀλλὰ καὶ
9 τὰς ὄψεις." ὁ δὲ Στησίμβροτός (FGrH 107 F 9) φησιν, ὅτι
τοὺς ἐν Σάμῳ τεθνηκότας ἐγκωμιάζων ἐπὶ τοῦ βήματος
ἀθανάτους ἔλεγε γεγονέναι καθάπερ τοὺς θεούς· οὐδὲ γὰρ
ἐκείνους αὐτοὺς ὁρῶμεν, ἀλλὰ ταῖς τιμαῖς ἃς ἔχουσι καὶ
τοῖς ἀγαθοῖς ἃ παρέχουσιν ἀθανάτους εἶναι τεκμαιρόμεθα·
e ταὔτ᾽ οὖν ὑπάρχειν καὶ τοῖς ὑπὲρ τῆς πατρίδος ἀποθανοῦ-
σιν.

9. Ἐπεὶ δὲ Θουκυδίδης (2, 65) μὲν ἀριστοκρατικήν τινα
τὴν τοῦ Περικλέους ὑπογράφει πολιτείαν, „λόγῳ μὲν
οὖσαν δημοκρατίαν, ἔργῳ δ᾽ ὑπὸ τοῦ πρώτου ἀνδρὸς
ἀρχήν", ἄλλοι δὲ πολλοὶ πρῶτον ὑπ᾽ ἐκείνου φασὶ τὸν
δῆμον ἐπὶ κληρουχίας καὶ θεωρικὰ καὶ μισθῶν διανομὰς
προαχθῆναι, κακῶς ἐθισθέντα καὶ γενόμενον πολυτελῆ
καὶ ἀκόλαστον ὑπὸ τῶν τότε πολιτευμάτων ἀντὶ σώφρονος 12 L
καὶ αὐτουργοῦ, θεωρείσθω διὰ τῶν πραγμάτων αὐτῶν ἡ
2 αἰτία τῆς μεταβολῆς. ἐν ἀρχῇ μὲν γὰρ ὥσπερ εἴρηται πρὸς
f τὴν Κίμωνος δόξαν ἀντιταττόμενος ὑπεποιεῖτο τὸν δῆμον,
ἐλαττούμενος δὲ πλούτῳ καὶ χρήμασιν, ἀφ᾽ ὧν ἐκεῖνος
ἀνελάμβανε τοὺς πένητας, δεῖπνόν τε καθ᾽ ἡμέραν τῷ δεο-

4 v. Demosth. 1, 2 mor. 186 c. 803 a Aristot. rhet. 1411 a 15 Strab. 9, 395 Athen. 3, 99d Arsen. 418 || **6** Cic. off. 1, 144 Val. Max. 4, 3 ext. 1 || **17** mor. 802 c || **26** Plut. Cim. 10, 1 Aristot. Ἀθπ. 27, 3 sq. Athen. 12, 533 a (Theopomp. FGrH 115 F 89)

[S(UMA =)Υ] **1** μηδὲ del. Zie. || **12** οὐδὲ S: οὐ Υ || **14** ἃ παρέχουσιν Br.: ἅπερ ἔχουσιν | ἀθανάτους del. Sauppe || **15** ταὔτ᾽ Cor.: ταῦτ᾽ libri, quod tuetur Sch.

μένῳ παρέχων Ἀθηναίων καὶ τοὺς πρεσβυτέρους ἀμφιεν-
νύων, τῶν τε χωρίων τοὺς φραγμοὺς ἀφαιρῶν ὅπως ὀπω-
ρίζωσιν οἱ βουλόμενοι, τούτοις ὁ Περικλῆς καταδημαγω- 157
γούμενος τρέπεται πρὸς τὴν τῶν δημοσίων διανομήν,
συμβουλεύσαντος αὐτῷ ⟨Δάμωνος τοῦ⟩ Δαμωνίδου τοῦ
Οἴηθεν, ὡς Ἀριστοτέλης (fr. 365) *ἱστόρηκε. καὶ ταχὺ* 3
θεωρικοῖς καὶ δικαστικοῖς λήμμασιν ἄλλαις τε μισθοφο-
ραῖς καὶ χορηγίαις συνδεκάσας τὸ πλῆθος, ἐχρῆτο κατὰ
τῆς ἐξ Ἀρείου πάγου βουλῆς, ἧς αὐτὸς οὐ μετεῖχε διὰ τὸ
μήτ' ἄρχων μήτε θεσμοθέτης μήτε βασιλεὺς μήτε πο-
308 S *λέμαρχος λαχεῖν. αὗται γὰρ αἱ ἀρχαὶ κληρωταί τ' ἦσαν* 4
ἐκ παλαιοῦ, καὶ δι' αὐτῶν οἱ δοκιμασθέντες ἀνέβαινον
εἰς Ἄρειον πάγον. διὸ καὶ μᾶλλον ἰσχύσας ὁ Περικλῆς ἐν 5
τῷ δήμῳ κατεστασίασε τὴν βουλήν, ὥστε τὴν μὲν ἀφαι-
ρεθῆναι τὰς πλείστας κρίσεις δι' Ἐφιάλτου, Κίμωνα δ' ὡς b
φιλολάκωνα καὶ μισόδημον ἐξοστρακισθῆναι, πλούτῳ μὲν
καὶ γένει μηδενὸς ἀπολειπόμενον, νίκας δὲ καλλίστας
νενικηκότα τοὺς βαρβάρους καὶ χρημάτων πολλῶν καὶ
λαφύρων ἐμπεπληκότα τὴν πόλιν, ὡς ἐν τοῖς περὶ ἐκείνου
(10, 1) *γέγραπται. τοσοῦτον ἦν τὸ κράτος ἐν τῷ δήμῳ τοῦ*
Περικλέους.

3 L **10.** *Ὁ μὲν οὖν ἐξοστρακισμὸς ὡρισμένην εἶχε νόμῳ*
δεκαετίαν τοῖς φεύγουσιν· ἐν δὲ τῷ διὰ μέσου στρατῷ
μεγάλῳ Λακεδαιμονίων ἐμβαλόντων εἰς τὴν Ταναγρικὴν
καὶ τῶν Ἀθηναίων εὐθὺς ὁρμησάντων ἐπ' αὐτούς, ὁ μὲν
Κίμων ἐλθὼν ἐκ τῆς φυγῆς ἔθετο μετὰ τῶν φυλετῶν εἰς c
λόχον τὰ ὅπλα, καὶ δι' ἔργων ἀπολύεσθαι τὸν Λακωνισμὸν
ἐβούλετο συγκινδυνεύσας τοῖς πολίταις, οἱ δὲ φίλοι τοῦ
Περικλέους συστάντες ἀπήλασαν αὐτὸν ὡς φυγάδα. διὸ 2

22 sq. Cim. 17, 4–7. 18

[S(UMA =)Υ] **5** *Δάμωνος τοῦ* add. Zie. (post ⟨*Δάμωνος*⟩ Cob.) | *δημωνίδου* libri || **6** *Οἴηθεν*] cf. Aristot. || **10** *μήτε βασιλεὺς μήτε πολέμ. μήτε θεσμ.* Sauppe || **11** *τ'* om. S || **12** *δι' αὐτῶοι-*^*δο*^*κιμασθέντες* U || **23. 24** *λακεδαιμονίων στρατῷ μεγάλῳ*: trp. Sint. || **24** *ταναγραικὴν* Υ

καὶ δοκεῖ Περικλῆς ἐρρωμενέστατα τὴν μάχην ἐκείνην
ἀγωνίσασθαι καὶ γενέσθαι πάντων ἐπιφανέστατος, ἀφει-
3 δήσας τοῦ σώματος. ἔπεσον δὲ καὶ τοῦ Κίμωνος οἱ φίλοι
πάντες ὁμαλῶς οὓς Περικλῆς συνεπῃτίατο τοῦ Λακω-
νισμοῦ, καὶ μετάνοια δεινὴ τοὺς Ἀθηναίους καὶ πόθος
ἔσχε τοῦ Κίμωνος, ἡττημένους μὲν ἐπὶ τῶν ὅρων τῆς Ἀττι-
κῆς, προσδοκῶντας δὲ βαρὺν εἰς ἔτους ὥραν πόλεμον.
d 4 αἰσθόμενος οὖν ὁ Περικλῆς οὐκ ὤκνησε χαρίσασθαι τοῖς
πολλοῖς, ἀλλὰ τὸ ψήφισμα γράψας αὐτὸς ἐκάλει τὸν ἄνδρα,
κἀκεῖνος ἐπανελθὼν εἰρήνην ἐποίησε ταῖς πόλεσιν· οἰκείως
γὰρ εἶχον οἱ Λακεδαιμόνιοι πρὸς αὐτόν, ὥσπερ ἀπήχθοντο
5 τῷ Περικλεῖ καὶ τοῖς ἄλλοις δημαγωγοῖς. ἔνιοι δέ φασιν
οὐ πρότερον γραφῆναι τῷ Κίμωνι τὴν κάθοδον ὑπὸ τοῦ 309
Περικλέους, ἢ συνθήκας αὐτοῖς ἀπορρήτους γενέσθαι δι'
Ἐλπινίκης, τῆς Κίμωνος ἀδελφῆς, ὥστε Κίμωνα μὲν ἐκ-
πλεῦσαι λαβόντα ναῦς διακοσίας καὶ τῶν ἔξω στρατηγεῖν
καταστρεφόμενον τὴν βασιλέως χώραν, Περικλεῖ δὲ τὴν
e 6 ἐν ἄστει δύναμιν ὑπάρχειν. ἐδόκει δὲ καὶ πρότερον ἡ Ἐλπι- 14
νίκη τῷ Κίμωνι τὸν Περικλέα πρᾳότερον παρασχεῖν, ὅτε
τὴν θανατικὴν δίκην ἔφευγεν. ἦν μὲν γὰρ εἷς τῶν κατηγό-
ρων ὁ Περικλῆς ὑπὸ τοῦ δήμου προβεβλημένος, ἐλθούσης
δὲ πρὸς αὐτὸν τῆς Ἐλπινίκης καὶ δεομένης, μειδιάσας εἶπεν·
„ὦ Ἐλπινίκη, γραῦς εἶ, γραῦς εἶ, ὡς πράγματα τηλικαῦτα
διαπράσσειν." οὐ μὴν ἀλλὰ καὶ πρὸς τὸν λόγον ἅπαξ ἀνέ-
στη τὴν προβολὴν ἀφοσιούμενος, καὶ τῶν κατηγόρων
7 ἐλάχιστα τὸν Κίμωνα λυπήσας ἀπεχώρησε. πῶς ἂν οὖν
τις Ἰδομενεῖ (FGrH 338 F 8) πιστεύσειε κατηγοροῦντι τοῦ
Περικλέους, ὡς τὸν δημαγωγὸν Ἐφιάλτην, φίλον γενόμενον
f καὶ κοινωνὸν ὄντα τῆς ἐν τῇ πολιτείᾳ προαιρέσεως, δολο-

12 mor. 812f || 18 Plut. Cim. 14, 5

[S(UMA =)Υ] 1 ἐρρωμενέστατα τὴν Cob.: ἐρρωμενεστάτην || 9 κατεκάλει Ha. || 10 ἐπανελθὼν Cor.: ἀπελθὼν libri ἀνελθὼν Br. Sch. κατελθὼν Sint. || 17 καταστρεψόμενον Naber || 24 διαπράσσειν Zie.: δράσειν libri πράσσειν Vulc. διαπράττεσθαι Cim. 14, 5 || 29 δολοφωνήσαντος ante ras. S

φονήσαντος διὰ ζηλοτυπίαν καὶ φθόνον τῆς δόξης; ταῦτα γὰρ οὐκ οἶδ' ὅθεν συναγαγὼν ὥσπερ χολὴν τἀνδρὶ προσβέβληκε, πάντῃ μὲν ἴσως οὐκ ἀνεπιλήπτῳ, φρόνημα δ' εὐγενὲς ἔχοντι καὶ ψυχὴν φιλότιμον, οἷς οὐδὲν ἐμφύεται πάθος ὠμὸν οὕτω καὶ θηριῶδες. Ἐφιάλτην μὲν οὖν, φοβε- 8 158
ρὸν ὄντα τοῖς ὀλιγαρχικοῖς καὶ περὶ τὰς εὐθύνας καὶ διώξεις τῶν τὸν δῆμον ἀδικούντων ἀπαραίτητον, ἐπιβουλεύσαντες οἱ ἐχθροὶ δι' Ἀριστοδίκου τοῦ Ταναγρικοῦ κρυφαίως ἀνεῖλον, ὡς Ἀριστοτέλης (fr. 367) εἴρηκεν.

Ἐτελεύτησε δὲ Κίμων ἐν Κύπρῳ στρατηγῶν. **11.** Οἱ δ' ἀριστοκρατικοί, μέγιστον μὲν ἤδη τὸν Περικλέα καὶ πρόσθεν ὁρῶντες γεγονότα τῶν πολιτῶν, βουλόμενοι δ' ὅμως
15 L εἶναί τινα τὸν πρὸς αὐτὸν ἀντιτασσόμενον ἐν τῇ πόλει καὶ τὴν δύναμιν ἀμβλύνοντα, ὥστε μὴ κομιδῇ μοναρχίαν εἶναι,
310 S Θουκυδίδην τὸν Ἀλωπεκῆθεν, ἄνδρα σώφρονα καὶ κηδεστὴν
16 Κίμωνος, ἀντέστησαν ἐναντιωσόμενον, ὃς ἧττον μὲν ὢν πολεμικὸς τοῦ Κίμωνος, ἀγοραῖος δὲ καὶ πολιτικὸς μᾶλ- b
λον, οἰκουρῶν ἐν ἄστει καὶ περὶ τὸ βῆμα τῷ Περικλεῖ συμπλεκόμενος, ταχὺ τὴν πολιτείαν εἰς ἀντίπαλον κατέστησεν. οὐ γὰρ εἴασε τοὺς καλοὺς καὶ ἀγαθοὺς καλουμέ- 2
νους ἄνδρας ἐνδιεσπάρθαι καὶ συμμεμεῖχθαι πρὸς τὸν δῆμον ὡς πρότερον, ὑπὸ πλήθους ἠμαυρωμένους τὸ ἀξίωμα, χωρὶς δὲ διακρίνας καὶ συναγαγὼν εἰς ταὐτὸ τὴν πάντων δύναμιν ἐμβριθῆ γενομένην, ὥσπερ ἐπὶ ζυγοῦ ῥοπὴν ἐποίησεν. ἦν μὲν γὰρ ἐξ ἀρχῆς διπλόη τις ὕπουλος 3
ὥσπερ ἐν σιδήρῳ, διαφορὰν ὑποσημαίνουσα δημοτικῆς καὶ ἀριστοκρατικῆς προαιρέσεως, ἡ δ' ἐκείνων ἅμιλλα καὶ φιλοτιμία τῶν ἀνδρῶν βαθυτάτην τομὴν τεμοῦσα τῆς c
πόλεως, τὸ μὲν δῆμον, τὸ δ' ὀλίγους ἐποίησε καλεῖσθαι.

5 Aristot. Ἀθπ. 25, 4

[S(UMA =)Υ] **2** ὁπόθεν Blaß | προσβέβληκε Rei.: προβέβληκε libri προσβέβλυκε Cor. || **8** Ταναγραίου Aristot. || **14** ἀμβλύνοντα, τα add. mg. m. 2, U || **16** ἀνέστησαν Madvig || **19** εἰς τἀντίπαλον Rei. || **22** ⟨τοῦ⟩ πλήθους Rei. || **25** ἦν Anon.: ἡ | διπλόη Ruhnken: διαπλοκή

4 διὸ καὶ τότε μάλιστα τῷ δήμῳ τὰς ἡνίας ἀνεὶς ὁ Περι-
κλῆς ἐπολιτεύετο πρὸς χάριν, ἀεὶ μέν τινα θέαν πανηγυ-
ρικὴν ἢ ἑστίασιν ἢ πομπὴν εἶναι μηχανώμενος ἐν ἄστει,
καὶ διαπαιδαγωγῶν οὐκ ἀμούσοις ἡδοναῖς τὴν πόλιν, ἑξή-
κοντα δὲ τριήρεις καθ' ἕκαστον ἐνιαυτὸν ἐκπέμπων, ἐν
αἷς πολλοὶ τῶν πολιτῶν ἔπλεον ὀκτὼ μῆνας ἔμμισθοι,
μελετῶντες ἅμα καὶ μανθάνοντες τὴν ναυτικὴν ἐμπει-
5 ρίαν. πρὸς δὲ τούτοις χιλίους μὲν ἔστειλεν εἰς Χερρόνησον
a. 447 κληρούχους, εἰς δὲ Νάξον πεντακοσίους, εἰς δ' Ἄνδρον
d ⟨τοὺς⟩ ἡμίσεις τούτων, εἰς δὲ Θρᾴκην χιλίους Βισάλταις
a. 444/3 συνοικήσοντας, ἄλλους δ' εἰς Ἰταλίαν ⟨ἀν⟩οικιζομένης 16
6 Συβάρεως, ἣν Θουρίους προσηγόρευσαν. καὶ ταῦτ' ἔπραττ-
τεν ἀποκουφίζων μὲν ἀργοῦ καὶ διὰ σχολὴν πολυπράγμονος
ὄχλου τὴν πόλιν, ἐπανορθούμενος δὲ τὰς ἀπορίας τοῦ
δήμου, φόβον δὲ καὶ φρουρὰν τοῦ μὴ νεωτερίζειν τι παρα-
κατοικίζων τοῖς συμμάχοις.

12. Ὁ δὲ πλείστην μὲν ἡδονὴν ταῖς Ἀθήναις καὶ κό-
σμον ἤνεγκε, μεγίστην δὲ τοῖς ἄλλοις ἔκπληξιν ἀνθρώποις, 311
μόνον δὲ τῇ Ἑλλάδι μαρτυρεῖ μὴ ψεύδεσθαι τὴν λεγομέ-
e νην δύναμιν αὐτῆς ἐκείνην καὶ τὸν παλαιὸν ὄλβον, ἡ τῶν
ἀναθημάτων κατασκευή, τοῦτο μάλιστα τῶν πολιτευ-
μάτων τοῦ Περικλέους ἐβάσκαινον οἱ ἐχθροὶ καὶ διέβαλ-
λον ἐν ταῖς ἐκκλησίαις, βοῶντες ὡς ὁ μὲν δῆμος ἀδοξεῖ
καὶ κακῶς ἀκούει, τὰ κοινὰ τῶν Ἑλλήνων χρήματα πρὸς
αὑτὸν ἐκ Δήλου μεταγαγών, ᾗ δ' ἔνεστιν αὐτῷ πρὸς τοὺς
ἐγκαλοῦντας εὐπρεπεστάτη τῶν προφάσεων, δείσαντα
τοὺς βαρβάρους ἐκεῖθεν ἀνελέσθαι καὶ φυλάττειν ἐν
2 ὀχυρῷ τὰ κοινά, ταύτην ἀνῄρηκε Περικλῆς, καὶ δοκεῖ
δεινὴν ὕβριν ἡ Ἑλλὰς ὑβρίζεσθαι καὶ τυραννεῖσθαι περι-

8 cf. c. 19, 1 Diod. 11, 88, 3 Paus. 1, 27, 5 Andoc. 3, 9 || **11** cf. Plut. Nic. 5, 3 Diod. 12, 10, 3 Strab. 6, 263 Dion. Hal. Lys. 1 Phot. lex. s. v. Θουριομάντεις

[S(UMA =)Υ] **9** ἄνδρων ante ras. S || **10** τοὺς add. Cob. | Βισάλταις Steph.: βησάλταις || **11** οἰκιζομένης: suppl. Eberhard || **15** τι del. Cob. || **20** ἐκείνην Br.: ἐκείνης || **21** τοῦτο Anon.: τούτωι S τούτω Υ || **25** ἡ δ' ἔστιν Cob.

φανῶς, ὁρῶσα τοῖς εἰσφερομένοις ὑπ' αὐτῆς ἀναγκαίως
πρὸς τὸν πόλεμον ἡμᾶς τὴν πόλιν καταχρυσοῦντας καὶ
καλλωπίζοντας ὥσπερ ἀλαζόνα γυναῖκα, περιαπτομένην f
λίθους πολυτελεῖς καὶ ἀγάλματα καὶ ναοὺς χιλιοταλάν-
τους. ἐδίδασκεν οὖν ὁ Περικλῆς τὸν δῆμον, ὅτι χρημάτων 3
μὲν οὐκ ὀφείλουσι τοῖς συμμάχοις λόγον, προπολεμοῦντες
αὐτῶν καὶ τοὺς βαρβάρους ἀνείργοντες, οὐχ ἵππον, οὐ 159
ναῦν, οὐχ ὁπλίτην, ἀλλὰ χρήματα μόνον τελούντων, ἃ τῶν
17 L διδόντων οὐκ ἔστιν, ἀλλὰ τῶν λαμβανόντων, ἂν παρέχωσιν
ἀνθ' οὗ λαμβάνουσι, δεῖ δὲ τῆς πόλεως κατεσκευασμένης 4
ἱκανῶς τοῖς ἀναγκαίοις πρὸς τὸν πόλεμον, εἰς ταῦτα τὴν
εὐπορίαν τρέπειν αὐτῆς, ἀφ' ὧν δόξα μὲν γενομένων ἀίδιος,
εὐπορία δὲ γινομένων ἑτοίμη παρέσται, παντοδαπῆς ἐργα-
σίας φανείσης καὶ ποικίλων χρειῶν, αἳ πᾶσαν μὲν τέχνην
ἐγείρουσαι, πᾶσαν δὲ χεῖρα κινοῦσαι, σχεδὸν ὅλην ποι-
οῦσιν ἔμμισθον τὴν πόλιν, ἐξ αὑτῆς ἅμα κοσμουμένην καὶ
τρεφομένην. τοῖς μὲν γὰρ ἡλικίαν ἔχουσι καὶ ῥώμην αἱ 5
στρατεῖαι τὰς ἀπὸ τῶν κοινῶν εὐπορίας παρεῖχον, τὸν δ' b
312 S ἀσύντακτον καὶ βάναυσον ὄχλον οὔτ' ἄμοιρον εἶναι λημ-
μάτων βουλόμενος. οὔτε λαμβάνειν ἀργὸν καὶ σχολάζοντα,
μεγάλας κατασκευασμάτων ἐπιβολὰς καὶ πολυτέχνους ὑπο-
θέσεις ἔργων διατριβὴν ἐχόντων ἐνέβαλε φέρων εἰς τὸν
δῆμον, ἵνα μηδὲν ἧττον τῶν πλεόντων καὶ φρουρούντων
καὶ στρατευομένων τὸ οἰκουροῦν ἔχῃ πρόφασιν ἀπὸ τῶν
δημοσίων ὠφελεῖσθαι καὶ μεταλαμβάνειν. ὅπου γὰρ ὕλη 6
μὲν ἦν λίθος, χαλκός, ἐλέφας, χρυσός, ἔβενος, κυπάρισσος,
αἱ δὲ ταύτην ἐκπονοῦσαι καὶ κατεργαζόμεναι τέχναι τέκτο- c
νες, πλάσται, χαλκοτύποι, λιθουργοί, βαφεῖς χρυσοῦ,
μαλακτῆρες ἐλέφαντος, ζωγράφοι, ποικιλταί, τορευταί,
πομποὶ δὲ τούτων καὶ κομιστῆρες ἔμποροι καὶ ναῦται καὶ
κυβερνῆται κατὰ θάλατταν, οἱ δὲ κατὰ γῆν ἁμαξοπηγοὶ
καὶ ζευγοτρόφοι καὶ ἡνίοχοι καὶ καλωστρόφοι καὶ λινουρ-

[S(UA =)Υ] 10 δεῖν Cob. || 12—13 γενομένων—γινομένων Anon.: γινομένων—γενομένων || 15 κινοῦσα U || 28. 29 βαφεῖς, χρυσοῦ μαλακτῆρες ⟨καὶ⟩ ἐλέφαντος Rei. || 29 πορευταί U || 32 λιθουργοί: em. Xy.

γοὶ καὶ σκυτοτόμοι καὶ ὁδοποιοὶ καὶ μεταλλεῖς, ἑκάστη δὲ
τέχνη, καθάπερ στρατηγὸς ἴδιον στράτευμα, τὸν θητι-
κὸν ὄχλον καὶ ἰδιώτην συντεταγμένον εἶχεν, ὄργανον καὶ 18 I
σῶμα τῆς ὑπηρεσίας γινόμενον, εἰς πᾶσαν ὡς ἔπος εἰπεῖν
ἡλικίαν καὶ φύσιν αἱ χρεῖαι διένεμον καὶ διέσπειρον τὴν
εὐπορίαν.

d **13.** Ἀναβαινόντων δὲ τῶν ἔργων ὑπερηφάνων μὲν μεγέ-
θει, μορφῇ δ' ἀμιμήτων καὶ χάριτι, τῶν δημιουργῶν ἁμιλ-
λωμένων ὑπερβάλλεσθαι τὴν δημιουργίαν τῇ καλλιτεχνίᾳ,
2 μάλιστα θαυμάσιον ἦν τὸ τάχος. ὧν γὰρ ἕκαστον ᾤοντο
πολλαῖς διαδοχαῖς καὶ ἡλικίαις μόλις ἐπὶ τέλος ἀφίξεσθαι,
ταῦτα πάντα μιᾶς ἀκμῇ πολιτείας ἐλάμβανε τὴν συντέ-
3 λειαν. καίτοι ποτέ φασιν Ἀγαθάρχου τοῦ ζωγράφου μέγα
φρονοῦντος ἐπὶ τῷ ταχὺ καὶ ῥᾳδίως τὰ ζῷα ποιεῖν ἀκού-
4 σαντα τὸν Ζεῦξιν εἰπεῖν· „ἐγὼ δ' ἐν πολλῷ χρόνῳ.“ ἡ
γὰρ ἐν τῷ ποιεῖν εὐχέρεια καὶ ταχύτης οὐκ ἐντίθησι βάρος
e ἔργῳ μόνιμον οὐδὲ κάλλους ἀκρίβειαν, ὁ δ' εἰς τὴν γένε-
σιν τῷ πόνῳ προδανεισθεὶς χρόνος ἐν τῇ σωτηρίᾳ τοῦ 313 I
γενομένου τὴν ἰσχὺν ἀποδίδωσιν. ὅθεν καὶ μᾶλλον θαυμά-
ζεται τὰ Περικλέους ἔργα, πρὸς πολὺν χρόνον ἐν ὀλίγῳ
5 γενόμενα. κάλλει μὲν γὰρ ἕκαστον εὐθὺς ἦν τότ' ἀρχαῖον,
ἀκμῇ δὲ μέχρι νῦν πρόσφατόν ἐστι καὶ νεουργόν· οὕτως
ἐπανθεῖ καινότης ἀεί τις, ἄθικτον ὑπὸ τοῦ χρόνου διατη-
ροῦσα τὴν ὄψιν, ὥσπερ ἀειθαλὲς πνεῦμα καὶ ψυχὴν ἀγήρω
καταμεμειγμένην τῶν ἔργων ἐχόντων.

6 Πάντα δὲ διεῖπε καὶ πάντων ἐπίσκοπος ἦν αὐτῷ Φει-
δίας, καίτοι μεγάλους ἀρχιτέκτονας ἐχόντων καὶ τεχνίτας

13 mor. 94 e

[S(UMA=)Υ] **9** ὑπερβαλέσθαι: em. Sch. | τῆς δημιουργίας Blaß || **10** ἕκαστον Υ et ante ras. S: ἕκαστος post ras. S || **13** ποτέ Xy.: τότε || **15** post χρόνῳ add. καὶ γὰρ εἰς πολὺν χρόνον mor. || **18** προσδανεισθεὶς Madvig || **19** τὴν ἰσχὺν] τὸν τόκον Cob. || **20** πρὸς] εἰς Cob. πρὸς πολὺν χρόνον ἐν ὀλίγωι γενόμενω S^m || **23** καινότης ἀεί τις S: τις καινότης ἀεὶ M τις καινότης ἀεί τις UA, sed in A τις² erasum || **27** ἔχων Naber

L τῶν ἔργων. τὸν μὲν γὰρ ἑκατόμπεδον Παρθενῶνα Καλ- 7
λικράτης εἰργάζετο καὶ Ἰκτῖνος, τὸ δ' ἐν Ἐλευσῖνι τελε- f
στήριον ἤρξατο μὲν Κόροιβος οἰκοδομεῖν, καὶ τοὺς ἐπ'
ἐδάφους κίονας ἔθηκεν οὗτος καὶ τοῖς ἐπιστυλίοις ἐπέ-
ζευξεν· ἀποθανόντος δὲ τούτου Μεταγένης ὁ Ξυπεταιὼν
τὸ διάζωσμα καὶ τοὺς ἄνω κίονας ἐπέστησε, τὸ δ' ὀπαῖον
ἐπὶ τοῦ ἀνακτόρου Ξενοκλῆς ὁ Χολαργεὺς ἐκορύφωσε· 160
τὸ δὲ μακρὸν τεῖχος, περὶ οὗ Σωκράτης (Plat. Gorg. 455e)
ἀκοῦσαί φησιν αὐτὸς εἰσηγουμένου γνώμην Περικλέους,
ἠργολάβησε Καλλικράτης. κωμῳδεῖ δὲ τὸ ἔργον Κρατῖνος 8
(fr. 300 CAF I 100) ὡς βραδέως περαινόμενον·

πάλαι γὰρ αὐτό (φησί)
λόγοισι προάγει Περικλέης, ἔργοισι δ' οὐδὲ κινεῖ.

τὸ δ' Ὠιδεῖον, τῇ μὲν ἐντὸς διαθέσει πολύεδρον καὶ πολύ- 9
στυλον, τῇ δ' ἐρέψει περικλινὲς καὶ κάταντες ἐκ μιᾶς κορυ-
φῆς πεποιημένον, εἰκόνα λέγουσι γενέσθαι καὶ μίμημα
τῆς βασιλέως σκηνῆς, ἐπιστατοῦντος καὶ τούτῳ Περι-
κλέους. διὸ καὶ πάλιν Κρατῖνος ἐν Θρᾴτταις παίζει πρὸς 10
αὐτόν (fr. 71 CAF I 35)·

ὁ σχινοκέφαλος Ζεὺς ὅδε
προσέρχεται [Περικλέης] τᾠδεῖον ἐπὶ τοῦ κρανίου b
ἔχων, ἐπειδὴ τοὔστρακον παροίχεται.

φιλοτιμούμενος δ' ὁ Περικλῆς τότε πρῶτον ἐψηφίσατο 11
14 S μουσικῆς ἀγῶνα τοῖς Παναθηναίοις ἄγεσθαι, καὶ διέ-
ταξεν αὐτὸς ἀθλοθέτης αἱρεθείς, καθότι χρὴ τοὺς ἀγωνιζο-
μένους αὐλεῖν ἢ ᾄδειν ἢ κιθαρίζειν. ἐθεῶντο δὲ καὶ τότε
καὶ τὸν ἄλλον χρόνον ἐν Ὠιδείῳ τοὺς μουσικοὺς ἀγῶνας.
0 L Τὰ δὲ Προπύλαια τῆς ἀκροπόλεως ἐξειργάσθη μὲν ἐν 12
πενταετίᾳ Μνησικλέους ἀρχιτεκτονοῦντος, τύχη δὲ θαυ-

1 Philoch. FGrH 328 F 121 Strab. 9, 395 Paus. 8, 41, 9 ‖ 28 Harpocr. s. v. προπύλαια (Philoch. FGrH 328 F 36)

[S(UMA=)Υ] 4 ὑπέζευξεν S συνέζευξεν Zie. ‖ 5 Ξυπεταιὼν Cob.: ξυπέτιος ‖ 6 διάζωμα Υ ‖ 13 λόγοισι Steph.: λόγοις | προάγει Rei.: προσάγει ‖ 20 ὅδε MA: ὧδε SU ὁδὶ Bekker ‖ 21 Περικλέης del. Cob. ‖ 23 πρῶτον CE: πρῶτα SΥ

μαστὴ συμβᾶσα περὶ τὴν οἰκοδομίαν ἐμήνυσε τὴν θεὸν
οὐκ ἀποστατοῦσαν, ἀλλὰ συνεφαπτομένην τοῦ ἔργου καὶ
c 13 συνεπιτελοῦσαν. ὁ γὰρ ἐνεργότατος καὶ προθυμότατος
τῶν τεχνιτῶν ἀποσφαλεὶς ἐξ ὕψους ἔπεσε καὶ διέκειτο
μοχθηρῶς, ὑπὸ τῶν ἰατρῶν ἀπεγνωσμένος. ἀθυμοῦντος
δὲ τοῦ Περικλέους, ἡ θεὸς ὄναρ φανεῖσα συνέταξε θερα-
πείαν, ᾗ χρώμενος ὁ Περικλῆς ταχὺ καὶ ῥᾳδίως ἰάσατο τὸν
ἄνθρωπον. ἐπὶ τούτῳ δὲ καὶ τὸ χαλκοῦν ἄγαλμα τῆς
Ὑγιείας Ἀθηνᾶς ἀνέστησεν ἐν ἀκροπόλει παρὰ τὸν βωμόν,
ὃς καὶ πρότερον ἦν ὥς λέγουσιν.
14 Ὁ δὲ Φειδίας εἰργάζετο μὲν τῆς θεοῦ τὸ χρυσοῦν ἕδος,
καὶ τούτου δημιουργὸς ἐν τῇ στήλῃ [εἶναι] γέγραπται·
d πάντα δ' ἦν σχεδὸν ἐπ' αὐτῷ, καὶ πᾶσιν ὡς εἰρήκαμεν
15 ἐπεστάτει τοῖς τεχνίταις διὰ φιλίαν Περικλέους. καὶ τοῦτο
τῷ μὲν φθόνον, τῷ δὲ βλασφημίαν ἤνεγκεν, ὡς ἐλευθέρας
τῷ Περικλεῖ γυναῖκας εἰς ταὐτὸ φοιτώσας ὑποδεχομένου
τοῦ Φειδίου. δεξάμενοι δὲ τὸν λόγον οἱ κωμικοὶ (adesp. 59
CAF III 410) πολλὴν ἀσέλγειαν αὐτοῦ κατεσκέδασαν, εἴς τε
τὴν Μενίππου γυναῖκα διαβάλλοντες, ἀνδρὸς φίλου καὶ ὑπο-
στρατηγοῦντος, εἴς τε τὰς Πυριλάμπους ὀρνιθοτροφίας,
ὃς ἑταῖρος ὢν Περικλέους αἰτίαν εἶχε ταῶνας ὑφιέναι
16 ταῖς γυναιξὶν αἷς ὁ Περικλῆς ἐπλησίαζε. καὶ τί ἂν τις
ἀνθρώπους σατυρικοὺς τοῖς βίοις καὶ τὰς κατὰ τῶν κρειτ-
e τόνων βλασφημίας ὥσπερ δαίμονι κακῷ τῷ φθόνῳ τῶν
πολλῶν ἀποθύοντας ἑκάστοτε θαυμάσειεν, ὅπου καὶ Στη- 21
σίμβροτος ὁ Θάσιος (FGrH 107 F 10b) δεινὸν ἀσέβημα
καὶ μυσῶδες ἐξενεγκεῖν ἐτόλμησεν εἰς τὴν γυναῖκα τοῦ 315
υἱοῦ κατὰ τοῦ Περικλέους; οὕτως ἔοικε πάντῃ χαλεπὸν
εἶναι καὶ δυσθήρατον ἱστορίᾳ τἀληθές, ὅταν οἱ μὲν ὕστερον
γεγονότες τὸν χρόνον ἔχωσιν ἐπιπροσθοῦντα τῇ γνώσει

3 Plin. n. h. 22, 44 || **28** cf. Thuc. 1, 22

[S(UMA=)Υ] **9** ὑγείας libri || **11** τῆς τοῦ θεοῦ S || **12** εἶναι del. Sint. στήλῃ καταγέγραπται Fuhr συναναγέγραπται Wil. || **16** ταὐτὸ Zie. cl. c. 32,1: τὰ ἔργα || **18** ἀσέλγεια U^1 || **19** συστρατηγοῦντος Cob. || **27** μυθῶδες: em. Cob. || **30** ἐπιπροσθοῦντα S: ἐπίπροσθεν ὄντα Υ

τῶν πραγμάτων, ἡ δὲ τῶν πράξεων καὶ τῶν βίων ἡλικιῶτις ἱστορία τὰ μὲν φθόνοις καὶ δυσμενείαις, τὰ δὲ χαριζομένη καὶ κολακεύουσα λυμαίνηται καὶ διαστρέφῃ τὴν ἀλήθειαν.

14. Τῶν δὲ περὶ τὸν Θουκυδίδην ῥητόρων καταβοών-
των τοῦ Περικλέους ὡς σπαθῶντος τὰ χρήματα καὶ τὰς f
προσόδους ἀπολλύντος, ἠρώτησεν ἐν ἐκκλησίᾳ τὸν δῆμον, εἰ πολλὰ δοκεῖ δεδαπανῆσθαι· φησάντων δὲ πάμπολλα, „μὴ τοίνυν" εἶπεν „ὑμῖν, ἀλλ' ἐμοὶ δεδαπανήσθω, καὶ τῶν ἀναθημάτων ἰδίαν ἐμαυτοῦ ποιήσομαι τὴν ἐπιγραφήν."
εἰπόντος οὖν ταῦτα τοῦ Περικλέους, εἴτε τὴν μεγαλοφρο- 2
σύνην αὐτοῦ θαυμάσαντες, εἴτε πρὸς τὴν δόξαν ἀντιφιλοτι- 161
μούμενοι τῶν ἔργων, ἀνέκραγον κελεύοντες ἐκ τῶν δημο-
σίων ἀναλίσκειν καὶ χορηγεῖν μηδενὸς φειδόμενον. τέλος 3
δὲ πρὸς τὸν Θουκυδίδην εἰς ἀγῶνα περὶ τοῦ ὀστράκου a. 443
καταστὰς καὶ διακινδυνεύσας, ἐκεῖνον μὲν ἐξέβαλε, κατέλυσε δὲ τὴν ἀντιτεταγμένην ἑταιρείαν.

15. Ὡς οὖν παντάπασι λυθείσης τῆς διαφορᾶς, καὶ τῆς πόλεως οἷον ὁμαλῆς καὶ μιᾶς γενομένης κομιδῇ, περιήνεγκεν εἰς ἑαυτὸν τὰς Ἀθήνας καὶ τὰ τῶν Ἀθηναίων ἐξηρτημένα πράγματα, φόρους καὶ στρατεύματα καὶ τριήρεις
22 L καὶ νήσους καὶ θάλασσαν καὶ πολλὴν μὲν δι' Ἑλλήνων, b
πολλὴν δὲ καὶ διὰ βαρβάρων ἥκουσαν ἰσχὺν καὶ ἡγεμονίαν, ὑπηκόοις ἔθνεσι καὶ φιλίαις βασιλέων καὶ συμμαχίαις πεφραγμένην δυναστῶν, οὐκέθ' ὁ αὐτὸς ἦν οὐδ' ὁμοίως χειροήθης τῷ δήμῳ καὶ ῥᾴδιος ὑπείκειν καὶ συνενδιδόναι
316 S ταῖς ἐπιθυμίαις ὥσπερ πνοαῖς τῶν πολλῶν, ἀλλ' ἐκ τῆς ἀνειμένης ἐκείνης καὶ ὑποθρυπτομένης ἔνια δημαγωγίας ὥσπερ ἀνθηρᾶς καὶ μαλακῆς ἁρμονίας ἀριστοκρατικὴν καὶ βασιλικὴν ἐντεινάμενος πολιτείαν, καὶ χρώμενος αὐτῇ πρὸς τὸ βέλτιστον ὀρθῇ καὶ ἀνεγκλίτῳ, τὰ μὲν πολλὰ

cap. 15 cf. Thuc. 2, 65

[S(UMA =)Υ] **25** ῥαιδίως S ῥαδίως Υ: em. Anon. || **27** ⟨εἰς⟩ vel ⟨πρὸς⟩ ἔνια Rei. || **29. 30** αὐτῇ—ὀρθῇ C: αὐτῷ—ὀρθῷ cet. || **30** ἀνεγκλήτῳ Υ

c *βουλόμενον ἦγε πείθων καὶ διδάσκων τὸν δῆμον, ἦν δ'
ὅτε καὶ μάλα δυσχεραίνοντα κατατείνων καὶ προσβιβάζων
ἐχειροῦτο τῷ συμφέροντι, μιμούμενος ἀτεχνῶς ἰατρὸν
ποικίλῳ νοσήματι καὶ μακρῷ κατὰ καιρὸν μὲν ἡδονὰς
ἀβλαβεῖς, κατὰ καιρὸν δὲ δηγμοὺς καὶ φάρμακα προσφέ-*
2 *ροντα σωτήρια. παντοδαπῶν γὰρ ὡς εἰκὸς παθῶν ἐν ὄχλῳ
τοσαύτην τὸ μέγεθος ἀρχὴν ἔχοντι φυομένων, μόνος ἐμμε-
λῶς ἕκαστα διαχειρίσασθαι πεφυκώς, μάλιστα δ' ἐλπίσι
καὶ φόβοις ὥσπερ οἴαξι συστέλλων τὸ θρασυνόμενον αὐτῶν
καὶ τὸ δύσθυμον ἀνιεὶς καὶ παραμυθούμενος, ἔδειξε τὴν
ῥητορικὴν κατὰ Πλάτωνα* (Phaedr. 271 c) *ψυχαγωγίαν οὖ-*
d *σαν καὶ μέγιστον ἔργον αὐτῆς τὴν περὶ τὰ ἤθη καὶ πάθη
μέθοδον, ὥσπερ τινὰς τόνους καὶ φθόγγους ψυχῆς μάλ'*
3 *ἐμμελοῦς ἁφῆς καὶ κρούσεως δεομένους. αἰτία δ' οὐχ ἡ
τοῦ λόγου ψιλῶς δύναμις, ἀλλ', ὡς Θουκυδίδης* (2, 65) 23 I
*φησίν, ἡ περὶ τὸν βίον δόξα καὶ πίστις τοῦ ἀνδρός, ἀδωρο-
τάτου περιφανῶς γενομένου καὶ χρημάτων κρείττονος·
ὃς τὴν πόλιν ἐκ μεγάλης μεγίστην καὶ πλουσιωτάτην ποιή-
σας καὶ γενόμενος δυνάμει πολλῶν βασιλέων καὶ τυράν-
νων ὑπέρτερος, ὧν ἔνιοι καὶ ἐπὶ τοῖς υἱέσι διέθεντο ⟨τοῖς⟩
ἐκείνου, μιᾷ δραχμῇ μείζονα τὴν οὐσίαν οὐκ ἐποίησεν ἧς
ὁ πατὴρ αὐτῷ κατέλιπε.*

e **16.** *Καίτοι τὴν δύναμιν αὐτοῦ σαφῶς μὲν ὁ Θουκυδίδης
διηγεῖται, κακοήθως δὲ παρεμφαίνουσιν οἱ κωμικοί* (adesp.
60 CAF III 411), *Πεισιστρατίδας μὲν νέους τοὺς περὶ αὐτὸν
ἑταίρους καλοῦντες, αὐτὸν δ' ἀπομόσαι μὴ τυραννήσειν κε-
λεύοντες, ὡς ἀσυμμέτρου πρὸς δημοκρατίαν καὶ βαρυτέρας* 317
2 *περὶ αὐτὸν οὔσης ὑπεροχῆς. ὁ δὲ Τηλεκλείδης* (fr. 42
CAF I 220) *παραδεδωκέναι φησὶν αὐτῷ τοὺς Ἀθηναίους*

16 Isocr. 8, 126

[S(UMA =)Υ] **2** *προσβιάζων*: em. Sch. ‖ **5** *εὐλαβεῖς*: em. Rei. | *προσφέροντι* Υ ‖ **9** *συστέλλων* Zie.: *προσστέλλων* SU *προ͂υστέλλων* A *προσυστέλλων* M *προσαναστέλλων* Madvig ‖ **18** *ὃς* SU: *ὃς καὶ* MA ‖ **19** *δυνάμει* S: *καὶ δυνάμει* Υ ‖ **20. 21** ⟨*τοῖς*⟩ *ἐκείνου* Sauppe: *ἐκεῖνος* libri, quod del. Li. cruce ad *ἐπὶ τοῖς* posita *ἐπί⟨τροπον⟩ τ. υ. δ. ἐκεῖνον* Madvig ‖ **26** *ἀπομόσειν* S

πόλεών τε φόρους αὐτάς τε πόλεις, τὰς μὲν δεῖν, τὰς δ' ἀναλύειν,
λάινα τείχη, τὰ μὲν οἰκοδομεῖν τὰ δὲ τἄμπαλιν αὖ καταβάλλειν,
σπονδάς, δύναμιν, κράτος, εἰρήνην, πλοῦτόν τ' εὐδαιμονίαν τε.

καὶ ταῦτα καιρὸς οὐκ ἦν οὐδ' ἀκμὴ καὶ χάρις ἀνθούσης 3 f
ἐφ' ὥρᾳ πολιτείας, ἀλλὰ τεσσαράκοντα μὲν ἔτη πρωτεύ-
ων ἐν Ἐφιάλταις καὶ Λεωκράταις καὶ Μυρωνίδαις καὶ
Κίμωσι καὶ Τολμίδαις καὶ Θουκυδίδαις, μετὰ δὲ τὴν
Θουκυδίδου κατάλυσιν καὶ τὸν ὀστρακισμὸν οὐκ ἐλάττω
24 L τῶν πεντεκαίδεκα ἐτῶν διηνεκῆ καὶ μίαν οὖσαν ἐν ταῖς
ἐνιαυσίοις στρατηγίαις ἀρχὴν καὶ δυναστείαν κτησάμενος,
ἐφύλαξεν ἑαυτὸν ἀνάλωτον ὑπὸ χρημάτων, καίπερ οὐ 162
παντάπασιν ἀργῶς ἔχων πρὸς χρηματισμόν, ἀλλὰ τὸν
πατρῷον καὶ δίκαιον πλοῦτον, ὡς μήτ' ἀμελούμενος ἐκ-
φύγοι μήτε πολλὰ πράγματα καὶ διατριβὰς ἀσχολουμένῳ
παρέχοι, συνέταξεν εἰς οἰκονομίαν ἣν ᾤετο ῥᾴστην καὶ
ἀκριβεστάτην εἶναι. τοὺς γὰρ ἐπετείους καρποὺς ἅπαν- 4
τας ἀθρόους ἐπίπρασκεν, εἶτα τῶν ἀναγκαίων ἕκαστον
ἐξ ἀγορᾶς ὠνούμενος διῴκει τὸν βίον καὶ τὰ περὶ τὴν
δίαιταν. ὅθεν οὐχ ἡδὺς ἦν ἐνηλίκοις παισὶν οὐδὲ γυναιξὶ 5
δαψιλὴς χορηγός, ἀλλ' ἐμέμφοντο τὴν ἐφήμερον ταύτην
καὶ συνηγμένην εἰς τὸ ἀκριβέστατον δαπάνην, οὐδενὸς
οἷον ἐν οἰκίᾳ μεγάλῃ καὶ πράγμασιν ἀφθόνοις περιρρέον- b
τος, ἀλλὰ παντὸς μὲν ἀναλώματος, παντὸς δὲ λήμματος
δι' ἀριθμοῦ καὶ μέτρου βαδίζοντος. ὁ δὲ πᾶσαν αὐτοῦ τὴν 6
τοιαύτην συνέχων ἀκρίβειαν εἷς ἦν οἰκέτης Εὐάγγελος,
ὡς ἕτερος οὐδεὶς εὖ πεφυκὼς ἢ κατεσκευασμένος ὑπὸ τοῦ
318 S Περικλέους πρὸς οἰκονομίαν. ἀπᾴδοντα μὲν οὖν ταῦτα τῆς 7

30 mor. 831 f

[S(UMA=)Υ] **1** *πώλεις* ante corr. S ‖ **3** *τὰ δὲ τἄμπαλιν αὖ* Kock: *τὰ δὲ αὐτὰ πάλιν* libri *τὰ δ' ἔπειτα πάλιν* Fuhr ‖ **8** *ἐφ' ὥραν* Rei. | *τεσσαράκοντα* ne addubites, cf. Cic. de or. 3, 34, 138 ‖ **9** *μυρωνίδης* ante corr. S *μυρωνίδες* U ‖ **12** *διήνεγκε*: em. Pflugk ‖ **30** *ἀπᾴδοντα* Valckenaer: *ἅπαντα* libri *ἀπάρτητα* Rei. *ἀπαρτᾷ* Madvig

Ἀναξαγόρου σοφίας, εἴγε καὶ τὴν οἰκίαν ἐκεῖνος ἐξέλιπε
καὶ τὴν χώραν ἀνῆκεν ἀργὴν καὶ μηλόβοτον ὑπ' ἐνθουσια-
σμοῦ καὶ μεγαλοφροσύνης· οὐ ταὐτὸν δ' ἐστὶν οἶμαι θεωρη-
τικοῦ φιλοσόφου καὶ πολιτικοῦ βίος, ἀλλ' ὁ μὲν ἀνόργανον
c *καὶ ἀπροσδεῆ τῆς ἐκτὸς ὕλης ἐπὶ τοῖς καλοῖς κινεῖ τὴν*
διάνοιαν, τῷ δ' εἰς ἀνθρωπείας χρείας ἀναμειγνύντι τὴν
ἀρετὴν ἔστιν οὗ γένοιτ' ἂν οὐ τῶν ἀναγκαίων μόνον, ἀλλὰ
καὶ τῶν καλῶν ὁ πλοῦτος, ὥσπερ ἦν καὶ Περικλεῖ, βοη- 25 I
8 *θοῦντι πολλοῖς τῶν πενήτων. καὶ μέντοι γε τὸν Ἀναξα-*
γόραν αὐτὸν λέγουσιν ἀσχολουμένου Περικλέους ἀμελού-
μενον κεῖσθαι συγκεκαλυμμένον ἤδη γηραιὸν ἀποκαρτε-
ροῦντα, προσπεσόντος δὲ τῷ Περικλεῖ τοῦ πράγματος,
ἐκπλαγέντα θεῖν εὐθὺς ἐπὶ τὸν ἄνδρα καὶ δεῖσθαι πᾶσαν
δέησιν, ὀλοφυρόμενον οὐκ ἐκεῖνον, ἀλλ' ἑαυτόν, εἰ τοιοῦ-
9 *τον ἀπολεῖ τῆς πολιτείας σύμβουλον. ἐκκαλυψάμενον οὖν*
d *τὸν Ἀναξαγόραν εἰπεῖν πρὸς αὐτόν· „ὦ Περίκλεις, καὶ οἱ*
τοῦ λύχνου χρείαν ἔχοντες ἔλαιον ἐπιχέουσιν.“

17. *Ἀρχομένων δὲ Λακεδαιμονίων ἄχθεσθαι τῇ αὐξή-*
σει τῶν Ἀθηναίων, ἐπαίρων ὁ Περικλῆς τὸν δῆμον ἔτι
μᾶλλον μέγα φρονεῖν καὶ μεγάλων αὑτὸν ἀξιοῦν πραγμά-
των γράφει ψήφισμα, πάντας Ἕλληνας τοὺς ὁποίποτε κατ-
οικοῦντας Εὐρώπης ἢ [τῆς] Ἀσίας παρακαλεῖν, καὶ μικρὰν
πόλιν καὶ μεγάλην, εἰς σύλλογον πέμπειν Ἀθήναζε τοὺς
βουλευσομένους περὶ τῶν Ἑλληνικῶν ἱερῶν, ἃ κατέπρη-
σαν οἱ βάρβαροι, καὶ τῶν θυσιῶν, ἃς ὀφείλουσιν ὑπὲρ τῆς
Ἑλλάδος εὐξάμενοι τοῖς θεοῖς, ὅτε πρὸς τοὺς βαρβάρους
e *ἐμάχοντο, καὶ τῆς θαλάττης, ὅπως πλέωσι πάντες ἀδεῶς*
2 *καὶ τὴν εἰρήνην ἄγωσιν. ἐπὶ ταῦτα δ' ἄνδρες εἴκοσι τῶν*
ὑπὲρ πεντήκοντα ἔτη γεγονότων ἐπέμφθησαν, ὧν πέντε
μὲν Ἴωνας καὶ Δωριεῖς τοὺς ἐν Ἀσίᾳ καὶ νησιώτας ἄχρι
Λέσβου καὶ Ῥόδου παρεκάλουν, πέντε δὲ τοὺς ἐν Ἑλλησ- 319
πόντῳ καὶ Θρᾴκῃ μέχρι Βυζαντίου τόπους ἐπῄεσαν, καὶ

1 Plat. Hipp. I 283a Him. ecl. 3,18

[S(UMA =)Υ] **2** *ἀνῆκεν* Him. Br.: *ἀφῆκεν* || **5** *ἐπὶ τοῖς καλοῖς* suspecta censet Ha. || **21** *ὁποίποτε* SΥ: *ὁπήποτε* vulg. || **22** ⟨*τῆς*⟩ *Εὐρώπης* Cob. | del. Zie. | *παρακαλῶν* Naber || **24** *βουλευσομένους* MA: *βουλευσαμένους* SU || **27** *συμπλέωσι* S

πέντε ἐπὶ τούτοις εἰς Βοιωτίαν καὶ Φωκίδα καὶ Πελο-
πόννησον, ἐκ δὲ ταύτης διὰ Λοκρῶν ἐπὶ τὴν πρόσοικον
6 L ἤπειρον ἕως Ἀκαρνανίας καὶ Ἀμβρακίας ἀπεστάλησαν·
οἱ δὲ λοιποὶ δι' Εὐβοίας ἐπ' Οἰταίους καὶ τὸν Μαλιέα 3
κόλπον καὶ Φθιώτας [καὶ] Ἀχαιοὺς καὶ Θεσσαλοὺς ἐπο-
ρεύοντο, συμπείθοντες ἰέναι καὶ μετέχειν τῶν βουλευμά- f
των ἐπ' εἰρήνῃ καὶ κοινοπραγίᾳ τῆς Ἑλλάδος. ἐπράχθη δ' 4
οὐδὲν οὐδὲ συνῆλθον αἱ πόλεις, Λακεδαιμονίων ὑπεναντιω-
θέντων, ὡς λέγεται, καὶ τὸ πρῶτον ἐν Πελοποννήσῳ τῆς
πείρας ἐλεγχθείσης. τοῦτο μὲν οὖν παρεθέμην ἐνδεικνύ-
μενος αὐτοῦ τὸ φρόνημα καὶ τὴν μεγαλοφροσύνην.

18. Ἐν δὲ ταῖς στρατηγίαις εὐδοκίμει μάλιστα διὰ τὴν 163
ἀσφάλειαν, οὔτε μάχης ἐχούσης πολλὴν ἀδηλότητα καὶ
κίνδυνον ἑκουσίως ἁπτόμενος, οὔτε τοὺς ἐκ τοῦ παρα-
βαλέσθαι χρησαμένους τύχῃ λαμπρᾷ καὶ θαυμασθέντας
ὡς μεγάλους ζηλῶν καὶ μιμούμενος στρατηγούς, ἀεί τε
λέγων πρὸς τοὺς πολίτας, ὡς ὅσον ἐπ' αὐτῷ μενοῦσιν
ἀθάνατοι πάντα τὸν χρόνον. ὁρῶν δὲ Τολμίδην τὸν Τολ- 2
μαίου διὰ τὰς πρότερον εὐτυχίας καὶ διὰ τὸ τιμᾶσθαι
διαφερόντως ἐκ τῶν πολεμικῶν σὺν οὐδενὶ καιρῷ παρα-
σκευαζόμενον εἰς Βοιωτίαν ἐμβαλεῖν, καὶ πεπεικότα τῶν
ἐν ἡλικίᾳ τοὺς ἀρίστους καὶ φιλοτιμοτάτους ἐθελοντὰς b
στρατεύεσθαι, χιλίους γενομένους ἄνευ τῆς ἄλλης δυνά-
μεως, κατέχειν ἐπειρᾶτο καὶ παρακαλεῖν ἐν τῷ δήμῳ, τὸ
μνημονευόμενον εἰπών, ὡς εἰ μὴ πείθοιτο Περικλεῖ, τόν
γε σοφώτατον οὐχ ἁμαρτήσεται σύμβουλον ἀναμείνας,
χρόνον. τότε μὲν οὖν μετρίως εὐδοκίμησε τοῦτ' εἰπών· 3
ὀλίγαις δ' ὕστερον ἡμέραις ὡς ἀνηγγέλθη τεθνεὼς μὲν
αὐτὸς Τολμίδης περὶ Κορώνειαν ἡττηθεὶς μάχῃ, τεθνεῶ- a. 447
120 S 27 L τες δὲ πολλοὶ κἀγαθοὶ τῶν πολιτῶν, μεγάλην τοῦτο τῷ

18 Thuc. 1, 113 Diod. 12, 6

[S(UMA=)Υ] **5** καὶ del. Baehr || **6** ⟨συν⟩ιέναι Wil. || **7** καινοπραγία (οι s. s. m. 1) **E**: καινοπραγία cet. || **14** παραβάλλεσθαι: em. Sint. || **22** ἐθελοντὶ: em. Cob. || **23** ⟨συ⟩στρατεύεσθαι Cob. || **24** παρακαλεῖν suspectum Ha. κατακηλεῖν Zie.

*Περικλεῖ μετ' εὐνοίας δόξαν ἤνεγκεν ὡς ἀνδρὶ φρονίμῳ
καὶ φιλοπολίτῃ.*

a. 447 **19.** *Τῶν δὲ στρατηγιῶν ἠγαπήθη μὲν ἡ περὶ Χερρό-
c νησον αὐτοῦ μάλιστα, σωτήριος γενομένη τοῖς αὐτόθι
κατοικοῦσι τῶν Ἑλλήνων· οὐ γὰρ μόνον ἐποίκους Ἀθη-
ναίων χιλίους κομίσας ἔρρωσεν εὐανδρίᾳ τὰς πόλεις, ἀλλὰ
καὶ τὸν αὐχένα διαζώσας ἐρύμασι καὶ προβλήμασιν ἐκ
θαλάττης εἰς θάλατταν, ἀπετείχισε τὰς καταδρομὰς τῶν
Θρᾳκῶν περικεχυμένων τῇ Χερρονήσῳ, καὶ πόλεμον ἐνδε-
λεχῆ καὶ βαρὺν ἐξέκλεισεν, ᾧ συνείχετο πάντα τὸν χρόνον
ἡ χώρα, βαρβαρικαῖς ἀναμεμειγμένη γειτνιάσεσι καὶ γέ-
2 μουσα ληστηρίων ὁμόρων καὶ συνοίκων. ἐθαυμάσθη δὲ
a. 453 καὶ διεβοήθη πρὸς τοὺς ἐκτὸς ἀνθρώπους περιπλεύσας
Πελοπόννησον, ἐκ Πηγῶν τῆς Μεγαρικῆς ἀναχθεὶς ἑκα-
d τὸν τριήρεσιν. οὐ γὰρ μόνον ἐπόρθησε τῆς παραλίας
πολλὴν ὡς Τολμίδης πρότερον, ἀλλὰ καὶ πόρρω θαλάττης
προελθὼν τοῖς ἀπὸ τῶν νεῶν ὁπλίταις, τοὺς μὲν ἄλλους
εἰς τὰ τείχη συνέστειλε δείσαντας αὐτοῦ τὴν ἔφοδον, ἐν δὲ
Νεμέᾳ Σικυωνίους ὑποστάντας καὶ συνάψαντας μάχην
3 κατὰ κράτος τρεψάμενος, ἔστησε τρόπαιον. ἐκ δ' Ἀχαΐας
φίλης οὔσης στρατιώτας ἀναλαβὼν εἰς τὰς τριήρεις, ἐπὶ
τὴν ἀντιπέρας ἤπειρον ἐκομίσθη τῷ στόλῳ, καὶ παραπλεύ-
σας τὸν Ἀχελῷον Ἀκαρνανίαν κατέδραμε καὶ κατέκλεισεν
Οἰνιάδας εἰς τὸ τεῖχος, καὶ τεμὼν τὴν γῆν καὶ κακώσας,
e ἀπῆρεν ἐπ' οἴκου, φοβερὸς μὲν φανεὶς τοῖς πολεμίοις,
ἀσφαλὴς δὲ καὶ δραστήριος τοῖς πολίταις. οὐδὲν γὰρ οὐδ'
ἀπὸ τύχης πρόσκρουσμα συνέβη περὶ τοὺς στρατευομέ-
νους.*

a. 435? **20.** *Εἰς δὲ τὸν Πόντον εἰσπλεύσας στόλῳ μεγάλῳ καὶ
κεκοσμημένῳ λαμπρῶς, ταῖς μὲν Ἑλληνίσι πόλεσιν ὧν
ἐδέοντο διεπράξατο καὶ προσηνέχθη φιλανθρώπως, τοῖς*

3 cf. ad p. 14, 8 || **12** sq. Thuc. 1, 111, 2–3 Diod. 11, 85. 88, 1–2 Paus. 1, 27, 5

[S(UMA =)Υ] **8** *ἀπετείχισε* del. Madvig || **16** *πολλὴν* Emp.: *πόλιν* || **24** *οἰνεάδας*: em. Sint.

δὲ περιοικοῦσι βαρβάροις ἔθνεσι καὶ βασιλεῦσιν αὐτῶν
321 S καὶ δυνάσταις ἐπεδείξατο μὲν τῆς δυνάμεως τὸ μέγεθος
καὶ τὴν ἄδειαν καὶ τὸ θάρσος, ᾗ βούλοιντο πλεόντων καὶ
πᾶσαν ὑφ' αὑτοῖς πεποιημένων τὴν θάλασσαν, Σινωπεῦσι
δὲ τρισκαίδεκα ναῦς ἀπέλιπε μετὰ Λαμάχου καὶ στρατιώ-
τας ἐπὶ Τιμησίλεων τύραννον. ἐκπεσόντος δὲ τούτου καὶ f 2
τῶν ἑταίρων, ἐψηφίσατο πλεῖν εἰς Σινώπην Ἀθηναίων ἐθε-
λοντὰς ἑξακοσίους καὶ συγκατοικεῖν Σινωπεῦσι, νειμα-
μένους οἰκίας καὶ χώραν ἣν πρότερον οἱ τύραννοι κατ-
εῖχον. τἆλλα δ' οὐ συνεχώρει ταῖς ὁρμαῖς τῶν πολιτῶν 3
οὐδὲ συνεξέπιπτεν, ὑπὸ ῥώμης καὶ τύχης τοσαύτης ἐπαι- 164
ρομένων Αἰγύπτου τε πάλιν ἀντιλαμβάνεσθαι καὶ κινεῖν
τῆς βασιλέως ἀρχῆς τὰ πρὸς θαλάσσῃ. πολλοὺς δὲ καὶ 4
Σικελίας ὁ δύσερως ἐκεῖνος ἤδη καὶ δύσποτμος ἔρως
εἶχεν, ὃν ὕστερον ἐξέκαυσαν οἱ περὶ τὸν Ἀλκιβιάδην ῥή-
τορες. ἦν δὲ καὶ Τυρρηνία καὶ Καρχηδὼν ἐνίοις ὄνειρος,
οὐκ ἀπ' ἐλπίδος διὰ τὸ μέγεθος τῆς ὑποκειμένης ἡγεμο-
νίας καὶ τὴν εὔροιαν τῶν πραγμάτων.

21. Ἀλλ' ὁ Περικλῆς κατεῖχε τὴν ἐκδρομὴν ταύτην καὶ
περιέκοπτε τὴν πολυπραγμοσύνην, καὶ τὰ πλεῖστα τῆς
δυνάμεως ἔτρεπεν εἰς φυλακὴν καὶ βεβαιότητα τῶν ὑπαρ-
χόντων, μέγα ἔργον ἡγούμενος ἀνείργειν Λακεδαιμονίους b
καὶ ὅλως ὑπεναντιούμενος ἐκείνοις, ὡς ἄλλοις τε πολλοῖς
29 L ἔδειξε καὶ μάλιστα τοῖς περὶ τὸν ἱερὸν πραχθεῖσι πόλεμον.
ἐπεὶ γὰρ οἱ Λακεδαιμόνιοι στρατεύσαντες εἰς Δελφοὺς 2
Φωκέων ἐχόντων τὸ ἱερὸν Δελφοῖς ἀπέδωκαν, εὐθὺς ἐκεί- a. 448
νων ἀπαλλαγέντων ὁ Περικλῆς ἐπιστρατεύσας, πάλιν εἰσή-
γαγε τοὺς Φωκέας, καὶ τῶν Λακεδαιμονίων ἣν ἔδωκαν 3
αὐτοῖς Δελφοὶ προμαντείαν εἰς τὸ μέτωπον ἐγκολαψάντων
τοῦ χαλκοῦ λύκου, λαβὼν καὶ αὐτὸς προμαντείαν τοῖς
Ἀθηναίοις εἰς τὸν αὐτὸν λύκον κατὰ τὴν δεξιὰν πλευρὰν
ἐνεχάραξεν.

25 Thuc. 1, 112, 5

[S(UMA =)Υ] **3** ῇι [ει] S ‖ **9** *οἰκίαι* ante corr. S ‖ **22** *μέγα* del. Ha. ‖ **24** *ἔδοξε* U ‖ **29** *ἐκκολαψάντων* SΥ: em. Iunt.

c **22.** Ὅτι δ' ὀρθῶς ἐν τῇ Ἑλλάδι τὴν δύναμιν τῶν Ἀθη-
a. 446 ναίων συνεῖχεν, ἐμαρτύρησεν αὐτῷ τὰ γενόμενα. πρῶτον 322
μὲν γὰρ Εὐβοεῖς ἀπέστησαν, ἐφ' οὓς διέβη μετὰ δυνάμεως.
εἶτ' εὐθὺς ἀπηγγέλλοντο Μεγαρεῖς ἐκπεπολεμωμένοι καὶ
στρατιὰ Πελοποννησίων ἐπὶ τοῖς ὅροις τῆς Ἀττικῆς οὖσα,
Πλειστώνακτος ἡγουμένου βασιλέως Λακεδαιμονίων.
2 πάλιν οὖν ὁ Περικλῆς κατὰ τάχος ἐκ τῆς Εὐβοίας ἀνεκο-
μίζετο πρὸς τὸν ἐν τῇ Ἀττικῇ πόλεμον, καὶ συνάψαι μὲν
εἰς χεῖρας οὐκ ἐθάρσησε πολλοῖς καὶ ἀγαθοῖς ὁπλίταις
προκαλουμένοις, ὁρῶν δὲ τὸν Πλειστώνακτα νέον ὄντα
κομιδῇ, χρώμενον δὲ μάλιστα Κλεανδρίδῃ τῶν συμβούλων,
d ὃν οἱ ἔφοροι φύλακα καὶ πάρεδρον αὐτῷ διὰ τὴν ἡλικίαν
συνέπεμψαν, ἐπειρᾶτο τούτου κρύφα, καὶ ταχὺ διαφθεί-
ρας χρήμασιν αὐτὸν ἔπεισεν ἐκ τῆς Ἀττικῆς ἀπαγαγεῖν
3 τοὺς Πελοποννησίους. ὡς δ' ἀπεχώρησεν ἡ στρατιὰ καὶ
διελύθη κατὰ πόλεις, βαρέως φέροντες οἱ Λακεδαιμόνιοι
τὸν μὲν βασιλέα χρήμασιν ἐζημίωσαν, ὧν τὸ πλῆθος 30 I
οὐκ ἔχων ἐκτεῖσαι μετέστησεν ἑαυτὸν ἐκ Λακεδαί-
μονος, τοῦ δὲ Κλεανδρίδου φεύγοντος θάνατον κατέγνω-
4 σαν. οὗτος δ' ἦν πατὴρ Γυλίππου τοῦ περὶ Σικελίαν Ἀθη-
ναίους καταπολεμήσαντος. ἔοικε δ' ὥσπερ συγγενικὸν
αὐτῷ προστρίψασθαι νόσημα τὴν φιλαργυρίαν ἡ φύσις,
e ὑφ' ἧς καὶ αὐτὸς αἰσχρῶς ἐπὶ κακοῖς ἔργοις ἁλοὺς ἐξέπεσε
τῆς Σπάρτης. ταῦτα μὲν οὖν ἐν τοῖς περὶ Λυσάνδρου
(c. 16. 17) δεδηλώκαμεν.

23. Τοῦ δὲ Περικλέους ἐν τῷ τῆς στρατηγίας ἀπολογισμῷ δέκα ταλάντων ἀνάλωμα γράψαντος ἀνηλωμένων εἰς τὸ δέον, ὁ δῆμος ἀπεδέξατο μὴ πολυπραγμονήσας μηδ'

1 Thuc. 1, 114 || **11** Thuc. 2, 21, 1 Diod. 13, 106, 10 Ephor. FGrH 70 F 193 || **20** Plut. Nic. 28, 4 et ibi l. l. || **26** schol. Aristoph. nub. 857

[S(UMA =)Υ] **4** ἐκπεπολεμωμένοι E: ἐκπεπολεμημένοι S A² ἐκπεπολημένοι U M A¹ || **5** Πελοποννησίων Blaß: πολεμίων || **11** Κλεανδρίδῃ] Κλέαρχος Diod. || **12** οἱ ex εἰ corr. S (m. 1) || **17** τὸ μὲν πλῆθος Υ || **23** κακοῖς] καλοῖς Sint. Li.

ἐλέγξας τὸ ἀπόρρητον. ἔνιοι δ' ἱστορήκασιν, ὧν ἐστι καὶ 2
Θεόφραστος ὁ φιλόσοφος, ὅτι καθ' ἕκαστον ἐνιαυτὸν εἰς
τὴν Σπάρτην ἐφοίτα δέκα τάλαντα παρὰ τοῦ Περικλέους,
οἷς τοὺς ἐν τέλει πάντας θεραπεύων παρῃτεῖτο τὸν πόλεμον,
323 S οὐ τὴν εἰρήνην ὠνούμενος, ἀλλὰ τὸν χρόνον ἐν ᾧ παρα-
6 σκευασάμενος καθ' ἡσυχίαν ἔμελλε πολεμήσειν βέλτιον. f

Εὐθὺς οὖν ἐπὶ τοὺς ἀφεστῶτας τραπόμενος καὶ δια- 3
βὰς εἰς Εὔβοιαν πεντήκοντα ναυσὶ καὶ πεντακισχιλίοις
ὁπλίταις, κατεστρέψατο τὰς πόλεις, καὶ Χαλκιδέων μὲν 4
τοὺς ἱπποβότας λεγομένους πλούτῳ καὶ δόξῃ διαφέροντας
ἐξέβαλεν, Ἑστιεῖς δὲ πάντας ἀναστήσας ἐκ τῆς χώρας,
Ἀθηναίους κατῴκισε, μόνοις τούτοις ἀπαραιτήτως χρη-
31 L σάμενος, ὅτι ναῦν Ἀττικὴν αἰχμάλωτον λαβόντες ἀπέκτει- 165
ναν τοὺς ἄνδρας.

24. Ἐκ τούτου γενομένων σπονδῶν Ἀθηναίοις καὶ Λακε-
δαιμονίοις εἰς ἔτη τριάκοντα, ψηφίζεται τὸν εἰς Σάμον a. 441?
πλοῦν, αἰτίαν ποιησάμενος κατ' αὐτῶν ὅτι τὸν πρὸς Μιλη-
σίους κελευόμενοι διαλύσασθαι πόλεμον οὐχ ὑπήκουον.
ἐπεὶ δ' Ἀσπασίᾳ χαριζόμενος δοκεῖ πρᾶξαι τὰ πρὸς Σαμί- 2
ους, ἐνταῦθ' ἂν εἴη καιρὸς διαπορῆσαι μάλιστα περὶ τῆς
ἀνθρώπου, τίνα τέχνην ἢ δύναμιν τοσαύτην ἔχουσα, τῶν
τε πολιτικῶν τοὺς πρωτεύοντας ἐχειρώσατο, καὶ τοῖς
φιλοσόφοις οὐ φαῦλον οὐδ' ὀλίγον ὑπὲρ αὐτῆς παρέσχε
λόγον. ὅτι μὲν γὰρ ἦν Μιλησία γένος, Ἀξιόχου θυγάτηρ, 3 b
ὁμολογεῖται· φασὶ δ' αὐτὴν Θαργηλίαν τινὰ τῶν παλαιῶν
Ἰάδων ζηλώσασαν ἐπιθέσθαι τοῖς δυνατωτάτοις ἀνδράσι.

7sq. Thuc. 1, 114, 3 Diod. 12, 7. 22 schol. Aristoph. nub. 213 IG I² 39 = Dittenberger Syll.³ 64 || **16** Thuc. 1, 115, 2sq.; cf. ad c. 25

[S(UMA =)Υ] **7** *εὐθὺς*: *αὖθις* Sauppe || **9** post *πόλεις καὶ* lac. stat. Fuhr, coll. Thuc. (*καὶ τὴν μὲν ἄλλην ὁμολογίᾳ κατεστήσαντο*); pro *μὲν* scribebat *δὲ* Br. || **10** *ἱπποβάτας* S, cf. Herod. 5,77,2 || **12** *κατῴκισε, μόνοις* Rei.: *μόνους κατῴκισε* codd. (*ἐγκατῴκισε* Herw.) || **18** *κελευόμενοι* A ras.: *κελευόμενον* UM et ante ras. A *κελευόμεθα* S | *ὑπήκοον* S¹ || **21** *τοσαύτην* ΥS^m (m. 1): ++++ *αὐτῇ* S^r

4 *καὶ γὰρ ἡ Θαργηλία, τό τ' εἶδος εὐπρεπὴς γενομένη καὶ*
χάριν ἔχουσα μετὰ δεινότητος, πλείστοις μὲν Ἑλλήνων
συνῴκησεν ἀνδράσι, πάντας δὲ προσεποίησε βασιλεῖ τοὺς
πλησιάσαντας αὐτῇ, καὶ ταῖς πόλεσι μηδισμοῦ δι' ἐκεί-
νων ὑπέσπειρεν ἀρχάς, δυνατωτάτων ὄντων καὶ μεγίστων.
5 *τὴν δ' Ἀσπασίαν οἱ μὲν ὡς σοφήν τινα καὶ πολιτικὴν ὑπὸ*
τοῦ Περικλέους σπουδασθῆναι λέγουσι· καὶ γὰρ Σωκρά-
c *της ἔστιν ὅτε μετὰ τῶν γνωρίμων ἐφοίτα, καὶ τὰς γυναῖ-*
κας ἀκροασομένας οἱ συνήθεις ἦγον ὡς αὐτήν, καίπερ
οὐ κοσμίου προεστῶσαν ἐργασίας οὐδὲ σεμνῆς, ἀλλὰ παι-
6 *δίσκας ἑταιρούσας τρέφουσαν. Αἰσχίνης* (p. 45. 46 Kr.) 324
δέ φησι καὶ Λυσικλέα τὸν προβατοκάπηλον ἐξ ἀγεννοῦς 32 I
καὶ ταπεινοῦ τὴν φύσιν Ἀθηναίων γενέσθαι πρῶτον Ἀσπα-
7 *σίᾳ συνόντα μετὰ τὴν Περικλέους τελευτήν. ἐν δὲ τῷ*
Μενεξένῳ τῷ Πλάτωνος (235 e), *εἰ καὶ μετὰ παιδιᾶς τὰ*
πρῶτα γέγραπται, τοσοῦτόν γ' ἱστορίας ἔνεστιν, ὅτι δόξαν
εἶχε τὸ γύναιον ἐπὶ ῥητορικῇ πολλοῖς Ἀθηναίων ὁμιλεῖν.
d *φαίνεται μέντοι μᾶλλον ἐρωτική τις ἡ τοῦ Περικλέους*
8 *ἀγάπησις γενομένη πρὸς Ἀσπασίαν. ἦν μὲν γὰρ αὐτῷ*
γυνὴ προσήκουσα μὲν κατὰ γένος, συνῳκηκυῖα δ' Ἱππο-
νίκῳ πρότερον, ἐξ οὗ Καλλίαν ἔτεκε τὸν πλούσιον· ἔτεκε
δὲ καὶ παρὰ τῷ Περικλεῖ Ξάνθιππον καὶ Πάραλον. εἶτα
τῆς συμβιώσεως οὐκ οὔσης αὐτοῖς ἀρεστῆς, ἐκείνην μὲν
ἑτέρῳ βουλομένην συνεξέδωκεν, αὐτὸς δὲ τὴν Ἀσπασίαν
9 *λαβὼν ἔστερξε διαφερόντως. καὶ γὰρ ἐξιὼν ὥς φασι καὶ*
εἰσιὼν ἀπ' ἀγορᾶς ἠσπάζετο καθ' ἡμέραν αὐτὴν μετὰ
τοῦ καταφιλεῖν. ἐν δὲ ταῖς κωμῳδίαις (adesp. 63 CAF III 412)
Ὀμφάλη τε νέα καὶ Δῃάνειρα καὶ πάλιν Ἥρα προσαγο-
e *ρεύεται. Κρατῖνος δ' ἄντικρυς παλλακὴν αὐτὴν εἴρηκεν ἐν*
τούτοις (fr. 241 CAF I 86)·

1 Athen. 13, 608 f al. || **11** Schol. Aristoph. eq. 132 Schol. Plat. Menex. 235 e Harpocr. s. *Ἀσπασία* || **19** Plat. Prot. 314 e Meno 94 b Athen. 12, 533 c || **25** Athen. 13, 589 e

[S(UMA =)Υ] **3** *πάντα* U || **9** *συνῆγον* S || **12** *ἀγεννοῦς* MA: *ἀγενοῦς* SU || **15** *τῷ*] *τοῦ* ante corr. S

Ἥραν τέ οἱ Ἀσπασίαν τίκτει [καὶ] Καταπυγοσύνη
παλλακὴν κυνώπιδα.

δοκεῖ δὲ καὶ τὸν νόθον ἐκ ταύτης τεκνῶσαι, περὶ οὗ πεποίηκεν Εὔπολις ἐν Δήμοις (fr. 98 CAF I 282) αὐτὸν μὲν οὕτως ἐρωτῶντα· 10

ὁ νόθος δέ μοι ζῇ;

τὸν δὲ Μυρωνίδην ἀποκρινόμενον·

καὶ πάλαι γ' ἂν ἦν ἀνήρ,
εἰ μὴ τὸ τῆς πόρνης ὑπωρρώδει κακόν.

3 L οὕτω δὲ τὴν Ἀσπασίαν ὀνομαστὴν καὶ κλεινὴν γενέσθαι 11
11 λέγουσιν, ὥστε καὶ Κῦρον τὸν πολεμήσαντα βασιλεῖ περὶ τῆς τῶν Περσῶν ἡγεμονίας τὴν ἀγαπωμένην ὑπ' αὐτοῦ μάλιστα τῶν παλλακίδων Ἀσπασίαν ὀνομάσαι, καλουμένην
25 S Μίλτω πρότερον. ἦν δὲ Φωκαῒς τὸ γένος, Ἑρμοτίμου 12 f
θυγάτηρ· ἐν δὲ τῇ μάχῃ Κύρου πεσόντος ἀπαχθεῖσα πρὸς βασιλέα πλεῖστον ἴσχυσε. ταῦτα μὲν ἐπελθόντα τῇ μνήμῃ κατὰ τὴν γραφὴν ἀπώσασθαι καὶ παρελθεῖν ἴσως ἀπάνθρωπον ἦν.

25. Τὸν δὲ πρὸς Σαμίους πόλεμον αἰτιῶνται μάλιστα a. 441?
τὸν Περικλέα ψηφίσασθαι διὰ Μιλησίους Ἀσπασίας δεηθείσης. αἱ γὰρ πόλεις ἐπολέμουν τὸν περὶ Πριήνης πόλεμον, καὶ κρατοῦντες οἱ Σάμιοι, παύσασθαι τῶν Ἀθηναίων κε- 166
λευόντων καὶ δίκας λαβεῖν καὶ δοῦναι παρ' αὐτοῖς, οὐκ ἐπείθοντο. πλεύσας οὖν ὁ Περικλῆς τὴν μὲν οὖσαν ὀλιγαρ- 2
χίαν ἐν Σάμῳ κατέλυσεν, τῶν δὲ πρώτων λαβὼν ὁμήρους

14 Plut. Artax. 26, 5 Xen. Anab. 1, 10, 2 Aelian. v. h. 12, 1 Athen. 13, 576d schol. Aristid. p. 468 D. || Cap. 25–28 cf. Thuc. 1, 115–117 Diod. 12, 27–28

[S(UMA=)Y] 1 τέ οἱ Wil.: θ' οἱ | Ἀσπασίαν del. Cob. | καὶ del. Emp. | καταπυγοσύνην: em. Emp. || 4 δημοσίοις: em. Xy. || 7 μυρωνίδην C: πυρωνίδην cet. et sic etiam pap. Oxy. 1240, cf. Wil. Herm. 54, 69 || 16 μὲν ⟨οὖν⟩ Cor.

⟨ἄνδρας⟩ πεντήκοντα καὶ παῖδας ἴσους εἰς Λῆμνον ἀπέστειλε. καίτοι φασὶν ἕκαστον μὲν αὐτῷ τῶν ὁμήρων διδόναι τάλαντον ὑπὲρ ἑαυτοῦ, πολλὰ δ' ἄλλα τοὺς μὴ θέλοντας
3 ἐν τῇ πόλει γενέσθαι δημοκρατίαν. ἔτι δὲ Πισσούθνης ὁ Πέρσης, ἔχων τινὰ πρὸς Σαμίους εὔνοιαν, ἀπέστειλεν αὐτῷ μυρίους χρυσοῦς, παραιτούμενος τὴν πόλιν. οὐ μὴν ἔλαβε τούτων οὐδὲν ὁ Περικλῆς, ἀλλὰ χρησάμενος ὥσπερ
b ἐγνώκει τοῖς Σαμίοις καὶ καταστήσας δημοκρατίαν, ἀπέ-
4 πλευσεν εἰς τὰς Ἀθήνας. οἱ δ' εὐθὺς ἀπέστησαν, ἐκκλέψαντος αὐτοῖς τοὺς ὁμήρους Πισσούθνου, καὶ τἆλλα παρεσκευάσαντο πρὸς τὸν πόλεμον. αὖθις οὖν ὁ Περικλῆς ἐξέπλευσεν 34
ἐπ' αὐτοὺς οὐχ ἡσυχάζοντας οὐδὲ κατεπτηχότας, ἀλλὰ καὶ πάνυ προθύμως ἐγνωκότας ἀντιλαμβάνεσθαι τῆς θα-
5 λάττης. γενομένης δὲ καρτερᾶς ναυμαχίας περὶ νῆσον ἣν Τραγίας καλοῦσι, λαμπρῶς ὁ Περικλῆς ἐνίκα, τέσσαρσι καὶ τεσσαράκοντα ναυσὶν ἑβδομήκοντα καταναυμαχήσας, ὧν εἴκοσι στρατιώτιδες ἦσαν.

26. Ἅμα δὲ τῇ νίκῃ καὶ τῇ διώξει τοῦ λιμένος κρατή-
c σας, ἐπολιόρκει τοὺς Σαμίους, ἁμῶς γέ πως ἔτι τολμῶντας ἐπεξιέναι καὶ διαμάχεσθαι πρὸ τοῦ τείχους. ἐπεὶ δὲ 326
μείζων ἕτερος στόλος ἦλθεν ἐκ τῶν Ἀθηνῶν καὶ παντε- 21
λῶς κατεκλείσθησαν οἱ Σάμιοι, λαβὼν ὁ Περικλῆς ἑξήκοντα τριήρεις ἔπλευσεν εἰς τὸν ἔξω πόντον, ὡς μὲν οἱ πλεῖστοι λέγουσι, Φοινισσῶν νεῶν ἐπικούρων τοῖς Σαμίοις προσφερομένων, ἀπαντῆσαι καὶ διαγωνίσασθαι πορρωτάτω βουλόμενος, ὡς δὲ Στησίμβροτος (FGrH 107 F 8), ἐπὶ Κύπρον στελλόμενος· ὅπερ οὐ δοκεῖ πιθανὸν εἶναι.
2 ὁποτέρῳ δ' οὖν ἐχρήσατο τῶν λογισμῶν, ἁμαρτεῖν ἔδοξε. πλεύσαντος γὰρ αὐτοῦ, Μέλισσος ὁ Ἰθαγένους, ἀνὴρ φιλόσοφος στρατηγῶν τότε τῆς Σάμου, καταφρονήσας τῆς
d ὀλιγότητος τῶν νεῶν καὶ τῆς ἀπειρίας τῶν στρατηγῶν,

[S(UMA =)Υ] **1** ἄνδρας add. Herw. cl. Thuc. || **10** παρεσκευάσαντο SΥ: παρασκευάσαντος CE vulg. || **12** κατεπεπηχότας U[1] || **15** τέσσαρσι καὶ om. U || **28** τὸν λογισμὸν U || **29** ἀποπλεύσαντος Cob. || **31** καὶ (Am.) Cor.: ἢ

ἔπεισε τοὺς πολίτας ἐπιθέσθαι τοῖς Ἀθηναίοις, καὶ γενο- 3
μένης μάχης νικήσαντες οἱ Σάμιοι καὶ πολλοὺς μὲν αὐτῶν
ἄνδρας ἑλόντες, πολλὰς δὲ ναῦς διαφθείραντες, ἐχρῶντο τῇ
θαλάσσῃ καὶ παρετίθεντο τῶν ἀναγκαίων πρὸς τὸν πόλεμον
ὅσα μὴ πρότερον εἶχον. ὑπὸ δὲ τοῦ Μελίσσου καὶ Περι-
κλέα φησὶν αὐτὸν Ἀριστοτέλης (fr. 535) ἡττηθῆναι ναυ-
μαχοῦντα πρότερον. οἱ δὲ Σάμιοι τοὺς αἰχμαλώτους τῶν 4
Ἀθηναίων ἀνθυβρίζοντες ἔστιζον εἰς τὸ μέτωπον γλαῦκας·
35 L καὶ γὰρ ἐκείνους οἱ Ἀθηναῖοι σάμαιναν. ἡ δὲ σάμαινα ναῦς
ἐστιν ὑόπρωρος μὲν τὸ σίμωμα, κοιλοτέρα δὲ καὶ γαστρο- e
ειδής, ὥστε καὶ φορτοφορεῖν καὶ ταχυναυτεῖν. οὕτω δ'
ὠνομάσθη διὰ τὸ πρῶτον ἐν Σάμῳ φανῆναι, Πολυκράτους
⟨τοῦ⟩ τυράννου κατασκευάσαντος. πρὸς ταῦτα τὰ στίγ-
ματα λέγουσι καὶ τὸ Ἀριστοφάνειον (fr. 64 CAF I 408)
ᾐνίχθαι·

Σαμίων ὁ δῆμός ἐστιν ὡς πολυγράμματος.

27. Πυθόμενος δ' οὖν ὁ Περικλῆς τὴν ἐπὶ στρατοπέδου
συμφοράν, ἐβοήθει κατὰ τάχος, καὶ τοῦ Μελίσσου πρὸς
αὐτὸν ἀντιταξαμένου κρατήσας καὶ τρεψάμενος, τοὺς πο-
27 S λεμίους εὐθὺς περιετείχιζε, δαπάνῃ καὶ χρόνῳ μᾶλλον ἢ
τραύμασι καὶ κινδύνοις τῶν πολιτῶν περιγενέσθαι καὶ
συνελεῖν τὴν πόλιν βουλόμενος. ἐπεὶ δὲ δυσχεραίνοντας 2
τῇ τριβῇ τοὺς Ἀθηναίους καὶ μάχεσθαι προθυμουμένους f
ἔργον ἦν κατασχεῖν, ⟨εἰς⟩ ὀκτὼ μέρη διελὼν τὸ πᾶν πλῆ-
θος ἀπεκλήρου, καὶ τῷ λαχόντι τὸν λευκὸν κύαμον εὐωχεῖ-
σθαι καὶ σχολάζειν παρεῖχε τῶν ἄλλων τρυχομένων. διὸ 3
καί φασι τοὺς ἐν εὐπαθείαις τισὶ γενομένους λευκὴν ἡμέραν
ἐκείνην ἀπὸ τοῦ λευκοῦ κυάμου προσαγορεύειν. Ἔφορος 167

16 vide ap. Kock

[S(UMA=)Υ] **2** πολλὰς μὲν αὐτάνδρους ἑλόντες ναῦς, πολλὰς δὲ διαφθ. Rei. || **7** τῶν om. Υ || **10** ὑπόπρωρος: em. Cor. | κοιλοτέρα] κυκλοτερὴς Ha. || **11** ποντοπορεῖν: em. Cor. || **13** τοῦ add. Sint. || **20** περιετείχιζε (χι s. s. m. 1) S || **24** εἰς add. Rei. || **25** λαχόντι Br.: λαβόντι || **26** τρυχομένων Sauppe: μαχομένων

167 (FGrH 70 F 194) δὲ καὶ μηχαναῖς χρήσασθαι τὸν Περικλέα, τὴν καινότητα θαυμασταῖς, Ἀρτέμωνος τοῦ μηχανικοῦ παρ⟨ασχ⟩όντος, ὃν χωλὸν ὄντα καὶ φορείῳ πρὸς τὰ κατεπείγοντα τῶν ἔργων προσκομιζόμενον ὀνομασθῆναι Περι-
4 φόρητον. τοῦτο μὲν οὖν Ἡρακλείδης ὁ Ποντικὸς (fr. 60 Wehrli) ἐλέγχει τοῖς Ἀνακρέοντος ποιήμασιν (fr. 16 D.) ἐν οἷς „ὁ περιφόρητος“ Ἀρτέμων ὀνομάζεται πολλαῖς ἔμπροσθεν ἡλικίαις τοῦ περὶ Σάμον πολέμου καὶ τῶν 36 I
πραγμάτων ἐκείνων· τὸν δ' Ἀρτέμωνά φησι τρυφερόν τινα τῷ βίῳ καὶ πρὸς τοὺς φόβους μαλακὸν ὄντα καὶ κατα-
b πλῆγα τὰ πολλὰ μὲν οἴκοι καθέζεσθαι, χαλκῆν ἀσπίδα τῆς κεφαλῆς αὐτοῦ δυεῖν οἰκετῶν ὑπερεχόντων, ὥστε μηδὲν ἐμπεσεῖν τῶν ἄνωθεν, εἰ δὲ βιασθείη προελθεῖν, ἐν κλινιδίῳ κρεμαστῷ παρὰ τὴν γῆν αὐτὴν περιφερόμενον κομίζεσθαι καὶ διὰ τοῦτο κληθῆναι περιφόρητον.

28. Ἐνάτῳ δὲ μηνὶ τῶν Σαμίων παραστάντων, ὁ Περικλῆς τὰ τείχη καθεῖλε καὶ τὰς ναῦς παρέλαβε καὶ χρήμασι πολλοῖς ἐζημίωσεν, ὧν τὰ μὲν εὐθὺς εἰσήνεγκαν οἱ Σάμιοι, τὰ δ' ἐν χρόνῳ ῥητῷ ταξάμενοι κατοίσειν ὁμήρους ἔδω-
2 καν. Δοῦρις δ' ὁ Σάμιος (FGrH 76 F 67) τούτοις ἐπιτραγῳδεῖ, πολλὴν ὠμότητα τῶν Ἀθηναίων καὶ τοῦ Περικλέους
c κατηγορῶν, ἣν οὔτε Θουκυδίδης ἱστόρηκεν οὔτ' Ἔφορος οὔτ' Ἀριστοτέλης (fr. 536)· ἀλλ' οὐδ' ἀληθεύειν ἔοικεν, ὡς ἄρα τοὺς τριηράρχους καὶ τοὺς ἐπιβάτας τῶν Σαμίων εἰς τὴν Μιλησίων ἀγορὰν καταγαγὼν καὶ σανίσι προσ- 328 S
δήσας ἐφ' ἡμέρας δέκα κακῶς ἤδη διακειμένους προσέταξεν ἀνελεῖν, ξύλοις τὰς κεφαλὰς συγκόψαντας, εἶτα
3 προβαλεῖν ἀκήδευτα τὰ σώματα. Δοῦρις μὲν οὖν οὐδ' ὅπου μηδὲν αὐτῷ πρόσεστιν ἴδιον πάθος εἰωθὼς κρατεῖν

5 Athen. 12, 533e

⌊S(UMA =)Υ] **1** μηχαναῖς ⟨φησι⟩ Zie. || **2** θαυμασταῖς Madvig: θαυμάσαντα || **3** παρασχόντος Zie.: παρόντος libri πορόντος Rei. πορίζοντος Cor. || **14** παραφερόμενον: em. Ald. Iunt. || **18** εὐθὺς ++ S | ἤνεγκαν Υ || **19** δ' ἐν Υ: δὲ S | καταθήσειν Cob. || **23** ἀληθέσιν S || **25** ἀγαγὼν Υ || **26** ἡμέραις Υ

τὴν διήγησιν ἐπὶ τῆς ἀληθείας, μᾶλλον ἔοικεν ἐνταῦθα
δεινῶσαι τὰς τῆς πατρίδος συμφορὰς ἐπὶ διαβολῇ τῶν
Ἀθηναίων.

Ὁ δὲ Περικλῆς καταστρεψάμενος τὴν Σάμον ὡς ἐπανῆλ- 4
θεν εἰς τὰς Ἀθήνας, ταφάς τε τῶν ἀποθανόντων κατὰ τὸν d
πόλεμον ἐνδόξους ἐποίησε, καὶ τὸν λόγον εἰπών, ὥσπερ
37 L ἔθος ἐστίν, ἐπὶ τῶν σημάτων ἐθαυμάσθη. καταβαίνοντα 5
δ' αὐτὸν ἀπὸ τοῦ βήματος αἱ μὲν ἄλλαι γυναῖκες ἐδεξι-
οῦντο καὶ στεφάνοις ἀνέδουν καὶ ταινίαις ὥσπερ ἀθλητὴν
νικηφόρον, ἡ δ' Ἐλπινίκη προσελθοῦσα πλησίον, „ταῦτ'" 6
ἔφη „θαυμαστά ⟨σου⟩ Περίκλεις καὶ ἄξια στεφάνων,
ὃς ἡμῖν πολλοὺς καὶ ἀγαθοὺς ἀπώλεσας πολίτας, οὐ Φοί-
νιξι πολεμῶν οὐδὲ Μήδοις, ὥσπερ οὑμὸς ἀδελφὸς Κίμων,
ἀλλὰ σύμμαχον καὶ συγγενῆ πόλιν καταστρεφόμενος."
ταῦτα τῆς Ἐλπινίκης λεγούσης, ὁ Περικλῆς μειδιάσας 7 e
ἀτρέμα λέγεται τὸ τοῦ Ἀρχιλόχου (fr. 27 D.) πρὸς αὐτὴν
εἰπεῖν·

οὐκ ἂν μύροισι γραῦς ἐοῦσ' ἠλείφεο.

θαυμαστὸν δέ τι καὶ μέγα φρονῆσαι καταπολεμήσαντα
τοὺς Σαμίους φησὶν αὐτὸν ὁ Ἴων (FGrH 392 F 16), ὡς τοῦ
μὲν Ἀγαμέμνονος ἔτεσι δέκα βάρβαρον πόλιν, αὐτοῦ δὲ
μησὶν ἐννέα τοὺς πρωτους καὶ δυνατωτάτους Ἰώνων ἑλόν-
τος. καὶ οὐκ ἦν ἄδικος ἡ ἀξίωσις, ἀλλ' ὄντως πολλὴν 8
ἀδηλότητα καὶ μέγαν ἔσχε κίνδυνον ὁ πόλεμος, εἴπερ,
ὡς Θουκυδίδης φησί (8, 76, 4), παρ' ἐλάχιστον ἦλθε Σα-
μίων ἡ πόλις ἀφελέσθαι τῆς θαλάττης τὸ κράτος Ἀθη-
ναίους.

29. Μετὰ ταῦτα κυμαίνοντος ἤδη τοῦ Πελοποννησια- f
329 S κοῦ πολέμου, Κερκυραίοις πολεμουμένοις ὑπὸ Κορινθίων
ἔπεισε τὸν δῆμον ἀποστεῖλαι βοήθειαν καὶ προσλαβεῖν a. 433

28 Thuc. 1, 44sq. Diod. 12, 33 IG I 179 = Syll.[3] 72

[S(UMA =)Υ] **7** ἐθαυμαστώθη Υ || **11** σου add. (Rei.) Zie. || **12** ὃς] ὅτι Rei. | ἀπολέσας S || **14** καταστρεφόμενος; Ri.

ἐρρωμένην ναυτικῇ δυνάμει νῆσον, ὡς ὅσον οὐδέπω Πελο-
ποννησίων ἐκπεπολεμωμένων πρὸς αὐτούς. ψηφισαμένου
δὲ τοῦ δήμου τὴν βοήθειαν, ἀπέστειλε δέκα ναῦς μόνας
ἔχοντα Λακεδαιμόνιον, τὸν Κίμωνος υἱόν, οἷον ἐφυβρίζων·
πολλὴ γὰρ ἦν εὔνοια καὶ φιλία τῷ Κίμωνος οἴκῳ πρὸς
168 2 *Λακεδαιμονίους. ὡς ἂν οὖν, εἰ μηδὲν ἔργον μέγα μηδ'*
ἐκπρεπὲς ἐν τῇ στρατηγίᾳ τοῦ Λακεδαιμονίου γένοιτο, 38
προσδιαβληθείη μᾶλλον εἰς τὸν λακωνισμόν, ὀλίγας αὐτῷ
ναῦς ἔδωκε καὶ μὴ βουλόμενον ἐξέπεμψε, καὶ ὅλως διετέ-
λει κολούων, ὡς μηδὲ τοῖς ὀνόμασι γνησίους, ἀλλ' ὀθνείους
καὶ ξένους, ὅτι τῶν Κίμωνος υἱῶν τῷ μὲν ἦν Λακεδαιμό-
νιος ὄνομα, τῷ δὲ Θεσσαλός, τῷ δ' Ἠλεῖος. ἐδόκουν δὲ
3 *πάντες ἐκ γυναικὸς Ἀρκαδικῆς γεγονέναι. κακῶς οὖν ὁ*
Περικλῆς ἀκούων διὰ τὰς δέκα ταύτας τριήρεις, ὡς μικρὰν
μὲν βοήθειαν τοῖς δεηθεῖσι, μεγάλην δὲ πρόφασιν τοῖς
b *ἐγκαλοῦσι παρεσχηκώς, ἑτέρας αὖθις ἔστειλε πλείονας*
4 *εἰς τὴν Κέρκυραν, αἳ μετὰ τὴν μάχην ἀφίκοντο. χαλεπαί-*
νουσι δὲ τοῖς Κορινθίοις καὶ κατηγοροῦσι τῶν Ἀθηναίων
ἐν Λακεδαίμονι προσεγένοντο Μεγαρεῖς, αἰτιώμενοι πάσης
μὲν ἀγορᾶς, ἁπάντων δὲ λιμένων ὧν Ἀθηναῖοι κρατοῦσιν
εἴργεσθαι καὶ ἀπελαύνεσθαι παρὰ τὰ κοινὰ δίκαια καὶ
5 *τοὺς γεγενημένους ὅρκους τοῖς Ἕλλησιν· Αἰγινῆται δὲ*
κακοῦσθαι δοκοῦντες καὶ βίαια πάσχειν, ἐποτνιῶντο κρύφα
πρὸς τοὺς Λακεδαιμονίους, φανερῶς ἐγκαλεῖν τοῖς Ἀθη-
6 *ναίοις οὐ θαρροῦντες. ἐν δὲ τούτῳ καὶ Ποτείδαια, πόλις*
ὑπήκοος Ἀθηναίων, ἄποικος δὲ Κορινθίων, ἀποστᾶσα
c 7 *καὶ πολιορκουμένη μᾶλλον ἐπετάχυνε τὸν πόλεμον. οὐ*
μὴν ἀλλὰ καὶ πρεσβειῶν πεμπομένων Ἀθήναζε, καὶ τοῦ

9 Plut. Cim. 16, 1 ‖ **13** Thuc. 1, 50, 5 ‖ **17** Thuc. 1, 67, 4 (1, 139, 1) schol. Aristoph. Pax 608 Diod. 12, 39, 4 ‖ **22** Thuc. 1, 67, 2 ‖ **25** Thuc. 1, 56–65 ‖ **27** cf. Thuc. 1, 139. 140, 4 Diod. 12, 39, 4

[S(UMA=)Υ] **10** *κωλύων* Υ *σκώπτων* Naber; aliquid excidisse putat Ha. fort. iure ‖ **15** *μὲν* om. in fine pag. U | **16** *ἑτέρως* U | *ἔστειλε, λ* in ras. m. rec., S ‖ **20** *πάντων* Υ ‖ **23** *βίαν* S ‖ **25** *ποτίδαια* codd. ‖ **28** *καὶ πρεσβειῶν* S: *πρεσβειῶν τε* Υ

βασιλέως τῶν Λακεδαιμονίων Ἀρχιδάμου τὰ πολλὰ τῶν
ἐγκλημάτων εἰς διαλύσεις ἄγοντος καὶ τοὺς συμμάχους
39 L 330 S πραΰνοντος, οὐκ ἂν δοκεῖ συμπεσεῖν ὑπό γε τῶν ἄλλων
αἰτιῶν ὁ πόλεμος τοῖς Ἀθηναίοις, εἰ τὸ ψήφισμα καθε-
λεῖν τὸ Μεγαρικὸν ἐπείσθησαν καὶ διαλλαγῆναι πρὸς αὐ-
τούς. διὸ καὶ μάλιστα πρὸς τοῦτο Περικλῆς ἐναντιω- 8
θεὶς καὶ παροξύνας τὸν δῆμον ἐμμεῖναι τῇ πρὸς τοὺς Μεγα-
ρεῖς φιλονικίᾳ, μόνος ἔσχε τοῦ πολέμου τὴν αἰτίαν.

30. Λέγουσι δὲ πρεσβείας Ἀθήναζε περὶ τούτων ἐκ Λα-
κεδαίμονος ἀφιγμένης, καὶ τοῦ Περικλέους νόμον τινὰ d
προβαλομένου κωλύοντα καθελεῖν τὸ πινάκιον ἐν ᾧ τὸ
ψήφισμα γεγραμμένον ἐτύγχανεν, εἰπεῖν Πολυάλκη τῶν
πρέσβεών τινα· „σὺ δὲ μὴ καθέλῃς, ἀλλὰ στρέψον εἴσω
τὸ πινάκιον· οὐ γάρ ἐστι νόμος ὁ τοῦτο κωλύων.“ κομ-
ψοῦ δὲ τοῦ λόγου φανέντος, οὐδέν τι μᾶλλον ὁ Περικλῆς
ἐνέδωκεν. ὑπῆν μὲν οὖν τις ὡς ἔοικεν αὐτῷ καὶ ἰδία 2
πρὸς τοὺς Μεγαρεῖς ἀπέχθεια, κοινὴν δὲ καὶ φανερὰν
ποιησάμενος αἰτίαν κατ' αὐτῶν, ἀποτέμνεσθαι τὴν ἱερὰν
ὀργάδα, γράφει ψήφισμα κήρυκα πεμφθῆναι πρὸς αὐτοὺς
καὶ πρὸς Λακεδαιμονίους τὸν αὐτόν, κατηγοροῦντα τῶν
Μεγαρέων. τοῦτο μὲν οὖν τὸ ψήφισμα Περικλέους ἐστὶν 3 e
εὐγνώμονος καὶ φιλανθρώπου δικαιολογίας ἐχόμενον· ἐπεὶ
δ' ὁ πεμφθεὶς κῆρυξ Ἀνθεμόκριτος αἰτίᾳ τῶν Μεγαρέων
ἀποθανεῖν ἔδοξε, γράφει ψήφισμα κατ' αὐτῶν Χαρῖνος,
ἄσπονδον μὲν εἶναι καὶ ἀκήρυκτον ἔχθραν, ὃς δ' ἂν ἐπιβῇ
τῆς Ἀττικῆς Μεγαρέων, θανάτῳ ζημιοῦσθαι, τοὺς δὲ
στρατηγοὺς ὅταν ὀμνύωσι τὸν πάτριον ὅρκον ἐπομνύειν,
40 L ὅτι καὶ δὶς ἀνὰ πᾶν ἔτος εἰς τὴν Μεγαρικὴν εἰσβαλοῦσι·

16 cf. Thuc. 1, 139, 2 || 22 mor. 812d Demosth. or. 12, 4 Paus. 1, 36, 3 Harpocrat. et Suda s. v. Ἀνθεμόκριτος Bekker Anecd. 1, 403, 29

[S(UMA =)Υ] 3 δοκεῖ M: δοκῇ UA, sed η in ras. U ἐδόκει S | γε Υ: τε S || 7 ἐμμεῖναι S: ἐμμείνας Υ || 9. 10 πρέσβεις—ἀφιγμένους: em. Br. || 11 προβαλλομένου: em. Rei. || 12 πολυάλκην A || 20 κατηγορήσοντα Cor. || 27 πατρικὸν Υ || 28 ἐμβαλοῦσιν Υ, cf. Thuc. 4, 66, 1

ταφῆναι δ' Ἀνθεμόκριτον παρὰ τὰς Θριασίας πύλας, αἳ
4 νῦν Δίπυλον ὀνομάζονται. Μεγαρεῖς δὲ τὸν Ἀνθεμοκρίτου
f φόνον ἀπαρνούμενοι, τὰς αἰτίας εἰς Ἀσπασίαν καὶ Περι-
κλέα τρέπουσι, χρώμενοι τοῖς περιβοήτοις καὶ δημώδεσι
τούτοις ἐκ τῶν Ἀχαρνέων στιχιδίοις (v. 524 sq.)·

πόρνην δὲ Σιμαίθαν ἰόντες Μεγαράδε 331
νεανίαι κλέπτουσι μεθυσοκότταβοι·
κᾆθ' οἱ Μεγαρῆς ὀδύναις πεφυσιγγωμένοι
ἀντεξέκλεψαν Ἀσπασίας πόρνας δύο.

169 **31.** Τὴν μὲν οὖν ἀρχὴν ὅπως ἔσχεν οὐ ῥᾴδιον γνῶναι,
τοῦ δὲ μὴ λυθῆναι τὸ ψήφισμα πάντες ὡσαύτως τὴν αἰτίαν
ἐπιφέρουσι τῷ Περικλεῖ. πλὴν οἱ μὲν ἐκ φρονήματος μεγά-
λου μετὰ γνώμης κατὰ τὸ βέλτιστον ἀπισχυρίσασθαί
φασιν αὐτόν, πεῖραν ἐνδόσεως τὸ πρόσταγμα καὶ τὴν συγ-
χώρησιν ἐξομολόγησιν ἀσθενείας ἡγούμενον, οἱ δὲ μᾶλλον
αὐθαδείᾳ τινὶ καὶ φιλονικίᾳ πρὸς ἔνδειξιν ἰσχύος περι-
φρονῆσαι Λακεδαιμονίων.
2 Ἡ δὲ χειρίστη μὲν αἰτία πασῶν, ἔχουσα δὲ πλείστους
μάρτυρας, οὕτω πως λέγεται. Φειδίας ὁ πλάστης ἐργο-
λάβος μὲν ἦν τοῦ ἀγάλματος ὥσπερ εἴρηται, φίλος δὲ
b τῷ Περικλεῖ γενόμενος καὶ μέγιστον παρ' αὐτῷ δυνηθείς,
τοὺς μὲν δι' αὐτὸν ἔσχεν ἐχθροὺς φθονούμενος, οἱ δὲ τοῦ
δήμου ποιούμενοι πεῖραν ἐν ἐκείνῳ ποῖός τις ἔσοιτο τῷ Περι-
κλεῖ κριτής, Μένωνά τινα τῶν Φειδίου συνεργῶν πείσαντες 41
ἱκέτην ἐν ἀγορᾷ καθίζουσιν, αἰτούμενον ἄδειαν ἐπὶ μηνύσει
3 καὶ κατηγορίᾳ τοῦ Φειδίου. προσδεξαμένου δὲ τοῦ δήμου

6 sq. Athen. 13, 570a Suda s. v. πεφυσιγγωμένοι || **12** Thuc. 1, 140, 5 || **18** Diod. 12, 39, 1 Philoch. FGrH 328 F 121

[S(UMA =)Υ] **1** θριασίου S θριασίους Υ: em. Rei. || **5** ἀχαρνέως Υ || **6** ἰδόντες S || **8** μεγαρεῖς Υ Suda | ὀδύναισι S || **9** ἀντέκλεψαν S | πόρνας S, cod. Rav. Aristoph., Athen.: πόρνα Υ, cet. codd. Aristoph., Suda || **14** πρόσταγμα Υ: πρᾶγμα S || **16** πρὸς ἔνδοξον ἰσχὺν Υ || **23** τις Υ: τε S | τῷ om. Υ || **25. 26** καθίζουσιν | αἰτούμενοι ἄδειαν ἐπὶ μηνύσει καὶ κατηγορᾶ καθίζουσιν αι | αἰτούμενοι ἄδειαν ἐπὶ μηνύσει καὶ κατηγορία U, sed αἰτούμενοι[1]—αι exp. m. 1

τὸν ἄνθρωπον καὶ γενομένης ἐν ἐκκλησίᾳ διώξεως, κλοπαὶ
μὲν οὐκ ἠλέγχοντο· τὸ γὰρ χρυσίον οὕτως εὐθὺς ἐξ ἀρχῆς
τῷ ἀγάλματι προσειργάσατο καὶ περιέθηκεν ὁ Φειδίας
γνώμῃ τοῦ Περικλέους, ὥστε πᾶν δυνατὸν εἶναι περιελοῦ-
σιν ἀποδεῖξαι τὸν σταθμόν, ὃ καὶ τότε τοὺς κατηγόρους c
ἐκέλευσε ποιεῖν ὁ Περικλῆς· ἡ δὲ δόξα τῶν ἔργων ἐπίεζε
φθόνῳ τὸν Φειδίαν, καὶ μάλισθ' ὅτι τὴν πρὸς Ἀμαζόνας
μάχην ἐν τῇ ἀσπίδι ποιῶν αὑτοῦ τινα μορφὴν ἐνετύπωσε,
πρεσβύτου φαλακροῦ πέτρον ἐπηρμένου δι' ἀμφοτέρων
τῶν χειρῶν, καὶ τοῦ Περικλέους εἰκόνα παγκάλην ἐνέθηκε
332 S μαχομένου πρὸς Ἀμαζόνα. τὸ δὲ σχῆμα τῆς χειρός, ἀνα- 4
τεινούσης δόρυ πρὸ τῆς ὄψεως τοῦ Περικλέους, πεποιη-
μένον εὐμηχάνως οἷον ἐπικρύπτειν βούλεται τὴν ὁμοιό-
τητα, παραφαινομένην ἑκατέρωθεν. ὁ μὲν οὖν Φειδίας 5
εἰς τὸ δεσμωτήριον ἀπαχθεὶς ἐτελεύτησε νοσήσας, ὡς δέ
φασιν ἔνιοι φαρμάκοις, ἐπὶ διαβολῇ τοῦ Περικλέους τῶν d
ἐχθρῶν παρασκευασάντων. τῷ δὲ μηνυτῇ Μένωνι γρά-
ψαντος Γλαύκωνος ἀτέλειαν ὁ δῆμος ἔδωκε, καὶ προσ-
έταξε τοῖς στρατηγοῖς ἐπιμελεῖσθαι τῆς ἀσφαλείας τοῦ
ἀνθρώπου.

32. Περὶ δὲ τοῦτον τὸν χρόνον Ἀσπασία δίκην ἔφευγεν
ἀσεβείας, Ἑρμίππου τοῦ κωμῳδιοποιοῦ διώκοντος καὶ
42 L προσκατηγοροῦντος, ὡς Περικλεῖ γυναῖκας ἐλευθέρας
εἰς τὸ αὐτὸ φοιτώσας ὑποδέχοιτο, καὶ ψήφισμα Διοπείθης 2
ἔγραψεν εἰσαγγέλλεσθαι τοὺς τὰ θεῖα μὴ νομίζοντας ἢ
λόγους περὶ τῶν μεταρσίων διδάσκοντας, ἀπερειδόμενος
εἰς Περικλέα δι' Ἀναξαγόρου τὴν ὑπόνοιαν. δεχομένου δὲ 3
τοῦ δήμου καὶ προσιεμένου τὰς διαβολάς, οὕτως ἤδη e
ψήφισμα κυροῦται Δρακοντίδου γράψαντος, ὅπως οἱ λόγοι

7 Cic. Tusc. 1, 34 || **21** Athen. 13, 589e Schol. Aristoph. eq. 969. Schol. Hermog. 7, 165 Walz || **24** mor. 169e Diod. 12, 39, 3 Diog. Laert. 2, 12

[S(UMA =)Υ] **2** *ἐλέγοντο*: em. Orelli || **3** *τῷ* om. Υ || **4** *πᾶν* Υ: *πάνυ* S || **8** *ἐν τῇ ἀσπίδι μάχην* S || **10** *Περικλέους* ⟨*δ'*⟩ Blass || **18** *γλύκωνος*: em. Pareti Röm. Mitt. 24, 274 || **21** ⟨*καὶ*⟩ *Ἀσπασία* Rei. || **22** *κωμωδοποιοῦ* Υ || **24** *διοπίθης* S

τῶν χρημάτων ὑπὸ Περικλέους εἰς τοὺς πρυτάνεις ἀπο- 42 I
τεθεῖεν, οἱ δὲ δικασταὶ τὴν ψῆφον ἀπὸ τοῦ βωμοῦ φέρον-
4 τες ἐν τῇ πόλει κρίνοιεν. Ἅγνων δὲ τοῦτο μὲν ἀφεῖλε τοῦ
ψηφίσματος, κρίνεσθαι δὲ τὴν δίκην ἔγραψεν ἐν δικα-
σταῖς χιλίοις καὶ πεντακοσίοις, εἴτε κλοπῆς καὶ δώρων
5 εἴτ' ἀδικίου βούλοιτό τις ὀνομάζειν τὴν δίωξιν. Ἀσπασίαν
μὲν οὖν ἐξῃτήσατο, πολλὰ πάνυ παρὰ τὴν δίκην, ὡς Αἰσχίνης
(p. 48 Kr.) φησίν, ἀφεὶς ὑπὲρ αὐτῆς δάκρυα καὶ δεηθεὶς
τῶν δικαστῶν, Ἀναξαγόραν δὲ φοβηθεὶς ⟨τὸ δικαστή-
f 6 ριον⟩ ἐξέκλεψε καὶ προύπεμψεν ἐκ τῆς πόλεως. ὡς δὲ διὰ
Φειδίου προσέπταισε τῷ δήμῳ, [φοβηθεὶς τὸ δικαστή-
ριον] μέλλοντα τὸν πόλεμον καὶ ὑποτυφόμενον ἐξέκαυ-
σεν, ἐλπίζων διασκεδάσειν τὰ ἐγκλήματα καὶ ταπεινώσειν
τὸν φθόνον, ἐν πράγμασι μεγάλοις καὶ κινδύνοις τῆς 333
πόλεως ἐκείνῳ μόνῳ διὰ τὸ ἀξίωμα καὶ τὴν δύναμιν
170 ἀναθείσης ἑαυτήν. αἱ μὲν οὖν αἰτίαι, δι' ἃς οὐκ εἴασεν
ἐνδοῦναι Λακεδαιμονίοις τὸν δῆμον, αὗται λέγονται· τὸ
δ' ἀληθὲς ἄδηλον.

a. 431 **33.** Οἱ δὲ Λακεδαιμόνιοι γινώσκοντες ὡς ἐκείνου κατα- 43 I
λυθέντος εἰς πάντα μαλακωτέροις χρήσονται τοῖς Ἀθη-
ναίοις, ἐκέλευον αὐτοὺς τὸ ἄγος ἐλαύνειν τὸ Κυλώνειον,
ᾧ τὸ μητρόθεν γένος τοῦ Περικλέους ἔνοχον ἦν, ὡς Θου-
2 κυδίδης (1, 127) ἱστόρηκεν. ἡ δὲ πεῖρα περιέστη τοῖς
πέμψασιν εἰς τοὐναντίον· ἀντὶ γὰρ ὑποψίας καὶ διαβολῆς
ὁ Περικλῆς ἔτι μείζονα πίστιν ἔσχε καὶ τιμὴν παρὰ τοῖς
πολίταις, ὡς μάλιστα μισούντων καὶ φοβουμένων ἐκεῖνον
3 τῶν πολεμίων. διὸ καὶ πρὶν ἐμβαλεῖν εἰς τὴν Ἀττικὴν τὸν

10 Diod. 12, 39, 3 Aristoph. Pax 605 sq. Aristodem. 16, 1 || 19 Thuc. 1, 126. 127 || 27 Thuc. 2, 13, 1 Polyaen. 1, 36, 2 Iustin. 3, 7, 9

[S(UMA =)Υ] 1 τοὺς om. S || 3 ⟨τοῦ⟩ ἐν τῇ πόλει Rei. || 6 ἀδικίας S ἀδίκου Υ: em. Rei. || 9 τὸ δικ. add., deinde (11) φοβ. τὸ δικ. del. Madvig || 10 ἐξέκλεψε Emp.: ἐξέπεμψεν | καὶ προύπεμψεν om. S || 11 τὸ S: ὡς τὸ Υ || 15 μόνῳ om. U || 16 ἀνατιθείσης Cor. || 21 τὸ κυλώνειον om. Υ fort. recte || 22 τὸ μηπρόσθεν U || 23 ἱστόρηκεν S: εἴρηκεν Υ

43 L Ἀρχίδαμον ἔχοντα τοὺς Πελοποννησίους προεῖπε τοῖς
Ἀθηναίοις, ἂν ἄρα τἆλλα δῃῶν ὁ Ἀρχίδαμος ἀπέχηται τῶν b
ἐκείνου διὰ τὴν ξενίαν τὴν οὖσαν αὐτοῖς ἢ διαβολῆς τοῖς
ἐχθροῖς ἐνδιδοὺς ἀφορμάς, ὅτι τῇ πόλει καὶ τὴν χώραν καὶ
τὰς ἐπαύλεις ἐπιδίδωσιν.

Ἐμβάλλουσιν οὖν εἰς τὴν Ἀττικὴν στρατῷ μεγάλῳ 4
Λακεδαιμόνιοι μετὰ τῶν συμμάχων, Ἀρχιδάμου τοῦ βασι-
λέως ἡγουμένου, καὶ δῃοῦντες τὴν χώραν προῆλθον εἰς
Ἀχαρνὰς καὶ κατεστρατοπέδευσαν, ὡς τῶν Ἀθηναίων οὐκ
ἀνεξομένων, ἀλλ' ὑπ' ὀργῆς καὶ φρονήματος διαμαχου-
μένων πρὸς αὐτούς. τῷ δὲ Περικλεῖ δεινὸν ἐφαίνετο πρὸς 5
τοὺς ἑξακισμυρίους Πελοποννησίων καὶ Βοιωτῶν ὁπλίτας c
– τοσοῦτοι γὰρ ἦσαν οἱ τὸ πρῶτον ἐμβαλόντες – ὑπὲρ
αὐτῆς τῆς πόλεως μάχην συνάψαι· τοὺς δὲ βουλομένους
44 L μάχεσθαι καὶ δυσπαθοῦντας πρὸς τὰ γιγνόμενα κατεπράυ-
νε, λέγων ὡς δένδρα μὲν τμηθέντα καὶ κοπέντα φύεται
ταχέως, ἀνδρῶν δὲ διαφθαρέντων αὖθις τυχεῖν οὐ ῥᾴδιόν
ἐστι. τὸν δὲ δῆμον εἰς ἐκκλησίαν οὐ συνῆγε, δεδιὼς βια- 6
σθῆναι παρὰ γνώμην, ἀλλ' ὥσπερ νεὼς κυβερνήτης ἀνέ-
334 S μου κατιόντος ἐν πελάγει θέμενος εὖ πάντα καὶ κατα-
τείνας τὰ ὅπλα χρῆται τῇ τέχνῃ, δάκρυα καὶ δεήσεις ἐπι-
βατῶν ναυτιώντων καὶ φοβουμένων ἐάσας, οὕτως ἐκεῖνος
τό τ' ἄστυ συγκλείσας καὶ καταλαβὼν πάντα φυλακαῖς d
πρὸς ἀσφάλειαν, ἐχρῆτο τοῖς αὑτοῦ λογισμοῖς, βραχέα
φροντίζων τῶν καταβοώντων καὶ δυσχεραινόντων. καίτοι 7
πολλοὶ μὲν αὐτῷ τῶν φίλων δεόμενοι προσέκειντο, πολλοὶ
δὲ τῶν ἐχθρῶν ἀπειλοῦντες καὶ κατηγοροῦντες, χοροὶ δ'
ᾖδον ᾄσματα καὶ σκώμματα πρὸς αἰσχύνην, ἐφυβρίζοντες
αὐτοῦ τὴν στρατηγίαν ὡς ἄνανδρον καὶ προϊεμένην τὰ

6 Thuc. 2, 19. 20 Diod. 12, 42 mor. 784e || **18** Thuc. 2, 22 Diod. 12, 42, 6 || **25** Thuc. 2, 21

[S(UMA=)Υ] **2** *δηιῶν ὁ* vel *δῃῶν ὁ* Υ: *ἤδη ὢν* S || **3** *τὴν*[1] om. S | *τὴν*[2] om. Υ | *ἢ* om. S, cf. Thuc. || **12** *τοὺς* om. U S || *ἑξακισχιλίους* S, cf. mor. || **15** *δυσπλοοῦντας* S | *γινόμενα* Υ || **19** *νέος* U || **21** *καὶ* Υ: *τε καὶ* S || **26** *αὐτοῦ*: em. Blass || **27** *χοροὶ δ'* Fuhr: *χοροὶ* S *πολλοὶ δὲ* Υ || **28** *ὑβρίζοντες* S

8 *πράγματα τοῖς πολεμίοις. ἐπεφύετο δὲ καὶ Κλέων ἤδη, διὰ τῆς πρὸς ἐκεῖνον ὀργῆς τῶν πολιτῶν πορευόμενος ἐπὶ τὴν δημαγωγίαν, ὡς τὰ ἀνάπαιστα ταῦτα δηλοῖ ποιήσαντος Ἑρμίππου* (fr. 46 CAF I 236)·

e *βασιλεῦ σατύρων, τί ποτ' οὐκ ἐθέλεις*
δόρυ βαστάζειν, ἀλλὰ λόγους μὲν
περὶ τοῦ πολέμου δεινοὺς παρέχεις,
ψυχὴ δὲ Τέλητος ὕπεστιν;

κἀγχειριδίου δ' ἀκόνῃ σκληρᾷ
παραθηγομένης βρύχεις κοπίδος, 45 I
δηχθεὶς αἴθωνι Κλέωνι.

34. *Πλὴν ὑπ' οὐδενὸς ἐκινήθη τῶν τοιούτων ὁ Περι-*
κλῆς, ἀλλὰ πρᾴως καὶ σιωπῇ τὴν ἀδοξίαν καὶ τὴν ἀπέ-
χθειαν ὑφιστάμενος, καὶ νεῶν ἑκατὸν ἐπὶ τὴν Πελοπόννη-
σον στόλον ἐκπέμπων, αὐτὸς οὐ συνεξέπλευσεν, ἀλλ'
ἔμεινεν οἰκουρῶν καὶ διὰ χειρὸς ἔχων τὴν πόλιν, ἕως
2 *ἀπηλλάγησαν οἱ Πελοποννήσιοι. θεραπεύων δὲ τοὺς πολ-*
λοὺς [ὅμως] ἀσχάλλοντας ἐπὶ τῷ πολέμῳ, διανομαῖς τε
f *χρημάτων ἀνελάμβανε καὶ κληρουχίας ἔγραφεν· Αἰγινήτας*
γὰρ ἐξελάσας ἅπαντας, διένειμε τὴν νῆσον Ἀθηναίων τοῖς
3 *λαχοῦσιν. ἦν δέ τις παρηγορία καὶ ἀφ' ὧν ἔπασχον οἱ*
πολέμιοι. καὶ γὰρ οἱ περιπλέοντες τὴν Πελοπόννησον 335
χώραν τε πολλὴν κώμας τε καὶ πόλεις μικρὰς διεπόρθη-
171 *σαν, καὶ κατὰ γῆν αὐτὸς ἐμβαλὼν εἰς τὴν Μεγαρικὴν*
4 *ἔφθειρε πᾶσαν. ᾗ καὶ δῆλον ἦν, ὅτι πολλὰ μὲν δρῶντες*
κατὰ γῆν κακὰ τοὺς Ἀθηναίους, πολλὰ δὲ πάσχοντες

19 Thuc. 2, 27, 1 || **22** Thuc. 2, 25. 31 Diod. 12, 43. 44

[**S**(**UMA** =)**Υ**] **1** *κλέων ἤδη* **E**: *κλεωνίδη* **SΥ** || **2** *ἐπὶ* s. s. **S** (m. 1) || **3** *δηλοποιήσαντος*: em. Salvinius || **5** *τί π' οὐκ* **U** || **7** *παρέχῃ* **Υ** || **8** *ψυχὴ—ὕπεστιν* Emp.: *ψυχὴν—ὑπέστης* **S** *ψυχὴν—ὑπέστη* **Υ** || **10** *παραθηγομένην* **S** *-μένη* **Υ**: em. Dacerius | *βραχεῖ* **S** *βρύχει* **Υ**: em. Anon. | *κοπίδας*: em. Cor. || **16** *ὅλην πόλιν* **S** Zie. || **18** *ὅμως* del. Cor. || **19** *ἀνέγραφεν* **Υ** || **23** *μικρὰς* **Υ**: *οὐ μικρὰς* **S** || **25** *ἦν* om. **Υ** || **26** *κατὰ γῆν* om. **Υ**

*ὑπ' ἐκείνων ἐκ θαλάττης, οὐκ ἂν εἰς μῆκος πολέμου
τοσοῦτο προὔβησαν, ἀλλὰ ταχέως ἀπεῖπον, ὥσπερ ἐξ
ἀρχῆς ὁ Περικλῆς προηγόρευσεν, εἰ μή τι δαιμόνιον ὑπη-
ναντιώθη τοῖς ἀνθρωπίνοις λογισμοῖς. νῦν δὲ πρῶτον* 5
*μὲν ἡ λοιμώδης ἐνέπεσε φθορὰ καὶ κατενεμήθη τὴν ἀκμά-
ζουσαν ἡλικίαν καὶ δύναμιν, ὑφ' ἧς καὶ τὰ σώματα κακού-*
6 L *μενοι καὶ τὰς ψυχάς, παντάπασιν ἠγριώθησαν πρὸς τὸν
Περικλέα, καὶ καθάπερ [πρὸς] ἰατρὸν ἢ πατέρα τῇ νόσῳ
παραφρονήσαντες ἀδικεῖν ἐπεχείρησαν, ἀναπεισθέντες ὑπὸ* b
*τῶν ἐχθρῶν ὡς τὴν μὲν νόσον ἡ τοῦ χωρικοῦ πλήθους εἰς
τὸ ἄστυ συμφόρησις ἀπεργάζεται, θέρους ὥρᾳ πολλῶν
ὁμοῦ χύδην ἐν οἰκήμασι μικροῖς καὶ σκηνώμασι πνιγη-
ροῖς ἀναγκαζομένων διαιτᾶσθαι δίαιταν οἰκουρὸν καὶ
ἀργὴν ἀντὶ καθαρᾶς καὶ ἀναπεπταμένης τῆς πρότερον,
τούτου δ' αἴτιος ὁ τῷ πολέμῳ τὸν ἀπὸ τῆς χώρας ὄχλον
εἰς τὰ τείχη καταχεάμενος καὶ πρὸς οὐδὲν ἀνθρώποις
τοσούτοις χρώμενος, ἀλλ' ἐῶν ὥσπερ βοσκήματα καθειρ-
γμένους ἀναπίμπλασθαι φθορᾶς ἀπ' ἀλλήλων καὶ μηδε-
μίαν μεταβολὴν μηδ' ἀναψυχὴν ἐκπορίζων.*

35. *Ταῦτα βουλόμενος ἰᾶσθαι καί τι παραλυπεῖν τοὺς* c
*πολεμίους, ἑκατὸν καὶ πεντήκοντα ναῦς ἐπλήρου, καὶ
πολλοὺς καὶ ἀγαθοὺς ὁπλίτας καὶ ἱππεῖς ἀναβιβασάμενος,
ἔμελλεν ἀνάγεσθαι, μεγάλην ἐλπίδα τοῖς πολίταις καὶ
φόβον οὐκ ἐλάττω τοῖς πολεμίοις ἀπὸ τοσαύτης ἰσχύος
παρασχών. ἤδη δὲ πεπληρωμένων τῶν νεῶν καὶ τοῦ Περι-* 2
*κλέους ἀναβεβηκότος ἐπὶ τὴν ἑαυτοῦ τριήρη, τὸν μὲν ἥλιον
ἐκλιπεῖν συνέβη καὶ γενέσθαι σκότος, ἐκπλαγῆναι δὲ πάν-*
36 S *τας ὡς πρὸς μέγα σημεῖον. ὁρῶν οὖν ὁ Περικλῆς περί-*

4 Thuc. 2, 47–53 Diod. 12, 45, 2. 58 || **10** Thuc. 2, 17 Aristoph. eq. 792sq. Andoc. fr. 4 (= Suda s. v. *σκάνδιξ*) || **20** Thuc. 2, 56, 1 Diod. 12, 45, 3 || **25** Thuc. 2, 28 Cic. rep. 1, 16, 25

[S(UMA =)Υ] **1. 2** *τοσούτου πολέμου* **S** || **3** *προσηγόρευεν* **S** | *εἰς*
ὑπεναντιωθείη **S** || **4** *ἀνθρώποις* Υ || **8** *πρὸς* **S** *πρὸς* Υ: del. Rei. || **9** [*ἀνα*]*πεισθέντες* Cob. || **10** *χωριτικοῦ* **U** *χωρητικοῦ* **MA** || **11** *ἐργάζεται* Υ || **13** *ἠναγκασμένων* Υ || **22** *καί*[1] om. **UA** | *ἱπ-πέας* Υ || **24** *ἔλαττον* Υ

φοβον τὸν κυβερνήτην καὶ διηπορημένον, ἀνέσχε τὴν
d *χλαμύδα πρὸ τῆς ὄψεως αὐτοῦ, καὶ παρακαλύψας ἠρώ-*
τησε, μή τι δεινὸν ἢ δεινοῦ τινος οἴεται σημεῖον· ὡς
δ' οὐκ ἔφη, „τί οὖν" εἶπεν „ἐκεῖνο τούτου διαφέρει, πλὴν 47
ὅτι μεῖζόν τι τῆς χλαμύδος ἐστὶ τὸ πεποιηκὸς τὴν ἐπι-
σκότησιν;" ταῦτα μὲν οὖν ἐν ταῖς σχολαῖς λέγεται τῶν
φιλοσόφων.

3 *Ἐκπλεύσας δ' οὖν ὁ Περικλῆς οὔτ' ἄλλο τι δοκεῖ τῆς*
παρασκευῆς ἄξιον δρᾶσαι, πολιορκήσας τε τὴν ἱερὰν Ἐπί-
δαυρον ἐλπίδα παρασχοῦσαν ὡς ἁλωσομένην, ἀπέτυχε
διὰ τὴν νόσον. ἐπιγενομένη γὰρ οὐκ αὐτοὺς μόνον, ἀλλὰ
καὶ τοὺς ὁπωσοῦν τῇ στρατιᾷ συμμείξαντας προσδιέφθει-
e *ρεν. ἐκ τούτου χαλεπῶς διακειμένους τοὺς Ἀθηναίους*
4 *πρὸς αὐτὸν ἐπειρᾶτο παρηγορεῖν καὶ ἀναθαρρύνειν. οὐ*
μὴν παρέλυσε τῆς ὀργῆς οὐδὲ μετέπεισε πρότερον, ἢ τὰς
ψήφους λαβόντας ἐπ' αὐτὸν εἰς τὰς χεῖρας καὶ γενομένους
κυρίους ἀφελέσθαι τὴν στρατηγίαν καὶ ζημιῶσαι χρήμασιν,
ὧν ἀριθμὸν οἱ τὸν ἐλάχιστον πεντεκαίδεκα τάλαντα, πεν-
5 *τήκοντα δ' οἱ τὸν πλεῖστον γράφουσιν. ἐπεγράφη δὲ τῇ δίκῃ*
κατήγορος, ὡς μὲν Ἰδομενεὺς (FGrH 338 F 9) *λέγει, Κλέων,*
ὡς δὲ Θεόφραστος, Σιμμίας· ὁ δὲ Ποντικὸς Ἡρακλείδης
(fr. 47 Wehrli) *Λακρατείδην εἴρηκε.*

36. *Τὰ μὲν οὖν δημόσια ταχέως ἔμελλε παύσεσθαι,*
f *καθάπερ κέντρον εἰς τοῦτον ἅμα ⟨τῇ⟩ πληγῇ τὸν θυμὸν*
ἀφεικότων τῶν πολλῶν· τὰ δ' οἰκεῖα μοχθηρῶς εἶχεν
αὐτῷ, κατὰ τὸν λοιμὸν οὐκ ὀλίγους ἀποβαλόντι τῶν ἐπι-
2 *τηδείων, καὶ στάσει διατεταραγμένα πόρρωθεν. ὁ γὰρ*

8 Thuc. 2, 56, 4 || **15** Thuc. 2, 65, 3 Diod. 12, 45, 5 [Demosth.] 26, 6 (802)

[S(UMA =)Υ] **2** *χαλμύδα* U | *πρὸ τῶν ὄψεων* S | **5** *τι* om. S || **11** *ἐπιγενομένης* S || **12** *συμπήξαντας* Υ || **14** *ἐπ ειρᾶτο* U (*ἐπ* s. s. m. 2) || **15** *παρέλυσε* SMA (sed *π* in ras. A): *γὰρ ἔλυσε* U | *τῆς ὀργῆς* Blass (cf. Thuc. 2, 65, 1): *τὴν ὀργὴν* | *μετέπεισε*] *γρ κατέπαυσε* S[m] (m. 1) || **18** *ὧν τὸν ἀριθμὸν* S || **22** *λακρατίδαν*: em. Kaiser || **23** *παύεσθαι* Υ || **24** *τοῦτο* Blass *ταὐτὸν* Orelli | *τῇ* add. Cor. || **26** *κατά τε τὸν* Υ || **27** *διατεταραγμένῳ* S *-μένων* Υ: em. Sauppe

48 L πρεσβύτερος αὐτοῦ τῶν γνησίων υἱῶν Ξάνθιππος, φύσει
τε δαπανηρὸς ὢν καὶ γυναικὶ νέᾳ καὶ πολυτελεῖ συνοικῶν,
Τεισάνδρου θυγατρὶ τοῦ Ἐπιλύκου, χαλεπῶς ἔφερε τὴν
τοῦ πατρὸς ἀκρίβειαν, γλίσχρα καὶ κατὰ μικρὸν αὐτῷ
χορηγοῦντος. πέμψας οὖν πρός τινα τῶν φίλων ἔλαβεν 3 172
337 S ἀργύριον ὡς τοῦ Περικλέους κελεύσαντος. ἐκείνου δ' ὕστε- 4
ρον ἀπαιτοῦντος, ὁ μὲν Περικλῆς καὶ δίκην αὐτῷ προσ-
έλαχε, τὸ δὲ μειράκιον ὁ Ξάνθιππος ἐπὶ τούτῳ χαλεπῶς
διατεθεὶς ἐλοιδόρει τὸν πατέρα, πρῶτον μὲν ἐκφέρων ἐπὶ
γέλωτι τὰς οἴκοι διατριβὰς αὐτοῦ καὶ τοὺς λόγους οὓς
ἐποιεῖτο μετὰ τῶν σοφιστῶν. πεντάθλου γάρ τινος ἀκοντίῳ 5
πατάξαντος Ἐπίτιμον τὸν Φαρσάλιον ἀκουσίως καὶ κτεί-
ναντος, ἡμέραν ὅλην ἀναλῶσαι μετὰ Πρωταγόρου διαπο-
ροῦντα, πότερον τὸ ἀκόντιον ἢ τὸν βαλόντα μᾶλλον ἢ τοὺς
ἀγωνοθέτας κατὰ τὸν ὀρθότατον λόγον αἰτίους χρὴ τοῦ
πάθους ἡγεῖσθαι. πρὸς δὲ τούτοις καὶ τὴν περὶ τῆς γυναι- 6 b
κὸς διαβολὴν ὑπὸ τοῦ Ξανθίππου φησὶν ὁ Στησίμβροτος
(FGrH 107 F 11) εἰς τοὺς πολλοὺς διασπαρῆναι, καὶ ὅλως
ἀνήκεστον ἄχρι τῆς τελευτῆς τῷ νεανίσκῳ πρὸς τὸν
πατέρα διαμεῖναι τὴν διαφοράν· ἀπέθανε γὰρ ὁ Ξάνθιππος
ἐν τῷ λοιμῷ νοσήσας. ἀπέβαλε δὲ καὶ τὴν ἀδελφὴν ὁ 7
Περικλῆς τότε καὶ τῶν κηδεστῶν καὶ φίλων τοὺς πλεί-
στους καὶ χρησιμωτάτους πρὸς τὴν πολιτείαν. οὐ μὴν 8
ἀπεῖπεν οὐδὲ προὔδωκε τὸ φρόνημα καὶ τὸ μέγεθος τῆς
ψυχῆς ὑπὸ τῶν συμφορῶν, ἀλλ' οὐδὲ κλαίων οὔτε κηδεύων
οὔτε πρὸς τάφῳ τινὸς ὤφθη τῶν ἀναγκαίων, πρίν γε δὴ c
49 L καὶ τὸν περίλοιπον αὐτοῦ τῶν γνησίων υἱῶν ἀποβαλεῖν
Πάραλον. ἐπὶ τούτῳ δὲ καμφθείς, ἐπειρᾶτο μὲν ἐγκαρ- 9
τερεῖν τῷ ἤθει καὶ διαφυλάττειν τὸ μεγαλόψυχον, ἐπι-
φέρων δὲ τῷ νεκρῷ στέφανον ἡττήθη τοῦ πάθους πρὸς

[S(UMA =)Υ] **1** πρεσβύτατος: em. Blass ‖ **3** οἰσανδρου S ἰσάνδρου Υ: em. Sint. cf. Andoc. 1, 117. 3, 29 ‖ **4** γλίσχρως C ‖ **8** ὁ Ξάνθ. del. Cob. ‖ **11** ἐποίει Υ | τινος S: ἵππον Υ ‖ **12** ἐπιτιμίου τοῦ φαρσαλίου Υ ‖ **14** μᾶλλον om. Υ ‖ **16** ἡγεῖσθαι Υ: γενέσθαι S (num λέγεσθαι? Fuhr) ‖ **20** παραμεῖναι Υ ‖ **25. 26** οὔτε ... οὔτε Blass: οὐδὲ ... οὐδὲ ‖ **27** υἱῶν om. Υ

τὴν ὄψιν, ὥστε κλαυθμόν τε ῥῆξαι καὶ πλῆθος ἐκχέαι δακρύ-
ων, οὐδέποτε τοιοῦτον οὐδὲν ἐν τῷ λοιπῷ βίῳ πεποιηκώς.
37. Τῆς δὲ πόλεως πειρωμένης τῶν ἄλλων στρατηγῶν
εἰς τὸν πόλεμον καὶ ῥητόρων, οὐδεὶς βάρος ἔχων ἰσόρ-
ροπον οὐδ' ἀξίωμα πρὸς τοσαύτην ἐχέγγυον ἡγεμονίαν
ἐφαίνετο· ποθούσης δ' ἐκεῖνον καὶ καλούσης ἐπὶ τὸ βῆμα 338
d καὶ τὸ στρατήγιον, ἀθυμῶν καὶ κείμενος οἴκοι διὰ τὸ
πένθος ὑπ' Ἀλκιβιάδου καὶ τῶν ἄλλων ἐπείσθη φίλων
2 προελθεῖν. ἀπολογησαμένου δὲ τοῦ δήμου τὴν ἀγνωμο-
a. 430 σύνην τὴν πρὸς αὐτόν, ὑποδεξάμενος αὖθις τὰ πράγματα
καὶ στρατηγὸς αἱρεθείς, ᾐτήσατο λυθῆναι τὸν περὶ τῶν
νόθων νόμον, ὃν αὐτὸς εἰσενηνόχει πρότερον, ὡς μὴ παν-
τάπασιν ἐρημίᾳ διαδοχῆς [τὸν οἶκον] ἐκλίποι τοὔνομα καὶ
3 a. 451 τὸ γένος. εἶχε δ' οὕτω τὰ περὶ τὸν νόμον. ἀκμάζων ὁ
Περικλῆς ἐν τῇ πολιτείᾳ πρὸ πάνυ πολλῶν χρόνων καὶ
παῖδας ἔχων ὥσπερ εἴρηται γνησίους, νόμον ἔγραψε, μό-
νους Ἀθηναίους εἶναι τοὺς ἐκ δυεῖν Ἀθηναίων γεγονότας.
4 ἐπεὶ δὲ τοῦ βασιλέως τῶν Αἰγυπτίων δωρεὰν τῷ δήμῳ
e πέμψαντος τετρακισμυρίους πυρῶν μεδίμνους ἔδει δια-
νέμεσθαι τοὺς πολίτας, πολλαὶ μὲν ἀνεφύοντο δίκαι τοῖς
νόθοις ἐκ τοῦ γράμματος ἐκείνου τέως διαλανθάνουσι καὶ 50 I
παρορωμένοις, πολλοὶ δὲ καὶ συκοφαντήμασι περιέπιπτον.
ἀπεκρίθησαν οὖν ἁλόντες ὀλίγῳ πεντακισχιλίων ἐλάττους,
οἱ δὲ μείναντες ἐν τῇ πολιτείᾳ καὶ κριθέντες Ἀθηναῖοι
μύριοι καὶ τετρακισχίλιοι καὶ τεσσαράκοντα τὸ πλῆθος
5 ἐξητάσθησαν. ὄντος οὖν δεινοῦ τὸν κατὰ τοσούτων ἰσχύ-

cap. 37 Thuc. 2, 65, 4 || **11** Aristot. *Ἀθπ.* 26, 4. 42, 1. pol. 3, 5 p. 1278 a 30sq. || **18** schol. Aristoph. vesp. 716

[**S(UMA =)Υ**] **4** *οὐδεὶς* S: *ὡς οὐδεὶς* Υ || **6** *δ'* om. S || **7** *καὶ*[2] Υ: *δὲ καὶ* S | *κείμενος*] *καθήμενος* Cob. || **9** *προσελθεῖν* Υ || **10** *τὴν* om. Υ || **11** *ᾐτήσατο* S: *εἰσηγήσατο* Υ | *ἀπολυθῆναι* S || **13** *τὸν οἶκον* del. Madvig | *ἐκλείποι* S || **18** *δωρεὰς*: em. Rei. || **21. 22** *διαλανθάνουσαι καὶ παρορώμεναι*: em. Sauppe || **23** *ἀπεκρίθησαν* Cor.: *ἐπράθησαν* Υ *ἐπράχθησαν* S (*ἀπηλάθησαν* Cob.) | *δ' οὖν* S || **26** *τὸν* S: *τοῦ* Υ | *τοσοῦτον* Υ

σαντα νόμον ὑπ' αὐτοῦ πάλιν λυθῆναι τοῦ γράψαντος, ἡ
παροῦσα δυστυχία τῷ Περικλεῖ περὶ τὸν οἶκον, ὡς δίκην
τινὰ δεδωκότι τῆς ὑπεροψίας καὶ τῆς μεγαλαυχίας ἐκεί- f
νης, ἐπέκλασε τοὺς Ἀθηναίους, καὶ δόξαντες αὐτὸν νεμε-
σητά τε παθεῖν ἀνθρωπίνων τε δεῖσθαι, συνεχώρησαν
ἀπογράψασθαι τὸν νόθον εἰς τοὺς φράτορας, ὄνομα θέμε-
νον τὸ αὐτοῦ. καὶ τοῦτον μὲν ὕστερον ἐν Ἀργινούσαις 6
καταναυμαχήσαντα Πελοποννησίους ἀπέκτεινεν ὁ δῆμος
μετὰ τῶν συστρατήγων.

38. Τότε δὲ τοῦ Περικλέους ἔοικεν ὁ λοιμὸς λαβέσθαι 173
339 S λαβὴν οὐκ ὀξεῖαν ὥσπερ ἄλλων οὐδὲ σύντονον, ἀλλὰ βλη- a. 429
χρᾷ τινι νόσῳ καὶ μῆκος ἐν ποικίλαις ἐχούσῃ μεταβολαῖς
διαχρωμένην τὸ σῶμα σχολαίως καὶ ὑπερείπουσαν τὸ
φρόνημα τῆς ψυχῆς. ὁ γοῦν Θεόφραστος (fr. 146 W.) ἐν 2
τοῖς Ἠθικοῖς διαπορήσας, εἰ πρὸς τὰς τύχας τρέπεται τὰ
ἤθη καὶ κινούμενα τοῖς τῶν σωμάτων πάθεσιν ἐξίσταται
τῆς ἀρετῆς, ἱστόρηκεν ὅτι νοσῶν ὁ Περικλῆς ἐπισκοπου-
μένῳ τινὶ τῶν φίλων δείξειε περίαπτον ὑπὸ τῶν γυναικῶν
τῷ τραχήλῳ περιηρτημένον, ὡς σφόδρα κακῶς ἔχων ὁπότε
καὶ ταύτην ὑπομένοι τὴν ἀβελτερίαν. ἤδη δὲ πρὸς τῷ τελευ- 3
51 L τᾶν ὄντος αὐτοῦ, περικαθήμενοι τῶν πολιτῶν οἱ βέλτιστοι b
καὶ τῶν φίλων οἱ περιόντες λόγον ἐποιοῦντο τῆς ἀρετῆς
καὶ τῆς δυνάμεως, ὅση γένοιτο, καὶ τὰς πράξεις ἀνεμε-
τροῦντο καὶ τῶν τροπαίων τὸ πλῆθος· ἐννέα γὰρ ἦν ἃ στρα-
τηγῶν καὶ νικῶν ἔστησεν ὑπὲρ τῆς πόλεως. ταῦθ' ὡς οὐκέτι 4
συνιέντος, ἀλλὰ καθῃρημένου τὴν αἴσθησιν αὐτοῦ, διελέ-
γοντο πρὸς ἀλλήλους· ὁ δὲ πᾶσιν ἐτύγχανε τὸν νοῦν προσ-
εσχηκώς, καὶ φθεγξάμενος εἰς μέσον ἔφη θαυμάζειν ὅτι
ταῦτα μὲν ἐπαινοῦσιν αὐτοῦ καὶ μνημονεύουσιν, ἃ καὶ

7 Xen. hell. 1, 5, 16. 6, 29. 7, 2–34 Schol. Ar. ran. 1196 ‖ **10** Thuc. 2, 65, 6 Diod. 12, 46, 1 Athen. 5, 217e Max. Tyr. 7, 4 ‖ **25** mor. 186c 543c Iulian. or. 3 p. 128 c. d app. V. II 132 Ars. 418

[S(UMA =)Υ] **1** +++ νόμον S: τὸν νόμον Υ | ὑπ'] ὑπὲρ Holzapfel | διαλυθῆναι Υ ‖ **3** τινὰ] ἱκανὴν Cob. ‖ **4** ἀνεμέσητα Rei. ‖ **5** ἀνθρωπίνως Υ ‖ **7** τὸ S: τοῦ Υ (sed τὸ s. s. A) | ἀργικνούσαις S ‖ **10** δὲ ⟨καὶ⟩ Rei. ‖ **20** ὑπομένοι U ‖ **21** παρακαθήμενοι C ‖ **22** ⟨περὶ⟩ τῆς Cob. ‖ **26** καθημένου S

πρὸς τύχης ἐστὶ κοινὰ καὶ γέγονεν ἤδη πολλοῖς στρατη-
c γοῖς, τὸ δὲ κάλλιστον καὶ μέγιστον οὐ λέγουσιν. „οὐδεὶς
γάρ“ ἔφη „δι' ἐμὲ τῶν πολιτῶν [Ἀθηναίων] μέλαν ἱμάτιον
περιεβάλετο.“

39. Θαυμαστὸς οὖν ὁ ἀνὴρ οὐ μόνον τῆς ἐπιεικείας καὶ
πρᾳότητος, ἣν ἐν πράγμασι πολλοῖς καὶ μεγάλαις ἀπεχθεί-
αις διετήρησεν, ἀλλὰ καὶ τοῦ φρονήματος, εἰ τῶν αὐτοῦ
καλῶν ἡγεῖτο βέλτιστον εἶναι τὸ μήτε φθόνῳ μήτε θυμῷ
χαρίσασθαι μηδὲν ἀπὸ τηλικαύτης δυνάμεως, μηδὲ χρή-
2 σασθαί τινι τῶν ἐχθρῶν ὡς ἀνηκέστῳ. καί μοι δοκεῖ τὴν
μειρακιώδη καὶ σοβαρὰν ἐκείνην προσωνυμίαν ἓν τοῦτο
ποιεῖν ἀνεπίφθονον καὶ πρέπουσαν, οὕτως εὐμενὲς ἦθος
καὶ βίον ἐν ἐξουσίᾳ καθαρὸν καὶ ἀμίαντον Ὀλύμπιον προσ- 340
d αγορεύεσθαι, καθάπερ τὸ τῶν θεῶν γένος ἀξιοῦμεν αἴ-
τιον μὲν ἀγαθῶν, ἀναίτιον δὲ κακῶν πεφυκὸς ἄρχειν καὶ
βασιλεύειν τῶν ὄντων, οὐχ ὥσπερ οἱ ποιηταὶ συνταράτ-
τοντες ἡμᾶς ἀμαθεστάταις δόξαις ἁλίσκονται τοῖς αὐτῶν 52
μυθεύμασι, τὸν μὲν τόπον, ἐν ᾧ τοὺς θεοὺς κατοικεῖν
λέγουσιν, ἀσφαλὲς ἕδος καὶ ἀσάλευτον καλοῦντες, οὐ πνεύ-
μασιν, οὐ νέφεσι χρώμενον, ἀλλ' αἴθρᾳ μαλακῇ καὶ φωτὶ
καθαρωτάτῳ τὸν ἅπαντα χρόνον ὁμαλῶς περιλαμπόμενον,
ὡς τοιαύτης τινὸς τῷ μακαρίῳ καὶ ἀθανάτῳ διαγωγῆς
μάλιστα πρεπούσης, αὐτοὺς δὲ τοὺς θεοὺς ταραχῆς καὶ
δυσμενείας καὶ ὀργῆς ἄλλων τε μεστοὺς παθῶν ἀποφαί-
e 3 νοντες, οὐδ' ἀνθρώποις νοῦν ἔχουσι προσηκόντων. ἀλλὰ
ταῦτα μὲν ἴσως ἑτέρας δόξει πραγματείας εἶναι.

Τοῦ δὲ Περικλέους ταχεῖαν αἴσθησιν καὶ σαφῆ πόθον
Ἀθηναίοις ἐνειργάζετο τὰ πράγματα. καὶ γὰρ οἱ ζῶντος
βαρυνόμενοι τὴν δύναμιν ὡς ἀμαυροῦσαν αὐτούς, εὐθὺς

[S(UMA =)Υ] **1** τύχην: em. Ha. || **3** πολιτῶν Cob. Wil.: ὄντων | Ἀθηναίων del. Cob. Wil. || **4** περιεβάλλετο U || **7. 8** εἰ ... ἡγεῖτο Υ: εἰπὼν ὡς ... ἡγοῖτο S || **10** ἀνηκέστων S || **11** σοβαρὰν καὶ μειρακιώδη S | ἐν τούτω S || **13** Ὀλύμπιον προσαγορεύεσθαι del. Rei || **18** μυθεύμασι S: ποιήμασι Υ || **19** οὐ Υ: οὔτε S || **20** αἴθραι S: αἰθρίᾳ Υ | μαλακῇ] μάλα Herw. cl. Hom. Od. 6, 44 || **21** καθαρῷ Υ || **22** τινὸς om. Υ | τῷ | καρίω U || **28** ζῶντες S || **29** αὐτοῖς Υ

*ἐκποδὼν γενομένου πειρώμενοι ῥητόρων καὶ δημαγωγῶν
ἑτέρων, ἀνωμολογοῦντο μετριώτερον ἐν ὄγκῳ καὶ σεμνό-
τερον ἐν πρᾳότητι μὴ φῦναι τρόπον. ἡ δ' ἐπίφθονος ἰσχὺς* 4
*ἐκείνη, μοναρχία λεγομένη καὶ τυραννὶς πρότερον, ἐφάνη
τότε σωτήριον ἔρυμα τῆς πολιτείας γενομένη· τοσαύτη
φορὰ καὶ πλῆθος ἐπέκειτο κακίας τοῖς πράγμασιν, ἣν
ἐκεῖνος ἀσθενῆ καὶ ταπεινὴν ποιῶν ἀπέκρυπτε καὶ κατε-
κώλυεν ἀνήκεστον ἐν ἐξουσίᾳ γενέσθαι.*

ΦΑΒΙΟΣ ΜΑΞΙΜΟΣ

1. *Τοιούτου δὲ τοῦ Περικλέους ἐν τοῖς ἀξίοις μνήμης* 174
*γεγονότος, ὡς παρειλήφαμεν, ἐπὶ τὸν Φάβιον τὴν ἱστο-
ρίαν μετάγομεν.*
53 L 341 S *Νυμφῶν μιᾶς λέγουσιν, οἱ δὲ γυναικὸς ἐπιχωρίας,* 2 b
*Ἡρακλεῖ μιγείσης περὶ τὸν Θύβριν ποταμὸν γενέσθαι
Φάβιον, ἄνδρα πολὺ καὶ δόκιμον ἐν Ῥώμῃ τὸ Φαβίων
γένος ἀφ' αὑτοῦ παρασχόντα. τινὲς δὲ τοὺς ἀπὸ τοῦ γένους
τούτου πρώτους τῇ δι' ὀρυγμάτων χρησαμένους ἄγρᾳ
Φοδίους ἱστοροῦσιν ὀνομάζεσθαι τὸ παλαιόν· οὕτω γὰρ
ἄχρι νῦν αἱ διώρυχες φόσσαι καὶ φόδερε τὸ σκάψαι καλεῖ-
ται· χρόνῳ δὲ τῶν δυεῖν φθόγγων μεταπεσόντων, Φάβιοι
προσηγορεύθησαν. πολλοὺς δὲ ⟨καὶ⟩ μεγάλους τῆς οἰκίας* 3
*ἐξενεγκαμένης ἄνδρας, ἀπὸ Ῥούλλου τοῦ μεγίστου καὶ
διὰ τοῦτο Μαξίμου παρὰ Ῥωμαίοις ἐπονομασθέντος τέταρ-
τος ἦν Φάβιος Μάξιμος, περὶ οὗ τάδε γράφομεν. ἦν δ'* 4 c
αὐτῷ σωματικὸν μὲν παρωνύμιον ὁ Βερρούκωσος· εἶχε

13 Fest. 257 Paul. Fest. 87 Ovid. ex Pont. 3, 3, 99 Sil. It. 2, 3. 6, 627 sq. 7, 35. 44. 8, 217 Iuvenal. 8, 14 || **25** de vir. illustr. 43, 1 Cic. de sen. 10 Seren. Samm. 1092 sq.

[**S(UMA =)Υ**] **2** *ἀνωμολόγουν* **A** || **4** *λεγομένη* **Υ**: *γενομένη* **S** || **6** *φθορά*: em. Br. Sch. || **8** *ἐν* om. **Υ** || **12** *μεταγάγωμεν* **Υ** || **13** *νυμφῶν* **Υ**: *δν νυμφῶν* **S** || **14** *θύμβριν* **Υ**, cf. Cam. 18, 7 || **15** *ἄνδρα* om. **S**[r], cf. p. 53, 22 v. l. | *καὶ* **Υ**: *δὲ καὶ* **S** || **16** *γένος ἀπ' αὐτοῦ*: em. Anon. || **19** *διορυγαὶ* **Υ** || **21** *καὶ* add. Br. || **22** *Ῥούλλου* Xy.: *ῥυλάου* || **25** *Βερρούκωσος* Li[r]: *φερρούκωσος* **S** *βερούκωσσος* **Υ**

γὰρ ἀκροχορδόνα μικρὰν ἐπάνω τοῦ χείλους ἐπιπεφυκυῖαν·
ὁ δ' Ὀβικούλας σημαίνει μὲν προβάτιον, ἐτέθη δὲ πρὸς
τὴν πρᾳότητα καὶ βραδυτῆτα τοῦ ἤθους ἔτι παιδὸς ὄντος.
5 τὸ γὰρ ἡσύχιον αὐτοῦ καὶ σιωπηλὸν καὶ μετὰ πολλῆς μὲν
εὐλαβείας τῶν παιδικῶν ἁπτόμενον ἡδονῶν, βραδέως
δὲ καὶ διαπόνως δεχόμενον τὰς μαθήσεις, εὔκολον
δὲ πρὸς τοὺς συνήθεις καὶ κατήκοον ἀβελτερίας τινὸς
καὶ νωθρότητος ὑπόνοιαν εἶχε παρὰ τοῖς ἐκτός· ὀλί-
γοι δ' ἦσαν οἱ τὸ δυσκίνητον ὑπὸ βάθους καὶ με-
d γαλόψυχον καὶ λεοντῶδες ἐν τῇ φύσει καθορῶντες
6 αὐτοῦ. ταχὺ δὲ τοῦ χρόνου προϊόντος ὑπὸ τῶν πραγμά- 54 L
των ἐγειρόμενος, διεσήμαινε καὶ τοῖς πολλοῖς ἀπάθειαν
μὲν οὖσαν τὴν δοκοῦσαν ἀπραγίαν, εὐβουλίαν δὲ τὴν εὐλά-
βειαν, τὸ δὲ πρὸς μηδὲν ὀξὺ μηδ' εὐκίνητον ἐν πᾶσι μόνι-
7 μον καὶ βέβαιον. ὁρῶν δὲ καὶ τῆς πολιτείας τὸ μέγεθος
καὶ τῶν πολέμων τὸ πλῆθος, ἤσκει τὸ μὲν σῶμα πρὸς
τοὺς πολέμους ὥσπερ ὅπλον σύμφυτον, τὸν δὲ λόγον
ὄργανον πειθοῦς πρὸς τὸν δῆμον, εὖ μάλα τῷ βίῳ πρε-
8 πόντως κατακεκοσμημένον. οὐ γὰρ ἐπῆν ὡραϊσμὸς οὐδὲ
κενὴ καὶ ἀγοραῖος χάρις, ἀλλὰ νοῦς ἴδιον καὶ περιττὸν ἐν 342 S
γνωμολογίαις σχῆμα καὶ βάθος ἔχων, ἃς μάλιστα ταῖς
e 9 Θουκυδίδου προσεοικέναι λέγουσι. διασῴζεται γὰρ αὐτοῦ
λόγος ὃν εἶπεν ἐν τῷ δήμῳ, τοῦ παιδὸς αὐτοῦ μεθ' ὑπα-
τείαν ἀποθανόντος ἐγκώμιον.

a. 233 **2.** *Πέντε* δ' ὑπατειῶν ἃς ὑπάτευσεν ἡ πρώτη τὸν ἀπὸ
Λιγύων θρίαμβον ἔσχεν. ἡττηθέντες γὰρ ὑπ' αὐτοῦ μά-

22 Cic. de sen. 12 nat. deor. 3, 88 Tusc. 3, 70 fam. 4, 6, 1 et infra p. 78, 8 || 25 c. 29, 1 Fasti Cap. Chronogr. Idat. Chron. Pasch. Cic. de sen. 10 Act. triumph. Elog. de vir. ill. 43, 1 Zon. 8, 18

[S(UMA =)Υ] **2** *ὀβικούλας* **S**: *οἱ ὀκούλλας* **U¹** *ὀβίκουλα* s. s. **U²** *ὀουικούλας* **MA** | *μὲν* **S**: *μὲν τὸ* **Υ** || **3** *βαρύτητα*: em. Cor. || **4** *μὲν* om. **Υ** || **8** *νοθρότητος* **U** || **9** *καὶ* **S**: *καὶ τὸ* **Υ** || **13** *ἀπραγίαν* **S**: *εὐπραγίαν* **Υ** || **15** *βίαιον* **U** et ante ras., ut vid., **A** || **18** ⟨*ὥσπερ*⟩ *ὄργανον* Zie. cl. Cat. 1, 5 || **18. 19** *πρεπόντως τῷ βίῳ* **Υ** || **19** *ὡραϊσμὸς* om. **Υ** || **20** *χάρις* om. **Υ** || **21** *ἔχων ἃς* **Υ**: *ἐχούσαις ὡς* **S** || **25** *ὑπάτευσεν*] *ἠπρώτευσεν* **U** || **26** *λιγύων* **C**: *λιβύων* cet. | *γὰρ* om. **U**

χη καὶ πολλοὺς ἀποβαλόντες, εἰς τὰς Ἄλπεις ἀνεστάλη-
σαν, καὶ τὴν πρόσοικον ἐπαύσαντο τῆς Ἰταλίας λῃζόμενοι
καὶ κακῶς ποιοῦντες.
Ἐπεὶ δ' Ἀννίβας ἐμβαλὼν εἰς Ἰταλίαν καὶ μάχῃ πρῶ- 2
τον περὶ τὸν Τρεβίαν ποταμὸν ἐπικρατήσας, αὐτὸς μὲν a. 218
ἤλαυνε διὰ Τυρρηνίας πορθῶν τὴν χώραν, ἔκπληξιν δὲ
δεινὴν καὶ φόβον εἰς τὴν Ῥώμην ἐνέβαλλε, σημεῖα δὲ τὰ
μὲν συνήθη Ῥωμαίοις ἀπὸ κεραυνῶν, τὰ δ' ὅλως ἐξηλ- f
λαγμένα καὶ πολλὴν ἀτοπίαν ἔχοντα προσέπιπτε – θυ-
55 L ρεούς τε γὰρ ἀφ' αὐτῶν αἵματι γενέσθαι διαβρόχους ἐλέχθη,
καὶ θέρη σταχύων περὶ Ἄντιον ἔναιμα κείρεσθαι, καὶ
λίθους μὲν ἐκ τοῦ ἀέρος διαπύρους καὶ φλεγομένους φέρε-
σθαι, τοῦ δ' ὑπὲρ Φαλερίους οὐρανοῦ ῥαγῆναι δόξαντος
ἐκπίπτειν καὶ διασπείρεσθαι πολλὰ γραμματεῖα, καὶ τού-
των ἐν ἑνὶ γεγραμμένον φανῆναι κατὰ λέξιν· „Ἄρης τὰ 175
ἑαυτοῦ ὅπλα σαλεύει" –, τὸν μὲν ὕπατον Γάιον Φλαμί- 3
νιον οὐδὲν ἤμβλυνε τούτων, ἄνδρα πρὸς τῷ φύσει θυμοειδεῖ
καὶ φιλοτίμῳ μεγάλαις ἐπαιρόμενον εὐτυχίαις, ἃς πρόσθεν
εὐτύχησε παραλόγως, τῆς τε βουλῆς ἀποκαλούσης καὶ
τοῦ συνάρχοντος ἐνισταμένου βίᾳ συμβαλὼν τοῖς Γαλά-
ταις μάχῃ καὶ κρατήσας, Φάβιον δὲ τὰ μὲν σημεῖα, καίπερ
ἁπτόμενα πολλῶν, ἧττον ὑπέθραττε διὰ τὴν ἀλογίαν· τὴν 4
δ' ὀλιγότητα τῶν πολεμίων καὶ τὴν ἀχρηματίαν πυν-
θανόμενος, καρτερεῖν παρεκάλει τοὺς Ῥωμαίους καὶ μὴ
μάχεσθαι πρὸς ἄνθρωπον ἐπ' αὐτῷ τούτῳ διὰ πολλῶν
343 S ἀγώνων ἠσκημένῃ στρατιᾷ χρώμενον, ἀλλὰ τοῖς συμμά- b
χοις ἐπιπέμποντας βοηθείας καὶ τὰς πόλεις διὰ χειρὸς
ἔχοντας, αὐτὴν ἐᾶν περὶ αὑτῇ μαραίνεσθαι τὴν ἀκμὴν τοῦ
Ἀννίβου, καθάπερ φλόγα λάμψασαν ἀπὸ μικρᾶς καὶ κού-
φης δυνάμεως.

4sq. Liv. 22, 1 Val. Max. 1, 6, 5 Oros. 4, 15, 1 Cass. Dio fr. 56, 8 Zon. 8, 22 || 18 Plut. Marc. 4, 2 et ibi l. l.

[S(UMA =)Υ] 5 *αὐτοὺς* S || 7 *ἐνέβαλε* Υ || 14 *γραμμάτια* S || 16 *μὲν* om. U || 18 *ἃς* Υ: *αἷς* S || 19 *ἀπαδούσης* S || 20 *συμβαλὼν βίᾳ* Υ || 21 *μάχῃ* om. Υ || 22 *ἁπτομένῳ* UA || 25 *αὐτὸ τοῦτο* Rei. || 27 *ἐπιπέμποντας* Sint.: *ἐπιπέμπειν τὰς* || 28 *αὑτῇ* Rei.: *αὐτὴν*

3. Οὐ μὴν ἔπεισε τὸν Φλαμίνιον, ἀλλὰ φήσας οὐκ ἀνέ-
ξεσθαι προσιόντα τῇ Ῥώμῃ τὸν πόλεμον οὐδ' ὥσπερ ὁ
παλαιὸς Κάμιλλος ἐν τῇ πόλει διαμαχεῖσθαι περὶ αὐτῆς,
τὸν μὲν στρατὸν ἐξάγειν ἐκέλευσε τοὺς χιλιάρχους, αὐτὸς 56
δ' ἐπὶ τὸν ἵππον ἁλάμενος, ἐξ οὐδενὸς αἰτίου προδήλου
παραλόγως ἐντρόμου τοῦ ἵππου γενομένου καὶ πτυρέντος,
ἐξέπεσε καὶ κατενεχθεὶς ἐπὶ κεφαλὴν ὅμως οὐδὲν ἔτρεψε
c τῆς γνώμης, ἀλλ' ὡς ὥρμησεν ἐξ ἀρχῆς ἀπαντῆσαι τῷ
Ἀννίβᾳ, περὶ τὴν καλουμένην Θρασυνίαν λίμνην τῆς Τυρ-
2 ρηνίας παρετάξατο. τῶν δὲ στρατιωτῶν συμβαλόντων εἰς
χεῖρας, ἅμα τῷ καιρῷ τῆς μάχης συνέπεσε σεισμός, ὑφ'
οὗ καὶ πόλεις ἀνετράπησαν καὶ ῥεύματα ποταμῶν ἐξ ἕδρας
μετέστη καὶ κρημνῶν ὑπώρειαι παρερράγησαν. ἀλλὰ καί-
περ οὕτω γενομένου βιαίου ⟨τοῦ⟩ πάθους οὐδεὶς τὸ παρά-
3 παν ᾔσθετο τῶν μαχομένων. αὐτὸς μὲν οὖν ὁ Φλαμίνιος
πολλὰ καὶ τόλμης ἔργα καὶ ῥώμης ἀποδεικνύμενος ἔπεσε,
καὶ περὶ αὐτὸν οἱ κράτιστοι· τῶν δ' ἄλλων τραπέντων
d πολὺς ἦν ὁ φόνος, καὶ πεντακισχίλιοι πρὸς μυρίοις κατε-
κόπησαν, καὶ ἑάλωσαν ἕτεροι τοσοῦτοι. τὸ δὲ Φλαμινίου
σῶμα φιλοτιμούμενος θάψαι καὶ κοσμῆσαι δι' ἀρετὴν ὁ
Ἀννίβας οὐχ εὗρεν ἐν τοῖς νεκροῖς, ἀλλ' ἠγνοεῖτο τὸ παρά-
4 παν ὅπως ἠφανίσθη. τὴν μὲν οὖν ἐπὶ τοῦ Τρεβίου γενομένην
ἧτταν οὔθ' ὁ γράψας στρατηγὸς οὔθ' ὁ πεμφθεὶς ἄγγελος
ἀπ' εὐθείας ἔφρασεν, ἀλλ' ἐψεύσαντο τὴν νίκην ἐπίδικον
αὐτοῖς καὶ ἀμφίδοξον γενέσθαι· περὶ δὲ ταύτης ὡς πρῶ-
τον ἤκουσεν ὁ στρατηγὸς Πομπώνιος, συναγαγὼν εἰς ἐκ-
κλησίαν τὸν δῆμον οὐ περιπλοκὰς οὐδὲ παραγωγὰς ⟨πλασά- 344

1 Liv. 22, 3 Val. Max. 1, 6, 6 Cic. div. 1, 77. 78 || 9 Zon. 8, 25 Liv. 22, 5, 8 Plin. n. h. 2, 200 Sil. Ital. 5, 611–626 || 15 Polyb. 3, 85, 1 Liv. 22, 7, 5 Val. Max. 1, 6, 6 || 22 Liv. 22, 7, 8

[S(UMA =)Υ] 3 *Κάμιλλος* Am.: *καλλίμαχος* | *διαμάχεσθαι* S || 5 *ἁλλόμενος* Υ || 9 *θρασίδαν* S *Θρασυμένην* Anon. *Θρασουμενίαν* Sint. || 13 *περιερράγησαν* Υ || 14 *τοῦ* add. Rei. || 16 *ἐπιδεικνύμενος* Υ || 18 *ὁ* om. Υ || 21 *ἠγνόει*: em. Rei. || 22 *ἐπὶ τοῦ τρεβίου* Υ: *ἀπὸ τοῦ πεδίου* S || 24 *ἐψεύσατο*: em. Naber || 25 *καὶ ἀμφίδοξον αὐτοῖς* S | *ταύτης ⟨τἀληθὲς⟩* Li. || 27 *πλασάμενος* add. Zie. cl. Cat. min. 63, 7 *⟨ἐνέβαλεν⟩* Erbse

57 L μενος〉, ἀλλ' ἄντικρυς ἔφη προσελθών· ,,νενικήμεθα ὦ 5 344 S
ἄνδρες Ῥωμαῖοι μεγάλῃ μάχῃ, καὶ διέφθαρται τὸ στρα- e
τόπεδον, καὶ Φλαμίνιος ὕπατος ἀπόλωλεν. ἀλλὰ βουλεύε-
σθε περὶ σωτηρίας αὑτῶν καὶ ἀσφαλείας.'' οὗτος μὲν οὖν 6
ὥσπερ πνεῦμα τὸν λόγον ἐμβαλὼν εἰς πέλαγος τοσοῦτον
δῆμον, συνετάραξε τὴν πόλιν, οὐδ' ἑστάναι πρὸς τοσαύ-
την ἔκπληξιν οἱ λογισμοὶ καὶ διαμένειν ἐδύναντο, πάντες 7
δ' εἰς μίαν γνώμην συνηνέχθησαν, ἀνυπευθύνου τε δεῖσθαι
τὰ πράγματα μοναρχίας, ἣν δικτατορίαν καλοῦσι, καὶ τοῦ
μεταχειριουμένου ταύτην ἀθρύπτως καὶ ἀδεῶς ἀνδρός·
εἶναι δὲ τοῦτον ἕνα Φάβιον Μάξιμον, ἰσόρροπον ἔχοντα
τῷ μεγέθει τῆς ἀρχῆς τὸ φρόνημα καὶ τὸ ἀξίωμα τοῦ f
ἤθους, ἡλικίας τε κατὰ τοῦτο γεγενημένον ἐν ᾧ συνέστηκεν
ἔτι πρὸς τὰ τῆς ψυχῆς βουλεύματα τὸ σῶμα τῇ ῥώμῃ καὶ
συγκέκραται τῷ φρονίμῳ τὸ θαρραλέον.

4. Ὡς οὖν ταῦτ' ἔδοξεν, ἀποδειχθεὶς δικτάτωρ Φάβιος a. 217
καὶ ἀποδείξας αὐτὸς ἵππαρχον Μᾶρκον Μινούκιον, πρῶ-
τον μὲν ᾐτήσατο τὴν σύγκλητον ἵππῳ χρῆσθαι παρὰ τὰς
στρατείας. οὐ γὰρ ἐξῆν, ἀλλ' ἀπηγόρευτο κατὰ δή τινα 2
νόμον παλαιόν, εἴτε τῆς ἀλκῆς τὸ πλεῖστον ἐν τῷ πεζῷ
τιθεμένων καὶ διὰ τοῦτο τὸν στρατηγὸν οἰομένων δεῖν
παραμένειν τῇ φάλαγγι καὶ μὴ προλείπειν, εἴθ', ὅτι τυραν- 176
νικὸν εἰς ἅπαντα τἆλλα καὶ μέγα τὸ τῆς ἀρχῆς κράτος
ἐστίν, ἔν γε τούτῳ βουλομένων τὸν δικτάτορα τοῦ δήμου
φαίνεσθαι δεόμενον. οὐ μὴν ἀλλὰ καὶ αὐτὸς ὁ Φάβιος εὐθὺς 3
58 L ἐνδείξασθαι θέλων τῆς ἀρχῆς τὸ μέγεθος καὶ τὸν ὄγκον,
ὡς μᾶλλον ὑπηκόοις χρῷτο καὶ πειθηνίοις τοῖς πολίταις,

16 Polyb. 3, 87, 6. 9 App. Hann. 11 Cass. Dio fr. 56, 9 Zon. 8, 25 Liv. 22, 8, 6. 9, 7 Nep. Hann. 5, 1 Plin. n. h. 33, 45 Elog. || **25** Polyb. 3, 88, 8 App. Hann. 12 Liv. 22, 11, 5

[S(UMA =)Υ] **5.6** *τοσούτου δήμου*: em. Naber || **7** *οἱ διαλογισμοὶ* S || **8** *συνηνέχθησαν* Cor.: *συνήχθησαν* | *τε* om. Υ || **9** *δικτατωρείαν* S²Υ || **11** *τούτων* U || **15** *συγκεκράτηται* S || **17** *ὕπαρχον* Υ | *Μᾶρκον* Anon.: *λεύκιον* | *μινίκιον* S || **21** *τῶν στρατηγῶν* S || **22** *προλιπεῖν* Υ || **24** *γε* Υ: *τε* S

(176) προῆλθε συνενεγκάμενος εἰς τὸ αὐτὸ ῥαβδουχίας εἰκοσι-
τέσσαρας· καὶ τοῦ ἑτέρου τῶν ὑπάτων ἀπαντῶντος αὐτῷ,
τὸν ὑπηρέτην πέμψας ἐκέλευσε τοὺς ῥαβδούχους ἀπαλλά-
ξαι καὶ τὰ παράσημα τῆς ἀρχῆς ἀποθέμενον ἰδιώτην ἀπαν- 345 S
τᾶν.
4 Μετὰ δὲ ταῦτα καλλίστην ἀρχόμενος ⟨τὴν⟩ ἐκ θεῶν
b ἀρχήν, καὶ διδάσκων τὸν δῆμον ὡς ὀλιγωρίᾳ καὶ περι-
φρονήσει τοῦ στρατηγοῦ πρὸς τὸ δαιμόνιον, οὐ μοχθηρίᾳ
τῶν ἀγωνισαμένων σφαλέντα, προὔτρεπε μὴ δεδιέναι τοὺς
ἐχθρούς, ἀλλὰ [καὶ] τοὺς θεοὺς ἐξευμενίζεσθαι καὶ τιμᾶν,
οὐ δεισιδαιμονίαν ἐνεργαζόμενος, ἀλλὰ θαρρύνων εὐσεβείᾳ
τὴν ἀρετὴν καὶ ταῖς παρὰ τῶν θεῶν ἐλπίσι τὸν ἀπὸ τῶν
5 πολεμίων φόβον ἀφαιρῶν καὶ παραμυθούμενος. ἐκινήθη-
σαν δὲ τότε καὶ πολλαὶ τῶν ἀπορρήτων καὶ χρησμίων αὐ-
τοῖς βίβλων ἃς Σιβυλλείους καλοῦσι, καὶ λέγεται συνδρα-
μεῖν ἔνια τῶν ἀποκειμένων ἐν αὐταῖς λογίων πρὸς τὰς
c 6 τύχας καὶ τὰς πράξεις ἐκείνας. καὶ τὸ μὲν ⟨ἀνα⟩γνωσθὲν
οὐκ ἦν ἑτέρῳ πυθέσθαι, προελθὼν δ' ὁ δικτάτωρ εἰς τὸν
ὄχλον, εὔξατο τοῖς θεοῖς ἐνιαυτοῦ μὲν αἰγῶν καὶ συῶν καὶ
προβάτων καὶ βοῶν ἐπιγονήν, ὅσην Ἰταλίας ὄρη καὶ πεδία
καὶ ποταμοὶ καὶ λειμῶνες εἰς ὥραν ἐσομένην θρέψουσι, κατα-
θύσειν ἅπαντα, θέας δὲ μουσικὰς καὶ θυμελικὰς ἄξειν
ἀπὸ σηστερτίων τριακοσίων τριάκοντα τριῶν καὶ δηνα-
ρίων τριακοσίων τριάκοντα τριῶν, ἔτι τριτημορίου προσ- 59 I
όντος. τοῦτο τὸ κεφάλαιόν ἐστιν ὀκτὼ μυριάδες δραχμῶν
καὶ δραχμαὶ τρισχίλιαι πεντακόσιαι ὀγδοήκοντα τρεῖς καὶ
7 δύο ὀβολοί. λόγον δὲ τῆς εἰς τοῦτο τοῦ πλήθους ἀκριβείας

6 Liv. 22, 9, 7 sq. 10, 10. 23, 13 Polyb. 3, 88, 7

[S(UMA =)Υ] **1** *ταὐτὸ* Υ || **6** *τὴν* add. Zie. || **10** *καὶ* del. Cor. || **11** *ἐργαζόμενος* Υ || **14** *πολλαὶ καί*: trp. Zie. | *χρησίμων*: em. Rei. *χρησμῳδῶν* Cor. *χρηστηρίων* Wil. || **17** *ἀναγνωσθὲν* Madvig: *γνωσθὲν* S *γνωστὸν* Υ (*γρ γνωσθὲν* s. s. A) || **18** *προσελθὼν* Υ || **19** *ηὔξατο* Υ || **20** *ἰταλία* S || **21** *ποταμοὶ* libri: *πό(ι)αι* Kron. *καὶ ποτ.* del. Ha. *νομοὶ* Zie., sed Verg. georg. 2, 147. 3, 144 cft. Erbse || **22** *ἅπαντας* S | *θυμελικὰς, θυ* s. s. m. 2, S || **23.24** *καὶ δηναρίων— τριῶν* om. S, add. mg. S² || **24** *τριτημόρου* S || **25** *τὸ* om. S || **27** *εἰς τοσοῦτον πλῆθος* Zie.

καὶ διανομῆς χαλεπόν ἐστιν εἰπεῖν, εἰ μή τις ἄρα βού- d
λοιτο τῆς τριάδος ὑμνεῖν τὴν δύναμιν, ὅτι καὶ φύσει τέλειος
καὶ πρῶτος τῶν περισσῶν ἀρχήν τε πλήθους ἐν αὐτῷ τάς
τε πρώτας διαφορὰς καὶ τὰ παντὸς ἀριθμοῦ στοιχεῖα μεί-
ξας καὶ συναρμόσας εἰς ταὐτὸν ἀνείληφε.

5. Τῶν μὲν οὖν πολλῶν ὁ Φάβιος τὴν γνώμην ἀναρ-
τήσας εἰς τὸ θεῖον, ἡδίω πρὸς τὸ μέλλον ἐποίησεν· αὐτὸς
δὲ πάσας θέμενος ἐν αὑτῷ τὰς τῆς νίκης ἐλπίδας, ὡς καὶ
346 S τοῦ θεοῦ τὰς εὐπραξίας δι' ἀρετῆς καὶ φρονήσεως παρα-
διδόντος, τρέπεται πρὸς Ἀννίβαν, οὐχ ὡς διαμαχούμενος,
ἀλλὰ χρόνῳ τὴν ἀκμὴν αὐτοῦ καὶ χρήμασι τὴν ἀπορίαν
καὶ πολυανθρωπίᾳ τὴν ὀλιγότητα τρίβειν καὶ ὑπαναλί- e
σκειν βεβουλευμένος. ὅθεν αἰεὶ μετέωρος ἀπὸ τῆς ἵππου 2
τῶν πολεμίων ἐν τόποις ὀρεινοῖς στρατοπεδεύων ἐπῃω-
ρεῖτο, καθημένου μὲν ἡσυχάζων, κινουμένου δὲ κατὰ τῶν
ἄκρων κύκλῳ περιιὼν καὶ περιφαινόμενος ἐκ διαστήμα-
τος, ὅσον ἄκοντι μὴ βιασθῆναι μάχεσθαι καὶ φόβον ὡς
μαχησόμενος τοῖς πολεμίοις ἀπὸ τῆς μελλήσεως αὐτῆς
παρέχειν. οὕτω δὲ παράγων τὸν χρόνον ὑπὸ πάντων κατε- 3
60 L φρονεῖτο, καὶ κακῶς μὲν ἤκουεν ἐν τῷ στρατοπέδῳ, κομι-
δῇ δὲ τοῖς πολεμίοις ἄτολμος ἐδόκει καὶ τὸ μηδὲν
εἶναι, πλὴν ἑνὸς ἀνδρὸς Ἀννίβου. μόνος δ' ἐκεῖνος 4
αὐτοῦ τὴν δεινότητα καὶ τὸν τρόπον ᾧ πολεμεῖν ἐγνώ- f
κει συνιδών, καὶ διανοηθεὶς ὡς πάσῃ τέχνῃ καὶ βίᾳ
κινητέος ἐστὶν εἰς μάχην ὁ ἀνὴρ ἢ διαπέπρακται τὰ
Καρχηδονίων, οἷς μέν εἰσι κρείττους ὅπλοις χρήσασθαι

1 mor. 738 f 744 b 288 d 374 a 1020 d al. || cap. 5 Polyb. 3, 89–90 Liv. 22, 12 || 7 App. Hann. 12 Cass. Dio fr. 56, 10 Zon. 8, 25 Sil. It. 7, 1 sq. 90 sq.

[S(UMA =)Υ] 1 *βούλεται* S || 3 *περιττῶν* Υ | *περισσῶν* ⟨*ὧν ἀριθμῶν*⟩ Zie. | *ἀρχήν* Rei.: *ἀρχή* || 4 *τὰ παντὸς ἀριθμοῦ* Υ: *τάττοντας ἀριθμοὺς* S || 5 *εἰς* S: *πρὸς* Υ || 6 *ἀπαρτήσας*: em. Rei., cf. Numa 15, 12 || 13 *ἀεὶ* Υ || 14 *ἐπηώρητο* S || 16 *παραφαινόμενος* Rei. *ἐπιφαιν.* Sch. *ὑπερφαιν.* Zie. || 17 *ἄκων τε μὴ* Cob. || 19 *παρέχειν* Cor.: *παρεῖχεν* | *παραγαγὼν* Υ || 22 *ἀνδρὸς* om. Υ (in fine lineae U), cf. p. 47, 15 v. l. || 23 *ᾧ* Υ: *τῷ* S

μὴ δυναμένων, οἷς δὲ λείπονται σώμασι καὶ χρήμασιν
ἐλαττουμένων καὶ δαπανωμένων εἰς τὸ μηδέν, ἐπὶ πᾶσαν
ἰδέαν στρατηγικῶν σοφισμάτων καὶ παλαισμάτων τρε-
πόμενος καὶ πειρώμενος ὥσπερ δεινὸς ἀθλητὴς λαβὴν
ζητῶν, προσέβαλλε καὶ διετάραττε καὶ μετῆγε πολλαχόσε
177 τὸν Φάβιον, ἐκστῆσαι τῶν ὑπὲρ τῆς ἀσφαλείας λογισμῶν
5 βουλόμενος. τῷ δ' ἡ μὲν κρίσις πίστιν ἔχοντι τοῦ συμφέ-
ροντος ἐν αὐτῇ βέβαιος εἱστήκει καὶ ἀμετάπτωτος, ἠνώ-
χλει δ' αὐτὸν ὁ ἵππαρχος Μινούκιος, φιλομαχῶν ἀκαίρως
καὶ θρασυνόμενος καὶ δημαγωγῶν τὸ στράτευμα, μανι-
κῆς φορᾶς καὶ κενῶν ἐλπίδων ὑπ' αὐτοῦ πεπληρωμένον·
οἳ τὸν μὲν Φάβιον σκώπτοντες καὶ καταφρονοῦντες Ἀννί-
βου παιδαγωγὸν ἀπεκάλουν, τὸν δὲ Μινούκιον μέγαν ἄνδρα
6 καὶ τῆς Ῥώμης ἄξιον ἡγοῦντο στρατηγόν. ὁ δὲ μᾶλλον εἰς 347
φρόνημα καὶ θράσος ἀνειμένος, ἐχλεύαζε μὲν τὰς ἐπὶ τῶν
b ἄκρων στρατοπεδείας, ὡς καλὰ θέατρα τοῦ δικτάτορος
ἀεὶ παρασκευαζομένου θεωρήσουσι πορθουμένην καὶ φλε-
γομένην τὴν Ἰταλίαν, ἠρώτα δὲ τοὺς φίλους τοῦ Φαβίου,
πότερον εἰς τὸν οὐρανὸν ἄρας ἀναφέρει τὸν στρατὸν ὥσπερ 61
τῆς γῆς ἀπεγνωκώς, ἢ νέφη καὶ ὁμίχλας προβαλλόμενος
7 ἀποδιδράσκει τοὺς πολεμίους. ταῦτα τῶν φίλων πρὸς τὸν
Φάβιον ἀπαγγελλόντων καὶ τὴν ἀδοξίαν τῷ κινδύνῳ λῦσαι
παραινούντων, „οὕτω μέντἂν" ἔφη „δειλότερος ἢ νῦν εἶναι
δοκῶ γενοίμην, εἰ σκώμματα καὶ λοιδορίας φοβηθεὶς
8 ἐκπέσοιμι τῶν ἐμαυτοῦ λογισμῶν. καίτοι τὸ μὲν ὑπὲρ
c πατρίδος οὐκ αἰσχρὸν δέος, ἡ δὲ πρὸς δόξαν ἀνθρώπων
καὶ διαβολὰς καὶ ψόγους ἔκπληξις οὐκ ἀξίου τηλικαύτης
ἀρχῆς ἀνδρός, ἀλλὰ δουλεύοντος ὧν κρατεῖν αὐτὸν καὶ
δεσπόζειν κακῶς φρονούντων προσήκει."

12 mor. 195 c Diod. 26, 3, 1 || 21 mor. 195 c

[S(UMA =)Υ] 6 τὸν om. U || 7 μὲν om. S | κρίσις π. ἔχοντι Υ: γνώμη π. ἔχουσα S || 8 ἑαυτῇ Υ | ἑστήκει Υ || 9 ἵππαρχος, ὕ supra *l*, A | μινούκιος ex μινίκιος corr. S, cf. Popl. 12, 3 || 11 πεπληρωμένων ante ras. S || 13 καὶ μέγαν Υ || 19 ὥσπερ S: ὡς Υ

6. *Μετὰ ταῦτα γίνεται διαμαρτία τοῦ Ἀννίβου. βου-
λόμενος γὰρ ἀποσπάσαι τοῦ Φαβίου πορρωτέρω τὸ στρά-
τευμα καὶ πεδίων ἐπιλαβέσθαι προνομὰς ἐχόντων, ἐκέ-
λευσε τοὺς ὁδηγοὺς μετὰ δεῖπνον εὐθὺς ἡγεῖσθαι πρὸς τὸ
Κασινάτον. οἱ δὲ τῆς φωνῆς διὰ βαρβαρισμὸν οὐκ ἐξακού-* 2
*σαντες ἀκριβῶς, ἐμβάλλουσιν αὐτοῦ τὴν δύναμιν φέροντες
εἰς τὰ καταλήγοντα τῆς Καμπανίας εἰς πόλιν Κασιλῖνον,
ἣν τέμνει ῥέων διὰ μέσης [ὁ Λοθρόνος] ποταμὸς ὃν Οὐολ-* d
τοῦρνον οἱ Ῥωμαῖοι καλοῦσιν. ἔστι δ' ἡ χώρα τὰ μὲν ἄλλα 3
*περιστεφὴς ὄρεσιν, αὐλὼν δ' ἀναπέπταται πρὸς τὴν θάλατ-
ταν, ἔνθα τὰ ἕλη καταδίδωσι τοῦ ποταμοῦ περιχεομένου
καὶ θῖνας ἄμμου βαθείας ἔχει καὶ τελευτᾷ πρὸς αἰγιαλὸν
κυματώδη καὶ δύσορμον. ἐνταῦθα καταβαίνοντος τοῦ* 4
Ἀννίβου, περιελθὼν ἐμπειρίᾳ τῶν ὁδῶν ὁ Φάβιος, τὴν μὲν
2 L *διέξοδον ὁπλίτας τετρακισχιλίους ἐπιστήσας ἐνέφραξε, τὸν*
48 S *δ' ἄλλον στρατὸν ὑπὲρ τῶν [ἄλλων] ἄκρων ἐν καλῷ καθί-
σας, διὰ τῶν ἐλαφροτάτων καὶ προχειροτάτων ἐνέβαλε
τοῖς ἐσχάτοις τῶν πολεμίων καὶ συνετάραξεν ἅπαν τὸ* e
στράτευμα, διέφθειρε δὲ περὶ ὀκτακοσίους. ἐκ τούτου βου- 5
*λόμενος Ἀννίβας ἀπαγαγεῖν τὸ στράτευμα, καὶ τὴν διαμαρ-
τίαν τοῦ τόπου νοήσας καὶ τὸν κίνδυνον, ἀνεσταύρωσε μὲν
τοὺς ὁδηγούς, ἐκβιάζεσθαι δὲ τοὺς πολεμίους καὶ προσμά-
χεσθαι τῶν ὑπερβολῶν ἐγκρατεῖς ὄντας ἀπεγίνωσκε. δυσ-* 6
*θύμως δὲ καὶ περιφόβως διακειμένων ἁπάντων καὶ περιε-
στάναι σφᾶς πάντοθεν ἀφύκτους ἡγουμένων ἀπορίας, ἔγνω
δολοῦν ἀπάτῃ τοὺς πολεμίους. ἦν δὲ τοιόνδε. βοῦς ὅσον
δισχιλίας ἐκ τῶν αἰχμαλώτων ἐκέλευσε συλλαβόντας ἀνα-
δῆσαι δᾷδα πρὸς ἕκαστον κέρας καὶ λύγων ἢ φρυγάνων*

cap. 6 infra c. 29, 2 Polyb. 3, 92–94 App. Hann. 14 Polyaen. exc. 46, 10 Zon. 8, 26 Liv. 22, 13–17 Nep. Hann. 5 Sil. Ital. 7, 272 sq. Quintil. inst. or. 2, 17, 19 Frontin. strat. 1, 5, 28 de vir. ill. 43, 4

[S(UMA =)Υ] **4. 5** *πρὸς τὸ Κασινάτον*] *in agrum Casinatem* Livius 22, 13, 5 ‖ **8** *ὁ Λοθρόνος* del. (Am.) Cor. | *οὐατουράνον*: em. Anon. ‖ **10** *αὐλῶνι* Υ ‖ **16** *ἄλλων* del. Br. ‖ **17** *διὰ*] *μετὰ* (Am.) Br. | *ἐνέβαλε* **E**: *ἐνέβαλλε* cet. ‖ **22** *προμάχεσθαι*: em. Br. ‖ **25** *πανταχόθεν* **Z** ‖ **26** *τοιάδε* Rei. ‖ **28** *καὶ* Kron.: *ἢ*

αὔων φάκελον· εἶτα νυκτὸς ὅταν ἀρθῇ σημεῖον, ἀνάψαντας ἐλαύνειν ἐπὶ τὰς ὑπερβολὰς παρὰ τὰ στενὰ καὶ τὰς φυλα-
7 κὰς τῶν πολεμίων. ἅμα δὲ ταῦτα παρεσκεύαζον οἷς προσετέτακτο, καὶ τὸν ἄλλον αὐτὸς ἀναστήσας στρατὸν ἤδη σκότους ὄντος ἦγε σχολαίως. αἱ δὲ βόες ἄχρι μὲν τὸ πῦρ ὀλίγον ἦν καὶ περιέκαιε τὴν ὕλην, ἀτρέμα προσεχώρουν ἐλαυνόμεναι πρὸς τὴν ὑπώρειαν, καὶ θαῦμα τοῖς καθορῶσι νομεῦσιν ἀπὸ τῶν ἄκρων καὶ βουκόλοις ἦσαν αἱ φλόγες, ἄκροις ἐπιλάμπουσαι τοῖς κέρασιν, ὡς στρατοπέδου καθ’
178 8 ἕνα κόσμον ὑπὸ λαμπάδων πολλῶν βαδίζοντος. ἐπεὶ δὲ πυρούμενον τὸ κέρας ἄχρι ῥίζης διέδωκε τῇ σαρκὶ τὴν αἴ-
σθησιν, καὶ πρὸς τὸν πόνον διαφέρουσαι καὶ τινάσσουσαι 63
τὰς κεφαλὰς ἀνεπίμπλαντο πολλῆς ἀπ’ ἀλλήλων φλογός, οὐκ ἐνέμειναν τῇ τάξει τῆς πορείας, ἀλλ’ ἔκφοβοι καὶ περιαλγεῖς οὖσαι δρόμῳ κατὰ τῶν ὀρῶν ἐφέροντο, λαμπόμεναι μὲν οὐρὰς ἄκρας καὶ μέτωπα, πολλὴν δὲ τῆς ὕλης δι’ ἧς
9 ἔφευγον ἀνάπτουσαι. δεινὸν οὖν ἦν θέαμα τοῖς παραφυλάττουσι τὰς ὑπερβολὰς Ῥωμαίοις· καὶ γὰρ αἱ φλόγες ἐῴ- 349
κεσαν ὑπ’ ἀνθρώπων θεόντων διαφερομέναις λαμπάσι, καὶ
b θόρυβος ἦν ἐν αὐτοῖς πολὺς καὶ φόβος, ἀλλαχόθεν ἄλλους ἐπιφέρεσθαι τῶν πολεμίων σφίσι καὶ κυκλοῦσθαι πανταχόθεν ἡγουμένων. διὸ μένειν οὐκ ἐτόλμων, ἀλλὰ πρὸς τὸ
10 μεῖζον ἀνεχώρουν στρατόπεδον, προέμενοι τὰ στενά. [καὶ] κατὰ τοῦτο δὲ καιροῦ προσμείξαντες οἱ ψιλοὶ τοῦ Ἀννίβου τὰς ὑπερβολὰς κατέσχον, ἡ δ’ ἄλλη δύναμις ἤδη προσέβαινεν ἀδεῶς, πολλὴν καὶ βαρεῖαν ἐφελκομένη λείαν.

7. Τῷ δὲ Φαβίῳ συνέβη μὲν ἔτι νυκτὸς αἰσθέσθαι τὸν δόλον – φεύγουσαι γὰρ ἔνιαι τῶν βοῶν σποράδες ἧκον αὐτῶν εἰς χεῖρας –, ἐνέδρας δὲ δεδιὼς σκοταίους, ἀτρέμα
2 τὴν δύναμιν ἐν τοῖς ὅπλοις εἶχεν. ὡς δ’ ἦν ἡμέρα, διώ-

27 sq. Polyb. 3, 94, 4 App. Hann. 15 Zon. 8, 26 Liv. 22, 18

[S(UMA =)Υ] 6 προεχώρουν M ‖ 13 πολλοῖς U | ἀπ’ἀλλήλων om. S[r] | ἀπ’ M: ἐπ’ S[m] U A ‖ 20 πολλοῖς UA (υ supra οι scr. A) ‖ 23 καὶ del. Cor.

κων ἐξήπτετο τῶν ἐσχάτων, καὶ συμπλοκαὶ περὶ τὰς c
δυσχωρίας ἐγίνοντο καὶ θόρυβος ἦν πολύς, ἕως παρ'
Ἀννίβου τῶν ὀρειβατεῖν δεινῶν Ἰβήρων ἄνδρες ἐλαφροὶ καὶ
ποδώκεις πεμφθέντες ἀπὸ τοῦ στόματος εἰς βαρεῖς ὁπλί-
τας τοὺς Ῥωμαίους ἐνέβαλον, καὶ διαφθείραντες οὐκ ὀλί-
γους ἀπέστρεψαν τὸν Φάβιον. τότε δὴ μάλιστα κακῶς 3
64 L ἀκοῦσαι καὶ καταφρονηθῆναι συνέβη τὸν Φάβιον. τῆς γὰρ
ἐν τοῖς ὅπλοις τόλμης ὑφιέμενος ὡς γνώμῃ καὶ προνοίᾳ
καταπολεμήσων τὸν Ἀννίβαν, αὐτὸς ἡττημένος τούτοις
καὶ κατεστρατηγημένος ἐφαίνετο. βουλόμενος δὲ μᾶλλον 4
ἐκκαῦσαι τὴν πρὸς αὐτὸν ὀργὴν τῶν Ῥωμαίων ὁ Ἀννί-
βας, ὡς ἦλθεν ἐπὶ τοὺς ἀγροὺς αὐτοῦ, τὰ μὲν ἄλλα πάντα d
καίειν καὶ διαφθείρειν ἐκέλευσεν, ἐκείνων δ' ἀπεῖπεν ἅπτε-
σθαι μόνων, καὶ παρακατέστησε φυλακὴν οὐδὲν ἐῶσαν
ἀδικεῖν οὐδὲ λαμβάνειν ἐκεῖθεν. ταῦτα προσδιέβαλε τὸν 5
Φάβιον εἰς Ῥώμην ἀναγγελθέντα, καὶ πολλὰ μὲν αὐτοῦ
πρὸς τὸν ὄχλον οἱ δήμαρχοι κατεβόων, ἐπάγοντος μάλιστα
Μετιλίου καὶ παροξύνοντος, οὐ κατὰ τὴν πρὸς Φάβιον
350 S ἔχθραν, ἀλλ' οἰκεῖος ὢν Μινουκίου τοῦ ἱππάρχου, τιμὴν
ᾤετο καὶ δόξαν ἐκείνῳ φέρειν τὰς τούτου διαβολάς. ἐγε-
γόνει δὲ καὶ τῇ βουλῇ δι' ὀργῆς οὐχ ἥκιστα μεμφομένῃ
τὰς περὶ τῶν αἰχμαλώτων πρὸς Ἀννίβαν ὁμολογίας. ὡμο- e
λογήκεισαν γὰρ αὐτοῖς ἄνδρα μὲν ἀνδρὶ λύεσθαι τῶν ἁλι-
σκομένων, εἰ δὲ πλείους οἱ ἕτεροι γένοιντο, διδόναι δραχμὰς
ὑπὲρ ἑκάστου τὸν κομιζόμενον πεντήκοντα καὶ διακοσίας.
ὡς οὖν γενομένης τῆς κατ' ἄνδρα διαμείψεως ηὑρέθησαν 6
ὑπόλοιποι Ῥωμαίων παρ' Ἀννίβᾳ τεσσαράκοντα καὶ δια-

6 Polyb. 3, 94, 8 Liv. 22, 23 || **10** Liv. 22, 23, 4 Val. Max. 7, 3 ext. 8 Frontin. strat. 1, 8, 2 Sil. It. 7, 260 sq. Zon. 8, 26 || **20** infra c. 30, 5 Liv. 22, 23, 5sq. Val. Max. 3, 8, 2. 4, 8, 1 Frontin. strat. 1, 8, 2 de vir. ill. 43, 7 Cass. Dio fr. 56, 15

[S(UMA =)Υ] **5** *ἐνέβαλλον* UA || **6** *ἀπέτρεψαν* UA || **8** *ἐφιέμενος* ante corr. S || **15** *προσδιέβαλλεν* Υ || **15. 16** *τὸν Φάβιον* om. Υ || **17** *ἐνάγοντος* Naber *ἐπαίροντος* Mittelhaus || **18** *τὴν*] *τινα* Kron. || **19** *ὑπάρχου* U et s. s. A || **22. 23** *ὡμολογήκει γὰρ αὐτοῖς*: em. Rei. || **25** *τῶν κομιζομένων*: em. Rei. || **26** *εὑρέθησαν* Υ

κόσιοι, τούτων ἡ σύγκλητος ἔγνω τὰ λύτρα μὴ πέμπειν,
καὶ προσῃτιᾶτο τὸν Φάβιον, ὡς οὐ πρεπόντως οὐδὲ λυσιτε-
λῶς ἄνδρας ὑπὸ δειλίας πολεμίων ἄγραν γενομένους
f 7 ἀνακομιζόμενον. ταῦτ' ἀκούσας ὁ Φάβιος τὴν μὲν ὀργὴν
ἔφερε πρᾴως τῶν πολιτῶν, χρήματα δ' οὐκ ἔχων, διαψεύ- 65 L
σασθαι δὲ τὸν Ἀννίβαν καὶ προέσθαι τοὺς πολίτας οὐχ 6
ὑπομένων, ἔπεμψε τὸν υἱὸν εἰς Ῥώμην, κελεύσας ἀποδό-
σθαι τοὺς ἀγροὺς καὶ τὸ ἀργύριον εὐθὺς ὡς αὐτὸν ἐπὶ τὸ
8 στρατόπεδον κομίζειν. ἀποδομένου δὲ τοῦ νεανίσκου τὰ
χωρία καὶ ταχέως ἐπανελθόντος, ἀπέπεμψε τὰ λύτρα τῷ
Ἀννίβᾳ καὶ τοὺς αἰχμαλώτους ἀπέλαβε· καὶ πολλῶν ἀποδι-
δόντων ὕστερον, παρ' οὐδενὸς ἔλαβεν, ἀλλ' ἀφῆκε πᾶσι.

8. Μετὰ δὲ ταῦτα τῶν ἱερέων καλούντων αὐτὸν εἰς
179 Ῥώμην ἐπί τινας θυσίας, παρέδωκε τῷ Μινουκίῳ τὴν
δύναμιν, ὑπὲρ τοῦ μὴ μάχεσθαι μηδὲ συμπλέκεσθαι τοῖς
πολεμίοις οὐ μόνον ὡς αὐτοκράτωρ διαγορεύσας, ἀλλὰ
καὶ παραινέσεις καὶ δεήσεις πολλὰς αὐτοῦ ποιησάμενος.
2 ὧν ἐκεῖνος ἐλάχιστα φροντίσας, εὐθὺς ἐνέκειτο τοῖς πολε-
μίοις, καί ποτε παραφυλάξας τὸν Ἀννίβαν τὸ πολὺ τῆς
στρατιᾶς ἐπὶ σιτολογίας ἀφεικότα, καὶ προσβαλὼν τῷ
ὑπολειπομένῳ, κατήραξεν εἰς τὸν χάρακα καὶ διέφθειρεν
οὐκ ὀλίγους καὶ φόβον περιέστησε πᾶσιν ὡς πολιορκησο-
3 μένοις ὑπ' αὐτοῦ, καὶ συλλεγομένης αὖθις εἰς τὸ στρατό- 351 S
πεδον τῷ Ἀννίβᾳ τῆς δυνάμεως, ἀσφαλῶς ἀνεχώρησεν,
b αὐτόν τε μεγαλαυχίας ἀμέτρου καὶ θράσους τὸ στρατιωτι-
4 κὸν ἐμπεπληκώς. ταχὺ δὲ τοῦ ἔργου λόγος μείζων διεφοί-
τησεν εἰς Ῥώμην, καὶ Φάβιος μὲν ἀκούσας ἔφη μᾶλλον
τοῦ Μινουκίου φοβεῖσθαι τὴν εὐτυχίαν <ἢ τὴν ἀτυχίαν>,

13 Liv. 22, 18, 8 Polyb. 3, 94, 9 App. Hann. 12 Sil. Ital. 7, 381 sq. || **19** sq. Polyb. 3, 101. 102 App. Hann. 12 Diod. 26, 2, 3 Cass. Dio fr. 56, 13 Zon. 8, 26 Liv. 22, 24. 25 Sil. It. 7, 494 sq. de vir. ill. 43, 3 || **27** mor. 195 c Ars. 475 Apost. 18, 22

[S(UMA =)Υ] **2** *οὐδὲ* Cor.: *οὔτε* || **11** *ἀποδόντων* Υ || **17** *πολλὰς* om. S || **20** *σιτολογίαν* M || **20. 21** *τῶν ὑπολειπομένων*: em. Rei. (qui *ὑπολιπομένῳ*; *τοῖς ὑπολειπομένοις* C) || **22** *παρέστησε* Cob. | *πολιορκησόμενος* U || **28** suppl. Sint. cl. mor.

66 L ὁ δὲ δῆμος ἤρτο καὶ μετὰ χαρᾶς εἰς ἀγορὰν συνέτρεχε, καὶ
Μετίλιος ὁ δήμαρχος ἐπὶ τοῦ βήματος καταστὰς ἐδημη-
γόρει μεγαλύνων τὸν Μινούκιον, τοῦ δὲ Φαβίου κατηγορῶν
οὐ μαλακίαν οὐδ' ἀνανδρίαν, ἀλλ' ἤδη προδοσίαν, συναιτι-
ώμενος ἅμα καὶ τῶν ἄλλων ἀνδρῶν τοὺς δυνατωτάτους
καὶ πρώτους ἐπαγαγέσθαι τὸν πόλεμον ἐξ ἀρχῆς ἐπὶ
καταλύσει τοῦ δήμου τήν τε πόλιν ἐμβαλεῖν εὐθὺς εἰς c
μοναρχίαν ἀνυπεύθυνον, ἣ διατρίβουσα τὰς πράξεις ἵδρυ-
σιν Ἀννίβᾳ παρέξει καὶ χρόνον, αὖθις ἐκ Λιβύης ἑτέραν
δύναμιν προσγενέσθαι ὡς κρατοῦντι τῆς Ἰταλίας.

9. Ἐπεὶ δ' ὁ Φάβιος προσελθὼν ἀπολογεῖσθαι μὲν
οὐδ' ἐμέλλησε πρὸς τὸν δήμαρχον, ἔφη δὲ τάχιστα τὰς
θυσίας καὶ τὰς ἱερουργίας γενέσθαι †ὥστ' ἐπὶ τὸ στράτευμα
βαδιεῖσθαι τῷ Μινουκίῳ δίκην ἐπιθήσων, ὅτι κωλύσαντος
αὐτοῦ τοῖς πολεμίοις συνέβαλε, θόρυβος διῇξε τοῦ δήμου
πολὺς ὡς κινδυνεύσοντος τοῦ Μινουκίου. καὶ γὰρ εἶρξαι
τῷ δικτάτορι καὶ θανατῶσαι πρὸ δίκης ἔξεστι, καὶ τοῦ
Φαβίου τὸν θυμὸν ἐκ πολλῆς πρᾳότητος κεκινημένον ᾤοντο d
βαρὺν εἶναι καὶ δυσπαραίτητον. ὅθεν οἱ μὲν ἄλλοι καταδεί- 2
σαντες ἡσυχίαν ἦγον, ὁ δὲ Μετίλιος ἔχων τὴν ἀπὸ τῆς
δημαρχίας ἄδειαν – μόνη γὰρ αὕτη δικτάτορος αἱρεθέν-
τος ἡ ἀρχὴ τὸ κράτος οὐκ ἀπόλλυσιν, ἀλλὰ μένει τῶν
ἄλλων καταλυθεισῶν –, ἐνέκειτο τῷ δήμῳ πολύς, μὴ
προέσθαι δεόμενος τὸν Μινούκιον μηδ' ἐᾶσαι παθεῖν ἃ
67 L 352 S Μάλλιος Τορκουᾶτος ἔδρασε τὸν υἱόν, ἀριστεύσαντος καὶ
στεφανωθέντος ἀποκόψας πελέκει τὸν τράχηλον, ἀφελέσθαι
δὲ τοῦ Φαβίου τὴν τυραννίδα καὶ τῷ δυναμένῳ καὶ βου-
λομένῳ σῴζειν ἐπιτρέψαι τὰ πράγματα. τοιούτοις λόγοις 3
κινηθέντες οἱ ἄνθρωποι τὸν μὲν Φάβιον οὐκ ἐτόλμησαν

28 Polyb. 3, 103

[S(UMA =)Υ] **1** *ἐπῆρτο* Zie. || **9** *χρόνῳ*: em. Rei. || **12** *οὐδ'* Rei.: *οὐδὲν* | *δὲ* ⟨*δεῖν*⟩ Cor. || **13** *ὥστε* et hiatu offendit et a sententia alienum est; 'sententia postulat *εἶτ*'' Rei., sed gravius vitium videtur subesse; fort. in *γεν. ὥστε* latet participium in -*ὼς* desinens || **16** *κινδυνεύσοντος* **M**: *κινδυνεύσαντος* **SUA** || **25** *μάλλιος* **M**: *μάλιος* **SUA** | *τουρκουᾶτος* **MA**

e ἀναγκάσαι καταθέσθαι τὴν μοναρχίαν καίπερ ἀδοξοῦντα,
τὸν δὲ Μινούκιον ἐψηφίσαντο τῆς στρατηγίας ὁμότιμον
ὄντα διέπειν τὸν πόλεμον ἀπὸ τῆς αὐτῆς ἐξουσίας τῷ
δικτάτορι, πρᾶγμα μὴ πρότερον ἐν Ῥώμῃ γεγονός, ὀλίγῳ
δ' ὕστερον αὖθις γενόμενον μετὰ τὴν ἐν Κάνναις ἀτυχίαν.
4 καὶ γὰρ τότ' ἐπὶ τῶν στρατοπέδων Μᾶρκος Ἰούνιος ἦν
δικτάτωρ, καὶ κατὰ πόλιν τὸ βουλευτικὸν ἀναπληρῶσαι
δεῆσαν, ἅτε δὴ πολλῶν ἐν τῇ μάχῃ συγκλητικῶν ἀπολω-
5 λότων, ἕτερον εἵλοντο δικτάτορα Φάβιον Βουτεῶνα. πλὴν
οὗτος μὲν ἐπεὶ προῆλθε καὶ κατέλεξε τοὺς ἄνδρας καὶ
f συνεπλήρωσε τὴν βουλήν, αὐθημερὸν ἀφεὶς τοὺς ῥαβδού-
χους καὶ διαφυγὼν τοὺς προάγοντας, εἰς τὸν ὄχλον ἐμβα-
λὼν καὶ καταμείξας ἑαυτὸν ἤδη τι τῶν ἑαυτοῦ διοικῶν
καὶ πραγματευόμενος ὥσπερ ἰδιώτης ἐπὶ τῆς ἀγορᾶς ἀνε-
στρέφετο.

10. Τὸν δὲ Μινούκιον ἐπὶ τὰς αὐτὰς τῷ δικτάτορι πρά-
ξεις ἀποδείξαντες, ᾤοντο κεκολοῦσθαι καὶ γεγονέναι τα-
πεινὸν παντάπασιν ἐκεῖνον, οὐκ ὀρθῶς στοχαζόμενοι τοῦ
2 ἀνδρός· οὐ γὰρ αὐτοῦ συμφορὰν ἡγεῖτο τὴν ἐκείνων ἄγνοι-
αν, ἀλλ' ὥσπερ Διογένης ὁ σοφός, εἰπόντος τινὸς πρὸς
180 αὐτόν ,,οὗτοι σοῦ καταγελῶσιν'' ,,ἀλλ' ἐγώ'' εἶπεν ,,οὐ
καταγελῶμαι'', μόνους ἡγούμενος καταγελᾶσθαι τοὺς
ἐνδιδόντας καὶ πρὸς τὰ τοιαῦτα διαταραττομένους, οὕτω 68 I
Φάβιος ἔφερεν ἀπαθῶς καὶ ῥᾳδίως ὅσον ἐπ' αὐτῷ τὰ
γινόμενα, συμβαλλόμενος ἀπόδειξιν τῶν φιλοσόφων τοῖς
ἀξιοῦσι μήθ' ὑβρίζεσθαι μήτ' ἀτιμοῦσθαι τὸν ἀγαθὸν
3 ἄνδρα καὶ σπουδαῖον· ἠνία δ' αὐτὸν ἡ τῶν πολλῶν ἀβου- 353
λία διὰ τὰ κοινά, δεδωκότων ἀφορμὰς ἀνδρὸς οὐχ ὑγιαι-
4 νούσῃ φιλοτιμίᾳ πρὸς τὸν πόλεμον, καὶ δεδοικὼς μὴ παν-

6 Fast. Cap. Liv. 23, 22, 10–23, 8 Lyd. de mag. 1, 37 ‖ **29** Liv. 22, 25, 16

[S(UMA=)Υ] **2** *ὁμότιμον*] *ἰσότιμον* S[m] ‖ **5** *κάναις* libri ‖ **6** *ἦν ἰούνιος* Υ ‖ **9** *βουλεῶνα*: em. Am. ‖ **10** *παρῆλθε* Ha. ‖ **19** *ἄνοιαν* Bigot ‖ **21** *σοι* U ‖ **23** *οὕτω* ⟨*καὶ*⟩ Rei. ‖ **28** ⟨*ἑνὸς*⟩ *ἀνδρὸς* Kron. cl. p. 80, 12. 13 et Dion. 11, 3

*τάπασιν ἐκμανεὶς ὑπὸ κενῆς δόξης καὶ ὄγκου φθάσῃ τι
κακὸν ἀπεργασάμενος, λαθὼν ἅπαντας ἐξῆλθε, καὶ παρα-* 5 b
*γενόμενος εἰς τὸ στρατόπεδον καὶ καταλαβὼν τὸν Μινού-
κιον οὐκέτι καθεκτόν, ἀλλὰ βαρὺν καὶ τετυφωμένον καὶ
παρὰ μέρος ἄρχειν ἀξιοῦντα, τοῦτο μὲν οὐ συνεχώρησε,
τὴν δὲ δύναμιν διενείματο πρὸς αὐτόν, ὡς μέρους μόνος
ἄρξων βέλτιον [τι ὂν] ἢ πάντων παρὰ μέρος. καὶ τὸ μὲν* 6
*πρῶτον τῶν ταγμάτων καὶ τέταρτον αὐτὸς ἔλαβε, τὸ δὲ
δεύτερον καὶ τρίτον ἐκείνῳ παρέδωκεν, ἐπ' ἴσης καὶ τῶν
συμμαχικῶν διανεμηθέντων. σεμνυνομένου δὲ τοῦ Μινου-* 7
*κίου καὶ χαίροντος ἐπὶ τῷ τὸ πρόσχημα τῆς ἀκροτάτης
καὶ μεγίστης ἀρχῆς ὑφεῖσθαι καὶ προπεπηλακίσθαι δι'
αὐτόν, ὑπεμίμνῃσκεν ὁ Φάβιος, ὡς οὐκ ὄντος μὲν αὐτῷ* c
*πρὸς Φάβιον, ἀλλ' εἰ σωφρονεῖ πρὸς Ἀννίβαν τοῦ ἀγῶνος·
εἰ δὲ καὶ πρὸς τὸν συνάρχοντα φιλονικεῖ, σκοπεῖν ὅπως
τοῦ νενικημένου καὶ καθυβρισμένου παρὰ τοῖς πολίταις ὁ
τετιμημένος καὶ νενικηκὼς οὐ φανεῖται μᾶλλον ὀλιγωρῶν*
69 L *τῆς σωτηρίας αὐτῶν καὶ τῆς ἀσφαλείας.*

11. *Ὁ δὲ ταῦτα μὲν εἰρωνείαν ἡγεῖτο γεροντικήν· παρα-
λαβὼν δὲ τὴν ἀποκληρωθεῖσαν δύναμιν, ἰδίᾳ καὶ χωρὶς
ἐστρατοπέδευσεν, οὐδὲν ἀγνοοῦντος τοῦ Ἀννίβου τῶν γινο-
μένων, ἀλλὰ πᾶσιν ἐφεδρεύοντος. ἦν δὲ λόφος κατὰ μέσον,
καταληφθῆναι μὲν οὐ χαλεπός, ὀχυρὸς δὲ καταληφθεὶς* d
στρατοπέδῳ καὶ διαρκὴς εἰς ἅπαντα, τὸ δὲ πέριξ πεδίον 2
*ὀφθῆναι μὲν ἄπωθεν ὁμαλὸν διὰ ψιλότητα καὶ λεῖον, ἔχον
δέ τινας οὐ μεγάλας τάφρους ἐν αὐτῷ καὶ κοιλότη-
τας ἄλλας. διὸ καὶ τὸν λόφον ἐκ τοῦ ῥᾷστου κρύφα*

2 Liv. 22, 27 Polyb. 3, 103 App. Hann. 13 Cass. Dio fr. 56, 17 Zon. 8, 26 || Cap. 11–13 infra c. 29, 2. 30, 2 mor. 195 d Polyb. 3, 104–105 App. Hann. 13 Cass. Dio fr. 56, 16 sq. Zon. 8, 26 Elog. Liv. 22, 28–30 Nep. Hann. 5, 3 Val. Max. 5, 2, 4 Sil. It. 7, 515 sq. Frontin. strat. 2, 5, 22 de vir. ill. 43, 3 Ps.-Quint. decl. 9, 17

[S(UMA =)Υ] 2 *κακὰ* U || 6 *μόνους* U *μόνον* CE || 7 *τι ὂν* SΥ *ὂν* Z: del. Sint. || 11 *τὸ* in *τι* corr. U[2] || 15 *ἄρχοντα*, s. s. *συν*, S || 18 *αὐτῷ* U || 23 *χαλεπὸς* ΥS[m]: *δυνατὸς* S[r]

κατασχεῖν παρόν, οὐκ ἠθέλησεν ὁ Ἀννίβας, ἀλλ' ἀπέλιπε
3 μάχης ἐν μέσῳ πρόφασιν. ὡς δ' εἶδε κεχωρισμένον τοῦ 354 S
Φαβίου τὸν Μινούκιον, νυκτὸς μὲν εἰς τὰς τάφρους καὶ
τὰς κοιλότητας κατέσπειρε τῶν στρατιωτῶν τινας, ἅμα
δὲ τῇ ἡμέρᾳ φανερῶς ἔπεμψεν οὐ πολλοὺς καταληψομένους
τὸν λόφον, ὡς ἐπάγοιτο συμπεσεῖν περὶ τοῦ τόπου τὸν
e 4 Μινούκιον. ὃ δὴ καὶ συνέβη. πρῶτον μὲν γὰρ ἀπέστειλε
τὴν κούφην στρατιάν, ἔπειτα τοὺς ἱππεῖς, τέλος δ' ὁρῶν τὸν
Ἀννίβαν παραβοηθοῦντα τοῖς ἐπὶ τοῦ λόφου, πάσῃ κατέ-
5 βαινε τῇ δυνάμει συντεταγμένος, καὶ μάχην καρτερὰν θέ-
μενος ἠμύνετο τοὺς ἀπὸ τοῦ λόφου βάλλοντας, συμπλε-
κόμενος καὶ ἴσα φερόμενος, ἄχρι οὗ καλῶς ἠπατημένον
ὁρῶν ὁ Ἀννίβας καὶ γυμνὰ παρέχοντα τοῖς ἐνεδρεύουσι τὰ
6 νῶτα, τὸ σημεῖον αἴρει. πρὸς δὲ τοῦτο πολλαχόθεν ἐξανι-
σταμένων ἅμα καὶ μετὰ κραυγῆς προσφερομένων καὶ τοὺς
ἐσχάτους ἀποκτιννύντων, ἀδιήγητος κατεῖχε ταραχὴ καὶ 70 L
f πτοία τοὺς Ῥωμαίους, αὐτοῦ τε τοῦ Μινουκίου τὸ θρά-
σος κατεκέκλαστο, καὶ πρὸς ἄλλον ἄλλοτε τῶν ἡγεμόνων
διεπάπταινεν, οὐδενὸς ἐν χώρᾳ μένειν τολμῶντος, ἀλλὰ πρὸς
7 φυγὴν ὠθουμένων οὐ σωτήριον. οἱ γὰρ Νομάδες ἤδη
κρατοῦντες κύκλῳ περιήλαυνον τὸ πεδίον καὶ τοὺς ἀποσκι-
δναμένους ἔκτεινον.

12. Ἐν τοσούτῳ δὲ κακῷ τῶν Ῥωμαίων ὄντων, οὐκ
ἔλαθεν ὁ κίνδυνος τὸν Φάβιον, ἀλλὰ καὶ τὸ μέλλον ὡς ἔοι-
181 κεν ἤδη προειληφώς, τήν τε δύναμιν συντεταγμένην εἶχεν
ἐπὶ τῶν ὅπλων, καὶ τὰ πραττόμενα γινώσκειν ἐφρόντιζεν,
οὐ δι' ἀγγέλων, ἀλλ' αὐτὸς ἔχων κατασκοπὴν πρὸ τοῦ
2 χάρακος. ὡς οὖν κατεῖδε κυκλούμενον καὶ ταραττόμενον
τὸ στράτευμα, καὶ κραυγὴ προσέπιπτεν οὐ μενόντων, ἀλλ'
ἤδη πεφοβημένων καὶ τρεπομένων, μηρόν τε πληξάμενος
καὶ στενάξας μέγα, πρὸς μὲν τοὺς παρόντας εἶπεν· „ὦ
Ἡράκλεις, ὡς τάχιον μὲν ἢ ἐγὼ προσεδόκων, βράδιον δ'

[S(UMA =)Υ] 5 τῇ del. Rei. || 6 ἐπαγάγοιτο, γα s. s., A ἀπάγοιτο M || 9 ἐπὶ τοῦ λόφου CE: ἐπὶ λόφου cet. || 11 ἀπὸ Rei.: ἐπὶ || 32 ὡς del. Cob.

355 S ᾗ αὐτὸς ἔσπευδε Μινούκιος ἑαυτὸν ἀπολώλεκε,“ τὰς δὲ 3
σημαίας ἐκφέρειν κατὰ τάχος καὶ τὸν στρατὸν ἕπεσθαι
κελεύσας ἀνεβόησε· „νῦν τις ὦ στρατιῶται Μάρκου Μινου-
κίου μεμνημένος ἐπειγέσθω· λαμπρὸς γὰρ ἀνὴρ καὶ φιλό- b
πατρις. εἰ δέ τι σπεύδων ἐξελάσαι τοὺς πολεμίους ἥμαρ-
τεν, αὖθις αἰτιασόμεθα.“ πρῶτον μὲν οὖν ἐπιφανεὶς τρέ- 4
πεται καὶ διασκίδνησι τοὺς ἐν τῷ πεδίῳ περιελαύνοντας
Νομάδας, εἶτα πρὸς τοὺς μαχομένους καὶ κατὰ νώτου τῶν
Ῥωμαίων ὄντας ἐχώρει καὶ τοὺς ἐμποδὼν ἔκτεινεν, οἱ δὲ
λοιποί, πρὶν ἀποληφθῆναι καὶ γενέσθαι περιπετεῖς οἷς
αὐτοὶ τοὺς Ῥωμαίους ἐποίησαν, ἐγκλίναντες ἔφυγον. ὁρῶν 5
71 L δ' ὁ Ἀννίβας τὴν μεταβολὴν καὶ τὸν Φάβιον εὐρώστως
παρ' ἡλικίαν διὰ τῶν μαχομένων ὠθούμενον ἄνω πρὸς
τὸν Μινούκιον εἰς τὸν λόφον, ἐπέσχε τὴν μάχην, καὶ τῇ
σάλπιγγι σημήνας ἀνάκλησιν, ἀπῆγεν εἰς τὸν χάρακα τοὺς c
Καρχηδονίους, ἀσμένως καὶ τῶν Ῥωμαίων ἀναστρεφομέ-
νων. λέγεται δ' αὐτὸν ἀπιόντα περὶ τοῦ Φαβίου πρὸς τοὺς 6
φίλους εἰπεῖν τι τοιοῦτον μετὰ παιδιᾶς· „οὐκ ἐγὼ μέντοι
προὔλεγον ὑμῖν πολλάκις τὴν ἐπὶ τῶν ἄκρων ταύτην καθη-
μένην νεφέλην ὅτι μετὰ χαλάζης ποτὲ καὶ καταιγίδων
ὄμβρον ἐκρήξει;“

13. Μετὰ δὲ τὴν μάχην Φάβιος μὲν ὅσους ἔκτεινε τῶν
πολεμίων σκυλεύσας ἀνεχώρησεν, οὐδὲν ὑπερήφανον οὐδ'
ἐπαχθὲς εἰπὼν περὶ τοῦ συνάρχοντος· Μινούκιος δὲ τὴν
αὑτοῦ στρατιὰν ἀθροίσας, „ἄνδρες“ ἔφη „συστρατιῶται, 2
τὸ μὲν ἁμαρτεῖν μηδὲν ἐν πράγμασι μεγάλοις μεῖζον ἢ κατ' d
ἄνθρωπόν ἐστι, τὸ δ' ἁμαρτόντα χρήσασθαι τοῖς πταί-
σμασι διδάγμασι πρὸς τὸ λοιπὸν ἀνδρὸς ἀγαθοῦ καὶ νοῦν
ἔχοντος. ἐγὼ μὲν οὖν ὁμολογῶ μικρὰ μεμφόμενος τὴν 3
τύχην ⟨ἔχειν⟩ περὶ μειζόνων ἐπαινεῖν. ἃ γὰρ οὐκ ᾐσθό-

17 mor. 195 d

[S(UMA =)Υ] **3** Μάρκου Steph.: μαρκίου || **4** ἀνὴρ Zie.: ἀνὴρ libri (ὁ ἀνὴρ Sch.) || **6** πρῶτον **MA**: πρῶτος **SU** || **10** λοιποί] πλεῖστοι s. s. **S** || **16** ἀναστρεφομένων **M**: ἀνατρεπομένων **UA** ἀποτρεπομένων **S** || **20** χαλάζης **S**: ζάλης **Υ** || **30** ἔχειν hic add. Zie., post ἐπαινεῖν Ha.

μην χρόνον τοσοῦτον, ἡμέρας μέρει μικρῷ πεπαίδευμαι,
γνοὺς ἐμαυτὸν οὐκ ἄρχειν ἑτέρων δυνάμενον, ἀλλ' ἄρχοντος 356 S
ἑτέρου δεόμενον, [καὶ] μὴ φιλοτιμούμενον νικᾶν ὑφ' ὧν
4 ἡττᾶσθαι κάλλιον. ὑμῖν δὲ τῶν μὲν ἄλλων ἐστὶν ἄρχων ὁ
δικτάτωρ, τῆς δὲ πρὸς ἐκεῖνον εὐχαριστίας αὐτὸς ἡγεμὼν
ἔσομαι, πρῶτον ἐμαυτὸν εὐπειθῆ καὶ ποιοῦντα τὸ κε-
e 5 λευόμενον ὑπ' ἐκείνου παρεχόμενος." ταῦτ' εἰπὼν καὶ
τοὺς ἀετοὺς ἄρασθαι κελεύσας καὶ πάντας ἀκολουθεῖν, 72 I
ἦγε πρὸς τὸν χάρακα τοῦ Φαβίου, καὶ παρελθὼν ἐντὸς
ἐβάδιζεν ἐπὶ τὴν στρατηγικὴν σκηνήν, ὥστε θαυμάζειν
6 καὶ διαπορεῖν πάντας. προελθόντος δὲ τοῦ Φαβίου, θέ-
μενος ἔμπροσθεν τὰς σημαίας, αὐτὸς μὲν ἐκεῖνον πατέρα
μεγάλῃ φωνῇ, οἱ δὲ στρατιῶται τοὺς στρατιώτας πάτρω-
νας ἠσπάζοντο· τοῦτο δ' ἔστι τοῖς ἀπελευθέροις προσ-
7 φώνημα πρὸς τοὺς ἀπελευθερώσαντας. ἡσυχίας δὲ γενο-
μένης ὁ Μινούκιος εἶπε· „δύο νίκας ὦ δίκτατορ τῇ σήμε-
ρον ἡμέρᾳ νενίκηκας, ἀνδρείᾳ μὲν Ἀννίβαν, εὐβουλίᾳ δὲ
f καὶ χρηστότητι τὸν συνάρχοντα, καὶ δι' ἧς μὲν σέσωκας
ἡμᾶς, δι' ἧς δὲ πεπαίδευκας, ἡττωμένους αἰσχρὰν μὲν
8 ἧτταν ὑπ' ἐκείνου, καλὴν δὲ καὶ σωτήριον ὑπὸ σοῦ. πατέρα
δή σε χρηστὸν προσαγορεύω, τιμιωτέραν οὐκ ἔχων προσ-
ηγορίαν, ἐπεὶ τῆς γε τοῦ τεκόντος χάριτος μείζων ἡ
παρὰ σοῦ χάρις αὕτη· ἐγεννήθην μὲν γὰρ ὑπ' ἐκείνου
9 μόνος, σῴζομαι δ' ὑπὸ σοῦ μετὰ τοσούτων." ταῦτ' εἰπὼν
καὶ περιβαλὼν τὸν Φάβιον ἠσπάζετο, τὸ δ' αὐτὸ καὶ τοὺς
182 στρατιώτας ἦν ὁρᾶν πράττοντας· ἐνεφύοντο γὰρ ἀλλήλοις
καὶ κατεφίλουν, ὥστε μεστὸν εἶναι χαρᾶς καὶ δακρύων
ἡδίστων τὸ στρατόπεδον.

14. Ἐκ τούτου Φάβιος μὲν ἀπέθετο τὴν ἀρχήν, ὕπατοι δ' αὖθις ἀπεδείκνυντο. καὶ τούτων οἱ μὲν πρῶτοι διε-

29 Polyb. 3, 106, 1 Liv. 22, 31, 7. 32, 1 App. Hann. 16 Cass. Dio fr. 56, 21 Zon. 8, 26

[**S**(**UMA**=)**Υ**] **3** καὶ del. Zie. | φιλοτιμητέον Madvig μάτην pro μὴ Bernardakis || **8** ἀετοὺς **M**: αἰετοὺς **SUA** | ἄρασθαι **M**: ἄρξασθαι **SUA** || **16** δικτάτωρ: em. Sint. || **21** χρηστὸν del. Bekker | προσονομάζω U^{r}

φύλαξαν ἣν ἐκεῖνος ἰδέαν τοῦ πολέμου κατέστησε, μάχε-
σθαι μὲν ἐκ παρατάξεως φεύγοντες πρὸς Ἀννίβαν, τοῖς δὲ
357 S συμμάχοις ἐπιβοηθοῦντες καὶ τὰς ἀποστάσεις κωλύοντες·
73 L Τερέντιος δὲ Βάρρων εἰς τὴν ὑπατείαν προαχθεὶς ἀπὸ 2 a. 216
γένους ἀσήμου, βίου δὲ διὰ δημοκοπίαν καὶ προπέτειαν
ἐπισήμου, δῆλος ἦν εὐθὺς ἀπειρίᾳ καὶ θρασύτητι τὸν περὶ b
τῶν ὅλων ἀναρρίψων κύβον. ἐβόα γὰρ ἐν ταῖς ἐκκλησίαις
μενεῖν τὸν πόλεμον, ἄχρι οὗ Φαβίοις χρῆται στρατηγοῖς ἡ
πόλις, αὐτὸς δὲ τῆς αὐτῆς ἡμέρας ὄψεσθαί τε καὶ νικήσειν
τοὺς πολεμίους. ἅμα δὲ τούτοις τοῖς λόγοις συνῆγε καὶ 3
κατέγραφε δύναμιν τηλικαύτην, ἡλίκῃ πρὸς οὐδένα πώποτε
τῶν πολέμων ἐχρήσαντο Ῥωμαῖοι· μυριάδες γὰρ ἐννέα
δισχιλίων ἀνδρῶν δέουσαι συνετάχθησαν εἰς τὴν μάχην,
μέγα δέος Φαβίῳ καὶ τοῖς νοῦν ἔχουσι Ῥωμαίων· οὐ γὰρ
ἤλπιζον ἕξειν ἀναφορὰν τὴν πόλιν ἐν τοσαύτῃ σφαλεῖσαν
ἡλικίᾳ. διὸ καὶ τὸν συνάρχοντα τοῦ Τερεντίου Παῦλον 4 c
Αἰμίλιον, ἄνδρα πολέμων ἔμπειρον, οὐκ ἀρεστὸν δὲ τῷ
δήμῳ καὶ καταπλῆγα ⟨τῶν⟩ πολλῶν ἔκ τινος καταδίκης
πρὸς τὸ δημόσιον αὐτῷ γεγενημένης, ἀνίστη καὶ παρε-
θάρρυνεν ἐπιλαμβάνεσθαι τῆς ἐκείνου μανίας, διδάσκων 5
ὡς οὐ πρὸς Ἀννίβαν αὐτῷ μᾶλλον ἢ πρὸς Τερέντιον ὑπὲρ
τῆς πατρίδος ὁ ἀγὼν ἔσοιτο· σπεύδειν γὰρ μάχην γενέ-
σθαι τὸν μὲν οὐκ αἰσθανόμενον τῆς ⟨αὐτοῦ⟩ δυνάμεως, τὸν
δ' αἰσθανόμενον τῆς περὶ αὐτὸν ἀσθενείας. „ἐγὼ δέ" εἶπεν 6
„ὦ Παῦλε Τερεντίου πιστεύεσθαι δικαιότερός εἰμι περὶ
τῶν Ἀννίβου πραγμάτων διαβεβαιούμενος, ὡς εἰ μηδεὶς

4 CIL I² p. 57 Chron. Hydat. Pasch. Cassiod. Liv. 22, 25. 28. 32. 34. 38 Val. Max. 3, 4, 4 Sil. It. 8, 244 sq. 258 sq. App. Hann. 17, 74 Cass. Dio frg. 57, 24 Zon. 9. 1 || 19 Polyb. 3, 107, 8 Liv. 22, 38–40 Sil. It. 8, 297 sq. Eutrop. 3, 10, 1

[S(UMA ==)Υ] 2 φεύγων UA || 4 ἀπὸ M et ex corr. A: ὑπὸ SU et ante corr. A || 5 δημοκρατίαν S || 7. 8 τῶν–μενεῖν om. U || 7 ἀναρρίψαι S || 8 μένειν: em. Cor. | χρήσεται Cob. || 11 ἡλίκην: em. Steph. || 12 πολέμων Sch.: πολεμίων || 17 ⟨πολλῶν⟩ πολέμων et 18 [πολλῶν] Rei., sed obstat hiatus || 18 τῶν add. Br. || 23 αὐτοῦ add. Rei. (τῆς δυνάμεως del. Ha.; an praestat ⟨ἐκείνου⟩ δυν.?)

d αὐτῷ μαχεῖται τοῦτον τὸν ἐνιαυτόν, ἀπολεῖται μένων ὁ 74 I
ἀνὴρ ἢ φεύγων ἄπεισιν, ᾧ γε καὶ νῦν νικᾶν καὶ κρατεῖν δο-
κοῦντι τῶν μὲν πολεμίων οὐδεὶς προσκεχώρηκε, τῆς δ'
οἴκοθεν δυνάμεως οὐδ' ἡ τρίτη μοῖρα πάνυ περίεστι.“
7 πρὸς ταῦτα λέγεται τὸν Παῦλον εἰπεῖν· „ἐμοὶ μὲν ὦ Φάβιε
τὰ ἐμαυτοῦ σκοποῦντι κρεῖττόν ἐστι τοῖς τῶν πολεμίων
ὑποπεσεῖν δόρασιν ἢ πάλιν ταῖς ψήφοις τῶν πολιτῶν· εἰ
δ' οὕτως ἔχει τὰ δημόσια πράγματα, πειράσομαι μᾶλλον
σοὶ δοκεῖν ἀγαθὸς εἶναι στρατηγὸς ἢ πᾶσι τοῖς ἄλλοις ἐπὶ 358
e τἀναντία βιαζομένοις.“ ταύτην ἔχων τὴν προαίρεσιν ὁ
Παῦλος ἐξῆλθεν ἐπὶ τὸν πόλεμον.

15. Ἀλλ' ὁ Τερέντιος ἐμβαλὼν αὐτὸν εἰς τὸ παρ' ἡμέραν
ἄρχειν, καὶ τῷ Ἀννίβᾳ παραστρατοπεδεύσας περὶ τὸν
Αὐφίδιον ποταμὸν καὶ τὰς λεγομένας Κάννας, ἅμ' ἡμέ-
ρᾳ τὸ τῆς μάχης σημεῖον ἐξέθηκεν – ἔστι δὲ χιτὼν κόκκινος
ὑπὲρ τῆς στρατηγικῆς σκηνῆς διατεινόμενος –, ὥστε καὶ
τοὺς Καρχηδονίους ἐξ ἀρχῆς διαταραχθῆναι, τήν τε τόλ-
μαν τοῦ στρατηγοῦ καὶ τὸ τοῦ στρατοπέδου πλῆθος ὁρῶν-
2 τας, αὐτοὺς οὐδ' ἥμισυ μέρος ὄντας. Ἀννίβας δὲ τὴν δύνα-
μιν ἐξοπλίζεσθαι κελεύσας, αὐτὸς ἱππότης μετ' ὀλίγων
ὑπὲρ λόφου τινὸς μαλακοῦ κατεσκόπει τοὺς πολεμίους,
f ἤδη καθισταμένους εἰς τάξιν. εἰπόντος δέ τινος τῶν περὶ
αὐτὸν ἀνδρὸς ἰσοτίμου τοὔνομα Γίσκωνος, ὡς θαυμαστὸν
αὐτῷ φαίνεται τὸ πλῆθος τῶν πολεμίων, συναγαγὼν τὸ
πρόσωπον ὁ Ἀννίβας „ἕτερον“ εἶπεν „ὦ Γίσκων λέληθέ
3 σε τούτου θαυμασιώτερον.“ ἐρομένου δὲ τοῦ Γίσκωνος
τὸ ποῖον, „ὅτι“ ἔφη „τούτων ὄντων τοσούτων οὐδεὶς ἐν
αὐτοῖς Γίσκων καλεῖται.“ γενομένου δὲ παρὰ δόξαν αὐ-
τοῖς τοῦ σκώμματος ἐμπίπτει γέλως πᾶσι, καὶ κατέβαινον 75 I
183 ἀπὸ τοῦ λόφου τοῖς ἀπαντῶσιν ἀεὶ τὸ πεπαιγμένον ἀπαγ-
γέλλοντες, ὥστε διὰ πολλῶν πολὺν εἶναι τὸν γέλωτα καὶ
μηδ' ἀναλαβεῖν ἑαυτοὺς δύνασθαι τοὺς περὶ τὸν Ἀννίβαν.

12 Polyb. 3, 110, 4 Liv. 22, 41, 3. 45, 5 Sil. It. 9, 15 sq.

[S(UMA =)Υ] 20 αὐτὸς (sed ex ὡς corr. m. 1) S: αὐτοὺς Υ || 31 εἶναι] ἰέναι Sch. || 32 τοὺς] τοῖς U

τοῦτο τοῖς Καρχηδονίοις ἰδοῦσι θάρσος παρέστη, λογι- 4
ζομένοις ἀπὸ πολλοῦ καὶ ἰσχυροῦ τοῦ καταφρονοῦντος
ἐπιέναι γελᾶν οὕτω καὶ παίζειν τῷ στρατηγῷ παρὰ τὸν
κίνδυνον.

16. Ἐν δὲ τῇ μάχῃ στρατηγήμασιν ἐχρήσατο, πρώτῳ
μὲν τῷ ἀπὸ τοῦ τόπου, ποιησάμενος κατὰ νώτου τὸν ἄνε-
μον· πρηστῆρι γὰρ ἐοικὼς φλέγοντι κατερρήγνυτο, καὶ
τραχὺν ἐκ πεδίων ὑφάμμων καὶ ἀναπεπταμένων αἴρων
359 S κονιορτὸν ὑπὲρ τὴν φάλαγγα τῶν Καρχηδονίων εἰς τοὺς
Ῥωμαίους ἐώθει καὶ προσέβαλλε τοῖς προσώποις ἀποστρε- b
φομένων καὶ συνταραττομένων· δευτέρῳ δὲ τῷ περὶ τὴν 2
τάξιν· ὃ γὰρ ἦν ἰσχυρότατον αὐτῷ καὶ μαχιμώτατον
τῆς δυνάμεως ἑκατέρωσε τοῦ μέσου τάξας, τὸ μέσον αὐτὸ
συνεπλήρωσεν ἐκ τῶν ἀχρειοτάτων, ἐμβόλῳ τούτῳ πολὺ
προέχοντι τῆς ἄλλης φάλαγγος χρησάμενος· εἴρητο δὲ
τοῖς κρατίστοις, ὅταν τούτους διακόψαντες οἱ Ῥωμαῖοι καὶ
φερόμενοι πρὸς τὸ εἶκον ἐκβιαζομένου τοῦ μέσου καὶ κόλ-
πον λαμβάνοντος ἐντὸς γένωνται τῆς φάλαγγος, ὀξέως
ἑκατέρωθεν ἐπιστρέψαντας ἐμβαλεῖν τε πλαγίοις καὶ περι-
πτύσσειν ὄπισθεν συγκλείοντας. ὃ δὴ καὶ δοκεῖ τὸν πλεῖ- 3
στον ἀπεργάσασθαι φόνον. ὡς γὰρ ἐνέδωκε τὸ μέσον καὶ c
76 L τοὺς Ῥωμαίους ἐδέξαντο διώκοντας, ἡ δὲ φάλαγξ τοῦ
Ἀννίβου μεταβαλοῦσα τὸ σχῆμα μηνοειδὴς ἐγεγόνει, καὶ
τῶν ἐπιλέκτων οἱ ταξίαρχοι ταχὺ τοὺς μὲν ἐπ' ἀσπίδα, τοὺς
δ' ἐπὶ δόρυ κλίναντες προσέπεσον κατὰ τὰ γυμνά, πάν-
τας, ὅσοι μὴ τὴν κύκλωσιν ὑπεκκλίναντες ἔφθασαν, ἐν
μέσῳ κατειργάσαντο καὶ διέφθειραν. λέγεται δὲ καὶ τοῖς 4

Cap. 16 Plut. Aem. 2, 4 Polyb. 3, 113–117 Liv. 22, 45–49 Val. Max. 7, 4 ext. 2 Sil. It. 9, 249 sq. Flor. 1, 22, 15–17 App. Hann. 19–24 (85–107) Cass. Dio frg. 57, 25 Eutrop. 3, 10 Oros. 4, 16, 1. 5, 5, 7 Zon. 9, 1 al.

[S(UMA =)Υ] **3** οὕτω M: οὕτω ὡς U οὕτως ὡς SA || **9** εἰς S: ἐπὶ Υ et s. s. S || **10. 11** ἀποστρεφομένοις καὶ συνταραττομένοις: em. Cob. || **12** αὐτῶν Υ || **13** αὐτὸ Br.: αὐτὸς || **14. 15** προέχοντι πολύ Υ || **15** χρησόμενος Sch. || **17** ἐκφερομένου: em. Zie. (ἐκθλιβομένου Madvig) ἐκτρεπομένου Erbse cl. mor. 567b. 977b Aristot. h. a. 621a 7 || **25** κλίναντες, sed ο supra α scriptum, S | πάντας Υ: καὶ πάντας, sed καὶ extra lin. S || **26** ἐπεκκλίναντες Υ

ἱππεῦσι τῶν Ῥωμαίων σύμπτωμα παράλογον γενέσθαι.
τὸν γὰρ Παῦλον ὡς ἔοικε τρωθεὶς ὁ ἵππος ἀπεσείσατο,
d καὶ τῶν περὶ αὐτὸν ἄλλος καὶ ἄλλος ἀπολιπὼν τὸν ἵππον
5 πεζὸς τῷ ὑπάτῳ προσήμυνε. τοῦτο δ' οἱ ἱππεῖς ἰδόντες,
ὡς παραγγέλματος κοινοῦ δεδομένου, πάντες ἀποπηδή-
σαντες πεζοὶ συνεπλέκοντο τοῖς πολεμίοις. ἰδὼν δ' ὁ Ἀννί-
βας „τοῦτο" ἔφη „μᾶλλον ἠβουλόμην ἢ εἰ δεδεμένους
6 παρέλαβον." ἀλλὰ ταῦτα μὲν οἱ τὰς διεξοδικὰς γράψαντες
ἱστορίας ἀπηγγέλκασι. τῶν δ' ὑπάτων ὁ μὲν Βάρρων
ὀλιγοστὸς ἀφίππευσεν εἰς Οὐενουσίαν πόλιν, ὁ δὲ Παῦλος
ἐν τῷ βυθῷ καὶ κλύδωνι τῆς φυγῆς ἐκείνης, βελῶν τε πολ-
λῶν [ἐπὶ] τοῖς τραύμασιν ἐγκειμένων ἀνάπλεως τὸ σῶμα
καὶ τὴν ψυχὴν πένθει τοσούτῳ βαρυνόμενος, πρός τινι 360
e λίθῳ καθῆστο, τὸν ἐπισφάξοντα τῶν πολεμίων ἀναμένων.
7 ἦν δὲ δι' αἵματος πλῆθος, ᾧ συνεπέφυρτο τὴν κεφαλὴν
καὶ τὸ πρόσωπον, οὐ πολλοῖς διάδηλος, ἀλλὰ καὶ φίλοι καὶ
θεράποντες αὐτὸν ὑπ' ἀγνοίας παρῆλθον. μόνος δὲ Κορ-
νήλιος Λέντλος εὐπατρίδης νέος ἰδὼν καὶ προνοήσας ἀπε-
πήδησε τοῦ ἵππου, καὶ προσαγαγὼν παρεκάλει χρῆσθαι
καὶ σῴζειν αὐτὸν τοῖς πολίταις, ἄρχοντος ἀγαθοῦ τότε
8 μάλιστα χρῄζουσιν. ὁ δὲ ταύτην μὲν ἀπετρίψατο τὴν δέη-
σιν, καὶ τὸ μειράκιον αὖθις ἠνάγκασεν ἐπὶ τὸν ἵππον ἀνα- 77 I
βῆναι δακρῦον, εἶτα δὲ τὴν δεξιὰν ἐμβαλὼν καὶ συνεξανα-
στάς „ἀπάγγελλε" εἶπεν „ὦ Λέντλε Φαβίῳ Μαξίμῳ καὶ
f γενοῦ μάρτυς αὐτός, ὅτι Παῦλος Αἰμίλιος ἐνέμεινεν αὐτοῦ
τοῖς λογισμοῖς ἄχρι τέλους, καὶ τῶν ὁμολογηθέντων πρὸς
ἐκεῖνον οὐδὲν ἔλυσεν, ἀλλ' ἐνικήθη πρότερον ὑπὸ Βάρρωνος,
9 εἶθ' ὑπ' Ἀννίβου." τοσαῦτ' ἐπιστείλας τὸν μὲν Λέντλον
ἀπέπεμψεν, αὐτὸς δὲ ῥίψας ἑαυτὸν εἰς τοὺς φονευομένους
ἀπέθανε. λέγονται δὲ πεσεῖν μὲν ἐν τῇ μάχῃ Ῥωμαίων
πεντακισμύριοι, ζῶντες δ' ἁλῶναι τετρακισχίλιοι, καὶ
μετὰ τὴν μάχην οἱ ληφθέντες ἐπ' ἀμφοτέροις τοῖς στρατο-
πέδοις μυρίων οὐκ ἐλάττους.

[S(UMA=)Υ] **3** ἄλλοτ' ἄλλος Zie. cl. p. 62, 18 (ἄλλοθεν Cor.) || **12** ἐπὶ del. Zie. ἔτι Rei. || **16** τὸ M om. SUA || **33** ⟨γενέσθαι⟩ μυρίων Zie.

17. *Τὸν δ' Ἀννίβαν ἐπὶ τηλικούτῳ κατορθώματι τῶν* 184
φίλων παρορμώντων ἅμ' ἕπεσθαι τῇ τύχῃ καὶ συνεπεισ-
πεσεῖν ἅμα τῇ φυγῇ τῶν πολεμίων εἰς τὴν πόλιν, πεμ-
πταῖον γὰρ ἀπὸ τῆς νίκης ἐν Καπιτωλίῳ δειπνήσειν, οὐ
ῥᾴδιον εἰπεῖν ὅστις ἀπέτρεψε λογισμός, ἀλλὰ μᾶλλον δαί-
μονος ἢ θεοῦ τινος ἐμποδὼν στάντος ἔοικεν ἔργον ἡ πρὸς
τοῦτο μέλλησις αὐτοῦ καὶ δειλίασις γενέσθαι. διὸ καὶ 2
Βάρκαν τὸν Καρχηδόνιον εἰπεῖν μετ' ὀργῆς πρὸς αὐτὸν
λέγουσι· „σὺ νικᾶν οἶδας, νίκῃ δὲ χρῆσθαι οὐκ οἶδας."
καίτοι τοσαύτην μεταβολὴν ἡ νίκη περὶ αὐτὸν ἐποίησεν, 3
361 S *ὡς πρὸ τῆς μάχης οὐ πόλιν, οὐκ ἐμπόριον, οὐ λιμένα τῆς*
Ἰταλίας ἔχοντα, χαλεπῶς δὲ καὶ μόλις τὰ ἐπιτήδεια τῇ b
στρατιᾷ δι' ἁρπαγῆς κομιζόμενον, ὁρμώμενον ἀπ' οὐδενὸς
78 L *βεβαίου πρὸς τὸν πόλεμον, ἀλλ' ὥσπερ ληστηρίῳ μεγάλῳ*
τῷ στρατοπέδῳ πλανώμενον καὶ περιφερόμενον, τότε
πᾶσαν ὀλίγου δεῖν ὑφ' αὑτῷ ποιήσασθαι τὴν Ἰταλίαν. τὰ 4
γὰρ πλεῖστα καὶ μέγιστα τῶν ἐθνῶν αὐτῷ προσεχώρησεν
ἑκούσια, καὶ Καπύην, ἣ μέγιστον ἔχει μετὰ Ῥώμην ἀξίωμα
τῶν πόλεων, προσθεμένην κατέσχεν. οὐ μόνον δ' ἦν ἄρα
τὸ φίλων πεῖραν λαβεῖν, ὡς Εὐριπίδης (fr. 993 N²) *φησίν,*
οὐ σμικρὸν κακόν, ἀλλὰ καὶ τὸ φρονίμων στρατηγῶν. ἡ γὰρ 5
πρὸ τῆς μάχης Φαβίου δειλία καὶ ψυχρότης λεγομένη μετὰ c
τὴν μάχην εὐθὺς οὐδ' ἀνθρώπινος ἐδόκει λογισμός, ἀλλὰ
θεῖόν τι χρῆμα διανοίας καὶ δαιμόνιον, ἐκ τοσούτου τὰ
μέλλοντα προορωμένης, ἃ μόλις ἦν πιστὰ πάσχουσιν.
ὅθεν εὐθὺς εἰς ἐκεῖνον ἡ Ῥώμη συνενεγκοῦσα τὰς λοιπὰς 6
ἐλπίδας, καὶ προσφυγοῦσα τῇ γνώμῃ τοῦ ἀνδρὸς ὥσπερ
ἱερῷ καὶ βωμῷ, πρώτην καὶ μεγίστην αἰτίαν ἔσχε τοῦ
μεῖναι καὶ μὴ διαλυθῆναι τὴν ἐκείνου φρόνησιν, καθάπερ
**** ἐν τοῖς Κελτικοῖς πάθεσιν. ὁ γὰρ ἐν οἷς οὐδὲν ἐδόκει* 7

1 Liv. 22, 51 Gell. 10, 24, 6 Val. Max. 9, 5 ext. 3 Flor. 1, 22, 19

[S(UMA =)Υ] **7** *ἀποδειλίασις* Rei. ‖ **8** *Βάρκαν*] *Maharbal* Livius | *πρὸς* om. U ‖ **18** *ἔχει*] *εἶχε* Sint. *ἔχει⟨ν ἐδόκει⟩* Zie. ‖ **23** *ἀνθρωπίνων* U ‖ **30** lac. stat. Zie. et *τὴν Καμίλλου* et alia excidisse ratus (*πάθεσιν ⟨τὴν Καμίλλου διάθεσιν⟩* Rei. Madvig)

δεινὸν εἶναι καιροῖς εὐλαβὴς φαινόμενος καὶ δυσέλπιστος,
d *τότε πάντων καταβεβληκότων ἑαυτοὺς εἰς ἀπέραντα πένθη*
καὶ ταραχὰς ἀπράκτους, μόνος ἐφοίτα διὰ τῆς πόλεως
πρᾴῳ βαδίσματι καὶ προσώπῳ καθεστῶτι καὶ φιλανθρώ-
πῳ προσαγορεύσει, κοπετούς τε γυναικείους ἀφαιρῶν καὶ
συστάσεις εἴργων τῶν εἰς τὸ δημόσιον ἐπὶ κοινοῖς ὀδυρ-
μοῖς προσφερομένων, βουλήν τε συνελθεῖν ἔπεισε καὶ
παρεθάρσυνε τὰς ἀρχάς, αὐτὸς ὢν καὶ ῥώμη καὶ δύναμις
ἀρχῆς ἁπάσης πρὸς ἐκεῖνον ἀποβλεπούσης.

18. *Ταῖς μὲν οὖν πύλαις ἐπέστησε τοὺς τὸν ἐκπίπτοντα* 362 S
καὶ προλείποντα τὴν πόλιν ὄχλον ἀπείρξοντας, πένθους 79 I
δὲ καὶ τόπον καὶ χρόνον ὥρισε, κατ' οἰκίαν ἀποθρηνεῖν
e *κελεύσας ἐφ' ἡμέρας τριάκοντα τὸν βουλόμενον· μετὰ δὲ*
ταύτας ἔδει πᾶν πένθος λύεσθαι καὶ καθαρεύειν τῶν
2 *τοιούτων τὴν πόλιν· ἑορτῆς τε Δήμητρος εἰς τὰς ἡμέρας*
ἐκείνας καθηκούσης, βέλτιον ἐφάνη παραλιπεῖν ὅλως τάς
τε θυσίας καὶ τὴν πομπήν, ἢ τὸ μέγεθος τῆς συμφορᾶς
ὀλιγότητι καὶ κατηφείᾳ τῶν συνερχομένων ἐλέγχεσθαι·
καὶ γὰρ τὸ θεῖον ἥδεσθαι τιμώμενον ὑπὸ τῶν εὐτυχούν-
3 *των. ὅσα μέντοι πρὸς ἱλασμοὺς θεῶν ἢ τεράτων ἀποτρο-*
πὰς συνηγόρευον οἱ μάντεις, ἐπράττετο. καὶ γὰρ εἰς Δελ-
φοὺς ἐπέμφθη θεοπρόπος Πίκτωρ συγγενὴς Φαβίου, καὶ
τῶν Ἑστιάδων παρθένων δύο διεφθαρμένας εὑρόντες, τὴν
f *μὲν ὥσπερ ἐστὶν ἔθος ζῶσαν κατώρυξαν, ἡ δ' ὑφ' ἑαυτῆς*
4 *ἀπέθανε. μάλιστα δ' ἄν τις ἠγάσατο τὸ φρόνημα καὶ τὴν*
πρᾳότητα τῆς πόλεως, ὅτε τοῦ ὑπάτου Βάρρωνος ἀπὸ τῆς
φυγῆς ἐπανιόντος, ὡς ἄν τις αἴσχιστα καὶ δυσποτμότατα
πεπραχὼς ἐπανίοι, ταπεινοῦ καὶ κατηφοῦς, ἀπήντησεν
αὐτῷ περὶ τὰς πύλας ἥ τε βουλὴ καὶ τὸ πλῆθος ἅπαν ἀσπα-

Cap. 18 Liv. 22, 55–57 Sil. It. 10, 593 sq. Zon. 9, 2 App. Hann. 27, 115. 116 || 25 Liv. 22, 61, 11. 25, 6, 7 Val. Max. 3, 4, 4 Frontin. strat. 4, 5, 6 Flor. 1, 22, 17 Oros. 5, 5, 9 Sil. It. 10, 606–639 Schol. Iuven. 11, 201

[S(UMA=)Υ] 25 *ἀγάσαιτο* **B** || 27 *δυσποτμώτατα* **MA** || 28 *καὶ* om. **U** || 29 *ἀσπαζόμενοι*: em. Li.

ζόμενον. οἱ δ' ἐν τέλει καὶ πρῶτοι τῆς γερουσίας, ὧν καὶ 5
Φάβιος ἦν, ἡσυχίας γενομένης ἐπήνεσαν, ὅτι τὴν πόλιν 185
οὐκ ἀπέγνω μετὰ δυστυχίαν τηλικαύτην, ἀλλὰ πάρεστιν
ἄρξων ἐπὶ τὰ πράγματα καὶ χρησόμενος τοῖς νόμοις καὶ
τοῖς πολίταις ὡς σῴζεσθαι δυναμένοις.

19. Ἐπεὶ δ' Ἀννίβαν ἐπύθοντο μετὰ τὴν μάχην ἀπο-
τετράφθαι πρὸς τὴν ἄλλην Ἰταλίαν, ἀναθαρρήσαντες ἐξέ-
80 L πεμπον ἡγεμόνας καὶ στρατεύματα. τούτων δ' ἐπιφα-
νέστατοι Φάβιός τε Μάξιμος καὶ Κλαύδιος Μάρκελλος
ἦσαν, ἀπὸ τῆς ἐναντίας σχεδὸν προαιρέσεως θαυμαζόμενοι
παραπλησίως. ὁ μὲν γάρ, ὥσπερ ἐν τοῖς περὶ αὐτοῦ γεγραμ- 2
363 S μένοις εἴρηται (cap. 9), περιλαμπὲς τὸ δραστήριον ἔχων
καὶ γαῦρον, ἅτε δὴ καὶ κατὰ χεῖρα πλήκτης ἀνὴρ καὶ b
φύσει τοιοῦτος ὢν οἵους Ὅμηρος μάλιστα καλεῖ φιλοπολέ-
μους καὶ ἀγερώχους, ἐν τῷ παραβόλῳ καὶ ἰταμῷ καὶ πρὸς
ἄνδρα τολμηρὸν τὸν Ἀννίβαν ἀντιτολμῶντι [τῷ] τρόπῳ
πολέμου συνίστατο τοὺς πρώτους ἀγῶνας· Φάβιος δὲ τῶν 3
πρώτων ἐχόμενος λογισμῶν ἐκείνων, ἤλπιζε μηδενὸς μαχο-
μένου μηδ' ἐρεθίζοντος τὸν Ἀννίβαν αὐτὸν ἐπηρεάσειν
ἑαυτῷ καὶ κατατριβήσεσθαι περὶ τὸν πόλεμον, ὥσπερ
ἀθλητικοῦ σώματος τῆς δυνάμεως ὑπερτόνου γινομένης
καὶ καταπόνου τάχιστα τὴν ἀκμὴν ἀποβαλόντα. διὸ τοῦ- 4
τον μὲν ὁ Ποσειδώνιός (FGrH 87 F 42) φησι θυρεόν, τὸν δὲ c
Μάρκελλον ξίφος ὑπὸ τῶν Ῥωμαίων καλεῖσθαι, κιρνα-
μένην δὲ τὴν Φαβίου βεβαιότητα καὶ ἀσφάλειαν τῇ Μαρ-
κέλλου συντονίᾳ σωτήριον γενέσθαι τοῖς Ῥωμαίοις. ὁ δ' 5
Ἀννίβας τῷ μὲν ὡς ῥέοντι σφόδρα ποταμῷ πολλάκις ἀπαν-
τῶν, ἐσείετο καὶ παρερρηγνύετο τὴν δύναμιν, ὑφ' οὗ δ'
ἀψοφητὶ καὶ κατὰ μικρὸν ὑπορρέοντος καὶ παρεμπίπτον-

cap. 19 Plut. Marcell. 9

[S(UMA =)Υ] 11 ἐν τοῖς περὶ ++ αὐτοῦ A ἐν τοῖς | ἑαυτοῦ U || 14 φιλοπτολέμους Steph. || 15 ἐν del. Zie. || 16 τῷ del. Rei. || 18 ἐκείνων om. S || 22 ἀποβάλλοντα Υ || 26 συντονίᾳ Cor.: συνηθείᾳ || 28 διεσείετο Zie. | παρερρήγνυτο Sint. || 29 ἀψοφητὶ ante καὶ² hab. codd.: trp. Zie.

*τος ἐνδελεχῶς ὑπερειπόμενος καὶ δαπανώμενος ἐλάνθανε,
καὶ τελευτῶν εἰς ἀπορίαν κατέστη τοσαύτην, ὥστε Μαρ-
κέλλῳ μὲν ἀποκαμεῖν μαχόμενον, Φάβιον δὲ φοβεῖσθαι μὴ*
6 *μαχόμενον. τὸ γὰρ πλεῖστον ὡς εἰπεῖν τοῦ χρόνου τούτοις*
d *διεπολέμησεν ἢ στρατηγοῖς ἢ ἀνθυπάτοις ἢ ὑπάτοις ἀπο-* 81
δεικνυμένοις· ἑκάτερος γὰρ αὐτῶν πεντάκις ὑπάτευσεν.
a. 208 *ἀλλὰ Μάρκελλον μὲν ὑπατεύοντα τὸ πέμπτον ἐνέδρᾳ περι-
βαλὼν ἔκτεινε, Φαβίῳ δὲ πᾶσαν ἀπάτην καὶ διάπειραν
ἐπάγων πολλάκις οὐδὲν ἐπέραινε, πλὴν ἅπαξ ὀλίγου παρα-*
a. 209 7 *κρουσάμενος ἔσφηλε τὸν ἄνδρα. συνθεὶς γὰρ ἐπιστολὰς
παρὰ τῶν ἐν Μεταποντίῳ δυνατῶν καὶ πρώτων ἔπεμψε
πρὸς τὸν Φάβιον, ὡς τῆς πόλεως ἐνδοθησομένης εἰ παρα-
γένοιτο, καὶ τῶν τοῦτο πραττόντων ἐκεῖνον ἐλθεῖν καὶ*
8 *φανῆναι πλησίον ἀναμενόντων. ταῦτ' ἐκίνησε τὸν Φάβιον* 364
e *τὰ γράμματα, καὶ λαβὼν μέρος τι τῆς στρατιᾶς ἔμελλεν
ὁρμήσειν διὰ νυκτός· εἶτα χρησάμενος ὄρνισιν οὐκ αἰσίοις
ἀπετράπη, καὶ μετὰ μικρὸν ἐπεγνώσθη τὰ γράμματα
πρὸς αὐτὸν ὑπ' Ἀννίβου δόλῳ συντεθέντα κἀκεῖνος ἐνε-
δρεύων αὐτὸν ὑπὸ τὴν πόλιν. ἀλλὰ ταῦτα μὲν ἄν τις εὐνοίᾳ
θεῶν ἀναθείη.*

20. *Τὰς δ' ἀποστάσεις τῶν πόλεων καὶ τὰ κινήματα
τῶν συμμάχων ὁ Φάβιος μᾶλλον ᾤετο δεῖν ἠπίως ὁμι-
λοῦντα καὶ πρᾴως ἀνείργειν καὶ δυσωπεῖν, μὴ πᾶσαν
ὑπόνοιαν ἐλέγχοντα καὶ χαλεπὸν ὄντα παντάπασι τοῖς*
2 *ὑπόπτοις. λέγεται γὰρ ὅτι στρατιώτην ἄνδρα Μαρσόν,*
f *ἀνδρείᾳ καὶ γένει τῶν συμμάχων πρῶτον, αἰσθόμενος διει-
λεγμένον τισὶ τῶν ἐν στρατοπέδῳ περὶ ἀποστάσεως οὐ
διηρέθισεν, ἀλλ' ὁμολογήσας ἠμελῆσθαι παρ' ἀξίαν αὐτόν,
νῦν μὲν ἔφη τοὺς ἡγεμόνας αἰτιᾶσθαι πρὸς χάριν μᾶλλον* 82
ἢ πρὸς ἀρετὴν τὰς τιμὰς νέμοντας, ὕστερον δ' ἐκεῖνον αἰ-

10 sq. Liv. 27, 16, 12 sq. Zon. **9**, 8 || **25** Val. Max. 7, 3, 7 Frontin. strat. 4, 7, 36 de vir. ill. 43, 5

[S(UMA =)Υ] **5** *ὑποδεικνυμένοις* U *ἀποδεδειγμένοις* B || **18** *ἐφεδρεύων* S || **25** *Μάρσον*] *Marius Statilius* vir. ill. (cf. et Liv. 22, 42, 4) || **27** *ἐν στρατοπέδῳ* Zie.: *στρατοπέδων* S U A *ἐν τῷ στρατοπέδῳ* M *ἐπὶ τοῦ στρατοπέδου* C || **29.30** *αἰτιᾶσθαι—ἐκεῖνον* bis U

τιάσεσθαι μὴ φράζοντα μηδ' ἐντυγχάνοντα πρὸς αὐτὸν εἴ
του δέοιτο. καὶ ταῦτ' εἰπὼν ἵππον τε πολεμιστὴν ἐδωρή- 3
σατο καὶ τοῖς ἄλλοις ἀριστείοις ἐκόσμησεν, ὥστε πιστό-
τατον ἐξ ἐκείνου καὶ προθυμότατον εἶναι τὸν ἄνδρα. δει- 4
νὸν γὰρ ἡγεῖτο τοὺς μὲν ἱππικοὺς καὶ κυνηγετικοὺς ἐπι-
μελείᾳ καὶ συνηθείᾳ καὶ τροφῇ μᾶλλον ἢ μάστιξι καὶ κλοι- 186
οῖς τὴν χαλεπότητα τῶν ζῴων καὶ τὸ θυμούμενον καὶ τὸ
δυσκολαῖνον ἐξαιρεῖν, τὸν δ' ἀνθρώπων ἄρχοντα μὴ τὸ
πλεῖστον ἐν χάριτι καὶ πρᾳότητι τῆς ἐπανορθώσεως τίθε-
σθαι, σκληρότερον δὲ προσφέρεσθαι καὶ βιαιότερον, ἤπερ
οἱ γεωργοῦντες ἐρινεοῖς καὶ ἀχράσι καὶ κοτίνοις προσφέ-
ρονται, τὰ μὲν εἰς ἐλαίας, τὰ δ' εἰς ἀπίους, τὰ δ' εἰς συκᾶς
ἐξημεροῦντες καὶ τιθασεύοντες. ἕτερον τοίνυν τῷ γένει 5
Λευκανὸν ἄνδρα προσήγγειλαν οἱ λοχαγοὶ ῥεμβόμενον ἀπὸ
τοῦ στρατοπέδου καὶ τὴν τάξιν ἀπολείποντα πολλάκις. ὁ
365 S δ' ἠρώτησε, τἆλλα ποῖόν τινα τὸν ἄνθρωπον εἰδεῖεν ὄντα. b
μαρτυρούντων δὲ πάντων ὅτι ῥᾳδίως ἕτερος οὐκ εἴη στρατι- 6
ώτης τοιοῦτος, ἅμα τ' αὐτοῦ τινας ἀνδραγαθίας ἐπιφανεῖς
καὶ πράξεις λεγόντων, αἰτίαν τῆς ἀταξίας ζητῶν εὗρεν
ἔρωτι παιδίσκης κατεχόμενον τὸν ἄνδρα καὶ κινδυνεύοντα
μακρὰς ὁδοὺς ἑκάστοτε, φοιτῶντα πρὸς ἐκείνην ἀπὸ τοῦ
στρατοπέδου. πέμψας οὖν τινας ἀγνοοῦντος αὐτοῦ καὶ 7
συλλαβὼν τὸ γύναιον ἔκρυψεν ἐν τῇ σκηνῇ, καὶ καλέσας
83 L τὸν Λευκανὸν ἰδίᾳ πρὸς αὐτόν „οὐ λέληθας“ ἔφη „παρὰ
τὰ Ῥωμαίων πάτρια καὶ τοὺς νόμους ἀπονυκτερεύων τοῦ
στρατοπέδου πολλάκις· ἀλλ' οὐδὲ χρηστὸς ὢν πρότερον
ἐλελήθεις. τὰ μὲν οὖν ἡμαρτημένα σοι λελύσθω τοῖς ἠνδρα- 8 c
γαθημένοις, τὸ δὲ λοιπὸν ἐφ' ἑτέρῳ ποιήσομαι τὴν φρου-
ράν.“ θαυμάζοντος δὲ τοῦ στρατιώτου, προαγαγὼν τὴν 9
ἄνθρωπον ἐνεχείρισεν αὐτῷ καὶ εἶπεν· „αὕτη μὲν ἐγγυᾶ-
ταί σε μενεῖν ἐν τῷ στρατοπέδῳ μεθ' ἡμῶν· σὺ δ' ἔργῳ
δείξεις, εἰ μὴ δι' ἄλλην τινὰ μοχθηρίαν ἀπέλειπες, ὁ δ'

13 mor. 195e Val. Max. 7, 3, 7 de vir. ill. 43, 5

[S(UMA =)Υ] **14** *προήγγειλαν* **S** || **15** *ἀπολείποντα* **S**: *ἐκλείποντα* **Υ** et s. s. **S** || **23** *ἐν τῇ σκηνῇ ἔκρυψεν* **U** || **31** *μένειν* libri || **32** *ἀπέλιπες* **Υ**

ἔρως καὶ αὕτη πρόφασις ἦν λεγομένη.“ ταῦτα μὲν περὶ
τούτων ἱστοροῦσι.

a. 209 **21.** Τὴν δὲ Ταραντίνων πόλιν ἔσχεν ἑαλωκυῖαν ἐκ προ-
δοσίας τὸν τρόπον τοῦτον. ἐστρατεύετο παρ᾽ αὐτῷ νεανίας
d Ταραντῖνος ἔχων ἀδελφὴν ἐν Τάραντι πιστῶς πάνυ καὶ
2 φιλοστόργως διακειμένην πρὸς αὐτόν. ἤρα δὲ ταύτης ἀνὴρ
Βρέττιος τῶν τεταγμένων ὑπ᾽ Ἀννίβου τὴν πόλιν φρου-
ρεῖν ἐφ᾽ ἡγεμονίας. τοῦτο πράξεως ἐλπίδα τῷ Ταραντίνῳ
παρέσχε, καὶ τοῦ Φαβίου συνειδότος εἰς τὴν πόλιν ἀφείθη,
λόγῳ δ᾽ ἀποδεδράκει πρὸς τὴν ἀδελφήν. αἱ μὲν οὖν πρῶ-
ται τῶν ἡμερῶν ⟨δι⟩ῇσαν, καὶ καθ᾽ ἑαυτὸν ὁ Βρέττιος
3 ἀνεπαύετο, λανθάνειν τὸν ἀδελφὸν οἰομένης ἐκείνης. ἔπειτα
λέγει πρὸς αὐτὴν ὁ νεανίας· „καὶ μὴν ἐκεῖ λόγος ἐφοίτα
πολὺς ἀνδρί σε τῶν δυνατῶν καὶ μεγάλων συνεῖναι. τίς 366 S
e οὗτός ἐστιν; εἰ γὰρ εὐδόκιμός τις ὥς φασιν ἀρετῇ καὶ λαμ-
πρός, ἐλάχιστα φροντίζει γένους ὁ πάντα συμμειγνὺς
πόλεμος· αἰσχρὸν δὲ μετ᾽ ἀνάγκης οὐδέν, ἀλλ᾽ εὐτυχία τις
ἐν καιρῷ τὸ δίκαιον ἀσθενὲς ἔχοντι πρᾳοτάτῳ χρήσασθαι
4 τῷ βιαζομένῳ.“ ἐκ τούτου μεταπέμπεται μὲν ἡ γυνὴ τὸν 84 I
Βρέττιον καὶ γνωρίζει τὸν ἀδελφὸν αὐτῷ, ταχὺ δὲ συμπράτ-
των τὴν ἐπιθυμίαν ἐκεῖνος καὶ μᾶλλον ἢ πρότερον εὔνουν
καὶ χειροήθη τῷ βαρβάρῳ παρέχειν δοκῶν τὴν ἀδελφήν,
ἔσχε πίστιν, ὥστε μὴ χαλεπῶς ἐρῶντος ἀνθρώπου μισθο-
φόρου μεταστῆσαι διάνοιαν ἐπ᾽ ἐλπίσι δωρεῶν μεγάλων
5 ἃς ἐπηγγέλλετο παρέξειν αὐτῷ τὸν Φάβιον. ταῦτα μὲν οὖν
f οἱ πλεῖστοι γράφουσι περὶ τούτων· ἔνιοι δὲ τὴν ἄνθρωπον
ὑφ᾽ ἧς ὁ Βρέττιος μετήχθη φασὶν οὐ Ταραντίνην, ἀλλὰ
Βρεττίαν τὸ γένος οὖσαν, τῷ δὲ Φαβίῳ παλλακευομένην,
ὡς ᾔσθετο πολίτην καὶ γνώριμον ὄντα τὸν τῶν Βρεττίων
ἄρχοντα, τῷ τε Φαβίῳ φράσαι καὶ συνελθοῦσαν εἰς λόγους
ὑπὸ τὸ τεῖχος ἐκπεῖσαι καὶ κατεργάσασθαι τὸν ἄνθρωπον.

cap. 21–22 Liv. 27, 15–16 App. Hann. 49, 211sq. Polyaen. 8, 14, 3 Sil. It. 15, 320sq. Zon. 9, 8

[**S**(**UMA** =)**Υ**] **5** *εἰς τάραντα* libri, sed in **S** s. s. *ἐν τάραντι* || **8** *ταραντίω* **U** || **11** *διῇσαν* Zie.: *ἦσαν* libri *ᾔεσαν* Ri. || **23** *πίστιν* Zie.: *πιστῶς* || **31** *κατεργάσασθαι τὸν*] desinit manus antiqua **S**

22. *Πραττομένων δὲ τούτων ὁ Φάβιος περισπάσαι τὸν
Ἀννίβαν τεχνάζων, ἐπέστειλε τοῖς ἐν Ῥηγίῳ στρατιώταις τὴν* 187
*Βρεττίαν καταδραμεῖν καὶ Καυλωνίαν ἐξελεῖν κατὰ κρά-
τος στρατοπεδεύσαντας, ὀκτακισχιλίους ὄντας, αὐτομόλους
δὲ τοὺς πολλοὺς καὶ τῶν ἐκ Σικελίας ὑπὸ Μαρκέλλου
κεκομισμένων ἀτίμων τοὺς ἀχρηστοτάτους καὶ μετ᾽ ἐλα-
χίστης τῇ πόλει λύπης καὶ βλάβης ἀπολουμένους. ἤλπιζε* 2
*γὰρ τούτους προέμενος τῷ Ἀννίβᾳ καὶ δελεάσας, ἀπάξειν
αὐτὸν ἀπὸ τοῦ Τάραντος. ὃ καὶ συνέβαινεν· εὐθὺς γὰρ
ἐκεῖ διώκων ὁ Ἀννίβας ἐρρύη μετὰ τῆς δυνάμεως. ἡμέρᾳ* 3
*δ᾽ ἕκτῃ τοὺς Ταραντίνους τοῦ Φαβίου περιστρατοπεδεύ-
σαντος, ὁ προδιειλεγμένος τῷ Βρεττίῳ μετὰ τῆς ἀδελφῆς*
367 S *νεανίσκος ἧκε νύκτωρ πρὸς αὐτόν, εἰδὼς ἀκριβῶς καὶ καθε-*
85 L *ωρακὼς τὸν τόπον ἐφ᾽ οὗ παραφυλάττων ὁ Βρέττιος ἔμελ-* b
λεν ἐνδώσειν καὶ παρήσειν τοῖς προσβάλλουσιν. οὐ μὴν 4
*ἁπλῶς γε τῆς προδοσίας ἐξήρτησεν ὁ Φάβιος τὴν πρᾶ-
ξιν, ἀλλ᾽ αὐτὸς μὲν ἐκεῖσε παρελθὼν ἡσυχίαν ἦγεν, ἡ δ᾽
ἄλλη στρατιὰ προσέβαλλε τοῖς τείχεσιν ἔκ τε γῆς καὶ
θαλάττης, ἅμα ποιοῦσα πολλὴν κραυγὴν καὶ θόρυβον,
ἄχρι οὗ τῶν πλείστων Ταραντίνων ἐκεῖ βοηθούντων
καὶ συμφερομένων τοῖς τειχομαχοῦσιν ἐσήμηνε τῷ
Φαβίῳ τὸν καιρὸν ὁ Βρέττιος, καὶ διὰ κλιμάκων
ἀναβὰς ἐκράτησε τῆς πόλεως. ἐνταῦθα μέντοι δοκεῖ* 5
*φιλοτιμίας ἥττων γενέσθαι· τοὺς γὰρ Βρεττίους πρώ-
τους ἀποσφάττειν ἐκέλευσεν, ὡς μὴ προδοσίᾳ τὴν πόλιν* c
*ἔχων φανερὸς γένοιτο· καί⟨τοι⟩ ταύτης τε διήμαρτε
τῆς δόξης καὶ διαβολὴν ἀπιστίας προσέλαβε καὶ ὠμό-
τητος.*

1 Liv. 27, 12, 4–6

[UMA (= Υ)] 2 *ἀπέστειλε* A ‖ 3 *βρεττανίαν* M ‖ 4 *στρατοπεδεύσαντας*, *τας* in ras., A (*περιστρατοπ.* Rei.) ‖ 6 *ἀτίμας* M ‖ 7 *ἀπολλυμένους*: em. Br. ‖ 11 *ταραντίνους*, *ν*² s. s. U ‖ 14 *βραίτιος* M ‖ 15 *παρείσιν* U | *προσβάλλουσιν*, *σ*¹ s. s., A ‖ 19 *πολλὴν* s. s. A² ‖ 26 *φανερὸς* MA, sed in A corr. ex *φανερῶς*: *φανερῶς* U | *καίτοι* Rei.: *καὶ*

6 Ἀπέθανον δὲ πολλοὶ καὶ τῶν Ταραντίνων, οἱ δὲ πρα-
θέντες ἐγένοντο τρισμύριοι, καὶ τὴν πόλιν ἡ στρατιὰ διήρ-
πασεν, ἀνηνέχθη δ' εἰς τὸ δημόσιον τρισχίλια τάλαντα.
7 πάντων δὲ τῶν ἄλλων ἀγομένων καὶ φερομένων, λέγεται
τὸν γραμματέα πυθέσθαι τοῦ Φαβίου περὶ τῶν θεῶν τί
κελεύει, τὰς γραφὰς οὕτω προσαγορεύσαντα καὶ τοὺς
ἀνδριάντας· τὸν οὖν Φάβιον εἰπεῖν· „ἀπολίπωμεν τοὺς
8 θεοὺς Ταραντίνοις κεχολωμένους.“ οὐ μὴν ἀλλὰ τὸν κολοσ-
d σὸν τοῦ Ἡρακλέους μετακομίσας ἐκ Τάραντος ἔστησεν
ἐν Καπιτωλίῳ, καὶ πλησίον ἔφιππον εἰκόνα χαλκῆν ἑαυτοῦ,
πολὺ Μαρκέλλου φανεὶς ἀτοπώτερος περὶ ταῦτα, μᾶλλον δ'
ὅλως ἐκεῖνον ἄνδρα πρᾳότητι καὶ φιλανθρωπίᾳ θαυμαστὸν
ἀποδείξας, ὡς ἐν τοῖς περὶ ἐκείνου γέγραπται (c. 21, 4).

23. Ἀννίβαν δὲ λέγεται διώκοντα τεσσαράκοντα μόνοις 86 I
ἀπολειφθῆναι σταδίοις, καὶ φανερῶς μὲν εἰπεῖν· „ἦν ἄρα
καὶ Ῥωμαίοις Ἀννίβας τις ἕτερος· ἀπεβάλομεν γὰρ τὴν
Ταραντίνων πόλιν ὡς παρελάβομεν,“ ἰδίᾳ δὲ τό⟨τε⟩ πρῶ-
τον αὐτῷ παραστῆναι πρὸς τοὺς φίλους εἰπεῖν, ὡς πάλαι 368 S
μὲν ἑώρα χαλεπὸν αὐτοῖς, νῦν δ' ἀδύνατον κρατεῖν ἀπὸ
τῶν ὑπαρχόντων Ἰταλίας.

e 2 Τοῦτον δεύτερον θρίαμβον ἐθριάμβευσε λαμπρότερον
τοῦ προτέρου Φάβιος, ὥσπερ ἀθλητὴς ἀγαθὸς ἐπαγωνι-
ζόμενος τῷ Ἀννίβᾳ καὶ ῥᾳδίως ἀπολυόμενος αὐτοῦ τὰς
πράξεις, ὥσπερ ἅμματα καὶ λαβὰς οὐκέτι τὸν αὐτὸν ἐχού-
3 σας τόνον. ἡ μὲν γὰρ ἀνεῖτο τῆς δυνάμεως αὐτῷ διὰ τρυ-
φὴν καὶ πλοῦτον, ἡ δ' ὥσπερ ἐξήμβλυντο καὶ κατατέτριπτο
τοῖς ἀλωφήτοις ἀγῶσιν.

1 Liv. 27, 16, 7 Eutrop. 3, 16, 2 Oros. 4, 18, 5 || 4 Plut. v. Marc. 21, 5 mor. 195f Liv. 27, 16, 8 Aug. civ. d. 1, 5 || 8 de vir. ill. 43, 6 Strab. 6, 278 Plin. 34, 40 || 14 Liv. 27, 16, 10

[UMA (= Υ)] 2 ἐγίνοντο M || 7 ἀπολείπωμεν vulg. || 16 ἀπεβά+λομεν A (λ eras.): ἀπεβάλλομεν UM || 17 ὡς παρελάβομεν Sch. cl. p. 77, 9: ὥσπερ ἐλάβομεν | τότε Rei.: τὸ || 19 χαλεπὸν ⟨ὂν⟩ Sch. || 21 τοῦτον δὲ δεύτερον A || 26 ἐξήμβλυντο Baroccianus 137: ἐξήμβλυ+το UA ἐξήμβλωτο M

Ἦν δὲ Μᾶρκος Λίβιος, οὗ τὸν Τάραντα φρουροῦντος ὁ
Ἀννίβας ἀπέστησεν, ὅμως δὲ τὴν ἄκραν κατέχων οὐκ ἐξε-
κρούσθη καὶ διεφύλαξεν ἄχρι τοῦ πάλιν ὑπὸ Ῥωμαίοις
γενέσθαι τοὺς Ταραντίνους. τοῦτον ἠνία Φάβιος τιμώ- 4 f
μενος, καί ποτε πρὸς τὴν σύγκλητον ὑπὸ φθόνου καὶ φιλο-
τιμίας ἐξενεχθεὶς εἶπεν, ὡς οὐ Φάβιος, ἀλλ' αὐτὸς αἴτιος
γένοιτο τοῦ τὴν Ταραντίνων ⟨πόλιν⟩ ἁλῶναι. γελάσας οὖν
ὁ Φάβιος· „ἀληθῆ λέγεις" εἶπεν· „εἰ μὴ γὰρ σὺ τὴν πόλιν
ἀπέβαλες, οὐκ ἂν ἐγὼ παρέλαβον."

24. Οἱ δὲ Ῥωμαῖοι τά τ' ἄλλα τῷ Φαβίῳ προσεφέροντο
λαμπρῶς καὶ τὸν υἱὸν αὐτοῦ Φάβιον ἀνέδειξαν ὕπατον. 188
παραλαβόντος δὲ τὴν ἀρχὴν αὐτοῦ καὶ διοικοῦντός τι τῶν a. 213
7 L πρὸς τὸν πόλεμον, ὁ πατὴρ εἴτε διὰ γῆρας καὶ ἀσθένειαν,
εἴτε διαπειρώμενος τοῦ παιδός, ἀναβὰς ἐφ' ἵππον προσῄει
διὰ τῶν ἐντυγχανόντων καὶ περιεστώτων. ὁ δὲ νεανίας 2
κατιδὼν πόρρωθεν οὐκ ἠνέσχετο, πέμψας δ' ὑπηρέτην
ἐκέλευσε καταβῆναι τὸν πατέρα καὶ δι' αὐτοῦ προσελθεῖν,
εἰ δή τι τυγχάνει τῆς ἀρχῆς δεόμενος. καὶ τοὺς μὲν ἄλλους 3
ἠνίασε τὸ ἐπίταγμα, καὶ σιωπῇ πρὸς τὸν Φάβιον ὡς ἀνά-
ξια πάσχοντα τῆς δόξης ἀπέβλεψαν· αὐτὸς δ' ἐκεῖνος ἀπο-
πηδήσας κατὰ τάχος, θᾶττον ἢ βάδην πρὸς τὸν υἱὸν ἐπει- b
369 S χθεὶς καὶ περιβαλὼν καὶ ἀσπασάμενος· „εὖ γε" εἶπεν „ὦ 4
παῖ φρονεῖς καὶ πράττεις, αἰσθόμενος τίνων ἄρχεις καὶ
πηλίκης μέγεθος ἀνείληφας ἀρχῆς. οὕτω καὶ ἡμεῖς καὶ οἱ
πρόγονοι τὴν Ῥώμην ηὐξήσαμεν, ἐν δευτέρῳ καὶ γονεῖς
καὶ παῖδας ἀεὶ τῶν τῆς πατρίδος καλῶν τιθέμενοι." λέγεται 5
δ' ὡς ἀληθῶς τοῦ Φαβίου τὸν πρόπαππον ἐν δόξῃ καὶ
δυνάμει μεγίστῃ Ῥωμαίων γενόμενον πεντάκις μὲν ὑπατεῦ-

1sq. mor. 196a Liv. 27, 25 Cic. de orat. 2, 273 de sen. 11 || 10sq. mor. 196a Liv. 24, 44, 9 Val. Max. 2, 2, 4 Gell. 2, 2, 13 || 26 Liv. per. 11 Val. Max. 5, 7, 1 Eutrop. 2, 9, 3 Oros. 3, 22, 6–10 Suda s. v.

[UMA (= Υ)] 1 *Λίβιος* Anon.: *λεύκιος* || 6–8 *ὡς–εἶπεν* om. Aʳ || 7 *πόλιν* add. Zie. cl. p. 76, 17 || 14 *ἵππιον* M || 21 *κατὰ τάχος* del. Naber || 24 *πηλίκην* ⟨*τὸ*⟩ *μέγ. . . . ἀρχήν* Kurtz || 28 post *μὲν* add. *αὐτὸν* Z

σαι καὶ θριάμβους ἐκ πολέμων μεγίστων ἐπιφανεστάτους
καταγαγεῖν, ὑπατεύοντι δ' υἱῷ πρεσβευτὴν συνεξελθεῖν
c ἐπὶ τὸν πόλεμον, ἐν δὲ τῷ θριάμβῳ τὸν μὲν εἰσελαύνειν
ἐπὶ τεθρίππῳ, τὸν δ' ἵππον ἔχοντα μετὰ τῶν ἄλλων ἐπακο-
λουθεῖν, ἀγαλλόμενον ὅτι τοῦ μὲν υἱοῦ κύριος, τῶν δὲ
πολιτῶν μέγιστος καὶ ὢν καὶ προσαγορευόμενος, ὕστε-
6 ρον αὐτὸν τοῦ νόμου καὶ τοῦ ἄρχοντος τίθησιν. ἀλλὰ γὰρ
ἐκεῖνος οὐκ ἀπὸ τούτων μόνον θαυμαστὸς ἦν. τοῦ δὲ Φα-
βίου τὸν υἱὸν ἀποθανεῖν συνέβη, καὶ τὴν μὲν συμφορὰν ὡς
ἀνὴρ τε φρόνιμος καὶ πατὴρ χρηστὸς ἤνεγκε μετριώτατα,
τὸ δ' ἐγκώμιον ὃ ταῖς ἐκκομιδαῖς τῶν ἐπιφανῶν οἱ προσή-
κοντες ἐπιτελοῦσιν, αὐτὸς εἶπε καταστὰς ἐν ἀγορᾷ καὶ
γράψας τὸν λόγον ἐξέδωκεν.

d **25.** Ἐπεὶ δὲ Σκιπίων Κορνήλιος εἰς Ἰβηρίαν πεμφθεὶς 88
Καρχηδονίους μὲν ἐξήλασε μάχαις πολλαῖς κρατήσας, ἔθνη
δὲ πάμπολλα καὶ πόλεις μεγάλας καὶ πράγματα λαμπρὰ
Ῥωμαίοις κτησάμενος εὔνοιαν εἶχε καὶ δόξαν ἐπανελθὼν
a. 205 ὅσην ἄλλος οὐδείς, ὕπατος δὲ κατασταθεὶς καὶ τὸν δῆμον
αἰσθόμενος μεγάλην ἀπαιτοῦντα καὶ προσδεχόμενον πρᾶ-
ξιν αὐτοῦ, τὸ μὲν αὐτόθι συμπλέκεσθαι πρὸς Ἀννίβαν
ἀρχαῖον ἡγεῖτο λίαν καὶ πρεσβυτικόν, αὐτὴν δὲ Καρχη-
δόνα καὶ Λιβύην εὐθὺς ἐμπλήσας ὅπλων καὶ στρατευ-
μάτων διενοεῖτο πορθεῖν καὶ τὸν πόλεμον ἐκ τῆς Ἰταλίας
e ἐκεῖ μεθιστάναι, καὶ πρὸς τοῦτο παντὶ τῷ θυμῷ συνεξώρμα 370
2 τὸν δῆμον, ἐνταῦθα δὴ Φάβιος ἐπὶ πᾶν δέους ἄγων τὴν
πόλιν, ὡς ὑπ' ἀνδρὸς ἀνοήτου καὶ νέου φερομένην εἰς τὸν
ἔσχατον καὶ μέγιστον κίνδυνον, οὔτε λόγου φειδόμενος
οὔτ' ἔργου δοκοῦντος ἀποτρέψειν τοὺς πολίτας, τὴν μὲν
βουλὴν ἔπεισε, τῷ δὲ δήμῳ διὰ φθόνον ἐδόκει τοῦ Σκιπί-
ωνος εὐημεροῦντος ἐπιλαμβάνεσθαι καὶ δεδιέναι, μή τι

8 cf. ad p. 48, 22 || cap. 25–26 Liv. 28, 40–45

[UMA(= Υ)] **2** συνεξελθεῖν Sint.: συνελθεῖν || **4** ἐπακο+λουθεῖν **U** || **25** δέους C: δέος **UMA** || **28** ἀποτρέψαι **M** || **29** ἔπειθε: em. Sch.

μέγα καὶ λαμπρὸν ἐξεργασαμένου καὶ τὸν πόλεμον ἢ
παντάπασιν ἀνελόντος ἢ τῆς Ἰταλίας ἐκβαλόντος αὐτὸς
ἀργὸς φανῇ καὶ μαλακός, ἐν τοσούτῳ χρόνῳ ⟨μὴ⟩ δια-
πεπολεμηκώς. ἔοικε δ' ὁρμῆσαι μὲν ἐξ ἀρχῆς ὁ Φάβιος 3 f
πρὸς τὸ ἀντιλέγειν ὑπὸ πολλῆς ἀσφαλείας καὶ προνοίας,
μέγαν ὄντα δεδιὼς τὸν κίνδυνον, ἐντεῖναι δέ πως μᾶλλον
ἑαυτὸν καὶ πορρωτέρω προαχθῆναι φιλοτιμίᾳ τινὶ καὶ φι-
λονικίᾳ κωλύων τοῦ Σκιπίωνος τὴν αὔξησιν, ὅς γε καὶ
Κράσσον ἔπειθε, τὸν συνυπατεύοντα τῷ Σκιπίωνι, μὴ
89 L παρεῖναι τὴν στρατηγίαν μηδ' ὑπείκειν, ἀλλ' αὐτὸν εἰ
δόξειεν ἐπὶ Καρχηδονίους περαιοῦσθαι, καὶ χρήματα δο-
θῆναι πρὸς τὸν πόλεμον οὐκ εἴασε. χρήματα μὲν οὖν 4 189
Σκιπίων ἑαυτῷ πορίζειν ἀναγκαζόμενος, ἤγειρε παρὰ τῶν
ἐν Τυρρηνίᾳ πόλεων, ἰδίᾳ πρὸς αὐτὸν οἰκείως διακειμέ-
νων καὶ χαριζομένων· Κράσσον δὲ τὰ μὲν ἡ φύσις, οὐκ
ὄντα φιλόνικον, ἀλλὰ πρᾶον, οἴκοι κατεῖχε, τὰ δὲ καὶ
νόμος θεῖος ἱερωσύνην ἔχοντα τὴν μεγίστην.

26. Αὖθις οὖν καθ' ἑτέραν ὁδὸν ἀπαντῶν ὁ Φάβιος τῷ
Σκιπίωνι, κατεκώλυε τοὺς ὁρμωμένους αὐτῷ συστρατεύ-
εσθαι τῶν νέων καὶ κατεῖχεν, ἔν τε ταῖς βουλαῖς καὶ ταῖς
ἐκκλησίαις βοῶν, ὡς οὐκ αὐτὸς Ἀννίβαν ἀποδιδράσκοι
μόνον ὁ Σκιπίων, ἀλλὰ καὶ τὴν ὑπόλοιπον ἐκπλέοι λαβὼν
δύναμιν ἐκ τῆς Ἰταλίας, δημαγωγῶν ἐλπίσι τοὺς νέους b
καὶ ἀναπείθων ἀπολιπεῖν γονέας καὶ γυναῖκας καὶ πόλιν,
371 S ἧς ἐν θύραις ἐπικρατῶν καὶ ἀήττητος ὁ πολέμιος κάθη-
ται. καὶ μέντοι ταῦτα λέγων ἐφόβησε τοὺς Ῥωμαίους, καὶ 2
μόνοις αὐτὸν ἐψηφίσαντο χρῆσθαι τοῖς ἐν Σικελίᾳ στρα-
τεύμασι καὶ τῶν ἐν Ἰβηρίᾳ γεγονότων μετ' αὐτοῦ τρια-
κοσίους ἄγειν, οἷς ἐχρῆτο πιστοῖς. ταῦτα μὲν οὖν ἐδόκει
πολιτεύεσθαι πρὸς τὴν ἑαυτοῦ φύσιν ὁ Φάβιος. ἐπεὶ δὲ 3
Σκιπίωνος εἰς Λιβύην διαβάντος εὐθὺς ἔργα θαυμαστὰ

[UMA(= Υ)] **2** ἐκβαλλόντος **M** ‖ **3** μὴ add. Xy. ‖ **6** μέγα ὄντα **U** ‖ **10** παριέναι Sch. ‖ **19** κατεκώλυε **C**: κατεκώλυσε **UMA** | ὁρμημένους **M** ‖ **20** ταῖς[2] om. **M** ‖ **21** ἀποδιδράσκοι, οι in ras., **A** ‖ **22** μόνος vulg. ‖ **24** γενεὰς Cob.

καὶ πράξεις ὑπερήφανοι τὸ μέγεθος καὶ τὸ κάλλος εἰς
c Ῥώμην ἀπηγγέλλοντο, καὶ μαρτυροῦντα ταῖς φήμαις εἵ-
πετο λάφυρα πολλὰ καὶ βασιλεὺς ὁ Νομάδων αἰχμάλω-
τος, καὶ δύο στρατοπέδων ὑφ' ἕνα καιρὸν ἐμπρήσεις καὶ
φθορά, πολλῶν μὲν ἀνθρώπων, πολλῶν δ' ὅπλων καὶ
ἵππων ἐν αὐτοῖς συγκατακεκαυμένων, καὶ πρεσβεῖαι πρὸς
Ἀννίβαν ἐπέμποντο παρὰ Καρχηδονίων, καλούντων καὶ 90 I
δεομένων ἐάσαντα τὰς ἀτελεῖς ἐκείνας ἐλπίδας οἴκαδε
βοηθεῖν, ἐν δὲ Ῥώμῃ πάντων ἐχόντων τὸν Σκιπίωνα διὰ
στόματος ἐπὶ τοῖς κατορθώμασι Φάβιος ἠξίου πέμπεσθαι
Σκιπίωνι διάδοχον, ἄλλην μὲν οὐκ ἔχων πρόφασιν, εἰπὼν
δὲ τὸ μνημονευόμενον, ὡς ἐπισφαλές ἐστι πιστεύειν ἀνδρὸς
d ἑνὸς τύχῃ τηλικαῦτα πράγματα, χαλεπὸν γὰρ εὐτυχεῖν
ἀεὶ τὸν αὐτόν, οὕτω προσέκρουσεν ἤδη πολλοῖς, ὡς δύσκο-
λος ἀνὴρ καὶ βάσκανος ἢ πάμπαν ὑπὸ γήρως ἄτολμος
γεγονὼς καὶ δύσελπις, περαιτέρω τε τοῦ μετρίου κατα-
4 τεθαμβημένος τὸν Ἀννίβαν. οὐδὲ γὰρ ἐκπλεύσαντος αὐ-
τοῦ μετὰ τῶν δυνάμεων ἐξ Ἰταλίας εἴασε τὸ χαῖρον καὶ
τεθαρρηκὸς τῶν πολιτῶν ἀθόρυβον καὶ βέβαιον, ἀλλὰ
τότε δὴ μάλιστα τὰ πράγματα τῇ πόλει θεούσῃ παρὰ τὸν
ἔσχατον κίνδυνον ἐπισφαλῶς ἔχειν ἔλεγε· βαρύτερον γὰρ
ἐν Λιβύῃ πρὸ Καρχηδόνος αὐτοῖς Ἀννίβαν ἐμπεσεῖσθαι
e καὶ στρατὸν ἀπαντήσειν Σκιπίωνι πολλῶν ἔτι θερμὸν
αὐτοκρατόρων αἵματι καὶ δικτατόρων καὶ ὑπάτων· ὥστε
τὴν πόλιν αὖθις ὑπὸ τῶν λόγων τούτων ἀναταράττεσθαι,
καὶ τοῦ πολέμου μεθεστῶτος εἰς Λιβύην ἐγγυτέρω τῆς 372 S
Ῥώμης οἴεσθαι γεγονέναι τὸν φόβον.

27. Ἀλλὰ Σκιπίων μὲν οὐ μετὰ πολὺν χρόνον αὐτόν τε
a. 202 νικήσας μάχῃ κατὰ κράτος Ἀννίβαν, καὶ καταβαλὼν τὸ
φρόνημα καὶ καταπατήσας τῆς Καρχηδόνος ὑποπεσούσης,

20 Liv. 30, 28, 2sq.

[UMA(= Υ)] 6 αὐταῖς A || 13. 14 ἀεὶ εὐτυχεῖν: trp. Sint. ἀεὶ διευτυχεῖν Kron. cl. mor. 103c. 110e. 167e || 16 κατεθαμβημένος M || 20 παρὰ del. Rei. || 28 μετ' οὐ Zie.

ἀπέδωκε μείζονα χαρὰν ἁπάσης ἐλπίδος τοῖς πολίταις,
καὶ τὴν ἡγεμονίαν ὡς ἀληθῶς (Soph. Antig. 163)

πολλῷ σάλῳ σεισθεῖσαν ὤρθωσεν πάλιν·

Φάβιος δὲ Μάξιμος οὐ διήρκεσε τῷ βίῳ πρὸς τὸ τοῦ f 2
πολέμου τέλος, οὐδ' ἤκουσεν Ἀννίβαν ἡττημένον, οὐδὲ
91 L τὴν μεγάλην καὶ βέβαιον εὐτυχίαν τῆς πατρίδος ἐπεῖδεν,
ἀλλὰ περὶ ὃν χρόνον Ἀννίβας ἀπῆρεν ἐξ Ἰταλίας, νόσῳ a. 203
καμὼν ἐτελεύτησεν.

Ἐπαμεινώνδαν μὲν οὖν Θηβαῖοι δημοσίᾳ διὰ πενίαν 3
ἣν ἀπέλιπεν ὁ ἀνὴρ ἔθαψαν· οὐδὲν γὰρ οἴκοι τελευτήσαν-
τος εὑρεθῆναι πλὴν ὀβελίσκον σιδηροῦν λέγουσι· Φάβιον 4
δὲ Ῥωμαῖοι δημοσίᾳ μὲν οὐκ ἐκήδευσαν, ἰδίᾳ δ' ἑκάστου **190**
τὸ σμικρότατον αὐτῷ τῶν νομισμάτων ἐπενεγκόντος, οὐχ
ὡς δι' ἔνδειαν προσαρκούντων, ἀλλ' ὡς πατέρα τοῦ δήμου
θάπτοντος, ἔσχε τιμὴν καὶ δόξαν ὁ θάνατος αὐτοῦ τῷ βίῳ
πρέπουσαν.

---

28 (1). *Οἱ μὲν οὖν βίοι τῶν ἀνδρῶν τοιαύτην ἔχου-* [Σύγκρισις]
σιν ἱστορίαν. ἐπεὶ δὲ καὶ πολιτικῆς καὶ πολεμικῆς ἀρετῆς
πολλὰ καὶ καλὰ παραδείγματα καταλελοίπασιν ἀμφότε-
ροι, φέρε τῶν πολεμικῶν ἐκεῖνο πρῶτον λάβωμεν, ὅτι
Περικλῆς μὲν ἄριστα πράττοντι τῷ δήμῳ καὶ μεγίστῳ b
καθ' αὑτὸν ὄντι καὶ μάλιστα πρὸς δύναμιν ἀκμάζοντι
373 S χρώμενος ὑπὸ κοινῆς ἂν δόξειεν εὐτυχίας καὶ ῥώμης πραγ-
μάτων ἀσφαλὴς διαγενέσθαι καὶ ἄπταιστος, αἱ δὲ Φαβίου
πράξεις ἐν αἰσχίστοις καὶ δυσποτμοτάτοις καιροῖς ἀναδε-
ξαμένου τὴν πόλιν οὐκ ἐπ' ἀγαθοῖς ἀσφαλῆ διετήρησαν,
ἀλλ' ἐκ κακῶν εἰς βελτίω μετέστησαν. καὶ Περικλεῖ μὲν 2
αἱ Κίμωνος εὐπραξίαι καὶ τὰ Μυρωνίδου καὶ τὰ Λεωκρά-
τους τρόπαια καὶ πολλὰ καὶ μεγάλα Τολμίδης κατορθῶν

7 Liv. 30, 26, 7 ‖ **9** Frontin. strat. 4, 3, 6 ‖ **12** Val. Max. 5, 2, 3

[(UMA =)Υ] **3** σεισθῆσαν **A** | σείσαντες ὤρθωσαν Soph. ‖ **25** αἰσχίστοις] ἐσχάτοις Naber | δυσποτμωτάτοις **M**

⟨ἐν⟩εορτάσαι μᾶλλον καὶ ἐμπανηγυρίσαι στρατηγοῦντι τὴν πόλιν ἢ κτήσασθαι πολέμῳ καὶ φυλάξαι παρέδωκε·
c 3 Φάβιος δ' ὁρῶν πολλὰς μὲν φυγὰς καὶ ἥττας, πολλοὺς δὲ 92 I
θανάτους καὶ σφαγὰς αὐτοκρατόρων καὶ στρατηγῶν, λίμνας δὲ καὶ πεδία καὶ δρυμοὺς νεκρῶν στρατοπέδων πλήθοντας, αἵματι δὲ καὶ φόνῳ ποταμοὺς ἄχρι θαλάττης ῥέοντας, [ἐν] τῷ καθ' ἑαυτὸν ἐρρωμένῳ καὶ βεβηκότι τὴν πόλιν ἀντιλαμβανόμενος καὶ ὑπερείδων οὐκ εἴασε τοῖς
4 ἐκείνων ὑποφερομένην πταίσμασι τελέως ἐκχυθῆναι. καίτοι δόξειεν ἂν οὐχ οὕτω χαλεπὸν εἶναι πόλιν ἐν συμφοραῖς μεταχειρίσασθαι ταπεινὴν καὶ τοῦ φρονοῦντος ὑπ' ἀνάγ-
d κης κατήκοον γενομένην, ὡς δι' εὐτυχίαν ἐπηρμένῳ καὶ σπαργῶντι [τῷ] δήμῳ χαλινὸν ἐμβαλεῖν ὕβρεως καὶ θρασύτητος· ᾧ δὴ μάλιστα φαίνεται τρόπῳ Περικλῆς Ἀθη-
5 ναίων περιγενόμενος. ἀλλὰ τῶν Ῥωμαίοις συμπεσόντων τότε κακῶν τὸ μέγεθος καὶ τὸ πλῆθος ἰσχυρόν τινα γνώμην καὶ μέγαν ἔδειξεν ἄνδρα τὸν μὴ συγχυθέντα μηδὲ προέμενον τοὺς αὑτοῦ λογισμούς.

29 (2). Καὶ Σάμῳ μὲν ὑπὸ Περικλέους ἁλούσῃ τὴν Τάραντος ἔστι κατάληψιν ἀντιθεῖναι, καὶ νὴ Δί' Εὐβοίᾳ τὰς περὶ Καμπανίαν πόλεις· ἐπεὶ αὐτήν γε Καπύην οἱ περὶ Φούλβιον καὶ Ἄππιον ὕπατοι κατέσχον. ἐκ δὲ παρατάξεως
a. 233 e Φάβιος οὐ φαίνεται μάχῃ νενικηκώς, πλὴν ἀφ' ἧς τὸν
πρότερον εἰσήλασε θρίαμβον, Περικλῆς δ' ἐννέα τρόπαια 374 S
κατὰ γῆν καὶ κατὰ θάλατταν ἔστησεν ἀπὸ τῶν πολεμίων.
2 οὐ μὴν λέγεται τοιαύτη πρᾶξις Περικλέους οἵαν ἔπραξε Φάβιος Μινούκιον ἐξαρπάσας Ἀννίβου καὶ διασώσας ἐντελὲς στρατόπεδον Ῥωμαίων· καλὸν γὰρ τὸ ἔργον καὶ κοι-

23 cf. ad p. 48, 25

[**UMA**(= Υ)] **1** *ἑορτάσαι*: em. Steph. || **2** *φυλάξασθαι*: em. Rei. | *παρέδωκε* **UA**: *παρέδωκαν* **M** || **5** *στρατοπέδων* del. Herw. || **7** *ἐν* del. Zie., ex correctura *ἐρ* ad *ὁρμωμένῳ* exstitisse ratus | *ἐρρωμένῳ* Rei.: *ὁρμωμένῳ* libri *ἡρμοσμένῳ* Cor. *ὡρμισμένῳ* Sch. || **9** *ἐκλυθῆναι* Cor. cl. p. 69, 29 || **13** *τῷ* del. Cor. || **16** *τινα*] *τὴν* Rei. *τινα τὴν* Cor. cl. p. 32, 9 || **21** *ἐπειδὴ τήν γε* Li. || **22** *Φούλβιον* Xy.: *φούριον* **UA** *φρούριον* **M**

νὸν ἀνδρείας ὁμοῦ καὶ φρονήσεως καὶ χρηστότητος· ὥσπερ
93 L αὖ πάλιν οὐδὲ σφάλμα λέγεται Περικλέους οἷον ἐσφάλη
Φάβιος διὰ τῶν βοῶν καταστρατηγηθεὶς ὑπ' Ἀννίβου,
λαβὼν μὲν αὐτομάτως καὶ κατὰ τύχην ὑπελθόντα τοῖς
στενοῖς τὸν πολέμιον, προέμενος δὲ νυκτὸς λαθόντα καὶ
μεθ' ἡμέραν βιασάμενον καὶ φθάσαντα μέλλοντος καὶ κρα- f
τήσαντα συλλαβόντος. εἰ δὲ δεῖ μὴ μόνον χρῆσθαι τοῖς 3
παροῦσιν, ἀλλὰ καὶ τεκμαίρεσθαι περὶ τοῦ μέλλοντος
ὀρθῶς τὸν ἀγαθὸν στρατηγόν, Ἀθηναίοις μὲν ὡς Περι-
κλῆς προέγνω καὶ προεῖπεν ἐτελεύτησεν ὁ πόλεμος· πολυ-
πραγμονοῦντες γὰρ ἀπώλεσαν τὴν δύναμιν· Ῥωμαῖοι δὲ
παρὰ τοὺς Φαβίου λογισμοὺς ἐκπέμψαντες ἐπὶ Καρχηδονί-
ους Σκιπίωνα πάντων ἐκράτησαν, οὐ τύχῃ, σοφίᾳ δὲ τοῦ
στρατηγοῦ καὶ ἀνδρείᾳ κατὰ κράτος νικήσαντος τοὺς πολε-
μίους· ὥστε τῷ μὲν τὰ πταίσματα τῆς πατρίδος μαρτυ- 4 **191**
ρεῖν ὅτι καλῶς ἔγνω, τὸν δ' ὑπὸ τῶν κατορθωμάτων ἐλέγ-
χεσθαι τοῦ παντὸς ἐσφαλμένον. ἴση δ' ἁμαρτία στρατη-
γοῦ κακῷ περιπεσεῖν μὴ προσδοκήσαντα, καὶ κατορθώ-
ματος καιρὸν ἀπιστίᾳ προέσθαι· μία γὰρ ὡς ἔοικεν ἀπει-
ρία καὶ θράσος γεννᾷ καὶ θάρσος ἀφαιρεῖται. ταῦτα περὶ
τῶν πολεμικῶν.

30 (3). Τῆς δὲ πολιτείας μέγα μὲν ἔγκλημα τοῦ Περι-
κλέους ὁ πόλεμος. λέγεται γὰρ ἐπακτὸς ὑπ' ἐκείνου γενέ-
σθαι, Λακεδαιμονίοις ἐρίσαντος μὴ ἐνδοῦναι. δοκῶ δὲ μηδ'
ἂν Φάβιον Μάξιμον ἐνδοῦναί τι Καρχηδονίοις, ἀλλ' εὐγε-
νῶς ὑποστῆναι τὸν ὑπὲρ τῆς ἡγεμονίας κίνδυνον. ἡ μέντοι 2 b
375 S πρὸς Μινούκιον ἐπιείκεια τοῦ Φαβίου καὶ πρᾳότης ἐλέγ-
χει τὸν πρὸς Κίμωνα καὶ Θουκυδίδην στασιασμόν, ἄνδρας
ἀγαθοὺς καὶ ἀριστοκρατικοὺς εἰς φυγὴν ὑπ' αὐτοῦ καὶ
94 L τοὔστρακον ἐκπεσόντας. ἀλλ' ἥ γε δύναμις μείζων ἡ τοῦ
Περικλέους καὶ τὸ κράτος. ὅθεν οὐδ' ἄλλον εἴασεν ἐνδυσ- 3
τυχῆσαι τῇ πόλει κακῶς βουλευσάμενον στρατηγόν, ἀλλ'

[UMA(= Υ)] **2** οὐδὲ] οὐδὲν Cob. || **14** κατὰ κράτος om. **M** || **15** μαρτυρεῖν **M**: μαρτυρεῖ **UA** || **20** θάρσος **UM**: θράσος **A** || **22** τοῦ] τῆς Rei. ⟨τῆς⟩ τοῦ Zie. cl. v. 30 || **28** τὸν ⟨Περικλέους⟩ Rei. ⟨ἐκείνου⟩ Zie.

ἢ μόνος αὐτὸν ἐκφυγὼν Τολμίδης καὶ διωσάμενος βίᾳ
προσέπταισε Βοιωτοῖς· οἱ δ' ἄλλοι προσετίθεντο καὶ κατε-
κοσμοῦντο πάντες εἰς τὴν ἐκείνου γνώμην ὑπὸ μεγέθους
c 4 *αὐτοῦ τῆς δυνάμεως. Φάβιος δὲ τὸ καθ' ἑαυτὸν ἀσφαλὴς*
ὢν καὶ ἀναμάρτητος, τῷ πρὸς τὸ κωλύειν ἑτέρους ἀδυνάτῳ
φαίνεται λειπόμενος. οὐ γὰρ ἂν τοσαύταις συμφοραῖς
ἐχρήσαντο Ῥωμαῖοι Φαβίου παρ' αὐτοῖς ὅσον Ἀθήνησι
Περικλέους δυνηθέντος.

5 *Καὶ μὴν τήν γε πρὸς χρήματα μεγαλοφροσύνην ὁ μὲν*
τῷ μηδὲν λαβεῖν παρὰ τῶν διδόντων, ὁ δὲ τῷ προέσθαι
πολλὰ τοῖς δεομένοις ἐπεδείξατο, λυσάμενος τοῖς ἰδίοις
6 *χρήμασι τοὺς αἰχμαλώτους· πλὴν τούτων μὲν οὐ πολὺς*
ἦν ἀριθμός, ἀλλ' ὅσον ἓξ τάλαντα. Περικλῆς δ' οὐκ ἂν
ἴσως εἴποι τις ὅσα καὶ παρὰ συμμάχων καὶ βασιλέων
d *ὠφελεῖσθαι καὶ θεραπεύεσθαι παρόν, τῆς δυνάμεως διδού-*
σης, ἀδωρότατον ἑαυτὸν καὶ καθαρώτατον ἐφύλαξεν.

7 *Ἔργων γε μὴν μεγέθεσι καὶ ναῶν καὶ κατασκευαῖς*
οἰκοδομημάτων, ἐξ ὧν ἐκόσμησεν ὁ Περικλῆς τὰς Ἀθή-
νας, οὐκ ἄξιον ὁμοῦ πάντα τὰ πρὸ τῶν Καισάρων φιλοτι-
μήματα τῆς Ῥώμης παραβαλεῖν, ἀλλ' ἔξοχόν τι πρὸς ἐκεῖ-
να καὶ ἀσύγκριτον ἡ τούτων ἔσχε μεγαλουργία καὶ μεγα-
λοπρέπεια τὸ πρωτεῖον.

[UMA(= Υ)] **1** *ἢ*] *ὁ* Rei. Cor. || **2** *μετεκοσμοῦντο* Parisinus 1677 || **4** *καθ' αὑτὸν* **MA** || **12** *τούτῳ*: em. Rei. || **16** *καθαρὸν* **M** || **22** *τὸ* del. Zie.

ΝΙΚΙΑΣ ΚΑΙ ΚΡΑΣΣΟΣ

18 95 L **1.** *Ἐπεὶ δοκοῦμεν οὐκ ἀτόπως τῷ Νικίᾳ τὸν Κράσσον* b 523
παραβάλλειν καὶ τὰ Παρθικὰ παθήματα τοῖς Σικελικοῖς, c
ὥρα παραιτεῖσθαι καὶ παρακαλεῖν ὑπὲρ ἐμοῦ τοὺς ἐν-
τυγχάνοντας τοῖς συγγράμμασι τούτοις, ὅπως ἐπὶ ταῖς
διηγήσεσιν αἷς Θουκυδίδης, αὐτὸς αὑτοῦ περὶ ταῦτα παθη-
τικώτατος ἐναργέστατος ποικιλώτατος γενόμενος, ἀμι-
μήτως ἐξενήνοχε, μηδὲν ἡμᾶς ὑπολάβωσι πεπονθέναι
Τιμαίῳ πάθος ὅμοιον, ὃς ἐλπίσας τὸν μὲν Θουκυ-
δίδην ὑπερβαλεῖσθαι δεινότητι, τὸν δὲ Φίλιστον ἀποδείξειν
παντάπασι φορτικὸν καὶ ἰδιώτην, διὰ μέσων ὠθεῖται τῇ d
ἱστορίᾳ τῶν μάλιστα κατωρθωμένων ἐκείνοις ἀγώνων
καὶ ναυμαχιῶν καὶ δημηγοριῶν, οὐ μὰ Δία

παρὰ Λύδιον ἅρμα πεζὸς οἰχνεύων

ὥς φησι Πίνδαρος (fr. 206 Sn.), *ἀλλ' ὅλως τις ὀψιμαθὴς*
καὶ μειρακιώδης φαινόμενος ἐν τούτοις, καὶ κατὰ τὸν
Δίφιλον (fr. 119 CAF II 576)

παχύς, ὠνθυλευμένος στέατι Σικελικῷ,

πολλαχοῦ δ' ὑπορρέων εἰς τὸν Ξέναρχον, ὥσπερ ὅταν 2
λέγῃ (FGrH 566 F 102b, cf. T 18) *τοῖς Ἀθηναίοις οἰωνὸν ἡγή-*

2 mor. 347a *π. ὕψους* 25. 26 || **14** mor. 65b

[UMA] **7** *ἐναργέστατος* ras. A: *ἐνεργέστατος* UM, cf. mor. || **10** *ὑπερβαλέσθαι*: em. Steph. || **13** *δημογοριῶν* A, cf. p. 95, 21 || **14** *οἰχνεύων* U mor.: *ἰχνεύων* MA *οἰχνέων* Bergk || **15** *ὅλως* Steph.: *ὅλος* || **19** *εἰς τὸ ξεναγὸν* vel *ξένον* Sol. *ξενίζον* vel *ξενολόγον* vel *ξηρὸν* Cor. *ξενουργὸν* vel *καινουργὸν* Zie. cl. *π. ὕψους* 4, 1 || **20** *ἡγήσασθαι*] *ἥττης* Madvig del. Ha

σασθαι γεγονέναι τὸν ἀπὸ τῆς νίκης ἔχοντα τοὔνομα 96 L
e στρατηγὸν ἀντειπόντα πρὸς τὴν στρατηγίαν, καὶ τῇ περι-
κοπῇ τῶν Ἑρμῶν προσημαίνειν αὐτοῖς τὸ δαιμόνιον, ὡς
ὑφ' Ἑρμοκράτους τοῦ Ἕρμωνος πλεῖστα πείσονται παρὰ
3 τὸν πόλεμον· ἔτι δ' εἰκὸς εἶναι τὸν Ἡρακλέα τοῖς μὲν Συ-
ρακουσίοις βοηθεῖν διὰ τὴν Κόρην, παρ' ἧς ἔλαβε τὸν
Κέρβερον, ὀργίζεσθαι δὲ τοῖς Ἀθηναίοις, ὅτι τοὺς Αἰγε-
στέας, ἀπογόνους ὄντας Τρώων, ἔσῳζον, αὐτὸς δ' ὑπὸ
Λαομέδοντος ἀδικηθεὶς ἀνάστατον ἐποίησε τὴν πόλιν. 2 S
4 ἀλλὰ τούτῳ μὲν ἴσως ἀπὸ τῆς αὐτῆς ἐμμελείας ταῦτά τε
f γράφειν ἐπῄει καὶ τὴν Φιλίστου διάλεκτον εὐθύνειν καὶ
τοῖς περὶ Πλάτωνα καὶ Ἀριστοτέλην λοιδορεῖσθαι· ἐμοὶ
δ' ὅλως μὲν ἡ περὶ λέξιν ἅμιλλα καὶ ζηλοτυπία πρὸς ἑτέ-
ρους μικροπρεπὲς φαίνεται καὶ σοφιστικόν, ἂν δὲ πρὸς τὰ
5 ἀμίμητα γίγνηται, καὶ τελέως ἀναίσθητον. ἃς γοῦν Θου-
κυδίδης ἐξήνεγκε πράξεις καὶ Φίλιστος (FGrH 556 F 54)
ἐπεὶ παρελθεῖν οὐκ ἔστι, μάλιστά γε δὴ τὸν τρόπον καὶ τὴν
διάθεσιν τοῦ ἀνδρὸς ὑπὸ πολλῶν καὶ μεγάλων παθῶν
καλυπτομένην περιεχούσας, ἐπιδραμὼν βραχέως καὶ διὰ
τῶν ἀναγκαίων, ἵνα μὴ παντάπασιν ἀμελὴς δοκῶ καὶ
524 ἀργὸς εἶναι, τὰ διαφεύγοντα τοὺς πολλούς, ὑφ' ἑτέρων δ'
εἰρημένα σποράδην ἢ πρὸς ἀναθήμασιν ἢ ψηφίσμασιν
εὑρημένα παλαιοῖς πεπείραμαι συναγαγεῖν, οὐ τὴν ἄχρη-
στον ἀθροίζων ἱστορίαν, ἀλλὰ τὴν πρὸς κατανόησιν ἤθους
καὶ τρόπου παραδιδούς.

2. Ἔνεστιν οὖν περὶ Νικίου πρῶτον εἰπεῖν ὃ γέγραφεν
Ἀριστοτέλης (Ἀθπ. 28, 5), ὅτι τρεῖς ἐγένοντο βέλτιστοι 97 L
τῶν πολιτῶν καὶ πατρικὴν ἔχοντες εὔνοιαν καὶ φιλίαν
πρὸς τὸν δῆμον, Νικίας ὁ Νικηράτου καὶ Θουκυδίδης ὁ

[**UMA**] **2** στρατείαν Hude Ha. || **7** αἰγεστέας M: αἰγεστέως UA Ἐγεσταίους Cor., cf. p. 101, 18. 104, 24 || **9** τὴν πόλιν ἐποίησεν M || **10** ἐμμελείας ironice dictum || **11** καὶ—εὐθύνειν om. M || **12** ἀριστοτέλη^{v} A || **15** ἀμίμητα Ald.: ἀμιλλήματα || **16** καὶ Φίλιστος del. Sauppe || **19** ἀποκαλυπτομένην (ἀπο s. s.) U^{2} || **22** πρὸς] ἐν Madvig || **25** τρόπου ⟨ἐπιτήδειον vel -οτάτην⟩ Rei., sed aliud adiect. (velut χρησίμην) addendum, ne fiat hiatus || **28** πολιτικῶν Ri. cl. Aristot.

Μελησίου καὶ Θηραμένης ὁ Ἅγνωνος, ἧττον δ' οὗτος ἢ
ἐκεῖνοι· καὶ γὰρ εἰς δυσγένειαν ὡς ξένος ἐκ Κέω λελοι-
δόρηται, καὶ διὰ τὸ μὴ μόνιμον, ἀλλὰ καὶ ἐπαμφοτερίζον
ἀεὶ τῇ προαιρέσει τῆς πολιτείας ἐπεκλήθη Κόθορνος. b
ἐκείνων δὲ πρεσβύτερος μὲν ὁ Θουκυδίδης ἦν, καὶ πολλὰ 2
καὶ Περικλεῖ δημαγωγοῦντι τῶν καλῶν καὶ ἀγαθῶν προ-
ιστάμενος ἀντεπολιτεύσατο, νεώτερος δὲ Νικίας γενό-
μενος, ἦν μὲν ἔν τινι λόγῳ καὶ Περικλέους ζῶντος, ὥστε
κἀκείνῳ συστρατηγῆσαι καὶ καθ' αὑτὸν ἄρξαι πολλάκις,
Περικλέους δ' ἀποθανόντος εὐθὺς εἰς τὸ πρωτεύειν προ-
3 S ήχθη, μάλιστα μὲν ὑπὸ τῶν πλουσίων καὶ γνωρίμων, c
ἀντίταγμα ποιουμένων αὐτὸν πρὸς τὴν Κλέωνος βδελυρίαν
καὶ τόλμαν, οὐ μὴν ἀλλὰ καὶ τὸν δῆμον εἶχεν εὔνουν καὶ
συμφιλοτιμούμενον. ἴσχυε μὲν γὰρ ὁ Κλέων μέγα „γερον- 3
ταγωγῶν καὶ ἀναμισθαρνεῖν διδούς" (fr. adesp. 11 CAF III
400), ὅμως δὲ καὶ τὴν πλεονεξίαν αὐτοῦ καὶ τὴν ἰταμό-
τητα καὶ ⟨τὸ⟩ θράσος ⟨ἐν⟩ορῶντες αὐτοῖς οἷς πρὸς χάριν
ἔπραττεν, οἱ πολλοὶ τὸν Νικίαν ἐπήγοντο. καὶ γὰρ οὐκ ἦν 4
αὐστηρὸν οὐδ' ἐπαχθὲς ἄγαν αὐτοῦ τὸ σεμνόν, ἀλλ' εὐλα-
βείᾳ τινὶ μεμειγμένον, αὐτῷ τῷ δεδιέναι δοκοῦντι τοὺς
πολλοὺς δημαγωγοῦν. τῇ φύσει γὰρ ὢν ἀθαρσὴς καὶ δύσελ- 5
98 L πις, ἐν μὲν τοῖς πολεμικοῖς ἀπέκρυπτεν εὐτυχίᾳ τὴν δει-
λίαν· κατώρθου γὰρ ὁμαλῶς στρατηγῶν· τὸ δ' ἐν τῇ πολι- 6 d
τείᾳ ψοφοδεὲς καὶ πρὸς τοὺς συκοφάντας εὐθορύβητον
αὐτοῦ καὶ δημοτικὸν ἐδόκει καὶ δύναμιν οὐ μικρὰν ἀπ'
εὐνοίας τοῦ δήμου παρέχειν τῷ δεδιέναι τοὺς θαρροῦντας,
αὔξειν δὲ τοὺς δεδιότας. τοῖς γὰρ πολλοῖς τιμὴ μεγίστη
παρὰ τῶν μειζόνων τὸ μὴ καταφρονεῖσθαι.

3 mor. 824b Xen. hell. 2, 3, 30. 47 Ar. ran. 534 sqq. || 14 mor. 807a, cf. Kock ad locum

[UMA] 1 μιλησίου: em. Sint. | ἥττων A || 2 ἐκ Rei.: ἐν || 3 μόνιμον, ονιμ in ras., A | καὶ del. Cor. (⟨σφαλερὸν⟩ καὶ Rei.) || 5 δὲ in ras., fort. ex ὁ, A || 14 ὁ (in fin. lin.) om. U || 17 τὸ add. Rei. | ἐνορῶντες αὐτοῖς Zie. cl. Rom. 7, 5. Aristid. 23, 5. Cim. 5, 6. Caes. 43, 4. Lyc. 15, 15. mor. 457a. 673c. 1116c: ὁρῶντες αὐτοὶ || 21 δημαγωγῶν: em. Steph. || 26 παρεῖχε Cor. | θαρροῦντας Madvig: παρόντας UA ὑπερορῶντας M

3. Περικλῆς μὲν οὖν ἀπό τ' ἀρετῆς ἀληθινῆς καὶ λόγου
δυνάμεως τὴν πόλιν ἄγων, οὐδενὸς ἐδεῖτο σχηματισμοῦ
πρὸς τὸν ὄχλον οὐδὲ πιθανότητος, Νικίας δὲ τούτοις μὲν
λειπόμενος, οὐσίᾳ δὲ προέχων, ἀπ' αὐτῆς ἐδημαγώγει,
2 καὶ τῇ Κλέωνος εὐχερείᾳ καὶ βωμολοχίᾳ πρὸς ἡδονὴν
μεταχειριζομένῃ τοὺς Ἀθηναίους διὰ τῶν ὁμοίων ἀντι-
e παρεξάγειν ἀπίθανος ὤν, χορηγίαις ἀνελάμβανε καὶ γυμ-
νασιαρχίαις ἑτέραις τε τοιαύταις φιλοτιμίαις τὸν δῆμον,
ὑπερβαλλόμενος πολυτελείᾳ καὶ χάριτι τοὺς πρὸ ἑαυτοῦ
3 καὶ καθ' ἑαυτὸν ἅπαντας. εἱστήκει δὲ καὶ τῶν ἀναθη-
μάτων αὐτοῦ καθ' ἡμᾶς τό τε Παλλάδιον ἐν ἀκροπόλει,
τὴν χρύσωσιν ἀποβεβληκός, καὶ ὁ τοῖς χορηγικοῖς τρί-
ποσιν ὑποκείμενος ἐν Διονύσου νεώς· ἐνίκησε γὰρ πολλά-
4 κις χορηγήσας, ἐλείφθη δ' οὐδέποτε. λέγεται δ' ἔν τινι 4 S
χορηγίᾳ παρελθεῖν οἰκέτης αὐτοῦ κεκοσμημένος εἰς σχῆμα
Διονύσου, κάλλιστος ὀφθῆναι καὶ μέγιστος, οὔπω γενειῶν·
ἡσθέντων δὲ τῶν Ἀθηναίων τῇ ὄψει καὶ κροτούντων ἐπὶ
f πολὺν χρόνον, ἀναστὰς ὁ Νικίας εἶπεν ὡς οὐχ ὅσιον ἡγοῖτο
δουλεύειν καταπεφημισμένον θεῷ σῶμα, καὶ τὸν νεα-
5 νίσκον ἀπηλευθέρωσε. μνημονεύεται δ' αὐτοῦ καὶ τὰ περὶ 99 L
Δῆλον ὡς λαμπρὰ καὶ θεοπρεπῆ φιλοτιμήματα. τῶν γὰρ
χορῶν, οὓς αἱ πόλεις ἔπεμπον ᾀσομένους τῷ θεῷ, προσ-
525 πλεόντων μὲν ὡς ἔτυχεν, εὐθὺς δ' ὄχλου πρὸς τὴν ναῦν
ἀπαντῶντος ᾄδειν κελευομένων κατ' οὐδένα κόσμον, ἀλλ'
ὑπὸ σπουδῆς ἀσυντάκτως ἀποβαινόντων ἅμα καὶ στεφανου-
μένων καὶ μεταμφιεννυμένων, ἐκεῖνος ὅτε τὴν θεωρίαν
ἦγεν, αὐτὸς μὲν εἰς Ῥήνειαν ἀπέβη, τὸν χορὸν ἔχων καὶ
τὰ ἱερεῖα καὶ τὴν ἄλλην παρασκευήν, ζεῦγμα δὲ πεποιη-
μένον Ἀθήνησι πρὸς τὰ μέτρα καὶ κεκοσμημένον ἐκπρε-
πῶς χρυσώσεσι καὶ βαφαῖς καὶ στεφάνοις καὶ αὐλαίαις

10 Plat. Gorg. 472a || **20** cf. Thuc. 3, 104

[UMA] **5** βωμο+λοχία, βω s. s. m. 2, A || **9** ὑπερβαλόμενος Cor. || **10** ἕστηκε Sch. || **13** ἀποκείμενος Anon. συναποκείμ. Cor. || **18** ἡγεῖτο M || **20** ἀπη+λευθέρωσε, πη in ras., A || **27** ἔχων, χ in ras., A || **29** κεκοσμημένον, ον in ras. m. 2, A

κομίζων, διὰ νυκτὸς ἐγεφύρωσε τὸν μεταξὺ Ῥηνείας καὶ
Δήλου πόρον, οὐκ ὄντα μέγαν· εἶθ' ἅμ' ἡμέρᾳ τήν τε πομ- 6 b
πὴν τῷ θεῷ καὶ τὸν χορὸν ἄγων κεκοσμημένον πολυτε-
λῶς καὶ ᾄδοντα διὰ τῆς γεφύρας ἀπεβίβαζε. μετὰ δὲ τὴν 7
θυσίαν καὶ τὸν ἀγῶνα καὶ τὰς ἑστιάσεις τόν τε φοίνικα τὸν
χαλκοῦν ἔστησεν ἀνάθημα τῷ θεῷ, καὶ χωρίον μυρίων
δραχμῶν πριάμενος καθιέρωσεν, οὗ τὰς προσόδους ἔδει
Δηλίους καταθύοντας ἑστιᾶσθαι, πολλὰ καὶ ἀγαθὰ Νικίᾳ
παρὰ τῶν θεῶν αἰτουμένους· καὶ γὰρ τοῦτο τῇ στήλῃ ⟨συν⟩-
ενέγραψεν. ἣν ὥσπερ φύλακα τῆς δωρεᾶς ἐν Δήλῳ κατέλι-
πεν. ὁ δὲ φοῖνιξ ἐκεῖνος ὑπὸ τῶν πνευμάτων ἀποκλασθεὶς 8
ἐνέπεσε τῷ Ναξίων ἀνδριάντι τῷ μεγάλῳ καὶ ἀνέτρεψε.

4. Τούτοις δ' ὅτι μὲν πολὺ τὸ πρὸς δόξαν καὶ φιλοτιμίαν c
πανηγυρικὸν καὶ ἀγοραῖον ⟨ἔν⟩εστιν, οὐκ ἄδηλον· ἀλλὰ
00 L 5 S τῷ λοιπῷ τρόπῳ τοῦ ἀνδρὸς καὶ ἤθει πιστεύσειεν ἄν τις
εὐσεβείας ἐπακολούθημα τὴν τοιαύτην χάριν καὶ δημα-
γωγίαν γενέσθαι· σφόδρα γὰρ ἦν τῶν ἐκπεπληγμένων
τὰ δαιμόνια καὶ θειασμῷ προσκείμενος, ὥς φησι Θουκυ-
δίδης (7, 50, 4). ἐν δέ τινι τῶν Πασιφῶντος διαλόγων 2
γέγραπται, ὅτι καθ' ἡμέραν ἔθυε τοῖς θεοῖς, καὶ μάντιν
ἔχων ἐπὶ τῆς οἰκίας προσεποιεῖτο μὲν ἀεὶ σκέπτεσθαι
περὶ τῶν δημοσίων, τὰ δὲ πλεῖστα περὶ τῶν ἰδίων καὶ μάλι-
στα περὶ τῶν ἀργυρείων μετάλλων· ἐκέκτητο γὰρ ἐν τῇ
Λαυρεωτικῇ πολλά, μεγάλα μὲν εἰς πρόσοδον, οὐκ ἀκιν- d
δύνους δὲ τὰς ἐργασίας ἔχοντα, καὶ πλῆθος ἀνδραπόδων
ἔτρεφεν αὐτόθι, καὶ τῆς οὐσίας ἐν ἀργυρίῳ τὸ πλεῖστον
εἶχεν. ὅθεν οὐκ ὀλίγοι περὶ αὐτὸν ἦσαν αἰτοῦντες καὶ λαμ- 3
βάνοντες. ἐδίδου γὰρ οὐχ ἧττον τοῖς κακῶς ποιεῖν δυναμέ-
νοις ἢ τοῖς εὖ πάσχειν ἀξίοις, καὶ ὅλως πρόσοδος ἦν αὐτοῦ
τοῖς τε πονηροῖς ἡ δειλία καὶ τοῖς χρηστοῖς ἡ φιλανθρω-

12 Inscr. de Délos 4 ‖ **24** Xen. vect. 4, 14 mem. 2, 5, 2

[UMA] **1** *ῥηνείας* C: *ῥηνίας* cet. ‖ **10** *ἐνέγραψεν*: em. Kron. ‖ **11** *πνευμάτων, νευμάτων* in ras., A ‖ **12** *τῶναξίων* in *τῶνναξίων* corr. m 2 U ‖ **14** *πανηγυρικὴν*: em. Madvig | *ἔστιν*: em. Muretus ‖ **14.15** *ἀλλὰ καὶ τῷ* M ‖ **24** *λαυριωτικῇ* M | *μεγάλα μὲν* C: *μεγάλα* cet., sed in U s. s. *Τ* et *Λ* (i. e. *μέταλλα*) vetus manus

4 *πία. λαβεῖν δὲ περὶ τούτων μαρτυρίαν καὶ παρὰ τῶν κωμι-*
5 *κῶν ἔστι. Τηλεκλείδης μὲν γὰρ εἴς τινα τῶν συκοφαντῶν*
e *ταυτὶ πεποίηκε* (fr. 41 CAF I 219)·

Χαρικλέης μὲν οὖν ἔδωκε μνᾶν, ἵν' αὐτὸν μὴ λέγῃ,
ὡς ἔφυ τῇ μητρὶ παίδων πρῶτος ἐκ βαλλαντίου.
τέσσαρας δὲ μνᾶς ἔδωκε Νικίας Νικηράτου·
ὧν δ' ἕκατι τοῦτ' ἔδωκε, καίπερ εὖ εἰδὼς ἐγὼ
οὐκ ἐρῶ, φίλος γὰρ ἁνήρ, σωφρονεῖν δέ μοι δοκεῖ.

6 *ὁ δ' ὑπ' Εὐπόλιδος κωμῳδούμενος ἐν τῷ Μαρικᾷ παρά-*
γων τινὰ τῶν ἀπραγμόνων καὶ πενήτων λέγει (fr. 181 101 I
CAF I 308)·

f *〈Α.〉 πόσου χρόνου γὰρ συγγεγένησαι Νικίᾳ;*
〈Β.〉 οὐδ' εἶδον, εἰ μὴ ʼναγχος ἑστῶτ' ἐν ἀγορᾷ.
〈Α.〉 ἁνὴρ ὁμολογεῖ Νικίαν ἑορακέναι.
καίτοι τί παθὼν ἂν εἶδεν, εἰ μὴ προὐδίδου;
〈Γ.〉 ἠκούσατ', ὦ ξυνήλικες,
ἐπ' αὐτοφώρῳ Νικίαν εἰλημμένον; 6S
〈Β.〉 ὑμεῖς γάρ, ὦ φρενοβλαβεῖς,
λάβοιτ' ἂν ἄνδρ' ἄριστον ἐν κακῷ τινι;

7 *ὁ δ' Ἀριστοφάνους Κλέων ἀπειλῶν λέγει* (equit. 358)·

λαρυγγιῶ τοὺς ῥήτορας καὶ Νικίαν ταράξω.

8 *ὑποδηλοῖ δὲ καὶ Φρύνιχος τὸ ἀθαρσὲς αὐτοῦ καὶ κατα-*
πεπληγμένον ἐν τούτοις (fr. 59 CAF I 385)·

ἦν γὰρ πολίτης ἀγαθός, ὡς εὖ οἶδ' ἐγώ,
526 *κοὐχ ὑποταγεὶς ἐβάδιζεν, ὥσπερ Νικίας.*

5. *Οὕτω δὴ διακείμενος εὐλαβῶς πρὸς τοὺς συκοφάν-*
τας, οὔτε συνεδείπνει τινὶ τῶν πολιτῶν, οὔτε κοινολο-

[UMA] 4 *χαρικλῆς*: em. Reisig | *οὖν* Anon.: *οὐκ* ‖ 5 *ἔφη, η* in ras., U ‖ 9 *ὑπ'* s. s. U[2] ‖ 14 *ἑωρακέναι*: em. Runkel ‖ 15 *παθὼν* Anon.: *μαθὼν* ‖ 19 *ἐν*] *ἐπὶ* Kock ‖ 20 *Κλέων*] immo *Agoracritus* ‖ 25 *κοὐ καταπλαγεὶς* aut *κοὐ συσταλεὶς* Kock | *ὑποταγὴς* Cor. ‖ 27 *πολιτῶν* in ras. A

γίαις οὔτε συνδιημερεύσεσιν ἐνέβαλλεν ἑαυτόν, οὐδ' ὅλως
ἐσχόλαζε ταῖς τοιαύταις διατριβαῖς, ἀλλ' ἄρχων μὲν ἐν
τῷ στρατηγίῳ διετέλει μέχρι νυκτός, ἐκ δὲ βουλῆς ὕστα-
τος ἀπῄει πρῶτος ἀφικνούμενος. εἰ δὲ μηδὲν ἐν κοινῷ 2
πράττειν ἔχοι, δυσπρόσοδος ἦν καὶ δυσέντευκτος, οἰκου-
ρῶν καὶ κατακεκλειμένος, οἱ δὲ φίλοι τοῖς ἐπὶ τὰς θύ-
ρας φοιτῶσιν ἐνετύγχανον καὶ παρῃτοῦντο συγγνώμην
ἔχειν, ὡς καὶ τότε Νικίου πρὸς δημοσίας χρείας τινὰς b
102 L *καὶ ἀσχολίας ὄντος, καὶ ὁ μάλιστα ταῦτα συντραγῳδῶν* 3
καὶ συμπεριτιθεὶς ὄγκον αὐτῷ καὶ δόξαν Ἱέρων ἦν, ἀνὴρ
τεθραμμένος ἐπὶ τῆς οἰκίας τοῦ Νικίου περί τε γράμ-
ματα καὶ μουσικὴν ἐξησκημένος ὑπ' αὐτοῦ, προσποιού-
μενος δ' υἱὸς εἶναι Διονυσίου τοῦ Χαλκοῦ προσαγορευ-
θέντος, οὗ καὶ ποιήματα σῴζεται, καὶ τῆς εἰς Ἰταλίαν
ἀποικίας ἡγεμὼν γενόμενος ἔκτισε Θουρίους. οὗτος οὖν 4
ὁ Ἱέρων τά τε πρὸς τοὺς μάντεις ἀπόρρητα διεπράττετο
τῷ Νικίᾳ, καὶ λόγους ἐξέφερεν εἰς τὸν δῆμον ὡς ἐπί-
πονόν τινα καὶ ταλαίπωρον διὰ τὴν πόλιν ζῶντος αὐτοῦ
βίον· ᾧ γ' ἔφη καὶ περὶ λουτρὸν ὄντι καὶ περὶ δεῖπνον c
ἀεί τι προσπίπτειν δημόσιον· „ἀμελῶν δὲ τῶν ἰδίων ὑπὸ
7 S *τοῦ τὰ κοινὰ φροντίζειν μόλις ἄρχεται καθεύδειν περὶ*
πρῶτον ὕπνον. ὅθεν αὐτῷ καὶ τὸ σῶμα διάκειται κακῶς, 5
καὶ τοῖς φίλοις οὐ προσηνὴς οὐδ' ἡδύς ἐστιν, ἀλλὰ καὶ
τούτους προσαποβέβληκε τοῖς χρήμασι πολιτευόμενος. οἱ 6
δ' ἄλλοι καὶ φίλους κτώμενοι καὶ πλουτίζοντες αὑτοὺς
ἀπὸ τοῦ βήματος εὐπαθοῦσι καὶ προσπαίζουσι τῇ πολι-
τείᾳ." τῷ δ' ὄντι τοιοῦτος ἦν ὁ Νικίου βίος, ὥστ' ⟨ἂν⟩ 7
αὐτὸν εἰπεῖν τὰ τοῦ Ἀγαμέμνονος εἰς αὐτόν (Eurip. Iph. A. 449)·

προστάτην δὲ τοῦ βίου
τὸν ὄγκον ἔχομεν, τῷ δ' ὄχλῳ δουλεύομεν. d

[UMA] 1 *ἐνέβαλεν* M ‖ 6 *κατακεκλει^{ο}μένος* A | *ταῖς θύραις*: em. Wytt. Sch. ‖ 13 *διονυσίου, ιου* in ras., A ‖ 14 *εἰς* s. s. U[2]A[2] ‖ 22 *πρῶτον*] *πρῷον* Toup Herw. *τρίτον* Cor. *ὄρθρον* pro *ὕπνον* Madvig ‖ 24 *προσαπόβληκε* M ‖ 27 *νικίου βίος* UA: *νικίας* M | *ἂν* add. Zie. (*εἰπεῖν ⟨ἔχειν⟩* Wil.) ‖ 30 *δὲ*] *γε* libri Euripidis ‖ 31 *ὄγκον*] *δῆμον* libri Euripidis | *δ'*] *τε* Eurip.

6. Ὁρῶν δὲ τῶν ἐν λόγῳ δυνατῶν ἢ τῷ φρονεῖν δια-
φερόντων ἀποχρώμενον εἰς ἔνια ταῖς ἐμπειρίαις τὸν δῆ-
μον, ὑφορώμενον δ' ἀεὶ καὶ φυλαττόμενον τὴν δεινότητα
καὶ κολούοντα τὸ φρόνημα καὶ τὴν δόξαν – ὡς δῆλον ἦν
τῇ Περικλέους καταδίκῃ καὶ τῷ Δάμωνος ἐξοστρακισμῷ 103 I
καὶ τῇ πρὸς Ἀντιφῶντα τὸν Ῥαμνούσιον ἀπιστίᾳ τῶν 6
πολλῶν, καὶ μάλιστα δὴ τοῖς περὶ Πάχητα τὸν ἑλόντα
Λέσβον, ὃς εὐθύνας διδοὺς τῆς στρατηγίας ἐν αὐτῷ τῷ δικα-
2 στηρίῳ σπασάμενος ξίφος ἀνεῖλεν ἑαυτόν–, τὰς μὲν ἐργώδεις
πάνυ καὶ μακρὰς ἐπειρᾶτο διακρούεσθαι στρατηγίας, ὅπου
e δ' αὐτὸς στρατεύοιτο, τῆς ἀσφαλείας ἐχόμενος καὶ τὰ
πλεῖστα κατορθῶν ὡς εἰκός, εἰς οὐδεμίαν αὑτοῦ σοφίαν ἢ
δύναμιν ἢ ἀρετὴν ἀνέφερε τὰς πράξεις, ἀλλὰ παρεχώρει
τῇ τύχῃ καὶ κατέφευγεν εἰς τὸ θεῖον, τῷ φθόνῳ τῆς δόξης
3 ὑφιέμενος. ἐπεμαρτύρει δὲ καὶ τὰ πράγματα· πολλῶν γὰρ
τότε προσκρουσμάτων τῇ πόλει καὶ μεγάλων γενομένων
a. 429 οὐδενὸς ἁπλῶς ἐκεῖνος μετέσχεν, ἀλλὰ περὶ Θρᾴκην μὲν
ἡττήθησαν ὑπὸ Χαλκιδέων Καλλιάδου τε καὶ Ξενοφῶν-
a. 426 τος στρατηγούντων, τὸ δ' Αἰτωλικὸν πταῖσμα συνέβη
a. 424 Δημοσθένους ἄρχοντος, ἐν δὲ Δηλίῳ χιλίους αὐτῶν ἀπέ-
f βαλον Ἱπποκράτους ἡγουμένου, τοῦ δὲ λοιμοῦ τὴν πλεί-
στην αἰτίαν ἔλαβε Περικλῆς, διὰ τὸν πόλεμον εἰς τὸ ἄστυ 8 S
κατακλείσας τὸν ἀπὸ τῆς χώρας ὄχλον, ἐκ τῆς μεταβο-
4 λῆς τῶν τόπων καὶ διαίτης ἀήθους γενομένου. Νικίας δὲ
τούτων ἁπάντων ἀναίτιος ἔμεινε, καὶ στρατηγῶν εἷλε μὲν
a. 424 Κύθηρα, νῆσον εὖ κατὰ τῆς Λακωνικῆς πεφυκυῖαν καὶ
527 Λακεδαιμονίους ἔχουσαν οἰκήτορας, ἔλαβε δὲ καὶ πολλὰ

5 Plut. Per. 4, 3 et ibi l. l. || 7 Plut. Arist. 26, 5 Anth. Pal. VII 627 || 17 Thuc. 2, 79 || 19 Thuc. 3, 96–98 Diod. 12, 60 || 20 Thuc. 4, 93sqq. Diod. 12, 69 Xen. mem. 3, 5, 4 || 25sqq. Thuc. 3, 51. 4, 42–45. 53. 54. 129–131

[UMA] 4 κωλύοντα: em. Mu. || 10 μακρὰς A²: μικρὰς UMA¹ || 12 εἰς s. s. A || 14 κατέφευγεν, ευ in ras., A || 16 καὶ μεγάλων γενομένων τῇ πόλει M || 18 Καλλιάδου] immo Callias || 20 δήλῳ: em. Xy. | αὐτῶν, ῶν in ras., A || 24 τὸν τόπον M | γενόμενον: em. Mu. γευόμενον Rei.

τῶν ἐπὶ Θρᾴκης ἀφεστώτων καὶ προσηγάγετο, κατακλεί- a. 423
σας δὲ Μεγαρεῖς εἰς τὴν πόλιν εὐθὺς μὲν ἔσχε Μίνῳαν a. 427
τὴν νῆσον, ὀλίγῳ δ' ὕστερον ἐκ ταύτης ὁρμώμενος Νι-
104 L σαίας ἐκράτησεν, εἰς δὲ τὴν Κορινθίαν ἀποβὰς ἐνίκησε a. 425
μάχῃ καὶ διέφθειρε Κορινθίων πολλοὺς καὶ Λυκόφρονα
τὸν στρατηγόν. ἔνθα δ' αὐτῷ συνέβη τῶν οἰκείων δύο 5
νεκροὺς ἀπολιπεῖν, διαλαθόντας περὶ τὴν ἀναίρεσιν. ὡς
οὖν τοῦτ' ἔγνω τάχιστα, τὸν στόλον ἐπιστήσας ἔπεμψε
κήρυκα πρὸς τοὺς πολεμίους περὶ ἀναιρέσεως. καίτοι 6
κατὰ νόμον τινὰ καὶ συνήθειαν ἐδόκουν οἱ νεκρῶν ὑπο-
σπόνδων λαβόντες ἀναίρεσιν ἀπολέγεσθαι τὴν νίκην, καὶ b
τρόπαιον ἱστάναι τοὺς τούτου τυχόντας οὐκ ἔνθεσμον
ἦν· νικᾶν γὰρ τοὺς κρατοῦντας, μὴ κρατεῖν δὲ τοὺς αἰτοῦν-
τας ὡς λαβεῖν μὴ δυναμένους. ἀλλ' ὅμως ἐκεῖνος ὑπέμεινε 7
μᾶλλον προέσθαι τὸ νίκημα καὶ τὴν δόξαν ἢ καταλιπεῖν
ἀτάφους δύο τῶν πολιτῶν. πορθήσας δὲ τὴν παραλίαν τῆς
Λακωνικῆς καὶ τοὺς ἀντιστάντας Λακεδαιμονίων τρεψά-
μενος, εἷλε Θυρέαν Αἰγινητῶν ἐχόντων, καὶ τοὺς αἱρε-
θέντας ἀπήγαγε ζῶντας εἰς Ἀθήνας.

7. Ἐπεὶ δὲ Δημοσθένους Πύλον τειχίσαντος ἐπεστρά- a. 425
τευσαν ἅμα πεζῷ καὶ ναυσὶ Πελοποννήσιοι, καὶ μάχης
γενομένης ἀπελήφθησαν ἐν τῇ Σφακτηρίᾳ νήσῳ Σπαρ- c
τιατῶν ἄνδρες ἀμφὶ τοὺς τετρακοσίους, μέγα μὲν ὥσπερ
ἦν ἡγούμενοι τὸ λαβεῖν αὐτοὺς Ἀθηναῖοι, χαλεπῆς δὲ καὶ
9 S δυσέργου τῆς πολιορκίας οὔσης ἐν χωρίοις ἀνύδροις, καὶ
θέρους μὲν μακρὰν καὶ πολυτελῆ τὴν περιαγωγὴν τῶν
ἐπιτηδείων ἐχούσης, σφαλερὰν δὲ χειμῶνος καὶ παντελῶς
ἄπορον, ἤχθοντο καὶ μετεμέλοντο πρεσβείαν Λακεδαιμο-
105 L νίων ἀπωσάμενοι, περὶ σπονδῶν καὶ εἰρήνης ἀφικομένην
πρὸς αὐτούς. ἀπεώσαντο δὲ Κλέωνος ἐναντιωθέντος οὐχ 2

6 Thuc. 4, 44 || 16 Thuc. 4, 56, 2–57, 3 || cap. 7 Thuc. 4, 27. 28 Diod. 12, 61–63

[UMA] 6 δ' Br.: δὴ || 10 ὑπόσπονδον John || 18 θυραίαν: em. Cor. || 22 ἀπελήφθησαν M: ἀπελείφθησαν UA || 27 ἔχουσι Madvig ἔχοντες Li.

ἥκιστα διὰ Νικίαν· ἐχθρὸς γὰρ ὢν αὐτοῦ καὶ προθύμως
ὁρῶν συμπράττοντα τοῖς Λακεδαιμονίοις, ἔπεισε τὸν δῆμον
d ἀποψηφίσασθαι τὰς σπονδάς. ὡς οὖν ἥ τε πολιορκία μῆκος
ἐλάμβανε, καὶ δεινὰς ἀπορίας ἐπυνθάνοντο περιεστάναι
3 τὸ στρατόπεδον, δι' ὀργῆς εἶχον τὸν Κλέωνα. τοῦ δ' εἰς
τὸν Νικίαν ἐκτρέποντος τὴν αἰτίαν, καὶ κατηγοροῦντος
ὅτι δειλίᾳ καὶ μαλακίᾳ προΐεται τοὺς ἄνδρας, ὡς αὐτοῦ γε
στρατηγοῦντος οὐκ ἂν περιγενομένους χρόνον τοσοῦτον,
τοῖς Ἀθηναίοις εἰπεῖν παρέστη· „τί δ' οὐχὶ καὶ νῦν αὐτὸς
4 σὺ πλεῖς ἐπὶ τοὺς ἄνδρας;" ὅ τε Νικίας ἀναστὰς ἐξίστατο
τῆς ἐπὶ Πύλον στρατηγίας αὐτῷ, καὶ λαμβάνειν ὁπόσην
e βούλεται δύναμιν ἐκέλευσε καὶ μὴ θρασύνεσθαι λόγοις
ἀκινδύνοις, ἀλλ' ἔργον τι τῇ πόλει παρασχεῖν ἄξιον σπου-
5 δῆς. ὁ δὲ τὸ μὲν πρῶτον ἀνεδύετο, τῷ μὴ προσδοκῆσαι
τοῦτο θορυβούμενος· ἐγκελευομένων δὲ ταὐτὰ τῶν Ἀθη-
ναίων, καὶ τοῦ Νικίου καταβοῶντος, ἐξαρθεὶς καὶ ἀνα-
φλεχθεὶς τὸ φιλότιμον ὑπεδέξατό τε τὴν στρατηγίαν, καὶ
προσδιωρίσατο πλεύσας ἐντὸς ἡμερῶν εἴκοσιν ἢ κατα-
6 κτενεῖν ἐκεῖ τοὺς ἄνδρας ἢ ζῶντας ἄξειν Ἀθήναζε. τοῖς δ'
f Ἀθηναίοις ἐπῆλθε γελάσαι μέγα μᾶλλον ἢ πιστεῦσαι· καὶ
γὰρ ἄλλως εἰώθεσαν αὐτοῦ τὴν κουφότητα καὶ μανίαν
7 φέρειν μετὰ παιδιᾶς οὐκ ἀηδῶς. λέγεται γὰρ ἐκκλησίας
ποτ' οὔσης τὸν μὲν δῆμον καθήμενον ἄνω περιμένειν πολὺν
χρόνον, ὀψὲ δ' εἰσελθεῖν ἐκεῖνον ἐστεφανωμένον καὶ παρα-
καλεῖν ὑπερθέσθαι τὴν ἐκκλησίαν εἰς αὔριον· „ἀσχολοῦμαι 106 L
γάρ" ἔφη „σήμερον, ἑστιᾶν μέλλων ξένους καὶ τεθυκὼς 10 S
τοῖς θεοῖς·" τοὺς δ' Ἀθηναίους γελάσαντας ἀναστῆναι
καὶ διαλῦσαι τὴν ἐκκλησίαν.

8. *Οὐ* μὴν ἀλλὰ καὶ τότε τύχῃ χρησάμενος ἀγαθῇ καὶ
528 στρατηγήσας ἄριστα μετὰ Δημοσθένους, ἐντὸς οὗ προ-

22 mor. 799d schol. Lucian. Tim. 30

[UMA] 14 τῷ U²: om. U¹MA || 15 ταῦτα: em. Sol. || 19 δ' om. M || 21 εἰώθεισαν M || 30 δημοσθένους U²: δημοσθένην U¹MA

εἶπε χρόνου τῶν Σπαρτιατῶν ὅσοι μὴ κατὰ μάχην ἔπεσον
τὰ ὅπλα παραδόντας ἤγαγεν αἰχμαλώτους· καὶ τοῦτο τῷ 2
Νικίᾳ μεγάλην ἤνεγκεν ἀδοξίαν. οὐ γὰρ ἀσπίδος ῥῖψις,
ἀλλ' αἴσχιόν τι καὶ χεῖρον ἐδόκει τὸ δειλίᾳ τὴν στρατη-
γίαν ἀποβαλεῖν ἑκουσίως, καὶ προέσθαι τῷ ἐχθρῷ τηλι-
κούτου κατορθώματος ἀφορμάς, αὐτὸν ἀποχειροτονή-
σαντα τῆς ἀρχῆς. σκώπτει δ' αὐτὸν εἰς ταῦτα πάλιν Ἀρι- 3
στοφάνης ἐν μὲν Ὄρνισιν (v. 639) οὕτω πως λέγων·

καὶ μὴν μὰ τὸν Δί' οὐχὶ νυστάζειν γ' ἔτι
ὥρα 'στὶν ἡμῖν οὐδὲ μελλονικιᾶν,

ἐν δὲ Γεωργοῖς (fr. 100 CAF I 416) ταῦτα γράφων· 4 b

⟨Α.⟩ ἐθέλω γεωργεῖν. ⟨Β.⟩ εἶτα τίς σε κωλύει;
⟨Α.⟩ ὑμεῖς· ἐπεὶ δίδωμι χιλίας δραχμάς,
ἐάν με τῶν ἀρχῶν ἀφῆτε. ⟨Β.⟩ δεχόμεθα·
δισχίλιαι γάρ εἰσι σὺν ταῖς Νικίου.

καὶ μέντοι καὶ τὴν πόλιν ἔβλαψεν οὐ μικρά, τῷ Κλέωνι 5
τοσοῦτον προσγενέσθαι δόξης ἐάσας καὶ δυνάμεως, ὑφ'
ἧς εἰς βαρὺ φρόνημα καὶ θράσος ἐμπεσὼν ἀκάθεκτον,
ἄλλας τε τῇ πόλει προσετρίψατο συμφοράς, ὧν οὐχ ἥκι-
στα καὶ αὐτὸς ἀπέλαυσε, καὶ τὸν ἐπὶ τοῦ βήματος κόσμον 6
107 L ἀνελὼν καὶ πρῶτος ἐν τῷ δημηγορεῖν ἀνακραγὼν καὶ περι- c
σπάσας τὸ ἱμάτιον καὶ τὸν μηρὸν πατάξας καὶ δρόμῳ
μετὰ τοῦ λέγειν ἅμα χρησάμενος, τὴν ὀλίγον ὕστερον
ἅπαντα τὰ πράγματα συγχέασαν εὐχέρειαν καὶ ὀλιγω-
ρίαν τοῦ πρέποντος ἐνεποίησε τοῖς πολιτευομένοις.

9. Ἤδη δέ που καὶ Ἀλκιβιάδης ἐνεφύετο τηνικαῦτα
11 S τοῖς Ἀθηναίοις, δημαγωγὸς οὐχ ὁμοίως ἄκρατος, ἀλλ'
οἷον ἡ Αἰγυπτίων χώρα λέγεται δι' ἀρετὴν ἐκφέρειν ὁμοῦ
(Hom. Od. 4, 230)

20 Aristot. Ἀθπ. 28, 3 schol. Lucian. Tim. 30 Plut. Gracch. 2. 2

[UMA] 2 ἤγαγεν Wytt.: ἤνεγκεν, sed cf. p. 99, 13 || 3 ῥῖψις M: ῥίψει UA || 9 γ' ἔτι Porson: γέ πω libri ἔτι libri Aristophanis || 12 κωλύειν U || 21 δημογορεῖν A, cf. p. 85, 13

φάρμακα πολλὰ μὲν ἐσθλὰ μεμειγμένα, πολλὰ δὲ λυγρά,

οὕτως ἡ Ἀλκιβιάδου φύσις ἐπ' ἀμφότερα πολλὴ ῥυεῖσα
d καὶ λαμπρά, μεγάλων ἐνέδωκεν ἀρχας νεωτερισμῶν.
2 ὅθεν οὐδ' ὑπαλλαγεὶς τοῦ Κλέωνος ὁ Νικίας καιρὸν ἔσχε
παντάπασιν ἀναπαῦσαι καὶ καταστορέσαι τὴν πόλιν, ἀλλ'
εἰς ὁδὸν τὰ πράγματα σωτήριον καταστήσας ἐξέπεσε,
ῥύμῃ καὶ σφοδρότητι τῆς Ἀλκιβιάδου φιλοτιμίας αὖθις
3 ἐξωσθεὶς εἰς τὸν πόλεμον. ἐπράχθη δ' οὕτως. οἱ μάλιστα
προσπολεμοῦντες τῇ εἰρήνῃ τῆς Ἑλλάδος Κλέων καὶ Βρα-
σίδας ἦσαν, ὧν ὁ πόλεμος τοῦ μὲν ἀπέκρυπτε τὴν κακίαν,
τοῦ δὲ τὴν ἀρετὴν ἐκόσμει. τῷ μὲν γὰρ ἀδικημάτων μεγά-
a. 422 4 λων, τῷ δὲ κατορθωμάτων ἀφορμὰς παρεῖχε. τούτων οὖν
e ἅμα πεσόντων ἐν μάχῃ μιᾷ περὶ Ἀμφίπολιν, εὐθὺς ὁ
Νικίας παραλαβὼν τοὺς μὲν Σπαρτιάτας ἔκπαλαι τῆς
εἰρήνης ὀρεγομένους, τοὺς δ' Ἀθηναίους οὐκέτι τῷ πολέμῳ
θαρροῦντας, ἀμφοτέρους δ' οἷον ἐκλελυμένους καὶ παρα-
καθιέντας ἑκουσίως τὰς χεῖρας, ἔπραττεν ὅπως εἰς φιλίαν
τὰς πόλεις συναγαγών, καὶ τοὺς ἄλλους Ἕλληνας ἀπαλ- 108 I
λάξας κακῶν καὶ ἀναπαυσάμενος, βέβαιον οὕτω τὸ τῆς
5 εὐτυχίας ὄνομα πρὸς τὸν αὖθις χρόνον ποιοῖτο. τοὺς μὲν
οὖν εὐπόρους καὶ πρεσβυτέρους καὶ τῶν γεωργῶν τὸ πλῆ-
θος αὐτόθεν εἰρηνικὸν εἶχεν· ἐπεὶ δὲ καὶ τῶν ἄλλων πολ-
λοῖς ἐντυγχάνων ἰδίᾳ καὶ διδάσκων ἀμβλυτέρους ἐποίησε
f πρὸς τὸν πόλεμον, οὕτως ἤδη τοῖς Σπαρτιάταις ἐλπίδας
ἐνδιδοὺς προεκαλεῖτο καὶ προὔτρεπεν ἔχεσθαι τῆς εἰρήνης.
6 οἱ δ' ἐπίστευον αὐτῷ διά τε τὴν ἄλλην ἐπιείκειαν, καὶ ὅτι
τοῖς ἡλωκόσι περὶ Πύλον καὶ δεδεμένοις, ἐπιμελόμενος
καὶ περιέπων φιλανθρώπως, ἐλαφροτέραν ἐποίει τὴν ἀτυ-
7 χίαν. ἦσαν οὖν πρότερον πεποιημένοι τινὰ πρὸς ἀλλήλους 12 S

8 Plut. Alc. 14, 2 Thuc. 5, 16–20 Andoc. 3, 8 Diod. 12, 74

8 ἐξωσθείσης ⟨τῆς πόλεως⟩ vel. ⟨αὐτῆς⟩ Zie. ‖ **10** ἦσαν **UA**: ἦν **M** ‖ **11** ἀδικημάτων] εὐτυχημάτων Madvig ‖ **19** ἀναπαυσάμενος] cf. Thuc. 5, 16, 1 ἀναπαύσας Rei. ‖ **20** χρόνον om. **A**[1] ‖ **21** οὖν **M**: om. **UA** ‖ **22** εἰρικὸν **U**[1] ‖ **23** ἀμβλυτέρας **M** ‖ **24.25** ἐνδιδοὺς ἐλπίδας **A** ‖ **28** εὐτυχίαν **M**

ἐκεχειρίαν ἐνιαύσιον, ἐν ᾗ συνιόντες εἰς ταὐτὸ καὶ γενό-
μενοι πάλιν ἀδείας καὶ σχολῆς καὶ πρὸς ξένους καὶ οἰκείους
ἐπιμειξίας, ἐπόθουν τὸν ἀμίαντον καὶ ἀπόλεμον βίον, ἡδέ- 529
ως μὲν ᾀδόντων τὰ τοιαῦτα χορῶν ἀκούοντες (Eur.
fr. 369 N²)·

κείσθω δόρυ μοι μίτον ἀμφιπλέκειν ἀράχναις,

ἡδέως δὲ μεμνημένοι τοῦ εἰπόντος, ὅτι τοὺς ἐν εἰρήνῃ
καθεύδοντας οὐ σάλπιγγες, ἀλλ' ἀλεκτρυόνες ἀφυπνί-
ζουσι. λοιδοροῦντες οὖν καὶ προβαλλόμενοι τοὺς λέγον- 8
τας, ὡς τρὶς ἐννέα ἔτη διαπολεμηθῆναι πέπρωται τὸν
πόλεμον, ἔπειθ' οὕτω περὶ παντὸς εἰς λόγους συμβαί-
νοντες, ἐποιήσαντο τὴν εἰρήνην, δόξα τε παρέστη τοῖς
πλείστοις ἀπαλλαγὴν κακῶν σαφῆ γεγονέναι, καὶ τὸν
109 L *Νικίαν διὰ στόματος εἶχον, ὡς ἀνὴρ εἴη θεοφιλὴς καὶ τὸ*
δαιμόνιον αὐτῷ δι' εὐσέβειαν ἐπωνύμῳ γενέσθαι τοῦ μεγί- b
στου καὶ καλλίστου τῶν ἀγαθῶν δέδωκε. τῷ γὰρ ὄντι 9
Νικίου τὴν εἰρήνην ἐνόμιζον ἔργον, ὡς Περικλέους τὸν
πόλεμον. ὁ μὲν γὰρ ἐπ' αἰτίαις μικραῖς εἰς συμφορὰς
μεγάλας ἐμβαλεῖν ἐδόκει τοὺς Ἕλληνας, ὁ δὲ τῶν μεγί-
στων κακῶν ἔπεισεν ἐκλαθέσθαι φίλους γενομένους. διὸ
καὶ τὴν εἰρήνην ἐκείνην ἄχρι νῦν Νικίειον καλοῦσι.

10. *Γενομένων δὲ συνθηκῶν, ὅπως τὰ χωρία καὶ τὰς*
πόλεις ἃς εἶχον ἀλλήλων καὶ τοὺς αἰχμαλώτους ἀποδι-
δῶσι, προτέρων ἀποδιδόντων τῶν κλήρῳ λαχόντων, ὠνή-
σατο τὸν κλῆρον ὁ Νικίας κρύφα χρήμασιν, ὥστε προ-
τέρους ἀποδιδόναι τοὺς Λακεδαιμονίους. καὶ τοῦτο μὲν c
ἱστορεῖ Θεόφραστος (fr. 138 W.)· *ἐπεὶ δὲ Κορίνθιοι καὶ* 2
Βοιωτοὶ πρὸς τὰ πραττόμενα δυσκολαίνοντες αἰτίαις καὶ
μέμψεσιν αὖθις ἐδόκουν ἀνακαλεῖσθαι τὸν πόλεμον, ἔπει-

6 Stob. 4, 14, 4 ‖ **9** Thuc. 5, 26, 4 ‖ **22** Thuc. 5, 21 ‖ **27** Thuc. 5, 22–24

[UMA] **4** ⟨*τῶν*⟩ *χορῶν* Cor. ‖ **6** *ἀράχνᾳ* Stob. ‖ **11** *περὶ τοῦ παντὸς* Wytt. *περιφανῶς* Madvig | *συμβαίνοντες* U²: *συμβάλλοντες* U¹MA ‖ **24** *πρότερον*: em. Rei.

σεν ὁ Νικίας τοὺς Ἀθηναίους καὶ Λακεδαιμονίους τῇ εἰρή-
νῃ τὴν συμμαχίαν ὥσπερ κράτος ἢ δεσμὸν ἐπιθέντας,
φοβερωτέρους τε τοῖς ἀφισταμένοις καὶ βεβαιοτέρους ἀλλή- 13 S
3 λοις γενέσθαι. πραττομένων δὲ τούτων ὁ Ἀλκιβιάδης,
οὔτε πρὸς ἡσυχίαν εὖ πεφυκώς, καὶ τοῖς Λακεδαιμονίοις
ἀχθόμενος, ὅτι τῷ Νικίᾳ προσέκειντο καὶ προσεῖχον, αὐ-
τὸν δ' ὑπερεώρων καὶ κατεφρόνουν, ἐν ἀρχῇ μὲν εὐθὺς
d ὑπεναντιωθεὶς τῇ εἰρήνῃ καὶ ἀντιστὰς οὐδὲν ἐπέραινεν,
ὀλίγῳ δ' ὕστερον ὁρῶν οὐκέτι τοῖς Ἀθηναίοις ὁμοίως
ἀρέσκοντας τοὺς Λακεδαιμονίους, ἀλλ' ἀδικεῖν δοκοῦντας
ὅτι Βοιωτοῖς ἔθεντο συμμαχίαν καὶ Πάνακτον ἑστῶσαν 110 L
οὐ παρέδωκαν οὐδ' Ἀμφίπολιν, ἐπεφύετο ταῖς αἰτίαις καὶ
4 παρώξυνε τὸν δῆμον ἐφ' ἑκάστῃ. τέλος δὲ πρεσβείαν
μεταπεμψάμενος Ἀργείων, ἔπραττε συμμαχίαν πρὸς τοὺς
Ἀθηναίους. ἐπεὶ δὲ πρέσβεις ἐλθόντες ἐκ Λακεδαίμονος
αὐτοκράτορες καὶ τῇ βουλῇ προεντυγχάνοντες ἔδοξαν ἐπὶ
πᾶσιν ἥκειν τοῖς δικαίοις, δείσας ὁ Ἀλκιβιάδης μὴ καὶ
e τὸν δῆμον ἀπὸ τῶν αὐτῶν λόγων ἐπαγάγωνται, περιῆλθεν
αὐτοὺς δι' ἀπάτης καὶ ὅρκων ὡς ἅπαντα συμπράξων,
ἂν μὴ φῶσι μηδ' ὁμολογήσωσιν ἥκειν αὐτοκράτορες·
5 μάλιστα γὰρ οὕτως ἃ βούλονται γενήσεσθαι. πεισθέντων
δὲ καὶ μεταστάντων ἀπὸ τοῦ Νικίου πρὸς ἐκεῖνον, ἐμβαλὼν
αὐτοὺς εἰς τὸν δῆμον ἠρώτα πρῶτον εἰ περὶ πάντων ἥκου-
σιν αὐτοκράτορες· ὡς δ' ἠρνοῦντο, παρ' ἐλπίδας μεταβα-
λόμενος τήν τε βουλὴν ἐπεκαλεῖτο μάρτυρα τῶν λόγων,
καὶ τὸν δῆμον ἐκέλευε μὴ προσέχειν μηδὲ πιστεύειν οὕτω
περιφανῶς ψευδομένοις καὶ νῦν μὲν ταῦτα, νῦν δὲ τἀναντία
f 6 περὶ τῶν αὐτῶν λέγουσι. θορυβουμένων δ' ὡς εἰκὸς αὐτῶν,
καὶ τοῦ Νικίου μηδὲν ἔχοντος εἰπεῖν, ἀλλ' ἄχει καὶ θαύ-

4sq. Thuc. 5, 42–47 Plut. Alc. 14

[UMA] 6 τῷ s. s. A | προσέκειντο καὶ προσεῖχον UA: προσέπιπτον καὶ προσέπιπτον M || 11 ἑστῶσαν] cf. Alc. 14, 4 || 12 οὐδ' Cor.: οὔτε || 16 καὶ del. Sch. | προσεντυγχάνοντες: em. Rei. || 20 φανῶσι M || 24 μεταβαλλόμενος M (in A λ in ras.) || 29 ἀλλ' ἔχει M

ματι πεπληγότος, ὁ μὲν δῆμος εὐθὺς ὥρμητο τοὺς Ἀρ-
γείους καλεῖν καὶ ποιεῖσθαι συμμάχους, ἐβοήθησε δὲ
τῷ Νικίᾳ σεισμός τις διὰ μέσου γενόμενος καὶ διαλύσας
14 S *τὴν ἐκκλησίαν. τῇ δ' ὑστεραίᾳ πάλιν τοῦ δήμου συνελ-* 7
θόντος, πολλὰ ποιήσας καὶ εἰπὼν ἔπεισε μόλις ἐπισχεῖν 530
τὰ πρὸς Ἀργείους, αὐτὸν δὲ πέμψαι πρὸς Λακεδαιμονίους,
ὡς πάντων καλῶς γενησομένων. ἐλθὼν δ' εἰς Σπάρτην, 8
111 L *τἆλλα μὲν ὡς ἀνὴρ ἀγαθὸς καὶ πρόθυμος εἰς αὐτοὺς ἐτι-*
μήθη, πράξας δ' οὐδέν, ἀλλὰ κρατηθεὶς ὑπὸ τῶν βοιωτια-
ζόντων, ἐπανῆλθεν οὐ μόνον ἀδοξῶν καὶ κακῶς ἀκούων,
ἀλλὰ καὶ δεδιὼς τοὺς Ἀθηναίους, λυπουμένους καὶ ἀγανα-
κτοῦντας ὅτι πεισθέντες ὑπ' ἐκείνου τοσούτους καὶ τοιού-
τους ἄνδρας ἀπέδωκαν· οἱ γὰρ ἐκ Πύλου κομισθέντες
ἦσαν ἐξ οἴκων τε πρώτων τῆς Σπάρτης καὶ φίλους καὶ
συγγενεῖς τοὺς δυνατωτάτους ἔχοντες. οὐ μὴν ἔπραξάν τι 9
τραχύτερον ὀργῇ πρὸς ἐκεῖνον, ἀλλὰ τὸν Ἀλκιβιάδην στρα- b
τηγὸν εἵλοντο, καὶ Μαντινεῖς καὶ Ἠλείους Λακεδαιμο-
νίων ἀποστάντας ἐποιήσαντο συμμάχους μετ' Ἀργείων,
καὶ λῃστὰς εἰς Πύλον ἔπεμψαν κακουργεῖν τὴν Λακωνι-
κήν· ἐξ ὧν αὖθις εἰς πόλεμον κατέστησαν.

11. *Ἀκμαζούσης δὲ τῆς πρὸς τὸν Νικίαν τοῦ Ἀλκι-*
βιάδου διαφορᾶς καὶ γιγνομένης ὀστρακοφορίας, ἣν εἰώθει
διὰ χρόνου τινὸς ὁ δῆμος ποιεῖσθαι, ἕνα τῶν ὑπόπτων ἢ
διὰ δόξαν ἄλλως ἢ πλοῦτον ἐπιφθόνων ἀνδρῶν τῷ ὀστρά-
κῳ μεθιστὰς εἰς δέκα ἔτη, πολὺς θόρυβος ἀμφοτέρους
περιίστατο καὶ κίνδυνος, ὡς θατέρου πάντως ὑποπεσου- c
μένου τῷ ἐξοστρακισμῷ. τοῦ μὲν γὰρ Ἀλκιβιάδου καὶ τὸν 2
βίον ἐβδελύττοντο καὶ τὸ θράσος ὠρρώδουν, ὡς μᾶλλον
ἐν τοῖς περὶ ἐκείνου γραφομένοις δηλοῦται, τὸν δὲ Νικίαν
ὅ τε πλοῦτος ἐπίφθονον ἐποίει, καὶ μάλιστα τῆς διαίτης
τὸ μὴ φιλάνθρωπον μηδὲ δημοτικόν, ἀλλ' ἄμεικτον καὶ

cap. 11 Plut. Alc. 13 Arist. 7, cf. Thuc. 8, 73, 3 Diod. 11, 55

[UMA] 11 *καί*[1] om. M || 26 *ὑποπεσουμένου* M: *ὑποπεσουμένῳ* UA

ὀλιγαρχικὸν ἀλλόκοτον ἐδόκει, πολλὰ δ' ἤδη ταῖς ἐπιθυ- 112 L
μίαις αὐτῶν ἀντιτείνων καὶ παρὰ γνώμην βιαζόμενος
3 πρὸς τὸ συμφέρον ἐπαχθὴς ἦν. ὡς δ' ἁπλῶς εἰπεῖν, νέων ἦν
καὶ πολεμοποιῶν ἅμιλλα πρὸς εἰρηνοποιοὺς καὶ πρεσβυτέ- 15 S
ρους, τῶν μὲν εἰς τοῦτον, τῶν δ' εἰς ἐκεῖνον τὸ ὄστρακον
τρεπόντων.

d ἐν δὲ διχοστασίῃ καὶ ὁ πάγκακος ἔλλαχε τιμῆς·

ὥς που καὶ τότε διαστὰς ὁ δῆμος δίχα χώραν ἔδωκε τοῖς
ἰταμωτάτοις καὶ πανουργοτάτοις, ὧν ἦν καὶ Ὑπέρβολος
ὁ Περιθοΐδης, ἄνθρωπος ἀπ' οὐδεμιᾶς τολμῶν δυνά-
μεως, ἀλλ' ἀπὸ τοῦ τολμᾶν εἰς δύναμιν προελθὼν καὶ
γενόμενος, δι' ἣν εἶχεν ἐν τῇ πόλει δόξαν, ἀδοξία τῆς πό-
4 λεως. οὗτος ἐν τῷ τότε χρόνῳ τοῦ μὲν ὀστράκου πόρρω
τιθέμενος ἑαυτόν, ἅτε δὴ τῷ κύφωνι μᾶλλον προσήκων,
ἐλπίζων δὲ θατέρου τῶν ἀνδρῶν ἐκπεσόντος αὐτὸς ἀν-
τίπαλος τῷ λειπομένῳ γενέσθαι, καταφανὴς ἦν ἡδόμε-
e νός τε τῇ διαφορᾷ καὶ παροξύνων τὸν δῆμον ἐπ' ἀμφο-
5 τέρους. συνιδόντες οὖν τὴν μοχθηρίαν οἱ περὶ τὸν Νικίαν
καὶ τὸν Ἀλκιβιάδην, καὶ λόγον δόντες ἀλλήλοις κρύφα,
καὶ τὰς στάσεις συναγαγόντες εἰς ἓν ἀμφοτέρας καὶ ἀνα-
μείξαντες, ἐκράτησαν ὥστε μηδέτερον αὐτῶν, ἀλλὰ τὸν
a. 417 6 Ὑπέρβολον ἐξοστρακισθῆναι. καὶ παραυτίκα μὲν ἡδονὴν
τοῦτο καὶ γέλωτα τῷ δήμῳ παρέσχεν, ὕστερον δ' ἠγανά-
κτουν, ὡς καθυβρισμένον τὸ πρᾶγμα τοῦτο πρὸς ἄνθρω-
πον ἀνάξιον γεγονέναι νομίζοντες· εἶναι γάρ τι καὶ κολάσεως
ἀξίωμα, μᾶλλον δὲ κόλουσιν τὸν ἐξοστρακισμὸν ἡγού-
μενοι Θουκυδίδῃ καὶ Ἀριστείδῃ καὶ τοῖς ὁμοίοις, Ὑπερ- 113 L
f βόλῳ δὲ τιμὴν καὶ προσποίησιν ἀλαζονείας, εἰ διὰ μοχθη-

7 Plut. Sull. 39 (comp. 1), 3 Alex. 53, 5 mor. 479a

[UMA] 2 καὶ παρὰ γνώμην Rei.: παρὰ γνώμην UM παρὰ γνώμην καὶ A || 5 τὸν ὄστρακον M || 7 ἔλλαχε M Sull. Alex.: ἔλαχε U ἔμμορε A mor. || 9 πανουργωτάτοις M || 16 τῶν λειπομένων ante corr. U | γενήσεσθαι M || 24 καθυβρισμένοι Ri. | πρᾶγμα MA: σῶμα U || 26 κόλουσιν Li. (cf. Arist. 7, 2): κόλασιν

ρίαν ἔπαθε ταὐτὰ τοῖς ἀρίστοις, ὥς που καὶ Πλάτων ὁ κωμικὸς (fr. 187 CAF I 654) εἴρηκε περὶ αὐτοῦ·

καίτοι πέπραγε τῶν τρόπων μὲν ἄξια, 7
αὐτοῦ δὲ καὶ τῶν στιγμάτων ἀνάξια·
οὐ γὰρ τοιούτων εἵνεκ' ὄστραχ' εὑρέθη.

καὶ τὸ πέρας οὐδεὶς ἔτι τὸ παράπαν ἐξωστρακίσθη μεθ' 8
Ὑπέρβολον, ἀλλ' ἔσχατος ἐκεῖνος, πρῶτος δ' Ἵππαρχος 531
ὁ Χολαργεύς, συγγενής τις ὢν τοῦ τυράννου.

16 S Ἄκριτον δ' ἡ τύχη πρᾶγμα καὶ ἄληπτον λογισμῷ. Νι- 9
κίας γὰρ εἰ τὸν περὶ ὀστράκου κίνδυνον ἀνέρριψε πρὸς Ἀλκιβιάδην, ἢ κρατήσας ἂν ἀσφαλῶς ᾤκει τὴν πόλιν, ἐκεῖνον ἐξελάσας, ἢ κρατηθεὶς αὐτὸς ἐξῄει πρὸ τῶν ἐσχάτων ἀτυχιῶν, τὸ δοκεῖν ἄριστος εἶναι στρατηγὸς διαφυλάξας.

Οὐκ ἀγνοῶ δ' ὅτι Θεόφραστος (fr. 139 W.) ἐξοστρακι- 10
σθῆναί φησι τὸν Ὑπέρβολον Φαίακος, οὐ Νικίου, πρὸς Ἀλκιβιάδην ἐρίσαντος. ἀλλ' οἱ πλείονες οὕτω γεγράφασιν.

12. Ὁ δ' οὖν Νικίας, τῶν Αἰγεστέων πρέσβεων καὶ
Λεοντίνων παραγενομένων καὶ πειθόντων τοὺς Ἀθη- b
ναίους στρατεύειν ἐπὶ Σικελίαν, ἀνθιστάμενος ἡττᾶτο τῆς βουλῆς Ἀλκιβιάδου καὶ φιλοτιμίας, πρὶν ὅλως ἐκκλησίαν γενέσθαι, κατασχόντος ἤδη ⟨τὸ⟩ πλῆθος ἐλπίσι καὶ λόγοις προδιεφθαρμένον, ὥστε καὶ νέους ἐν παλαίστραις καὶ γέροντας ἐν ἐργαστηρίοις καὶ ἡμικυκλίοις συγκαθεζομένους ὑπογράφειν τὸ σχῆμα τῆς Σικελίας καὶ τὴν φύσιν
114 L τῆς περὶ αὐτὴν θαλάσσης καὶ λιμένας καὶ τόπους, οἷς
τέτραπται πρὸς Λιβύην ἡ νῆσος. οὐ γὰρ ἆθλον ἐποιοῦντο 2
τοῦ πολέμου Σικελίαν, ἀλλ' ὁρμητήριον, ὡς ἀπ' αὐτῆς διαγωνισόμενοι πρὸς Καρχηδονίους καὶ σχήσοντες ἅμα Λιβύην

3 Plut. Alc. 13, 9 || cap. 12 Plut. Alc. 17. 18 Diod. 12, 83, 6. 84, 3 Thuc. 6, 8–26 Iustin. 4, 4, 3

[UMA] 2 εἴρηκε om. M || 3 πέπραγε Sch.: πέπραχε || 4 στυγμάτων M || 5 οὕνεκ' M || 18 δ' οὖν Sint.: γοῦν || 21 βουλῆς] σπουδῆς Emp. || 22 τὸ add. Sch.

c 3 καὶ τὴν ἐντὸς Ἡρακλείων στηλῶν θάλασσαν. ὡς οὖν
ὥρμηντο πρὸς ταῦθ', ὁ Νικίας ἐναντιούμενος οὔτε πολ-
λοὺς οὔτε δυνατοὺς εἶχε συναγωνιστάς. οἱ γὰρ εὔποροι
δεδιότες μὴ δοκῶσι τὰς λειτουργίας καὶ τριηραρχίας ἀπο-
4 διδράσκειν, παρὰ γνώμην ἡσύχαζον. ὁ δ' οὐκ ἔκαμνεν οὐδ'
ἀπηγόρευεν, ἀλλὰ καὶ μετὰ τὸ ψηφίσασθαι τὸν πόλεμον
Ἀθηναίους καὶ στρατηγὸν ἑλέσθαι πρῶτον ἐκεῖνον μετ'
Ἀλκιβιάδου καὶ Λαμάχου, πάλιν ἐκκλησίας γενομένης
ἀναστὰς ἀπέτρεπε καὶ διεμαρτύρετο, καὶ τελευτῶν διέβαλε
τὸν Ἀλκιβιάδην ἰδίων ἕνεκα κερδῶν καὶ φιλοτιμίας τὴν
d 5 πόλιν εἰς χαλεπὸν ἐξωθεῖν καὶ διαπόντιον κίνδυνον. ἔπραξε
δ' οὐδὲν μᾶλλον, ἀλλ' ὑπ' ἐμπειρίας δόξας ἐπιτηδειότερος 17 S
εἶναι καὶ πολλὴν ἀσφάλειαν ἕξειν, πρὸς τὴν Ἀλκιβιάδου
τόλμαν καὶ τὴν Λαμάχου διαπυρότητα τῆς ἐκείνου συγκε-
ραννυμένης εὐλαβείας, βεβαιοτέραν ἐποίησε τὴν χειροτο-
6 νίαν. ἀναστὰς γὰρ ὁ μάλιστα τῶν δημαγωγῶν ἐπὶ τὸν πόλε-
μον παροξύνων τοὺς Ἀθηναίους Δημόστρατος ἔφη τὸν
Νικίαν προφάσεις λέγοντα παύσειν, καὶ ψήφισμα γράψας
ὅπως αὐτοκράτορες ὦσιν οἱ στρατηγοὶ κἀνταῦθα κἀκεῖ
βουλευόμενοι καὶ πράττοντες, ἔπεισε τὸν δῆμον ψηφίσα-
σθαι.

13. Καίτοι λέγεται πολλὰ καὶ παρὰ τῶν ἱερέων ἐναν-
e τιοῦσθαι πρὸς τὴν στρατείαν· ἀλλ' ἑτέρους ἔχων μάντεις
ὁ Ἀλκιβιάδης ἔκ δή τινων λογίων προὔφερε παλαιῶν
2 μέγα κλέος τῶν Ἀθηναίων ἀπὸ Σικελίας ἔσεσθαι, καὶ
θεοπρόποι τινὲς αὐτῷ παρ' Ἄμμωνος ἀφίκοντο χρησμὸν 115 I
κομίζοντες, ὡς λήψονται Συρακουσίους ἅπαντας Ἀθη-
3 ναῖοι· τὰ δ' ἐναντία φοβούμενοι δυσφημεῖν ἔκρυπτον. οὐδὲ
γὰρ τὰ προὖπτα καὶ καταφανῆ τῶν σημείων ἀπέτρεπεν,
ἥ τε τῶν Ἑρμῶν περικοπή, μιᾷ νυκτὶ πάντων ἀκρωτηρια-
σθέντων πλὴν ἑνὸς ὃν Ἀνδοκίδου καλοῦσιν, ἀνάθημα μὲν

30 Plut. Alc. 18, 6 Thuc. 6, 27 sq. al.

[UMA] 9 διέβαλλε A || 13 ⟨παρ⟩έξειν Rei. || 14 διαπυρότητα Zie. cl. Alc. 18, 2: πραότητα libri θρασύτητα Sol. ῥαγδαιότητα Kron. cl. Tim. 3, 6 σκαιότητα Erbse cl. mor. 31 f

τῆς Αἰγηίδος φυλῆς, κείμενον δὲ πρὸ τῆς Ἀνδοκίδου τότ'
οὔσης οἰκίας, καὶ τὸ πραχθὲν περὶ τὸν βωμὸν τῶν δώδεκα
θεῶν. ἄνθρωπος γάρ τις ἐξαίφνης ἀναπηδήσας ἐπ' αὐτόν, 4 f
εἶτα περιβάς, ἀπέκοψεν αὑτοῦ λίθῳ τὸ αἰδοῖον. ἐν δὲ Δελ- 5
φοῖς Παλλάδιον ἕστηκε χρυσοῦν ἐπὶ φοίνικος χαλκοῦ
βεβηκός, ἀνάθημα τῆς πόλεως ἀπὸ τῶν Μηδικῶν ἀριστεί-
ων· τοῦτ' ἔκοπτον ἐφ' ἡμέρας πολλὰς προσπετόμενοι κόρα-
κες, καὶ τὸν καρπὸν ὄντα χρυσοῦν τοῦ φοίνικος ἀπέτρωγον
καὶ κατέβαλλον. οἱ δὲ ταῦτα μὲν ἔφασαν εἶναι Δελφῶν 6 532
πλάσματα, πεπεισμένων ὑπὸ Συρακουσίων· χρησμοῦ δέ
τινος κελεύοντος αὐτοὺς ἐκ Κλαζομενῶν τὴν ἱέρειαν τῆς
18 S Ἀθηνᾶς ἄγειν, μετεπέμψαντο τὴν ἄνθρωπον· ἐκαλεῖτο δ'
Ἡσυχία. καὶ τοῦτ' ἦν ὡς ἔοικεν ὃ παρῄνει τῇ πόλει τὸ δαι-
μόνιον, ἐν τῷ παρόντι τὴν ἡσυχίαν ἄγειν. εἴτε δὴ ταῦτα 7
δείσας, εἴτ' ἀνθρωπίνῳ λογισμῷ τὴν στρατείαν φοβηθείς,
ὁ ἀστρολόγος Μέτων – ἦν γὰρ ἐφ' ἡγεμονίας τινὸς τεταγ-
μένος – προσεποιεῖτο τὴν οἰκίαν ὑφάπτειν ὡς μεμηνώς.
οἱ δέ φασιν οὐ μανίαν σκηψάμενον, ἀλλὰ νύκτωρ ἐμπρή- 8
σαντα τὴν οἰκίαν προελθεῖν εἰς τὴν ἀγορὰν ταπεινόν, καὶ b
δεῖσθαι τῶν πολιτῶν ὅπως ἐπὶ συμφορᾷ τοσαύτῃ τὸν υἱὸν
116 L αὐτοῦ μέλλοντα πλεῖν τριήραρχον εἰς Σικελίαν ἀφῶσι τῆς
στρατείας. Σωκράτει δὲ τῷ σοφῷ τὸ δαιμόνιον οἷς εἰώθει 9
συμβόλοις χρησάμενον πρὸς αὐτὸν ἐμήνυσε κἀκεῖνα, τὸν
ἔκπλουν ἐπ' ὀλέθρῳ τῆς πόλεως πραττόμενον. ὁ δὲ τοῖς
συνήθεσι καὶ φίλοις ἔφρασε, καὶ διῆλθεν εἰς πολλοὺς ὁ
λόγος. οὐκ ὀλίγους δὲ καὶ τὰ τῶν ἡμερῶν ἐν αἷς τὸν στό- 10
λον ἐξέπεμπον ὑπέθραττεν. Ἀδώνια γὰρ εἶχον αἱ γυναῖκες 11
τότε, καὶ προὔκειτο πολλαχόθι τῆς πόλεως εἴδωλα, καὶ a. 415
ταφαὶ περὶ αὐτὰ καὶ κοπετοὶ γυναικῶν ἦσαν, ὥστε τοὺς c
ἐν λόγῳ ποιουμένους τινὶ τὰ τοιαῦτα δυσχεραίνειν καὶ

10 mor. 403 b || **14** Plut. Alc. 17, 5 || **27** Plut. Alc. 18, 5

[UMA] **1. 2** *τότ' οὔσης Ἀνδοκίδου*: trp. Zie. || **3** *ἀναπηδήσας ἐξαίφνης* M || **10** *πράγματα* M || **12** *μετεπέμψαντο, ν* s. s. m. 1, A || **17** *ὑφάψειν* Rei. || **23** *συμβούλοις* M *συμβό+λοις* U | *κἀκεῖνον* Cor. || **25** ⟨*τοὺς*⟩ *πολλοὺς* Rei. || **27** *εἶχον*] *ἦγον* Mu.

δεδιέναι περὶ τῆς παρασκευῆς ἐκείνης καὶ δυνάμεως, μὴ
λαμπρότητα καὶ ἀκμὴν ἐπιφανεστάτην σχοῦσα ταχέως
μαρανθῇ.

14. Τὸ μὲν οὖν ἐναντιωθῆναι ψηφιζομένῃ τῇ στρατείᾳ
τὸν Νικίαν, καὶ μήθ' ὑπ' ἐλπίδων ἐπαρθέντα μήτε πρὸς
τὸ τῆς ἀρχῆς μέγεθος ἐκπλαγέντα μεταθέσθαι τὴν γνώ-
2 μην, ἀνδρὸς ἦν χρηστοῦ καὶ σώφρονος· ἐπεὶ δ' οὔτε τοῦ
πολέμου τὸν δῆμον ἀποτρέψαι πειρώμενος, οὔθ' αὑτὸν
ἐξελέσθαι τῆς στρατηγίας δεόμενος ἴσχυσεν, ἀλλ' ὥσπερ
ἀράμενος καὶ φέρων αὐτὸν ὁ δῆμος ἐπέθηκε τῇ δυνάμει
d στρατηγόν, οὐδεὶς ἔτι καιρὸς ἦν τῆς πολλῆς εὐλαβείας
καὶ μελλήσεως, ὥστε παιδὸς δίκην ἀπὸ τῆς νεὼς ὀπίσω
βλέποντα καὶ τὸ μὴ κρατηθῆναι τοῖς λογισμοῖς ἀναλαμ-
βάνοντα καὶ στρέφοντα πολλάκις ἐναμβλῦναι καὶ τοὺς 19 S
συνάρχοντας αὐτῷ καὶ τὴν ἀκμὴν διαφθεῖραι τῶν πράξεων,
ἀλλ' εὐθὺς ἔδει τοῖς πολεμίοις ἐμφύντα καὶ προσκείμενον 117 I
3 ἐλέγχειν τὴν τύχην ἐπὶ τῶν ἀγώνων. ὁ δὲ Λαμάχου μὲν
ἄντικρυς ἀξιοῦντος πλεῖν ἐπὶ Συρακούσας καὶ μάχην ἔγγι-
στα τῆς πόλεως τιθέναι, Ἀλκιβιάδου δὲ τὰς πόλεις ἀφι-
στάναι Συρακουσίων, εἶθ' οὕτως ἐπ' αὐτοὺς βαδίζειν, τὰ
e ἐναντία λέγων καὶ κελεύων ἀτρέμα παρὰ τὴν Σικελίαν
κομιζομένους καὶ περιπλέοντας ἐπιδείξασθαι τὰ ὅπλα καὶ
τὰς τριήρεις, εἶτ' ἀποπλεῖν Ἀθήναζε, μικρὸν τῆς δυνάμεως
Αἰγεστεῦσιν ἀπαρξαμένους, αὐτίκα τε τὴν γνώμην ὑπεξ-
4 έλυσε καὶ κατέβαλε τὸ φρόνημα τῶν ἀνδρῶν, καὶ μετ'
ὀλίγον χρόνον Ἀλκιβιάδην Ἀθηναίων μεταπεμψαμένων εἰς
κρίσιν, λόγῳ μὲν ἀπολειφθεὶς δεύτερος ἡγεμών, δυνάμει
δὲ μόνος ὤν, οὐκ ἐπαύσατο καθήμενος ἢ περιπλέων ἢ
βουλευόμενος, πρὶν ἐγγηρᾶσαι μὲν αὐτῶν τὴν ἀκμὴν τῆς

17 Thuc. 6, 47–49

[UMA] **8** οὔτ' αὐτὸν M ‖ **11** ἔτι] οὐκ s. s. m. rec. U ‖ **13** μὴ del. Cor. ‖ **14** συναμβλῦναι Sch. ἀπαμβλ. Zie. ‖ **24** ἀπαρξαμένοις A | ῥώμην Sch. | ὑπεξέλυσε Rei.: ἐπεξέλυσε UA ἐξέλυσε M ‖ **27** ἀπολειφθεὶς U[2]: ἀπολυθεὶς U[1]A ἀποδειχθεὶς M, cf. cap. 18, 7 ‖ **29** αὐτῶν Sint.: αὐτῷ

ἐλπίδος, ἐκρυῆναι δὲ τῶν πολεμίων τὸ θάμβος καὶ τὸν
φόβον, ὃν ἡ πρώτη παρέστησεν αὐτοῖς ὄψις τῶν δυνά- f
μεων.

Ἔτι δὲ τοῦ Ἀλκιβιάδου παρόντος, ἑξήκοντα ναυσὶ πλεύ- 5
σαντες ἐπὶ Συρακούσας, τὰς μὲν ἄλλας ἀνεῖχον ὑπὲρ τοῦ
λιμένος ἔξω παρατάξαντες, δέκα δὲ κατήλαυνον εἴσω
κατασκοπῆς εἵνεκα καὶ Λεοντίνους ἐπὶ τὴν οἰκείαν ἀπο-
καλοῦσαι διὰ κήρυκος. αὗται λαμβάνουσι ναῦν πολεμίαν 6
σανίδας κομίζουσαν, εἰς ἃς ἀπεγράφοντο κατὰ φυλὰς
αὑτοὺς οἱ Συρακούσιοι. κείμεναι δ' ἄπωθεν τῆς πόλεως
ἐν ἱερῷ Διὸς 'Ολυμπίου, τότε πρὸς ἐξέτασιν καὶ κατά-
λογον τῶν ἐν ἡλικίᾳ μετεπέμφθησαν. ὡς οὖν ὑπὸ τῶν Ἀθη- 7 533
118 L *ναίων ἁλοῦσαι πρὸς τοὺς στρατηγοὺς ἐκομίσθησαν καὶ τὸ*
πλῆθος ὤφθη τῶν ὀνομάτων, ἠχθέσθησαν οἱ μάντεις μή
ποτ' ἄρα τὸ χρεὼν ἐνταῦθα τοῦ χρησμοῦ περαίνοι, λέγοντος
20 S *ὡς Ἀθηναῖοι λήψονται Συρακουσίους ἅπαντας. οὐ μὴν*
ἀλλ' ἕτεροί φασιν ἔργῳ τοῦτο τοῖς Ἀθηναίοις ἐπιτελὲς
γενέσθαι καθ' ὃν χρόνον ἀποκτείνας Δίωνα Κάλλιππος
ὁ Ἀθηναῖος ἔσχε Συρακούσας.

15. *Ἀποπλεύσαντος δὲ τοῦ Ἀλκιβιάδου μετ' ὀλίγον ἐκ*
Σικελίας, τὸ πᾶν ἤδη κράτος ὁ Νικίας ἔσχεν. ὁ δὲ Λάμα-
χος ἦν μὲν ἀνδρώδης καὶ δίκαιος ἀνὴρ καὶ τῇ χειρὶ χρώ-
μενος ἀφειδῶς κατὰ τὰς μάχας, πένης δὲ τοσοῦτον καὶ b
λιτός, ὥστε καθ' ἑκάστην στρατηγίαν ἀπολογίζεσθαι τοῖς
Ἀθηναίοις μικρὸν ἀργύριον εἰς ἐσθῆτα καὶ κρηπῖδας ἑαυτῷ.
τοῦ δὲ Νικίου καὶ διὰ τἆλλα μέγας ἦν καὶ διὰ τὸν πλοῦ- 2
τον καὶ διὰ τὴν δόξαν ὁ ὄγκος. λέγεται δ' ἐν τῷ στρατη-
γίῳ ποτὲ βουλευομένων τι κοινῇ τῶν συναρχόντων κελευ-

4 Thuc. 6, 50, 4 || **21** Plut. Alc. 21, 9 mor. 822e

[**UMA**] **1** *δὲ* s. s. **U**[2] || **2** *παρέστησεν* Rei.: *παρέθηκεν* || **6.7** *εἴσω καὶ παρασκοπῆς* **A** || **8** *λαμβάνουσαι* **A**[1] || **9** *φυλακὰς* **A**[1] (*γρ φυλὰς* **A**[2]) || **10** *αὐτὰς* **M** || **15** ⟨*τὸ*⟩ *τοῦ χρ.* Zie. | *λέγοντος* **MA**[2]: *λέγοντες* **UA**[1] || **17** *ἕτεροί* Rei.: *ἑτέρῳ* || **17. 18** *γενέσθαι ἐπιτελὲς*: trp. Sint. || **21** *δὲ*] *γὰρ* Ri. || **24** *ὑπολογίζεσθαι* Naber || **27** *διὰ* **UA**: *περὶ* **M** del. Zie.

σθεὶς ὑπ' αὐτοῦ πρῶτος εἰπεῖν γνώμην Σοφοκλῆς ὁ ποιητής,
ὡς πρεσβύτατος ὢν τῶν συστρατήγων, „ἐγὼ" φάναι
3 „παλαιότατός εἰμι, σὺ δὲ πρεσβύτατος." οὕτω δὴ καὶ τότε
τὸν Λάμαχον ἄγων ὑφ' ἑαυτῷ στρατηγικώτερον ὄντα, καὶ
c χρώμενος εὐλαβῶς καὶ διὰ μελλήσεως ἀεὶ τῇ δυνάμει,
πρῶτον μὲν ἀπωτάτω τῶν πολεμίων ἐκπεριπλέων Σικε-
λίαν θάρσος ἔδωκεν αὐτοῖς, ἔπειτα προσβαλὼν Ὕβλῃ
πολιχνίῳ μικρῷ καὶ πρὶν ἑλεῖν ἀποστάς, κομιδῇ κατε-
4 φρονήθη, καὶ τέλος εἰς Κατάνην ἀπῆλθε, πράξας οὐδὲν 119 L
ἢ καταστρεψάμενος Ὕκκαρα, βαρβαρικὸν χωρίον, ὅθεν
λέγεται καὶ Λαΐδα τὴν ἑταίραν ἔτι κόρην ἐν τοῖς αἰχμαλώ-
τοις πραθεῖσαν εἰς Πελοπόννησον κομισθῆναι.

16. Τοῦ δὲ θέρους διελθόντος, ἐπεὶ τοὺς Συρακουσίους
ἐπυνθάνετο προτέρους ἐπ' αὐτοὺς ἀφίξεσθαι τεθαρρηκότας,
οἱ δ' ἱππεῖς ὕβρει προσελαύνοντες ἤδη πρὸς τὸ στρατόπε-
d δον ἠρώτων, εἰ Καταναίοις συνοικήσοντες ἢ Λεοντίνους
κατοικιοῦντες ἥκουσι, μόλις ὁ Νικίας ὥρμησε πλεῖν ἐπὶ
2 Συρακούσας, καὶ βουλόμενος ἀδεῶς καὶ καθ' ἡσυχίαν
ἱδρῦσαι τὸν στρατόν, ὑπέπεμψεν ἄνθρωπον ἐκ Κατάνης 21 S
κελεύοντα τοὺς Συρακουσίους, εἰ βούλονται λαβεῖν ἔρη-
μον ἀνδρῶν τὸ στρατόπεδον καὶ τὰ ὅπλα τῶν Ἀθηναίων,
ἐν ἡμέρᾳ ῥητῇ πρὸς Κατάνην πανστρατιᾷ παραγενέσθαι·
τῶν γὰρ Ἀθηναίων ἐν τῇ πόλει τὰ πλεῖστα διατριβόντων,
ἐγνωκέναι τοὺς Συρακουσίων φίλους, ὅταν ἐκείνους προσ-
ιόντας αἴσθωνται, τάς τε πύλας καταλαμβάνειν ἅμα καὶ
τὸν ναύσταθμον ὑποπιμπράναι· πολλοὺς δ' εἶναι τοὺς
συνεστῶτας ἤδη καὶ τὴν ἐκείνων περιμένοντας ἄφιξιν.
e 3 τοῦτ' ἄριστα Νικίας ἐστρατήγησε περὶ Σικελίαν. πανστρα-

3sq. Thuc. 6, 62, 3. 63, 2 Diod. 13, 6, 1 Athen. 13, 588b Paus. 2, 2, 5 schol. Aristoph. Plut. 179 Plut. Alc. 39, 8 || 13 Thuc. 6, 63, 3 || 18sq. Thuc. 6, 64–71 Diod. 13, 6 Polyaen. 1, 40, 5

[UMA] 1 γνώμην M: om. UA || 2 ἐγὼ ⟨μὲν⟩ Rei. || 4 ἄγων] ἔχων Ha. | ἑαυτῷ: em. Rei. || 7 ὕβλῃ UA: ὕλῃ M || 16 συνοική-σαντες ante ras. U || 17 κατοικοῦντες A[1] || 23 γὰρ Sint.: δ' || 26 ὑποπιπράναι UA[1] || 28 ⟨τῶν⟩ περὶ Σικ. Zie.

τιᾷ γὰρ ἐξαγαγὼν τοὺς πολεμίους καὶ τὴν πόλιν ὁμοῦ τι
ποιήσας ἔρημον ἀνδρῶν, αὐτὸς ἐκ Κατάνης ἀναχθείς, τῶν
τε λιμένων ἐκράτησε, καὶ τῷ στρατοπέδῳ κατέλαβε χώ-
ραν, ὅθεν ἥκιστα βλαπτόμενος οἷς ἐλείπετο τῶν πολεμίων
ἤλπιζεν ἐξ ὧν ἐθάρρει πολεμήσειν ἀκωλύτως. ἐπεὶ δ' 4
120 L *ἀναστρέψαντες ἐκ Κατάνης οἱ Συρακούσιοι παρετάξαντο*
πρὸ τῆς πόλεως, ἐπαγαγὼν ταχὺ τοὺς Ἀθηναίους ἐκράτησε.
καὶ πολλοὺς μὲν οὐκ ἀπέκτεινε τῶν πολεμίων· οἱ γὰρ 5
ἱππεῖς ἐμποδὼν ἐγένοντο τῇ διώξει· τοῦ δὲ ποταμοῦ δια-
φθείρων καὶ ἀποκόπτων τὰς γεφύρας, παρέσχεν Ἑρμο- f
κράτει λέγειν παραθαρρύνοντι τοὺς Συρακουσίους, ὅτι
γελοῖός ἐστιν ὁ Νικίας, ὅπως οὐ μαχεῖται στρατηγῶν, ὥσ-
περ οὐκ ἐπὶ μάχῃ πεπλευκώς. οὐ μὴν ἀλλὰ φόβον τε καὶ 6
κατάπληξιν ἰσχυρὰν ἐνειργάσατο τοῖς Συρακουσίοις, ὥστ'
ἀντὶ τῶν ὄντων τότε πεντεκαίδεκα στρατηγῶν ἑτέρους
ἑλέσθαι τρεῖς, οἷς πίστιν ἔδωκεν ὁ δῆμος δι' ὅρκων, ἦ μὴν 534
ἐάσειν ἄρχειν αὐτοκράτορας. τοῦ δ' Ὀλυμπιείου πλησίον 7
ὄντος, ὥρμησαν οἱ Ἀθηναῖοι καταλαβεῖν, πολλῶν ὄντων
ἐν αὐτῷ χρυσῶν καὶ ἀργυρῶν ἀναθημάτων. ὁ δὲ Νικίας
ἐπίτηδες ἀναβαλλόμενος ὑστέρησε καὶ περιεῖδε φρουρὰν
εἰσελθοῦσαν παρὰ τῶν Συρακουσίων, ἡγούμενος, ἐὰν τὰ
S *χρήματα διαρπάσωσιν οἱ στρατιῶται, τὸ μὲν κοινὸν οὐκ*
ὠφεληθήσεσθαι, τὴν δ' αἰτίαν αὐτὸς ἕξειν τοῦ ἀσεβήματος.
τῇ δὲ νίκῃ περιβοήτῳ γενομένῃ χρησάμενος εἰς οὐδέν, 8
ὀλίγων ἡμερῶν διαγενομένων αὖθις ἀνεχώρησεν εἰς Νά-
ξον, κἀκεῖ διεχείμασε, πολλὰ μὲν ἀναλίσκων στρατιᾷ
τοσαύτῃ, πράττων δὲ μικρὰ πρὸς Σικελούς τινας ἀφι- b
σταμένους πρὸς αὐτόν, ὥστε τοὺς Συρακουσίους αὖθις
ἀναθαρρήσαντας ἐξελάσαι πρὸς Κατάνην καὶ τήν τε χώ-
ραν τεμεῖν καὶ τὸ στρατόπεδον κατακαῦσαι τῶν Ἀθη-

13 Thuc. 6, 72. 73 || **27** Thuc. 6, 88, 3. 4 || **28** Thuc. 6, 75, 2

[UMA] **4** *ἐλείπετο* Steph.: *λείπεσθαι* libri ⟨*ἐδόκει*⟩ *λείπεσθαι* Zie. || **5** *ἤλπισεν*: em. Cor. || **13** *τε*] *γε* Rei. || **17** *ὀλυμπίου* U²M *ὀλυμπείου* U¹A: em. Zie., cf. RE XVIII 188, 7. Diod. 13, 6, 4 || **25** *αὖθις* Emp.: *εὐθὺς* || **27** *ἀφισταμένους, μέ* s. s. m. 1, A

9 ναίων. ἃ δὴ πάντες ᾐτιῶντο τὸν Νικίαν, ὡς ἐν τῷ δια- 121 L
λογίζεσθαι καὶ μέλλειν καὶ φυλάττεσθαι τὸν τῶν πρά-
ξεων ἀπολλύντα καιρόν· ἐπεὶ τάς γε πράξεις οὐδεὶς ἂν
ἐμέμψατο τοῦ ἀνδρός· ὁρμήσας γὰρ ἦν ἐνεργὸς καὶ δρα-
στήριος, ὁρμῆσαι δὲ μελλητὴς καὶ ἄτολμος.

a. 414 **17.** Ὡς δ' οὖν ἐκίνησε τὴν στρατιὰν πάλιν ἐπὶ τὰς Συρα-
κούσας, οὕτως ἐστρατήγησε καὶ μετὰ τοσαύτης ὀξύτητος
c ἅμα καὶ ἀσφαλείας ἐπῆλθεν, ὥστε λαθεῖν μὲν εἰς Θάψον
ταῖς ναυσὶ προσμείξας καὶ ἀποβάς, φθάσαι δὲ τὰς Ἐπιπο-
λὰς κατασχών, τῶν δὲ προσβοηθούντων λογάδων κρατή-
σας <ἀν>ελεῖν μὲν τριακοσίους, τρέψασθαι δὲ καὶ τὴν ἵππον
2 τῶν πολεμίων, ἄμαχον εἶναι δοκοῦσαν. ὃ δὲ πάντων μά-
λιστα καὶ Σικελιώτας ἐξέπληξε καὶ τοῖς Ἕλλησιν ἀπιστίαν
παρέσχεν, ὀλίγῳ χρόνῳ περιετείχισε Συρακούσας, πόλιν
Ἀθηνῶν οὐκ ἐλάττονα, δυσεργοτέραν δὲ χωρίων ἀνωμα-
λίαις καὶ θαλάσσῃ γειτνιώσῃ καὶ παρακειμένοις ἕλεσι
d 3 τεῖχος κύκλῳ περὶ αὐτὴν τοσοῦτον ἀγαγεῖν. ἀλλὰ τοῦτ'
ἐξεργάσασθαι μικρὸν ἐδέησε τοῦ παντός, ἄνθρωπος οὐδ'
ὑγιαίνοντι χρώμενος ἑαυτῷ πρὸς τοσαύτας φροντίδας,
ἀλλὰ νόσον νοσῶν νεφρῖτιν, ἧς τὸ μὴ προσεκπονηθὲν
<ἔλ>λειμμα ποιεῖσθαι δίκαιόν ἐστι, θαυμάζειν δὲ τοῦ
στρατηγοῦ τὴν ἐπιμέλειαν καὶ τὴν τῶν στρατιωτῶν ἀνδρα-
4 γαθίαν ἐν οἷς κατώρθουν. ὁ μὲν γὰρ Εὐριπίδης (fg. 1 D.) 23 S
μετὰ τὴν ἧτταν αὐτῶν καὶ τὸν ὄλεθρον γράφων ἐπικήδειον
ἐποίησεν·

οἵδε Συρακοσίους ὀκτὼ νίκας ἐκράτησαν
ἄνδρες, ὅτ' ἦν τὰ θεῶν ἐξ ἴσου ἀμφοτέροις·

οὐκ ὀκτὼ δὲ νίκας, ἀλλὰ πλείονας ἄν τις εὕροι Συρακου- 122 L
e σίους νενικημένους ὑπ' αὐτῶν, πρὶν ἐκ θεῶν ὄντως ἢ τύ-
χης ἀντίστασίν τινα γενέσθαι τοῖς Ἀθηναίοις, ἐπὶ πλεῖ-
στον αἰρομένοις δυνάμεως.

cap. 17 Thuc. 6, 97. 98 Diod. 13, 7

[UMA] 4 ὁρμήσας U²M: ὁρμῆσαι U¹A ‖ 5 ὁρμῆσαι U²: τολμῆσαι U¹MA ‖ 11 ἑλεῖν: em. Cor. cl. Thuc. 6, 97, 4 ‖ 21 λεῖμμα: em. Rei. | θαυμάζω: em. Li. ‖ 29 ὄντος M τινος Zie. (του Cor. Sch.) ‖ 31 αἰρο + μένοις (υ eras.) U

18. Ταῖς μὲν οὖν πλείσταις πράξεσι βιαζόμενος τὸ σῶμα
παρῆν ὁ Νικίας· ἀκμὴν δέ ποτε τῆς ἀρρωστίας λαβούσης,
ὁ μὲν ἐν τείχεσι μετ᾿ ὀλίγων ὑπηρετῶν κατέκειτο, τὴν δὲ
στρατιὰν ἔχων ὁ Λάμαχος προσεμάχετο τοῖς Συρακου-
σίοις, ἐκ τῆς πόλεως τεῖχος ἀνάγουσι πρὸς τὸ τῶν Ἀθη-
ναίων, ὃ κωλύσειν ἔμελλε διὰ μέσου τὸν ἀποτειχισμόν. τῷ 2
δὲ κρατεῖν τῶν Ἀθηναίων ἀτακτότερον φερομένων πρὸς
τὰς διώξεις, ἀπομονωθεὶς ὁ Λάμαχος ὑπέστη τῶν Συρα- f
κουσίων τοὺς ἱππεῖς ἐπιφερομένους. ἦν δὲ πρῶτος αὐτῶν 3
Καλλικράτης, ἀνὴρ πολεμικὸς καὶ θυμοειδής. πρὸς τοῦτον
ἐκ προκλήσεως καταστὰς ὁ Λάμαχος ἐμονομάχησε, καὶ
λαβὼν πληγὴν πρότερος, εἶτα δοὺς καὶ πεσὼν ὁμοῦ, συνα-
πέθανε τῷ Καλλικράτει. καὶ τὸ μὲν σῶμα κρατήσαντες 4
αὐτοῦ μετὰ τῶν ὅπλων ἐξῆραν οἱ Συρακούσιοι, δρόμῳ δ᾿
ἐφέροντο πρὸς τὰ τείχη τῶν Ἀθηναίων, ἐν οἷς ὁ Νικίας 535
ἦν, οὐκ ἔχων τοὺς βοηθοῦντας. ὅμως δ᾿ ὑπὸ τῆς ἀνάγκης 5
ἐξαναστὰς καὶ κατιδὼν τὸν κίνδυνον, ἐκέλευσε τοὺς καθ᾿
ἑαυτόν, ὅσα ξύλα πρὸ τῶν τειχῶν ἐτύγχανεν εἰς μηχανὰς
παραβεβλημένα καὶ τὰς μηχανὰς αὐτὰς πῦρ κομίσαντας
ἅψαι. τοῦτο τοὺς Συρακουσίους ἐπέσχε, καὶ τὸν Νικίαν 6
ἔσωσε καὶ τὰ τείχη καὶ τὰ χρήματα τῶν Ἀθηναίων· φλόγα
γὰρ ἀρθεῖσαν διὰ μέσου πολλὴν ἰδόντες, ἀπετράπησαν οἱ
Συρακούσιοι.

123 L 24 S Τούτων δὲ πραχθέντων ἀπολέλειπτο μὲν ὁ Νικίας 7
μόνος τῶν στρατηγῶν, ἦν δ᾿ ἐλπίδος μεγάλης. καὶ γὰρ
πόλεις μεθίσταντο, καὶ πλοῖα μεστὰ σίτου πολλαχόθεν
⟨ἦλθεν⟩ εἰς τὸ στρατόπεδον, τοῖς πράγμασιν εὖ φερομένοις b
πάντων προστιθεμένων, καὶ λόγοι τινὲς ἤδη παρὰ τῶν Συ- 8
ρακουσίων ἐγίνοντο περὶ συμβάσεως πρὸς αὐτόν, ἀπε-
γνωκότων τὴν πόλιν· ὅπου καὶ Γύλιππος ἐκ Λακεδαίμονος 9

1sq. Thuc. 6, 101. 102 Polyaen. 1, 39, 3 (Diod. 13, 8) ‖ 24sq. Thuc. 6, 103. 104

[UMA] 19 προβεβλημένα Cor., sed cf. p. 110, 21 ‖ 25 ⟨δι'⟩ ἐλπίδος Steph. Cor., sed Phoc. 23, 6. Tim. 3, 2 cft. Sch. ‖ 26 μεστὰ UA: μετὰ M ‖ 27 ἦλθεν add. Sint. | τοῖς M: τοῖς γὰρ UA ‖ 29 πρὸς s. s. U²

πλέων βοηθὸς αὐτοῖς, ὡς ἤκουσε κατὰ πλοῦν τὸν ἀποτει-
χισμὸν καὶ τὰς ἀπορίας, οὕτως ἔπλει τὸ λοιπὸν ὡς ἐχο-
μένης μὲν ἤδη τῆς Σικελίας, Ἰταλιώταις δὲ τὰς πόλεις δια-
10 φυλάξων, εἰ καὶ τοῦτό πως ἐγγένοιτο. μεγάλη γὰρ ἡ δόξα
διεφοίτα τοῦ κρατεῖν πάντα τοὺς Ἀθηναίους καὶ στρατη-
11 γὸν ἔχειν ἄμαχον δι' εὐτυχίαν καὶ φρόνησιν. ὁ δὲ Νικίας
c εὐθὺς αὐτὸς καὶ παρὰ φύσιν ὑπὸ τῆς ἐν τῷ παρόντι ῥύμης
καὶ τύχης ἀνατεθαρρηκώς, μάλιστα δὲ τοῖς ἐκ Συρακου-
σῶν διαλεγομένοις κρύφα καὶ πέμπουσι πρὸς αὐτὸν ὅσον
οὔπω τὴν πόλιν ἐνδίδοσθαι κατὰ συμβάσεις νομίζων, οὐ-
δένα τοῦ Γυλίππου λόγον ἔσχε προσπλέοντος, οὐδὲ φυλα-
κὴν ἐποιήσατο καθαράν, ἀλλὰ τῷ παντελῶς ὑπερορᾶσθαι
καὶ καταφρονεῖσθαι λαθὼν αὐτὸν ὁ ἀνὴρ εἰσέπλευσε διὰ
τοῦ πορθμοῦ, καὶ προσκομισθεὶς ἀπωτάτω τῶν Συρα-
κουσῶν στρατιὰν συνηγάγετο πολλήν, οὐδ' εἰ πάρεστι
12 τῶν Συρακουσίων ἐπισταμένων οὐδὲ προσδοκώντων. διὸ
καὶ παρήγγελτο μὲν αὐτοῖς ἐκκλησία περὶ τῶν πρὸς τὸν
d Νικίαν ὁμολογιῶν, καί τινες ἐβάδιζον ἤδη, πρὶν ἢ παντε- 124 L
λῶς ἀποτειχισθῆναι τὴν πόλιν οἰόμενοι δεῖν γενέσθαι τὰς
διαλύσεις· βραχὺ γὰρ ἦν κομιδῇ τὸ ἀπολειπόμενον τοῦ
ἔργου, καὶ τοῦτο παραβεβλημένην εἶχε τὴν παρασκευὴν
τῆς τειχοδομίας σύμπασαν.

19. Ἐν τούτῳ δὲ καιροῦ τοῦ κινδύνου παρόντος ἀφι-
κνεῖται Γογγύλος ἐκ Κορίνθου μιᾷ τριήρει, καὶ συνδραμόν-
των πρὸς αὐτὸν ὡς εἰκὸς πάντων, ἔφραζεν ὅτι Γύλιππος
ἀφίξεται διὰ ταχέων καὶ νῆες ἄλλαι βοηθοὶ προσπλέου- 25 S
2 σιν. οὔπω δὲ τῷ Γογγύλῳ πιστευόντων βεβαίως, ἧκεν

16 Thuc. 7, 2, 2 || cap. 19 Thuc. 7, 2–8 Diod. 13, 8

[UMA] 2 οἰχομένης Naber || 7 εὐθὺς del. vel in αὖθις mutat Cor. ἀήθως Rei. | αὐτὸς del. Zie. | ῥώμης: em. Sol. || 12 καθαράν] cf. Suda: καθαρῶς· ἀκριβῶς, σαφῶς; καὶ φρουράν Ri.; cf. et Thuc. 6, 104, 3 || 14 τοῦ om. UA[1], cf. Thuc. 7, 1, 2 | πορθμοῦ Sol.: πορθμείου | συρακουσίων: em. Mu. || 18 post καί τινες excidisse aliquot verba suspicatur Li. || 22 τειχομαχίας M || 23 παρόντος τοῦ κινδύνου: trp. Sint. || 25 ὡς εἰκὸς πρὸς αὐτὸν M || 26 ἄλλας M || 27 οὕτω M

ἄγγελος παρὰ τοῦ Γυλίππου, κελεύοντος ἀπαντᾶν. οἱ δὲ
θαρρήσαντες ἐξωπλίζοντο, καὶ προσῆγεν εὐθὺς ὁ Γύλιπ- e
πος ἐξ ὁδοῦ παρατεταγμένος ἐπὶ τοὺς Ἀθηναίους. ὡς δὲ 3
κἀκείνους ἀντέταξεν ὁ Νικίας, θέμενος [ἐπὶ τοὺς Ἀθηναί-
ους] ὁ Γύλιππος τὰ ὅπλα καὶ κήρυκα πέμψας ἔλεγε διδό-
ναι τοῖς Ἀθηναίοις ἄδειαν ἀπιοῦσιν ἐκ Σικελίας. ὁ μὲν οὖν 4
Νικίας οὐδὲν ἠξίωσεν ἀποκρίνεσθαι, τῶν δὲ στρατιωτῶν
τινες καταγελῶντες ἠρώτων, εἰ διὰ παρουσίαν ἑνὸς τρίβω-
νος καὶ βακτηρίας Λακωνικῆς οὕτως ἰσχυρὰ τὰ Συρακου-
σίων ἐξαίφνης γέγονεν, ὥστ' Ἀθηναίων καταφρονεῖν,
οἳ πολὺ ῥωμαλεωτέρους Γυλίππου καὶ μᾶλλον κομῶντας
τριακοσίους ἔχοντες ἐν πέδαις δεδεμένους ἀπέδωκαν Λακε-
δαιμονίοις. Τίμαιος (FGrH 566 F 100a) δὲ καὶ τοὺς Σικε- 5 f
λιώτας φησὶν ἐν μηδενὶ λόγῳ ποιεῖσθαι τὸν Γύλιππον,
ὕστερον μὲν αἰσχροκέρδειαν αὐτοῦ καὶ μικρολογίαν κατα-
125 L γνόντας, ὡς δὲ πρῶτον ὤφθη, σκώπτοντας εἰς τὸν τρίβωνα
καὶ τὴν κόμην. εἶτα μέντοι φησὶν αὐτός, ὅτι τῷ Γυλίππῳ
φανέντι καθάπερ γλαυκὶ πολλοὶ προσέπτησαν ἑτοίμως
⟨συ⟩στρατευόμενοι. καὶ ταῦτα τῶν πρώτων ἀληθέστερά 6
εἰσιν· ἐν γὰρ τῇ βακτηρίᾳ καὶ τῷ τρίβωνι τὸ σύμβολον 536
καὶ τὸ ἀξίωμα τῆς Σπάρτης καθορῶντες συνίσταντο,
κἀκείνου τὸ πᾶν ἔργον γεγονέναι φησὶν οὐ Θουκυδίδης
μόνον, ἀλλὰ καὶ Φίλιστος (FGrH 556 F 56), ἀνὴρ Συρακού-
σιος καὶ τῶν πραγμάτων ὁρατὴς γενόμενος. τῇ μὲν οὖν 7
πρώτῃ μάχῃ κρατήσαντες οἱ Ἀθηναῖοι τῶν Συρακουσίων
ὀλίγους τινὰς ἀπέκτειναν καὶ Γογγύλον τὸν Κορίνθιον·
εἰς δὲ τὴν ἐπιοῦσαν ἡμέραν ἔδειξεν ὁ Γύλιππος, οἷόν ἐστιν
ἐμπειρία. τοῖς γὰρ αὐτοῖς ὅπλοις καὶ ἵπποις καὶ χωρίοις 8
χρησάμενος οὐχ ὡσαύτως, ἀλλὰ μεταθεὶς τὴν τάξιν, ἐνί- b
26 S κησε τοὺς Ἀθηναίους, καὶ φυγόντων εἰς τὸ στρατόπεδον,
31 ἐπιστήσας τοὺς Συρακουσίους τοῖς λίθοις οἷς ἐκεῖνοι

15 cf. cap. 28, 4

[UMA] 1 κελεύων U² || 4 ἐπὶ τοὺς Ἀθηναίους del. Sch., cf. Thuc. 7, 3, 1 || 7 οὐδὲ M | ἀποκρίνασθαι C || 19 στρατευόμενοι: em. Zie. (συστρ. σόμενοι Naber) || 22 οὐ Θουκυδίδης μόνον Mu.: ὁ θουκυδίδης μόνον U¹ ὁ θουκυδίδης οὐ μόνον U² ὁ θουκυδίδης μόνου MA || 29 ὡσαύτως UA: ὁμοίως M

προσεκόμιζον καὶ τῇ ὕλῃ παροικοδομῶν εἰς διαστολάς, ἀπέκοψε τὸν ἐκείνων περιτειχισμόν, ὥστ' αὐτοῖς μηδὲν εἶναι
9 πλέον κρατοῦσιν. ἐκ τούτου δὲ θαρρήσαντες οἱ Συρακούσιοι τάς τε ναῦς ἐπλήρουν, καὶ τοῖς ἱππεῦσι τοῖς ἑαυτῶν καὶ
10 ἀκολούθοις περιελαύνοντες πολλοὺς ᾕρουν, καὶ ὁ Γύλιππος ἐπιὼν ⌜ἐπὶ⌝ τὰς πόλεις αὐτὸς ἐξώρμα καὶ συνίστη πάντας, ἐρρωμένως ὑπακούοντας αὐτῷ καὶ συλλαμβανομένους, ὥστε τὸν Νικίαν αὖθις εἰς ἐκείνους ἀποτρεπόμενον τοὺς
c πρώτους λογισμούς, καὶ συμφρονοῦντα τὴν τῶν πραγμάτων μεταβολὴν ἀθυμεῖν, καὶ γράφειν τοῖς Ἀθηναίοις,
κελεύοντα πέμπειν ἕτερον στρατόν, ἢ καὶ τοῦτον ἀπάγειν 126 L
ἐκ Σικελίας, αὐτῷ δὲ πάντως αἰτούμενον τῆς στρατηγίας ἄφεσιν διὰ τὴν νόσον.

20. Οἱ δ' Ἀθηναῖοι καὶ πρότερον μὲν ὥρμηντο πέμπειν ἑτέραν δύναμιν εἰς Σικελίαν, φθόνῳ δὲ τῶν πρώτων, ταραττομένων πρὸς εὐτυχίαν τοῦ Νικίου τοσαύτην, πολλὰς διατριβὰς ἐμβαλόντων, τότε γοῦν ἔσπευδον
2 βοηθεῖν. καὶ Δημοσθένης μὲν ἔμελλε μεγάλῳ στόλῳ πλεῖν ἐκ χειμῶνος, Εὐρυμέδων δὲ διὰ χειμῶνος προεξέπλευσε,
d χρήματα κομίζων καὶ συστρατήγους ἀποφαίνων ᾑρημένους τῷ Νικίᾳ τῶν αὐτόθι στρατευομένων Εὐθύδημον καὶ Μένανδρον.

3 Ἐν τούτῳ δὲ καὶ κατὰ γῆν καὶ κατὰ θάλατταν ἐξαίφνης
a. 418 ἐπιχειρούμενος ὁ Νικίας, ταῖς μὲν ναυσὶν ἡττώμενος τὸ πρῶτον, ὅμως ἐξέωσε καὶ κατέδυσε πολλὰς τῶν πολεμίων, πρὸς δὲ τὸ πεζὸν οὐκ ἔφθασε βοηθῶν, ἀλλ' ἄφνω προσπεσὼν ὁ Γύλιππος εἷλε τὸ Πλημμύριον, ἐν ᾧ σκευῶν

18 Thuc. 7, 16. 17 Diod. 13, 8, 7 || **23** Thuc. 7, 22–24 Diod. 13, 9

[**UMA**] **1** *προσεκόμισαν* Sol. | *εἰς* ⟨*τὰς*⟩ Rei. Cor. | *διαστ.*] *'Επιπολάς* Cor. cl. Thuc. 7, 5, 1 || **5** *ἀνῄρουν* Zie. || **6** *ἐπὶ* del. Zie. || **9** *συμφοροῦντα* **U**[1] || **10** *εὐθυμεῖν* **M** | *τοῖς ἀθηναίοις* **M**: *τοὺς ἀθηναίους* **UA** || **11** *στρατὸν, ὃν* in ras., **U** | *ἀπαγαγεῖν*: em. Sch. || **12** *αἰτούμενος*: em. Steph. || **15. 16** *τῶν πρῶτον πραττομένων*: em. Sol. || **17** *ἐμβαλλόντων* **M** || **27** *σκευῶν*] *σκευῶν καὶ* **U**[1]

*τριηρικῶν καὶ χρημάτων πολλῶν ἀποκειμένων, ἐκράτησε
πάντων καὶ διέφθειρεν ἄνδρας οὐκ ὀλίγους καὶ ζῶντας*
27 S *ἔλαβε· τὸ δὲ μέγιστον, ἀφείλετο τοῦ Νικίου τῆς ἀγορᾶς
τὴν εὐπέτειαν. ἦν γὰρ ἡ κομιδὴ παρὰ τὸ Πλημμύριον* e
*ἀσφαλὴς καὶ ταχεῖα τῶν Ἀθηναίων κρατούντων, ἐκπεσόν-
των δὲ χαλεπὴ καὶ μετὰ μάχης ἐγίνετο πρὸς τοὺς πολε-
μίους, ἐκεῖ ναυλοχοῦντας. ἔτι δὲ καὶ τὸ ναυτικὸν τοῖς* 4
Συρακουσίοις οὐκ ἀπὸ κράτους ἐφαίνετο νενικημένον, ἀλλ'
27 L *ἀταξίᾳ περὶ τὴν δίωξιν. αὖθις οὖν ἐπεχείρουν παρασκευα-
ζόμενοι λαμπρότερον. ὁ δὲ Νικίας οὐκ ἐβούλετο ναυμα-* 5
*χεῖν, ἀλλὰ πολλὴν ἀβελτερίαν ἔλεγεν εἶναι, στόλου τοσού-
του προσπλέοντος αὐτοῖς καὶ δυνάμεως ἀκραιφνοῦς ἣν ἦγε
Δημοσθένης σπεύδων, ἀπ' ἐλαττόνων καὶ χορηγουμέ-
νων φαύλως διαγωνίσασθαι. τοῖς δὲ περὶ τὸν Μένανδρον* 6 f
*καὶ τὸν Εὐθύδημον ἀρτίως εἰς τὴν ἀρχὴν καθισταμένοις
φιλοτιμία καὶ ζῆλος ἦν πρὸς ἀμφοτέρους τοὺς στρατηγούς,
τὸν μὲν Δημοσθένην φθῆναι πράξαντάς τι λαμπρόν, ὑπερ-
βαλέσθαι δὲ τὸν Νικίαν. πρόσχημα δ' ἦν ἡ δόξα τῆς πόλε-* 7
*ως, ἣν ἀπόλλυσθαι καὶ καταλύεσθαι παντάπασι φάσκον-
τες, εἰ φοβηθήσονται Συρακουσίους ἐπιπλέοντας, ἐξε-
βιάσαντο ναυμαχῆσαι, καὶ καταστρατηγηθέντες ὑπ' Ἀρί-* 8
*στωνος τοῦ Κορινθίων κυβερνήτου τοῖς περὶ τὸ ἄριστον,
ὡς εἴρηκε Θουκυδίδης* (7, 40), *κατὰ κράτος ἡττήθησαν
καὶ πολλοὺς ἀπέβαλον· καὶ ἀθυμία πολλὴ περιεστήκει τὸν* 537
*Νικίαν, τῇ τε μοναρχίᾳ κακοπαθοῦντα, καὶ σφαλλόμενον
αὖθις ὑπὸ τῶν συναρχόντων.*

21. *Ἐν τούτῳ δὲ Δημοσθένης ὑπὲρ τῶν λιμένων ἐπεφαί-
νετο λαμπρότατος τῇ παρασκευῇ καὶ δεινότατος τοῖς πολε-
μίοις, ἐπὶ νεῶν ἑβδομήκοντα καὶ τριῶν ἄγων ὁπλίτας πεν-
τακισχιλίους, ἀκοντιστὰς δὲ καὶ τοξότας καὶ σφενδονήτας*

7 Thuc. 7, 25, 9 || **21** Thuc. 7, 39–41; cf. Diod. 13, 10 || **27** Thuc. 7, 42, 1. 2 Diod. 13, 11

[**UMA**] **8** *οὐ κατὰ κράτος* Zie. || **10** *οὐκ* s. s. **M** || **17** *φθῆναι* Iunt. Ald.: *ὀφθῆναι* || **18** *πρόσ|σχημα* **U** *πρό+σχημα* **A** || **20** *συ-ρακουσίοις* **M** || **22** *ἄριστον* Cor.: *ἀριστερὸν* || **28** *τῇ* **UA**: *τῇ τε* **M**

τρισχιλίων οὐκ ἐλάττους, ὅπλων δὲ κόσμῳ καὶ παρασήμοις
τριήρων καὶ πλήθει κελευστῶν καὶ αὐλητῶν θεατρικῶς
b 2 καὶ πρὸς ἔκπληξιν πολεμίων ἐξησκημένος. ἦν οὖν ὡς εἰκὸς 28 S
αὖθις ἐν φόβῳ μεγάλῳ τὰ Συρακουσίων, εἰς οὐδὲν πέρας 128 L
οὐδ' ἀπαλλαγήν, ἀλλὰ πονοῦντας ἄλλως καὶ φθειρομένους
3 αὑτοὺς μάτην ὁρώντων. τὸν δὲ Νικίαν οὐ πολὺν χρόνον
εὔφρανεν ἡ παρουσία τῆς δυνάμεως, ἀλλ' ἅμα τῷ πρῶτον
ἐν λόγοις γενέσθαι, τοῦ Δημοσθένους εὐθὺς ἐπιχειρεῖν
τοῖς πολεμίοις κελεύοντος καὶ τῷ ταχίστῳ τῶν κινδύνων
περὶ τοῦ παντὸς διαγωνισαμένους ἑλεῖν Συρακούσας ἢ
ἀποπλεῖν οἴκαδε, δείσας καὶ θαυμάσας τὴν ὀξύτητα καὶ
τόλμαν, ἐδεῖτο μηδὲν ἀπεγνωσμένως πράττειν μηδ' ἀνο-
4 ήτως. τὴν γὰρ τριβὴν εἶναι κατὰ τῶν πολεμίων, οὔτε χρή-
c ματα κεκτημένων ἔτι, μήτε τῶν συμμάχων αὐτοῖς πολὺν
χρόνον παραμενούντων, εἰ δὲ θλίβοιντο ταῖς ἀπορίαις,
ταχὺ πάλιν ἐπ' αὐτὸν περὶ συμβάσεως τραπησομένων ὡς
5 πρότερον. καὶ γὰρ ἦσαν ἄνδρες οὐκ ὀλίγοι τῶν ἐν Συρα-
κούσαις διαλεγόμενοι τῷ Νικίᾳ κρύφα καὶ μένειν κελεύ-
οντες, ὡς καὶ νῦν ὑπερπονούντων τῷ πολέμῳ, καὶ τὸν
Γύλιππον βαρυνομένων, ἐὰν δὲ μικρὸν ἐπιτείνωσιν αἱ ἀνάγ-
6 και, παντάπασιν ἀπαγορευσόντων. τούτων ὁ Νικίας τὰ
μὲν αἰνιττόμενος, τὰ δ' οὐ θέλων ἐν φανερῷ λέγειν, ἀτολ-
μίας παρέσχε τοῖς ⟨συ⟩στρατήγοις δόξαν, καὶ ταῦτ'
ἐκεῖνα πάλιν ἥκειν φάσκοντες αὐτοῦ, μελλήματα καὶ δια-
d τριβὰς καὶ ἀκριβολογίας, αἷς ἀπώλεσε τὴν ἀκμήν, οὐκ
εὐθὺς ἐπιχειρῶν τοῖς πολεμίοις, ἀλλ' ἕωλος καὶ καταφρο-
νούμενος, τῷ Δημοσθένει προσετίθεντο, καὶ ὁ Νικίας
7 μόλις συνεχώρησεν ἐκβιασθείς. οὕτω δὴ τὴν πεζὴν στρα-
τιὰν ἀναλαβὼν ὁ Δημοσθένης νυκτὸς ἐπεχείρει ταῖς Ἐπι- 29
πολαῖς, καὶ τοὺς μὲν φθάσας πρὶν αἰσθέσθαι τῶν πολεμίων 129 L

6 Thuc. 7, 42, 3–5 || **28sq.** Thuc. 7, 43–44

[**UMA**] **10** *ἢ* Pflugk cl. Thuc.: *καὶ* || **13** *οὔτε*] *μήτε* Sch. || **15** *παραμενόντων*: em. Mu. || **16** *περὶ συμβάσεως* Zie. cl. p. 109, 29: *ἐπὶ συμβάσεις* (*συμβάσει* Rei. Sch.) || **23** *στρατηγοῖς*: em. Sint. || **24** *φάσκοντες* **M**: *φάσκοντος* **UA** || **25** *ἀκροβολογίας* U[1] || **26** *ἕωλος* ⟨*ὢν ἤδη*⟩ Zie.

ἀπέκτεινε, τοὺς δ' ἀμυνομένους ἐτρέψατο, καὶ κρατῶν οὐκ
ἔμενεν, ἀλλ' ἐχώρει προσωτέρω, μέχρι οὗ τοῖς Βοιωτοῖς
ἐνέτυχε. πρῶτοι γὰρ οὗτοι συστρέψαντες ἑαυτοὺς καὶ 8
29 S συνδραμόντες εἰς τοὺς Ἀθηναίους ἐναντίοις τοῖς δόρασι
μετὰ βοῆς ἐώσαντο, καὶ πολλοὺς αὐτοῦ κατέβαλον, δι'
ὅλου δὲ τοῦ στρατεύματος εὐθὺς ἦν πτοία καὶ ταραχή,
καὶ τοῦ φεύγοντος ἤδη καταπιμπλάμενον τὸ ἔτι νικῶν, καὶ
τὸ ἐπιβαῖνον καὶ προσφερόμενον ὑπὸ τῶν πεφοβημένων e
ἀνακοπτόμενον, ἑαυτῷ περιέπιπτε, τοὺς μὲν φεύγοντας
οἰόμενον διώκειν, τοῖς δὲ φίλοις ὡς πολεμίοις χρώμενον.
ἡ γὰρ ἄτακτος ἀνάμειξις ἐν ταὐτῷ μετὰ φόβου καὶ ἀγνοί- 9
ας, καὶ τὸ τῆς ὄψεως ἄπιστον ἐν νυκτὶ μήτε σκότος ἄκρα-
τον μήτε φῶς ἐχούσῃ βέβαιον, ἀλλ' οἵαν εἰκός, ἤδη κατα-
φερομένης σελήνης καὶ περισκιαζομένης ὅπλοις πολλοῖς
καὶ σώμασι κινουμένοις διὰ τοῦ φωτός, μὴ διασαφοῦσαν
τὰ εἴδη φόβῳ τοῦ πολεμίου καὶ τὸ οἰκεῖον ποιεῖν ὕποπτον,
εἰς δεινὰς ἀπορίας καὶ περιπετείας καθίστη τοὺς Ἀθηναί-
ους. ἔτυχον δέ πως καὶ τὴν σελήνην ἔχοντες ὄπισθεν· 10 f
ὅθεν αὐτοὶ μὲν αὑτοῖς τὰς σκιὰς ἐπιβάλλοντες, ἀπέκρυ-
πτον τὸ πλῆθος τῶν ὅπλων καὶ τὴν λαμπρότητα, τοὺς δ'
ἐναντίους ὁ πρὸς τὴν σελήνην τῶν ἀσπίδων ἀντιφωτισμὸς
πολὺ πλείονας ὁρᾶσθαι καὶ λαμπροτέρους ἐποίει. τέλος δέ, 11 538
πανταχόθεν αὐτοῖς ὡς ἐνέδοσαν προσκειμένων τῶν πολεμί-
ων, φεύγοντες οἱ μὲν ὑπ' ἐκείνων, οἱ δ' ὑπ' ἀλλήλων ἀπέ-
θνῃσκον, οἱ δὲ κατὰ τῶν κρημνῶν ὀλισθαίνοντες, τοὺς δ'
ἀποσκεδασθέντας καὶ πλανωμένους ἡμέρας ἐπιγενομένης
οἱ ἱππεῖς καταλαμβάνοντες διέφθειρον. ἐγένοντο δὲ νεκροὶ
130 L δισχίλιοι, καὶ τῶν περιγενομένων ὀλίγοι μετὰ τῶν ὅπλων
ἀπεσώθησαν.

22. Ὁ μὲν οὖν Νικίας πληγεὶς οὐκ ἀπροσδοκήτως
ᾐτιᾶτο τοῦ Δημοσθένους τὴν προπέτειαν, ἐκεῖνος δὲ περὶ

cap. 22 Thuc. 7, 47–49 Diod. 13, 12

[UMA] 8 *ἐπιβαῖνον* Rei.: *ἀποβαῖνον* || 13 *οἵαν* Mu.: *οἷον* || 14 *περισκιαζομένης* M: *-μένοις* UA || 16 *τὸ* s. s. U^2 || 24 *ἀπ' ἀλλήλων* A

τούτων ἀπολογησάμενος ἐκέλευσεν ἀποπλεῖν τὴν ταχί-
b στην· οὔτε γὰρ ἄλλην ἀφίξεσθαι δύναμιν αὐτοῖς, οὔτ' ἀπὸ
τῆς παρούσης τῶν πολεμίων κρατεῖν, ὅπου γε καὶ κρατοῦν- 30 S
τας ἐκείνων ἔδει μεταστῆναι καὶ φυγεῖν τὸ χωρίον, ἀεὶ
μὲν ὡς πυνθάνονται βαρὺ καὶ νοσῶδες ὂν στρατοπέδῳ,
2 νῦν δ' ὡς βλέπουσι καὶ διὰ τὴν ὥραν ὀλέθριον. μετοπώρου
γὰρ ἦν ἀρχή, καὶ πολλοὶ μὲν ἠσθένουν ἤδη, πάντες δ' ἠθύ-
μουν. ὁ δὲ Νικίας χαλεπῶς ἤκουε τὴν φυγὴν καὶ τὸν ἀπό-
πλουν, οὐ τῷ μὴ δεδιέναι τοὺς Συρακουσίους, ἀλλὰ τῷ
μᾶλλον τοὺς Ἀθηναίους καὶ τὰς ἐκείνων δίκας καὶ συκο-
c 3 φαντίας φοβεῖσθαι. δεινὸν μὲν οὖν οὐδὲν αὐτόθι προσδο-
κᾶν ἔφασκεν, εἰ δὲ συμβαίη, μᾶλλον αἱρεῖσθαι τὸν ὑπὸ τῶν
πολεμίων θάνατον ἢ τὸν ὑπὸ τῶν πολιτῶν, οὐχ ὅμοια φρο-
νῶν οἷς ὕστερον ὁ Βυζάντιος Λέων εἶπε πρὸς τοὺς ἑαυτοῦ
πολίτας· „βούλομαι“ γὰρ ἔφη „μᾶλλον ὑφ' ὑμῶν ἢ μεθ'
ὑμῶν ἀποθανεῖν“· περὶ μέντοι τόπου καὶ χώρας εἰς ἣν
μετάξουσι τὸ στρατόπεδον βουλεύσεσθαι καθ' ἡσυχίαν.
4 ταῦτα δ' αὐτοῦ λέγοντος, ὁ μὲν Δημοσθένης οὐδὲ τῇ
προτέρᾳ γνώμῃ κατευτυχήσας ἐπαύσατο βιαζόμενος, τοῖς
δ' ἄλλοις παρέσχε τὸν Νικίαν προσδοκῶντα καὶ πιστεύ-
οντα τοῖς ἔνδον οὕτως ἐρρωμένως ἀναμάχεσθαι περὶ τῆς 131 L
d 5 ἀποβάσεως· διὸ καὶ συνεχώρησαν. ὡς μέντοι στρατιὰ Συρα-
κουσίοις ἐπῆλθεν ἄλλη, καὶ μᾶλλον ἥπτετο τῶν Ἀθη-
ναίων ἡ νόσος, ἤδη καὶ τῷ Νικίᾳ συνεδόκει μεθίστασθαι,
καὶ παρήγγελλε τοῖς στρατιώταις εὐτρεπεῖς εἶναι πρὸς
ἀπόπλουν.

23. Ὡς δ' ἦν ἕτοιμα ταῦτα πάντα καὶ τῶν πολεμίων
οὐδεὶς παρεφύλαττεν, ἅτε δὴ μὴ προσδοκώντων, ἐξέλιπεν

27 Thuc. 7, 50, 4 Diod. 13, 12, 6

[S(UA =)Υ] **3** *κρατήσειν* Cor. || **6** *νῦν δ'*] his verbis incipit S || **7** *ἡ ἀρχή* Υ || **14** *λέων* Υ: *γέλων* S || **17** *μετατάξουσι* A | *βουλεύσασθαι*: em. Xy. || **20** ⟨*δόξαν*⟩ vel ⟨*ὑπόνοιαν*⟩ *παρέσχε* Sch. *παρέστη* Cor. || **21** *διαμάχεσθαι* Sch. cl. p. 131, 25 *ἀπομάχ.* Zie. (et ut vid. iam Wytt.) || **22** *συνεχώρησεν*: em. Am. || **25** *παρήγγελε* U *παρήγγειλε* A | *εὐπρεπεῖς* S

ἡ σελήνη τῆς νυκτός, μέγα δέος τῷ Νικίᾳ καὶ τῶν ἄλλων 27. Aug. 413
τοῖς ὑπ' ἀπειρίας ἢ δεισιδαιμονίας ἐκπεπληγμένοις τὰ
τοιαῦτα. τοῦ μὲν γὰρ ἡλίου τὴν περὶ τὰς τριακάδας ἐπι- 2
σκότησιν ἁμῶς γέ πως ἤδη συνεφρόνουν καὶ οἱ πολλοὶ e
γινομένην ὑπὸ τῆς σελήνης· αὐτὴν δὲ τὴν σελήνην, ᾧτινι
31 S συντυγχάνουσα καὶ πῶς αἰφνίδιον ἐκ πανσελήνου τὸ φῶς
ἀπόλλυσι καὶ χρόας ἵησι παντοδαπάς, οὐ ῥᾴδιον ἦν κατα-
λαβεῖν, ἀλλ' ἀλλόκοτον ἡγοῦντο καὶ πρὸ συμφορῶν τινων
καὶ πραγμάτων μεγάλων ἐκ θεοῦ γινόμενον σημεῖον. ὁ 3
γὰρ πρῶτος σαφέστατόν τε πάντων καὶ θαρραλεώτατον
περὶ σελήνης καταυγασμῶν καὶ σκιᾶς λόγον εἰς γραφὴν
καταθέμενος Ἀναξαγόρας οὔτ' αὐτὸς ἦν παλαιὸς οὔθ' ὁ
λόγος ἔνδοξος, ἀλλ' ἀπόρρητος ἔτι καὶ δι' ὀλίγων καὶ μετ' f
εὐλαβείας τινὸς ἢ πίστεως βαδίζων. οὐ γὰρ ἠνείχοντο τοὺς 4
φυσικοὺς καὶ μετεωρολέσχας τότε καλουμένους, ὡς εἰς
αἰτίας ἀλόγους καὶ δυνάμεις ἀπρονοήτους καὶ κατηναγκα-
132 L σμένα πάθη διατρίβοντας τὸ θεῖον, ἀλλὰ καὶ Πρωταγόρας
ἔφυγε, καὶ Ἀναξαγόραν εἱρχθέντα μόλις περιεποιήσατο
Περικλῆς, καὶ Σωκράτης, οὐδὲν αὐτῷ τῶν γε τοιούτων
προσῆκον, ὅμως ἀπώλετο διὰ φιλοσοφίαν. ὀψὲ δ' ἡ Πλά- 5
τωνος ἐκλάμψασα δόξα διὰ τὸν βίον τοῦ ἀνδρός, καὶ ὅτι
ταῖς θείαις καὶ κυριωτέραις ἀρχαῖς ὑπέταξε τὰς φυσικὰς
ἀνάγκας, ἀφεῖλε τὴν τῶν λόγων τούτων διαβολὴν καὶ τοῖς 539
μαθήμασιν εἰς ἅπαντας ὁδὸν ἐνέδωκεν. ὁ γοῦν ἑταῖρος 6
αὐτοῦ Δίων, καθ' ὃν χρόνον ἔμελλεν ἄρας ἐκ Ζακύνθου
πλεῖν ἐπὶ Διονύσιον ἐκλιπούσης τῆς σελήνης, οὐδὲν διατα- 9. Aug. 357
ραχθεὶς ἀνήχθη, καὶ κατασχὼν ἐν Συρακούσαις ἐξέβαλε
τὸν τύραννον. τῷ μέντοι Νικίᾳ συνηνέχθη τότε μηδὲ μάν- 7
τιν ἔχειν ἔμπειρον· ὁ γὰρ συνήθης αὐτοῦ καὶ τὸ πολὺ τῆς

24 Plut. Dio 24, 1 Quint. 1, 10, 48 || **29** Ar. pac. 1031 sq. c. schol.

[S(UA=)Υ] **5** *γενομένην* **A** || **6** *συντυγχάνουσαν*: em. Cor. || **8** *πρὸ* Br.: *πρός* || **9** *καὶ πραγμάτων* **s. s. S**, om. Υ | *γινόμενον*] **s. s.** *ε* et *ω* (i. e. *γενομένων*) **S** || **10** *σαφέστατον*, *ν* eras., **S** | *τε* Rei.: *γε* || **10. 11** *θαρραλεώτατα τὸν περὶ σελήνης καταυγασμὸν* **S** || **14** *ἢ*] *καὶ* Cor. || **26** *διόνυσον* **U**

δεισιδαιμονίας ἀφαιρῶν Στιλβίδης ἐτεθνήκει μικρὸν ἔμ-
8 προσθεν. ἐπεὶ τὸ σημεῖον, ὥς φησι Φιλόχορος (FGrH 328 F 135),
b φεύγουσιν οὐκ ἦν πονηρόν, ἀλλὰ καὶ πάνυ χρηστόν· ἐπι-
κρύψεως γὰρ αἱ σὺν φόβῳ πράξεις δέονται, τὸ δὲ φῶς
9 πολέμιόν ἐστιν αὐταῖς, ἄλλως τε καὶ τῶν περὶ ἥλιον καὶ
σελήνην ἐπὶ τρεῖς ἡμέρας ἐποιοῦντο φυλακήν, ὡς Αὐτο-
κλείδης διέγραψεν ἐν τοῖς ἐξηγητικοῖς· ὁ δὲ Νικίας ἄλλην
ἔπεισε σελήνης ἀναμένειν περίοδον, ὥσπερ οὐκ εὐθὺς 32 S
θεασάμενος αὐτὴν ἀποκαθαρθεῖσαν, ὅτε τὸν σκιερὸν τόπον
καὶ ὑπὸ τῆς γῆς ἀντιφραττόμενον παρῆλθε.

24. Μικροῦ δὲ πάντων ἀφέμενος τῶν ἄλλων, ἔθυε καὶ
διεμαντεύετο καθήμενος, ἕως ἐπῆλθον αὐτοῖς οἱ πολέ-
μιοι, τῷ μὲν πεζῷ τὰ τείχη καὶ τὸ στρατόπεδον αὐτῶν 133 L
πολιορκοῦντες, ταῖς δὲ ναυσὶ κύκλῳ τὸν λιμένα περιλαμ-
c βάνοντες, οὐκ αὐτοὶ μόνον ταῖς τριήρεσιν, ἀλλὰ καὶ τὰ
παιδάρια παντοχόθεν ἐπιβαίνοντα τῶν ἁλιάδων καὶ ταῖς
σκάφαις προσπλέοντα προὐκαλεῖτο τοὺς Ἀθηναίους καὶ
2 προὐπηλάκιζεν. ὧν ἕνα, παῖδα γνωρίμων γονέων Ἡρα-
κλείδην, προεξελάσαντα τῷ πλοίῳ ναῦς Ἀττικὴ διώκουσα
κατελάμβανε. δείσας δὲ περὶ αὐτοῦ Πόλλιχος ὁ θεῖος ἀντε-
λαύνει δέκα τριήρεσιν ὧν ἦρχεν· οἱ δ' ἄλλοι περὶ τοῦ Πολ-
3 λίχου φοβηθέντες ὡσαύτως ἀνήγοντο, καὶ ναυμαχίας ἰσχυ-
ρᾶς γενομένης ἐνίκησαν οἱ Συρακούσιοι, καὶ τὸν Εὐρυμέ-
4 δοντα πολλῶν μετ' ἄλλων διέφθειραν. ἦν οὖν οὐκέτι μένειν
ἀνασχετὸν τοῖς Ἀθηναίοις, ἀλλὰ τῶν στρατηγῶν κατε-
d βόων, πεζῇ κελεύοντες ἀναχωρεῖν. καὶ γὰρ οἱ Συρακούσιοι
νικήσαντες εὐθὺς ἐνέφραξαν καὶ ἀπέκλεισαν τὸν διέκπλουν
5 τοῦ λιμένος. οἱ δὲ περὶ τὸν Νικίαν τοῦτο μὲν οὐκ ἐπείθοντο·
δεινὸν γὰρ ἦν ἀπολιπεῖν ὁλκάδας τε πολλὰς καὶ τριήρεις

5 Diod. 13, 12, 6, cf. Thuc. 7, 50, 4 || **11** sq. cf. Thuc. 7, 51–53 Diod. 13, 13 || **26** Thuc. 7, 59, 3

[S(UA =)Υ] **11. 12** *ἔθυε καὶ διεμαντεύετο*] *ἐθύετο* libri, sed in **S** *το* erasum et *καὶ διεμαντεύετο* **S**[m] || **20** *αὐτῷ*: em. Sch. || **21** *δέκα τριήρεσιν*] his verbis incipit **N** || **23** *οἱ* om. **N S** || **25** *ἀνασχετὰ ἀθηναίοις* **S Υ** || **27** *ἐκδιέπλουν* **N** || **29** *ἦν* om. **N** | *ἀπολιπεῖν* **N S**[m]: om. **S**[r]**Υ**

ὀλίγον ἀριθμῷ διακοσίων ἀποδεούσας· ἐμβιβάσαντες δὲ
τῶν πεζῶν τοὺς ἀρίστους καὶ τῶν ἀκοντιστῶν τοὺς ἀλκι-
μωτάτους, ἐπλήρωσαν ἑκατὸν καὶ δέκα τριήρεις· αἱ γὰρ
ἄλλαι ταρσῶν ἐνδεεῖς ἦσαν. τὸν δὲ λοιπὸν ὄχλον ἔστησε 6
παρὰ θάλασσαν ὁ Νικίας, ἐκλιπὼν τὸ μέγα στρατόπεδον
καὶ τὰ τείχη τὰ συνάπτοντα πρὸς τὸ Ἡράκλειον, ὥστε μὴ
τεθυκότων τὴν εἰθισμένην θυσίαν τῷ Ἡρακλεῖ τῶν Συρα-
134 L κουσίων, θῦσαι τότε τοὺς ἱερεῖς καὶ στρατηγοὺς ἀνα- e
βάντας, ἤδη [δὲ] πληρουμένων τῶν τριήρων.

33 S **25.** Ἐπεὶ δ' οἱ μάντεις τοῖς Συρακουσίοις ἀπήγγειλαν
ἐκ τῶν ἱερῶν λαμπρότητα καὶ νίκην μὴ καταρχομένοις
μάχης ἀλλ' ἀμυνομένοις – καὶ γὰρ τὸν Ἡρακλέα πάντων
κρατεῖν ἀμυνόμενον καὶ προεπιχειρούμενον – ἀνήχθησαν.
ἡ δὲ ναυμαχία πολὺ μεγίστη καὶ καρτερωτάτη γενομένη, 2
καὶ μηδὲν ἐλάττονα πάθη καὶ θορύβους παρασχοῦσα τοῖς
θεωμένοις ἢ τοῖς ἀγωνιζομένοις διὰ τὴν παντὸς ἐπίβλεψιν
τοῦ ἔργου, ποικίλας μεταβολὰς καὶ ἀπροσδοκήτους ἐν
ὀλίγῳ λαμβάνοντος, ἔβλαπτε ταῖς αὑτῶν παρασκευαῖς f
οὐχ ἧττον τῶν πολεμίων τοὺς Ἀθηναίους. ἀθρόαις γὰρ 3
ἐμάχοντο ταῖς ναυσὶ καὶ βαρείαις πρὸς κούφας ἀλλαχόθεν
ἄλλας ἐπιφερομένας, καὶ βαλλόμενοι λίθοις ὁμοίαν ἔχουσι
τὴν πληγὴν πανταχόθεν, ἀντέβαλλον ἀκοντίοις καὶ τοξεύ-
μασιν, ὧν ὁ σάλος τὴν εὐθυβολίαν διέστρεφεν, ὥστε μὴ 540
πάντα κατ' αἰχμὴν προσφέρεσθαι. ταῦτα δ' Ἀρίστων ὁ 4
Κορίνθιος κυβερνήτης ἐδίδαξε τοὺς Συρακουσίους, καὶ
παρὰ τὴν μάχην αὐτὴν ἀγωνιζόμενος προθύμως ἔπεσεν,
ἤδη κρατούντων τῶν Συρακουσίων. γενομένης δὲ μεγάλης 5
τροπῆς καὶ φθορᾶς, ἡ μὲν κατὰ θάλασσαν φυγὴ τοῖς Ἀθη-
ναίοις ἀπεκέκοπτο· χαλεπὴν δὲ καὶ τὴν διὰ γῆς σωτηρίαν

cap. 25 Thuc. 7, 70–72 Diod. 13, 15–17

[NS(UA=)Υ] **1** *ἐκβιβάσαντες* N || **6** *τὰ*² om. N || **9** *δὲ* del. Sint. || **10** *ἐπεὶ δ'* Sint.: *ἐπειδὴ* | *τοῖς συρακουσίοις* NA: *τοὺς συρακουσίους* SU || **14** *καρτερωτάτη* N: *καρτερικωτάτη* SΥ; cf. Sert. 21, 2 v. l. || **16** *θεωμένοις* NA²: *δεομένοις* SUA¹ || **17** *ἀπροσδοκήτως* Υ || **21** *ἄλλαις ἐπιφερομέναις* SΥ || **29** *ἀποκέκοπτο* SΥ | *διὰ γῆς τὴν* SΥ

δρῶντες, οὔτε ναῦς ἀφέλκοντας ἐγγύθεν ἔτι τοὺς πολεμίους
ἐκώλυον, οὔτε νεκρῶν ᾔτησαν ἀναίρεσιν, ἅτε δὴ τῆς ἐκεί- 135 L
νων ἀταφίας τὴν τῶν νοσούντων καὶ τετρωμένων ἀπόλει-
b ψιν οἰκτροτέραν οὖσαν ἤδη πρὸ ὀφθαλμῶν ἔχοντες, αὑ-
τοὺς δὲ κἀκείνων ἐπιπονωτέρους ἡγούμενοι, μετὰ πλει-
όνων κακῶν ἐπὶ τὸ αὐτὸ πάντως ἀφιξομένους τέλος.

26. Ὡρμημένων δ' αὐτῶν ἀπαίρειν διὰ νυκτός, οἱ μὲν
περὶ τὸν Γύλιππον, ὁρῶντες ἐν θυσίαις καὶ πότοις τοὺς
Συρακουσίους διά τε τὴν νίκην καὶ τὴν ἑορτὴν ὄντας, οὔτε
πείσειν οὔτε βιάσεσθαι προσεδόκων ἀναστάντας ἤδη προσ- 34 S
φέρεσθαι τοῖς πολεμίοις ἀπιοῦσιν, Ἑρμοκράτης δ' αὐτὸς
ἀφ' ἑαυτοῦ συνθεὶς ἐπὶ τὸν Νικίαν ἀπάτην, ἔπεμψέ τινας
τῶν ἑταίρων πρὸς αὐτόν, ἀπ' ἐκείνων μὲν δῆθεν ἥκειν τῶν
ἀνδρῶν φάσκοντας οἳ καὶ πρότερον εἰώθεσαν κρύφα τῷ
c Νικίᾳ διαλέγεσθαι, παραινοῦντας δὲ μὴ πορεύεσθαι τῆς
νυκτός, ὡς τῶν Συρακουσίων ἐνέδρας πεποιημένων αὐτοῖς
2 καὶ προκατεχόντων τὰς παρόδους. τούτῳ δὲ καταστρατη-
γηθεὶς ὁ Νικίας διέμεινεν ἃ ψευδῶς ἔδεισεν ὑπὸ τῶν πολε-
μίων ἀληθῶς παθεῖν. προελθόντες γὰρ ἅμ' ἡμέρᾳ τὰς
δυσχωρίας τῶν ὁδῶν κατέλαβον, καὶ τὰς διαβάσεις τῶν
ποταμῶν ἀπετείχισαν, τάς τε γεφύρας ἀπέκοψαν, ἔν τε
τοῖς ὁμαλέσι καὶ πεδινοῖς τοὺς ἱππεῖς ἔταξαν, ὥστε μηδένα
λελεῖφθαι τοῖς Ἀθηναίοις τόπον τὸ παράπαν ἀμαχεὶ προελ-
3 θεῖν. οἱ δὲ καὶ τὴν ἡμέραν ἐκείνην καὶ τὴν νύκτα τὴν ἑτέ- 136 L
ραν ἐπιμείναντες, ἐπορεύοντο κλαυθμῷ καὶ ὀλοφυρμῷ,
d καθάπερ ἐκ πατρίδος, οὐ πολεμίας, ἀνιστάμενοι, διὰ τὰς

cap. 26 Thuc. 7, 73–75 Diod. 13, 18

[NS(UA =)Υ] **1** ἔτι SΥ: ἐπὶ N || **2** τῆς SΥ: τοῖς N || **4** οἰκτο-τέραν S, cf. p. 121, 4 Herod. 7, 46, 2 v. l. | ἤδη Sol.: ἃ δὴ || **5** ἐπι-πονοτέρους N || **6** τὸ αὐτὸ N: ταὐτὸ SΥ || **8** πότοις ex τόποις corr. m. 2 S || **10** πείθειν N | βιάσασθαι: em. Steph. || **13** δῆθεν N: om. SΥ || **15** τῆς N: διὰ τῆς SΥ || **16** πεποιημένων, πε s. s., N || **17** παρ-όδους NS[m]Υ: γεφύρας S[t] || **18** διέμεινεν N: διέμενεν SΥ ὑπέμεινεν Rei. | ἃ ψευδῶς ἔδεισεν ὑπὸ Mu.: ἀψευδῶς καὶ ἔδεισε μὴ τὸ || **21** ἔν τε N: ἐν δὲ SΥ || **22** ὁμαλέσι N: ὁμαλοῖς SΥ || **23** τὸ παράπαν N: om. SΥ

ἀπορίας τῶν ἀναγκαίων καὶ τὰς ἀπολείψεις τῶν ἀδυνά-
των φίλων καὶ συνήθων, ὅμως τὰ παρόντα κακὰ κουφό-
τερα τῶν προσδοκωμένων νομίζοντες εἶναι. πολλῶν δὲ δει- 4
νῶν ἐν τῷ στρατοπέδῳ φαινομένων, οὐδὲν ἦν οἰκτρότερον
αὐτοῦ Νικίου θέαμα, κεκακωμένου μὲν ὑπὸ τῆς ἀσθενείας,
συνεσταλμένου δὲ παρ' ἀξίαν εἰς ἀναγκαίαν δίαιταν καὶ
τὰ μικρότατα τῶν ἐφοδίων εἰς τὸ σῶμα πολλῶν διὰ τὴν
νόσον δεόμενον, πράττοντος δὲ μετ' ἀρρωστίας καὶ καρτε-
ροῦντος ἃ πολλοὶ τῶν ἐρρωμένων μόλις ὑπέμενον, κατα-
φανοῦς δὲ πᾶσιν ὄντος οὐ δι' ἑαυτὸν οὐδὲ τῷ φιλοψυχεῖν e
τοῖς πόνοις ἐμμένοντος, ἀλλὰ δι' ἐκείνους τὴν ἐλπίδα μὴ
προϊεμένου. καὶ γὰρ εἰς δάκρυα καὶ ὀδυρμοὺς τῶν ἄλλων 5
ὑπὸ φόβου καὶ λύπης τρεπομένων, ἐκεῖνος εἴ ποτε βια-
σθείη τοῦτο ποιῆσαι, δῆλος ἦν τὸ αἰσχρὸν καὶ τὸ ἀκλεὲς τῆς
358 στρατείας ἀναλογιζόμενος πρὸς τὸ μέγεθος καὶ τὴν δόξαν
ὧν ἤλπιζε κατορθώσειν. οὐ μόνον δ' αὐτοῦ τὴν ὄψιν ὁρῶν- 6
τες, ἀλλὰ καὶ τῶν λόγων μνημονεύοντες καὶ τῶν παραι-
νέσεων, ἃς ἐποιήσατο κωλύων τὸν ἔκπλουν, ἔτι μᾶλλον
ἐνόμιζον ἀναξίως ταλαιπωρεῖν, καὶ πρὸς τὰς ἐκ θεῶν
ἐλπίδας ἀθύμως εἶχον, ἐννοοῦντες ὡς ἀνὴρ θεοφιλὴς καὶ
πολλὰ καὶ μεγάλα λαμπρυνάμενος πρὸς τὸ θεῖον οὐδενὸς f
ἐπιεικεστέρᾳ τύχῃ χρῆται τῶν κακίστων ἐν τῷ στρατεύ-
ματι καὶ ταπεινοτάτων.

137 L **27.** Οὐ μὴν ἀλλ' ὅ γε Νικίας ἐπειρᾶτο καὶ φωνῇ καὶ
προσώπῳ καὶ δεξιώσει κρείττων ὁρᾶσθαι τῶν δεινῶν,
καὶ παρὰ πᾶσάν γε τὴν πορείαν ἐφ' ἡμέρας ὀκτὼ βαλλό-
μενος καὶ τραυματιζόμενος ὑπὸ τῶν πολεμίων ἀήττητον
διεφύλαττε τὴν σὺν ἑαυτῷ δύναμιν, ἄχρι οὗ Δημοσθένης 541
ἑάλω καὶ τὸ μετ' ἐκείνου στράτευμα, περὶ τὴν Πολυζή-

cap. 27 Thuc. 7, 82–85 Diod. 13, 19, 1–3

[**NS(UA=)Υ**] **4** *οἰκτότερον* **S**, cf. p. 120, 4 || **10** *ἑαυτὸν* **N**: *αὐτὸν* **SΥ** | *τῷ* **NΥ**: *τὸ* **S** || **14** *τοῦτο* **NΥ**: *τοῦ* **S** || **16** *κατορθῶσαι*, s. s. *ειν*, **N** || **18** *ἔτι* **NA**: *ὅτι* **SU** || **19** *ἀξίως* **N** || **20** *ὡς ἐννοοῦντες ὡς* **N** || **21** *λαμπρυνόμενος*: em. Rei. || **22** *κέχρηται* Rei. || **28** *διεφύλαττε* Li.: *διεφύλαξε* **N** *ἐφύλαττε* **SΥ** | *αὐτῷ* **SΥ** || **29** *τὸ* om. **N** || **29** *πολυζήλιον*: em. Steph.

λειον αὐλὴν ἐν τῷ διαμάχεσθαι καὶ ὑπολείπεσθαι κυκλω-
2 *θέν, αὐτός τε Δημοσθένης σπασάμενος ξίφος ἔπληξε μὲν*
ἑαυτόν, οὐ μὴν ἀπέθανε, ταχὺ τῶν πολεμίων περισχόντων
3 *καὶ συλλαβόντων αὐτόν. ὡς δὲ τῷ Νικίᾳ προσελάσαντες*
ἔφραζον οἱ Συρακούσιοι, καὶ πέμψας ἱππέας ἔγνω τὴν
ἐκείνου τοῦ στρατεύματος ἅλωσιν, ἠξίου σπείσασθαι πρὸς
τὸν Γύλιππον, ὅπως ἀφῶσι τοὺς Ἀθηναίους ἐκ Σικελίας,
ὅμηρα λαβόντες ὑπὲρ τῶν χρημάτων ὅσα Συρακουσίοις
b 4 *ἀνήλωτο πρὸς τὸν πόλεμον. οἱ δ' οὐ προσεῖχον, ἀλλὰ πρὸς*
ὕβριν καὶ μετ' ὀργῆς ἀπειλοῦντες καὶ λοιδοροῦντες ἔβαλλον,
ἤδη πάντων ἐνδεῶς ἔχοντα τῶν ἀναγκαίων. οὐ μὴν ἀλλὰ
καὶ τὴν νύκτα διεκαρτέρησε καὶ τὴν ἐπιοῦσαν ἡμέραν
5 *προῄει βαλλόμενος πρὸς τὸν Ἀσίναρον ποταμόν. ἐκεῖ δὲ*
τοὺς μὲν οἱ πολέμιοι συνεπελθόντες ἐνέσειсαν εἰς τὸ ῥεῖ-
θρον, οἱ δὲ φθάνοντες ὑπὸ δίψους ἐρρίπτουν αὑτούς, καὶ
πλεῖστος ἐνταῦθα φθόρος ἦν καὶ ὠμότατος ἐν τῷ ποταμῷ 36 S
πινόντων ἅμα καὶ σφαττομένων, ἄχρι Νικίας Γυλίππῳ
προσπεσὼν εἶπεν· „ἔλεος ὑμᾶς ὦ Γύλιππε λαβέτω νικῶν-
c *τας, ἐμοῦ μὲν μηθείς, ὃς ἐπὶ τηλικαύταις εὐτυχίαις ὄνομα*
καὶ δόξαν ἔσχον, τῶν δ' ἄλλων Ἀθηναίων, ἐννοηθέντας 138 L
ὅτι κοιναὶ μὲν αἱ τύχαι τοῦ πολέμου, μετρίως δ' αὐταῖς
καὶ πρᾴως ἐχρήσαντο ἐν οἷς εὐτύχουν Ἀθηναῖοι πρὸς
6 *ὑμᾶς.“ τοιαῦτα τοῦ Νικίου λέγοντος, ἔπαθε μέν τι καὶ*
πρὸς τὴν ὄψιν αὐτοῦ καὶ πρὸς τοὺς λόγους ὁ Γύλιππος·
ᾔδει γὰρ τοὺς Λακεδαιμονίους εὖ πεπονθότας ὑπ' αὐτοῦ
περὶ τὰς γενομένας διαλύσεις, μέγα δ' ἡγεῖτο πρὸς δόξαν,
7 *εἰ ζῶντας ἀπάγοι τοὺς ἀντιστρατήγους. διὸ τόν τε Νικίαν*
ἀναλαβὼν ἐθάρρυνε, καὶ τοὺς ἄλλους ζωγρεῖν παρήγγειλε.
d *βραδέως δὲ τοῦ παραγγέλματος διικνουμένου, πολλῷ τῶν*
φονευθέντων ἐλάττους οἱ διασωθέντες ἐγένοντο· καίτοι

[NS(UA=)Υ] **1** *κυκλόθεν* N ‖ **2** *αὐτὸς δὲ* SΥ | *τὸ ξίφος* SΥ, cf. p. 92, 9 ‖ **9** *ἀνάλωτο* SΥ ‖ **13** *ἀσίναιον* N ‖ **14** *συνεπελθόντες* Madvig: *συνενεγκόντες* ‖ **15** *ἔρριπτον* SΥ | *αὐτοὺς* N: *ἑαυτοὺς* SΥ ‖ **16** *φθόρος* Erbse: *μόρος* libri *φόνος* Zie. ‖ **17** *ἄχρι* SΥ: *ὅτε δὴ* N ‖ **19** *μηδεὶς* SΥ | *εὐτυχίαις* N: *ἀτυχίαις* SΥ ‖ **24** *αὐτὴν* N ‖ **25** *ἤδη* N ‖ **27** *ἀπάγοι* N: *ἀπαγάγοι* SΥ ‖ **28** *παρήγγελλε* S ‖ **30** *ἐλάττους* N: *ἐλάττονες* SΥ

πολλοὶ διεκλάπησαν ὑπὸ τῶν στρατιωτῶν. τοὺς δὲ φανε- 8
ρῶς ἑαλωκότας ἀθροίσαντες, τὰ μὲν κάλλιστα καὶ μέγιστα
δένδρα τῶν παρὰ τὸν ποταμὸν ἀνέδησαν αἰχμαλώτοις
πανοπλίαις, ἐστεφανωμένοι δ' αὐτοὶ καὶ κοσμήσαντες
⟨τοὺς ἑαυτῶν⟩ ἵππους διαπρεπῶς, κείραντες δὲ τοὺς τῶν 9
πολεμίων, εἰσήλαυνον εἰς τὴν πόλιν, ἀγῶνα λαμπρότατον
ὧν Ἕλληνες πρὸς Ἕλληνας ἠγωνίσαντο καὶ νίκην τελειοτά-
την κράτει πλείστῳ καὶ ῥώμῃ μεγίστῃ προθυμίας καὶ
ἀρετῆς κατωρθωκότες.

28. *Ἐκκλησίας δὲ πανδήμου Συρακουσίων καὶ τῶν συμ-*
μάχων γενομένης, Εὐρυκλῆς ὁ δημαγωγὸς ἔγραψε, πρῶτον e
μὲν τὴν ἡμέραν ἐν ᾗ τὸν Νικίαν ἔλαβον ἱερὰν ἔχειν, θύον-
τας καὶ σχολάζοντας ἔργων, Ἀσιναρίαν τὴν ἑορτὴν ἀπὸ
τοῦ ποταμοῦ καλοῦντας· ἡμέρα δ' ἦν τετρὰς φθίνοντος 2
τοῦ Καρνείου μηνός, ὃν Ἀθηναῖοι Μεταγειτνιῶνα προσ-
139 L *αγορεύουσι· τῶν δ' Ἀθηναίων τοὺς μὲν οἰκέτας ἀποδό-*
37 S *σθαι καὶ τοὺς ἄλλους συμμάχους, αὐτοὺς δὲ καὶ τοὺς ἀπὸ*
Σικελίας φρουρεῖν ἐμβαλόντας εἰς τὰς λατομίας πλὴν τῶν
στρατηγῶν, ἐκείνους δ' ἀποκτεῖναι. ταῦτα προσδεχο- 3
μένων τῶν Συρακουσίων, Ἑρμοκράτης μὲν εἰπὼν ὅτι τοῦ
νικᾶν κρεῖττόν ἐστι τὸ καλῶς χρῆσθαι τῇ νίκῃ, οὐ μετρίως f
ἐθορυβήθη, Γύλιππον δὲ τοὺς στρατηγοὺς τῶν Ἀθηναίων
ἐξαιτούμενον ζῶντας ἀγαγεῖν Λακεδαιμονίοις ὑβρίζοντες
ἤδη τοῖς εὐτυχήμασιν οἱ Συρακούσιοι κακῶς ἔλεγον,
ἄλλως τε καὶ παρὰ τὸν πόλεμον αὐτοῦ τὴν τραχύτητα καὶ
τὸ Λακωνικὸν τῆς ἐπιστασίας οὐ ῥᾳδίως ἐνηνοχότες, ὡς 4
δὲ Τίμαιός (FGrH 566 F 100b) *φησι, καὶ μικρολογίαν τινὰ*
καὶ πλεονεξίαν κατεγνωκότες, ἀρρώστημα πατρῷον ἐφ'

6 Thuc. 7, 87, 5 || cap. 28 Thuc. 7, 86 Diod. 13,19, 4sq. || 27 cf. cap. 19.5

[NS(UA =)Υ] 3 *παρὰ* N: *περὶ* SΥ || 5 *τοὺς ἑαυτῶν* add. Zie. (⟨*τοὺς*⟩ Cor.) || 6 *εἰσήγαγον εἰς* (*εἰσήλαυνον πρὸς* s. s. m. 1) N || 7 *ὧν* Rei.: *ὃν* | *τελειοτάτην* N: *τελεωτάτην* SΥ || 11 *Εὐρυκλῆς*] *Diocles* Diod. || 12 *ἔχειν*] *ἄγειν* Cor. || 15 *καρνείου* NA: *καρνίου* SU || 17 *τοὺς ἄλλους ἀπό*, sed *ἄλλους* expunct., N || 24 *οἱ συρακούσιοι* om. N || 25 *τε* om. N || 26 *ἐνηνοχότες* N S[m]Υ: *ἔφερον* S[r] || 27 *δὲ* om. N

542 ᾧ καὶ Κλεανδρίδης ὁ πατὴρ αὐτοῦ δώρων ἁλοὺς ἔφυγε, καὶ οὗτος αὐτὸς ἀπὸ τῶν χιλίων ταλάντων, ἃ Λύσανδρος ἔπεμψεν εἰς Σπάρτην, ὑφελόμενος τριάκοντα καὶ κρύψας ὑπὸ τὸν ὄροφον τῆς οἰκίας, εἶτα μηνυθείς, αἴσχιστα πάντων ἐξέπεσεν. ἀλλὰ ταῦτα μὲν ἐν τῷ Λυσάνδρου βίῳ
5 (cap. 16) μᾶλλον διηκρίβωται. Δημοσθένην δὲ καὶ Νικίαν ἀποθανεῖν Τίμαιος οὔ φησιν ὑπὸ Συρακουσίων κελευσθέντας, ὡς Φίλιστος (FGrH 556 F 55) ἔγραψε καὶ Θουκυδίδης (7, 86), ἀλλ' Ἑρμοκράτους πέμψαντος, ἔτι τῆς ἐκκλησίας συνεστώσης, καὶ δι' ἑνὸς τῶν φυλαττόντων παρέντος αὐτοὺς δι' αὑτῶν ἀποθανεῖν· τὰ μέντοι σώματα πρὸς ταῖς
b πύλαις ἐκβληθέντα κεῖσθαι φανερὰ τοῖς δεομένοις τοῦ
6 θεάματος. πυνθάνομαι δὲ μέχρι νῦν ἐν Συρακούσαις ἀσπίδα 140 L
κειμένην πρὸς ἱερῷ δείκνυσθαι, Νικίου μὲν λεγομένην, χρυσοῦ δὲ καὶ πορφύρας εὖ πως πρὸς ἄλληλα μεμειγμένων δι' ὑφῆς συγκεκροτημένην.

29. Τῶν δ' Ἀθηναίων οἱ μὲν πλεῖστοι διεφθάρησαν ἐν ταῖς λατομίαις ὑπὸ νόσου καὶ διαίτης πονηρᾶς, εἰς ἡμέραν ἑκάστην κοτύλας δύο κριθῶν λαμβάνοντες καὶ μίαν ὕδατος, οὐκ ὀλίγοι δ' ἐπράθησαν διακλαπέντες ἢ καὶ δια- 38 S
2 λαθόντες ὡς οἰκέται. καὶ τούτους ὡς οἰκέτας ἐπώλουν
c στίζοντες ἵππον εἰς τὸ μέτωπον· ἀλλ' †ἦσαν οἱ καὶ τοῦτο πρὸς τῷ δουλεύειν ὑπομένοντες. ἐβοήθει δὲ τούτοις ἥ τ' αἰδὼς καὶ τὸ κόσμιον· ἢ γὰρ ἠλευθεροῦντο ταχέως, ἢ τιμώμενοι παρέμενον τοῖς κεκτημένοις. ἔνιοι δὲ καὶ δι'
3 Εὐριπίδην ἐσώθησαν. μάλιστα γὰρ ὡς ἔοικε τῶν ἐκτὸς

1 Per. 22, 3 Diod. 13, 106, 10 || 17 Thuc. 7, 87 || 26 pap. Ox. 1176 fr. 39 col. 19, 11 (Satyr. v. Eurip.)

[NS(UA =)Υ] 2 ταλάντων] hoc verbo desinit S || 6 δημοσθένη Υ || 7 οὐ Υ: οὔτω N | κελευσθέντας del. Li. || 10 καὶ del. Cor. | κώνειον pro δι' ἑνὸς Sch. καλῴδιον Herw. δέλτον καὶ Madvig | φυλαττόντων N: φυλάκων Υ | παρέντος Mu.: παρέντων || 15 δὲ om. N || 16 δι' om. N | συγκεκροτημένην Υ: -μένων NU² || 20 δὲ διεπράθησαν N | ἢ καὶ διαλαθόντες ὡς om. N || 21–23 καὶ τούτους – ὑπομένοντες] locum misere depravatum variis modis sanare frustra conati sunt Rei. Cor. Sch. || 22 οἱ om. N | [ἀλλ' ἦσαν οἱ] . . . ὑπομένοντας Zie. || 23 δὲ καὶ τούτοις SΥ || 24 αἰδὼ Υ || 26 ἐκτὸς C: ἐντὸς NΥ

Ἑλλήνων ἐπόθησαν αὐτοῦ τὴν μοῦσαν οἱ περὶ Σικελίαν,
καὶ μικρὰ τῶν ἀφικνουμένων ἑκάστοτε δείγματα καὶ γεύ-
ματα κομιζόντων ἐκμανθάνοντες ἀγαπητῶς μετεδίδοσαν
ἀλλήλοις. τότε γοῦν φασι τῶν σωθέντων οἴκαδε συχνοὺς 4
ἀσπάζεσθαί τε τὸν Εὐριπίδην φιλοφρόνως, καὶ διηγεῖ-
σθαι τοὺς μὲν ὅτι δουλεύοντες ἀφείθησαν, ἐκδιδάξαντες
ὅσα τῶν ἐκείνου ποιημάτων ἐμέμνηντο, τοὺς δ' ὅτι πλα- d
νώμενοι μετὰ τὴν μάχην τροφῆς καὶ ὕδατος μετελάμβανον
τῶν μελῶν ᾄσαντες. οὐ δεῖ δὴ θαυμάζειν ὅτι τοὺς Καυ- 5
141 L νίους φασὶ πλοίου προσφερομένου τοῖς λιμέσιν ὑπὸ λῃστρί-
δων διωκομένου μὴ δέχεσθαι τὸ πρῶτον, ἀλλ' ἀπείργειν,
εἶτα μέντοι διαπυνθανομένους εἰ γιγνώσκουσιν ᾄσματα
τῶν Εὐριπίδου, φησάντων δ' ἐκείνων, οὕτω παρεῖναι καὶ
συγκαταγαγεῖν τὸ πλοῖον.

30. Ἀθηναίοις δέ φασι τὴν συμφορὰν οὐχ ἥκιστα διὰ
τὸν ἄγγελον ἄπιστον γενέσθαι. ξένος γάρ τις ὡς ἔοικεν
ἀποβὰς εἰς Πειραιᾶ καὶ καθίσας ἐπὶ κουρεῖον, ὡς ἐγνω-
κότων ἤδη τῶν Ἀθηναίων λόγους ἐποιεῖτο περὶ τῶν γεγο- e
νότων. ὁ δὲ κουρεὺς ἀκούσας, πρὶν ἄλλους πυνθάνεσθαι, 2
δρόμῳ συντείνας εἰς τὸ ἄστυ καὶ προσβαλὼν τοῖς ἄρχου-
σιν εὐθὺς κατ' ἀγορὰν ἐνέβαλε τὸν λόγον. ἐκπλήξεως δὲ
καὶ ταραχῆς ὡς εἰκὸς γενομένης, οἱ μὲν ἄρχοντες ἐκκλησί-
αν συναγαγόντες εἰσήγαγον τὸν ἄνθρωπον· ὡς δ' ἐρω- 3
τώμενος παρ' οὗ πύθοιτο, σαφὲς οὐδὲν εἶχε φράζειν, δόξας
39 S λογοποιὸς εἶναι καὶ ταράττειν τὴν πόλιν, εἰς τὸν τροχὸν
καταδεθεὶς ἐστρεβλοῦτο πολὺν χρόνον, ἕως ἐπῆλθον οἱ τὸ
πᾶν κακὸν ὡς εἶχεν ἀπαγγέλλοντες. οὕτω μόλις ὁ Νικίας
ἐπιστεύθη παθὼν ἃ πολλάκις αὐτοῖς προεῖπεν.

cap. 30 mor. 509 a

[N(UA =)Υ] **4** ἀλλήλους **N** ‖ **5** ἀσπάζεσθαί τε **N**: ἀσπάσασθαι Υ | ἡγεῖσθαι **N** ‖ **8** μετέλαβον Υ ‖ **9** τῶν μελῶν ἄσαντες Υ: μελῳδήσαντες **N** | δὴ Rei.: δὲ | τοὺς Καυνίους Rei.: τοῦ καυνίου Υ τοῦ καυνείου **N** ‖ **11** δέχεσθαι **N**: μάχεσθαι Υ ‖ **12** γινώσκουσιν Υ ‖ **13** δ' om. Υ ‖ **14** συγκαταγαγεῖν Li.: συγκατάγειν **N** et s. s. U^2 καταγαγεῖν U^1A ‖ **19** ἄλλος **N** ‖ **20** ⟨οὔπω⟩ προσβαλὼν Rei. ‖ **23** εἰσηγάγοντο **N** ‖ **24. 25** δόξας δὲ λογοποιὸς **N** ‖ **27** εἶχον **N** ‖ **28** αὐτὸς Naber

ΚΡΑΣΣΟΣ

543 **1.** *Μᾶρκος δὲ Κράσσος ἦν τιμητικοῦ καὶ θριαμβικοῦ* 142 L
πατρός, ἐτράφη δ' ἐν οἰκίᾳ μικρᾷ μετὰ δυοῖν ἀδελφῶν,
b 2 *καὶ τοῖς ἀδελφοῖς αὐτοῦ γυναῖκες ἦσαν ἔτι τῶν γονέων*
ζώντων, καὶ πάντες ἐπὶ τὴν αὐτὴν ἐφοίτων τράπεζαν,
ὅθεν οὐχ ἥκιστα δοκεῖ καὶ διὰ τοῦτο σώφρων καὶ μέτριος
3 *γενέσθαι περὶ τὴν δίαιταν. ἀποθανόντος δὲ τοῦ ἑτέρου*
τῶν ἀδελφῶν, τῇ γυναικὶ συνῴκησε καὶ τοὺς παῖδας ἐξ
ἐκείνης ἔσχεν, οὐδενὸς ἧττον καὶ περὶ ταῦτα Ῥωμαίων
4 *εὔτακτος γενόμενος. καίτοι προϊὼν καθ' ἡλικίαν αἰτίαν*
ἔσχε Λικιννίᾳ συνιέναι, τῶν Ἑστιάδων μιᾷ παρθένων, καὶ
5 *δίκην ἔφυγεν ἡ Λικιννία Πλωτίου τινὸς διώκοντος. ἦν δὲ*
προάστειον αὐτῇ καλόν, ὃ βουλόμενος λαβεῖν ὀλίγης τιμῆς
c *ὁ Κράσσος, καὶ διὰ τοῦτο προσκείμενος ἀεὶ τῇ γυναικὶ*
καὶ θεραπεύων, εἰς τὴν ὑποψίαν ἐκείνην ἐνέπεσε, καὶ τρό-
πον τινὰ τῇ φιλοπλουτίᾳ τὴν αἰτίαν τῆς φθορᾶς ἀπολυ-
σάμενος, ὑπὸ τῶν δικαστῶν ἀφείθη. τὴν δὲ Λικιννίαν οὐκ
ἀνῆκε πρότερον ἢ τοῦ κτήματος κρατῆσαι.

2. *Ῥωμαῖοι μὲν οὖν λέγουσι πολλαῖς ἀρεταῖς τοῦ Κράσ-*
σου κακίαν μίαν ἐπισκοτῆσαι τὴν φιλοπλουτίαν· ἔοικε δ'
⟨οὐ⟩ μία, πασῶν δ' ἐρρωμενεστάτη τῶν ἐν αὐτῷ κακιῶν
2 *γενομένη, τὰς ἄλλας ἀμαυρῶσαι. τεκμήρια δὲ τῆς φιλο-*
πλουτίας αὐτοῦ μέγιστα ποιοῦνται τόν τε τρόπον τοῦ 143 L 40 S
d 3 *πορισμοῦ καὶ τῆς οὐσίας τὸ μέγεθος. τριακοσίων γὰρ οὐ*
πλείω κεκτημένος ἐν ἀρχῇ ταλάντων, εἶτα παρὰ τὴν ὑπα-
τείαν ἀποθύσας μὲν τῷ Ἡρακλεῖ τὴν δεκάτην καὶ τὸν δῆ-
μον ἑστιάσας, τρεῖς δὲ μῆνας ἑκάστῳ Ῥωμαίων σιτη-

3 Cic. p. Cael. 9 || **10** sq. mor. 89e

[**N**(**UA**=)**Υ**] **8** *τοὺς* del. Cor. *τρεῖς* **Ha.** || **11** *λικιννία* **N**: *λικιν*[ν]*ία* **U** ([ν] m. 1) *λικινία* **A** | *συνεῖναι* **C** || **12** *πλωτίου* **N**: *πλωτίνου* **Υ** || **15** *ἔπεσε* **N** || **20** *μίαν* **N**: *μόνην* **Υ** | *ἐπισκοτίσαι* **N** || **21** *οὐ* add. Steph. | *δ'* om. **N** | *ἐρρωμενεστάτη* **N**: *ἐρρωμενεστέρα* **Υ** || **23** *ποιοῦντα* **N** || **25** *πλέω* **N** | *ὑπατείαν* Emp.: *πολιτείαν*

ρέσιον ἐκ τῶν αὑτοῦ παρασχών, ὅμως πρὸ τῆς ἐπὶ Πάρ-
θους στρατείας αὐτὸς αὑτῷ θέμενος ἐκλογισμὸν τῆς οὐ-
σίας, εὗρεν ἑκατὸν ταλάντων τίμημα πρὸς ἑπτακισχιλίοις.
τὰ δὲ πλεῖστα τούτων, εἰ δεῖ μετὰ βλασφημίας εἰπεῖν τὸ 4
ἀληθές, ἐκ πυρὸς συνήγαγε καὶ πολέμου, ταῖς κοιναῖς
ἀτυχίαις προσόδῳ τῇ μεγίστῃ χρησάμενος. ὅτε γὰρ Σύλ-
λας ἑλὼν τὴν πόλιν ἐπώλει τὰς οὐσίας τῶν ἀνῃρημένων
ὑπ' αὐτοῦ, λάφυρα καὶ νομίζων καὶ ὀνομάζων, καὶ βου- e
λόμενος ὅτι πλείστοις καὶ κρατίστοις προσομόρξασθαι
τὸ ἄγος, οὔτε λαμβάνων οὔτ' ὠνούμενος ἀπεῖπε. πρὸς δὲ 5
τούτοις ὁρῶν τὰς συγγενεῖς καὶ συνοίκους τῆς Ῥώμης
κῆρας ἐμπρησμοὺς καὶ συνιζήσεις διὰ βάρος καὶ πλῆθος
οἰκοδομημάτων, ἑωνεῖτο δούλους ἀρχιτέκτονας καὶ οἰκο-
δόμους. εἶτ' ἔχων τούτους, ὑπὲρ πεντακοσίους ὄντας,
ἐξηγόραζε τὰ καιόμενα καὶ γειτνιῶντα τοῖς καιομένοις,
διὰ φόβον καὶ ἀδηλότητα τῶν δεσποτῶν ἀπ' ὀλίγης τιμῆς
προϊεμένων, ὥστε τῆς Ῥώμης τὸ πλεῖστον μέρος ὑπ'
αὐτῷ γενέσθαι. τοσούτους δὲ κεκτημένος τεχνίτας, οὐδὲν 6
ᾠκοδόμησεν αὐτὸς ἢ τὴν ἰδίαν οἰκίαν, ἀλλ' ἔλεγε τοὺς f
φιλοικοδόμους αὐτοὺς ὑφ' ἑαυτῶν καταλύεσθαι χωρὶς
ἀνταγωνιστῶν. ὄντων δ' αὐτῷ παμπόλλων ἀργυρείων, 7
144 L πολυτιμήτου δὲ χώρας καὶ τῶν ἐργαζομένων ἐν αὐτῇ,
ὅμως ἄν τις ἡγήσαιτο μηδὲν εἶναι ταῦτα πάντα πρὸς
τὴν τῶν οἰκετῶν τιμήν· τοσούτους ἐκέκτητο καὶ τοιού- 544
τους, ἀναγνώστας, ὑπογραφεῖς, ἀργυρογνώμονας, διοι-
κητάς, τραπεζοκόμους, αὐτὸς ἐπιστατῶν μανθάνουσι καὶ
προσέχων καὶ διδάσκων, καὶ ὅλως νομίζων τῷ δεσπότῃ
41 S προσήκειν μάλιστα τὴν περὶ τοὺς οἰκέτας ἐπιμέλειαν, ὡς
ὄργανα ἔμψυχα τῆς οἰκονομικῆς. καὶ τοῦτο μὲν ὀρθῶς ὁ 8

6 Cic. leg. agr. 2, 56 Sall. hist. 1, 55, 18 M.

[N(UA=)Υ] 1 τοὺς πάρθους N || 2 στρατείας A: συστρατείας U στρατηγίας (ex στρατείας, ut vid., corr.) N || 9 κρατίστοις N: ἀκρατήτοις Υ || 11 τὰς Υ: τοὺς N || 14 ὄντας om. N || 17 προεμένων N | ὑπ'] ἐπ' Ri. || 20 ὑπ' αὐτῶν N || 21 ὄντων δ' αὐτῷ NA: ὃν δ' αὐτῶν U | ἀργυρίων: em. Mu.

Κράσσος, εἴπερ ὡς ἔλεγεν ἡγεῖτο τὰ μὲν ἄλλα διὰ τῶν
οἰκετῶν χρῆναι, τοὺς δ᾽ οἰκέτας δι᾽ αὑτοῦ κυβερνᾶν· τὴν
γὰρ οἰκονομικήν, ἐν ἀψύχοις χρηματιστικὴν οὖσαν, ἐν ἀνθρώ-
9 ποις πολιτικὴν καὶ βασιλικὴν γιγνομένην ὁρῶμεν· ἐκεῖνο
b δ᾽ οὐκ εὖ, τὸ μηδένα νομίζειν μηδὲ φάσκειν εἶναι πλού-
σιον, ὃς μὴ δύναται τρέφειν ἀπὸ τῆς οὐσίας στρατόπεδον –
ὁ γὰρ πόλεμος οὐ τεταγμένα σιτεῖται κατὰ τὸν Ἀρχίδα-
μον, ὥσθ᾽ ὁ πρὸς πόλεμον πλοῦτος ἀόριστος – καὶ πολὺ
10 τῆς Μανίου γνώμης ἀπηρτημένως. ἐκεῖνος γὰρ ἐπεὶ κατ᾽
ἄνδρα νείμας ἑκάστῳ δέκα καὶ τέσσαρα πλέθρα γῆς ἑώρα
πλέον ἐπιζητοῦντας, „μηδείς" ἔφη „γένοιτο Ῥωμαίων
ὀλίγην ἡγούμενος γῆν τὴν τρέφειν ἀρκοῦσαν."

3. Οὐ μὴν ἀλλὰ καὶ περὶ ξένους ἦν φιλότιμος ὁ Κράσ-
σος· ἀνέῳκτο γὰρ ἡ οἰκία πᾶσι, καὶ τοῖς φίλοις ἐδάνειζεν
ἄνευ τόκων, ἀπῄτει δ᾽ ἀποτόμως τοῦ χρόνου παρελθόντος
c εἰς ὃν ἐδάνειζε, καὶ τὸ προῖκα πολλῶν ἐγίνετο τόκων ἐπα-
2 χθέστερον. ἐν δὲ τοῖς δείπνοις ἡ μὲν κλῆσις ἦν ὡς τὰ πολλὰ 145 L
δημοτικὴ καὶ λαώδης, ἡ δ᾽ εὐτέλεια τὴν καθαριότητα
3 καὶ φιλοφροσύνην ἡδίονα τοῦ πολυτελοῦς εἶχε. παιδείας
δὲ τῆς περὶ λόγον μάλιστα μὲν τὸ ῥητορικὸν καὶ χρειῶδες
εἰς ⟨τοὺς⟩ πολλοὺς ἤσκησε, καὶ γενόμενος δεινὸς εἰπεῖν
ἐν τοῖς μάλιστα Ῥωμαίων, ἐπιμελείᾳ καὶ πόνῳ τοὺς εὐ-
4 φυεστάτους ὑπερέβαλεν. οὐδεμίαν γὰρ οὕτω δίκην φασὶ
μικρὰν οὐδ᾽ εὐκαταφρόνητον γενέσθαι πρὸς ἣν ἀπαρά-

4 Cass. Dio 40, 27, 3 Cic. parad. 6, 45 off. 1, 25 Plin. n. h. 33, 134 || 7 Plut. Demosth. 17, 4 Cleom. 27, 3 mor. 190a. 219a Themist. or. 8 p. 113b Theod. Metoch. p. 541 || 9 mor. 194e Val. Max. 4, 3, 5 Plin. n. h. 18, 18 Frontin. strat. 4, 3, 12 Colum. praef. 14 et 1, 3, 10 vir. ill. 33, 6 || 19 Cic. Brut. 233. 308

[N(UA =)Υ] 1 εἴπερ N: ἤπερ Υ || 3 χρηματικὴν N | ἐν Υ: ἐν δ᾽ N || 4 καὶ βασιλικὴν om. Υ || 6 μὴ N: οὐ Υ || 9 μαρίου: em. Zie. cl. mor. cet.; an praestat Μα⟨νίου Κου⟩ρίου? | ἀπηρτημένος: em. Cor. || 10 ἑώρα N: ἔγνω Υ || 12 γῆν N (mor.): om. Υ || 14 ἐδάνιζεν N, item l. 16; cf. p. 177, 12 || 16 ἐδάνεισε Sint. | ἐγένετο N || 19 καὶ N: καὶ τὴν Υ | πολυτελοῦς N: πολλοῦ τέλους Υ || 20 δὲ Υ: δὲ καὶ N | μὲν Υ: δὲ N || 21 τοὺς add. Sch. || 23 ὑπερέβαλεν A: ὑπερέβαλλεν NU

σκευος ἦλθεν, ἀλλὰ καὶ Πομπηίου πολλάκις ὀκνοῦντος
καὶ Καίσαρος ἐξαναστῆναι καὶ Κικέρωνος, ἐκεῖνος ἀνε-
πλήρου τὴν συνηγορίαν, καὶ διὰ τοῦτο μᾶλλον ἤρεσκεν d
ὡς ἐπιμελὴς καὶ βοηθητικός. ἤρεσκε δὲ καὶ τὸ περὶ τὰς 5
42 S δεξιώσεις καὶ προσαγορεύσεις φιλάνθρωπον αὐτοῦ καὶ
6 δημοτικόν. οὐδενὶ γὰρ οὕτως ἀπήντησε Ῥωμαίων ἀδόξῳ
καὶ ταπεινῷ Κράσσος, ὃν ἀσπασάμενον οὐκ ἀντιπροση-
γόρευσεν ἐξ ὀνόματος. λέγεται δὲ καὶ πολυμαθὴς καθ' 6
ἱστορίαν γενέσθαι καί τι καὶ φιλοσοφῆσαι, τοῖς Ἀριστοτέ-
λους λόγοις προσθέμενος, ὧν διδάσκαλον εἶχεν Ἀλέξαν-
δρον, ἄνθρωπον εὐκολίας καὶ πρᾳότητος ἀπόδειξιν διδόντα
τὴν πρὸς Κράσσον συνήθειαν. οὐ γὰρ ἦν ἀποφήνασθαι 7
ῥᾳδίως, πότερον προσῆλθεν αὐτῷ πενέστερος ἢ προσελ- e
θὼν ἐγένετο. μόνος δ' οὖν ἀεὶ τῶν φίλων αὐτῷ συναπο-
δημῶν, στέγαστρον ἐλάμβανεν εἰς τὴν ὁδόν, καὶ τοῦτ'
ἐπανελθὼν ἀπῃτεῖτο. [φεῦ τῆς ὑπομονῆς, οὐδὲ τὴν πενίαν 8
ὁ τλήμων ἀδιάφορον ἡγούμενος.] ἀλλὰ ταῦτα μὲν ὕστερον.

146 L 4. Ἐπεὶ δὲ Κίννας καὶ Μάριος κρατήσαντες εὐθὺς
ἦσαν ἔνδηλοι κατιόντες οὐκ ἐπ' ἀγαθῷ τῆς πατρίδος,
ἐπ' ἀναιρέσει δ' ἄντικρυς καὶ ὀλέθρῳ τῶν ἀρίστων, οἱ
μὲν ἐγκαταληφθέντες ἀπέθνῃσκον, ὧν ἦν καὶ ὁ πατὴρ
Κράσσου καὶ ὁ ἀδελφός, αὐτὸς δὲ νέος ὢν παντάπασι τὸ
μὲν αὐτίκα δεινὸν ἐξέφυγε, πάντῃ δὲ περιβαλλόμενον f
ἑαυτὸν αἰσθανόμενος καὶ κυνηγετούμενον ὑπὸ τῶν τυράν-
νων, τρεῖς φίλους ἀναλαβὼν καὶ θεράποντας δέκα, τάχει
δ' ὑπερβάλλοντι χρησάμενος, εἰς Ἰβηρίαν ἔφυγε, γεγονὼς
πάλαι στρατηγοῦντος αὐτόθι τοῦ πατρὸς καὶ φίλους πεποι- a.96–93
ημένος. εὑρὼν δὲ πάντας περιδεεῖς καὶ τὴν ὠμότητα τοῦ 2
Μαρίου καθάπερ ἐφεστῶτος αὐτοῖς τρέμοντας, οὐδενὶ

27 CIL I² p. 49

[N(UA=)Υ] 9 καὶ² om. N | ἀριστοτελείοις N || 10 προθέμενος Υ | ἔσχεν N || 14 δ' om. N γοῦν Sint. || 16. 17 φεῦ—ἡγούμενος del. Sol. || 17 ἀδιάφθορον N || 18 κίννα καὶ μαρίου κρατήσαντος: em. Rei. || 19 πατρίδος] h. v. incipit S || 22 νέος ὢν SΥ: νοσῶν N || 24 αὐτὸν N || 26 ἀπέφυγε N̄ || 28 τοῦ ante corr. N: τὴν Υ et N corr.

545 γενέσθαι φανερὸς ἐθάρρησεν, ἀλλ᾽ ἐμβαλὼν εἰς ἀγροὺς
παραλίους Οὐιβίου Πακιανοῦ σπήλαιον ἔχοντας εὐμέγεθες
3 ἀπέκρυψεν ἑαυτόν. πρὸς δὲ τὸν Οὐίβιον ἔπεμψεν ἕνα δοῦ-
λον ἀποπειρώμενος, ἤδη καὶ τῶν ἐφοδίων ὑπολιπόντων.
4 ὁ δ᾽ Οὐίβιος ἀκούσας ἥσθη τε σῳζομένῳ, καὶ πυθόμενος
τὸ πλῆθος τῶν σὺν αὐτῷ καὶ τὸν τόπον, αὐτὸς μὲν οὐκ 43 S
ἦλθεν εἰς ὄψιν, τὸν δὲ τῶν χωρίων ἐπίτροπον προσαγαγὼν
ἐγγὺς ἐκέλευσε καθ᾽ ἡμέραν δεῖπνον πεποιημένον κομί-
ζειν, καὶ θέντα παρὰ τὴν πέτραν ἀπέρχεσθαι σιωπῇ καὶ
μὴ πολυπραγμονεῖν μηδ᾽ ἐξετάζειν, προειπὼν πολυπραγ-
μονοῦντι θάνατον, συμπράττοντι δὲ τοῦτο πιστῶς ἐλευ-
b 5 θερίαν. τὸ δὲ σπήλαιον οὐκ ἄπωθεν μέν ἐστι θαλάσσης, 147 L
κρημνοὶ δ᾽ αὐτῷ συμπεριφερόμενοι λεπτὴν καὶ ἀσαφῆ
παραπέμπουσι λαύραν ἀνάγουσαν εἴσω, παρελθόντι δ᾽
ὕψος τε θαυμαστὸν ἀναπέπταται, καὶ κατ᾽ εὖρος ἔχει
κόλπους δι᾽ ἀλλήλων ἀνοιγομένους μεγάλαις περιφερείαις.
6 ἀμοιρεῖ δ᾽ οὐθ᾽ ὕδατος οὔτε φωτός, ἀλλὰ πηγὴ μὲν ἡδίστου
νάματος ὑπορρεῖ παρὰ τὸν κρημνόν, αὐτοφυεῖς δὲ ῥωχμοὶ
τῆς πέτρας ᾗ μάλιστα περιπίπτει τὸ φῶς ἔξωθεν ὑπολαμ-
7 βάνουσι, καὶ καταλάμπεται δι᾽ ἡμέρας τὸ χωρίον. ὁ δ᾽
c ἐντὸς ἀὴρ ἀστάλακτος καὶ καθαρός, πυκνότητι τῆς πέτρας
τὸ νοτερὸν καὶ ἀποτηκόμενον εἰς τὴν πηγὴν ἐκπιεζούσης.

5. Ἐνταῦθα διατρίβοντι τῷ Κράσσῳ τὰ ἐπιτήδεια καθ᾽ ἡμέραν ἐφοίτα κομίζων ὁ ἄνθρωπος, αὐτὸς μὲν οὐχ ὁρῶν ἐκείνους οὐδὲ γινώσκων, ὑπ᾽ ἐκείνων δὲ καθορώμενος,
2 εἰδότων καὶ παραφυλαττόντων τὸν καιρόν. ἦν δ᾽ ἄφθονα

[NS(UA=)Υ] **1** εἰς ἀγροὺς ἐμβαλὼν SΥ ‖ **2** οὐιβίου SΥ: ἰουβίου N (sic et postea) | πακιανοῦ S: πακιακοῦ Υ σπαρκιάκου N ‖ **3** ἔκρυψεν SΥ | aut [ἕνα] aut ⟨τῶν⟩ δούλων Cor. ‖ **4** post ἀποπειρώμενος add. μαρίου N | καὶ SΥ: δὲ καὶ N | ὑπολιπόντων N: ἀπολιπόντων Υ ἀπολειπόντων S ‖ **5** σωζομένου N | πυνθανόμενος N ‖ **8** ἐγγὺς SΥ: εὐθὺς N ‖ **9** θέντα N: τιθέντα SΥ ‖ **12** ἄποθεν N ‖ **13** δὲ αὐτῶ συμπεριφερόμενοι N: δὲ περὶ αὐτὸ συμφερόμενοι SΥ ‖ **14** παραπέμπουσι λαύραν Cor.: παραπέμπουσιν (-σαν U) αὔραν libri | ἄγουσαν Cor., sed cf. p. 131, 8 ‖ **16** ἀλλήλων Br.: ἄλλων libri δι᾽ ἄλλων ⟨ἄλλους⟩ Zie. ‖ **17** οὐθ᾽ SΥ: οὐδὲ N ‖ **18** ἀπορρεῖ, s. s. ὑπ S | ῥωγμοὺς N ‖ **19** προσπίπτει Ha. | ὑπολαμπάζουσι N ‖ **20** δι᾽ N: om. SΥ

καὶ πρὸς ἡδονήν, οὐ μόνον χρείαν, ποιούμενα τὰ πρὸς τὸ
δεῖπνον. ἐγνώκει γὰρ ὁ Οὐίβιος ἁπάσῃ φιλοφροσύνῃ θερα-
πεύειν τὸν Κράσσον, ᾧ γε καὶ τὸ τῆς ὥρας ἐν νῷ λαβεῖν
ἐπῆλθεν, ὡς παντάπασι νεανίας εἴη καί τι καὶ ταῖς καθ'
ἡλικίαν ἡδοναῖς αὐτοῦ χαριστέον, ἐπεὶ τήν γε χρείαν ἀναγ-
καίως μᾶλλον ἢ προθύμως ὑπουργοῦντος εἶναι. δύο δὴ 3 d
θεραπαινίδας εὐπρεπεῖς ἀναλαβὼν ἐβάδιζε παρὰ τὴν θάλασ-
σαν. ὡς δ' ἦλθεν ἐπὶ τὸν τόπον, δείξας τὴν ἄνοδον ἐκέλευ-
σεν εἴσω πορεύεσθαι καὶ θαρρεῖν. οἱ δὲ περὶ τὸν Κράσ- 4
44 S 148 L σον ἰδόντες προσερχομένας, ἔδεισαν μὴ καταφανὲς πολ-
λοῖς καὶ γνώριμον εἴη τὸ χωρίον· ἀνέκρινον οὖν αὐτάς, τί
βούλονται καὶ τίνες εἰσίν. ὡς δ' ἀπεκρίναντο δεδιδαγμέναι, 5
δεσπότην ζητεῖν ἐνταῦθα κρυπτόμενον, μαθὼν ὁ Κράσ-
σος τοῦ Οὐιβίου τὴν πρὸς αὐτὸν παιδιὰν καὶ φιλοφροσύ-
νην, ἀνέλαβε τὰς παιδίσκας, καὶ συνῆσαν αὐτῷ τὸν λοι- e
πὸν χρόνον, ὧν ἐδεῖτο φράζουσαι καὶ διαγγέλλουσαι πρὸς
τὸν Οὐίβιον. τούτων φησὶ τὴν ἑτέραν ἤδη πρεσβῦτιν οὖσαν 6
ὁ Φενεστέλλας (HRR II 82) ἰδεῖν αὐτός, καὶ πολλάκις ἀκοῦ-
σαι μεμνημένης ταῦτα καὶ διεξιούσης προθύμως.

6. Ὁ δὲ Κράσσος ὀκτὼ μῆνας οὕτω διαγαγὼν καὶ δια-
κλαπείς, ἅμα τῷ πυθέσθαι τὴν Κίννα τελευτὴν φανερὸς
γενόμενος, συνδραμόντων πρὸς αὐτὸν οὐκ ὀλίγων ἀνθρώ-
πων, ἐπιλεξάμενος δισχιλίους καὶ πεντακοσίους, ἐπήρ-
χετο τὰς πόλεις, καὶ μίαν γε διήρπασε Μαλάκην, ὡς πολ-
λοὶ γεγράφασιν, αὐτὸν δέ φασιν ἀρνεῖσθαι καὶ διαμάχε-
σθαι πρὸς τοὺς λέγοντας. ἐκ τούτου συναγαγὼν πλοῖα καὶ 2 f
διαπεράσας εἰς Λιβύην, ἀφίκετο πρὸς Μέτελλον Πίον,
ἔνδοξον ἄνδρα, συνειλοχότα στρατιὰν οὐκ εὐκαταφρόνη-
τον. οὐ πολὺν δὲ χρόνον ἐνταῦθα παρέμεινεν, ἀλλὰ στα-

27 Liv. per. 84 App. civ. 1, 80, 365

[NS(UA=)Υ] **1** τὸ N: τὸν SΥ || **3** ᾧ γε SΥ: ὥστε N || **5** χρείαν ⟨παρέχειν⟩ vel sim. Ha. || **6** δὴ SΥ: δὲ N || **7** ἐβάδιζε παρὰ N: ἐβάδιζεν ἐπὶ SΥ || **8** ἐκέλευεν SΥ || **10** πολλοῖς N: om. SΥ || **17** ἤδη om. N || **18** ὁ Φενεστέλλας om. N (Φαινεστέλλας Sint.) || **25** φασιν om. N || **28** συνειληχότα Υ | στρατείαν N

a. 82 σιάσας τῷ Μετέλλῳ, πρὸς Σύλλαν ἀπῆρε καὶ συνῆν ἐν
3 τοῖς μάλιστα τιμώμενος. ἐπεὶ δὲ διαβὰς εἰς Ἰταλίαν ὁ
Σύλλας πάντας ἐβούλετο τοὺς σὺν αὐτῷ νέους ἔχειν συνεργούς, καὶ πρὸς ἄλλην ἄλλον ἔταττε πρᾶξιν, ἀποστελλόμενος εἰς Μαρσοὺς ἐπὶ στρατιὰν ὁ Κράσσος, ᾔτει φύλακας·
546 4 ἡ γὰρ πάροδος ἦν παρὰ τοὺς πολεμίους. εἰπόντος δὲ τοῦ 149
Σύλλα σὺν ὀργῇ καὶ σφοδρῶς πρὸς αὐτόν· „δίδωμί σοι φύλακας τὸν πατέρα, τὸν ἀδελφόν, τοὺς φίλους, τοὺς συγγενεῖς, ὧν παρανόμως καὶ ἀδίκως ἀναιρεθέντων ἐγὼ μετέρχομαι τοὺς φονεῖς,“ οὕτω παθών τι καὶ παροξυνθεὶς ὁ Κράσσος εὐθὺς ἐξῆλθε, καὶ διὰ τῶν πολεμίων ὠσάμενος εὐρώστως, δύναμίν τε συχνὴν ἤθροισε, καὶ πρόθυμον 45 S
5 αὑτὸν ἐν τοῖς ἀγῶσι τῷ Σύλλᾳ παρεῖχεν. ἀπ᾿ ἐκείνων δὲ
τῶν πράξεων λέγουσιν αὐτῷ πρῶτον ἐγγενέσθαι τὴν πρὸς Πομπήιον ὑπὲρ δόξης ἅμιλλαν καὶ φιλοτιμίαν. ὁ γὰρ
b Πομπήιος, ἡλικίᾳ τε λειπόμενος αὐτοῦ, καὶ πατρὸς γεγονὼς ἀδοξήσαντος ἐν Ῥώμῃ καὶ μισηθέντος ἔσχατον μῖσος ὑπὸ τῶν πολιτῶν, ἐν ἐκείνοις τοῖς πράγμασιν ἐξέλαμψε καὶ διεφάνη μέγας, ὥστε Σύλλαν, ἃ πρεσβυτέροις καὶ ἰσοτίμοις οὐ πάνυ πολλάκις παρεῖχεν, ὑπεξανίστασθαι προσιόντος αὐτοῦ καὶ κεφαλὴν ἀποκαλύπτεσθαι καὶ προσ-
6 ειπεῖν αὐτοκράτορα. ταῦτα διέκαιε καὶ παρώξυνε τὸν
Κράσσον, οὐκ ἀλόγως ἐλασσούμενον. ἐμπειρίᾳ τε γὰρ ἐνδεὴς ἦν, καὶ τῶν πράξεων αὐτοῦ τὴν χάριν ἀφῄρουν αἱ συγγενεῖς κῆρες ἐπιφερόμεναι, φιλοκέρδεια καὶ μικρολο-
c γία. καὶ γὰρ πόλιν Ὀμβρικὴν Τουδερτίαν ἑλών, ἔδοξε τὰ
πλεῖστα τῶν χρημάτων σφετερίσασθαι, καὶ διεβλήθη

15 Plut. Pomp. 8 Diod. 38/39, 10 Val. Max. 5, 2, 9

[NS(UA =)Υ] 2 τιμωμένοις N || 3 συνεργοὺς] ἐνεργοὺς S^m || 5 στρατείαν: em. Sint. | ὁ om. N || 6 πάροδος] ὁδὸς Li. || 7 σφόδρα SΥ || 9 ἐγὼ N: ἔργῳ SΥ || 10 τι om. N || 17 ἔσχατον μῖσος om. N || 19 σύλλας τοῖς πρεσβυτέροις N || 21 δ᾿ αὐτοῦ N || 22 ταῦτα δὲ καὶ λογιζόμενος παρώξυνε N || 23 ἐμπειρίας SΥ || 25 φιλοκέρδεια Υ: φιλοκερδία N φιλοκερδεῖαι S | μικρολογίαι S || 26 πόλιν ὀμβρικὴν τουρδετίαν (τουδερτίαν Baroccian. 137) ἑλὼν SΥ: πόλιν ἀνελὼν ὀμβρικὴν N | τὰ N: om. SΥ || 27 κτημάτων N

πρὸς Σύλλαν. ἀλλ' ἔν γε τῷ περὶ τὴν Ῥώμην ἀγῶνι, πάν- 7 1. Nov. 82
150 L των γενομένῳ μεγίστῳ καὶ τελευταίῳ, Σύλλας μὲν ἡττήθη,
τῶν κατ' αὐτὸν ὠσθέντων καὶ συντριβέντων, Κράσσος δὲ
τὸ δεξιὸν κέρας ἔχων ἐνίκησε, καὶ μέχρι νυκτὸς διώξας
τοὺς πολεμίους, ἔπεμψε πρὸς Σύλλαν, δεῖπνον αἰτῶν τοῖς
στρατιώταις καὶ τὸ κατόρθωμα φράζων. ἐν δὲ ταῖς προ- 8
γραφαῖς καὶ δημεύσεσι πάλιν κακῶς ἤκουσεν, ὠνούμενός
τε τιμῆς βραχείας μεγάλα πράγματα καὶ δωρεὰς αἰτῶν.
ἐν δὲ Βρεττίοις λέγεται καὶ προγράψαι τινὰς οὐ Σύλλα
κελεύσαντος, ἀλλ' ἐπὶ χρηματισμῷ, δι' ὃ καὶ Σύλλαν d
καταγνόντα πρὸς μηδὲν ἔτι χρῆσθαι δημόσιον αὐτῷ. καί- 9
τοι δεινότατος ἦν Κράσσος πάντας ἀνθρώπους κολακείᾳ
κατεργάσασθαι, πάλιν δ' αὐτὸς ὑπὸ πάντων διὰ κολακείας
εὐάλωτος. ἴδιον δὲ κἀκεῖνο περὶ αὐτοῦ λέγεται, φιλο-
κερδέστατον ὄντα μάλιστα μισεῖν καὶ λοιδορεῖν τοὺς
ὁμοίους.

468 7. Ἠνία δὲ Πομπήιος αὐτόν, εὐημερῶν ἐν ἡγεμονίαις,
καὶ πρὶν ἢ βουλῆς μεταλαβεῖν θριαμβεύων, καὶ Μᾶγνος,
ὅπερ ἐστὶ μέγας, ὑπὸ τῶν πολιτῶν ἀναγορευθείς. καί ποτε
καὶ φήσαντός τινος, ὡς Πομπήιος Μᾶγνος πρόσεισι, γελάσας
ἠρώτησεν ὡς „πηλίκος." ἀπογνοὺς δὲ τοῖς πολεμικοῖς 2 e
ἐξισώσασθαι πρὸς ἐκεῖνον, ὑπεδύετο τὴν πολιτείαν, σπου-
δαῖς καὶ συνηγορίαις καὶ δανεισμοῖς καὶ τῷ συμπαραγγέλ-
λειν καὶ συνεξετάζεσθαι τοῖς δεομένοις τι τοῦ δήμου κτώ-
μενος δύναμιν ἀντίπαλον καὶ δόξαν, ᾗ Πομπήιος εἶχεν
ἀπὸ πολλῶν καὶ μεγάλων στρατειῶν. καὶ πρᾶγμα συνέ- 3
151 L βαινεν αὐτοῖς ἴδιον. μεῖζον γὰρ ἀπόντος ἦν ὄνομα τοῦ
Πομπηίου καὶ κράτος ἐν τῇ πόλει διὰ τὰς στρατείας,

1 Plut. Sull. 29. 30 et ibi l. l. || **17** Plut. Pomp. 13, 7. 14 et ibi l. l. || **21** Cic. Brut. 233. 242. 311 p. Mur. 48

[NS(UA =)Υ] **3** κὰτ' αὐτὸν **N**: καθ' αὐτὸν **SΥ** | καὶ **N**: ἐνίων καὶ **SΥ**, cf. Sull. 29 | κράσσου **U** || **7** ἤκουεν **N** || **8** δωρεὰν Rei. || **9** τινὰς **N**: τινὰ **SΥ** || **11** μηθὲν **A** || **18** μάγνος libri (et v. 20) || **19** ἐστὶ++μέγας **S** || **21** ὁ πηλίκος Sch., sed cf. Kühner-Gerth II 367 || **22** ἐκεῖνον **NΥ**: αὐτὸν, s. s. ἐκεῖνον, **S** || **25** ᾗ Rei.: ἣν || **26** μεγάλων καὶ πολλῶν **N** || **27** ἀπόντος ἦν **N**: ἦν ἀπόντος **SΥ**

παρὼν δὲ πολλάκις ἠλαττοῦτο τοῦ Κράσσου, διὰ τὸν ὄγκον
καὶ τὸ πρόσχημα τοῦ βίου φεύγων τὰ πλήθη, καὶ ἀναδυό-
f μενος ἐξ ἀγορᾶς, καὶ τῶν δεομένων ὀλίγοις καὶ μὴ πάνυ
προθύμως βοηθῶν, ὡς ἀκμαιοτέραν ἔχοι τὴν δύναμιν
4 ὑπὲρ αὐτοῦ χρώμενος. ὁ δὲ Κράσσος ἐνδελεχέστερον τὸ
χρήσιμον ἔχων, καὶ σπάνιος οὐκ ὢν οὐδὲ δυσπρόσοδος,
ἀλλ' ἐν μέσαις ἀεὶ ταῖς σπουδαῖς ἀναστρεφόμενος, τῷ κοι-
νῷ καὶ φιλανθρώπῳ περιεγίνετο τῆς ἐκείνου σεμνότητος.
σώματος δ' ἀξίωμα καὶ λόγου πειθὼ καὶ προσώπου χάριν
547 5 ἀγωγὸν ἀμφοτέροις ὁμοίως προσεῖναι λέγουσιν. οὐ μέντοι
πρὸς ἔχθραν τινὰ τὸν Κράσσον ἢ κακόνοιαν ἐξήνεγκεν
οὗτος ὁ ζῆλος, ἀλλὰ καὶ Πομπηίῳ καὶ Καίσαρι τιμωμέ-
νοις μὲν ὑπὲρ αὐτὸν ἤχθετο, τῇ δὲ φιλοτιμίᾳ ταύτῃ δυσ-
μένειαν καὶ κακοήθειαν οὐ συνῆπτε· καίτοι Καῖσαρ ὑπὸ
λῃστῶν ἁλοὺς ἐν Ἀσίᾳ καὶ φρουρούμενος ἀνεβόησεν·
„ἡλίκης ὦ Κράσσε χαρᾶς ἀπολαύσεις πυθόμενος τὴν
6 ἐμὴν ἅλωσιν." ἀλλ' ὕστερόν γε καὶ φιλικῶς ἀλλήλοις
προσεφέροντο, καί ποτε τῷ Καίσαρι, μέλλοντι μὲν εἰς
Ἰβηρίαν ἐξιέναι στρατηγῷ, χρήματα δ' οὐκ ἔχοντι τῶν
δανειστῶν ἐπιπεσόντων καὶ τῆς παρασκευῆς ἐπιλαμ- 47 S
b βανομένων, ὁ Κράσσος οὐ περιεῖδεν, ἀλλ' ἀπήλλαξεν,
ὑποθεὶς ἑαυτὸν ἔγγυον τριάκοντα καὶ ὀκτακοσίων ταλάν-
7 των. καθόλου δὲ τῆς Ῥώμης εἰς τρεῖς νενεμημένης δυνά- 152 L
μεις, τὴν Πομπηίου, τὴν Καίσαρος, τὴν Κράσσου –
Κάτωνος γὰρ ἡ δόξα μείζων ἦν τῆς δυνάμεως καὶ τὸ θαυ-
μαζόμενον πλέον ⟨ἢ τὸ⟩ ἰσχῦον –, ἡ μὲν ἔμφρων καὶ καθε-
στῶσα μερὶς ἐν τῇ πόλει Πομπήιον ἐθεράπευε, τὸ δ' ὀξὺ
καὶ φερόμενον μετ' εὐχερείας ταῖς Καίσαρος ἐλπίσιν ἐπη-

14 Plut. Caes. 1, 8 et ibi l. l. || **18** Plut. Caes. 11 Suet. Caes. 18, 1

[NS(UA=)Υ] **2** *πρόσσχημα* SU || **4** *ἔχοι* N et e corr. S: *ἔχων* Υ et ante corr., ut vid., S || **5** *ἐνδελεχέστερον* N: *ἐνδελεχὲς* SΥ || **8** *περιεγίνετο* UA²: *περιεγείνετο* N *περιεγένετο* SA¹ || **14** *καὶ* NS: *ἢ* Υ || **16** *ἡλίκης* libri, sed supra *ἡ* litteris fere evanidis scriptum *ω* (?) S unde *πηλίκης* Zie. || **17** *καὶ* N: om. SΥ || **19** *ἰβηρίας* N || **22** *αὐτὸν* SΥ || **26** *⟨ἢ τὸ⟩ ἰσχῦον* Sint.: *ἴσχυεν* || **28** *καὶ* SΥ: *καὶ τὸ* N

κολούθει, Κράσσος δὲ μέσος ὢν ἀμφοτέραις ἐχρῆτο, καὶ
πλείστας μεταβολὰς ἐν τῇ πολιτείᾳ μεταβαλλόμενος, οὔτε
φίλος ἦν βέβαιος οὔτ' ἀνήκεστος ἐχθρός, ἀλλὰ ῥᾳδίως καὶ
χάριτος καὶ ὀργῆς ἐξέπιπτεν ὑπὸ τοῦ συμφέροντος, ὥστε c
πολλάκις μὲν ἀνθρώπων, πολλάκις δὲ νόμων ἐν ὀλίγῳ
φανῆναι τῶν αὐτῶν συνήγορος καὶ ἀντίδικος. Ἴσχυε δὲ καὶ 8
χάριτι καὶ φόβῳ, φόβῳ δ' οὐκ ἔλαττον. ὁ γοῦν πλεῖστα
πράγματα παρασχὼν τοῖς καθ' αὑτὸν ἄρχουσι [καὶ] δη-
μαγωγός, Σικίννιος, πρὸς τὸν εἰπόντα, τί δὴ μόνον οὐ
σπαράσσει τὸν Κράσσον, ἀλλὰ παρίησιν, ἀπεκρίνατο χόρ-
τον αὐτὸν ἔχειν ἐπὶ τοῦ κέρατος. εἰώθεισαν δ' οἱ Ῥωμαῖοι
τοὺς κυρίττοντας τῶν βοῶν ὑπὲρ τοῦ φυλάττεσθαι τοὺς
ἐντυγχάνοντας χόρτῳ περιελίττειν τὸ κέρας.

8. Ἡ δὲ τῶν μονομάχων ἐπανάστασις καὶ λεηλασία τῆς a. 72
Ἰταλίας, ἣν οἱ πολλοὶ Σπαρτάκειον πόλεμον ὀνομάζουσιν, d
ἀρχὴν ἔλαβεν ἐκ τοιαύτης αἰτίας. Λέντλου τινὸς Βατιά- 2
του μονομάχους ἐν Καπύῃ τρέφοντος, ὧν οἱ πολλοὶ Γαλά-
153 L ται καὶ Θρᾷκες ἦσαν, ἐξ αἰτιῶν οὐ πονηρῶν, ἀλλ' ἀδικίᾳ
τοῦ πριαμένου συνειρχθέντες ὑπ' ἀνάγκης ἐπὶ τῷ μονο-
μαχεῖν, ἐβουλεύσαντο μὲν διακόσιοι φεύγειν, γενομένης δὲ
μηνύσεως οἱ προαισθόμενοι καὶ φθάσαντες ὀγδοήκοντα
δυεῖν δέοντες ἔκ τινος ὀπτανϝίου κοπίδας ἀράμενοι καὶ
48 S ὀβελίσκους ἐξεπήδησαν. ἐντυχόντες δὲ κατὰ τὴν ὁδὸν 3
ἁμάξαις ὅπλα κομιζούσαις μονομάχων εἰς ἑτέραν πόλιν,
ἀφήρπασαν καὶ ὡπλίσαντο, καὶ τόπον τινὰ καρτερὸν κατα- e
λαβόντες, ἡγεμόνας εἵλοντο τρεῖς, ὧν πρῶτος ἦν Σπάρ-

7 mor. 280f Cic. Brut. 216 Hor. sat. 1, 4, 34 || cap. 8 App. civ. 1, 116, 539 Sall. hist. 3, 90. 91 Vell. Pat. 2, 30, 5 Oros. 5, 24 Flor. 2, 8, 3

[NS(UA =)Υ] **5** *πολλάκις μὲν ἀνθρώπων* om. U || **8** *καὶ* del. Ha. | *δημαγωγοῖς*: em. Ha. || **10** *ἀπεκρίνατο* N: om. SΥ || **11** *ἔχειν φησὶν* SΥ | *οἱ* om. SΥ || **12** *τοὺς κυρίττοντας* Zie. cl. mor. 280f et 1076e: *τὸν κυρίττοντα* SΥ: *τοὺς κερατίζοντας* N; cf. Hesych. s. *κυρίττοντες* | *τῶν ἀγρίων* post *βοῶν* add. N || **13** *περιελίσσειν* SΥ || **15** *σποριτάκιον* N || **16** *Βατιάτου*] *Vatia* Münzer RE IV 1377 || **19** *εἰρχθέντες* N | *τῷ* SΥ: *τὸ* N || **21. 22** *ὀγδοήκοντα δυεῖν*] cf. Drumann-Groebe, G. R. IV² p. 86 adn. 7 || **22** *δυοῖν* N | *ὀπτανίου* N || **25** *καὶ*¹ SΥ: *τε καὶ* N

ταχος, ἀνὴρ Θρᾷξ τοῦ Μαιδικοῦ γένους, οὐ μόνον φρό-
νημα μέγα καὶ ῥώμην ἔχων, ἀλλὰ καὶ συνέσει καὶ πρᾳό-
τητι τῆς τύχης ἀμείνων καὶ τοῦ γένους ἑλληνικώτερος.
4 τούτῳ δὲ λέγουσιν, ὅτε πρῶτον εἰς Ῥώμην ὤνιος ἤχθη,
δράκοντα κοιμωμένῳ περιπεπλεγμένον φανῆναι περὶ τὸ
πρόσωπον, [ἡ] γυνὴ δ' ὁμόφυλος οὖσα τοῦ Σπαρτάκου,
μαντικὴ δὲ καὶ κάτοχος τοῖς περὶ τὸν Διόνυσον ὀργιασμοῖς,
ἔφραζε τὸ σημεῖον εἶναι μεγάλης καὶ φοβερᾶς περὶ αὐτὸν
εἰς ἀτυχὲς τέλος ἐσομένης δυνάμεως· ἣ καὶ τότε συνῆν
αὐτῷ καὶ συνέφευγε.

f **9.** Καὶ πρῶτον μὲν τοὺς ἐκ Καπύης ἐλθόντας ὠσά-
μενοι, καὶ πολλῶν ὅπλων ἐπιλαβόμενοι πολεμιστηρίων,
ἄσμενοι ταῦτα μετελάμβανον, ἀπορρίψαντες ὡς ἄτιμα
2 καὶ βάρβαρα τὰ τῶν μονομάχων. ἔπειτα Κλωδίου στρατη-
γοῦ μετὰ τρισχιλίων πεμφθέντος ἐκ Ῥώμης καὶ πολιορ-
κοῦντος αὐτοὺς ἐν ὄρει μίαν ἔχοντι χαλεπὴν καὶ στενὴν 154 L
548 κάθοδον, ἣν ὁ Κλώδιος ἐφρούρει, τὰ δ' ἄλλα κρημνοὺς
ἀποτόμους καὶ λισσάδας, ἄμπελον δὲ πολλὴν ἀγρίαν ἐπι-
πολῆς πεφυκυῖαν, ἔτεμνον τῶν κλημάτων τὰ χρήσιμα,
καὶ συμπλέκοντες ἐξ αὐτῶν κλιμακίδας εὐτόνους καὶ
βαθείας, ὥστ' ἄνωθεν ἀνηρτημένας παρὰ τὸ κρημνῶδες
ἅπτεσθαι τῶν ἐπιπέδων, κατέβαινον ἀσφαλῶς δι' αὐτῶν
3 πλὴν ἑνός. οὗτος δὲ τῶν ὅπλων ἕνεκα μείνας, ἐπεὶ κατέ-
βησαν ἠφίει κάτω τὰ ὅπλα, καὶ βαλὼν ἅπαντα τελευταῖος
ἀπεσῴζετο καὶ αὐτός. ταῦτ' ἠγνόουν οἱ Ῥωμαῖοι· διὸ καὶ
περιελθόντες αὐτοὺς ἐξέπληξαν τῷ αἰφνιδίῳ, καὶ φυγῆς
b 4 γενομένης ἔλαβον τὸ στρατόπεδον. καὶ προσεγίνοντο πολ- 49 S

11 App. civ. 1, 540 Frontin. strat. 1, 5, 21 Vell. Pat. 2, 30, 5 Flor. 2, 8, 4

[NS(UA =)Υ] **1** *Μαιδικοῦ* Zie.: *νομαδικοῦ*, cf. Herm. 83 (1955) 248 sq. || **4** *δὲ* om. N || **6** *ἡ* del. Sch. Wil. || **8** *εἶναι μέγιστον καὶ μεγάλης* N | *καὶ φοβερᾶς* om. N, cf. p. 137, 14 || **9** *ἀτυχὲς* H^{m} (et Rei.): *εὐτυχὲς* cet. | *ἀτυχὲς ⟨δὲ⟩ τέλος οἰσομένης* Zie. | *ἣ* postea inser. m. 1 S || **11** *τοὺς* s. s. m. 1 S || **14** *τὰ* om. N || **16** *ἔχοντι καὶ χαλ.* SΥ || **17** *κάθοδον* N: *ἄνοδον* ΥS^{m} *ὁδὸν* S^{r} || **20** *συμπλέξαντες* Rei. | *κλιμακίδας* A et ante corr., ut vid., S: *κλημακίδας* U et corr. S *κληματίδας* N || **24** *⟨κατα⟩βαλὼν* Sch. || **26** *ἐξεπλάγησαν* N

λοὶ τῶν αὐτόθι βοτήρων καὶ ποιμένων αὐτοῖς, πλῆκται καὶ
ποδώκεις ἄνδρες, ὧν τοὺς μὲν ὥπλιζον, τοῖς δὲ προδρόμοις
καὶ ψιλοῖς ἐχρῶντο. δεύτερος ἐκπέμπεται πρὸς αὐτοὺς 5
στρατηγὸς Πούπλιος Βαρῖνος, οὗ πρῶτον μὲν ὑποστράτη-
γόν τινα Φούριον ἔχοντα τρισχιλίους στρατιώτας ἐτρέψαντο
συμβαλόντες, ἔπειτα σύμβουλον αὐτῷ καὶ συνάρχοντα
Κοσσίνιον ἀποσταλέντα μετὰ πολλῆς δυνάμεως ἐπιτηρήσας
ὁ Σπάρτακος λουόμενον περὶ Σαλίνας μικρὸν ἐδέησε
συναρπάσαι. χαλεπῶς δὲ καὶ μόλις ἐκφυγόντος, εὐθὺς μὲν 6
ἐκράτησε τῆς ἀποσκευῆς, ἐκ ποδὸς δὲ κατέχων καὶ διώ-
κων φόνῳ πολλῷ τὸ στρατόπεδον εἷλεν. ἔπεσε δὲ καὶ Κοσ- 7 c
155 L σίνιος. αὐτὸν δὲ τὸν στρατηγὸν ἄλλαις μάχαις πολλαῖς
καταγωνισάμενος, τέλος δὲ τούς τε ῥαβδούχους καὶ τὸν
ἵππον αὐτοῦ λαβὼν αἰχμάλωτον, ἦν μὲν ἤδη μέγας καὶ
φοβερός, ἐφρόνει δὲ τὰ εἰκότα, καὶ μὴ προσδοκῶν ὑπερ-
βαλέσθαι τὴν Ῥωμαίων δύναμιν, ἦγεν ἐπὶ τὰς Ἄλπεις
τὸν στρατόν, οἰόμενος δεῖν ὑπερβαλόντας αὐτὰς ἐπὶ τὰ
οἰκεῖα χωρεῖν, τοὺς μὲν εἰς Θρᾴκην, τοὺς δ' εἰς Γαλατίαν.
οἱ δὲ πλήθει τ' ὄντες ἰσχυροὶ καὶ μέγα φρονοῦντες, οὐχ 8
ὑπήκουον, ἀλλ' ἐπόρθουν ἐπιπορευόμενοι τὴν Ἰταλίαν.
οὐκέτ' οὖν τὸ παρ' ἀξίαν καὶ τὸ αἰσχρὸν ἠνώχλει τῆς ἀπο- d
στάσεως τὴν σύγκλητον, ἀλλ' ἤδη διὰ φόβον καὶ κίνδυ-
νον ὡς πρὸς ἕνα τῶν δυσκολωτάτων πολέμων καὶ μεγί-
στων ἅμ' ἀμφοτέρους ἐξέπεμπον τοὺς ὑπάτους. ὧν Γέλλιος 9
μὲν τὸ Γερμανικόν, ὕβρει καὶ φρονήματι τῶν Σπαρτα-

3 App. civ. 1, 541 Liv. per. 95 || **6** Sall. hist. fr. 3, 94 M. || **15** App. civ. 1, 544 Flor. 2, 8, 11 Oros. 5, 24, 4

[**NS(UA =)Υ**] **1** *ποιμένων* **NS**: *ποιμένες* **Υ** || **3** *δεύτερος* ⟨*οὖν*⟩ Rei. | *πρὸς* (s. s. *ἐπ'* m. 1 S) *αὐτοὺς στρατηγὸς* **SΥ**: *στρατηγὸς ἐπ' αὐτοὺς* **N** || **4** *Πούπλιος Βαρῖνος*] *Publius·Varinius* | *πρῶτον* **NS**: *πρῶτα* **Υ** || **5** *φούριον* **S**: *φρούριον* **NΥ**, cf. Cam. 1 | *δισχιλίους* **SΥ** || **8** *σαλίνας* **N**: *σαλήνας* **SΥ** || **9** post *συναρπάσαι* add. *αὐτὸν* **N** || **14** *αἰχμάλωτον* om. **SΥ** || **14. 15** *ἦν—φοβερὸς* **N**: *ἤδη μὲν μέγας καὶ φοβερὸς ἦν* **SΥ** || **15** *ὑπερβάλλεσθαι* **N** *ὑπερβαλεῖσθαι* Ri. ⟨*ἂν*⟩ *ὑπερβαλέσθαι* Zie. || **17** *αὐτοὺς* **SΥ** || **19** *μεγαλοφρονοῦντες* **N** || **20** *ὑπήκοον* **S** || **22** *ἀλλ' ἤδη* **N**: *ἀλλὰ δὴ* **SΥ** | *καὶ* **N**: *τε καὶ* **SΥ** || **24** *ἅμα* **N**: om. **SΥ** || **25** *φρονήμασι* **N**

*κείων ἀποσχισθέν, ἐξαίφνης ἐπιπεσὼν ἅπαν διέφθειρε,
Λέντλου δὲ τὸν Σπάρτακον μεγάλοις στρατοπέδοις περι-
βαλόντος, ὁρμήσας ὁμόσε καὶ μάχην συνάψας, ἐκράτησε
μὲν τῶν πρεσβευτῶν, ἔλαβε δὲ τὴν ἀποσκευὴν ἅπασαν.*
10 *ὠθουμένῳ δ' αὐτῷ πρὸς τὰς Ἄλπεις Κάσσιος ὁ τῆς περὶ*
e *Πάδον Γαλατίας στρατηγὸς ἔχων μυρίους ἀπήντησε, καὶ* 50 S
*γενομένης μάχης κρατηθεὶς καὶ πολλοὺς ἀποβαλών, μόλις
αὐτὸς ἐξέφυγε.*

10. *Ταῦθ' ἡ βουλὴ πυθομένη, τοὺς μὲν ὑπάτους πρὸς
ὀργὴν ἐκέλευσεν ἡσυχίαν ἄγειν, Κράσσον δὲ τοῦ πολέμου
στρατηγὸν εἵλετο, καὶ πολλοὶ διὰ δόξαν αὐτῷ καὶ φιλίαν*
2 *συνεστράτευον τῶν ἐπιφανῶν. αὐτὸς μὲν οὖν ὑπέμεινε πρὸ* 156 I
*τῆς Πικηνίδος, ὡς τὸν Σπάρτακον ἐκεῖ φερόμενον δεξό-
μενος, Μόμμιον δὲ πρεσβευτὴν ἄγοντα δύο τάγματα
κύκλῳ περιέπεμψεν, ἕπεσθαι κελεύσας τοῖς πολεμίοις,*
3 *μὴ συμπλέκεσθαι δὲ μηδ' ἁψιμαχεῖν. ὁ δ' ἅμα τῷ πρῶ-
τον ἐπ' ἐλπίδος γενέσθαι μάχην θέμενος, ἡττήθη, καὶ πολ-*
f *λοὶ μὲν ἔπεσον, πολλοὶ δ' ἄνευ τῶν ὅπλων φεύγοντες ἐσώ-*
4 *θησαν. ὁ δὲ Κράσσος αὐτόν τε τὸν Μόμμιον ἐδέξατο τρα-
χέως, καὶ τοὺς στρατιώτας ὁπλίζων αὖθις, ἐγγυητὰς ᾔτει
τῶν ὅπλων ὅτι φυλάξουσι, πεντακοσίους δὲ τοὺς πρώτους
καὶ μάλιστα [τοὺς] τρέσαντας εἰς πεντήκοντα διανείμας
δεκάδας, ἀφ' ἑκάστης ἀπέκτεινεν ἕνα τὸν κλήρῳ λαχόντα,
πάτριόν τι τοῦτο διὰ πολλῶν χρόνων κόλασμα τοῖς στρα-*
5 *τιώταις ἐπαγαγών. καὶ γὰρ αἰσχύνη τοῦ θανάτου τῷ τρό-
πῳ πρόσεστι, καὶ δρᾶται πολλὰ φρικώδη καὶ σκυθρωπὰ*

9 App. civ. 1, 549 Liv. per. 96 Oros. 5, 24, 5 || **21** cf. Sall. hist. fr. 4, 22 M. App. civ. 1, 550

[NS(UA =)Υ] **1** *ἐπιπεσὼν* **N**: *ἐμπεσὼν* **SUA²** *ἐκπεσὼν* **A¹** | *ἅπαν* **SΥ**: *ἅμα* **N** || **2** *περιλαβόντος* **SΥ** || **3** *ὁμόσε* om. **N** || **4** *πᾶσαν* **N** || **5** *κάσιος* **SU** || **6** ⟨*ὁπλίτας*⟩ *ἔχων* Rei. || **9** *ταῦτα δὲ ἡ* **N** || **12** *συνεστρατεύοντο* **N** || **14** *μόμμιον* **N**: *μώμιον* **SΥ** (in **S** supra *μω* rasura); item l. 19 | *πρεσβύτην* **N** || **16** *μὴ συμπλέκεσθαι δὲ μηδὲ* **N**: *συμπλέκεσθαι δὲ μὴ μηδὲ* **SΥ** | *τῷ* **SΥ**: *τὸ* **N** || **20** *ἐγγύους* **N** || **22** *τοὺς* del. Madvig *μάλιστ' ἀ⟨τάκ⟩τους* Kron. || **23** *ἐφ' ἑκάστης* **N** || **25** *ἐπανάγων* Rei. Cor. | *τῷ τοῦ θανάτου τρόπῳ* **N**

περὶ τὴν κόλασιν, ἁπάντων θεωμένων. οὕτω δ' ἐπιστρέ- 549
ψας τοὺς ἄνδρας ἦγεν ἐπὶ τοὺς πολεμίους. ὁ δὲ Σπάρ- 6
τακος ὑπεξεχώρει διὰ Λευκανίας πρὸς τὴν θάλασσαν.
ἐν δὲ τῷ πορθμῷ λῃστρίσι Κιλίσσαις περιτυχών, ὥρμησεν
ἅψασθαι Σικελίας καὶ δισχιλίους ἄνδρας ἐμβαλὼν εἰς τὴν
νῆσον αὖθις ἐκζωπυρῆσαι τὸν δουλικὸν ἐκεῖ πόλεμον, οὔπω
πολὺν χρόνον ἀπεσβηκότα καὶ μικρῶν πάλιν ὑπεκκαυμά-
157 L των δεόμενον. ὁμολογήσαντες δ' οἱ Κίλικες αὐτῷ καὶ 7
δῶρα λαβόντες, ἐξηπάτησαν καὶ ἀπέπλευσαν. οὕτω δὴ
πάλιν ἀπὸ θαλάσσης ἀναζεύξας, ἐκάθισε τὸν στρατὸν εἰς
τὴν Ῥηγίνων χερρόνησον. ἐπελθὼν δ' ὁ Κράσσος καὶ τοῦ
51 S τόπου τὴν φύσιν ἰδὼν ὑφηγουμένην τὸ δέον, ὥρμησεν b
ἀποτειχίσαι τὸν ἰσθμόν, ἅμα καὶ τὴν σχολὴν τῶν στρα-
τιωτῶν ὑφαιρῶν καὶ τὴν εὐπορίαν τῶν πολεμίων. μέγα 8
μὲν οὖν ἦν καὶ χαλεπὸν τὸ ἔργον, ἤνυσε δὲ καὶ κατειργά-
σατο παρὰ δόξαν ἐν ὀλίγῳ χρόνῳ, τάφρον ἐμβαλὼν ἐκ
θαλάσσης εἰς θάλασσαν διὰ τοῦ αὐχένος σταδίων τριακο-
σίων, εὖρος δὲ καὶ βάθος ἴσον πεντεκαίδεκα ποδῶν· ὑπὲρ
δὲ τῆς τάφρου τεῖχος ἔστησεν ὕψει καὶ ῥώμῃ θαυμαστόν.
ὧν ὁ Σπάρτακος ἠμέλει καὶ κατεφρόνει τὸ πρῶτον· ὡς 9
δὲ τῆς λείας ὑπολειπούσης προϊέναι βουλόμενος συνεῖδε
τὸν ἀποτειχισμόν, καὶ λαμβάνειν οὐδὲν ἦν ἐκ τῆς χερ- c
ρονήσου, νύκτα νιφετώδη καὶ πνεῦμα χειμέριον παραφυ-
λάξας, ἔχωσε τῆς τάφρου μέρος οὐ πολὺ γῇ καὶ ὕλῃ καὶ
κλάδοις δένδρων, ὥστε τῆς στρατιᾶς περαιῶσαι τὸ τρίτον.

2 Sall. hist. 4, 32. 33 Cic. Verr. 5, 5 || 11 App. civ. 1, 551–556 Sall. hist. 4, 33–35 Frontin. 1, 5, 20

[NS(UA=)Υ] 1 οὕτω δ' ἐπιστρέψας om. N, cf. ad l. 5; ἐπιτρέψας S || 2 ἦγεν SΥ: οὓς ἦγεν N || 3 ὑπεξεχώρησε N | πρὸς N: εἰς SΥ || 4 τῷ N: om. SΥ | ἐπιτυχὼν SΥ || 5 ἅψασθαι σικελίας SΥ: ἅψασθαι οὕτως δ' ἐπιστρέψας ἐπισικελίας N, cf. l. 1 | καὶ om. N || 6 ἐξεζωοπύρησε S ἐξεζωοπύρωσε U ἐξεζωπύρησε A || 8 δὲ N: om. SΥ || 10 ἐκάθισε ante ras. N: ἐκάθιζε SΥ et ex ras. N || 12 ἰδὼν N: ὁρῶν SΥ || 15 ἦν om. N || 16 παράδοξον N || 21 ὑπολιπούσης N ἐπιλειπ. Rei. ἐπιλιπ. Sch. | συνειδώς N || 22 ἐκ SΥ: ἀπὸ N || 23 πνεῦμα N: πνεῦμά τι SΥ πνεύματι Rei. || 25 στρατείας : em. Br.

11. Ἐφοβήθη μὲν οὖν ὁ Κράσσος, μὴ λάβοι τις ὁρμὴ
τὸν Σπάρτακον ἐπὶ τὴν Ῥώμην ἐλαύνειν, ἐθάρρησε δὲ
πολλῶν ἐκ διαφορᾶς ἀποστάντων αὐτοῦ καὶ στρατοπεδευ-
σαμένων καθ' αὑτοὺς ἐπὶ Λευκανίδος λίμνης, ἥν φασι
τρέπεσθαι διὰ χρόνου γινομένην γλυκεῖαν, εἶτ' αὖθις
2 ἁλμυρὰν καὶ ἄποτον. τούτοις ἐπελθὼν ὁ Κράσσος ἐξέωσε
d μὲν ἀπὸ τῆς λίμνης ἅπαντας, ἀφῃρέθη δὲ τὸν φόνον καὶ τὴν 158 L
δίωξιν αὐτῶν, ἐπιφανέντος ὀξέως τοῦ Σπαρτάκου καὶ τὴν
3 φυγὴν ἐπιστήσαντος. γεγραφὼς δὲ τῇ βουλῇ πρότερον ὡς
χρὴ καὶ Λεύκολλον ἐκ Θρᾴκης καλεῖν καὶ Πομπήιον ἐξ
Ἰβηρίας, μετενόει καὶ πρὶν ἥκειν ἐκείνους ἔσπευδε δια-
πράξασθαι τὸν πόλεμον, εἰδὼς ὅτι τοῦ προσγενομένου
4 καὶ βοηθήσαντος, οὐκ αὐτοῦ, τὸ κατόρθωμα δόξει. πρῶ-
τον μὲν οὖν διαγνοὺς τοῖς ἀφεστῶσι καὶ κατ' ἰδίαν στρα-
τευομένοις, ὧν ἀφηγοῦντο [Γάιος] Γαννίκιος καὶ Κάστος,
ἐπιθέσθαι, λόφον τινὰ προκαταληψομένους ἄνδρας ἑξα-
5 κισχιλίους ἀπέστειλε, λανθάνειν πειρᾶσθαι κελεύσας. οἱ 52 S
e δ' ἐπειρῶντο μὲν τὴν αἴσθησιν ἀποκρύπτειν, τὰ κράνη
καταμπέχοντες, ὀφθέντες δ' ὑπὸ δυεῖν γυναικῶν προ-
θυομένων τοῖς πολεμίοις ἐκινδύνευσαν, εἰ μὴ Κράσσος
ὀξέως ἐπιφανεὶς μάχην ἔθετο πασῶν καρτερωτάτην, ἐν ᾗ
τριακοσίους ἐπὶ δισχιλίοις καὶ μυρίοις καταβαλών, δύο
μόνους εὗρε κατὰ νώτου τετρωμένους, οἱ δ' ἄλλοι πάντες
ἑστῶτες ἐν τάξει καὶ μαχόμενοι τοῖς Ῥωμαίοις ἀπέθανον.
6 Σπαρτάκῳ δὲ μετὰ τὴν τούτων ἧτταν ἀναχωροῦντι πρὸς
τὰ ὄρη τὰ Πετηλῖνα Κόιντος τῶν περὶ Κράσσον ἡγεμό-

1 Sall. hist. fr. 4, 37 M. ‖ **9** cap. 36 (comp. 3), 2 App. civ. 1, 555 Sall. hist. fr. 4, 39 M. ‖ **13** Plut. Pomp. 21, 2 Frontin. 2, 4, 7 Sall. hist. fr. 4, 40 M. Liv. per. 97 Oros. 5, 24, 6

[NS(UA =)Υ] **1** *μὴ* SΥ: *εἰ* N ‖ **3** *ἀποτραπέντων* S[r] ‖ **5** *εἶτ'* N: *καὶ* SΥ ‖ **6** *τούτους* Cor. ‖ **7** *ἅπαντας* N: om. SΥ ‖ **8** *αὐτὴν* N | *ὀξέως* SΥ: *ὅμως* N ‖ **10** *λεύκολλον* N: *λούκουλλον* SΥ, item postea, cf. Luc. 1 ‖ **14** *οὖν* s. s. N (m. 1) ‖ **15** *Γάιος* del. Zie. | *Γαννίκιος* Zie.: *καννίκιος* SΥ *καὶ νίκιος* N ‖ **16** *προσκαταλ.* N ‖ **19** *δυοῖν* N | *προθυμουμένων* Rei. Li., sed cf. Sall.: *ad menstrua solvenda* ‖ **23** *νῶτα* N ‖ **24** *ἑστῶτες καὶ μαχόμενοι ἐν τάξει* N ‖ **26** *πελιτινὰ* N | ⟨*εἷς*⟩ *τῶν* Zie. | *ἡγεμὼν* N

νων καὶ Σκρώφας ὁ ταμίας ἐξαπτόμενοι παρηκολούθουν.
ἐπιστρέψαντος δὲ γίνεται φυγὴ μεγάλη τῶν Ῥωμαίων, f
καὶ μόλις τρωθέντα τὸν ταμίαν ἁρπάσαντες ἀπεσώθησαν.
159 L Τοῦτο τὸν Σπάρτακον ἀπώλεσε τὸ κατόρθωμα, φρονή-
ματος ἐπιγενομένου τοῖς δραπέταις. οὐκέτι γὰρ ἠξίουν 7
φυγομαχεῖν οὐδ' ἐπείθοντο τοῖς ἄρχουσιν, ἀλλ' ἤδη καθ'
ὁδὸν ὄντας ἐν τοῖς ὅπλοις περισχόντες ἠνάγκασαν αὖθις
ὀπίσω διὰ τῆς Λευκανίας ἄγειν ἐπὶ τοὺς Ῥωμαίους, εἰς
ταὐτὸ τῷ Κράσσῳ σπεύδοντες. ἤδη γὰρ ὁ Πομπήιος προσ- 8 550
ιὼν ἀπηγγέλλετο, καὶ διαρχαιρεσιάζοντες ἦσαν οὐκ ὀλί-
γοι τὴν νίκην ἐκείνῳ τοῦ πολέμου προσήκειν· ἐλθόντα
γὰρ εὐθὺς μαχεῖσθαι καὶ καταλύσειν τὸν πόλεμον. ἐπει-
γόμενος οὖν διαγωνίσασθαι καὶ παραστρατοπεδεύσας τοῖς
πολεμίοις, ὤρυττε τάφρον, πρὸς ἣν ἐκπηδῶντες οἱ δοῦλοι
προσεμάχοντο τοῖς ἐργαζομένοις. ἀεὶ δὲ πλειόνων ἑκα-
τέρωθεν ἐκβοηθούντων, ὁρῶν τὴν ἀνάγκην ὁ Σπάρτακος
ἅπαν παρέταξε τὸ στράτευμα, καὶ πρῶτον μὲν τοῦ ἵππου 9
προσαχθέντος αὐτῷ, σπασάμενος τὸ ξίφος καὶ εἰπών, ὅτι
νικῶν μὲν ἕξει πολλοὺς ἵππους καὶ καλοὺς τοὺς τῶν πο- b
λεμίων, ἡττώμενος δ' οὐ δεῖται, κατέσφαξε τὸν ἵππον·
ἔπειτα πρὸς Κράσσον αὐτὸν ὠθούμενος διὰ πολλῶν ὅπλων
53 S καὶ τραυμάτων, ἐκείνου μὲν οὐκ ἔτυχεν, ἑκατοντάρχας
δὲ δύο συμπεσόντας ἀνεῖλε. τέλος δὲ φευγόντων τῶν περὶ 10
αὐτόν, αὐτὸς ἑστὼς καὶ κυκλωθεὶς ὑπὸ πολλῶν, ἀμυνόμε-
νος κατεκόπη. Κράσσου δὲ τῇ τύχῃ χρησαμένου καὶ στρα-
τηγήσαντος ἄριστα καὶ τὸ σῶμα τῷ κινδύνῳ παρασχόντος,

23 App. civ. 1, 557–559 Sall. hist. fr. 4, 41 M. Liv. per. 97 Flor. 2, 8, 14 Oros. 5, 24, 7. 8 Lucan. 2, 554 Athen. 6, 273a

[NS(UA =)Υ] **1** *σκωφᾶς* N | *ὁ* om. SΥ || **6** *οὐδ'* SΥ: *οὐκ* N || **7** *ὄντες* Rei. | *ἠναγκάσθησαν* N || **10** *διαρχαιρεσιάζοντες* N: *δὴ ἀρχ.* SΥ *παρρησίᾳ φράζοντες* Li. *οἱ παρρησιάζοντες* Mittelhaus; sed cf. Galb. 23, 2 mor. 794c Polyb. 26, 1. 5 Hesych. s. v. *ἀρχαιρεσιάζω* || **12** *εὐθὺς* SΥ: *αὐτοῖς* N || **13** *παραστρατοπεδεύσας* Br.: *παραστρατοπεδεύσασθαι* SΥ *στρατοπεδεῦσαι* N || **18** *καὶ* om. N || **19** *ἕξει* N: *ἔχοι* SΥ | *τοὺς* N: om. SΥ || **20** *δεήσεται* Ri. || **23** *φυγόντων* A

ὅμως οὐ διέφυγε τὸ κατόρθωμα τὴν Πομπηίου δόξαν.
11 *οἱ γὰρ διαπεσόντες ἐκ τῆς μάχης πεντακισχίλιοι περιπεσόν-* 160 L
τες αὐτῷ διεφθάρησαν, ὥστε καὶ γράψαι πρὸς τὴν σύγ-
c *κλητον, ὅτι μάχῃ μὲν τοὺς δραπέτας φανερᾷ Κράσσος*
νενίκηκεν, αὐτὸς δὲ τοῦ πολέμου τὴν ῥίζαν ἀνῄρηκε. Πομ-
πήιος μὲν οὖν ἀπὸ Σερτωρίου καὶ Ἰβηρίας ἐπιφανῶς ἐθρι-
άμβευσε, Κράσσος δὲ τὸν μὲν μέγαν θρίαμβον οὐδ' αὐτὸς
αἰτεῖν ἐπεχείρησεν, ἐδόκει δὲ καὶ τὸν πεζόν, ὀούαν δὲ
καλούμενον, ἀγεννῶς καὶ παρ' ἀξίαν ἐπὶ δουλικῷ πολέμῳ
θριαμβεύειν. τί δ' οὗτος ἐκείνου διαφέρει, καὶ περὶ τῆς
κλήσεως, ἐν τῷ Μαρκέλλου βίῳ (cap. 22) *γέγραπται.*

12. *Μετὰ δὲ ταῦτα τοῦ Πομπηίου αὐτόθεν ἐπὶ τὴν*
ὑπατείαν καλουμένου, ἐλπίδας ἔχων ὁ Κράσσος συνάρξειν,
2 *ὅμως οὐκ ὤκνησε τοῦ Πομπηίου δεηθῆναι. δεξάμενος δὲ*
d *τὴν χρείαν ἀσμένως ἐκεῖνος – ἐπεθύμει γὰρ ἁμῶς γέ πως*
ἀεὶ χάριτός τινος ὀφειλέτην λαβεῖν τὸν Κράσσον –, ἐσπού-
δασε προθύμως, καὶ τέλος εἶπεν ἐκκλησιάζων, ὡς οὐκ
ἐλάττονα περὶ τοῦ συνάρχοντος ἕξει χάριν ἢ περὶ τῆς
3 *ἀρχῆς. οὐ μὴν ἔμειναν ἐπὶ ταύτης τῆς φιλοφροσύνης εἰς*
a. 70 *τὴν ἀρχὴν καταστάντες, ἀλλ' ὀλίγου δεῖν περὶ πάντων*
διαφερόμενοι καὶ πάντα δυσκολαίνοντες ἀλλήλοις καὶ φι-
λονικοῦντες, ἀπολίτευτον καὶ ἄπρακτον αὐτοῖς τὴν ὑπα-
τείαν ἐποίησαν, πλὴν ὅτι Κράσσος Ἡρακλεῖ μεγάλην θυ-
σίαν ποιησάμενος, εἱστίασε τὸν δῆμον ἀπὸ μυρίων τρα-
πεζῶν καὶ σῖτον ἐπεμέτρησεν εἰς τρίμηνον.
e 4 *Ἤδη δὲ τῆς ἀρχῆς αὐτοῖς τελευτώσης, ἔτυχον μὲν*
ἐκκλησιάζοντες, ἀνὴρ δέ τις οὐ τῶν ἐπιφανῶν, ἱππεὺς 161 L

1 Plut. Pomp. 21, 3 || cap. 12 Plut. Pomp. 22. 23 App. civ. 1, 560sq. Sall. hist. 4, 48. 51 M. Suet. Caes. 19, 2

[NS(UA=)Υ] 1 *κατέφυγε* N || 2 *ἐκ τῆς μάχης πεντακισχίλιοι περιπεσόντες* N: om. SΥ || 7 *μὲν* om. N | *οὐδ'* SΥ: *οὔτ'* N | *αὐτὸς* del. Zie. || 8 *ὀούαν*] *ὄβαν* Marcell. 22, 1 || 10 *θριαμβεῦσαι* SΥ || 13 *ὑπατίαν* N, cf. p. 145, 19 || 14 *τοῦ* SΥ: *τὴν* N || 15 *ἐκεῖνος* om. N || 16 *τὸν* om. N || 20 *ὀλίγον* N || 25 *ἐμέτρησεν* SΥ || 27 *ἐκκλησίαν ἔχοντες* N

54 S Ῥωμαίων, ἀγροῖκος δὲ τῷ βίῳ καὶ ἰδιώτης, ὀνόματι
Γάιος Αὐρήλιος, ἀναβὰς ἐπὶ τὸ βῆμα καὶ προελθών, ὄψιν
διηγεῖτο κατὰ τοὺς ὕπνους αὐτῷ γενομένην. „ὁ γὰρ Ζεύς“
ἔφη „μοι φανεὶς προσέταξεν εἰς κοινὸν εἰπεῖν, ὅπως μὴ
περιίδητε τοὺς ὑπάτους πρότερον ἀποθέσθαι τὴν ἀρχὴν ἢ
φίλους γενέσθαι.“ ταῦτα λέγοντος τοῦ ἀνθρώπου, καὶ τοῦ 5
δήμου διαλλάττεσθαι κελεύοντος, ὁ μὲν Πομπήιος ἡσυχίαν
ἦγεν ἑστώς, ὁ δὲ Κράσσος ἐμβαλὼν τὴν δεξιὰν αὐτῷ πρό-
τερος, „οὐδέν“ εἶπεν „ὦ ἄνδρες πολῖται πράττειν οἴομαι f
ταπεινὸν οὐδ' ἀνάξιον ἐμαυτοῦ, καταρχόμενος εὐνοίας καὶ
φιλίας πρὸς Πομπήιον, ὃν ὑμεῖς μήπω γενειῶντα Μέγαν
ἀνηγορεύσατε καὶ μήπω μετέχοντι βουλῆς ἐψηφίσασθε
θρίαμβον.“

13. Ἡ μὲν οὖν ὑπατεία τοῦ Κράσσου ταῦτ' ἔσχεν ἄξια
μνήμης, ἡ δὲ τιμητεία παντάπασιν ἀτελὴς καὶ ἄπρακτος a. 65
αὐτῷ διῆλθεν – οὔτε γὰρ βουλῆς ἐξέτασιν οὔθ' ἱππέων
ἐπίσκεψιν οὔτ' ἀποτίμησιν πολιτῶν ἐποιήσατο –, καίτοι 551
συνάρχοντα Ῥωμαίων ἔχοντι τὸν πρᾳότατον Λουτάτιον
Κάτλον. ἀλλά φασιν ἐπὶ δεινὸν ὁρμήσαντι τῷ Κράσσῳ 2
πολίτευμα καὶ βίαιον, Αἴγυπτον ποιεῖν ὑποτελῆ Ῥωμαί-
οις, ἀντιβῆναι τὸν Κάτλον ἐρρωμένως, ἐκ δὲ τούτου γενο-
μένης διαφορᾶς, ἑκόντας ἀποθέσθαι τὴν ἀρχήν.
Ἐν δὲ τοῖς περὶ Κατιλίναν πράγμασι μεγάλοις καὶ μι- 3
162 L κροῦ δεήσασιν ἀνατρέψαι τὴν Ῥώμην ἥψατο μέν τις ὑπό- a. 63
νοια τοῦ Κράσσου, καὶ προσῆλθεν ἄνθρωπος ὀνομάζων
*** ἀπὸ τῆς συνωμοσίας, οὐδεὶς δ' ἐπίστευσεν. ὅμως δ' ὁ 4

14 Cass. D. 37, 9, 3 Cic. leg. agr. 2, 41–44 Suet. Caes. 11 || 23 Cass. D. 37, 35, 1 Sall. Cat. 17, 7. 48, 3 Suet. Caes. 9

[NS(UA=)Υ] 1 δὲ ante Ῥωμαίων praeb. N Li. || 1.2 ὀνόματι γάγιος N ὀνάτιος SΥ; pro ὀνάτιος iam Mu. Γάιος, cl. Pomp. 23, 1 || 2 προσελθὼν N || 5 πρότερον post μὴ (l. 4) pos. SΥ || 8 ἦγεν SΥ Pomp.: εἶχεν N | πρότερον e corr. U || 9.10 ἄνδρες οἶμαι πολῖται ταπεινὸν πράττειν SΥ || 12 μετέχοντα N || 15 τιμητία N || 23 ἐν δὲ τοῖς SΥ: ἐπεὶ δ' ἐν τοῖς N | μεγάλοις ⟨γενομένοις⟩ Zie. || 24 ἀναστρέψαι N || 26 lac. ind. Zie.; αὐτὸν add. Cor., sed plura excidisse apertum est | ἐπίστευεν N

Κικέρων ἔν τινι λόγῳ φανερός ἐστι καὶ Κράσσῳ καὶ Καί-
b σαρι τὴν αἰτίαν προστριβόμενος. ἀλλ' οὗτος μὲν ὁ λόγος
ἐξεδόθη μετὰ τὴν ἀμφοῖν τελευτήν, ἐν δὲ τῷ Περὶ τῆς
ὑπατείας ὁ Κικέρων νύκτωρ φησὶ τὸν Κράσσον ἀφικέ-
σθαι πρὸς αὐτόν, ἐπιστολὴν κομίζοντα ⟨τὰ⟩ περὶ τὸν Κατι-
λίναν ἐξηγουμένην ὡς ἤδη βεβαιοῦντα τὴν συνωμοσίαν.
5 ὁ δ' οὖν Κράσσος ἀεὶ μὲν ἐμίσει τὸν Κικέρωνα διὰ τοῦτο, 55 S
τοῦ δὲ βλάπτειν ἀναφανδὸν ἐμποδὼν εἶχε τὸν υἱόν. ὁ γὰρ
Πούπλιος ὢν φιλόλογος καὶ φιλομαθὴς ἐξήρτητο τοῦ
Κικέρωνος, ὥστε καὶ συμμεταβαλεῖν αὐτῷ τὴν ἐσθῆτα κρι-
νομένῳ καὶ τοὺς ἄλλους νέους ταὐτὸ ποιοῦντας παρα-
σχεῖν. τέλος δὲ τὸν πατέρα πείσας φίλον ἐποίησεν.

a. 60 **14.** Ὁ δὲ Καῖσαρ ὡς ἐπανῆλθεν ἀπὸ τῆς ἐπαρχίας,
c παρασκευαζόμενος ὑπατείαν μετιέναι, καὶ Κράσσον ὁρῶν
καὶ Πομπήιον αὖθις ἐν διαφοραῖς πρὸς ἀλλήλους ὄντας,
οὔτε θατέρου δεηθεὶς ἐβούλετο λαβεῖν ἐχθρὸν τὸν ἕτε-
ρον, οὔτε μηδετέρου συνεργοῦντος ἤλπιζε κατορθώσειν.
2 ἔπραττεν οὖν διαλλαγὰς αὐτοῖς προσκείμενος ἀεὶ καὶ δι-
δάσκων, ὡς καταλύοντες ἀλλήλους αὔξουσι Κικέρωνας
καὶ Κάτλους καὶ Κάτωνας, ὧν οὐδεὶς λόγος, ἂν ἐκεῖνοι
συνενεγκόντες εἰς ταὐτὸ τὰς φιλίας καὶ τὰς ἑταιρείας ἑνὶ 163 I
3 κράτει καὶ μιᾷ γνώμῃ τὴν πόλιν ἄγωσι. πείσας δὲ καὶ
διαλλάξας συνήγαγε, καὶ συνέστησεν ἐκ τῶν τριῶν ἰσχὺν
ἄμαχον, ᾗ κατέλυσε Ῥωμαίων τήν τε βουλὴν καὶ τὸν δῆ-
d μον, οὐκ ἐκείνους δι' ἀλλήλων μείζονας, ἀλλὰ δι' ἐκείνων
4 μέγιστον ἑαυτὸν ἀπεργασάμενος. εὐθὺς μὲν γὰρ ἀρθεὶς

4 Plut. Cic. 15 || **8** Plut. Cic. 31, 1. 33, 8 || **13** Plut. Pomp. 47 Caes. 13 App. civ. 2, 33 Cass. D. 37, 54, 3 Liv. per. 103

[**NS(UA=)Υ**] **1** *φανερός ἐστι καὶ* **N**: *φανερὸς ἦν* **SΥ** || **3** *τῆς* **N**: om. **SΥ** || **5** *ἐπιστολήν τινα* **N** || **5.6** *κομίζοντα περὶ τοῦ κατιλίνα καὶ ζητουμένην ὡς*: em. Sint. cl. Cic. 15 || **7** *τοῦτο* **SΥ**: *ταῦτα* **N** || **11** *ταὐτὰ* **SΥ** || **12** *τὸν μὲν* **N** || **17** *οὔτε μεθ' ἑτέρου* **N** || **18** *αὐτοῖς* ex *αὐτὰς* corr. **N** *αὐτὸς* **A²N** | *προσκείμενος ἀεὶ* **NS** (sed in S deinde 3 litt. ras.): *προσκείμενος αὐτοῖς* **U A**m, om. **A**r || **21** *ἑταιρίας* **NSA** || **23** *ἰσχὺν ⟨μίαν⟩* Zie. || **24** *ἧι* **S**: *ᾗ* **NΥ** | *τε* **N**: om. **SΥ** || **26** *μέγιστον ἑαυτὸν* **N**: *ἑαυτὸν μέγιστον* **SΥ** | *μὲν* **N**: om. **SΥ** | *αἱρεθεὶς*: em. Emp.

ὑπ' ἀμφοτέρων ὕπατος ἀπεδείχθη λαμπρῶς, ὑπατεύοντι a. 59
δ' αὐτῷ μεγάλων ψηφισάμενοι στρατευμάτων ἡγεμονίαν
καὶ Γαλατίαν ἐγχειρίσαντες, ὥσπερ εἰς ἀκρόπολιν κατέστη-
σαν, οἰόμενοι καθ' ἡσυχίαν νεμήσεσθαι τὰ λοιπὰ πρὸς
ἀλλήλους ἐκείνῳ βεβαιοῦντες ἣν ἔλαχεν ἀρχήν. Πομπήιος 5
μὲν οὖν ὑπὸ φιλαρχίας ἀμέτρου ταῦτ' ἔπραττε, τῶν δὲ
Κράσσου νοσημάτων τὸ ἀρχαῖον, ἡ φιλοπλουτία, καινὸν
ἔρωτα προσλαβοῦσα καὶ ζῆλον ἐπὶ ταῖς Καίσαρος ἀριστεί-
αις τροπαίων καὶ θριάμβων, οἷς γε μόνοις ἐλαττοῦσθαι e
προὔχοντα τοῖς ἄλλοις ἑαυτόν, οὐκ ἀνῆκεν οὐδ' ἐλώφησε,
πρὶν εἰς ὄλεθρον ἀκλεῆ καὶ δημοσίας συμφορὰς τελευ-
56 S τῆσαι. Καίσαρος γὰρ εἰς Λοῦκαν πόλιν ἐκ Γαλατίας κατα- 6 a. 56
βάντος, ἄλλοι τε πολλοὶ Ῥωμαίων ἀφίκοντο, καὶ Πομ-
πήιος καὶ Κράσσος ἰδίᾳ συγγενόμενοι πρὸς αὐτὸν ἔγνω-
σαν ἐγκρατέστερον ἔχεσθαι τῶν πραγμάτων καὶ πᾶσαν
ὑφ' ἑαυτοῖς ποιεῖσθαι τὴν ἡγεμονίαν, Καίσαρος μὲν ἐν
τοῖς ὅπλοις μένοντος, ἄλλας δ' ἐπαρχίας καὶ στρατεύ-
164 L ματα Πομπηίου καὶ Κράσσου λαβόντων. ἐπὶ ταῦτα δ' 7
ὁδὸς ἦν μία δευτέρας ὑπατείας αἴτησις, ἣν μετιόντων
ἐκείνων ἔδει συμπράττειν Καίσαρα, τοῖς τε φίλοις γρά- f
φοντα καὶ τῶν στρατιωτῶν πέμποντα πολλοὺς ἀρχαιρε-
σιάσοντας.

15. Ἐπὶ τούτοις οἱ περὶ Κράσσον εἰς Ῥώμην ἐπανελ-
θόντες εὐθὺς ἦσαν ὕποπτοι, καὶ πολὺς ἐχώρει διὰ πάντων
λόγος, οὐκ ἐπ' ἀγαθῷ γεγονέναι τὴν σύνοδον αὐτῶν. ἐν δὲ 2

12 Plut. Pomp. 51 Cato min. 41 Caes. 21 Suet. Caes. 24, 1 App. civ. 2, 63 || cap. 15 Plut. Pomp. 51. 52 Cat. min. 41. 42 Cass. D. 39, 30. 31 App. civ. 2, 64 sq.

[NS(UA =)Υ] 1 ἀνεδείχθη N | λαμπρὸς: em. Mu. || 2 μεγάλων Zie.: καλῶς (καλῶν Madvig) || 6 ἔπρασσε SΥ || 7 πολυπλουτία N || 9 οἷς γε Sol.: ὥστε libri ὡς τούτοις μόνοις Anon. οἷς γ' ⟨ἐνόμιζε⟩ Herw., quod certe subaudiendum || 10 ἑαυτόν] αὐτὸν distinctione anteposita cum Mureto editt. | οὐδὲ N: οὔτ' SΥ || 12 εἰς Λοῦκαν Mu.: εἰς τϊ λούκαν N ἐς λουκίαν SΥ || 14 καὶ κράσσος καὶ οἱ συγγενόμενοι πρὸς αὐτὸν ἰδία ἔγνωσαν N || 16 ὑφ'] ἐφ' Ri. || 17 μένοντος SΥ: μένος N || 18 ἐπὶ ταῦτα δ' N: ἐνταῦθα δὲ SΥ || 19 ὑπατίας N; item p. 146, 2. 8. 13. 19

τῇ βουλῇ Μαρκελλίνου καὶ Δομιτίου Πομπήιον ἐρωτών-
552 *των εἰ μέτεισιν ὑπατείαν, ἀπεκρίνατο τυχὸν μὲν μετιέναι,*
τυχὸν δὲ μὴ μετιέναι, καὶ πάλιν ἐρωτώμενος ἔφη μετιέναι
3 *τοῖς δικαίοις πολίταις, μὴ μετιέναι δὲ τοῖς ἀδίκοις. τούτου*
δὲ δόξαντος ὑπερηφάνους ἀποκρίσεις καὶ τετυφωμένας
ποιεῖσθαι, μετριώτερον ὁ Κράσσος εἶπεν, εἰ τῇ πόλει συμ-
φέρει, μετιέναι τὴν ἀρχήν, εἰ δὲ μή, παύσεσθαι. διὸ καί
τινες ἐθάρρησαν ὑπατείαν μετελθεῖν, ὧν ἦν καὶ Δομίτιος.
4 *γενομένων δὲ φανερῶν ἐκείνων ἐν ταῖς παραγγελίαις, οἱ*
μὲν ἄλλοι δείσαντες ἀπέστησαν, Δομίτιον δὲ Κάτων οἰκεῖον
ὄντα καὶ φίλον ἐθάρρυνεν, ἐγκελευόμενος καὶ παρορμῶν
b *ἔχεσθαι τῆς ἐλπίδος ὡς ὑπερμαχοῦντα τῆς κοινῆς ἐλευ-*
θερίας· οὐ γὰρ ὑπατείας Πομπήιον δεῖσθαι καὶ Κράσσον,
ἀλλὰ τυραννίδος, οὐδ' ἀρχῆς αἴτησιν, ἀλλ' ἁρπαγὴν ἐπαρ-
5 *χιῶν καὶ στρατοπέδων εἶναι τὰ πρασσόμενα. ταῦτα δὲ*
καὶ λέγων οὕτω καὶ φρονῶν ὁ Κάτων μονονοὺ βίᾳ προῆ-
γεν εἰς ἀγορὰν τὸν Δομίτιον, καὶ συνίσταντο πολλοὶ πρὸς
αὐτούς. καὶ τὸ θαυμαζόμενον οὐκ ὀλίγον ἦν· „τί δὴ δευ- 165 L 57 S
τέρας οὗτοι χρῄζουσιν ὑπατείας; τί δὲ πάλιν μετ' ἀλλήλων;
τί δ' οὐ μεθ' ἑτέρων; πολλοὶ δ' εἰσὶν ἄνδρες ἡμῖν οὐκ
6 *ἀνάξιοι δήπου Κράσσῳ καὶ Πομπηίῳ συνάρχειν.“ ἐκ τού-*
του δείσαντες οἱ περὶ Πομπήιον οὐδενὸς ἀπείχοντο τῶν
c *ἀκοσμοτάτων καὶ βιαιοτάτων, ἀλλὰ πρὸς πᾶσι τοῖς ἄλλοις*
λόχον ὑφέντες τῷ Δομιτίῳ, νυκτὸς ἔτι μετὰ τῶν φίλων
κατερχομένῳ, κτείνουσι μὲν τὸν ἀνέχοντα τὸ φῶς πρὸ
αὐτοῦ, συντιτρώσκουσι δὲ πολλούς, ὧν ἦν καὶ ὁ Κάτων.
7 *τρεψάμενοι δὲ καὶ κατακλείσαντες εἰς τὴν οἰκίαν ἐκεί-*
a. 55 *νους, ἀνηγορεύθησαν ὕπατοι, καὶ μετ' οὐ πολὺν χρόνον*
αὖθις ὅπλοις περισχόντες τὸ βῆμα, καὶ τὸν Κάτωνα τῆς
ἀγορᾶς ἐκβαλόντες, καί τινας ὑποστάντας ἀποκτείναντες,

[**NS**(**UA** =)**Υ**] **1** *βουλῇ*] *δήμῳ* Pomp. 51, 5 || **3** *ἐρωτηθεὶς* **N** | *ἔφη μὴ* **N** || **4** *μὴ* om. **N** || **6.7** *μετιέναι συμφέρει* **Υ** || **7** *παύσεσθαι* Cor.: *πεπαύσεσθαι* **SΥ** *πεπαῦσθαι* **N** || **15** *πραττόμενα* **SΥ** || **16** *βίαν* **N** | *προσῆγεν* **N** || **18** *θαυμαζόμενον* **N**: *θαυμάζον* **SΥ** || **18. 19** *δευτέρας ὑπατείας οὗτοι χρῄζουσιν* **N** || **20** *ἡμῖν ἄνδρες* **N** || **22** *ἀντείχοντο* **Υ** (corr. **U**[2]) || **24** *φίλων* **N**: *ἄλλων* **SΥ** || **26** *ὁ* **N**: om. **SΥ** || **28** *μετ' οὐ* **NS**: *μετὰ* **Υ** || **29** *βῆμα* **N** *οἴκημα* **SΥ**

Καίσαρι μὲν ἄλλην ἐπέδοσαν πενταετίαν τῆς ἀρχῆς, αὐ-
τοῖς δὲ τῶν ἐπαρχιῶν ἐψηφίσαντο Συρίαν καὶ Ἰβηρίας
συναμφοτέρας. κληρουμένων δὲ Συρίαν ἔλαχε Κράσσος, d
τὰ δ' Ἰβηρικὰ Πομπήιος.

16. Ἦν δ' ἀσπάσιος ἅπασιν ὁ κλῆρος. οἵ τε γὰρ πολλοὶ
Πομπήιον ἐβούλοντο μὴ μακρὰν εἶναι τῆς πόλεως, καὶ
Πομπήιος ἐρῶν τῆς γυναικὸς αὐτόθι τὰ πολλὰ διατρίβειν
ἔμελλε, Κράσσος δ' ὑπὸ χαρᾶς εὐθὺς ⟨ἅμ'⟩ ἐκπεσόντι τῷ
κλήρῳ καταφανὴς ἦν οὐδὲν εὐτύχημα λαμπρότερον ἑαυτῷ
γεγονέναι τοῦ παρόντος ἡγούμενος, ὡς μόλις ἐν ἀλλοτρίοις
166 L καὶ πολλοῖς ἡσυχίαν ἄγειν, πρὸς δὲ τοὺς συνήθεις πολλὰ
κενὰ καὶ μειρακιώδη λέγειν παρ' ἡλικίαν τὴν ἑαυτοῦ καὶ
φύσιν, ἥκιστα κομπαστὴς ἢ σοβαρὸς ἐν τῷ βίῳ γεγονώς.
τότε δ' ἐπηρμένος κομιδῇ καὶ διεφθαρμένος, οὐ Συρίαν 2 e
οὐδὲ Πάρθους ὅρον ἐποιεῖτο τῆς εὐπραξίας, ἀλλ' ὡς παι-
διὰν ἀποφανῶν τὰ Λευκόλλου πρὸς Τιγράνην καὶ Πομπηίου
πρὸς Μιθριδάτην, ἄχρι Βακτρίων καὶ Ἰνδῶν καὶ τῆς ἔξω
θαλάσσης ἀνῆγεν ἑαυτὸν ταῖς ἐλπίσι. καίτοι τῷ γραφέντι
περὶ τούτων νόμῳ Παρθικὸς πόλεμος οὐ προσῆν. ᾔδε- 3
58 S σαν δὲ πάντες, ὅτι πρὸς τοῦτο Κράσσος ἐπτόητο, καὶ
Καῖσαρ ἐκ Γαλατίας ἔγραφεν αὐτῷ, τὴν ὁρμὴν ἐπαινῶν
καὶ παροξύνων ἐπὶ τὸν πόλεμον. ἐπεὶ δὲ δημαρχῶν Ἀτή- 4
ιος ἔμελλε πρὸς τὴν ἔξοδον ἐναντιώσεσθαι, καὶ συνίσταντο
πολλοὶ χαλεπαίνοντες, εἴ τις ἀνθρώποις οὐδὲν ἀδικοῦσιν,
ἀλλ' ἐνσπόνδοις, πολεμήσων ἄπεισι, δείσας ὁ Κράσ- f
σος ἐδεήθη Πομπηίου παραγενέσθαι καὶ συμπροπέμψαι.

[ONS(UA =)Υ] **1** *Καίσαρι*] incipit Ps.-Appiani Parth. (O) | *ἔδοσαν* N || **2. 3** *ἰβηρίας συναμφοτέρας* (*συν* s. s. N) NSΥ: *ἰβηρίαν* O || **3. 4** *συρίαν μὲν ἔλαβε κράσσος πομπήιος δ' ἔλαβεν ἰβηρίαν* O || **5** *ἀσπάσιος* O: *ἀκούσιος* NSΥ | *ἅπασιν ὁ κλῆρος* O: *ὁ κλῆρος ἅπασιν* NSΥ || **6** *ἐβούλοντο* h. l. O: post *πόλεως* NSΥ || **8** *ἅμ'* add. Zie. (*ἐπ'* Rei. Li.) || **9** *οὐθὲν* O || **10. 11** *ἐν—πολλοῖς* om. O || **12** *κενὰ* O: *καινὰ* SΥ, om. N || **13** *ἐν* ON: om. SΥ || **16** *ἀποφαί-νοντα λευκόλλου* N | *τιγράνη* N || **17** *ἰνδρῶν* N || **18** *ἀφῆκεν* Madvig || **19** *παρθικὸς* O: *παροικὸς* NSΥ || **20** *τοῦτον* Rei. | *ἐπτόητο* O: *ἐπτόηται* NSΥ || **21** *ἔγραφεν* O: *ἔγραψεν* NSΥ || **22** *ἀτήιος* OSΥ: *ἀτούκιος* N || **26** *πομπηίω* N

5 μέγα γὰρ ἦν ἐκείνου τὸ πρὸς τὸν ὄχλον ἀξίωμα, καὶ τότε
παρεσκευασμένους πολλοὺς ἐνίστασθαι καὶ καταβοᾶν ὁρώ-
μενος πρὸ αὐτοῦ φαιδρῷ τῷ βλέμματι καὶ προσώπῳ
κατεπράυνεν ὁ Πομπήιος, ὥσθ' ὑπείκειν σιωπῇ δι' αὐ-
553 6 τῶν προϊοῦσιν. ὁ δ' Ἀτήιος ἀπαντήσας, πρῶτον μὲν ἀπὸ
φωνῆς ἐκώλυε καὶ διεμαρτύρετο μὴ βαδίζειν, ἔπειτα τὸν
ὑπηρέτην ἐκέλευσεν ἁψάμενον τοῦ σώματος κατέχειν.
7 ἄλλων δὲ δημάρχων οὐκ ἐώντων, ὁ μὲν ὑπηρέτης ἀφῆκε 167 L
τὸν Κράσσον, ὁ δ' Ἀτήιος προδραμὼν ἐπὶ τὴν πύλην ἔθη-
κεν ἐσχαρίδα καιομένην, καὶ τοῦ Κράσσου γενομένου κατ'
αὐτήν, ἐπιθυμιῶν καὶ κατασπένδων ἀρὰς ἐπηρᾶτο δεινὰς
μὲν αὐτὰς καὶ φρικώδεις, δεινοὺς δέ τινας θεοὺς καὶ
8 ἀλλοκότους ἐπ' αὐταῖς καλῶν καὶ ὀνομάζων. ταύτας φασὶ
Ῥωμαῖοι τὰς ἀρὰς ἀποθέτους οὔσας καὶ παλαιὰς τοιαύτην
b ἔχειν δύναμιν, ὡς περιφεύγειν μηδένα τῶν ἐνσχεθέντων
αὐταῖς, κακῶς δὲ πράσσειν καὶ τὸν χρησάμενον, ὅθεν οὐκ
ἐπὶ τοῖς τυχοῦσιν αὐτὰς οὐδ' ὑπὸ πολλῶν ἐγείρεσθαι. καὶ
τότ' οὖν ἐμέμφοντο τὸν Ἀτήιον, εἰ δι' ἣν ἐχαλέπαινε τῷ
Κράσσῳ πόλιν, εἰς αὐτὴν ἀρὰς ἀφῆκε καὶ δεισιδαιμονίαν
τοσαύτην.

17. Ὁ δὲ Κράσσος εἰς Βρεντέσιον ἦλθεν. ἔτι δ' ἀστα-
τούσης χειμῶνι τῆς θαλάσσης, οὐ περιέμεινεν, ἀλλ' ἀνή-
χθη καὶ συχνὰ τῶν πλοίων ἀπέβαλε, τὴν δ' ἄλλην ἀνα-
2 λαβὼν δύναμιν, ἠπείγετο πεζῇ διὰ Γαλατίας. εὑρὼν δὲ
τὸν βασιλέα Δηιόταρον πάνυ μὲν ὄντα γηραιὸν ἤδη, κτί- 59 S

8 Cass. D. 39, 39, 5–7 App. civ. 2, 66 Cic. divin. 1, 29 Vell. Pat. 2, 46, 3 Flor. 1, 46, 3. Lucan. 3, 126

[ONS(UA=)Υ] 3 αὐτοῦ ⟨βαδίζων⟩ Zie. | τῷ O: om. NSΥ, cf. Publ. 17, 4. 19, 7 || 4 αὐτῶν OΥ: αὐτὸν NS || 5 προιοῦσιν O: προσιοῦσιν NSΥ || 7 ἐκέλευσεν ON: ἐκέλευεν SΥ || 8 ἀφῆκε O: οὐκ ἀνῆκε NSΥ || 9 πύλην ONS: πόλιν Υ || 11 αὐτὸν N || 12 αὐτὰς SΥ: αὐτὸς N αὐτῷ O || 14 οὔσας O: om. NSΥ | 14. 15 παλαιὰς ἐχούσας τοιαύτην ἔχειν N | τοσαύτην Ri. || 15 περιφεύγειν ON: περιφυγεῖν SΥ || 17 ἐγείρεσθαι O: ἀρᾶσθαι NSΥ || 18 τὸν om. N || 21 βρεντήσιον N | ἦλθεν ἔτι δ' NSΥ: ἐλθὼν ἔτι O | ἀστατούσης ON: ἀστάτου οὔσης SΥ || 22 χειμῶσι A

ζοντα δὲ νέαν πόλιν, ἐπέσκωψεν εἰπών· „ὦ βασιλεῦ,
δωδεκάτης ὥρας οἰκοδομεῖν ἄρχῃ.“ γελάσας δ' ὁ Γαλάτης· c
„ἀλλ' οὐδ' αὐτός“ εἶπεν „ὦ αὐτόκρατορ, ὡς ὁρῶ, πρωὶ
λίαν ἐπὶ Πάρθους ἐλαύνεις.“ ἦν δ' ὁ Κράσσος ἑξήκοντα 3
μὲν ἔτη παραλλάττων, πρεσβύτερος δὲ τὴν ὄψιν ἢ καθ'
ἡλικίαν. ἀφικόμενον δ' αὐτὸν ἐδέξατο τὰ πράγματα τῆς
168 L ἐλπίδος ἀξίως τὸ πρῶτον. καὶ γὰρ ἔζευξε ῥᾳδίως τὸν 4
Εὐφράτην καὶ διήγαγε τὸν στρατὸν ἀσφαλῶς, καὶ πόλεις
πολλὰς ἐν τῇ Μεσοποταμίᾳ κατέσχεν, ἑκουσίως προσθε-
μένας. ἐν μιᾷ δ', ἧς Ἀπολλώνιός τις ἐτυράννει, στρατιωτῶν 5
ἑκατὸν ἀναιρεθέντων, ἐπαγαγὼν τὴν δύναμιν αὐτῇ καὶ
κρατήσας, διήρπασε τὰ χρήματα καὶ τοὺς ἀνθρώπους
ἀπέδοτο· Ζηνοδοτίαν ἐκάλουν τὴν πόλιν οἱ Ἕλληνες. ἐπὶ 6 d
ταύτῃ δ' ἁλούσῃ δεξάμενος αὐτοκράτωρ ὑπὸ τῆς στρατιᾶς
ἀναγορευθῆναι, πολλὴν ὦφλεν αἰσχύνην καὶ ταπεινὸς ἐφάνη
καὶ περὶ τὰ μείζονα δύσελπις, οὕτω πλεονέκτημα μικρὸν
ἠγαπηκώς. ἐμβαλὼν δὲ φρουρὰς ταῖς προσκεχωρηκυίαις 7
πόλεσιν, ὧν ἀριθμὸς ἦν ἑπτακισχίλιοι πεζοί, χίλιοι δ'
ἱππεῖς, ἀνεχώρησεν αὐτός, ἐν Συρίᾳ διαχειμάσων καὶ
δεξόμενος αὐτόθι τὸν υἱόν, ἥκοντα παρὰ Καίσαρος ἐκ Γα-
λατίας, αὐτόν τε κεκοσμημένον ἀριστείοις καὶ χιλίους
ἱππέας ἐπιλέκτους ἄγοντα. τοῦτο πρῶτον ἁμαρτεῖν ἔδο- 8
ξεν ὁ Κράσσος – μετά γε τὴν στρατείαν αὐτήν – μέγιστον
ἁμάρτημα τῶν γενομένων, ὅτι πρόσω χωρεῖν δέον ἔχεσθαί e

7 Cass. D. 40, 12, 3 Flor. 1, 46, 3 || 10 Cass. D. 40, 13, 2

[ONS(UA =)Υ] 2 δ' om. N || 4 δ' ὁ OSΥ: δὲ N | 5 παραλλάσσων N || 10 τις om. OΥ et in S s. s. m. 1 || 11 αἱρεθέντων Υ | αὐτοῖς: em. Zie. | καὶ om. N || 13 ζηνοδοτιτίαν N || 14 ταύτης . . . ἁλούσης: em. Zie. | δὲ ON: om. SΥ | στρατείας ex στρατιᾶς corr. N || 15 αἱρεθῆναι Υ || 16 οὕτω OSΥ: αὐτῷ N || 17 προκεχωρηκυίαις N || 18 ἑπτακισχίλιοι ON et s. s. m. 2 S: ἑπτακισχιλίων S^1A ἑπτακισχιλίαν U || 19 ἐπὶ συρίας N || 20 δεξάμενος: em. Br. || 22 ἱππέας O: ἱππεῖς NSΥ | ἔδοξεν ἁμαρτεῖν N || 23 γε OSΥ: δὲ N | στρατείαν ON: στρατιὰν SΥ | μέγιστον ON: μεγίστων SΥ (sed μεγίστην e corr. m. 1 U) ⟨οὖσαν⟩ μέγιστον? Zie.

τε Βαβυλῶνος καὶ Σελευκείας, δυσμενῶν ἀεὶ Πάρθοις
9 πόλεων, χρόνον ἔδωκε τοῖς πολεμίοις παρασκευῆς. ἔπειτα
τὰς ἐν Συρίᾳ διατριβὰς ᾐτιῶντο, χρηματιστικὰς μᾶλλον
οὔσας ἢ στρατηγικάς· οὐ γὰρ ὅπλων ἀριθμὸν ἐξετάζων 169 L
οὐδὲ γυμνασιῶν ποιούμενος ἁμίλλας, ἀλλὰ προσόδους
πόλεων ἐκλογιζόμενος, καὶ τὰ χρήματα τῆς ἐν Ἱεραπόλει
θεοῦ σταθμοῖς καὶ τρυτάναις μεταχειριζόμενος ἐπὶ πολλὰς 60 S
ἡμέρας, ἐπιγράφων δὲ καὶ δήμοις καὶ δυνάσταις στρατιωτῶν καταλόγους, εἶτ' ἀνιεὶς ἀργύριον διδόντας, ἠδόξει
10 καὶ κατεφρονεῖτο. γίνεται δὲ πρῶτον αὐτῷ σημεῖον ἀπὸ
f τῆς θεοῦ ταύτης, ἣν οἱ μὲν Ἀφροδίτην, οἱ δ' Ἥραν, οἱ δὲ
τὴν ἀρχὰς καὶ σπέρματα πᾶσιν ἐξ ὑγρῶν παρασχοῦσαν αἰτίαν καὶ φύσιν νομίζουσι καὶ τὴν πάντων εἰς ἀνθρώπους ἀρχὴν ἀγαθῶν καταδείξασαν. ἐξιόντων γὰρ ἐκ τοῦ ἱεροῦ
554 πρῶτος ἐσφάλη κατὰ τὰς θύρας ὁ νεανίας Κράσσος, εἶτ' ἐπ' αὐτῷ περιπεσὼν ὁ πρεσβύτερος.

18. Ἤδη δὲ τὰς δυνάμεις ἐκ τῶν χειμαδίων συναθροίζοντος αὐτοῦ, πρέσβεις ἀφίκοντο παρ' Ἀρσάκου, βραχύν τινα λόγον κομίζοντες. ἔφασαν γάρ, εἰ μὲν ὑπὸ Ῥωμαίων ὁ στρατὸς ἀπέσταλται, πόλεμον αὐτοῖς ἄσπονδον εἶναι καὶ ἀδιάλλακτον, εἰ δὲ τῆς πατρίδος ἀκούσης – ὡς πυνθάνονται – Κράσσος ἰδίων ἕνεκα κερδῶν ὅπλα Πάρθοις ἐπενήνοχε καὶ χώραν κατείληφε, μετριάζειν Ἀρσάκην καὶ τὸ μὲν Κράσσου γῆρας οἰκτίρειν, ἀφιέναι δὲ Ῥωμαίοις τοὺς ἄνδρας, οὓς ἔχει φρουρουμένους μᾶλλον ἢ φρουροῦντας.
2 πρὸς ταῦτα Κράσσου κομπάσαντος, ὡς ἐν Σελευκείᾳ

5 Oros. 6, 13, 2 || 26 Cass. D. 40, 16 Flor. 1, 46, 4 Oros. 6, 13, 2 Fest. brev. 17, 1

[ONS(UA=)Υ] 1 *σελευκίας* N, cf. l. 26 et p. 153, 24 || 1. 2 *δυσμενῶς—πολεμῶν* N et *δυσμενῶς πολεμῶν* S^m || 2 *ἔδωκε* O: *ἐνέδωκε* NSΥ || 6 *πόλεως* N || 8 *δυνάσταις* ON: *δυναστείαις* SΥ || 9 *εἶτ' ἀνιεὶς* OSΥ: *ἅπαν εἰς* N | *διδόντων* Zie. || 10 *κατεφρονεῖτο* O: *κατεφρονεῖτο τούτοις* NSΥ || 12. 13 *ἐξ αὐτῶν παρασχοῦσαν ἐξ ὧν αἰτίαν* N || 13. 14 *καὶ*[2]*—καταδείξασαν* om. O || 15 *θύρας* ON: *πύλας* SΥ | *νεανίας*, α[1] s. s. m. 2, S || 16 *ἐπ'* om. N || 20 *αὐτοῖς* ON: om. SΥ || 25 *οὓς ἔχει φρουρουμένους* SΥ: *οὓς ἔχει ἐν φρουρᾷ* N *ἐμφρούρους* O || 26 *σελευκία* N, cf. l. 1

δώσει τὰς ἀποκρίσεις, γελάσας ὁ πρεσβύτατος τῶν πρέσ- b
170 L βεων Οὐαγίσης καὶ τῆς χειρὸς ὑπτίας δείξας τὸ μέσον,
„ἐντεῦθεν“ εἶπεν „ὦ Κράσσε φύσονται τρίχες πρότερον
ἢ σὺ ὄψει Σελεύκειαν.“ οὗτοι μὲν οὖν ἀπήλαυνον ὡς 3
Ὀρώδην βασιλέα, πολεμητέα φράσοντες, ἐκ δὲ τῶν πόλεων,
ἃς ἐφρούρουν Ῥωμαῖοι τῆς Μεσοποταμίας, παραβόλως
τινὲς διεκπεσόντες ἄξια φροντίδων ἀπήγγελλον, αὐτόπται
μὲν γεγονότες τοῦ τε πλήθους τῶν πολεμίων καὶ τῶν ἀγώ-
νων οὓς ἠγωνίσαντο προσμαχόμενοι ταῖς πόλεσιν, οἷα δὲ
φιλεῖ, πάντα πρὸς τὸ δεινότερον ἐξαγγέλλοντες, ὡς ἄφυ-
61 S κτοι μὲν οἱ ἄνδρες διώκοντες, ἄληπτοι δὲ φεύγοντες, βέλη c
δὲ πτηνὰ προθέοντα τῆς ὄψεως καί, πρὶν ὀφθῆναι τὸν
βάλλοντα, χωροῦντα διὰ τοῦ προστυχόντος, τῶν δὲ κατα-
φράκτων ὅπλων τὰ μὲν διὰ παντὸς ὠθεῖσθαι, τὰ δὲ πρὸς
μηδὲν ἐνδιδόναι πεποιημένα. ταῦτα τῶν στρατιωτῶν ἀκου- 4
όντων τὸ θράσος ὑπήρειπε· πεπεισμένοι γὰρ οὐδὲν Ἀρμε-
νίων διαφέρειν Πάρθους οὐδὲ Καππαδοκῶν, οὓς ἄγων καὶ
φέρων Λεύκολλος ἀπεῖπε, καὶ τοῦ πολέμου τὸ χαλεπώτα-
τον ἡγούμενοι μακρὰν ὁδὸν ἔσεσθαι καὶ δίωξιν ἀνθρώπων
εἰς χεῖρας οὐκ ἀφιξομένων, παρ' ἐλπίδας ἀγῶνα καὶ κίνδυ-
νον μέγαν προσεδόκων, ὥστε καὶ τῶν ἐν τέλει τινὰς οἴεσθαι
δεῖν ἐπισχόντα τὸν Κράσσον αὖθις ὑπὲρ τῶν ὅλων γνώμην d
171 L προθέσθαι· τούτων ἦν Κάσσιος ὁ ταμίας. ἡσυχῇ δὲ παρε- 5
δήλουν καὶ οἱ μάντεις, ὡς ἀεὶ πονηρὰ σημεῖα καὶ δυσέκθυτα
προφαίνοιτο τῷ Κράσσῳ διὰ τῶν ἱερῶν. ἀλλ' οὔτε τούτοις
προσεῖχεν οὔτε τοῖς ἕτερόν τι πλὴν ἐπείγεσθαι παραινοῦσιν.

[ONS(UA=)Υ] **2** *Οὐαγίσης*] *Vageses* Oros. 6, 13, 2 || **3** *πρότερον* ON: om. SΥ (in U *τρίχες*+, eras. *π*) || **5** *βασιλέα Ὀρώδην*: trp. Zie. | *ὀρώδην* O^m O^i: *ὑρώδην* SU et s. s. O^m *ὑρώδη* N *ἡρώδην* O^v et corr. ex *ὑρώδην* A; cf. p. 155, 5. 156, 20. 23 Anton. 33. 37; *Ὀρώδης* Cass. D. (passim) Strab. 702 *Ὑρώδης* Polyaen. 7, 41 *Orodes* ap. Latinos; cf. Boiss. ad Cass. D. 39, 56, 2 || **8** *μὲν* om. S || **9** *οὓς* ONΥ: *ὧν* S || **10** *ἐξαγγέλλοντες* mirum (*ἐξαίροντες* Rei.) || **12** *πτηνὰ προθέοντα* O: *καινὰ προθέοντα* S^r Υ *ἐκεῖνα παραθέοντα* NS^m (m. 1) || **13** *βάλλοντα–καταφράκτων* om. U | *τῶν δὲ* ⟨*τῶν*⟩ Rei. || **14** *ὅπλα* Mu. || **14. 15** *τὸ μὲν–τὸ δὲ–πεποιημένον* O || **16** *ὑπήρειπε* O: *ὑπέπιπτε* NSΥ || **20** *ἐς* O constanter || **21** *μέγα*+ (*ν* eras.) N || **22** *τὸν* om. O | *ὅλων*] *ἄλλων* N || **23** *προτίθεσθαι* N || **25** *φαίνοιτο* N | *οὔτε*] *οὐδὲ* N

19. Οὐχ ἥκιστα δ' αὐτὸν Ἀρταβάζης ὁ Ἀρμενίων βασι-
λεὺς ἐπέρρωσεν· ἦλθε γὰρ εἰς τὸ στρατόπεδον μεθ' ἑξακι-
σχιλίων ἱππέων. καὶ οὗτοι μὲν ἐλέγοντο φύλακες καὶ προ-
πομποὶ βασιλέως· ἑτέρους δὲ μυρίους ὑπισχνεῖτο κατα-
2 φράκτους καὶ τρισμυρίους πεζοὺς οἰκοσίτους. ἔπειθε δὲ
e Κράσσον ἐμβαλεῖν δι' Ἀρμενίας εἰς τὴν Παρθίαν· οὐ γὰρ
μόνον ἐν ἀφθόνοις τὴν στρατιὰν διάξειν αὐτοῦ παρέχοντος,
ἀλλὰ καὶ πορεύσεσθαι δι' ἀσφαλείας, ὄρη πολλὰ καὶ λόφους
συνεχεῖς καὶ χωρία δύσιππα πρὸς τὴν ἵππον, ἣ μόνη Πάρ-
3 θων ἀλκή, προβαλλόμενον. ὁ δὲ τὴν μὲν προθυμίαν αὐτοῦ
καὶ τὴν λαμπρότητα τῆς παρασκευῆς οὐ μετρίως ἠγάπησε,
βαδιεῖσθαι δ' ἔφη διὰ Μεσοποταμίας, ὅπου πολλοὺς καὶ
ἀγαθοὺς Ῥωμαίων ἄνδρας ἀπέλιπεν. ὁ μὲν οὖν Ἀρμένιος
ἐπὶ τούτοις ἀπήλαυνε.

4 Τῷ δὲ Κράσσῳ διαβιβάζοντι τὴν στρατιὰν κατὰ τὸ 62 S
Ζεῦγμα πολλαὶ μὲν ὑπερφυεῖς βρονταὶ περιερρήγνυντο,
πολλὰ δὲ κατήστραπτεν ἐναντία τῷ στρατῷ, πνεῦμα δὲ
f νέφει καὶ πρηστῆρι μεμειγμένον ἐρεῖσαν αὐτοῦ κατὰ τῆς
5 σχεδίας ἀνέρρηξε πολλὰ καὶ συνέτριψεν. ἐβλήθη δὲ καὶ 172 L
κεραυνοῖς δυσὶν ὁ χῶρος οὗ στρατοπεδεύειν ἔμελλεν. ἵππος
δὲ τῶν στρατηγικῶν ἐπιφανῶς κεκοσμημένος βίᾳ συνε-
πισπάσας τὸν ἡνίοχον εἰς τὸ ῥεῖθρον ὑποβρύχιος ἠφανίσθη.
555 λέγεται δὲ καὶ τῶν ἀετῶν ὁ πρῶτος ἀρθεὶς ἀπὸ ταὐτομάτου
6 μεταστραφῆναι. πρὸς δὲ τούτοις συνέπεσε μετὰ τὴν διά-
βασιν μετρουμένοις τὰ ἐπιτήδεια τοῖς στρατιώταις πρῶ-
τον πάντων δοθῆναι φακοὺς καὶ μάζαν, ἃ νομίζουσι Ῥω-

1 Cass. D. 40, 16, 2 || 15sq. Cass. D. 40,17–19 Obseq. 64 [124]

[ONS(UA=)Υ] 1 ἀρταβάζης OSΥ: ἀρταουάζης N, cf. p. 155, 7. 156, 19. 157, 2 et Boiss. ad Cass. D. 40, 16, 2 || 2. 3 μετὰ χιλίων N || 6 παρθυέων N || 7 τὴν στρατιὰν (-είαν N) διάξειν ON: διάξειν τὴν στρατιὰν SΥ || 8 πορεύεσθαι: em. Steph. || 10 ἀλκή] ἄλλη N | προσβαλλόμενον N | μὲν ON: om. SΥ || 11 τῆς παρασκευῆς O: τῆς βοηθείας NSΥ | οὐ O: om. NSΥ, fort. recte || 15 στρατείαν N || 17 κατήστραπτεν O: καὶ ἤστραπτεν NSΥ | ἀντία N || 18 νέφη τὲ καὶ N | ἐρείσαντος O || 19 καὶ[2] om. S || 20 κεναυροῖς S[1] | ἔμελλον O || 23 ἀπ' αὐτομάτου O || 25 πρῶτον O: πρῶτα NSΥ || 26 μάζαν O: ἅλας NSΥ

μαῖοι πένθιμα καὶ προτίθενται τοῖς νεκυσίοις, αὐτοῦ τε
Κράσσου δημηγοροῦντος ἐξέπεσε φωνή, δεινῶς συγχέασα
τὸν στρατόν· ἔφη γὰρ τὸ ζεῦγμα τοῦ ποταμοῦ διαλύειν, 7
ὅπως μηδεὶς αὐτῶν ἐπανέλθῃ· καὶ δέον, ὡς ᾔσθετο, τοῦ
ῥήματος τὴν ἀτοπίαν ἀναλαβεῖν, καὶ διασαφῆσαι πρὸς
τοὺς ἀποδειλιῶντας τὸ εἰρημένον, ἠμέλησεν ὑπ' αὐθαδείας.
τέλος δὲ τὸν εἰθισμένον καθαρμὸν ἐσφαγιάζετο, καὶ τὰ 8
σπλάγχνα τοῦ μάντεως αὐτῷ προσδόντος ἐξέβαλε τῶν b
χειρῶν· ἐφ' ᾧ καὶ μάλιστα δυσχεραίνοντας ἰδὼν τοὺς
παρόντας, ἐμειδίασε καὶ „τοιοῦτον" ἔφη „τὸ γῆρας· ἀλλὰ
τῶν γ' ὅπλων οὐδὲν ἂν ἐκφύγοι τὰς χεῖρας."

20. Ἐκ τούτου παρὰ τὸν ποταμὸν ἐξήλαυνεν, ἑπτὰ μὲν
ἔχων ὁπλιτῶν τάγματα καὶ τετρακισχιλίων ὀλίγον ἀπο-
δέοντας ἱππεῖς, ψιλοὺς δὲ τοῖς ἱππεῦσι παραπλησίους.
τῶν δὲ προδρόμων τινὲς ἀπὸ σκοπιᾶς ἐπανελθόντες, 2
ἤγγελλον ἀνθρώπων μὲν ἔρημον εἶναι τὴν χώραν, ἵππων
173 L δ' ἐντετυχηκέναι πολλῶν ἴχνεσιν, οἷον ἐκ μεταβολῆς
ὀπίσω διωκομένων. ὅθεν αὐτός τε Κράσσος ἔτι μᾶλλον 3
63 S εὔελπις ἦν, καὶ τοῖς στρατιώταις παντάπασι τῶν Πάρ- c
θων παρέστη καταφρονεῖν, ὡς οὐκ ἀφιξομένων εἰς χεῖρας.
ὅμως δ' οἱ περὶ Κάσσιον αὖθις διελέγοντο τῷ Κράσσῳ, καὶ 4
παρῄνουν μάλιστα μὲν ἐν πόλει τινὶ τῶν φρουρουμένων
ἀναλαβεῖν τὴν δύναμιν, ἄχρι οὗ τι πύθηται περὶ τῶν πολε-
μίων βέβαιον· εἰ δὲ μή, χωρεῖν ἐπὶ Σελευκείας παρὰ τὸν
ποταμόν· εὐπορίαν γὰρ τὰ σιτηγὰ τῆς ἀγορᾶς παρέξειν,
ἅμα συγκαταίροντα πρὸς τὸ στρατόπεδον, καὶ φύλακα τοῦ

12 Flor. 1, 46, 2

[ONS(UA =)Υ] **1** *νεκυσίοις* Schweighaeuser: *νεκυείοις* **O** *νεκύοις* **N** *νέκυσιν* **SΥ** || **2** *ἐξέπεσεν ἡ φωνὴ* **N** || **3** *διαλύσειν* Rei. || **7** *τελέσας* **ONS²** || **8** *προδόντος* **N** || **9** *καὶ* om. **O** || **10** *τοσοῦτον* **N** || **11** *ἐκφύγῃ*, s. s. *οι* m. 1, **S** || **13** *τῶν ὁπλιτῶν* **N** || **15** *ἀπὸ σκοπιᾶς* **NSΥ**: *ἀποσκοπήσαντες* **O** || **16. 17** *ἀνθρώπων—ἐντετυχηκέναι* om. **S** || **18** *τε*] *ὁ* **N** | *ἔτι μᾶλλον* om. **O** || **21** *ἐλέγοντο* **N** || **24** *σελευκείας* ex *-κίας* corr. **N**, cf. p. 150, 1 || **25** *σιτητὰ* **N** *σιτηρὰ* **O** | *παρ-έξειν* **ON**: *παρασχεῖν* **SΥ** *μὴ κυκλωθῆναι τὸν ποταμὸν ἔχοντας, ἀπ' ἴσης ἀεὶ πρὸς ἐναντίους μαχεῖσθαι τοὺς πολεμίους.*

21. *Ταῦτα τοῦ Κράσσου διασκοποῦντος ἔτι καὶ βου-
λευομένου, παραγίνεται φύλαρχος Ἀράβων Ἄβγαρος ὄνο-*
d *μα, δολερὸς καὶ παλίμβολος ἀνὴρ καὶ πάντων ὅσα συνή-
νεγκεν εἰς ὄλεθρον ἡ τύχη κακὰ μέγιστον αὐτοῖς καὶ τελει-*
2 *ότατον γενόμενος. τοῦτον δ' ᾔδεσαν ἔνιοι τῶν Πομπηΐῳ
συνεστρατευμένων ἀπολαύσαντά τι τῆς ἐκείνου φιλαν-
θρωπίας καὶ δόξαντα φιλορώμαιον εἶναι· τότε δ' ὑφεῖτο
τῷ Κράσσῳ μετὰ γνώμης τῶν βασιλέως στρατηγῶν, εἰ
δύναιτο παρατρέψας αὐτὸν ἀπωτάτω τοῦ ποταμοῦ καὶ τῶν* 174 L
ὑπωρειῶν εἰς πεδίον ἐκβαλεῖν ἀχανὲς καὶ περιελαυνόμε-
3 *νον. πάντα γὰρ διενοοῦντο μᾶλλον ἢ κατὰ στόμα συμφέ-
ρεσθαι Ῥωμαίοις. ἐλθὼν οὖν πρὸς τὸν Κράσσον ὁ Ἄβγαρος
– ἦν δὲ καὶ πιθανὸς εἰπεῖν –, Πομπήιον μὲν ὡς εὐεργέτην*
e *ἐπῄνει, Κράσσον δὲ τῆς δυνάμεως μακαρίσας ἐμέμφετο
τῆς διατριβῆς, μέλλοντα καὶ παρασκευαζόμενον, ὥσπερ
ὅπλων αὐτῷ δεῆσον καὶ χειρῶν, οὐ ποδῶν τῶν ταχίστων
ἐπ' ἀνθρώπους οἳ πάλαι ζητοῦσιν ἁρπάσαντες τὰ τιμιώ-
τατα τῶν χρημάτων καὶ σωμάτων εἰς Σκύθας ἢ Ὑρκα-*
4 *νοὺς ἀναπτέσθαι. ,,καίτοι μάχεσθαι μέλλοντά σ'" ἔφη*

3 Cass. D. 40, 20

[**ONS(UA==)Υ**] **1** *κωλυθῆναι* Υ | *ἔχοντας* **O**: *σχόντας* **NSΥ** | *ἀπ' ἴσης*] *ἐπίσης* **N** ‖ **2** *μάλιστα* post *ἐναντίους* add. **N** | *μάχεσθαι* **O** ‖ **3** *βουλομένου* **N** ‖ **4** *αὔγαρος* O^v et Cass. D. *ἄκβαρος* O^mO^i *ἄγβαρος* **N** *ἀριάμνης* **SΥ** *Mazzares* Florus 1, 46, 7, cf. l. 14. p. 156, 8. 157, 4 Boiss. ad Cass. D. 40, 20, 1 ‖ **6** *τύχη κατὰ τὸ μέγιστον* **N** ‖ **7** *δ' ᾔδεσαν* **SΥ**: *δεῖν δὴ* **N** *ᾔδεσαν* **O** ‖ **8** *συστρατευομένων* **O** ‖ **9** *φιλορρωμαῖον* **O**, cf. Cato mai. 8, 13 | *ὑφεῖτο* om. **N** ‖ **11** *παρατρέψας* **ON**: *παραπέμψας* **SΥ** ‖ **12** *ὑπωρειῶν* **O**: *ἠπείρων* **NSΥ** | *ἐκβαλεῖν*] *ἐλαύνειν* S^m | *καὶ* **ON**: om. **SΥ** ‖ **13** *συμφέρεσθαι* **ON**: *προσφέρεσθαι* **SΥ**, sed *συμ* s. s. **S** ‖ **14** *οὖν* **ONΥ**: *δὲ* **S** | *ἄβγαρος* O^v: *ἄκβαρος* O^mO^i *ἄγβαρος* NS^m *βάρβαρος* $S^rΥ$; cf. l. 4 ‖ **18** *δεῆσον* Solanus: *δεησόντων* **OSΥ**, om. **N** | *καὶ χειρῶν, οὐ* Zie.: *οὐ χειρῶν καὶ* **O** *οὐ χ. ἢ* **N** *οὐ χ. οὐδὲ* **SΥ** *οὐ* [*χειρῶν καὶ*] Li. cl. Cat. mai. 9, 1 v. l. ‖ **19** ⟨*συν*⟩*αρπάσαντες* Zie. | *καὶ σωμάτων* om. **ON**; Ages. 29, 5 frustra cft. Li. ‖ **21** *ἀναπτέσθαι* O^mO^iU: *ἀναπτᾶσθαι* O^vNSA | *μέλλοντά σ'* Rei.: *μέλλοντας*

„σπεύδειν ἔδει, πρὶν ἅπασαν ἐν ταὐτῷ γενέσθαι τὴν δύνα-
μιν ἀναθαρρήσαντος βασιλέως· ἐπεὶ νῦν γε Σουρήνας ὑμῖν
64 S προβέβληται καὶ Σιλάκης, ἐφ' αὑτοὺς ἀναδεξάμενοι τὴν
δίωξιν, ὁ δ' οὐδαμῇ φανερός ἐστι."
Ταῦτα δ' ἦν ψευδῆ πάντα. διχῇ γὰρ εὐθὺς Ὀρώδης διε- 5 f
λὼν τὴν δύναμιν, αὐτὸς μὲν Ἀρμενίαν ἐπόρθει τινύμενος
Ἀρταβάζην, Σουρήναν δ' ἀφῆκεν ἐπὶ Ῥωμαίους, οὐχ
ὑπερφροσύνῃ χρώμενος ὥς ἔνιοί φασιν – οὐ γὰρ ἦν τοῦ
αὐτοῦ, Κράσσον μὲν ἀπαξιοῦν ἀνταγωνιστήν, ἄνδρα
175 L Ῥωμαίων πρῶτον, Ἀρταβάζῃ δὲ προσπολεμεῖν καὶ τὰς 556
Ἀρμενίων ἐπιόντα κώμας ἐξαιρεῖν –, ἀλλὰ καὶ πάνυ μοι
δοκεῖ καταδείσας τὸν κίνδυνον, αὐτὸς μὲν ἐφεδρεύειν καὶ
καραδοκεῖν τὸ μέλλον, Σουρήναν δὲ προκαθεῖναι, πειρα-
σόμενον ἄλλως καὶ περιέλξοντα τοὺς πολεμίους. οὐδὲ γὰρ 6
ἦν τῶν τυχόντων ὁ Σουρήνας, ἀλλὰ πλούτῳ μὲν καὶ γένει
καὶ δόξῃ μετὰ βασιλέα δεύτερος, ἀνδρείᾳ δὲ καὶ δεινότητι
τῶν καθ' αὐτὸν ἐν Πάρθοις πρῶτος, ἔτι δὲ μεγέθει καὶ
κάλλει σώματος ὡς οὐδεὶς ἕτερος. ἐξήλαυνε δὲ καθ' ἑαυ- 7
τὸν αἰεὶ χιλίαις σκευοφορούμενος καμήλοις, καὶ διακοσίας
ἀπήνας ἐπήγετο παλλακίδων, ἱππεῖς δὲ κατάφρακτοι χίλιοι, b
πλείονες δὲ τῶν κούφων παρέπεμπον, εἶχε δὲ τοὺς σύμ-
παντας ἱππεῖς ὁμοῦ πελάτας τε καὶ δούλους μυρίων οὐκ
ἀποδέοντας. καὶ κατὰ γένος μὲν ἐξ ἀρχῆς ἐκέκτητο βασι- 8
λεῖ γινομένῳ Πάρθων ἐπιτιθέναι τὸ διάδημα πρῶτος,
Ὀρώδην δὲ τοῦτον αὐτὸς ἐξεληλαμένον εἰς Πάρθους κατή-

[ONS(UA==)Υ] **2** ἀναθαρρήσαντος **ONU**: ἀναθαρσήσαντος **A** ἀναθαρσήσαντας S | ἐπεὶ] εἰπεῖν **N** | ἡμῖν **N** || **3** σιλάκης O^v^: σιλλάκης O^i^SΥ σαυλάκης **N** σιλεύκης O^m^, cf. p. 175, 20. 23 | ἐπ' αὐτοὺς **N** || **4** οὐδαμοῦ **N** || **5** ὀρώδης O^m^O^i^: ὁ ὑρώδης **N** ὑρώδης **SU** ἡρώδης O^v^ et ex corr. **A**, cf. p. 151, 5 || **6** τινύμενος **NSU**: τιννύμενος **OA** || **7** ἀρταβάζην **O**: ἀρταουάσδην **NSΥ**; item infra l. 10, || **8. 9** τοῦ αὐτοῦ **O**: ταῦτα **N** αὐτοῦ **SΥ** || **10. 11** τὰς—κώμας O^v^O^i^: ταῖς—κώμαις (κόμαις **N**) O^m^**N** ταῖς—χώραις **SΥ** || **11** μοι **O**: μὲν **N**, om. **SΥ** || **14** ἄλλως **O**: μάχης **NSΥ** | ἕλξοντα **U** || **16** νεότητι **O** || **17** ἔτι] ἐπεὶ **U** ἐπὶ **A** | δὲ] καὶ **N** || **18** ὡς] ὅσος **O** || **19** αἰεὶ **O**: ἀεὶ **NSΥ** || **22** ὁμοῦ ⟨τι⟩ Ha. | πελάτας **O**: πελταστὰς **NSΥ** || **23** καὶ κατὰ γένος μὲν **O**: κατὰ γένος μὲν οὖν **NSΥ** | γέρας vel ante vel post ἐκέκτητο add. Herw. || **24** γινομένῳ **O**: γενομένῳ **NSΥ** || **25** αὐτὸς **O**: αὐτὸν **NSΥ**

γαγε, καὶ Σελεύκειαν αὐτῷ τὴν μεγάλην εἷλε, πρῶτος
ἐπιβὰς τοῦ τείχους καὶ τρεψάμενος ἰδίᾳ χειρὶ τοὺς ἀντι-
9 στάντας. οὔπω δὲ γεγονὼς ἔτη τριάκοντα κατ' ἐκεῖνον
τὸν χρόνον, εὐβουλίας καὶ συνέσεως δόξαν εἶχε μεγίστην,
οἷς οὐχ ἥκιστα καὶ τὸν Κράσσον ἔσφηλε, διὰ θράσος καὶ
c φρόνημα πρῶτον, εἶθ' ὑπὸ δέους καὶ συμφορῶν ταῖς ἀπά-
ταις εὐχείρωτον γενόμενον.

22. Τότε δ' οὖν ὁ Ἄβγαρος ὡς ἔπεισεν αὐτόν, ἀποσπά- 176 L
σας τοῦ ποταμοῦ διὰ μέσων ἦγε τῶν πεδίων ὁδὸν ἐπιει- 65 S
κῆ καὶ κούφην τὸ πρῶτον, εἶτα μοχθηράν, ἄμμου βαθείας
ὑποδεχομένης καὶ πεδίων ἀδένδρων καὶ ἀνύδρων καὶ πρὸς
οὐδὲν οὐδαμῇ πέρας ἐφικτὸν αἰσθήσει παυομένων, ὥστε
μὴ μόνον δίψει καὶ χαλεπότητι τῆς πορείας ἀπαγορεύειν,
ἀλλὰ καὶ τὸ τῆς ὄψεως ἀπαραμύθητον ἀθυμίαν παρέχειν,
οὐ φυτὸν ὁρῶσιν, οὐ ῥεῖθρον, οὐ προβολὴν ὄρους καθιέν-
τος, οὐ πόαν βλαστάνουσαν, ἀλλ' ἀτεχνῶς πελάγιόν τι
d 2 χεῦμα θινῶν ἐρήμων περιεῖχε τὸν στρατόν. ἦν μὲν οὖν
καὶ ἀπὸ τούτων ὁ δόλος ὕποπτος· ἐπειδὴ δὲ καὶ παρ'
Ἀρταβάζου τοῦ Ἀρμενίου παρῆσαν ἄγγελοι, φράζοντες
ὡς πολλῷ συνέχοιτο πολέμῳ ῥυέντος ἐπ' αὐτὸν Ὀρώδου,
καὶ πέμπειν μὲν ἐκείνῳ βοήθειαν οὐ δύναται, παραινεῖ δὲ
Κράσσῳ, μάλιστα μὲν ἐκτραπέσθαι καὶ γενόμενον μετ'
Ἀρμενίων ὁμοῦ διαγωνίσασθαι πρὸς τὸν Ὀρώδην, εἰ δὲ
μή, καὶ πορεύεσθαι καὶ στρατοπεδεύειν ἀεὶ τὰ ἱππάσιμα
φεύγοντα καὶ προσχωροῦντα τοῖς ὀρεινοῖς, Κράσσος μὲν
οὐδὲν ἀντιγράψας ὑπ' ὀργῆς καὶ σκαιότητος ἀπεκρίνατο,

[ONS(U A =)Υ] **2** τοὺς τότε **O** | ἀντιστάτας **NSU** ‖ **5** θάρ-(ρά)σος **SΥ** θάρσος **O**^{m} ‖ **7** εὐχείρωτον **O**: εὐχειρότατον **NSΥ** ‖ **8** τότε δ' οὖν **O**: τότ' οὖν **NSΥ** | ἄβγαρος **O**^{v}: ἄκβαρος **O**^{m} **O**^{i} ἄγβαρος **N** ἐν ἄλλῳ ὁ ἄγβαρος **S**^{m} βάρβαρος **SΥ**; cf. p. 154, 4 | αὐτόν om. **N** ‖ **9** τοῦ] οὖν αὐτὸν τοῦ **N** ‖ **9–11** ὁδὸν–πεδίων om. **O** ‖ **13** δίψει **ON**: δίψη **SΥ** ‖ **15** καθιέντος] ⟨σκιὰν⟩ καθιέντος Herw. σκιάζοντος Li. ‖ **16** βλαστάνουσαν **O**: διαβλαστάνουσαν **NSΥ** ‖ **17** θινῶν **N**: θινῶν τινῶν **SΥ** δεινῶν **O** | περιεῖχε **O**: περιεχόντων **NSΥ** περιέχον Naber ‖ **18** ἐπειδὴ δὲ **O**: ἐπεὶ δὲ **NSΥ** | παρὰ **NSΥ**: ἀπὸ **O** ‖ **19** ἀρτουάζου **N** ἀρτασυάσδου **SΥ** ‖ **20** ὀρώδου **O**^{m} **O**^{i}: ὑρώδου **NSU** ἡρώδου **O**^{v} et e corr. **A**; item postea ‖ **22** ἐκτραπέσθαι Naber: ἐκεῖ τραπέσθαι (τρέπεσθαι **N**) libri ‖ **22. 23** μεθ' ἀρμενίων **S** ‖ **24** καὶ[1] **ON**: om. **SΥ** ‖ **25. 26** μὲν οὖν οὐθὲν **N**

νῦν μὲν Ἀρμενίοις μὴ σχολάζειν, αὖθις δ' ἀφίξεσθαι δίκην
ἐπιθήσων Ἀρταβάζῃ τῆς προδοσίας. οἱ δὲ περὶ Κάσσιον 3 e
177 L αὖθις ἠγανάκτουν, καὶ Κράσσον μὲν ἀχθόμενον αὐτοῖς
ἐπαύσαντο νουθετοῦντες, ἰδίᾳ δὲ τὸν Ἄβγαρον ἐλοιδόρουν·
„τίς σε δαίμων πονηρός, ὦ κάκιστε ἀνθρώπων, ἤγαγε
πρὸς ἡμᾶς; τίσι δὲ φαρμάκοις ἢ γοητείαις ἔπεισας Κράσ-
σον εἰς ἐρημίαν ἀχανῆ καὶ βύθιον ἐκχέαντα τὴν στρατιὰν
ὁδεύειν ὁδοὺς Νομάδι λῃστάρχῃ μᾶλλον ἢ Ῥωμαίων αὐτο-
κράτορι προσηκούσας;" ὁ δ' Ἄβγαρος, ἀνὴρ ὢν ποικίλος, 4
ἐκείνους μὲν ὑποπίπτων ἐθάρρυνε καὶ παρεκάλει μικρὸν
ἐπικαρτερῆσαι, τοὺς δὲ στρατιώτας ἅμα συμπαραθέων
καὶ παραβοηθῶν ἐπέσκωπτε μετὰ γέλωτος· „ὑμεῖς δὲ διὰ
66 S Καμπανίας ὁδεύειν οἴεσθε, κρήνας καὶ νάματα καὶ σκιὰς f
καὶ λουτρὰ δηλαδὴ συνεχῆ καὶ πανδοκεῖα ποθοῦντες; οὐ
μέμνησθε τὴν Ἀράβων καὶ Ἀσσυρίων μεθορίαν διεξιόν-
τες;" οὕτω μὲν ὁ Ἄβγαρος διεπαιδαγώγησε τοὺς 5
Ῥωμαίους, καὶ πρὶν ἢ γενέσθαι φανερὸς ἐξαπατῶν,
ἀφίππευσεν, οὐ λαθὼν τὸν Κράσσον, ἀλλὰ καὶ τοῦτο 557
πείσας, ὡς ὑπεργάσεται καὶ διαταράξει τὰ τῶν πολε-
μίων.

23. Λέγεται δὲ τῆς ἡμέρας ἐκείνης τὸν Κράσσον οὐχ,
ὥσπερ ἔθος ἐστὶ Ῥωμαίων στρατηγόν, ἐν φοινικίδι προ-
ελθεῖν, ἀλλ' ἐν ἱματίῳ μέλανι, καὶ τοῦτο μὲν εὐθὺς ἀλλά-
ξαι συμφρονήσαντα, τῶν δὲ σημαιῶν ἐνίας μόλις ὥσπερ
πεπηγυίας πολλὰ παθόντας ἀνελέσθαι τοὺς φέροντας. ὧν 2

21 Val. Max. 1, 6, 11

[ONS(UA ═)Υ] **2** ἀρταουάζῃ **N** ἀρταουάσδῃ **SΥ** ‖ **3** αὖθις **OSΥ**: εὐθὺς **N** ‖ **4** ἄβγαρον **O**^{v}: ἄκβαρον **O**^{m} **O**^{i} ἄγβαρον **N** βάρβαρον **SΥ**; item l. **9** et **16**; cf. p. **154, 4** | ἐλοιδοροῦντο **O** ‖ **6** ἢ **ON**: καὶ **SΥ** ‖ **7** βύθιον Rei.: βυθὸν | στρατείαν **N** ‖ **8** ὁδεύειν ὁδοὺς **O**: ὁδὸν ὁδεύειν **NSΥ** | νομαδικῇ ταραχῇ **N** ‖ **9** προσήκουσαν **NSΥ** ‖ **10** ὑπεθάρρυνε **N** ‖ **11** ἔτι καρτερῆσαι **SΥ** ‖ **14** συνεχῆ **ON**: om. **SΥ** ‖ **15** τὴν **ON**: δὲ τὴν **SΥ** | καὶ ἀσσυρίων μεθορίαν διεξιόντες **ON**: διεξιόντες καὶ ἀσυρίων μεθορίαν **SΥ** ‖ **17.18** ἀφίππευσεν ἐξαπατῶν **N** ‖ **18** τοῦτο **OA**^{1}: τούτω **SU** τοῦτον **NA**^{2} ‖ **19** ὑπεργάσηται (-σεται **O**^{v}) καὶ διαταράξῃ **O** ὑφηγήσει τι καὶ διαταράξει Graux ‖ **22** στρατηγὸν **O**: στρατηγοῖς **NSΥ** ‖ **22. 23** ἐλθεῖν **Υ** ‖ **24** συμφρονήσαντα Zie.: προνοήσαντα quod tuetur Klaffenbach (μετανοήσαντα Erbse)

ὁ Κράσσος καταγελῶν ἐπετάχυνε τὴν πορείαν, προσβια- 178 L
ζόμενος ἀκολουθεῖν τὴν φάλαγγα τοῖς ἱππεῦσι, πρίν γε
δὴ τῶν ἐπὶ κατασκοπὴν ἀποσταλέντων ὀλίγοι προσελά-
σαντες ἀπήγγειλαν ἀπολωλέναι τοὺς ἄλλους ὑπὸ τῶν πο-
b λεμίων, αὐτοὺς δὲ μόλις ἐκφυγεῖν, ἐπιέναι δὲ μαχουμέ-
3 νους πλήθει πολλῷ καὶ θάρσει τοὺς ἄνδρας. ἅπαντες
μὲν οὖν ἐθορυβήθησαν, ὁ δὲ Κράσσος ἐξεπλάγη παντά-
πασι καὶ διὰ σπουδῆς οὐ πάνυ καθεστηκὼς παρέταττε,
πρῶτον μέν, ὡς οἱ περὶ Κάσσιον ἠξίουν, ἀραιὰν τὴν
φάλαγγα τῶν ὁπλιτῶν ἐπὶ πλεῖστον ἀνάγων τοῦ πεδίου
πρὸς τὰς κυκλώσεις, τοὺς δ' ἱππεῖς διανέμων τοῖς κέρα-
σιν· ἔπειτα μετέδοξε, καὶ συναγαγὼν ἀμφίστομον ἐποίησε
καὶ βαθὺ πλινθίον, εἰς δώδεκα σπείρας προερχομένης τῶν
4 πλευρῶν ἑκάστης. παρὰ δὲ σπεῖραν ἴλην ἱππέων ἔταξεν,
ὡς μηδὲν ἔχοι μέρος ἐνδεὲς ἱππικῆς βοηθείας, ἀλλὰ παν-
c ταχόθεν ὁμαλῶς προσφέροιτο πεφραγμένος. τῶν δὲ κερά-
των τὸ μὲν Κασσίῳ, τὸ δὲ τῷ νέῳ Κράσσῳ παρέδωκεν,
5 αὐτὸς δ' εἰς μέσον κατέστη. καὶ προάγοντες οὕτως ἐπὶ
ῥεῖθρον ἦλθον ὃ καλεῖται Βάλισσος, οὐ πολὺ μὲν ἄλλως
οὐδ' ἄφθονον, ἀσμένοις δὲ τότε τοῖς στρατιώταις φανὲν ἐν 67 S
αὐχμῷ καὶ καύματι καὶ παρὰ τὴν ἄλλην ἐπίπονον καὶ
6 ἄνυδρον πορείαν. οἱ μὲν οὖν πλεῖστοι τῶν ἡγεμόνων ᾤοντο
δεῖν ἐνταῦθα καταυλισαμένους καὶ νυκτερεύσαντας, καὶ
πυθομένους ἐφ' ὅσον οἷόν τε πλῆθος καὶ τάξιν τῶν πολε- 179 L
μίων, ἅμ' ἡμέρᾳ χωρεῖν ἐπ' αὐτούς· Κράσσος δὲ τῷ παιδὶ
καὶ τοῖς περὶ αὐτὸν ἱππεῦσιν ἐγκελευομένοις ἄγειν καὶ
d συνάπτειν ἐπαρθείς, ἐκέλευσεν ἑστῶτας ἐν τάξει φαγεῖν
7 καὶ πιεῖν τοὺς δεομένους. καὶ πρὶν ἢ τοῦτο διὰ πάντων γε-

[ONS(UA =)Υ] **1** *προσβιαζομένους* **N** ‖ **3** *προσπελάσαντες* **OSΥ** ‖ **5** *μαχομένους* **O** ‖ **6** *πλήθει καὶ θάρσει* (*θράσει* **N**) *πολλῷ* **ON** ‖ **6.7** *ἅπαντες* (*πάντες* **N**)—*ἐθορυβήθησαν* **NSΥ**: *τοῦτο πάντας μὲν ἐθορύβησεν* **O** ‖ **9** *κάσιον* **U**, cf. p. 138, 5 ‖ **10** *πλείστων* **N** | *ἀναγαγὼν* **N** ‖ **12** *ἔπειτα δὲ* **N** | *ἐποίει* **O** ‖ **13** *εἰς—σπείρας* **O**: *ἐν—σπείραις* **NSΥ** | *προσερχομένης* **N** ‖ **17** *κασίω* **U**, cf. l. 9 | *νέω* **OSΥ**: *νεωτέρω* **N** ‖ **20** *ἀσμένως* **O** | *ἐν* om. **N** ‖ **22** *οὖν* om. **N** ‖ **23** *νυκτερεύσοντας* **SΥ** ‖ **24** *ἐφ' ὅσον οἷόν τε* **OSΥ**: *ὅσον οἴονται* **N** ‖ **25** *κράσσῳ* **O** ‖ **26** *ἐγκελευόμενος* **N** ‖ **28** *ποιεῖν* **N** | *τοῦτο διαπάντων* litteris s. s. (*α—β*) in *διαπάντων τοῦτο* corr. **N**

νέσθαι καλῶς, ἦγεν οὐ σχέδην οὐδ' ὡς ἐπὶ μάχῃ διανα-
παύων, ἀλλ' ὀξείᾳ καὶ συντόνῳ χρώμενος τῇ πορείᾳ, μέχρι
οὗ κατώφθησαν οἱ πολέμιοι, παρὰ δόξαν οὔτε πολλοὶ
φανέντες οὔτε σοβαροὶ τοῖς Ῥωμαίοις. τὸ μὲν γὰρ πλῆθος 8
ὑπέστειλε τοῖς προτάκτοις ὁ Σουρήνας, τὴν δὲ λαμπρό-
τητα κατέκρυπτε τῶν ὅπλων, ἱμάτια καὶ διφθέρας προ-
ίσχεσθαι κελεύσας. ὡς δ' ἐγγὺς ἐγένοντο καὶ σημεῖον
ἤρθη παρὰ τοῦ στρατηγοῦ, πρῶτον μὲν ἐνεπίμπλατο
φθογγῆς βαρείας καὶ βρόμου φρικώδους τὸ πεδίον. Πάρθοι 9
γὰρ οὐ κέρασιν οὐδὲ σάλπιγξιν ἐποτρύνουσιν ἑαυτοὺς εἰς e
μάχην, ἀλλὰ ῥόπτρα βυρσοπαγῆ καὶ κοῖλα περιτείναντες
ἠχείοις χαλκοῖς ἅμα πολλαχόθεν ἐπιδουποῦσι, τὰ δὲ φθέγ-
γεται βύθιόν τι καὶ δεινόν, ὠρυγῇ θηριώδει καὶ τραχύ-
τητι βροντῆς μεμειγμένον, εὖ πως συνεωρακότες ὅτι τῶν
αἰσθητηρίων ἡ ἀκοὴ ταρακτικώτατόν ἐστι τῆς ψυχῆς καὶ
180 L τὰ περὶ ταύτην πάθη τάχιστα κινεῖ καὶ μάλιστα πάντων
ἐξίστησι τὴν διάνοιαν.

24. Ἐκπεπληγμένων δὲ τῶν Ῥωμαίων δέει διὰ τὸν
ἦχον, ἐξαίφνης τὰ προκαλύμματα τῶν ὅπλων καταβαλόν-
τες, ὤφθησαν αὐτοί τε φλογοειδεῖς κράνεσι καὶ θώραξι,
τοῦ Μαργιανοῦ σιδήρου στίλβοντος ὀξὺ καὶ περιλαμπές,
68 S οἵ θ' ἵπποι καταπεφραγμένοι χαλκοῖς καὶ σιδηροῖς σκεπάσ- f
μασι, μέγιστος δ' ὁ Σουρήνας καὶ κάλλιστος αὐτός, τῇ δὲ
κατ' ἀνδρείαν δόξῃ τὴν θηλύτητα τοῦ κάλλους οὐκ ἐοικώς,
ἀλλὰ μηδικώτερον ἐσκευασμένος ἐντρίμμασι προσώπου

9 Iustin. 41, 2, 8

[ONS(UA=)Υ] **1** μάχην **NSΥ** || **3** πολλοὶ **ONA**: πολέμιοι **SU** || **4** τοῖς δρωμένοις **N** || **5** προτακτικοῖς **N** | ὁ om. **SΥ** || **6** κατέκρυβε **SΥ** | προσίσχεσθαι **SU** || **7** ἐγένετο **N** | σημεῖα **N** || **8** ἐνεπίμπλατο **O**: ἐπίμπλατο **N** ἐπίμπλαντο **SΥ** || **10** ἑαυτοὺς om. **O** || **11** περιτείνοντες **O** || **12** ἠχίοις **N** ἤλοις **O** | πανταχόθεν ἅμα **N** || **13** ὠρυγῇ **OSΥ**: ὀργῇ **N** || **14** συνεωρακότες **O**: συγκεκρικότες **N** συγκεκραγότα **SΥ** | ὅτι **ON**: ὁ τῇ **SΥ** || **15** ἡ om. **SΥ** || **16** κρίνει **N** | πάντων om. **NSΥ** || **17** παρίστησι **N** || **18** δὲ om. **N** | δέει **O**: om. **NSΥ** || **21** μαλγιανοῦ O^{v}**N** | πυριλαμπές Br. || **23** μέγιστος δὲ ὁ σουρήνας **O**: ὁ δὲ σ. μέγιστος **NSΥ** | τῇ δὲ Rei.: δὲ τῇ || **25** ἐσκευασμένως ἐντίμμασι **N**

καὶ κόμης διακρίσει, τῶν ἄλλων Πάρθων ἔτι Σκυθικῶς
558 2 ἐπὶ τὸ φοβερὸν τῷ ἀνασίλλῳ κομώντων. πρῶτον μὲν οὖν
διενοοῦντο τοῖς κοντοῖς εἰσελαύνοντες ὠθεῖν καὶ βιάζε-
σθαι τοὺς προτάκτους· ὡς δ' ἑώρων τό τε βάθος τοῦ συνα-
σπισμοῦ καὶ τῶν ἀνδρῶν τὸ μόνιμον καὶ παρεστηκός, ἀνῆ-
γον ὀπίσω, καὶ σκίδνασθαι δοκοῦντες ἅμα καὶ δια-
λύειν τὴν τάξιν, ἐλάνθανον ἐν κύκλῳ περιβάλλοντες τὸ
3 πλινθίον αὐτῶν. Κράσσου δὲ τοὺς ψιλοὺς ἐκδραμεῖν κελεύ-
σαντος, οὗτοι μὲν οὐ πολὺ προῆλθον, ἀλλὰ πολλοῖς τοξεύ-
μασιν ἐντυχόντες, ταχὺ συμπαρέντες αὖθις ἐνεδύοντο τοῖς
ὁπλίταις, καὶ παρεῖχον ἀκοσμίας ἀρχὴν καὶ δέους ὁρῶσι
b τὴν ῥύμην τῶν ὀιστῶν καὶ τὸν τόνον, ὅπλα τε ῥηγνύντων
καὶ διὰ παντὸς φερομένων ὁμοίως ἀντιτύπου καὶ μαλακοῦ 181 L
4 στεγάσματος. οἱ δὲ Πάρθοι διαστάντες ἐκ μήκους ἤρξαντο
τοξεύειν ἅμα πανταχόθεν, οὐ τὴν ἀκριβῆ τοξείαν – ἡ γὰρ
συνέχεια καὶ πυκνότης τῶν Ῥωμαίων οὐδὲ τῷ βουλομένῳ
διαμαρτάνειν ἀνδρὸς παρεῖχεν –, εὐτόνους δὲ τὰς πληγὰς
καὶ βιαίους διδόντες ἀπὸ τόξων κραταιῶν καὶ μεγάλων
καὶ τῇ σκολιότητι τῆς καμπῆς τὸ βέλος ἠναγκασμένον
5 ἀποστελλόντων. ἦν οὖν αὐτόθεν ἤδη μοχθηρὰ τὰ Ῥωμαίων·
καὶ γὰρ μένοντες ἐν τάξει συνετιτρώσκοντο, καὶ χωρεῖν
ὁμόσε πειρώμενοι, τοῦ μὲν ποιεῖν ἴσον ἀπεῖχον, ὁμοίως
δ' ἔπασχον· ὑπέφευγον γὰρ ἅμα βάλλοντες οἱ Πάρθοι,
c καὶ τοῦτο κράτιστα ποιοῦσι μετὰ Σκύθας, καὶ σοφώτατόν
ἐστιν ἀμυνομένους ἐπὶ τῷ σῴζεσθαι τῆς φυγῆς ἀφαιρεῖν
τὸ αἰσχρόν.

[**ONS(UA=)Υ**] **2** *τῷ ἀνασίλλῳ* (Cor.) Sch.: *τῶν ἀνασίλλων* **NSΥ** *τῶν ἐναντίων* **O** | *πρῶτον μὲν οὖν* **ON**: *καὶ πρῶτον μὲν* **SΥ** || **3** *κοντοῖς* om. **U** | *ὠθεῖν* **NSΥ**: *σείειν* **O** || **5** *παρεστηκώς* ante ras. **S** *συνεστηκός* **O** || **7** *ἐλάμβανον* **O** | *ἐν* om. **N** || **8** *αὐτῶ* **N** || **9** *πολὺ* **SΥ**: *πολλοὶ* **ON** || **10** *ταχὺ καὶ* **NSΥ** (*καὶ ταχὺ* Rei.) || **12** *τὴν ῥώμην τῶν οἰστῶν καὶ τὸν τόνον* **ON** (sed *τὸν* om. **N**) *τὸν τόν. τ. οἰστ. κ. τ. ῥώμην* **SΥ**: *ῥύμην* pro *ῥώμην* ded. Cor. || **14** *στεγάσματος* **O**: *τοῦ τάγματος* **NSΥ** || **15** *τοξείαν* **O**: *τάξιν* **NSΥ** || **16** *πυκνότης* **O**: *συχνότης* **NSΥ** || **19** *ἠναγκασμένον τὸ βέλος* **SΥ** || **20** *ἤδη* om. **N** | *τὰ τῶν ῥωμαίων* **N** || **22** *ποιεῖν* **ON**: *πονεῖν* **SΥ** || **25** *ἐπὶ τῷ σώζεσθαι* **NSΥ**: *ἔτι σώζεσθαι καὶ* **O**

25. Ἄχρι μὲν οὖν ἤλπιζον αὐτοὺς ἐκχεαμένους τὰ βέλη
69 S σχήσεσθαι μάχης ἢ συνάψειν εἰς χεῖρας, ἐκαρτέρουν· ὡς
δ' ἔγνωσαν ὅτι πολλαὶ κάμηλοι παρεστᾶσι τοξευμάτων
πλήρεις, ἀφ' ὧν περιελαύνοντες οἱ πρῶτοι λαμβάνουσιν,
οὐδὲν πέρας ὁρῶν ὁ Κράσσος ἠθύμει, καὶ σκοπεῖν ἐκέλευεν,
ἀγγέλους πέμψας πρὸς τὸν υἱόν, ὅπως προσμεῖξαι βιά-
σαιτο τοῖς ἐναντίοις πρὶν ἢ κυκλωθῆναι· μάλιστα γὰρ
ἐκείνῳ προσέκειντο καὶ περιίππευον τὸ κέρας ὡς κατὰ
182 L νώτου γενησόμενοι. λαβὼν οὖν ὁ νεανίας ἱππεῖς τε χιλίους 2 d
καὶ τριακοσίους, ὧν οἱ χίλιοι παρὰ Καίσαρος ἦσαν, καὶ
τοξότας πεντακοσίους καὶ τῶν ἔγγιστα θυρεαφόρων ὀκτὼ
σπείρας, συνήγαγεν εἰς ἐμβολήν. τῶν δὲ Πάρθων οἱ περιε- 3
λαύνοντες, εἴτε τέλμασιν ἐντυχόντες, ὡς ἔνιοί φασιν, εἴτε
λαβεῖν τὸν Κράσσον ἀπωτάτω τοῦ πατρὸς στρατηγοῦντες,
ὀπίσω στρέψαντες ἀπεδίωκον. ὁ δ' ἐμβοήσας ὡς οὐ μένου-
σιν οἱ ἄνδρες ἤλαυνε, καὶ σὺν αὐτῷ Κηνσωρῖνός τε καὶ
Μεγάβακχος, ὁ μὲν εὐψυχίᾳ καὶ ῥώμῃ διαφέρων, Κην-
σωρῖνος δὲ καὶ βουλευτικὸν ἔχων ἀξίωμα καὶ δεινὸς εἰπεῖν,
ἑταῖροι δὲ Κράσσου καὶ παραπλήσιοι καθ' ἡλικίαν. ἐπισπο- 4 e
μένων δὲ τῶν ἱππέων οὐδὲ τὸ πεζὸν ἀπελείπετο προθυμίᾳ
καὶ χαρᾷ τῆς ἐλπίδος· νικᾶν γὰρ ᾤοντο καὶ διώκειν, ἄχρι
οὗ πολὺ προελθόντες ᾔσθοντο τὴν ἀπάτην, μεταβαλλο-
μένων ἅμα τῶν φεύγειν δοκούντων καὶ πλειόνων ἄλλων

cap. 25–26 Cass. D. 40, 21 sq. Flor. 1, 46 Vell. Pat. 2, 46, 4 Oros. 6, 13, 3

[ONS(UA =)Υ] **2** συνάψειν O: συνάπτειν NSΥ ‖ **3** περιστᾶσι N ‖ **4** παρελαύνοντες N ‖ **5** οὐθὲν ON | ἠθύμη ante corr. S ‖ **6** βιάσαιτο O: βιάσηται NS βιάσεται Υ ‖ **8. 9** προσέκειντο καὶ περιίππευον – γενησόμενοι O: προσέπιπτε καὶ περιίππευε – γενησόμενον (nisi quod γενόμενον N) NSΥ ‖ **9** τε om. O ‖ **10** καὶ[1] om. NSΥ ‖ **10. 11** ὧν–πεντακοσίους om. S | καὶ–πεντακοσίους om. O | θυρεαφόρων ON: θυρεοφόρων SΥ, cf. p. 170, 9 ‖ **12** συνήγαγεν O: περιήγαγεν NSΥ ‖ **13** τέλμασιν O: συντάγμασιν NSΥ | ἐντυγχάνοντες N ‖ **14** στρατηγοῦντος N ‖ **15** πέμψαντες N | ἀπεδίωκον N: ἐπεδίωκον O ἐδίωκον SΥ | δ' ἐμβοήσας O: δὲ μέγα βοήσας N δὲ βοήσας SΥ ‖ **16. 17** τε–κηνσωρῖνος om. et ὁ δὲ βουλευτ. N ‖ **18** καὶ[1] O: om. NSΥ ‖ **19** ἐπισπωμένων N, cf. p. 169, 21 ‖ **20** ἀπελίπετο N ‖ **23** ἅμα om. O

ἐπιφερομένων. ἐνταῦθα δ' ἔστησαν, οἰόμενοι συνάψειν
5 αὐτοῖς εἰς χεῖρας ὀλίγοις οὖσι τοὺς πολεμίους. οἱ δὲ τοὺς
καταφράκτους προτάξαντες ἐναντίους τοῖς Ῥωμαίοις, τὴν
δ' ἄλλην ἵππον ἄτακτον περὶ αὐτοὺς ἐλαύνοντες καὶ συν-
ταράσσοντες τὸ πεδίον, ἀνίστασαν ἐκ βυθοῦ θῖνας ἄμμου,
f κονιορτὸν ἐπαγούσας ἄπλετον, ὡς μήτε διορᾶν ῥᾳδίως 183 L
μήτε φθέγγεσθαι τοὺς Ῥωμαίους, εἱλουμένους δ' ἐν ὀλίγῳ
καὶ συμπίπτοντας ἀλλήλοις, βάλλεσθαι καὶ ἀποθνῄσκειν
οὐ ῥᾴδιον οὐδ' ὀξὺν θάνατον, ἀλλ' ὑπὸ σπασμοῦ καὶ ὀδύ- 70 S
νης δυσανασχετοῦντας καὶ κυλινδουμένους περὶ τοῖς ὀιστοῖς
559 ἐναποθραύειν τοῖς τραύμασι, βίᾳ τε πειρωμένους ἐξέλ-
κειν ἠγκιστρωμένας ἀκίδας καὶ δεδυκυίας διὰ φλεβῶν
καὶ νεύρων, προσαναρρηγνύναι καὶ λυμαίνεσθαι σφᾶς αὐ-
6 τούς. οὕτω δὲ πολλῶν ἀποθνῃσκόντων, ἄπρακτοι καὶ οἱ
ζῶντες ἦσαν πρὸς ἀλκήν, καὶ τοῦ Ποπλίου παρακαλοῦν-
τος ἐμβαλεῖν εἰς τὴν κατάφρακτον, ἐπεδείκνυσαν ἑαυτῶν
χεῖράς τε θυρεοῖς προσπεπερονημένας καὶ πόδας διαμπὰξ
προσεληλαμένους πρὸς τοὔδαφος, ὥστε καὶ πρὸς φυγὴν
7 ἀμηχάνους εἶναι καὶ πρὸς ἄμυναν. αὐτὸς οὖν τοὺς ἱππεῖς
παρορμήσας, προσέβαλε μὲν ἐρρωμένως καὶ συνῆψε τοῖς
ἀνδράσιν, ἦν δ' ἄνισος ἔν τε ταῖς πληγαῖς καὶ τῷ φυλάσ-
b σεσθαι, παίων μὲν ἀσθενέσι καὶ μικροῖς δορατίοις θώρακας
ὠμοβύρσους ἢ σιδηροῦς, παιόμενος δὲ κοντοῖς εἰς εὐσταλῆ
καὶ γυμνὰ σώματα τῶν Γαλατῶν· τούτοις γὰρ ἐθάρρει
μάλιστα, καὶ μετὰ τούτων ἔργα θαυμαστὰ διεπράττετο.
8 τῶν τε γὰρ κοντῶν ἐπελαμβάνοντο, καὶ συμπλεκόμενοι
τοὺς ἄνδρας ἀπὸ τῶν ἵππων ἐώθουν, τῇ βαρύτητι τοῦ
ὁπλισμοῦ δυσκινήτους ὄντας, πολλοὶ δὲ τοὺς ἑαυτῶν ἀπο-
λείποντες ἵππους καὶ ὑποδυόμενοι τοῖς ἐκείνων ἔτυπτον εἰς 184 L

[ONS(UA =)Υ] **1** δὲ ONS: om. Υ ‖ **3** προσάξαντες N | τῶν ῥωμαίων N ‖ **4** συνταράττοντες SΥ ‖ **5** ἀνέστησαν N ‖ **6** ἐπαγαγούσας N ‖ **9** ῥαδίως O | οὐδ' OSΥ: οὔτε N ‖ **10** δυσανασχετοῦντες N | κυλινδομένους SU ‖ **11** τε om. O ‖ **14** τῶν πολλῶν ON ‖ **15** τοῦ OSΥ: τοῦτο N ‖ **17** συμπεπερονημένας SΥ ‖ **18** ἐληλαμένους ON προσηλωμένους Cor. ‖ **20** προσέβαλλε NU ‖ **21** φυλάττεσθαι NSΥ ‖ **23** ὁλοβύρσους O | ἢ ON: καὶ SΥ ‖ **28** ἀπολείποντες O: ἀπολιπόντες NSΥ ‖ **29** δυόμενοι SΥ | τοῖς NSΥ: τοὺς O

τὰς γαστέρας· οἱ δ' ἀνεσκίρτων ὑπ' ὀδύνης, καὶ συμπα-
τοῦντες ἐν ταὐτῷ τοὺς ἐπιβάτας καὶ τοὺς πολεμίους ἀνα-
πεφυρμένους, ἀπέθνῃσκον. ἐπίεζε δὲ τοὺς Γαλάτας μάλιστα 9 c
τό τε θάλπος καὶ τὸ δίψος, ἀμφοτέρων ἀήθεις ὄντας, καὶ τῶν
ἵππων ἀπολώλεισαν οἱ πλεῖστοι πρὸς ἐναντίους ἐλαυνόμε-
νοι τοὺς κοντούς. ἐβιάσθησαν οὖν ἀναχωρῆσαι πρὸς τοὺς
ὁπλίτας, ἔχοντες τὸν Πόπλιον ὑπὸ τραυμάτων ἤδη κακῶς
διακείμενον. ἰδόντες δὲ θῖνα βουνώδη πλησίον, ἐχώρουν 10
ἐπ' αὐτήν, καὶ τοὺς μὲν ἵππους ἐν μέσῳ κατέδησαν, ἔξω-
71 S θεν δὲ τοῖς θυρεοῖς συγκλείσαντες, ᾤοντο ῥᾷον ἀμυνεῖ-
σθαι τοὺς βαρβάρους. ἀπέβαινε δὲ τοὐναντίον· ἐν μὲν γὰρ 11
τῷ ὁμαλῷ τοῖς ὄπισθεν ἁμῶς γέ πως οἱ πρόtακτοι παρέ-
χουσι ῥᾳστώνην, ἐκεῖ δ' ἄλλον ὑπὲρ ἄλλου διὰ τὴν ἀνωμα-
λίαν ἀνέχοντος τοῦ χωρίου καὶ μᾶλλον ἀεὶ τοὺς κατόπιν d
ἐξαίροντος, οὐδὲν ἦν τὸ διαφεῦγον, ἀλλ' ἐβάλλοντο πάντες
ὁμαλῶς, ὀδυρόμενοι τὴν ἀκλεῆ καὶ ἄπρακτον αὑτῶν τελευ-
τήν.

Ἦσαν δὲ περὶ τὸν Πόπλιον ἄνδρες Ἕλληνες δύο τῶν 12
αὐτόθι, κατοικοῦντες ἐν Κάρραις, Ἱερώνυμος καὶ Νικό-
μαχος· οὗτοι συνέπειθον αὐτὸν ὑπεξελθεῖν μετ' αὐτῶν
καὶ διαφυγεῖν εἰς Ἴχνας, πόλιν ᾑρημένην τὰ Ῥωμαίων
185 L καὶ οὐ μακρὰν οὖσαν. ὁ δὲ φήσας οὐδένα δεινὸν οὕτως ἔσε- 13
σθαι θάνατον, ὃν φοβηθεὶς Πόπλιος ἀπολείψει τοὺς ἀπολ-
λυμένους δι' αὐτόν, ἐκείνους μὲν ἐκέλευσε σῴζεσθαι καὶ
δεξιωσάμενος ἀπέστειλεν, αὐτὸς δὲ τῇ χειρὶ χρήσασθαι
μὴ δυνάμενος – διελήλατο γὰρ βέλει – τὸν ὑπασπιστὴν e
ἐκέλευσε πατάξαι τῷ ξίφει παρασχὼν τὸ πλευρόν. ὁμοίως 14

[ONS(UA=)Υ] **1** οἱ δὲ ἐσκίρτων **N** || **5** ἀπολώλεισαν **OA**: ἀπωλώλεισαν **NSU** || **6** ἐκβιασθέντες οὖν ἀνεχώρησαν **N** || **7** πούπλιον h. l. **N** || **10** ἀμυνεῖσθαι Rei.: ἀμύνασθαι **ON** ἀμύνεσθαι **SΥ** || **12** τῷ ὁμαλῷ **N**: ὁμαλῷ **O** τῷ ὁμόσε **SΥ** | παρέχουσιν οἱ πρόtακτοι **SΥ** || **13** ἄλλου **O**: ἄλλον **NSΥ** || **14** ἀνέχοντος **O**: ἔχοντος **SΥ** ἔχοντα **N** | τοὺς **O**: τὸν **NSΥ** || **15** οὐδὲν ἦν τὸ διαφεῦγον **O**: οὐκ ἐδύναντο (-νατο **N**) διαφεύγειν **NSΥ** || **19** κατοικοῦντες **O**: κατοικούντων **NSΥ** | κάρραις **ON**: καρναῖς **SΥ** || **20** οὗτοι **ON**: οἱ **SΥ** || **21** διαφυγεῖν **O**: διαφεύγειν **NSΥ** | ἴχνος **O**[m] ἰχνοὺς **U** Ἰχνίας Cass. Dio 40, 12, 2, cf. Drumann-Groebe GR IV 109 adn. 3 || **24** ἐκέλευε **N** || **25** ἀπέστειλεν **O**: ἀπέλυσεν **NSΥ**

δὲ καὶ Κηνσωρῖνον ἀποθανεῖν λέγουσι· Μεγάβακχος δ' αὐτὸς ἑαυτὸν διεχρήσατο καὶ τῶν ἄλλων οἱ δοκιμώτατοι. τοὺς δ' ὑπολελειμμένους ἀναβαίνοντες οἱ Πάρθοι τοῖς κοντοῖς διήλαυνον μαχομένους· ζῶντας δ' οὐ πλείους φασὶν ἁλῶναι πεντακοσίων. τὰς δὲ κεφαλὰς τῶν περὶ τὸν Πόπλιον ἀποκόψαντες, ἤλαυνον εὐθὺς ἐπὶ τὸν Κράσσον.

26. Εἶχε δὲ τὰ κατ' αὐτὸν οὕτως. ὡς ἐκέλευσε τὸν υἱὸν
ἐμβαλεῖν τοῖς Πάρθοις καί τις ἤγγειλεν αὐτῷ μακρὰν
f τροπὴν εἶναι καὶ δίωξιν ἰσχυρὰν τῶν πολεμίων, ἑώρα δὲ
καὶ τοὺς καθ' αὐτὸν οὐκέτι προσκειμένους ὁμοίως – ἐκεῖ
γὰρ ἐρρύησαν οἱ πλεῖστοι –, μικρὸν ἀνεθάρρησε, καὶ συνα-
γαγὼν ὑπέστειλε χωρίοις προσάντεσι τὸν στρατόν, αὐτίκα
2 προσδοκῶν τὸν υἱὸν ἐπανήξειν ἀπὸ τῆς διώξεως. τῶν δὲ
πεμφθέντων ὑπὸ τοῦ Ποπλίου πρὸς αὐτόν, ὡς ἐκινδύ- 72 S
νευεν, οἱ μὲν πρῶτοι διεφθάρησαν ἐμπεσόντες εἰς τοὺς
βαρβάρους, οἱ δ' ὕστεροι μόγις διαφυγόντες ἀπήγγειλαν
560 οἴχεσθαι τὸν Πόπλιον, εἰ μὴ ταχεῖα καὶ πολλὴ βοήθεια
3 παρ' ἐκείνου γένοιτο. τὸν δὲ Κράσσον ἅμα πολλὰ πάθη
κατέσχε, καὶ λογισμῷ μὲν οὐδὲν ἔτι τῶν πραγμάτων ἑώρα, 186 L
φόβῳ δὲ περὶ τοῦ σύμπαντος ἅμα καὶ πόθῳ τοῦ παιδὸς
ἑλκόμενος βοηθεῖν ἢ μὴ βοηθεῖν, τέλος ὥρμησε προά-
4 γειν τὴν δύναμιν. ἐν τούτῳ δ' οἱ πολέμιοι προσεφέροντο
κραυγῇ καὶ παιᾶνι φοβερώτεροι, καὶ πολλὰ τῶν τυμπάνων
αὖθις περιεμυκᾶτο τοὺς Ῥωμαίους, ἑτέρας μάχης ἀρχὴν
προσδοκῶντας. οἱ δὲ τὴν κεφαλὴν τοῦ Ποπλίου κομίζον-
τες ὑπὲρ αἰχμῆς ἀναπεπηγυῖαν ἐγγὺς προσελάσαντες ἀνέ-
δειξαν, ὕβρει πυνθανόμενοι τοκέας αὐτοῦ καὶ γένος· οὐ
b γὰρ δὴ πρέπειν γε Κράσσου πατρὸς ἀνανδροτάτου καὶ

[ONS(UA=)Υ] **1.2** δ' αὐτὸς ἑαυτὸν **O**: δ' αὐτὸν **NSΥ** || **3** δ' ἀπολελειμμένους: em. Cor. || **4** πλείους **ON**: πλείονας **SΥ** || **5** ἁλωναί φασιν **NSΥ** || **6** ἀποκόψαντες **O**: ἀποκείραντες **NSΥ** || **8** τις αὐτῶ μακρὰν ἤγγειλε **O** τις αὐτῷ μετὰ μικρὸν ἤγγειλε μακρὰν **N** || **10** ἑαυτὸν **S** | ἐκεῖ om. **O** || **12** ὑπέστειλεν ἐν χωρίοις **NSΥ** || **16** ὕστερον **O** | διαφυγόντες μόγις **O** | ἀπήγγελλον **NSΥ** || **21** καὶ μὴ βοηθεῖν **O**: om. **NSΥ**, ἢ pro καὶ Zie. || **23** κραυγῇ **O**: κλαγγῇ **NSΥ** || **28** γὰρ om. **Υ**

κακίστου γενναῖον οὕτω παῖδα καὶ λαμπρὸν ἀρετῇ γενέ-
σθαι. τοῦτο τὸ θέαμα Ῥωμαίων ὑπὲρ ἅπαντα τὰ ἄλλα 5
δεινὰ τὰς ψυχὰς κατέκλασε καὶ παρέλυσεν, οὐ θυμοῦ πρὸς
ἄμυναν, ὥσπερ ἦν εἰκός, ἀλλὰ φρίκης καὶ τρόμου πᾶσιν
ἐγγενομένου. καίτοι τόν γε Κράσσον αὐτὸν αὑτοῦ λαμ- 6
πρότατον ἐν τῷ τότε πάθει φανῆναι λέγουσιν· ἐβόα γὰρ
ἐπιὼν τὰς τάξεις· „ἐμὸν ὦ Ῥωμαῖοι τοῦτο τὸ πάθος ἴδιόν
ἐστιν· ἡ δὲ μεγάλη δόξα καὶ τύχη τῆς Ῥώμης ἐν ὑμῖν
ἕστηκε σῳζομένοις ἄθραυστος καὶ ἀήττητος. εἰ δὲ καὶ 7
ἐμοῦ τις οἶκτος ἀφῃρημένου παῖδα πάντων ἄριστον, ἐπι- c
δείξασθε τοῦτον ὀργῇ τῇ πρὸς τοὺς πολεμίους. ἀφέλεσθε
τὴν χαρὰν αὐτῶν, τιμωρήσασθε τὴν ὠμότητα, μὴ κατα-
πλαγῆτε τοῖς γεγενημένοις. ⟨ἐπ⟩εὶ δεῖ τι καὶ παθεῖν
⟨τοὺς⟩ μεγάλων ἐφιεμένους. οὐδὲ Λεύκολλος Τιγράνην 8
ἀναιμωτὶ καθεῖλεν, οὐδὲ Σκιπίων Ἀντίοχον, χιλίας δὲ ναῦς
οἱ παλαιοὶ περὶ Σικελίαν ἀπώλεσαν, ἐν δ' Ἰταλίᾳ πολλοὺς
187 L 73 S αὐτοκράτορας καὶ στρατηγούς, ὧν οὐδεὶς προηττηθεὶς
ἐκώλυσεν αὐτοὺς κρατῆσαι τῶν νενικηκότων. οὐ γὰρ εὐτυ- 9
χίᾳ τὰ Ῥωμαίων, ἀλλὰ τλημοσύνῃ καὶ ἀρετῇ πρὸς τὰ δεινὰ
χωρούντων, εἰς τοσοῦτο προῆλθε δυνάμεως."

27. Τοιαῦτα λέγων καὶ παραθαρσύνων ὁ Κράσσος οὐ d
πολλοὺς ἑώρα προθύμως ὑπακούοντας, ἀλλὰ καὶ συναλα-
λάξαι κελεύσας ἤλεγξε τοῦ στρατοῦ τὴν κατήφειαν, ἀσθενῆ
καὶ ὀλίγην καὶ ἀνώμαλον κραυγὴν ποιήσαντος· ἡ δὲ παρὰ
τῶν βαρβάρων λαμπρὰ καὶ θρασεῖα κατεῖχε. τραπομένων 2
δὲ πρὸς ἔργον, οἱ μὲν ἱππόται πλάγιοι περιελαύνοντες
ἐτόξευον, αὐτοὶ δὲ τοῖς κοντοῖς οἱ πρότακτοι χρώμενοι,

[ONS(UA =)Υ] **1** *ἀρετὴν* O ‖ **2** *τἆλλα* SΥ ‖ **5** *γε* om. O | *αὐτὸν* O: om. NSΥ ‖ **7** *πάθος* O: *πένθος* NSΥ ‖ **8** *τύχη καὶ δόξα* NSΥ ‖ **9. 10** *δὲ κἀμοῦ* O ‖ **11** *τοῦτο* NSΥ | *τῇ* om. NSΥ ‖ **13** *ἐπεὶ* Zie.: *εἰ* libri *ἔδει* Mu. Anon. *εἰ ⟨δὲ⟩ δεῖ* Rei.; fortasse praestat [*εἰ*] *δεῖ* ‖ **14** *τοὺς* add. Zie. ‖ **15** *σκηπίων* O ‖ **16** *οἱ πάλαι* N ‖ **19** *τὰ*[1]] *τῶν* N ‖ **20** *τοσοῦτο* O: *τοσοῦτον* N *τοῦτο* SΥ | *προῆλθε* ex *ἦλθεν* corr. N ‖ **21** *ταῦτα* N | *παραθαρρύνων* ante ras. N ‖ **23** *ὡς ἀσθενῆ* NSΥ ‖ **24** *ποιήσαντος* O: *ἐποιήσαντο* NSΥ | *παρὰ* om. N ‖ **26** *ἱππόται* SΥ: *οἰκέται καὶ πελτασταὶ* O *ἱππόται οἰκέται καὶ πενέστεροι* N *οἰκέται καὶ πελάται* Gelenius Li.

συνέστελλον εἰς ὀλίγον τοὺς Ῥωμαίους, πλὴν ὅσοι τὸν ὑπὸ
τῶν τοξευμάτων φεύγοντες θάνατον ἀπετόλμων παρα-
βόλως εἰς αὐτοὺς φέρεσθαι, μικρὰ μὲν βλάπτοντες, ὀξέως
δὲ θνήσκοντες ὑπὸ τραυμάτων μεγάλων καὶ καιρίων,
e παχὺν ἐπωθούντων τῷ σιδήρῳ τὸν κοντόν, † τοὺς ἵππους,
πολλάκις δὲ καὶ διὰ δυοῖν ἀνδρῶν ὑπὸ ῥύμης διαπορευό-
3 μενον. οὕτω δὲ διαγωνισάμενοι, νυκτὸς ἐπιούσης ἀπηλλάγη-
σαν, εἰπόντες ὅτι Κράσσῳ χαρίζονται νύκτα μίαν ἀπο-
θρηνῆσαι τὸν υἱόν, ἢν ἄρα μὴ βέλτιον ὑπὲρ αὐτοῦ σκε-
ψάμενος ἐλθεῖν μᾶλλον ἐθελήσῃ πρὸς Ἀρσάκην ἢ κομι-
4 σθῆναι. οὗτοι μὲν οὖν ἐπαυλισάμενοι πλησίον ἐν ἐλπίσι μεγά-
λαις ἦσαν· νὺξ δὲ χαλεπὴ τοὺς Ῥωμαίους κατελάμβανεν, 188 L
οὔτε ταφῆς τῶν κειμένων οὔτε θεραπείας τῶν τετρωμέ-
νων καὶ ψυχορραγούντων ποιουμένους λόγον, ἑκάστου δ'
f 5 ἑαυτὸν ἀποκλαίοντος. ἀνέκφυκτα γὰρ ἐφαίνετο, τήν θ'
ἡμέραν αὐτοῦ προσμείνασι, καὶ νύκτωρ εἰς πεδίον ἀχανὲς
ἐμβαλοῦσιν, οἵ τε τραυματίαι πολλὴν ἀπορίαν παρεῖχον,
καὶ κομίζειν, ἐμποδὼν τῷ τάχει τῆς φυγῆς ἐσόμενοι, καὶ
6 ἀπολείπειν, βοῇ τὴν ἀπόδρασιν ἐξαγγελοῦντες. τοῦ δὲ
Κράσσου, καίπερ αἴτιον ἁπάντων νομίζοντες, ἐπόθουν 74 S
ὅμως τήν τ' ὄψιν καὶ τὴν φωνήν. ὁ δὲ καθ' ἑαυτὸν ἐγκεκα-
561 λυμμένος ὑπὸ σκότος ἔκειτο, παράδειγμα τοῖς πολλοῖς
τύχης, τοῖς δ' εὖ φρονοῦσιν ἀβουλίας καὶ φιλοτιμίας, δι'
ἣν οὐκ ἠγάπα πρῶτος ὢν καὶ μέγιστος ἐν μυριάσιν ἀνθρώ-
πων τοσαύταις, ἀλλ' ὅτι δυοῖν μόνον ἀνδρῶν ὕστερος

[ONS(UA=)Υ] **5** ἐπωθοῦντες O | τοὺς ONSU: εἰς τοὺς A | ἵππους O: ἱππεῖς NSΥ εἰς τοὺς ὑπτίους Kron. δι' ἵππων Erbse; locus vix sanus || **6** δὲ καὶ SA: καὶ ONU | δυεῖν SΥ | ῥύμης O^v O^i SU A^1: ῥώμης O^m N A^2 et s. s. S | διαπορευόμενον ON: -νοι SΥ || **7** δὲ διαγωνισάμενοι SΥ (in S 1 litt. eras. post δὲ): δὲ ἀγωνισάμενοι ON δὴ διαγ. Rei. || **8.9** θρηνῆσαι O || **9** ἑαυτοῦ SΥ || **11** μεγάλαις ἐλπίσιν O || **13** τιτρωσκομένων N || **15** ἀποκλίνοντος N | ἀνέκφυκτα O^m O^i: ἀνέφικτα O^v ἄφυκτα SΥ | ἐγένοντο N || **17** ἐμβαλοῦσιν O^i: ἐμβάλλουσιν cet. || **19** ἀπολείπειν O: ἀπολειπεῖν N ἀπολιπεῖν SΥ || **19.20** τὸν δὲ κράσσον O || **21** ὁμῶς αὐτοῦ O | καθ' αὐτὸν N || **22** σκότος O: σκότους NSΥ, cf. Lyc. 10, 1 || **24** ἣν O: ὧν NSΥ | πρῶτος ON: μὴ πρῶτος SΥ | ἀνθρώπων NSΥ: ἀνδρῶν O || **25** δυεῖν SΥ | μόνον N: μόνων cet.

ἐκρίνετο, τοῦ παντὸς ἀποδεῖν ἐνόμιζε. τότε δ᾽ οὖν αὐτὸν 7
Ὀκτάβιος θ᾽ ὁ πρεσβευτὴς καὶ Κάσσιος ἀνίστασαν καὶ
παρεθάρρυνον. ὡς δ᾽ ἀπηγορεύκει παντάπασιν, αὐτοὶ συγ-
καλέσαντες ἑκατοντάρχας καὶ λοχαγούς, ὡς ἔδοξε βουλευ-
ομένοις μὴ μένειν, ἀνίστασαν τὸν στρατὸν ἄνευ σάλπιγγος
καὶ δι᾽ ἡσυχίας τὸ πρῶτον, εἶτ᾽ αἰσθομένων ὡς ἀπολεί- b
ποιντο τῶν ἀδυνάτων, ἀκοσμία δεινὴ καὶ σύγχυσις μετ᾽
189 L οἰμωγῆς καὶ βοῆς τὸ στρατόπεδον κατεῖχεν. ἐκ τούτου 8
δὲ ταραχὴ καὶ πτοία προϊόντας αὐτοὺς ὑπελάμβανεν, ὡς
ἐπιφερομένων τῶν πολεμίων, καὶ πολλάκις μὲν ἐκτρεπό-
μενοι, πολλάκις δ᾽ εἰς τάξιν καθιστάμενοι, τῶν τε τραυ-
ματιῶν ὅσοι παρηκολούθουν τοὺς μὲν ἀναλαμβάνοντες,
τοὺς δ᾽ ἀποτιθέμενοι, διατριβὴν εἶχον, πλὴν τριακοσίων
ἱππέων οὓς Ἐγνάτιος ἔχων προσέμειξε ταῖς Κάρραις περὶ
μέσας νύκτας, φθεγξάμενος δὲ Ῥωμαϊστὶ τοῖς τειχοφυλα- 9
κοῦσιν, ὡς ὑπήκουσαν, ἐκέλευε Κοπωνίῳ τῷ ἄρχοντι c
φράζειν, ὅτι μάχη γέγονε μεγάλη Κράσσῳ πρὸς Πάρθους,
ἄλλο δ᾽ οὐδὲν εἰπὼν οὐδ᾽ αὐτὸν ὅστις ἦν, ἀπήλαυνεν ἐπὶ
τὸ Ζεῦγμα, καὶ διέσωσε μὲν τοὺς σὺν αὐτῷ, κακῶς δ᾽
ἤκουσε καταλιπὼν τὸν στρατηγόν. οὐ μὴν ἀλλ᾽ ὤνησέ γε 10
τὸν Κράσσον ἡ προσριφεῖσα τότε τῷ Κοπωνίῳ φωνή·
συμφρονήσας γὰρ ὅτι χρηστὸν οὐδὲν ἀγγέλλειν ἔχοντός
ἐστι τὸ τάχος καὶ τὸ συγκεχυμένον τοῦ λόγου, παρήγγει-
λεν εὐθὺς ἐξοπλίζεσθαι τοὺς στρατιώτας, καὶ ἅμα τῷ
75 S πρῶτον αἰσθέσθαι τὸν Κράσσον ἐν ὁδῷ γεγενημένον,
ἀπαντήσας ἀνελάμβανε καὶ παρέπεμπε τὴν στρατιὰν εἰς
τὴν πόλιν.

[ONS(UA =)Υ] 1 *ἐνόμιζε* **N**: *νομίζων* **OSΥ** | *δ᾽* om. **N** || 2 *ὀκτάβιος* **O**: *ὀκταούιος* **NSΥ**, cf. p. 170, 6 | *τε ὁ* **ON**: *ὁ* **SΥ** | *πρεσβευτὴς* **O**: *πρεσβύτης* **N** *πρεσβύτερος* **SΥ** || 4 ⟨*τοὺς*⟩ *ἑκατοντάρχας* Rei. || 6 *εἶτα ὡς* **N** | *ἀπολείποιντο* **O**: *ἀπελείποντο* **NSΥ** || 7 *δεινὴ* **OSΥ**: *πολλὴ* **N** || 8 *βοὴ* **O** || 9 *ἐπελάμβανεν* **O** || 10. 11 *ἐκτρεπόμενοι πολλάκις δ᾽* om. **O** || 11 *τε* **SΥ**: *δὲ* **ON** || 14 *γνάτιος* **ONS** *ἰγνάτιος* **Υ**: em. Guarinus || 15 *δὲ* om. **S** || 16 *ἐκέλευσε* **NSΥ** | *κωπωνίῳ* **NSΥ**; item infra (*Componius* Guarinus) || 17 *γέγονε μάχη* **NSΥ** || 18 *οὐθὲν* **O** | *αὐτὸς* **O** || 19 *διέσωσε, σε* s. s. **S** || 20 *οὐ μὴν γε ἀλλ᾽ ὤνησε* **O** | *γε*] *τε* **N** || 22 *οὐδὲν χρηστὸν* **NSΥ** || 23 *παρήγγελλεν* **N** || 24 *τῷ* **OSΥ**: *τὸ* **N** || 26 *στρατείαν* **N**

d **28.** Οἱ δὲ Πάρθοι νυκτὸς μὲν αἰσθόμενοι τὴν ἀπόδρα-
σιν οὐκ ἐδίωκον, ἅμα δ' ἡμέρᾳ τοὺς μὲν ἐπὶ τῷ στρατοπέδῳ
καταλειφθέντας οὐ μείους τετρακισχιλίων ἐπελθόντες
ἀπέσφαξαν, ἐν δὲ τῷ πεδίῳ πλανωμένους πολλοὺς ἱππα- 190 L
2 σάμενοι συνέλαβον. τέσσαρας δ' ὁμοῦ σπείρας, ἃς ἔτι νυ-
κτὸς ἀπέρρηξε Βαργοντήιος ὁ πρεσβευτής, ἐκπεσούσας τῆς
ὁδοῦ περισχόντες ἔν τισι στενοῖς, διέφθειραν ἀμυνομένας
πλὴν ἀνδρῶν εἴκοσι. τούτους δὲ γυμνοῖς τοῖς ξίφεσιν ὠθου-
μένους δι' αὐτῶν θαυμάσαντες, εἶξαν καὶ διέσχον ἀπιοῦσι
3 βάδην εἰς τὰς Κάρρας. τῷ δὲ Σουρήνᾳ προσέπεσε ψευδὴς
λόγος ἐκπεφευγέναι Κράσσον μετὰ τῶν ἀρίστων, τὸ δ' εἰς
e Κάρρας συνερρυηκὸς ὄχλον εἶναι σύμμεικτον οὐκ ἀξίων
4 σπουδῆς ἀνθρώπων. οἰόμενος οὖν ἀποβεβληκέναι τὸ τῆς
νίκης τέλος, ἔτι δ' ἀμφιδοξῶν καὶ μαθεῖν βουλόμενος τὸ
ἀληθές, ὅπως ἢ προσμένων ἐνταῦθα πολιορκοίη Κράσσον
ἢ διώκοι χαίρειν ἐάσας Καρρηνούς, ὑποπέμπει τινὰ τῶν
παρ' αὐτῷ διγλώσσων πρὸς τὰ τείχη, κελεύσας ἱέντα
Ῥωμαϊκὴν διάλεκτον καλεῖν Κράσσον αὐτὸν ἢ Κάσσιον,
ὡς Σουρήνα διὰ λόγων θέλοντος αὐτοῖς [συγ]γενέσθαι.
5 ταῦτα τοῦ διγλώσσου φράσαντος ὡς ἀπηγγέλη τοῖς περὶ
f Κράσσον, ἐδέχοντο τὰς προκλήσεις, καὶ μετὰ μικρὸν ἧκον
ἀπὸ τῶν βαρβάρων Ἄραβες, οἳ Κράσσον εὖ καὶ Κάσσιον
ἀπ' ὄψεως ἐγνώριζον, ἐν τῷ στρατοπέδῳ πρὸ τῆς μάχης
6 γεγονότες. οὗτοι τὸν Κάσσιον ἰδόντες ἐπὶ τοῦ τείχους,
ἔλεγον ὅτι Σουρήνας σπένδεται καὶ δίδωσιν αὐτοῖς φίλοις
οὖσι βασιλέως σῴζεσθαι, Μεσοποταμίαν ἐκλιποῦσι· τοῦτο 191 L

[ONS(UA =)Υ] 2 *μὲν* SΥO^{1}: om. O^{v}O^{m}N | *ἐπὶ* O: *ἐν* NSΥ || 3 *πλείους* N || 5 *συλλαβόντες* N | *ἃς* O: om. NSΥ || 6 *βαργοντῖνος* SΥ *βαργόντιος* O *βαγόντιος* N: em. Schweighaeuser | *πρεσβύτης* N || 7 *ὁδοῦ* O: *ὁδοῦ ἃς* NSΥ | *ἔν τισι στενοῖς* O: *ἔν τινι λόφῳ* NSΥ || 8 *γυμνοὺς* N | *τοῖς* om. O || 9 *διέσχον* ON: *διέξοδον* SΥ || 10 *τὰς* OSΥ: *τοὺς* N | post *Κάρρας* add. *ἐδίδοσαν* SΥ, add. *καὶ οὐκ ἐδίωξαν* N || 11 *ἐκπεφυγέναι* N || 11. 12 *τὸ—συνερρυηκὸς* O: *τὸν—συνερρυηκότα* NSΥ || 14 *δ'* NSΥ: *τε* O || 15 *ὅπως ἢ* SΥ: *ἢ* N *τὸ μὲν ὅπως* O || 15. 16 *κράσσον ἢ* ON: *ἢ κράσσον* SΥ || 16 *διώκειν* N | *χαίρειν εἴασε. καρρηνοῖς δ' ὑποπέμπει* O || 17 *διγλώττων* NSΥ || 19 *ἐθέλοντος* NSΥ | *συγγενέσθαι*: em. Sint. || 20 *διγλώττου* NSΥ | *ἀπήγγελλον* N || 24 *ἐπὶ* Mittelhaus: *ἀπὸ*

γὰρ ὁρᾶν λυσιτελὲς ἀμφοτέροις πρὸ τῆς ἐσχάτης ἀνάγκης.
δεξαμένου δὲ τοῦ Κασσίου, καὶ τόπον ὁρισθῆναι καὶ χρό- 7
76 S νον ἀξιοῦντος ἐν ᾧ συνίασι Σουρήνας καὶ Κράσσος, οὕτω
φάμενοι ποιήσειν ἀπήλαυνον.

29. Ἡσθεὶς οὖν ὁ Σουρήνας ἐπὶ τῷ τοὺς ἄνδρας ἐνέ- 562
χεσθαι τῇ πολιορκίᾳ, μεθ᾽ ἡμέραν ἐπῆγε τοὺς Πάρθους,
πολλὰ καθυβρίζοντας καὶ κελεύοντας, εἰ βούλονται τυχεῖν
σπονδῶν Ῥωμαῖοι, Κράσσον ἐγχειρίσαι σφίσι καὶ Κάσσιον
δεδεμένους. οἱ δ᾽ ἤχθοντο μὲν ἠπατημένοι, μακρὰς δὲ καὶ 2
κενὰς τὰς ἀπ᾽ Ἀρμενίων ἐλπίδας καταβάλλειν τῷ Κράσ-
σῳ φράσαντες, εἴχοντο δρασμοῦ. καὶ τοῦτ᾽ ἔδει μηδένα
πρὸ καιροῦ Καρρηνῶν πυθέσθαι· πυνθάνεται δ᾽ ὁ πάν-
των ἀπιστότατος Ἀνδρόμαχος, ὑπὸ Κράσσου καὶ τοῦτο
πιστευθεὶς καὶ τῆς ὁδοῦ τὴν ἡγεμονίαν. οὐδὲν οὖν ἔλαθε 3
τοὺς Πάρθους, ἐξαγγέλλοντος τοῦ Ἀνδρομάχου καθ᾽ ἕκα- b
στον. ἐπεὶ δὲ νυκτομαχεῖν οὐ πάτριον αὐτοῖς ἐστιν οὐδὲ
ῥᾴδιον, ἐξῄει δὲ νυκτὸς ὁ Κράσσος, ὅπως μὴ πολὺ καθυ-
στερήσωσι τῇ διώξει στρατηγῶν ὁ Ἀνδρόμαχος ἄλλοτ᾽
ἄλλας ὁδοὺς ὑφηγεῖτο, καὶ τέλος ἐξέτρεψεν εἰς ἕλη βαθέα
καὶ χωρία τάφρων μεστὰ τὴν πορείαν, χαλεπὴν καὶ πολυ-
πλανῆ γινομένην τοῖς ἐπισπομένοις. ἐγένοντο δέ τινες, 4
οἳ μηδὲν ὑγιὲς ⟨φρονοῦντα⟩ τὸν Ἀνδρόμαχον στρέφειν καὶ
192 L περιελίττειν εἰκάσαντες οὐκ ἠκολούθησαν, ἀλλὰ Κάσσιος
μὲν ἐπανῆλθεν εἰς Κάρρας πάλιν, καὶ τῶν ὁδηγῶν (Ἄρα-
βες δ᾽ ἦσαν) ἀναμεῖναι κελευόντων, ἄχρι ἂν ἡ σελήνη παραλ-

12 Nicol. Damasc. (FGrH 90 F 79) ap. Athen. 6, 252 d

[ONS(UA =)Υ] 1 ἀμφοτέροις om. O ‖ 3 συνίασι NSΥ: συνέλθωσι O ‖ 4 ἀπήλαυνον οἱ ἄραβες N ‖ 6 μετῆγε O ‖ 10 τὰς ante μακρὰς hab. O | καινὰς N | ἀπ᾽ ON: om. SΥ ‖ 12 πυθέσθαι OSΥ: προαίσθεσθαι N ‖ 13 ταῦτα U^2 ‖ 14 καὶ ON: om. SΥ | οὖν] om. U^1 δὲ U^2 ‖ 17 νυκτὸς O: νύκτωρ NSΥ | καθυστερήσωσι πολύ SΥ ‖ 18 ὁ om. N ‖ 20 μεστὰ SΥ: μεστὰ μετὰ ON ‖ 21 γινομένην O^v O^i et s. s. O^m: γενομένην | ἐπισπωμένοις N, cf. p. 161, 19 | δέ O: γάρ NSΥ ‖ 22 μηδὲν ὑγιὲς—(l. 23) περιελίττειν] cf. Eurip. Andr. 448 | φρονοῦντα add. Zie. ‖ 23 ἠκολούθουν O ‖ 25 ἀναμένειν SΥ | ἡ O: om. NSΥ

c λάξῃ τὸν σκορπίον, „ἀλλ' ἔγωγε“ εἰπὼν „μᾶλλον φοβοῦ-
μαι τὸν τοξότην“, ἀπήλαυνεν εἰς Συρίαν μεθ' ἱππέων πεν-
τακοσίων· ἄλλοι δὲ χρησάμενοι πιστοῖς ὁδηγοῖς, ἐλάβοντο
χωρίων ὀρεινῶν ἃ καλεῖται Σίννακα, καὶ κατέστησαν ἐν
ἀσφαλεῖ πρὸ ἡμέρας. οὗτοι περὶ πεντακισχιλίους ἦσαν, 5
ἡγεῖτο δ' αὐτῶν ἀνὴρ ἀγαθὸς Ὀκτάβιος. τὸν δὲ Κράσσον
ἡμέρα κατελάμβανεν ἔτι ἀγόμενον ὑπ' Ἀνδρομάχου περὶ
6 τὰς δυσχωρίας καὶ τὸ ἕλος. ἦσαν δὲ τέσσαρες σπεῖραι σὺν 77 S
αὐτῷ θυρεαφόρων, ἱππεῖς δὲ παντελῶς ὀλίγοι καὶ πέντε
ῥαβδοῦχοι, μεθ' ὧν ἐπιπόνως καὶ μόλις εἰς τὴν ὁδὸν κατα-
d στάς, ἤδη τῶν πολεμίων ἐπικειμένων, ὅσον δώδεκα στα-
δίους ἀπολιπὼν τοῦ συμμεῖξαι τοῖς περὶ Ὀκτάβιον, ἐπ'
ἄλλον διαφεύγει λόφον, οὐχ οὕτω μὲν ἄφιππον οὐδ' ὀχυ-
ρόν, ὑποκείμενον δὲ τοῖς Σιννάκοις καὶ συνηρτημένον
αὐχένι μακρῷ διὰ μέσου κατατείνοντι τοῦ πεδίου πρὸς
7 τοῦτον. ἦν οὖν ἐν ὄψει τοῖς περὶ τὸν Ὀκτάβιον ὁ κίνδυνος
αὐτοῦ, καὶ πρῶτος Ὀκτάβιος ἔθει μετ' ὀλίγων ἄνωθεν ἐπι-
βοηθῶν, εἶθ' οἱ λοιποὶ κακίσαντες ἑαυτοὺς ἐφέροντο, καὶ
προσπεσόντες καὶ ὠσάμενοι τοὺς πολεμίους ἀπὸ τοῦ 193 L
λόφου, περιέσχον ἐν μέσῳ τὸν Κράσσον καὶ προὐβά-
e λοντο τοὺς θυρεούς, μεγαληγοροῦντες ὡς οὐκ ἔστι
Πάρθοις βέλος ὃ προσπεσεῖται τῷ σώματι τοῦ αὐτο-
κράτορος πρὶν ἢ σφᾶς ἅπαντας ὑπὲρ αὐτοῦ μαχο-
μένους ἀποθανεῖν.

[ONS(UA=)Υ] 1 εἶπε N | μᾶλλον ON: ἔτι τούτου μᾶλλον SΥ || 3 δὲ NSΥ: δὲ μὲν O | ἔλαβον τὸ χωρίον et corr. ὀρεινῶν ex -ὸν N || 4 σίννακα NSΥ (Strabo 16, 747): σύνακα O || 5 πρὸς ἡμέρας Υ | αὐτοὶ O | ἦσαν om. O (num ὄντες περὶ πεντ. [ἦσαν?]) || 6 ὀκτάβιος O: ὀκταούιος NSΥ, cf. p. 167,2; item semper in Crasso || 7 ἔτι ἀγόμενον O: ἐπιβουλευόμενον NSΥ ἔτι περιαγ. Zie. || 8 δυσχωρίας NSΥ: δυσοδίας O | καὶ τέλος ἦσαν· ἦσαν N || 9 θυρεαφόρων ON: θυρεοφόρων SΥ, cf. p. 161,11 || 10 εἰς τὴν ὁδὸν καὶ μόλις SΥ | ἐπιστὰς N || 11 ὅσον om. N || 12 περὶ τὸν NSΥ || 13 διαφεύγει O: ἀναφεύγει NSΥ || 14 συνάκοις $O^{v}O^{i}$ συννάκοις O^{m} || 18 ἐπεφέροντο NSΥ || 19 διωσάμενοι N || 20 προυβάλοντο O^{v}: προυβάλλοντο $O^{m}O^{i}$ προεβάλοντο SU προεβάλλοντο A προσεβάλλοντο N || 21 οὐκ ἔστι OSA: οὐκέτι NU

30. Ὁρῶν οὖν ὁ Σουρήνας τούς τε Πάρθους ἀμβλύτερον
ἤδη κινδυνεύοντας, ἥν τε νὺξ ἐπίσχῃ καὶ τῶν ὀρῶν οἱ Ῥω-
μαῖοι λάβωνται, παντάπασιν αὐτοὺς ἐσομένους ἀλήπτους,
ἐπῆγε τῷ Κράσσῳ δόλον. ἀφείθησαν μὲν γάρ ἔνιοι τῶν 2
αἰχμαλώτων, ἀκηκοότες ἐν τῷ στρατοπέδῳ τῶν βαρβά-
ρων πρὸς ἀλλήλους ἐπίτηδες διαλεγομένων, ὡς οὐ βούλεται
βασιλεὺς ἄσπονδον αὐτῷ πόλεμον εἶναι πρὸς Ῥωμαίους,
ἀλλὰ τὴν φιλίαν ἀναλαβεῖν χάριτι, Κράσσῳ χρησάμενος f
φιλανθρώπως, ἔσχοντο δὲ μάχης οἱ βάρβαροι, Σουρήνας
δὲ μετὰ τῶν ἀρίστων προσελάσας ἀτρέμα τῷ λόφῳ, τοῦ
μὲν τόξου τὸν τόνον ἀνῆκε, τὴν δὲ δεξιὰν προὔτεινεν,
ἐκάλει δὲ τὸν Κράσσον ἐπὶ συμβάσεις, ὑπειπὼν ὅτι τῆς
μὲν ἀνδρείας καὶ δυνάμεως ἄκοντος πεπείραται βασιλέως,
πρᾳότητα δ' αὐτοῖς καὶ φιλοφροσύνην ἑκὼν ἐπιδείκνυται,
78 S σπενδόμενος ἀπιοῦσι καὶ παρέχων σῴζεσθαι. ταῦτα τοῦ 3 563
Σουρήνα λέγοντος, οἱ μὲν ἄλλοι προθύμως ἐδέξαντο καὶ
περιχαρεῖς ἦσαν, ὁ δὲ Κράσσος οὐδὲν ὅ τι μὴ δι' ἀπάτης
194 L ἐσφαλμένος ὑπ' αὐτῶν, καὶ τὸ αἰφνίδιον τῆς μεταβολῆς
ἄλογον ἡγούμενος, οὐχ ὑπήκουεν, ἀλλ' ἐβουλεύετο. τῶν 4
δὲ στρατιωτῶν βοώντων καὶ ⟨ἰέναι⟩ κελευόντων, εἶτα λοι-
δορούντων καὶ κακιζόντων ὡς προβάλλοντα μαχουμένους
αὐτοὺς οἷς αὐτὸς ἀνόπλοις εἰς λόγους οὐ θαρρεῖ συνελ-
θεῖν, πρῶτον μὲν ἐπειρᾶτο δεῖσθαι καὶ λέγειν, ὅτι τὸ
λειπόμενον μέρος τῆς ἡμέρας διακαρτερήσαντες, ἐν τοῖς
ὀρεινοῖς καὶ τραχέσι δύνανται διὰ νυκτὸς ἰέναι, καὶ τὴν
ὁδὸν ἐδείκνυε καὶ παρεκάλει τὴν ἐλπίδα μὴ προέσθαι τῆς b
σωτηρίας ἐγγὺς οὔσης. ὡς δὲ χαλεπαίνοντες αὐτῷ καὶ τὰ 5

cap. 30–33 Polyaen. 7, 41 Cass. D. 40, 26 sq. Flor. 1, 46, 9–11 Iustin. 42, 4, 4 Oros. 6, 13, 4

[ONS(UA=)Υ] **1** τε om. **N** || **2** ἥν **O**: καὶ ἥν ἡ **SΥ** πρὶν ἢ **N** || **4** ἠφείθησαν **N** || **7** τὸν πόλεμον **NSΥ** || **8** ἀλλὰ τὴν **O**: τὴν δὲ **NSΥ** | ἀναλαβεῖν **NSΥ**: ἀναγαγεῖν **O** || **9** δὲ **NSΥ**: δὴ **O** | ὁ σουρήνας **O** || **10** τῷ λόφῳ ἀτρέμα **N** | ἀτρέμας **O**m || **11** τόξου **OSΥ**: τόνου **N** | δὲ δεξιὰν **NSΥ**: δεξιὰν δὲ **O** || **12** ἐκάλει **ON**: καλεῖ **SΥ** | ὑπειπὼν **ON**: εἰπὼν **SΥ** || **13** πεπείρασαι **O** || **14** αὐτοῖς **NSΥ**: αὐτὸς **O** | ἑκὼν **ON**: ἔχων **SΥ** || **20** ἰέναι add. Zie. || **21** μαχομένους **N** μαχουμένοις Sch. || **22** ἀνόπλοις αὐτὸς **N** | προσελθεῖν **N**

ὅπλα κρούοντες ἠπείλουν, φοβηθεὶς ἐχώρει, καὶ τοσοῦτον εἶπε μεταστραφείς· „Ὀκτάβιε καὶ Πετρώνιε καὶ ὅσοι πάρεστε Ῥωμαίων ἄρχοντες, ὑμεῖς ὁρᾶτε τῆς ἐμῆς ὁδοῦ τὴν ἀνάγκην, καὶ σύνιστε παρόντες ὡς αἰσχρὰ πάσχω καὶ βίαια· τοῖς δ' ἄλλοις ἅπασιν ἀνθρώποις λέγετε σωθέντες, ὡς Κράσσος ἀπατηθεὶς ὑπὸ τῶν πολεμίων, οὐκ ἐκδοθεὶς ὑπὸ τῶν πολιτῶν ἀπόλωλε."

31. Οὐ μὴν ἔμειναν οἱ περὶ τὸν Ὀκτάβιον, ἀλλὰ συγ-
κατέβαινον ἀπὸ τοῦ λόφου· τοὺς δὲ ῥαβδούχους ἑπομέ-
c νους ὁ Κράσσος ἀπήλλασσε. πρῶτοι δὲ τῶν βαρβάρων
ἀπήντησαν αὐτοῖς δύο μειξέλληνες, οἳ καὶ προσεκύνησαν
τὸν Κράσσον, ἀπὸ τῶν ἵππων ἁλάμενοι, καὶ προσαγορεύ-
σαντες ἑλλάδι φωνῇ παρεκάλουν προπέμψαι τινάς, οἷς
ἐπιδείξεται Σουρήνας ἑαυτὸν καὶ τοὺς περὶ αὐτὸν ἀνό-
2 πλους καὶ ἀσιδήρους προσερχομένους. ὁ δὲ Κράσσος 195 L
ἀπεκρίνατο μέν, ὡς εἰ καὶ τὸν ἐλάχιστον εἶχε τοῦ ζῆν λόγον,
οὐκ ἂν εἰς χεῖρας αὐτοῖς ἦλθεν· ὅμως δὲ δύο Ῥωσκίους
ἀδελφοὺς ἔπεμψε πευσομένους ἐπὶ τίσι καὶ πόσοι συνίασιν. 79 S
3 οὓς εὐθὺς συλλαβὼν ὁ Σουρήνας κατέσχεν, αὐτὸς δὲ μετὰ
τῶν ἀρίστων ἱππότης προσῄει καὶ „τί τοῦτο;" ἔφη
d „πεζὸς ὁ Ῥωμαίων αὐτοκράτωρ, ἡμεῖς δ' ὀχούμεθα;"
4 καὶ προσαγαγεῖν ἐκέλευσεν ἵππον αὐτῷ. τοῦ δὲ Κράσσου
φήσαντος οὔθ' ἑαυτὸν ἁμαρτάνειν οὔτ' ἐκεῖνον, ὡς ἑκατέρῳ
πάτριόν ἐστι ποιουμένους τὴν σύνοδον, εἶναι μὲν αὐτόθεν
ἔφη σπονδὰς καὶ εἰρήνην ὁ Σουρήνας Ὀρώδῃ τε βασιλεῖ
καὶ Ῥωμαίοις, δεῖν δὲ γράψασθαι τὰς συνθήκας ἐπὶ τὸν
ποταμὸν προελθόντας· „οὐ γὰρ ὑμεῖς γε" ἔφη „πάνυ
μνήμονες ὁμολογιῶν οἱ Ῥωμαῖοι", καὶ προὔτεινε τὴν δεξι-

[ONS(UA=)Υ] **2** ὅσοι ἄλλοι O ‖ **7** ἀπόλωλε ante καὶ (sic) οὐκ ἐκδ. hab. O | ἀπώλετο SΥ ‖ **10** ἀπήλασε: em. Zie., cf. Fab. Max. 4, 3 (ἀπήλλαξε Cor.) ‖ **11** αὐτοῖς ON: αὐτῷ SΥ ‖ **12** ἁλάμενοι O: ἁλόμενοι S ἀλλόμενοι NΥ ‖ **13** ἑλληνίδι N ‖ **17** ὅμως O: ἄλλους NSΥ ‖ **18** ἔπεμπε O | πόσοις N ‖ **19** εὐθὺς ὁ σουρήνας συνέλαβε καὶ κατέσχεν ON ‖ **22** καὶ NSΥ: καί τῳ O ‖ **23** ἑαυτὸν ON: αὐτὸν SΥ | ἐκείνῳ N ‖ **24** αὐτόθι s. s. εν N ‖ **25** ὑρώδῃ N et deinceps ‖ **26.27** τὸν ποταμὸν] τὸ στρατόπεδον Emp. ‖ **27** προελθόντας ON: προσελθόντας SΥ

ἂν αὐτῷ. μεταπεμπομένου δ' ἵππον, οὐδὲν ἔφη δεῖν·
„βασιλεὺς γάρ σοι δίδωσι τοῦτον." ἅμα δ' ἵππος τε τῷ 5
Κράσσῳ παρέστη χρυσοχάλινος, οἵ τ' ἀναβολεῖς αὐτὸν e
ἀράμενοι περιεβίβασαν καὶ παρείποντο, πληγῇ τὸν ἵππον
ἐπιταχύνοντες. Ὀκτάβιος δὲ πρῶτος ἀντιλαμβάνεται τῶν
χαλινῶν, καὶ μετ' ἐκεῖνον εἷς τῶν χιλιάρχων Πετρώνιος,
εἶθ' οἱ λοιποὶ περιίσταντο, τόν θ' ἵππον ἀνακόπτειν πειρώ-
μενοι καὶ τοὺς πιεζοῦντας τὸν Κράσσον ἐξ ἑκατέρου μέρους
ἀφέλκοντες. ὠθισμοῦ δὲ γενομένου καὶ ταραχῆς, εἶτα 6
196 L πληγῶν, Ὀκτάβιος μὲν ἀνασπάσας τὸ ξίφος ἑνὸς τῶν
βαρβάρων κτείνει τὸν ἱπποκόμον, ἕτερος δὲ τὸν Ὀκτά-
βιον ἐκ τῶν ὄπισθεν πατάξας· Πετρώνιος δ' ὅπλου μὲν
οὐκ ηὐπόρησεν, εἰς δὲ τὸν θώρακα πληγεὶς ἀπεπήδησεν
ἄτρωτος· τὸν δὲ Κράσσον ὄνομα Ἐξάθρης Πάρθος ἀπέ- f
κτεινεν. οἱ δ' οὔ φασιν, ἀλλ' ἕτερον μὲν εἶναι τὸν ἀποκτεί- 7
ναντα, τοῦτον δὲ κειμένου τὴν κεφαλὴν ἀποκόψαι καὶ τὴν
δεξιάν. εἰκάζεται δὲ ταῦτα μᾶλλον ἢ γινώσκεται· τῶν
γὰρ παρόντων οἱ μὲν ἐκεῖ μαχόμενοι περὶ τὸν Κράσσον
ἀνῃρέθησαν, οἱ δ' εὐθὺς ἀνεχώρησαν ἐπὶ τὸν λόφον.
80 S Ἐπελθόντων δὲ τῶν Πάρθων καὶ λεγόντων ὅτι Κράσ- 8 564
σος μὲν δίκην δέδωκε, τοὺς δ' ἄλλους κελεύει Σουρήνας
κατιέναι θαρροῦντας, οἱ μὲν ἐνεχείρισαν αὑτοὺς κατα-
βάντες, οἱ δὲ τῆς νυκτὸς ἐσπάρησαν, καὶ τούτων ὀλίγοι
παντάπασιν διεσώθησαν· τοὺς δ' ἄλλους ἐκθηρεύοντες
οἱ Ἄραβες συνελάμβανον καὶ διέφθειρον. λέγονται δ' οἱ
πάντες δισμύριοι μὲν ἀποθανεῖν, μύριοι δ' ἁλῶναι ζῶντες.

[ONS(UA=)Υ] 2 τε ON: om. SΥ || 4 περιέβησαν ON || 7 πειρώμενοι SΥ: βουλόμενοι ON || 8 ἐξ ἑκατέρου μέρους τὸν κράσσον ON || 10 τὸ om. O || 11 κτείνει om. N | τῶν ἱπποκόμων N || 12 δὲ OSΥ: μὲν N | μὲν om. N || 13 ηὐπόρησεν O: εὐπόρησεν NSΥ || 14 ἄτρωτος ON: ἀπὸ τοῦ ἵππου ἄτρωτος SΥ | ὄνομα ἐξάθρης SU: ὄνομα πομαξάθρης A ὁ πομαξάθρης N ὁ μαξάρθης O ομαξάθρης S^{m} (ante ο margo abscisa) ἐξάθρης Polyaen.; cf. p. 176, 11 || 15 οἱ δ' OSΥ: ἔνιοι δὲ N || 19 ἀνεχώρησαν O: ἀνεπήδησαν NSΥ || 21 δέδωκε ON: ἔδωκε SΥ || 23 διεσπάρησαν Rei. || 23. 24 παντάπασιν ὀλίγοι O || 25 διέφθειραν ante ras. S | δ' οἱ OSΥ: οὐ N

32. Ὁ δὲ Σουρήνας τὴν κεφαλὴν τοῦ Κράσσου καὶ τὴν
χεῖρα πρὸς Ὀρώδην ἔπεμψεν εἰς Ἀρμενίαν, αὐτὸς δὲ δια-
δοὺς λόγον ὑπ' ἀγγέλων εἰς Σελεύκειαν ὡς ζῶντα Κράσ-
b σον ἄγοι, παρεσκεύαζε πομπήν τινα γελοίαν, ὕβρει προσ-
2 αγορεύων θρίαμβον. ὁ μὲν γὰρ ἐμφερέστατος Κράσσῳ
τῶν αἰχμαλώτων, Γάιος Πακκιανός, ἐσθῆτα βασιλικὴν 197 L
γυναικὸς ἐνδὺς καὶ διδαχθεὶς Κράσσος ὑπακούειν καὶ
αὐτοκράτωρ τοῖς καλοῦσιν, ἐφ' ἵππου καθήμενος ἤγετο·
πρὸ αὐτοῦ δὲ σαλπιγκταὶ καὶ ῥαβδοῦχοί τινες ὀχούμενοι
καμήλοις εἰσήλαυνον· ἐξήρτητο δὲ τῶν ῥάβδων βαλάντια
καὶ περὶ τοὺς πελέκεις πρόσφατοι κεφαλαὶ Ῥωμαίων
3 ἀποτετμημέναι. κατόπιν δ' εἵποντο Σελευκίδες ἑταῖραι
μουσουργοί, πολλὰ βωμολόχα καὶ γελοῖα δι' ᾀσμάτων εἰς
θηλύτητα καὶ ἀνανδρίαν τοῦ Κράσσου λέγουσαι. ταῦτα
c 4 μὲν οὖν πάντες ἐθεῶντο. τὴν δὲ γερουσίαν τῶν Σελευκέων
ἀθροίσας, εἰσήνεγκεν ἀκόλαστα βιβλία τῶν Ἀριστείδου
Μιλησιακῶν, οὔτι ταῦτά γε καταψευσάμενος· εὑρέθη γὰρ
ἐν τοῖς Ῥουστίου σκευοφόροις, καὶ παρέσχε τῷ Σουρήνᾳ
καθυβρίσαι πολλὰ καὶ κατασκῶψαι τοὺς Ῥωμαίους, εἰ
μηδὲ πολεμοῦντες ἀπέχεσθαι πραγμάτων καὶ γραμμά-
5 των δύνανται τοιούτων. τοῖς μέντοι Σελευκεῦσιν ἐδόκει
σοφὸς ἀνὴρ ὁ Αἴσωπος (fab. 229 Hausr.) εἶναι, τὸν Σουρήναν
ὁρῶσι τὴν μὲν τῶν Μιλησιακῶν ἀκολαστημάτων πήραν
ἐξηρτημένον πρόσθεν, ὄπισθεν δὲ Παρθικὴν Σύβαριν
d ἐφελκόμενον ἐν τοσαῖσδε παλλακίδων ἁμάξαις, τρόπον 81 S

[ONS(UA=)Υ] **1** τὴν μὲν κεφαλὴν N ‖ **2** διδοὺς N ‖ **3** λόγον δι' ἀγγέλων εἶναι εἰς N ‖ **4** ἄγοι O: ἀγάγοι N ἄγοιτο SΥ | παρεσκευάζετο NSΥ ‖ **6** πακκιανός SΥ: πακκιακός N, om. O | βασιλικὴν O: βαρβαρικὴν NSΥ ‖ **8** ἡγεῖτο N ‖ **9** σαλπιγκταὶ OA: σαλπικταὶ NSU ‖ **10** εἰσήλαυνον N: ἐσήλαυνον O ἤλαυνον SΥ ‖ **10.11** ῥάβδων—κεφαλαὶ om. U ‖ **10** ῥαβδούχων O ‖ **11** περὶ Zie.: παρὰ ‖ **12** σελευκιάδες SΥ ‖ **12.13** ἑταῖραι καὶ μουσουργοί O ‖ **14** λέγοντες O, cf. l. 13 ‖ **16** βιβλία τοῦ ἀριστείδου N ‖ **17** οὗτοι Rei. ‖ **18** ῥουστίου OSΥ: λουστιλίου N ῥωσκίου Barocc. 137, vulg., sed cf. mor. 311d Ῥουστίκου vel Ῥουστικίου Rei. ‖ **20** πραγμάτων καὶ del. Li. ‖ **21** σελευκεῦσιν SO^{i}: σελευκέσιν $O^{v}O^{m}$NΥ ‖ **22** ὁ ON: om. SΥ ‖ **24** πρόσθεν Cor.: πρόσωθεν | πρακτικὴν N ‖ **25** τοσαῖσδε O: τοσαύταις NSΥ

τινὰ ταῖς λεγομέναις ἐχίδναις καὶ σκυτάλαις ἀντιμόρφως
τὰ μὲν ἐμφανῆ καὶ πρόσθια μέρη φοβερὰ καὶ φρικώδη
198 L δόρασι καὶ τόξοις καὶ ἵπποις προβαλλομένην, κατ᾽ οὐρὰν
δὲ τῆς φάλαγγος εἰς χορείαν καὶ κρόταλα καὶ ψαλμοὺς
καὶ παννυχίδας ἀκολάστους μετὰ γυναικῶν τελευτῶσαν.
ψεκτὸς μὲν γὰρ ὁ Ῥούστιος, ἀναιδεῖς δὲ Πάρθοι τὰ Μιλη- 6
σιακὰ ψέγοντες, ὧν πολλοὶ βεβασιλεύκασιν ἐκ Μιλησίων
καὶ Ἰωνίδων ἑταιρῶν γεγονότες Ἀρσακίδαι.

33. Τούτων δὲ πραττομένων Ὀρώδης ἐτύγχανεν ἤδη
διηλλαγμένος Ἀρταβάζῃ τῷ Ἀρμενίῳ καὶ τὴν ἀδελφὴν
αὐτοῦ γυναῖκα Πακόρῳ τῷ παιδὶ καθωμολογημένος, ἑστιά- e
σεις τε καὶ πότοι δι᾽ ἀλλήλων ἦσαν αὐτοῖς, καὶ πολλὰ
παρεισήγετο τῶν ἀπὸ τῆς Ἑλλάδος ἀκουσμάτων. ἦν γὰρ 2
οὔτε φωνῆς οὔτε γραμμάτων ὁ Ὀρώδης Ἑλληνικῶν ἄπει-
ρος, ὁ δ᾽ Ἀρταβάζης καὶ τραγῳδίας ἐποίει καὶ λόγους ἔγρα-
φε καὶ ἱστορίας, ὧν ἔνιαι διασῴζονται. τῆς δὲ κεφαλῆς τοῦ 3
Κράσσου κομισθείσης ἐπὶ θύρας, ἀπηρμέναι μὲν ἦσαν αἱ
τράπεζαι, τραγῳδιῶν δ᾽ ὑποκριτὴς Ἰάσων ὄνομα Τραλ-
λιανὸς ᾖδεν Εὐριπίδου Βακχῶν τὰ περὶ τὴν Ἀγαύην.
εὐδοκιμοῦντος δ᾽ αὐτοῦ, Σιλάκης ἐπιστὰς τῷ ἀνδρῶνι
καὶ προσκυνήσας, προὔβαλεν εἰς μέσον τοῦ Κράσσου τὴν
κεφαλήν. κρότον δὲ τῶν Πάρθων μετὰ χαρᾶς καὶ κραυ- 4 f
γῆς ἀραμένων, τὸν μὲν Σιλάκην κατέκλιναν οἱ ὑπηρέται
βασιλέως κελεύσαντος, ὁ δ᾽ Ἰάσων τὰ μὲν τοῦ Πενθέως
σκευοποιήματα παρέδωκέ τινι τῶν χορευτῶν, τῆς δὲ

16 Polyaen. 7, 41

[ONS(UA =)Υ] **1** καὶ del. Madvig | σκυτάλαις O^{i}NSΥ: σκύλλαις O^{m} σκίλλαις O^{v} | ἀντιμόρφως O: ἀντιμόρφους NSΥ || **2** φρικώδη Zie. cl. Galb. 15, 9: θηριώδη || **4** εἰς om. N | χορείαν O: πόρνας NSΥ || **6** ῥούστιος OSΥ: ῥουστίλιος N || **10** ἀρταουάσδῃ NSΥ || **12. 13** πολλὰ ἕτερα παρεισήγετο δὲ καὶ ἀγὼν τῶν ἀπὸ O || **14** γραμμάτων OSΥ: πραγμάτων N | ὁ ON: om. SΥ || **15** ἀρταουάσδης NSΥ || **16** ἔνια N || **17** θύραις N | ἀπηρμέναι s. s. S m. 1: ἐπηρμέναι cet. || **18** τραλιανὸς SU || **20** σιλλάκης NSΥ || **21** προύβαλλεν O^{m} O^{i} N || **22** κρότω SΥ | χαρᾶς καὶ κραυγῆς ON: κραυγῆς καὶ χαρᾶς Υ κραυγῆς S || **23** σιλλάκην NSΥ

τοῦ Κράσσου κεφαλῆς λαβόμενος καὶ ἀναβακχεύσας 199 L
ἐπέραινεν ἐκεῖνα τὰ μέλη μετ᾽ ἐνθουσιασμοῦ καὶ ᾠδῆς (Eur. Bacch. 1169)

5 φέρομεν ἐξ ὄρεος
ἕλικα νεότομον ἐπὶ μέλαθρα,
μακάριον θήραμα.

565 6 καὶ ταῦτα μὲν πάντας ἔτερπεν· ᾀδομένων δὲ τῶν ἑξῆς 82 S
ἀμοιβαίων πρὸς τὸν χορόν

⟨A.⟩ τίς ἐφόνευσεν;
⟨B.⟩ ἐμὸν τὸ γέρας,

ἀναπηδήσας ὁ Ἐξάθρης – ἐτύγχανε γὰρ δειπνῶν – ἀντελαμβάνετο τῆς κεφαλῆς, ὡς αὐτῷ λέγειν ταῦτα μᾶλλον
7 ἢ ἐκείνῳ προσῆκον. ἡσθεὶς δ᾽ ὁ βασιλεὺς τὸν μὲν οἷς πάτριόν ἐστιν ἐδωρήσατο, τῷ δ᾽ Ἰάσονι τάλαντον ἔδωκεν. εἰς τοιοῦτόν φασιν ἐξόδιον τὴν Κράσσου στρατηγίαν ὥσπερ τραγῳδίαν τελευτῆσαι.

Δίκη μέντοι καὶ τῆς ὠμότητος Ὀρώδην καὶ τῆς ἐπιορ-
8 κίας Σουρήναν ἀξία μετῆλθε. Σουρήναν μὲν γὰρ οὐ μετὰ πολὺν χρόνον Ὀρώδης φθονῶν τῆς δόξης ἀπέκτεινεν,
b Ὀρώδῃ δ᾽ ἀποβαλόντι Πάκορον ὑπὸ Ῥωμαίων μάχῃ κρατηθέντα καὶ νοσήσαντι νόσον εἰς ὕδερον τραπεῖσαν Φρα-
9 άτης ὁ υἱὸς ἐπιβουλεύων ἀκόνιτον ἔδωκεν. ἀναδεξαμένης

4 mor. 501c

[ONS(UA =)Υ] 1 τοῦ om. S | λαβόμενος κεφαλῆς N || 4 φέρομεν] item Eur. Polyaen. (7, 41) ἄγομεν mor. | ὄρεος] item mor. Polyaen. ὀρέων Eur. || 6 μακάριον O Eur. mor. Polyaen.: μακαρίαν NSΥ | θήραμα O Eur. mor.: θήραν NSΥ Polyaen. || 7 μὲν om. Υ | ἑξῆς O: ἐφεξῆς NSΥ, cf. Them. 17, 4 Ages. 26, 8, v. l. || 9 ἐχόρευσεν O || 10 ἐμὸν bis O || 11 Ἐξάθρης Zie. cl. p. 173, 14: μαρξάθης O πομαξάθρης SΥ πωμαξάθρης N | γὰρ O: δὲ NSΥ | δειπνῶν] συμπίνων Rei. παρὼν Zie. || 12 αὐτῷ O: ἑαυτῷ NSΥ || 13 προσῆκεν N || 15 τοιοῦτό SΥ | στρατείαν N || 18 σουρήνα N || 19 φθόνῳ SΥ || 21 καὶ om. N | εἰς μέγαν ὕδερον N | ὕδερον ON: ὕδρωπα SΥ | τραπέντι ἀμφραδάτης (ex ἀνφραδάτης corr., ut vid.) N || 22 ὁ om. N

200 L δὲ τῆς νόσου τὸ φάρμακον εἰς ἑαυτὴν ὥστε συνεκκριθῆ-
ναι, καὶ τοῦ σώματος κουφισθέντος, ἐπὶ τὴν ταχίστην
τῶν ὁδῶν ἐλθὼν ὁ Φραάτης ἀπέπνιξεν αὐτόν.

---

34 (1). Ἐν δὲ τῇ συγκρίσει πρῶτον ὁ Νικίου πλοῦτος [Σύγκρισις]
τῷ Κράσσου παραβαλλόμενος ἀμεμπτοτέραν ἔχει τὴν
κτῆσιν. ἄλλως μὲν γὰρ οὐκ ἄν τις δοκιμάσειε τὴν ἀπὸ
μετάλλων ἐργασίαν, ἧς τὰ πλεῖστα περαίνεται διὰ κακούρ-
γων ἢ βαρβάρων ὠνίων, δεδεμένων καὶ φθειρομένων c
ἐν τόποις ὑπούλοις καὶ νοσεροῖς· παραβαλλομένη δὲ πρὸς
τὰ Σύλλα δημιόπρατα καὶ τὰς περὶ τὸ πῦρ ἐργολαβίας,
83 S ἐπιεικεστέρα φανεῖται. ταύταις γὰρ ὁ Κράσσος ἀναφαν- 2
δὸν ὡς τῷ γεωργεῖν ἐχρῆτο καὶ τῷ δανείζειν· ἃ δ' ἔξαρ-
νος ἦν ἐλεγχόμενος, ἐπὶ κέρδεσιν ἐν βουλῇ λέγειν καὶ τοὺς
συμμάχους ἀδικεῖν καὶ γύναια περιιὼν κολακεύειν καὶ
συνεπικρύπτειν τοὺς πονηρούς, τούτων αἰτίαν οὐδὲ ψευδῆ
πώποτε Νικίας ἔλαβεν, ἄλλως δὲ διδοὺς καὶ προϊέμενος
ἀργύριον ὑπὸ δειλίας τοῖς συκοφάνταις ἐχλευάζετο, πρᾶγμα
ποιῶν Περικλεῖ μὲν ἴσως καὶ Ἀριστείδῃ μὴ πρέπον, αὐτῷ d
δ' ἀναγκαῖον, οὐκ εὖ πεφυκότι πρὸς τὸ θαρρεῖν. ᾧ καὶ 3
Λυκοῦργος ὕστερον ὁ ῥήτωρ ἐπαρρησιάσατο πρὸς τὸν
δῆμον, αἰτίαν ἔχων ἐξωνεῖσθαί τινας τῶν συκοφαντῶν·
„ἥδομαι γάρ“ εἶπεν, „εἰ τοσοῦτον χρόνον πεπολιτευ-
μένος παρ' ὑμῖν, διδοὺς πεφώραμαι πρότερον ἢ λαμβά-
201 L νων.“ ἦν δὲ ταῖς δαπάναις πολιτικώτερος μὲν ὁ Νικίας, 4
ἀναθήμασι καὶ γυμνασιαρχίαις καὶ διδασκαλίαις χορῶν
φιλοτιμούμενος· ὧν δ' ὁ Κράσσος ἀνήλωσεν, ἑστιάσας

[ONS(UA =)Υ] 1 εἰς N ἐς O: ὑφ' SΥ || 2 κουφισθέντος O: ἐκκουφισθέντος NSΥ || 3 ὁ ἀμφραδάτης N | ἑαυτὸν N | αὐτόν] desinit Ps.-App. (O) || 5 κράσσω S et ante corr. N || 6 μὲν om. N || 7 ἧς SΥ: ἣ N || 8 ὠνίων N: ἐνίων SΥ || 9 τόποις N: τοῖς SΥ || 10 τὰς SΥ: τὰ N || 11 ταύταις Υ: ταύταις S ταῦτα N || 12 δανίζειν N, cf. p. 128, 14 || 13 ἐπὶ κέρδεσι βουλῇ N || 16 πώποτε N: ποτε SΥ | ἀλλ' ὡς διδοὺς Rei. || 19.20 τὸ—πρὸς om. U || 19 ᾧ] ὧν N ὡς Ri. || 21 ἐξωνήσασθαί τινα SΥ ἐξεωνῆσθαι Zie. || 22 εἶπεν C: εἰπεῖν NSΥ | τοσούτῳ χρόνῳ N || 23 ἢ SΥ: ἦν N || 26 ἀνάλωσεν SΥ

ἅμα τοσαύτας μυριάδας ἀνθρώπων, εἶτα θρέψας πάλιν,
οὐδὲν ἦν μέρος ἃ Νικίας ἐκέκτητο σὺν οἷς ἀνήλωσεν, ὥστε
e θαυμάζειν εἴ τινα λέληθε τὸ τὴν κακίαν ἀνωμαλίαν εἶναί
τινα τρόπου καὶ ἀνομολογίαν, ὁρῶντα τοὺς αἰσχρῶς συλ-
λέγοντας εἶτ' ἀχρήστως ἐκχέοντας.

35 (2). Περὶ μὲν οὖν τοῦ πλούτου τοσαῦτα· τοῖς δὲ
πολιτεύμασι τοῦ μὲν Νικίου πανοῦργον οὐδὲν οὐδ' ἄδικον
οὐδὲ βίαιον πρόσεστιν οὐδὲ θρασύτης, ἀλλ' ἐξηπατᾶτο
μᾶλλον ὑπ' Ἀλκιβιάδου, καὶ τῷ δήμῳ προσῄει μετ' εὐλα-
2 βείας. τοῦ δὲ Κράσσου πολλὴν μὲν ἐν ταῖς πρὸς ἔχθραν
καὶ φιλίαν μεταβολαῖς ἀπιστίαν καὶ ἀνελευθερίαν κατη-
γοροῦσι, βίᾳ δ' οὐδ' αὐτὸς ἠρνεῖτο τὴν ὑπατείαν μετιέναι,
μισθωσάμενος ἄνδρας τοὺς Κάτωνι καὶ Δομιτίῳ τὰς χεῖ-
f 3 ρας προσοίσοντας. ἐν δὲ τῇ περὶ τῶν ἐπαρχιῶν ψηφοφορίᾳ
τοῦ δήμου πολλοὶ μὲν ἐτρώθησαν, ἔπεσον δὲ τέσσαρες, 84 S
αὐτὸς δ' – ὅπερ ἡμᾶς ἐν τῇ διηγήσει παρελήλυθε – Λεύ-
κιον Ἀννάλιον, ἄνδρα βουλευτήν, ἀντιλέγοντα πὺξ πατά-
4 ξας εἰς τὸ πρόσωπον ἐξέβαλεν ᾑμαγμένον. ὡς δὲ περὶ
566 ταῦτα βίαιος ὁ Κράσσος καὶ τυραννικός, οὕτως αὖ πάλιν
ἐκείνου τὸ ψοφοδεὲς ἐν τῇ πολιτείᾳ καὶ ἄτολμον καὶ τοῖς
κακίστοις ὑφιέμενον τῶν μεγίστων ἐπιλήψεως ἄξιον· ὁ
δὲ Κράσσος ὑψηλὸς περί γε ταῦτα καὶ μεγαλόφρων, οὐ
πρὸς Κλέωνας οὐδ' Ὑπερβόλους μὰ Δία τοῦ ἀγῶνος ὄντος, 202 L
ἀλλὰ πρὸς τὴν Καίσαρος λαμπρότητα καὶ τρεῖς τοῦ Πομ-
πηίου θριάμβους οὐχ ὑπείξας, ἀλλ' ἀντάρας ἑκατέρῳ τὴν
δύναμιν, ἀξιώματι δὲ τῆς τιμητικῆς ἀρχῆς καὶ Πομπήιον
5 ὑπερβαλόμενος. δεῖ γὰρ ἐπὶ μεγίστοις οὐ τὸ <ἀν>επίφθο-
νον, ἀλλὰ τὸ λαμπρὸν ἐν πολιτείᾳ λαμβάνειν, μεγέθει

[**NS(UA=)Υ**] **2** ἦν **N**: ἢ **SΥ** | ἃ Mu.: ὁ **NSΥ** || **3** τὸ om. **N** | τὴν κακιάνωμαλίαν **N** || **4** τρόπον **N** | αἰσχροὺς **N** γλίσχρως Kron. || **5** εἶτ' ἀχρήστως Emp.: εἶτα χρηστῶς **SΥ** εἶτα χρηστοὺς **N** || **6** οὖν om. **Υ** || **8. 9** ἐξαπάτητο μὲν μᾶλλον **N** || **17** Ἀννάλιον Mu.: ἀνάλιον **SΥ** om. **N** || **20** τὸ om. **U** | ἐκείνου τὸ ἄτολμον ἐν τῇ πολιτείᾳ ψοφοδεὲς καὶ τοῖς **N** || **21** ὑφειμένον **SΥ** | ἐπιλήψεων: em. Zie. || **22** γε **SΥ**: τε **N** || **27** ὑπερβαλλόμενος **N** | ἐπίφθονον: em. Cor. cl. mor. 535e

δυνάμεως ἐξαμαυροῦντα τὸν φθόνον. εἰ δ' ἐξ ἅπαντος 6
ἀγαπᾷς ἀσφάλειαν καὶ ἡσυχίαν, καὶ δέδιας Ἀλκιβιάδην b
μὲν ἐπὶ τοῦ βήματος, ἐν δὲ Πύλῳ Λακεδαιμονίους, Περ-
δίκκαν δ' ἐν Θρᾴκῃ, πολλὴν εὐρυχωρίαν ἡ πόλις ἔχει σχο-
λῆς, ἐκ μέσου γενόμενον καθῆσθαι πλέκοντα τῆς ἀταρα-
ξίας αὑτῷ στέφανον, ὡς ἔνιοι σοφισταὶ λέγουσιν. ὁ μὲν γὰρ 7
τῆς εἰρήνης ἔρως θεῖος ἦν ὡς ἀληθῶς, καὶ τὸ λῦσαι τὸν
πόλεμον ἑλληνικώτατον πολίτευμα, καὶ τῆς πράξεως
ἕνεκα ταύτης οὐκ ἄξιον Νικίᾳ παραβαλεῖν Κράσσον, οὐδ'
εἰ τὸ Κάσπιον φέρων πέλαγος ἢ τὸν Ἰνδῶν ὠκεανὸν τῇ
Ῥωμαίων ἡγεμονίᾳ προσώρισε.

36 (3). Πόλει μέντοι χρώμενον ἀρετῆς αἰσθανομένῃ
καὶ κρείττονα ὄντα τῇ δυνάμει χώραν οὐ δοτέον τοῖς πονη-
ροῖς, οὐδ' ἀρχὴν μὴ ἀρχ⟨ικοῖς⟩ οὖσιν, οὐδὲ πίστιν ἀπι- c
στουμένοις, ὅπερ ἐποίησεν ὁ Νικίας, τὸν Κλέωνα, μηδὲν
ὄντα πλέον ἐν τῇ πόλει τῆς ἀπὸ τοῦ βήματος ἀναισχυντίας
καὶ κραυγῆς, αὐτὸς εἰς τὸ στρατηγεῖν καταστήσας. οὐκ 2
ἐπαινῶ μὲν γὰρ ἐγὼ τὸν Κράσσον, ἐν τοῖς Σπαρτακείοις
85 S ἐπειχθέντα θᾶσσον ἢ ἀσφαλέστερον διαγωνίσασθαι· καί-
τοι φιλοτιμίας ἦν τὸ δεῖσαι, μὴ Πομπήιος ἐλθὼν ἀφέληται
203 L τὴν νίκην αὐτοῦ, καθάπερ ἀφείλετο Μετέλλου Μόμμιος
τὴν Κόρινθον· τὸ δὲ τοῦ Νικίου παντάπασιν ἄτοπον καὶ
δεινόν. οὐ γὰρ ἐλπίδας οὐδὲ ῥᾳστώνην ἐχούσης ἐξέστη 3
τῷ ἐχθρῷ φιλοτιμίας καὶ ἀρχῆς, ἀλλὰ κίνδυνον ὑφορώ-
μενος ἐν τῇ στρατηγίᾳ μέγαν, ἠγάπησε τὸ καθ' αὑτὸν ἐν d
ἀσφαλεῖ θέμενος προέσθαι τὸ κοινόν. καίτοι ὅ γε Θεμι- 4
στοκλῆς, ἵνα μὴ φαῦλος ἄνθρωπος ἐν τοῖς Περσικοῖς καὶ
ἄφρων στρατηγήσας ἀπολέσῃ τὴν πόλιν, ἀργυρίῳ τῆς

26 Plut. Them. 6, 2 et ibi l. l.

[NS(UA =)Υ] **2** *ἀγαπᾶς καὶ ἀσφάλειαν* **N** ‖ **3** *πύλαις* **N** ‖ **4** *σχολῆς ⟨ὥστ'⟩* Rei. *⟨ὡς⟩* Zie. ‖ **5** *πλέοντα* **N** ‖ **6** *αὐτῷ* **N**: *ἑαυτῷ* **SU** *σεαυτῷ* **A** ‖ **9** *παραβάλλειν* **N** | **9.10** *οὐδ' εἰς τὸ* **N** ‖ **10** *τῶν ἰνδῶν* **N** *τὸν ἰνδὸν* **SΥ** ‖ **12** *χρώμενος* **N** ‖ **13** *καὶ* **SΥ**: *δ καὶ* **N** ‖ **14** *ἀρχικοῖς οὖσιν* Cor.: *ἄρχουσιν* libri (*ἀρχ⟨ῆς ἀξίοις⟩ οὖσιν* Zie.) ‖ **15** *μηδὲ* **N** ‖ **17** *στρατήγιον* Naber ‖ **18** *γὰρ* om. **Υ** | *σπαρτακίοις* libri ‖ **21** *νίκην* **N**: *δόξαν* **SΥ** ‖ **22** *τὸ* ex *τὸν* ras. **N** ‖ **23** *ἐχούσας* **N** ‖ **25** *στρατεία* **N** ‖ **26** *ὅ γε* **SΥ**: *ὅτε* **N**

ἀρχῆς ἀπέστησεν αὐτόν, καὶ Κάτων ὅτε μάλισθ' ἑώρα
πράγματα καὶ κινδύνους ἔχουσαν ὑπὲρ τῆς πόλεως τὴν
5 δημαρχίαν μετῆλθεν· ὁ δ' αὐτὸν ἐπὶ Μίνῳαν καὶ Κύθηρα
καὶ Μηλίους τοὺς ταλαιπώρους φυλάττων στρατηγόν,
εἰ ⟨δὲ⟩ δέοι μάχεσθαι Λακεδαιμονίοις, ἀποδυόμενος τὴν
χλανίδα καὶ τῇ Κλέωνος ἀπειρίᾳ καὶ θρασύτητι ναῦς καὶ
e ὅπλα καὶ ἄνδρας καὶ στρατηγίαν ἐμπειρίας ἄκρας δεομένην παραδιδούς, οὐ τὴν ἑαυτοῦ προΐεται δόξαν, ἀλλὰ τὴν
6 τῆς πατρίδος ἀσφάλειαν καὶ σωτηρίαν. ὅθεν ὕστερον οὐχ ἑκὼν οὐδὲ βουλόμενος Συρακουσίοις πολεμεῖν ἠναγκάζετο, δοκῶν οὐ λογισμῷ τοῦ συμφέροντος, ῥᾳστώνῃ δὲ μᾶλλον καὶ μαλακίᾳ τὸ παρ' αὐτὸν ἀποστερεῖν Σικελίας τὴν πόλιν. ἐκεῖνο μέντοι μεγάλης ἐπιεικείας σημεῖον, ὅτι δυσχεραίνοντα τὸ πολεμεῖν ἀεὶ καὶ φεύγοντα τὸ στρατηγεῖν οὐκ ἐπαύοντο χειροτονοῦντες ὡς ἐμπειρότατον καὶ
7 βέλτιστον· τῷ δὲ Κράσσῳ παρὰ πάντα τὸν χρόνον ἐφιε-
f μένῳ στρατηγίας τυχεῖν οὐχ ὑπῆρξε, πλὴν ἐπὶ τὸν δουλι- 204 L
κὸν πόλεμον ἐξ ἀνάγκης, Πομπηίου καὶ Μετέλλου καὶ Λευκόλλων ἀμφοτέρων ἀπόντων, καίτοι τότε τιμωμένῳ μάλιστα καὶ δυναμένῳ πλεῖστον. ἀλλ' ὡς ἔοικε καὶ τοῖς σπουδάζουσι περὶ αὐτὸν ἐδόκει κατὰ τὸν κωμικὸν (fr. adesp. 451 CAF III 493)

ἀνὴρ
ἄριστος εἶναι τἆλλα πλὴν ἐν ἀσπίδι. 86 S

567 8 καὶ ⟨διὰ⟩ τοῦτο Ῥωμαίους οὐδὲν ὤνησεν, ἐκβιασθέντας ὑπὸ τῆς φιλαρχίας αὐτοῦ καὶ φιλοτιμίας. Ἀθηναῖοι μὲν γὰρ ἄκοντα Νικίαν ἐξέπεμψαν ἐπὶ τὸν πόλεμον, Ῥωμαί-

1 Plut. Cat. min. 20

[**NS(UA =)Υ**] **1** ἑώρα **SΥ**: ἑωράκει τὰ **N** || **3** ἐπὶ τὴν **SΥ** || **5** δὲ add. Sol. || **6** χλανίδα **SΥ**: χλαμύδα **N** | καὶ τὴν κλέωνος ἀπειρίαν καὶ θρασύτητα **N** || **6. 7** καὶ ὅπλα καὶ ἄνδρας **N**: καὶ ἄνδρας καὶ ὅπλα **SΥ** || **8** τὴν² om. **Υ** || **10** ἑκὼν **SΥ**: ἐῶν **N** || **11. 12** ῥᾳστώνῃ δὲ μᾶλλον **N**: ἀλλὰ ῥᾳστώνῃ **SΥ** || **12** παρ'] καθ' Ha. || **14** δυσχεραινόντων τῷ πολεμεῖν **N** || **14. 15** αὐτὸν aut post πολεμεῖν aut post στρατηγεῖν aut post χειροτονοῦντες add. Zie. || **17** τυχεῖν οὐχ ὑπῆρξε **N**: οὐχ ὑπῆρξε τυχεῖν **SΥ** | πλὴν ⟨τῆς⟩ Rei. || **19** λευκόλλου **N** | ἀπόντων καὶ τούτων τιμωμένων **N** || **20** δυναμένων **N** || **25** διὰ add. Rei. | οὐδὲν **SΥ**: οὐδὲν ἂν **N**

ους δὲ Κράσσος ἄκοντας ἐξήγαγε, καὶ διὰ μὲν τοῦτον ἡ
πόλις, ἐκεῖνος δὲ διὰ τὴν πόλιν ἠτύχησεν.

37 (4). Οὐ μὴν ἀλλὰ καὶ μᾶλλον ἔστιν ἐν τούτοις τὸν
Νικίαν ἐπαινεῖν ἢ ψέγειν τὸν Κράσσον. ὁ μὲν γὰρ ἐμπειρίᾳ
καὶ λογισμῷ χρησάμενος ἡγεμόνος ἔμφρονος, οὐ συνη-
πατήθη ταῖς ἐλπίσι τῶν πολιτῶν, ἀλλ' ἔδεισε καὶ ἀπέγνω
λήψεσθαι Σικελίαν· ὁ δ' ὡς ἐπὶ ῥᾷστον ἔργον τὸν Παρθι-
κὸν ὁρμήσας πόλεμον, ἥμαρτε ⟨μέν⟩, ὠρέχθη δὲ μεγά- 2 b
λων, Καίσαρος τὰ ἑσπέρια καὶ Κελτοὺς καὶ Γερμανοὺς
καταστρεφομένου καὶ Βρεττανίαν, αὐτὸς ἐπὶ τὴν ἕω καὶ
τὴν Ἰνδικὴν ἐλάσαι θάλασσαν καὶ προσ⟨κατ⟩εργάσασθαι
τὴν Ἀσίαν, οἷς Πομπήιος ἐπῆλθε καὶ Λεύκολλος ἀντέσχεν,
ἄνδρες εὐμενεῖς καὶ πρὸς πάντας ἀγαθοὶ διαμείναντες,
προελόμενοι δ' ὅμοια Κράσσῳ καὶ τὰς αὐτὰς ὑποθέσεις
λαβόντες· ἐπεὶ καὶ Πομπηίῳ τῆς ἀρχῆς διδομένης ἡ σύγ-
κλητος ἠναντιοῦτο, καὶ Καίσαρα μυριάδας τριάκοντα
205 L Γερμανῶν τρεψάμενον συνεβούλευεν ὁ Κάτων ἐκδοῦναι
τοῖς ἡττημένοις καὶ τρέψαι τὸ μήνιμα τοῦ παρασπονδή-
ματος εἰς ἐκεῖνον, ὁ δὲ δῆμος ἐρρῶσθαι φράσας Κάτωνι 3 c
πεντεκαίδεκα ἡμέρας ἔθυεν ἐπινίκια καὶ περιχαρὴς ἦν.
πῶς οὖν ἂν διετέθη καὶ πόσας ἔθυσεν ἡμέρας, εἰ Κράσ-
σος ἐκ Βαβυλῶνος ἔγραψε νικῶν, εἶτ' ἐπελθὼν Μηδίαν,
Περσίδα, Ὑρκανούς, Σοῦσα, Βάκτρα Ῥωμαίων ἐπαρ-
χίας ἀπέδειξεν; „εἴπερ γὰρ ἀδικεῖν χρή" κατὰ τὸν Εὐρι-
πίδην (Phoeniss. 524), ἡσυχίαν ἄγειν μὴ δυναμένους μηδὲ

18 Plut. Cat. min. 51 et ibi l. l.

[NS(UA=)Υ] **1** *μὲν* om. **N** | *τοῦτο* **N** || **3** *καὶ* om. **SΥ** || **6** *πολεμίων* (*ιτῶν* s. s. m. 1) **N**, cf. Cam. p. 200, 17 v. l. | *ἔδεισε*] *ἀπεῖπε* vulg. || **7** *ἐπὶ* **SΥ**: *πρὸς* **N** || **8** *μέν* add. Sol. | **9** *καὶ καίσαρος* **SΥ** | *τὰ ἑσπέρια καὶ* **SΥ**: *τὰς περὶ* **N** || **10** *αὐτὴν* **N** || **11** *προσεργάσασθαι*: em. Rei. || **12** *τὴν* ⟨*λοιπὴν*⟩ e. g. Zie. | *ἀντέσχεν* om. **N** *ἀντέσχετο* Haitinger *κατέσχεν* Zie. || **13** *εὐμενεῖς*] *ἐπιεικεῖς* Zie. | *ἀγαστοὶ* **N** | *διαμείναντες* om. **N** || **14** *προσελόμενοι* **N** || **17** *τρεψάμενος*, corr. m. 1, **N** | *συνεβούλευσεν* **N** || **18** *ἡττημένοις* **A**: *ἡττωμένοις* **NSU** | *παρασπονδήσαντος* **N** || **20.21** *ἔθυεν—πόσας* om. **U** || **20** *ἐπινικίους* **N** || **21** *ἂν οὖν* **N** || **22** *νικᾶν* **A** || **24** *ἐπέδειξεν* **N** | *ἀδικῶν* **N**

χρῆσθαι τοῖς παροῦσιν ἀγαθοῖς εἰδότας, οὐ Σκάνδειαν
οὐδὲ Μένδην ἐκκοπτέον, οὐδὲ φεύγοντας Αἰγινήτας ἀπο-
λελοιπότας τὴν ἑαυτῶν ὥσπερ ὄρνιθας εἰς ἑτέραν ἀπο-
κεκρυμμένους χώραν ἐκθηρατέον, ἀλλὰ πολλοῦ τιμητέον 87 S
d τὸ ἀδικεῖν, μὴ ῥᾳδίως μηδ' ἐπὶ τοῖς τυχοῦσιν ὥς τι φαῦλον
4 ἢ μικρὸν προϊεμένους τὸ δίκαιον. οἱ δὲ τὴν μὲν τῆς Ἀλε-
ξάνδρου στρατείας ὁρμὴν ἐπαινοῦντες, τὴν δὲ Κράσσου
ψέγοντες, οὐκ εὖ τὰ πρῶτα κρίνουσιν ἀπὸ τῶν τελευταίων.

38 (5). Ἐν δὲ ταῖς στρατηγίαις αὐταῖς Νικίου μὲν οὐκ
ὀλίγα γενναῖα· καὶ γὰρ μάχαις πολλαῖς ἐνίκησε τοὺς πο-
λεμίους, καὶ τοῦ λαβεῖν Συρακούσας ὀλίγον ἐδέησε, καὶ
πάντα δι' αὐτὸν οὐκ ἔπταισεν, ἀλλὰ καὶ νόσον ἄν τις
2 αἰτιάσαιτο καὶ φθόνον τῶν οἴκοι πολιτῶν. Κράσσος δὲ
διὰ πλῆθος ἁμαρτημάτων οὐδὲ τῇ τύχῃ τι χρηστὸν ἀπο-
e δείξασθαι παρῆκεν, ὥστε θαυμάζειν αὐτοῦ τὴν ἀβελτε-
ρίαν, οὐ τῆς Πάρθων δυνάμεως ἡττηθεῖσαν, ἀλλὰ τῆς
Ῥωμαίων εὐτυχίας περιγενομένην.

3 Ἐπεὶ δ' ὁ μὲν μηδενὸς τῶν ἀπὸ μαντικῆς καταφρονῶν, 206 L
ὁ δὲ πάντα ὑπερορῶν, ὁμοίως ἀπώλοντο, χαλεπὴ μὲν ἐν
τούτοις ἡ ἀσφάλεια καὶ δύσκριτος· ἐπιεικέστερον δ' αὐτῆς
τοῦ παρανόμου καὶ αὐθάδους τὸ μετὰ δόξης παλαιᾶς καὶ
συνήθους δι' εὐλάβειαν ἁμαρτανόμενον.

4 Περὶ μέντοι τὴν τελευτὴν ἀμεμπτότερος ὁ Κράσσος,
οὐ παραδοὺς ἑαυτὸν οὐδὲ δεθεὶς οὐδὲ φενακισθείς, ἀλλ'
εἴξας τοῖς φίλοις δεομένοις καὶ παρασπονδηθεὶς ὑπὸ τῶν
πολεμίων· ὁ δὲ Νικίας αἰσχρᾶς καὶ ἀκλεοῦς ἐλπίδι σωτη-
f ρίας ὑποπεσὼν τοῖς πολεμίοις, αἰσχίονα ἑαυτῷ τὸν θάνα-
τον ἐποίησεν.

[NS(UA=)Υ] **1** χρήσασθαι **N** ‖ **2** οὐδὲ[1] **NS**: οὐ **Υ** ‖ **3** ⟨καὶ⟩ ὥσπερ Zie. | ἀποκεκρυμμένους χώραν **N**: χώραν ἀποκ. **SΥ** ‖ **9** αὐταῖς om. **N** ‖ **12** πάντως vel. ⟨τὰ⟩ πάντα Zie. ‖ **13** αἰτιάσατο **N** | οἴκοι om. **N** ‖ **14** οὐδὲν **SΥ** | τι om. **SΥ** | ἀποχρήσασθαι **N** ‖ **15** ἀβελτηρίαν **NΥ** ‖ **20** ἀσφάλεια] ἀσάφεια Rei. | αὐτῆς del. Zie. ἐν αὐτοῖς Cor. ‖ **24** οὐ δεηθεὶς **N** ‖ **27** αἴσχιον **N**

207 L

ΓΑΙΟΣ ΜΑΡΚΙΟΣ ΚΑΙ ΑΛΚΙΒΙΑΔΗΣ

1. Ὁ Μαρκίων οἶκος ἐν Ῥώμῃ τῶν πατρικίων πολλοὺς
παρέσχεν ἐνδόξους ἄνδρας, ὧν καὶ Μάρκιος ἦν Ἄγκος ὁ
Νομᾶ θυγατριδοῦς καὶ μετὰ Τύλλον Ὁστίλιον βασιλεὺς f
γενόμενος. Μάρκιοι δ' ἦσαν καὶ Πόπλιος καὶ Κόιντος οἱ
πλεῖστον ὕδωρ καὶ κάλλιστον εἰς Ῥώμην καταγαγόντες, a.144
καὶ Κηνσωρῖνος, ὃν δὶς ἀπέδειξε τιμητὴν ὁ Ῥωμαίων δῆ- a.294.265
μος, εἶθ' ὑπ' αὐτοῦ πεισθεὶς ἐκείνου νόμον ἔθετο καὶ 214
ἐψηφίσατο μηδενὶ τὴν ἀρχὴν ἐκείνην δὶς ἐξεῖναι μετελθεῖν.
Γάιος δὲ Μάρκιος, ὑπὲρ οὗ τάδε γέγραπται, τραφεὶς ὑπὸ 2
μητρὶ χήρᾳ πατρὸς ὀρφανός, ἀπέδειξε τὴν ὀρφανίαν ἄλλα
419 S μὲν ἔχουσαν κακά, πρὸς δὲ τὸ γενέσθαι σπουδαῖον ἄνδρα
καὶ διαφέροντα τῶν πολλῶν οὐδὲν ἐμποδὼν οὖσαν, ἄλλως
δὲ τοῖς φαύλοις αἰτιᾶσθαι καὶ ψέγειν παρέχουσαν αὐτὴν
ὡς ἀμελείᾳ διαφθείρουσαν. ὁ δ' αὐτὸς ἀνὴρ ἐμαρτύρησε 3
καὶ τοῖς τὴν φύσιν ἡγουμένοις, ἐὰν οὖσα γενναία καὶ ἀγα-
θὴ παιδείας ἐνδεὴς γένηται, πολλὰ τοῖς χρηστοῖς ὁμοῦ
φαῦλα συναποτίκτειν, ὥσπερ εὐγενῆ χώραν ἐν γεωργίᾳ b
208 L θεραπείας μὴ τυχοῦσαν. τὸ γὰρ ἰσχυρὸν αὐτοῦ πρὸς 4
ἅπαντα τῆς γνώμης καὶ καρτερὸν ὁρμάς τε μεγάλας καὶ
τελεσιουργοὺς τῶν καλῶν ἐξέφερε, θυμοῖς τε πάλιν αὖ

5 Liv. fr. Oxy. 54, 188 Frontin. de aqu. 7, 1 Plin. n. h. 31, 41. 36, 121 || 7 Val. Max. 4, 1, 3 || 15 cf. Plut. Demetr. 1, 7

[N (UA =)Υ] 1 *Γάιος Μάρκιος* **NUA**, sed *Γάιος* alia man. (rubr.) add. **U** Cnaeum nuncupant praeter Dion. Hal. cet. testes || 3 *ἄγκος* **N**: *γάιος* **Υ** || 3. 4 *ὁ Νομᾶ* Xy.: *ὄνομα* || 4 *τύλλιον ὀστίλιον* **Υ** *τυλλίωνος τυλλίων* **N**: em. Xy. || 6 *εἰς ῥώμην* **N**: *ἐν ῥώμῃ* **Υ** || 8 *πιστευθεὶς* **N** || 9 *ἐκείνην* om. **Υ** || 10 *μάρκος* **Υ** || 13 *καὶ* om. **N** || 16. 17 *ἐὰν οὖσα γενναία καὶ ἀγαθὴ ἐὰν οὖσα παιδείας* **U** || 21 *πάλιν αὖ* **N**: *αὖ πάλιν* **Υ**

χρώμενον ἀκράτοις καὶ φιλονικίαις ἀτρέπτοις οὐ ῥᾴδιον
οὐδ᾽ εὐάρμοστον ἀνθρώποις συνεῖναι παρεῖχεν, ἀλλὰ τὴν
ἐν ἡδοναῖς καὶ πόνοις καὶ ὑπὸ χρημάτων ἀπάθειαν αὐτοῦ
θαυμάζοντες καὶ ὀνομάζοντες ἐγκράτειαν καὶ δικαιοσύ-
νην καὶ ἀνδρείαν, ἐν ταῖς πολιτικαῖς αὖ πάλιν ὁμιλίαις ὡς
5 ἐπαχθῆ καὶ ἄχαριν καὶ ὀλιγαρχικὴν ἐδυσχέραινον. οὐδὲν
c γὰρ ἄλλο Μουσῶν εὐμενείας ἀπολαύουσιν ἄνθρωποι τοσοῦ-
τον, ὅσον ἐξημεροῦσθαι τὴν φύσιν ὑπὸ λόγου καὶ παιδείας,
τῷ λόγῳ δεξαμένην τὸ μέτριον καὶ τὸ ἄγαν ἀποβαλοῦσαν.
6 ὅλως μὲν οὖν ἐν τοῖς τότε χρόνοις ἡ Ῥώμη μάλιστα τῆς
ἀρετῆς τὸ περὶ τὰς πολεμικὰς καὶ στρατιωτικὰς ἐκύδαινε
πράξεις, καὶ μαρτυρεῖ τὸ τὴν ἀρετὴν ὑπ᾽ αὐτῶν ἑνὶ τῷ
τῆς ἀνδρείας ὀνόματι προσαγορεύεσθαι, καὶ τὸ τοῦ γένους
ὄνομα κοινὸν ὑπάρχειν ᾧ τὴν ἀνδρείαν ἰδίᾳ καλοῦσιν.

2. Ὁ δὲ Μάρκιος ἑτέρων μᾶλλον ἐμπαθὴς γεγονὼς πρὸς
τοὺς πολεμικοὺς ἀγῶνας, εὐθὺς ἐκ παιδὸς τὰ ὅπλα διὰ
χειρὸς εἶχε, καὶ τῶν ἐπικτήτων οὐδὲν ἔργον οἰόμενος
d εἶναι τοῖς μὴ τὸ σύμφυτον ὅπλον καὶ συγγενὲς ἐξηρτυμένον
ἔχουσι καὶ παρεσκευασμένον, οὕτως ἤσκησε τὸ σῶμα
πρὸς ἅπασαν ἰδέαν μάχης, ὥστε καὶ θεῖν ἐλαφρὸν εἶναι καὶ
βάρος ἔχειν ἐν λαβαῖς καὶ διαπάλαις πολεμίου δυσεκβία- 420 S 209 L
2 στον. οἱ γοῦν ἔριν ἔχοντες εὐψυχίας ἀεὶ καὶ ἀρετῆς πρὸς
αὐτόν, ἐν οἷς ἐλείποντο τὴν τοῦ σώματος ᾐτιῶντο ῥώμην,
ἄτρυτον οὖσαν καὶ πρὸς μηδένα πόνον ἀπαγορεύουσαν.

3. Ἐστρατεύσατο δὲ πρώτην στρατείαν ἔτι μειράκιον
ὤν, ὅτε Ταρκυνίῳ τῷ βασιλεύσαντι τῆς Ῥώμης, εἶτ᾽ ἐκπε-
σόντι μετὰ πολλὰς μάχας καὶ ἥττας ὥσπερ ἔσχατον

[N(UA =)Υ] **1** χρώμενος: em. Rei. | φιλονεικίας N || **6** ἀπαθῆ N || **7** ἄνθρωποι Cob. || **8** ἐξημερῶσαι: em. Zie. (ἐξημερῶσαι τὴν φ. διὰ λόγου Erbse) | ὑπὸ Υ: ἀπὸ N || **9** τῷ λόγῳ del. Rei. || **12** ⟨ᾧ⟩ καὶ Anon. | μαρτυρεῖ τὸ Mu.: ἐμαρτυρεῖτο || **13** ἀνδρίας Υ: ἀρετῆς N | τὸ N: τοῦτο Υ ταὐτὸ mavult Li. || **15** μᾶλλον ἐν πάθει N || **17** τῶν ἐπικτήτων Υ: τὴν ἐπιστήμην N | ἔργον ras. corr. ex ἔργων U || **18** τοῖς μὴ Υ: μὴ τοῖς N | καὶ τὸ συγγενὲς N | ἐξηρτημένον: em. Mu. || **20** ἐλαφρὸς Stegmann || **21** ἐν λαβαῖς Υ: εὐλαβὲς N | καὶ N: καὶ ἐν Υ | διαπαλὲς N | πολέμου Υ || **24** ἄτρεπτον Υ || **26** ὤν om. A

κύβον ἀφιέντι πλεῖστοι μὲν Λατίνων, πολλοὶ δὲ καὶ τῶν
ἄλλων Ἰταλιωτῶν συνεστράτευον καὶ συγκατῆγον ἐπὶ e
τὴν Ῥώμην, οὐκ ἐκείνῳ χαριζόμενοι μᾶλλον ἢ φόβῳ τὰ
Ῥωμαίων αὐξανόμενα καὶ φθόνῳ καταβάλλοντες. ἐν ταύτῃ 2
τῇ μάχῃ πολλὰς τροπὰς ἐπ' ἀμφότερα λαμβανούσῃ Μάρ-
κιος ἀγωνιζόμενος εὐρώστως, ἐν ὄψει τοῦ δικτάτορος ἄν-
δρα Ῥωμαῖον πεσόντα πλησίον ἰδών, οὐκ ἠμέλησεν, ἀλλ'
ἔστη πρὸ αὐτοῦ καὶ τὸν ἐπιφερόμενον τῶν πολεμίων
ἀμυνόμενος ἀπέκτεινεν. ὡς οὖν ἐκράτησεν ὁ στρατηγός, 3
ἐν πρώτοις ἐκεῖνον ἐστεφάνωσε δρυὸς στεφάνῳ. τοῦτον
γὰρ ὁ νόμος τῷ πολίτην ὑπερασπίσαντι τὸν στέφανον ἀπο-
δέδωκεν, εἴτε δὴ μάλιστα τιμήσας δι' Ἀρκάδας τὴν δρῦν,
βαλανηφάγους ὑπὸ τοῦ θεοῦ χρησμῷ προσαγορευθέντας, f
εἴθ' ὡς ταχὺ καὶ πανταχοῦ δρυὸς οὖσαν εὐπορίαν στρατευο-
μένοις, εἴτε Διὸς Πολιέως ἱερὸν ὄντα τὸν τῆς δρυὸς στέ-
φανον οἰόμενος ἐπὶ σωτηρίᾳ πολίτου δίδοσθαι πρεπόντως.
ἔστι δ' ἡ δρῦς τῶν μὲν ἀγρίων καλλικαρπότατον, τῶν δὲ 4
210 L τιθασῶν ἰσχυρότατον. ἦν δὲ καὶ σιτίον ἀπ' αὐτῆς ἡ βάλανος
καὶ ποτὸν τὸ μελίτειον, ὄψον δὲ παρεῖχε τὰ πλεῖστα τῶν
[νεμομένων τε καὶ] πτηνῶν, θήρας ὄργανον φέρουσα τὸν
ἰξόν. ἐν ἐκείνῃ δὲ τῇ μάχῃ καὶ τοὺς Διοσκόρους ἐπιφανῆ- 5 215
ναι λέγουσι, καὶ μετὰ τὴν μάχην εὐθὺς ὀφθῆναι ῥεομένοις
ἱδρῶτι τοῖς ἵπποις ἐν ἀγορᾷ τὴν νίκην ἀπαγγέλλοντας,

9 mor. 286a Polyb. 6, 39, 6 Plin. n. h. 16, 7 Gell. 5, 6, 11sq. || **13** Herodot. 1, 66 || **21** Plut. Aem. 25, 2 Dion. Hal. 6, 13 Cic. nat. deor. 2, 6. 3, 11. 13. Val. Max. 1, 8, 1

[**N**(**UA** =)**Υ**] **2** *συνεστράτευον*] *συνελάμβανον* Vulc. | *κατῆγον* Sint. || **3** *φόβῳ* om. **N** | *φόβῳ* ⟨*καὶ φθόνῳ*⟩, deinde [*καὶ φθ.*] Rei. || **4** *αὐξόμενα* **Υ** || **7** *ῥωμαῖον* **A** et e corr. **U**: *ῥωμαίων* **N** et ante corr., ut vid., **U** || **11** *Νομᾶς* Haitinger *νομοθέτης* Sch. || **16** *πολίτου* **NU** (sed in **U** *λι*+ in ras. m. 2): *πολλῇ τοῦ* **A** || **17** *ἀγρίων* ⟨*δένδρων*⟩ Zie. || **18** *σιτίων* **N** || **19** *μελίτειον* Cor.: *μελίτιον* **Υ** *μελάτιον* **N** | *παρέσχε* **N** || **20** *νεμ. τε καὶ* del. Ha. orta esse ratus ex *πετομένων* ut v. l. supra *πτηνῶν* scripta (nisi forte *τὰ νεμόμενα* sunt animalia in quercu habitantia; *νεμ. ἐν αὐτῇ πτηνῶν*?) | *πτηνῶν τε καὶ* **N** || **21** *διοσκούρους* **Υ** || **22** *ῥεομένοις* Ald.: *ῥεομένους* libri ⟨*περιρ*⟩*ρεομένοις* Zie. ex Aem.

οὗ νῦν ὁ παρὰ τὴν κρήνην νεώς ἐστιν αὐτοῖς ἱδρυμένος. 421 S
6 ὅθεν καὶ τὴν ἡμέραν ἐκείνην ἐπινίκιον, οὖσαν ἐν τῷ Ἰουλίῳ
μηνὶ τὰς εἰδούς, Διοσκόροις ἀνιερώκασι.

4. Νέων δ' ὡς ἔοικεν ἀνδρῶν ἐπιφάνεια καὶ τιμὴ τὰς
μὲν ἐλαφρῶς φιλοτίμους φύσεις πρωιαίτερον παραγενο-
μένη σβέννυσι, καὶ ἀποπίμπλησι ταχὺ τὸ διψῶδες αὐτῶν καὶ
ἀψίκορον· τὰ δ' ἐμβριθῆ καὶ βέβαια φρονήματα κινοῦσιν
αἱ τιμαὶ καὶ λαμπρύνουσιν, ὥσπερ ὑπὸ πνεύματος ἐγειρό-
b 2 μενα πρὸς τὸ φαινόμενον καλόν. οὐ γὰρ ὡς μισθὸν ἀπο-
λαμβάνοντες, ἀλλ' ὡς ἐνέχυρον διδόντες, αἰσχύνονται τὴν
δόξαν ἐγκαταλιπεῖν καὶ μὴ τοῖς αὖθις ἔργοις ὑπερβαλέ-
3 σθαι. τοῦτο παθὼν καὶ ὁ Μάρκιος αὐτὸς αὑτῷ ζῆλον ἀνδρα-
γαθίας προὔθετο, καινός τ' ἀεὶ βουλόμενος εἶναι ταῖς πρά-
ξεσιν, ἀριστείαις ἀριστείας συνῆπτε καὶ λάφυρα λαφύροις
ἐπέφερε, καὶ τοῖς προτέροις ἀεὶ τοὺς ὑστέρους ἡγεμόνας
εἶχε [περὶ] τιμὰς τὰς ἐκείνου καὶ μαρτυρίας ἐρίζοντας 211 L
4 ὑπερβαλέσθαι. πολλῶν γέ τοι τότε Ῥωμαίοις ἀγώνων καὶ
πολέμων γενομένων ἐξ οὐδενὸς ἀστεφάνωτος ἐπανῆλθεν
c 5 οὐδ' ἀγέραστος. ἦν δὲ τοῖς μὲν ἄλλοις ἡ δόξα τῆς ἀρετῆς
τέλος, ἐκείνῳ δὲ τῆς δόξης ἡ τῆς μητρὸς εὐφροσύνη. τὸ
γὰρ ἐκείνην ἐπαινούμενον ἀκοῦσαι καὶ στεφανούμενον
ἰδεῖν καὶ περιβαλεῖν δακρύουσαν ὑφ' ἡδονῆς ἐντιμότατον
6 αὐτὸν ἐνόμιζε ποιεῖν καὶ μακαριώτατον. τοῦτο δ' ἀμέλει
καὶ τὸν Ἐπαμεινώνδαν φασὶν ἐξομολογήσασθαι τὸ πάθος,
εὐτυχίαν ποιούμενον ἑαυτοῦ μεγίστην, ὅτι τὴν ἐν Λεύκτροις
στρατηγίαν αὐτοῦ καὶ νίκην ὁ πατὴρ καὶ ἡ μήτηρ ἔτι ζῶν-

7 Plut. Ag.-Cleom. 2, 2. 8 || 23 mor. 193a 786d 1098a

[**N**(**UA**=)Υ] **1** ὁ om. Υ | κρήτην **N** | ἱδρυμένοις **N** || **2** ἐκείνην om. Υ | ἐπινίκιον del. Madvig || **3** διοσκούροις Υ || **7** ἐμβριβῆ **U** | κινοῦσιν **N**: αὔξουσιν Υ || **8** ἐγειρόμεναι **U** ἐπαιρόμενα Zie. cl. Ag.-Cl. 2, 2 || **11** καταλιπεῖν Υ | αὖθις **N**: αὐτοῖς Υ || **12** αὐτὸς αὐτὸν ζῆλον **N** || **13** προύθηκε Υ | καὶ καινός τε **N** || **14** συνῆπτε Υ: ἀεὶ συνῆπται **N** || **15** ἀεὶ τοὺς ὑστέρους om. **N** || **16. 17** περὶ τιμὰς ... ὑπερβάλλεσθαι **N** | περὶ τῆς ἐκείνου τιμῆς ἐρίζοντας καὶ μαρτυρίας ὑπερβαλέσθαι Υ περὶ del. Zie. || **18** ἐπανῆλθεν **N**: ἦλθεν Υ || **22** ὑφ' Υ: ἡφ' **N** || **25** αὐτοῦ Υ || **26** αὐτοῦ om. **N**

τες ἐπεῖδον. ἀλλ' ἐκεῖνος μὲν ἀμφοτέρων ἀπέλαυσε τῶν 7
γονέων συνηδομένων καὶ συνευημερούντων, Μάρκιος δὲ τῇ
μητρὶ καὶ τὰς τοῦ πατρὸς ὀφείλειν χάριτας οἰόμενος, οὐκ
ἐνεπίμπλατο τὴν Οὐολουμνίαν εὐφραίνων καὶ τιμῶν, ἀλλὰ d
422 S καὶ γυναῖκα βουλομένης καὶ δεομένης ἐκείνης ἔγημε, καὶ
τὴν οἰκίαν ᾤκει γενομένων παίδων ὁμοῦ μετὰ τῆς μητρός.

5. Ἤδη δὲ καὶ δόξαν αὐτοῦ καὶ δύναμιν ἀπὸ τῆς ἀρετῆς
ἐν τῇ πόλει μεγάλην ἔχοντος, ἡ βουλὴ τοῖς πλουσίοις
ἀμύνουσα πρὸς τὸν δῆμον ἐστασίασε, πολλὰ καὶ δεινὰ
πάσχειν ὑπὸ τῶν δανειστῶν δοκοῦντα. τοὺς μὲν γὰρ κεκτη- 2
μένους μέτρια πάντων ἀφῃροῦντο τῶν ὄντων ἐνεχυρασμοῖς
καὶ πράσεσι, τοὺς δὲ παντελῶς ἀπόρους αὐτοὺς ἀπῆγον,
καὶ τὰ σώματα καθείργνυσαν αὐτῶν ὠτειλὰς ἔχοντα
τετρωμένων πολλάκις καὶ πεπονηκότων ἐν ταῖς ὑπὲρ τῆς
212 L πατρίδος στρατείαις, ὧν τὴν τελευταίαν ἐδέξαντο πρὸς e
Σαβίνους, τῶν τε πλουσίων ἐπαγγειλαμένων μετριάσειν
καὶ τῆς βουλῆς τὸν ἄρχοντα Μάνιον Οὐαλέριον ἐγγυήσα-
σθαι ψηφισαμένης. ἐπεὶ δὲ κἀκείνην ἀγωνισαμένοις τὴν 3
μάχην προθύμως καὶ κρατήσασι τῶν πολεμίων οὐδὲν ἐγί-
νετο παρὰ τῶν δανειστῶν ἐπιεικές, οὐδ' ἡ βουλὴ προσε-
ποιεῖτο μεμνῆσθαι τῶν ὡμολογημένων, ἀλλ' ἀγομένους
πάλιν περιεώρα καὶ ῥυσιαζομένους, θόρυβοι δὲ καὶ συστά-
σεις ἦσαν ἐν τῇ πόλει πονηραί, καὶ τοὺς πολεμίους οὐκ
ἔλαθε ταραχωδῶς ἔχων ὁ δῆμος, ἀλλ' ἐμβαλόντες ἐπυρ-
πόλουν τὴν χώραν, τῶν δ' ἀρχόντων εἰς τὰ ὅπλα τοὺς ἐν f
ἡλικίᾳ καλούντων οὐδεὶς ὑπήκουεν, οὕτω διέστησαν αἱ
γνῶμαι πάλιν τῶν ἐν τέλει, καί τινες μὲν ᾤοντο δεῖν 4

cap. 5 Dion. Hal. 6, 23sq. Liv. 2, 23sq.

[N(UA =)Υ] **1** ἀπήλαυσε **N** || **4** Οὐολουμνίαν] Οὐετουρία ap. Dion. Hal., *Veturia* ap. Livium, cf. p. 219, 5 || **5** ἐκείνης om. Υ || **6** ὁμοῦ παίδων **N** || **7** καὶ[1] om. **N** || **9** πολλά τε καὶ **N** || **10** δοκοῦντας **N** || **13** τὰ om. **N** || **14** τετρωμένων del. Ha. | πολλάκις Zie.: πολλὰ **N** πολλὰς Υ || **15** ἀνεδέξαντο Sint. || **16** τῶν τε πλουσιωτάτων Υ || **17** Μάνιον Dion. Hal.: μάρκιον libri Μάρκον Steph., vulg. | οὐαλλέριον **A**, cf. Publ. 1, 1 || **21** ἀγωμένους **U** || **22** καὶ στάσεις **N** || **24** ἐμβάλλοντες **N** || **27** πάλιν τῶν Υ: πάντων **N**

ὑφέσθαι τοῖς πένησι καὶ χαλάσαι τὸ σύντονον ἄγαν καὶ νόμι-
μον, ἔνιοι δ᾽ ἀντέτεινον, ὧν ἦν καὶ Μάρκιος, οὐ τὸ τῶν χρη-
μάτων μέγιστον ἡγούμενος, ἀρχὴν δὲ καὶ πεῖραν ὕβρεως
216 ὄχλου καὶ θρασύτητος ἐπανισταμένου τοῖς νόμοις, εἰ
σωφρονοῦσι, παύειν καὶ σβεννύναι παρακελευόμενος.

6. Συνιούσης δὲ περὶ τούτων πολλάκις ἐν ὀλίγῳ χρόνῳ
τῆς βουλῆς καὶ μηδὲν τέλος ἐκφερούσης, συστάντες οἱ
πένητες ἄφνω καὶ παρακαλέσαντες ἀλλήλους ἀπέλιπον τὴν
πόλιν, καὶ καταλαβόντες ὄρος ὃ νῦν ἱερὸν καλεῖται παρὰ 423 S
τὸν Ἀνίωνα ποταμὸν ἐκαθέζοντο, πράττοντες μὲν οὐδὲν
βίαιον οὐδὲ στασιαστικόν, ἐκπεπτωκέναι δὲ τῆς πόλεως
ὑπὸ τῶν πλουσίων πάλαι βοῶντες, ἀέρα δὲ καὶ ὕδωρ καὶ
τόπον ἐνταφῆναι πανταχοῦ τὴν Ἰταλίαν αὐτοῖς παρέξειν, 213 L
ὧν πλέον οὐδὲν οἰκοῦσι τὴν Ῥώμην ὑπάρχειν αὐτοῖς, ἀλλ᾽
b ἢ τιτρώσκεσθαι καὶ ἀποθνήσκειν ὑπὲρ τῶν πλουσίων
2 στρατευομένοις. ταῦτ᾽ ἔδεισεν ἡ βουλή, καὶ τοὺς ἐπιει-
κεῖς μάλιστα καὶ δημοτικοὺς τῶν πρεσβυτέρων ἐξαπέ-
3 στειλε. προηγόρει δὲ Μενήνιος Ἀγρίππας, καὶ πολλὰ μὲν
τοῦ δήμου δεόμενος, πολλὰ δ᾽ ὑπὲρ τῆς βουλῆς παρρη-
σιαζόμενος, τελευτῶντι τῷ λόγῳ περιῆλθεν εἰς σχῆμα
4 μύθου διαμνημονευόμενον. ἔφη γὰρ ἀνθρώπου τὰ μέλη
πάντα πρὸς τὴν γαστέρα στασιάσαι καὶ κατηγορεῖν αὐτῆς,
ὡς μόνης ἀργοῦ καὶ ἀσυμβόλου καθεζομένης ἐν τῷ σώματι,
τῶν δ᾽ ἄλλων εἰς τὰς ἐκείνης ὀρέξεις πόνους τε μεγάλους
c καὶ λειτουργίας ὑπομενόντων· τὴν δὲ γαστέρα τῆς εὐη-

cap. 6. 7 Dion. Hal. 6, 45–90 Liv. 2, 32 Flor. 1, 23 Val. Max. 4, 4, 2 Quint. 5, 11, 19 Auct. de vir. ill. 18, 2–5 Cic. de rep. 2, 58 Brut. 54 Ascon. in Corn. p. 75 Sall. b. Iug. 31, 17 hist. 1, 11 Maur. Pomp. Dig. 1, 2, 2, 20sq. Fest. p. 319 Cass. Dio fr. 16. 17 App. civ. 1, 1

[N(UA =)Υ] **1** ὑφέσθαι Sint.: ὑφίεσθαι | νόμιμον] ἀπότομον Rei. || **2** οὐ τὸ Υ: οὕτω **N** || **5** σβεννύειν Υ || **8** ἄφνω Υ: ἄμφω **N** || **9** ὄρος om. **N** || **14** οὐδὲν πλέον, dein litt. supra scr. β̄ ā corr. **N** || **16** ταῦτα δὲ **N** || **18** προηγόρει δὲ Υ: προηγορίας **N** | μενίνιος Υ || **21** γὰρ **N**: γὰρ τοῦ Υ || **22** στασιαῖσαι **N** || **23** ἀσυμβούλου ante corr. **N** || **24. 25** δ᾽–λειτουργίας om. **A**^{r} || **24** δ᾽ del. Sint. | τε Υ: τε καὶ **N**

θείας αὐτῶν καταγελᾶν, ἀγνοούντων ὅτι τὴν τροφὴν ὑπο-
λαμβάνει μὲν εἰς αὐτὴν ἅπασαν, ἀναπέμπει δ' αὖθις ἐξ
αὐτῆς καὶ διανέμει τοῖς ἄλλοις. „οὗτος οὖν“ ἔφη „καὶ τῆς 5
συγκλήτου λόγος ἐστὶν ὦ πολῖται πρὸς ὑμᾶς· τὰ γὰρ ἐκεῖ
τυγχάνοντα τῆς προσηκούσης οἰκονομίας βουλεύματα καὶ
πράγματα πᾶσιν ὑμῖν ἐπιφέρει καὶ διανέμει τὸ χρήσιμον
καὶ ὠφέλιμον.“

7. Ἐκ τούτου διηλλάγησαν, αἰτησάμενοι παρὰ τῆς βου-
λῆς καὶ τυχόντες ἄνδρας αἱρεῖσθαι πέντε προστάτας τῶν
δεομένων βοηθείας, τοὺς νῦν δημάρχους καλουμένους.
εἵλοντο δὲ πρώτους οἷς ἐχρήσαντο καὶ τῆς ἀποστάσεως 2
214 L ἡγεμόσι, τοὺς περὶ Βροῦτον Ἰούνιον καὶ Σικίννιον Βελλοῦ- d
τον. ἐπεὶ δ' ἡ πόλις εἰς ἓν ἦλθεν, εὐθὺς ἐν τοῖς ὅπλοις ἦσαν 3
424 S οἱ πολλοὶ καὶ παρεῖχον αὐτοὺς τοῖς ἄρχουσι χρῆσθαι προ-
θύμως ἐπὶ τὸν πόλεμον. ὁ δὲ Μάρκιος, οὔτ' αὐτὸς ἡδό- 4
μενος οἷς ὁ δῆμος ἴσχυσεν ἐνδούσης τῆς ἀριστοκρατίας,
καὶ τῶν ἄλλων πατρικίων πολλοὺς ὁρῶν τὸ αὐτὸ πεπον-
θότας, ὅμως παρεκάλει μὴ ἀπολείπεσθαι τῶν δημοτικῶν
ἐν τοῖς περὶ τῆς πατρίδος ἀγῶσιν, ἀλλὰ τῇ ἀρετῇ μᾶλλον
ἢ τῇ δυνάμει φαίνεσθαι διαφέροντας αὐτῶν.

8. Ἐν δὲ τῷ Οὐολούσκων ἔθνει, πρὸς οὓς ἐπολέμουν,
ἡ Κοριολανῶν πόλις ἀξίωμα μέγιστον εἶχε. ταύτην οὖν e
τοῦ ὑπάτου Κομινίου περιστρατοπεδεύσαντος, οἱ λοιποὶ
Οὐολοῦσκοι δείσαντες ἐπὶ τοὺς Ῥωμαίους συνεβοήθουν
πανταχόθεν, ὡς πρὸς τῇ πόλει ποιησόμενοι μάχην καὶ
διχόθεν ἐπιχειρήσοντες αὐτοῖς. ἐπεὶ δ' ὁ Κομίνιος διελὼν 2
τὴν δύναμιν, αὐτὸς μὲν ἀπήντα τοῖς ἔξωθεν ἐπιοῦσι τῶν
Οὐολούσκων, Λάρκιον δὲ Τίτον, ἄνδρα Ῥωμαίων ἐν τοῖς

cap. 8 Dion. Hal. 6, 92 Liv. 2, 33 Val. Max. 4, 3, 4 Flor. 1, 5, 9 Eutrop. 1, 14 Auct. de vir. ill. 19

[N(UA =)Υ] **2** ἑαυτὴν Υ | ἀποπέμπει N ‖ **3** οὗτος N: οὕτως Υ ‖ **6** πράγματα om. N διατάγματα Madvig δόγματα Zie. cl. p. 201, 4 προστάγματα Erbse ‖ **10** βοηθείας οὓς νῦν δημάρχους καλοῦμεν N ‖ **14** προθύμοις Ri. ‖ **15** οὐδὲν N ‖ **16** ἴσχυεν Υ ‖ **19** τῆς om. N ‖ **26** ἐπιχειρίσαντες N ‖ **28** οὐλούσκων U | μάρκιον N | ῥωμαίων U: ῥωμαῖον N A

ἀρίστοις, ἐπὶ τῆς πολιορκίας κατέλιπε, καταφρονήσαντες
οἱ Κοριολανοὶ τῶν παρόντων ἐπεξῆλθον, καὶ προσμαχό-
μενοι τὸ πρῶτον ἐκράτουν καὶ κατεδίωκον εἰς τὸν χάρακα
f 3 τοὺς Ῥωμαίους. ἔνθα δὴ Μάρκιος ἐκδραμὼν σὺν ὀλίγοις
καὶ καταβαλὼν τοὺς προσμείξαντας αὐτῷ μάλιστα, τοὺς
δ' ἄλλους στήσας ἐπιφερομένους, ἀνεκαλεῖτο μεγάλῃ βοῇ
τοὺς Ῥωμαίους. καὶ γὰρ ἦν, ὥσπερ ἠξίου τὸν στρατιώτην
ὁ Κάτων, οὐ χειρὶ καὶ πληγῇ μόνον, ἀλλὰ καὶ τόνῳ φωνῆς 215 L
καὶ ὄψει προσώπου φοβερὸς ἐντυχεῖν πολεμίῳ καὶ δυσυ-
πόστατος. ἀθροιζομένων δὲ πολλῶν καὶ συνισταμένων
4 περὶ αὐτόν, ἀπεχώρουν οἱ πολέμιοι δείσαντες. ὁ δ' οὐκ
ἠγάπησεν, ἀλλ' ἐπηκολούθει καὶ συνήλαυνεν ἤδη προ-
217 5 τροπάδην φεύγοντας ἄχρι τῶν πυλῶν. ἐκεῖ δ' ὁρῶν ἀπο-
τρεπομένους τοῦ διώκειν τοὺς Ῥωμαίους, πολλῶν μὲν
ἀπὸ τοῦ τείχους βελῶν προσφερομένων, τὸ δὲ συνεισπε-
σεῖν τοῖς φεύγουσιν εἰς πόλιν ἀνδρῶν πολεμικῶν γέμου-
σαν ἐν τοῖς ὅπλοις ὄντων οὐδενὸς εἰς νοῦν ἐμβαλέσθαι 425 S
τολμῶντος, ὅμως ἐπιστὰς παρεκάλει καὶ παρεθάρρυνεν,
ἀνεῷχθαι βοῶν ὑπὸ τῆς τύχης τοῖς διώκουσι μᾶλλον ἢ
6 τοῖς φεύγουσι τὴν πόλιν. οὐ πολλῶν δὲ βουλομένων ἐπακο-
λουθεῖν, ὠσάμενος διὰ τῶν πολεμίων ἐνήλατο ταῖς πύλαις
καὶ συνεισέπεσε, μηδενὸς τὸ πρῶτον ἀντισχεῖν μηδ' ὑπο-
b στῆναι τολμήσαντος· ἔπειτα δ', ὡς κατεῖδον ὀλίγους παν-
τάπασιν ἔνδον ὄντας, συμβοηθούντων καὶ προσμαχομένων,
ἀναμεμειγμένος ὁμοῦ φίλοις καὶ πολεμίοις ἄπιστον ἀγῶνα
λέγεται καὶ χειρὸς ἔργοις καὶ ποδῶν τάχεσι καὶ τολμή-
μασι ψυχῆς ἀγωνιζόμενος ἐν τῇ πόλει καὶ κρατῶν ἁπάν-
των πρὸς οὓς ὁρούσειε, τοὺς μὲν ἐξῶσαι πρὸς τὰ ἔσχατα
μέρη, τῶν δ' ἀπειπαμένων καὶ καταβαλόντων τὰ ὅπλα

8 Plut. Cat. mai. 1, 8 mor. 199b

[N(UA=)Υ] 1 ἀπέλιπε Υ ‖ 2 ὑπεξῆλθον Υ ‖ 4 δὴ ὁ N ‖ 5.6 καταβαλὼν—τοὺς δ' om. N ‖ 6 ἐπιστήσας φερομένους N ‖ 9 πολέμῳ N | δυσαπόστατος Υ (sed υ supra α priorem scr. A) ‖ 12 ἐπηκολούθησε N ‖ 22 συνέπεσε N ‖ 23 κατιδὼν N ‖ 25 ἀναμεμιγμένοις N (Li.) ἀναμεμιγμένους Υ: em. Cor. ‖ 26 τάχει Υ

πολλὴν ἄδειαν τῷ Λαρκίῳ παρασχεῖν, ἔξωθεν ἐπάγοντι τοὺς
Ῥωμαίους.

9. Οὕτω δὲ τῆς πόλεως ἁλούσης καὶ τῶν πλείστων ἐν
ἁρπαγαῖς εὐθὺς ὄντων καὶ διαφορήσεσι χρημάτων, ὁ Μάρ-
κιος ἠγανάκτει καὶ ἐβόα, δεινὸν ἡγούμενος, τοῦ ὑπάτου
216 L καὶ τῶν σὺν ἐκείνῳ πολιτῶν τάχα που συμπεπτωκότων c
τοῖς πολεμίοις καὶ διαμαχομένων, αὐτοὺς χρηματίζεσθαι
περιιόντας ἢ προφάσει χρηματισμοῦ τὸν κίνδυνον ἀπο-
διδράσκειν. ἐπεὶ δ' οὐ πολλοὶ προσεῖχον αὐτῷ, τοὺς βου- 2
λομένους ἀναλαβὼν ἐβάδιζε τὴν ὁδὸν ᾗ τὸ στράτευμα
προκεχωρηκὸς ᾐσθάνετο, πολλάκις μὲν ἐποτρύνων τοὺς
σὺν αὐτῷ καὶ παρακαλῶν μὴ ἐνδιδόναι, πολλάκις δὲ τοῖς
θεοῖς εὐχόμενος μὴ ἀπολειφθῆναι τῆς μάχης, ἀλλ' εἰς και-
ρὸν ἐλθεῖν ἐν ᾧ συναγωνιεῖται καὶ συγκινδυνεύσει τοῖς
πολίταις. ἦν δὲ τότε τοῖς Ῥωμαίοις ἔθος εἰς τάξιν καθι- 3
σταμένοις καὶ μέλλουσι τοὺς θυρεοὺς ἀναλαμβάνειν περι- d
ζώννυσθαι τὴν τήβεννον ἅμα καὶ διαθήκας ἀγράφους
τίθεσθαι, τριῶν ἢ τεσσάρων ἐπακουόντων ὀνομάζοντας
426 S τὸν κληρονόμον. ταῦτα δὴ πράττοντας ἤδη τοὺς στρατι- 4
ώτας ὁ Μάρκιος ἐν ὄψει τῶν πολεμίων ὄντων κατελάμ-
βανε. καὶ τὸ μὲν πρῶτον ἐνίους διετάραξεν, ὀφθεὶς μετ' 5
ὀλίγων αἵματος περίπλεως καὶ ἱδρῶτος· ἐπεὶ δὲ προσδρα-
μὼν τῷ ὑπάτῳ περιχαρὴς τὴν δεξιὰν ἐνέβαλε καὶ τῆς
πόλεως ἀπήγγειλε τὴν ἅλωσιν, ὁ δὲ Κομίνιος περιεπτύ-
ξατο αὐτὸν καὶ κατησπάσατο, τοῖς μὲν πυθομένοις τὸ
γεγενημένον κατόρθωμα, τοῖς δ' εἰκάσασι, θάρσος παρ- e
έστη, καὶ βοῇ παρεκάλουν ἄγειν καὶ συνάπτειν. ὁ δὲ Μάρ- 6

cap. 9 Dion. Hal. 6, 93

⌈N(UA =)Υ⌉ **1** *μαρκίῳ*: em. Mu. ‖ **4** *εὐθὺς* om. Υ ‖ **8** *περιόντας* U ‖ **10** *ἐβάδιεν* U ‖ **11** *προκεχωρηκὸς* N: *προσκεχωρικὸς* U *προσκεχωρηκὼς* A | *ᾔσθετο* Υ ‖ **14** *συνιεῖται* U ‖ **16** *ἀναλαμβάνειν καὶ* Υ ‖ **18** *τίθεσθαι* N: *γίνεσθαι* Υ (in U ras. 2 litt. post *σ*) ‖ **19** *τους στρατιώτας ἤδη* N ‖ **20** *ὁ* om. Υ ‖ **21** *ὀφθεὶς* Υ: *εὐθὺς* N ‖ **24** *κομμίνιος* N; cf. p. 192, 1. 193, 23; sed cf. p. 189, 22 al.; Cam. cap. 25, 1 ‖ **24. 25** *περιέπτυξέ τε αὐτὸν* Sint. *αὐτὸν* del. Li.

κιος ἠρώτησε τὸν Κομίνιον, πῶς διακεκόσμηται τὰ τῶν
πολεμίων ὅπλα καὶ ποῦ τέτακται τὸ μαχιμώτατον. ἐκεί-
νου δὲ φήσαντος οἴεσθαι τὰς κατὰ μέσον σπείρας Ἀντια- 217 L
τῶν εἶναι, πολεμικωτάτων καὶ μηδενὶ φρονήματος ὑφιε-
μένων, „ἀξιῶ σε τοίνυν“ ὁ Μάρκιος ἔφη „καὶ αἰτοῦμαι,
κατὰ τούτους τάξον ἡμᾶς τοὺς ἄνδρας.“ ἔδωκεν οὖν ὁ
7 ὕπατος, θαυμάσας αὐτοῦ τὸ πρόθυμον. ὡς δ' ἦσαν ἐμβο-
λαὶ δοράτων καὶ τοῦ Μαρκίου προεκδραμόντος οὐκ ἀντέ-
σχον οἱ κατὰ στόμα τῶν Οὐολούσκων, ἀλλ' ᾧ προσέμειξε
μέρει τῆς φάλαγγος, εὐθὺς διεκέκοπτο, τῶν δ' ἑκατέρω-
f θεν ἐπιστρεφόντων καὶ περιλαμβανόντων τοῖς ὅπλοις τὸν
ἄνδρα, δείσας ὁ ὕπατος τοὺς κρατίστους τῶν περὶ αὐτὸν
8 ἐξέπεμψεν. ἰσχυρᾶς δὲ περὶ τὸν Μάρκιον μάχης γενομέ-
νης καὶ πολλῶν ἐν ὀλίγῳ νεκρῶν πεσόντων, ἐγκείμενοι
καὶ καταβιαζόμενοι τοὺς πολεμίους ἐώσαντο, καὶ τρεπό-
μενοι πρὸς δίωξιν αὐτὸν τὸν Μάρκιον ἠξίουν, ὑπό τε καμά-
του βαρὺν ὄντα καὶ τραυμάτων, ἀναχωρεῖν ἐπὶ τὸ στρατό-
218 9 πεδον. εἰπὼν δ' ἐκεῖνος ὅτι νικώντων οὐκ ἔστι τὸ κάμνειν,
ἐφείπετο τοῖς φεύγουσιν. ἡττήθη δὲ καὶ τὸ λοιπὸν στρά-
τευμα, πολλῶν μὲν διαφθαρέντων, πολλῶν δ' ἁλόντων.

10. Τῇ δ' ὑστεραίᾳ τοῦ Λαρκίου παραγενομένου καὶ
τῶν ἄλλων ἀθροιζομένων πρὸς τὸν ὕπατον, ἀναβὰς ἐπὶ
τὸ βῆμα καὶ τοῖς θεοῖς τὴν πρέπουσαν ἀποδοὺς ἐπὶ τηλι- 427 S
κούτοις κατορθώμασιν εὐφημίαν, πρὸς τὸν Μάρκιον τρέ-
2 πεται. καὶ πρῶτον μὲν αὐτοῦ θαυμαστὸν ἔπαινον εἶπε,
τῶν μὲν αὐτὸς ἐν τῇ μάχῃ γεγονὼς θεατής, τὰ δὲ τοῦ 218 L
3 Λαρκίου μαρτυροῦντος. ἔπειτα πολλῶν χρημάτων καὶ

cap. 10–11 Dion. Hal. 6, 94

[N(UA =)Υ] 1 κομμίνιον N ‖ 3. 4 ἀντιατῶν εἶναι Υ: αἰτίας εἶναι τῶν N ‖ 4 πολεμικωτάτων ⟨ὄντων⟩ Naber ‖ 7 ἐν βολαῖς Cob. ‖ 8 ἐκδραμόντος N | οὐκατέσχον N ‖ 10 διακέκοπτο N | δ' del. Steph. ‖ 13 ἐξέπεμπεν Υ | γενομένης ex -νοις corr. m. 1 N ‖ 14 ἐν om. N ‖ 15 καταβιβαζόμενοι N ‖ 16 αὐτῶν Υ ‖ 19 ἐφείπτετο N ‖ 20 μὲν om. N ‖ 21 μαρκίου: em. Sint. ‖ 22 ἀναβὰς ⟨οὗτος⟩ Ha. ‖ 23 τὸ om. N ‖ 25 ἔπαινον θαυμαστὸν εἰπεῖν N ‖ 27 λαρκίου Barocc. 137: μαρκίου NΥ

ὅπλων καὶ ἵππων καὶ ἀνθρώπων γεγονότων αἰχμαλώτων,
ἐκέλευσεν αὐτὸν ἐξελέσθαι δέκα πάντα πρὸ τοῦ νέμειν b
τοῖς ἄλλοις. ἄνευ δ' ἐκείνων ἀριστεῖον αὐτῷ κεκοσμημέ-
νον ἵππον ἐδωρήσατο. τῶν δὲ Ῥωμαίων ἐπαινεσάντων, 4
ὁ Μάρκιος προελθών, τὸν μὲν ἵππον ἔφη δέχεσθαι καὶ
χαίρειν τοῖς ἐπαίνοις τοῦ ἄρχοντος, τὰ δ' ἄλλα μισθόν,
οὐ τιμὴν ἡγούμενος ἐᾶν, καὶ ἀγαπήσειν ὡς εἷς ἕκαστος
τὴν νέμησιν. „ἐξαίρετον δὲ μίαν αἰτοῦμαι χάριν" ἔφη „καὶ
δέομαι λαβεῖν. ἦν μοι ξένος ἐν Οὐολούσκοις καὶ φίλος, 5
ἀνὴρ ἐπιεικὴς καὶ μέτριος· οὗτος ἑάλωκε νῦν καὶ γέγονεν ἐκ
πλουσίου καὶ μακαρίου δοῦλος. πολλῶν οὖν αὐτῷ κακῶν
παρόντων ἓν ἀφελεῖν ἀρκεῖ, τὴν πρᾶσιν." ἐπὶ τούτοις 6
λεχθεῖσι βοή τε μείζων ἀπήντησε τῷ Μαρκίῳ, καὶ πλέ- c
ονες οἱ θαυμάζοντες ἐγένοντο τὸ μὴ κρατούμενον ὑπὸ
χρημάτων τἀνδρὸς ἢ τὴν ἐν τοῖς πολέμοις ἀνδραγαθίαν.
καὶ γὰρ οἷς φθόνου τι καὶ ζήλου πρὸς αὐτὸν ὑπέκειτο 7
τιμώμενον ἐκπρεπῶς, κἀκείνοις τότε τοῦ λαβεῖν μεγάλα
τῷ μὴ λαβεῖν ἄξιος ἔδοξε, καὶ μᾶλλον αὐτοῦ τὴν ἀρετὴν
ἠγάπησαν, ἀφ' ἧς κατεφρόνει τηλικούτων, ἢ δι' ἣν ἠξιοῦτο.
τὸ μὲν γὰρ εὖ χρῆσθαι χρήμασι κάλλιόν ἐστιν ἢ ὅπλοις, 8
τοῦ δὲ χρῆσθαι τὸ μὴ δεῖσθαι χρημάτων σεμνότερον.

11. Ἐπεὶ δ' ἐπαύσατο βοῆς καὶ θορύβου τὸ πλῆθος,
ὑπολαβὼν ὁ Κομίνιος „ἀλλ' ἐκείνας μέν" εἶπεν „ὦ συ- d
219 L στρατιῶται τὰς δωρεὰς οὐ δύνασθε βιάζεσθαι μὴ δεχόμε-
νον τὸν ἄνδρα μηδὲ βουλόμενον λαβεῖν· ἣν δ' οὐκ ἔστιν
428 S ἐπὶ τούτῳ διδομένην ἀπώσασθαι, δῶμεν αὐτῷ καὶ ψηφι-
σώμεθα καλεῖσθαι Κοριολανόν, εἰ μὴ καὶ πρὸ ἡμῶν ἡ
πρᾶξις αὐτὴ τοῦτο δέδωκεν." ἐκ τούτου τρίτον ἔσχεν 2

28 cf. Plut. Mar. 1 Lampr. cat. 100 περὶ τῶν τριῶν ὀνομάτων τί κύριον

[N(UA =)Υ] 1 ὅπλων καὶ om. Υ | γεγ. αἰχμ. κ. ἀνθρ. Υ || 3 ἐκείνου: em. Mu. || 5 προσελθὼν N || 12 ἓν om. N || 13 πλέονες NΥ: πλείονες vulg. || 15 πολεμικοῖς N || 17 ἐκπρεπῶς ἀλλὰ N || 18 τὴν ἀρετῶν U || 19 ἣν Rei.: ὧν | ἠξίου N || 22 ἐπαύσαντο N || 23 κομμίνιος N || 26 δεδομένην N

ὄνομα τὸν Κοριολανόν. ᾧ καὶ μάλιστα δῆλόν ἐστιν, ὅτι
τῶν ὀνομάτων ἴδιον ἦν ὁ Γάιος, τὸ δὲ δεύτερον οἰκίας ἢ
γένους κοινὸν ὁ Μάρκιος· τῷ τρίτῳ δ' ὕστερον ἐχρήσαντο
πράξεώς τινος ἢ τύχης ἢ ἰδέας ἢ ἀρετῆς ἐπιθέτῳ, καθά-
περ Ἕλληνες ἐτίθεντο πράξεως μὲν ἐπώνυμον τὸν Σωτῆρα
e καὶ τὸν Καλλίνικον, ἰδέας δὲ τὸν Φύσκωνα καὶ τὸν Γρυπόν,
ἀρετῆς δὲ τὸν Εὐεργέτην καὶ τὸν Φιλάδελφον, εὐτυ-
3 χίας δὲ τὸν Εὐδαίμονα τῷ δευτέρῳ τῶν Βάττων. ἐνίοις δὲ
τῶν βασιλέων καὶ σκώμματα παρέσχεν ἐπικλήσεις, ὡς
4 Ἀντιγόνῳ τὸν Δώσωνα καὶ Πτολεμαίῳ τὸν Λάθυρον. ἐπὶ
πλέον δὲ τῷ γένει τούτῳ καὶ Ῥωμαῖοι κέχρηνται, Διαδή-
ματόν τινα τῶν Μετέλλων καλέσαντες, ὅτι πολὺν χρόνον
ἕλκος ἔχων περιενόστει διαδεδεμένος τὸ μέτωπον, ἕτερον
δὲ Κέλερα, σπεύσαντα μεθ' ἡμέρας ὀλίγας τῆς τοῦ πατρὸς
τελευτῆς ἐπιταφίους μονομάχων ἀγῶνας παρασχεῖν, τὸ
τάχος καὶ τὴν ὀξύτητα τῆς παρασκευῆς θαυμάσαντες.
5 ἐνίους δ' ⟨ἐπὶ⟩ συντυχίᾳ γενέσεως μέχρι νῦν καλοῦσι,
f Πρόκλον μέν, ἐὰν ἀποδημοῦντος πατρὸς γένηται, καὶ
Πόστουμον, ἂν τεθνηκότος· ᾧ δ' ἂν διδύμῳ γενομένῳ
συμβῇ περιβιῶναι θατέρου τελευτήσαντος, Οὐοπίσκον. 220 L
6 τῶν δὲ σωματικῶν οὐ μόνον Σύλλας οὐδὲ Νίγρους οὐδὲ
Ῥούφους, ἀλλὰ καὶ Καίκους καὶ Κλωδίους ἐπωνυμίας
τίθενται, καλῶς ἐθίζοντες μήτε τυφλότητα μήτ' ἄλλην
219 τινὰ σωματικὴν ἀτυχίαν ὄνειδος ἡγεῖσθαι μηδὲ λοιδορίαν,
ἀλλ' ὡς οἰκείοις ὑπακούειν ὀνόμασιν. ἀλλὰ ταῦτα μὲν ἑτέρῳ
γένει γραφῆς προσήκει.

11 cf. Ziegler, Gymnasium 63, 483 || 13 Plut. Rom. 10, 3

[N(UA =)Υ] 1 ὅτι om. N || 2. 3 ἴδιον ἦν [ὁ Γάιος] ⟨τὸ πρῶτον⟩, τὸ δὲ ... κοινόν [ὁ Μάρκιος] Stegmann || 3 τῷ τρίτῳ δὲ Sint.: τῶν τρίτων δὲ N τῷ δὲ τρίτῳ Υ | ἐχρήσατο Υ | ἐχρήσαντο ⟨Ῥωμαῖοι⟩ Zie. || 6 φύσκονα N || 8 τῷ—Βάττων del. Li. || 9 σκωμμάτων N || 10 δάσωνα N; cf. Aem. Paul. 8, 3 Etym. M. s. v. || 13 περιδεδεμένος Υ || 17 ἐπὶ add. Zie. | συντυχίας N | μέχρι Υ: ἔτι N || 18 μὲν ἀναποδημοῦντος N || 19 πούστομον N || 20 οὐεπίσκοπον N

12. *Παυσαμένῳ δὲ τῷ πολέμῳ τὴν στάσιν ἐπήγειρον
αὖθις οἱ δημαγωγοί, καινὴν μὲν οὐδεμίαν αἰτίαν ἔχοντες
οὐδ' ἔγκλημα δίκαιον, ἃ δὲ ταῖς προτέραις αὐτῶν δια-
429 S φοραῖς καὶ ταραχαῖς ἀναγκαίως ἐπηκολούθησε κακά, ταῦ-
τα ποιούμενοι πρόφασιν ἐπὶ τοὺς πατρικίους. ἄσπορος 2
γὰρ ἡ πλείστη καὶ ἀγεώργητος ἀπελείφθη τῆς χώρας,
ἀγορᾶς δ' ἐπεισάκτου παρασκευὴν διὰ τὸν πόλεμον ὁ και-
ρὸς οὐκ ἔδωκεν. ἰσχυρᾶς οὖν ἀπορίας γενομένης, ὁρῶντες οἱ 3
δημαγωγοὶ μήτ' ἀγορὰν ἔχοντα μήτ', εἰ παρῆν ἀγορά, χρη-
μάτων εὐποροῦντα τὸν δῆμον, ἐνέβαλλον λόγους καὶ δια- b
βολὰς κατὰ τῶν πλουσίων, ὡς ἐκεῖνοι τὸν λιμὸν ἐπάγοιεν
αὐτοῖς ὑπὸ μνησικακίας. ἐκ δὲ τῶν Οὐελιτρανῶν ἧκε πρε- 4
σβεία, τὴν πόλιν παραδιδόντων καὶ δεομένων ἀπ' αὐτῶν
ἀποίκους ἀποστέλλειν. νόσος γὰρ ἐμπεσοῦσα λοιμώδης
αὐτοῖς τοσοῦτον ὄλεθρον καὶ φθορὰν ἀπειργάσατο τῶν
ἀνθρώπων, ὥστε μόλις τὸ δέκατον τοῦ παντὸς ἀπολειφθῆ-
ναι μέρος. ἔδοξεν οὖν τοῖς νοῦν ἔχουσιν εἰς δέον γεγονέναι 5
καὶ κατὰ καιρὸν ἡ χρεία τῶν Οὐελιτρανῶν, διά τε τὴν
221 L ἀπορίαν κουφισμοῦ δεομένοις, καὶ τὴν στάσιν ἅμα σκεδά-
σειν ἤλπιζον, εἰ τὸ θορυβοῦν μάλιστα καὶ συνεπηρμένον
τοῖς δημαγωγοῖς ὥσπερ περίσσωμα τῆς πόλεως νοσερὸν c
καὶ ταραχῶδες ἀποκαθαρθείη. τούτους τε δὴ καταλέγον- 6
τες εἰς τὴν ἀποικίαν ἐξέπεμπον οἱ ὕπατοι, καὶ στρατείαν
ἐπήγγελλον ἑτέροις ἐπὶ τοὺς Οὐολούσκους, ἀσχολίαν τε
τῶν ἐμφυλίων μηχανώμενοι θορύβων, καὶ νομίζοντες ἐν
ὅπλοις καὶ στρατοπέδῳ καὶ κοινοῖς ἀγῶσιν αὖθις γενο-
μένους πλουσίους ὁμοῦ καὶ πένητας καὶ δημοτικοὺς καὶ
πατρικίους ἡμερώτερον διατεθῆναι πρὸς ἀλλήλους καὶ
ἥδιον.*

cap. 12 Dion. Hal. 7, 12–13 Liv. 2, 34

[N(UA =)Υ] **7** *παρασκευῆς* N ‖ **10** *ἐνέβαλον* N ‖ **12** *ὑπόμνησιν κακίας* N ‖ **13** *ἀπ' αὐτῶν* Kron.: *ἀπάντων* N om. Υ (*παρ' αὐτῶν* et *ἐποίκους* hab. Dion. Hal. 7, 12, 5) ‖ **20** *ἐλπίζουσιν* Li. ‖ **21** *ὥσπερ εἰ σῶμα τῆς* N | *περίττωμα* A ‖ **24** *σχολίαν* N | *τε* om. N ‖ **26** *αὖθις ἂν* N *ἂν* post (28) *ἡμερώτερον* malit Zie.

13. Ἐνίσταντο δ' οἱ περὶ Σικίννιον καὶ Βροῦτον δημα-
γωγοί, βοῶντες ἔργον ὠμότατον αὐτοὺς τῷ πρᾳοτάτῳ
d τῶν ὀνομάτων ἀποικίαν προσαγορεύσαντας ἀνθρώπους
πένητας ὥσπερ εἰς βάραθρον ὠθεῖν, ἐκπέμποντας εἰς
πόλιν ἀέρος τε νοσεροῦ καὶ νεκρῶν ἀτάφων γέμουσαν,
2 ἀλλοτρίῳ δαίμονι καὶ παλαμναίῳ συνοικιζομένους, εἶθ', 430 S
ὥσπερ οὐκ ἀρκουμένους τοὺς μὲν ὑπὸ λιμοῦ διολλύναι
τῶν πολιτῶν, τοὺς δὲ λοιμῷ προσβάλλειν, ἔτι καὶ πόλεμον
αὐθαίρετον προσάγειν, ὅπως μηδὲν κακὸν ἀπῇ τῆς πό-
3 λεως, ὅτι δουλεύουσα τοῖς πλουσίοις ἀπεῖπε. τοιούτων
ἀναπιμπλάμενος λόγων ὁ δῆμος οὔτε τῷ καταλόγῳ προσῄει
4 τῶν ὑπάτων, πρός τε τὴν ἀποικίαν διεβέβλητο. τῆς δὲ
e βουλῆς διαπορουμένης, ὁ Μάρκιος ἤδη μεστὸς ὢν ὄγκου
καὶ μέγας γεγονὼς τῷ φρονήματι καὶ θαυμαζόμενος ὑπὸ
τῶν κρατίστων, φανερὸς ἦν μάλιστα τοῖς δημαγωγοῖς ἀν-
5 θιστάμενος. καὶ τὴν μὲν ἀποικίαν ἀπέστειλαν, ἐπιτιμίοις
μεγάλοις τοὺς λαχόντας ἐξελθεῖν ἀναγκάσαντες· πρὸς δὲ 222 L
τὴν στρατείαν παντάπασιν ἀπαγορευόντων, αὐτὸς ὁ Μάρ-
κιος τούς τε πελάτας ἀναλαβὼν καὶ τῶν ἄλλων ὅσους
6 ἔπεισε, κατέδραμε τὴν Ἀντιατῶν χώραν, καὶ πολὺν μὲν
σῖτον εὑρών, πολλῇ δὲ λείᾳ θρεμμάτων καὶ ἀνδραπόδων
περιτυχών, αὑτῷ μὲν οὐδὲν ἐξείλετο, τοὺς δὲ συστρατευ-
σαμένους πολλὰ μὲν ἄγοντας ἔχων, πολλὰ δὲ φέροντας,
f ἐπανῆλθεν εἰς τὴν Ῥώμην, ὥστε τοὺς ἄλλους μεταμελο-
μένους καὶ φθονήσαντας τοῖς εὐπορήσασιν ἄχθεσθαι τῷ
Μαρκίῳ καὶ βαρύνεσθαι τὴν δόξαν αὐτοῦ καὶ τὴν δύναμιν
ὡς ἐπὶ τὸν δῆμον αὐξομένην.

14. Ὀλίγου δὲ χρόνου μετῄει μὲν ὑπατείαν ὁ Μάρκιος,
ἐκάμπτοντο δ' οἱ πολλοί, καὶ τὸν δῆμον αἰδώς τις εἶχεν

1 Dion. Hal. 7, 14 || **10**sq. Dion. Hal. 7, 19 || **28** Dion. Hal. 7, 21

[N(UA =)Υ] **2** αὐτοὺς **N**: αὐτοῦ **U** αὐτῷ **A** || **7** οὐκακουργουμένους **N** || **9** ἐπάγειν **C** | ἀπῇ Υ: ἀπείη ex ἀπείει **N** || **11** προσείη **N** || **19** πελταστὰς **N** || **20** κατέδραμον Υ || **22** δὲ στρατευσαμένους Υ || **23** πολλα[2]] πολλὰς **N** || **28** δὲ Υ: δὴ **N** || **29** ἐγνάμπτοντο **N**

ἄνδρα καὶ γένει καὶ ἀρετῇ πρῶτον ἀτιμάσαι καὶ καταβα-
λεῖν ἐπὶ τοσούτοις καὶ τηλικούτοις εὐεργετήμασι. καὶ γὰρ 2
ἔθος ἦν τοῖς μετιοῦσι τὴν ἀρχὴν παρακαλεῖν καὶ δεξιοῦ-
σθαι τοὺς πολίτας, ἐν ἱματίῳ κατιόντας εἰς τὴν ἀγορὰν
ἄνευ χιτῶνος, εἴτε μᾶλλον ἐκταπεινοῦντας ἑαυτοὺς τῷ 220
σχήματι πρὸς τὴν δέησιν, εἴτε δεικνύντας, οἷς ἦσαν ὠτει-
λαί, προφανῆ τὰ σύμβολα τῆς ἀνδρείας. οὐ γὰρ ὑποψίᾳ 3
431 S δήπου διανομῆς ἀργυρίου καὶ δεκασμῶν ἄζωστον ἐβού-
λοντο προσιέναι καὶ ἀχίτωνα τοῖς πολίταις τὸν δεόμενον
αὐτῶν· ὀψὲ γὰρ μετὰ πολὺν χρόνον ὠνὴ καὶ πρᾶσις ἐπεισ-
ῆλθε καὶ συνεμίγη ταῖς ἐκκλησιαστικαῖς ψήφοις ἀργύ-
ριον. ἐκ δὲ τούτου καὶ δικαστῶν θιγοῦσα καὶ στρατοπέ- 4
223 L δων ἡ δωροδοκία περιέστησεν εἰς μοναρχίαν τὴν πόλιν,
ἐξανδραποδισαμένη τὰ ὅπλα τοῖς χρήμασιν. οὐ γὰρ κακῶς 5
ἔοικεν εἰπεῖν ὁ εἰπὼν ὅτι πρῶτος κατέλυσε τὸν δῆμον ὁ b
πρῶτος ἑστιάσας καὶ δεκάσας. φαίνεται δὲ κρύφα καὶ κατὰ
μικρὸν ὑπορρέον οὐκ εὐθὺς ἔκδηλον ἐν Ῥώμῃ γενέσθαι τὸ
κακόν. οὐ γὰρ ἴσμεν ὅστις ἦν ὁ δεκάσας πρῶτος ἐν Ῥώμῃ 6
δῆμον ἢ δικαστήριον· Ἀθήνησι δὲ λέγεται πρῶτος ἀργύριον
δοῦναι δικασταῖς Ἄνυτος ὁ Ἀνθεμίωνος, προδοσίας περὶ
Πύλου κρινόμενος ἐν τοῖς Πελοποννησιακοῖς ἤδη τελευ-
τῶσιν, ὁπηνίκα τὸ χρυσοῦν ἔτι γένος καὶ ἀκήρατον ἐν Ῥώ-
μῃ τὴν ἀγορὰν κατεῖχεν.

15. Ἀλλὰ τοῦ γε Μαρκίου πολλὰς ὑποφαίνοντος ὠτει-
λὰς ἀπὸ πολλῶν ἀγώνων, ἐν οἷς ἐπρώτευεν ἑπτακαίδεκα
ἔτη συνεχῶς στρατευόμενος, ἐδυσωποῦντο τὴν ἀρετὴν καὶ c
λόγον ἀλλήλοις ἐδίδοσαν ὡς ἐκεῖνον ἀποδείξοντες. ἐπεὶ 2
δὲ τῆς ἡμέρας ἐν ᾗ τὴν ψῆφον ἔδει φέρειν ἐνστάσης ὁ
Μάρκιος εἰς ἀγορὰν ἐνέβαλε σοβαρός, ὑπὸ τῆς βουλῆς

2 mor. 276c || 19 Aristot. rep. Ath. 27,5 Diod. 13,64,6 Harpocr. s. v. *δικάζων* Schol. Aeschin. 1,87 || cap. 15 Dion. Hal. 7,21

[N(UA =)Υ] **1** *καὶ*[1] om. **N** || **3** *τὴν*] *τιν'* Kron. || **5.6** *ἐκταπεινοῦντες–δεικνύντες*: em. Sch. || **7** *προφανοὶ* **N** || **8** *δήπου* Br.: *δήμου* || **9** *προιέναι* Υ || **10** *γὰρ* ⟨*καὶ*⟩ Cor. || **17** *εὔδηλον* **N** | *γενόμενον* **N** || **20** *ὁ* om. **N** || **21** *Πύλον* Rei. || **24** *γε* Υ: *μὲν* **N** || **25** *ἀπὸ* Υ: *ἀπὸ τῶν* **N** | *ἐπρώτευσεν* Υ || **29** *ἐνέβαλλε* **N** | *σοβαρῶς* Υ

προπεμπόμενος, καὶ πάντες οἱ πατρίκιοι περὶ αὐτὸν ἐγέ-
νοντο φανεροὶ πρὸς μηδέν' οὕτω μηδέποτε σπουδάσαν-
τες, ἐξέπεσον αὖθις οἱ πολλοὶ τῆς πρὸς αὐτὸν εὐνοίας,
3 εἰς τὸ νεμεσᾶν καὶ φθονεῖν ὑποφερόμενοι. προσῆν δὲ τῷ
πάθει τούτῳ καὶ δέος, εἰ γένοιτο τῆς ἀρχῆς κύριος ἀνὴρ
ἀριστοκρατικὸς καὶ τοσοῦτον ἔχων ἐν τοῖς πατρι-
κίοις ἀξίωμα, μὴ παντάπασιν ἀφέλοιτο τοῦ δήμου τὴν
d ἐλευθερίαν. οὕτω δὴ φρονήσαντες ἀπεψηφίσαντο τὸν Μάρ-
4 κιον. ὡς δ' ἀνηγορεύθησαν ἕτεροι, βαρέως μὲν ἤνεγκεν
ἡ βουλή, δοκοῦσα προπεπηλακίσθαι μᾶλλον ἑαυτὴν ἢ 224 L 432 S
τὸν Μάρκιον, αὐτὸς δ' ἐκεῖνος οὐ μετρίως ἔσχεν οὐδ'
ἐπιεικῶς πρὸς τὸ συμβεβηκός, ἅτε δὴ πλεῖστα τῷ θυμοει-
δεῖ καὶ φιλονίκῳ μέρει τῆς ψυχῆς ὡς ἔχοντι μέγεθος καὶ
φρόνημα κεχρημένος, τὸ δ' ἐμβριθὲς καὶ τὸ πρᾷον, οὗ τὸ
πλεῖστον ἀρετῇ πολιτικῇ μέτεστιν, ἐγκεκραμένον οὐκ
ἔχων ὑπὸ λόγου καὶ παιδείας, οὐδὲ τὴν ἐρημίᾳ σύνοικον,
ὡς Πλάτων ἔλεγεν (epist. 321 c), αὐθάδειαν εἰδὼς ὅτι
δεῖ μάλιστα διαφεύγειν ἐπιχειροῦντα πράγμασι κοινοῖς
e καὶ ἀνθρώποις ὁμιλεῖν, καὶ γενέσθαι τῆς πολλὰ γελωμένης
5 ὑπ' ἐνίων ἀνεξικακίας ἐραστήν. ἀλλ' ἁπλοῦς τις ὢν ἀεὶ
καὶ ἀτενής, καὶ τὸ νικᾶν καὶ κρατεῖν πάντων καὶ πάντως
ἔργον ἀνδρείας ἡγούμενος, οὐκ ἀσθενείας καὶ μαλακίας,
ἐκ τοῦ πονοῦντος καὶ πεπονθότος μάλιστα τῆς ψυχῆς
ὥσπερ οἴδημα τὸν θυμὸν ἀναδιδούσης, ἀπῄει ταραχῆς
6 μεστὸς ὢν καὶ πικρίας πρὸς τὸν δῆμον. οἱ δ' ἐν ἡλικίᾳ τῶν
πατρικίων, ὅ τι περ ἦν ἐν τῇ πόλει μάλιστα γαυρούμενον
εὐγενείᾳ καὶ ἀνθοῦν, ἀεί τε θαυμαστῶς ἐσπουδάκεσαν
περὶ τὸν ἄνδρα, καὶ τότε προσκείμενοι καὶ παρόντες οὐκ
ἐπ' ἀγαθῷ, τὸν θυμὸν ἐξερρίπιζον αὐτοῦ τῷ συναγανακτεῖν

16 cf. Plut. Alc. 42, 3 Dio 8, 4. 52, 5 mor. 69 f

[N(UA=)Υ] 2 μηδέν' Naber Li. cl. Dion. Hal. 7, 21, 2: μηδὲν || 5 δέως N || 7 ἀφέλειτο N || 14 τὸ[3] om. N || 16 ἐρημίαν U | ξύνοικον Υ mor. || 18 δεῖ s. s. m. 1 N | ⟨τὸν⟩ ἐπιχειροῦντα Zie. || 19 τῆς ex τοῖς m. 1 N || 20 ἐραστής: em. Steph. | ἀεὶ om. N || 21 ἀγενὴς N | ἁπάντων Υ | καὶ[4] om. Υ || 22 ἀνδρίας ἔργον Υ

καὶ συναλγεῖν. ἦν γὰρ ἡγεμὼν αὐτοῖς καὶ διδάσκαλος 7 f
εὐμενὴς τῶν πολεμικῶν ἐν ταῖς στρατείαις καὶ ζῆλον ἀρε-
τῆς ἄνευ φθόνου πρὸς ἀλλήλους . . . γαυρῶσαι τοὺς κατορ-
θοῦντας.

16. Ἐν τούτῳ δὲ σῖτος ἧκεν εἰς Ῥώμην, πολὺς μὲν
225 L ὠνητὸς ἐξ Ἰταλίας, οὐκ ἐλάττων δὲ δωρητὸς ἐκ Συρα-
κουσῶν Γέλωνος τοῦ τυράννου πέμψαντος, ὥστε τοὺς
πλείστους ἐν ἐλπίσι γενέσθαι χρησταῖς, ἅμα τῆς ἀπορίας 221
καὶ τῆς διαφορᾶς τὴν πόλιν ἀπαλλαγήσεσθαι προσδο-
κῶντας. εὐθὺς οὖν βουλῆς ἀθροισθείσης, περιχυθεὶς ἔξω- 2
θεν ὁ δῆμος ἐκαραδόκει τὸ τέλος, ἐλπίζων ἀγορᾷ τε χρή-
σεσθαι φιλανθρώπῳ καὶ προῖκα τὰς δωρεὰς νεμηθήσε-
σθαι. καὶ γὰρ ἔνδον ἦσαν οἱ ταῦτα τὴν βουλὴν πείθοντες. 3
433 S ὁ μέντοι Μάρκιος ἀναστὰς σφόδρα καθήψατο τῶν χαρι- 4
ζομένων τοῖς πολλοῖς, δημαγωγοὺς καὶ προδότας ἀπο-
καλῶν τῆς ἀριστοκρατίας καὶ σπέρματα πονηρὰ θρα-
σύτητος καὶ ὕβρεως εἰς ὄχλον ἀφειμένα τρέφοντας καθ'
αὑτῶν, ἃ καλῶς μὲν εἶχε μὴ περιιδεῖν ἐν ἀρχῇ φυόμενα
μηδ' ἰσχυρὸν ἀρχῇ τηλικαύτῃ ποιῆσαι τὸν δῆμον, ἤδη b
δὲ καὶ φοβερὸν εἶναι τῷ πάντα βουλομένοις αὐτοῖς ὑπάρ-
χειν καὶ μηδὲν ἄκοντας βιάζεσθαι, μηδὲ πείθεσθαι τοῖς
ὑπάτοις, ἀλλ' ἀναρχίας ἔχοντας ἡγεμόνας ἰδίους ἄρχον-
τας προσαγορεύειν. „ἐπιδόσεις μὲν οὖν καὶ διανομάς, 5
ὥσπερ Ἑλλήνων οἱ κράτιστα δημοκρατούμενοι, καθί-
ζεσθαι ψηφιζομένους" ἔφη „παντελῶς ἐστιν εἰς κοινὸν
ὄλεθρον τὴν ἀπείθειαν αὐτῶν ἐφοδιάζειν. οὐ γὰρ χάριν 6
γε δήπου φήσουσιν ἀπολαμβάνειν τῶν στρατειῶν ἃς ἐγ-

cap. 16 Dion. Hal. 7, 20–24 Liv. 2, 34

[N(UA =)Υ] **1** συναλγεῖν Υ: συναδικεῖσθαι N || **2** καὶ] κατὰ Pflugk Erbse || **3** lac. stat. Li. | γαύρως αὐτοὺς κατορθοῦντας N γαυρώσας Erbse || **5** τούτοις N || **6** δὲ δωρητὸς Υ: δεδώρητο N || **7** τοῦ om. N || **10.11** ὁ δῆμος ἔξωθεν Υ || **11** τέλος] μέλλον Ha. cum C | χρήσασθαι Υ || **12** νεμήσεσθαι Υ || **17** ἀφιγμένα N || **17.18** κατ' αὐτῶν N || **20** τῷ Υ: τὸ N || **22** ἀναρχίαν: em. Pflugk || **24** κράτιστα] κάκιστα Rei. ἀκρατέστατα Naber αἴσχιστα Zie. | καθέζεσθαι Υ || **25** ἐστιν om. Υ || **27** στρατιῶν N

κατέλιπον, καὶ τῶν ἀποστάσεων αἷς προήκαντο τὴν πα-
τρίδα, καὶ τῶν διαβολῶν ἃς ἐδέξαντο κατὰ τῆς βουλῆς,
ἀλλ' ὑφιεμένους διὰ φόβον καὶ κολακεύοντας ὑμᾶς ταῦτα
c διδόναι καὶ συγχωρεῖν ἐλπίσαντες, οὐδὲν ἕξουσι πέρας
ἀπειθείας, οὐδὲ παύσονται διαφερόμενοι καὶ στασιάζοντες.
7 ὥστε τοῦτο μέν ἐστι κομιδῇ μανικόν· εἰ δὲ σωφρονοῦμεν, 226 L
ἀφαιρησόμεθα τὴν δημαρχίαν αὐτῶν, ἀναίρεσιν οὖσαν τῆς
ὑπατείας καὶ διάστασιν τῆς πόλεως, οὐκέτι μιᾶς ὡς πρό-
τερον οὔσης, ἀλλὰ δεδεγμένης τομήν, μηδέποτε συμφῦναι
μηδ' ὁμοφρονῆσαι μηδὲ παύσασθαι νοσοῦντας ἡμᾶς καὶ
ταρασσομένους ὑπ' ἀλλήλων ἐάσουσαν.''

17. Πολλὰ τοιαῦτα λέγων ὁ Μάρκιος ὑπερφυῶς εἶχε
τοὺς νέους συνενθουσιῶντας αὐτῷ καὶ τοὺς πλουσίους
ὀλίγου δεῖν ἅπαντας, μόνον ἐκεῖνον ἄνδρα τὴν πόλιν ἔχειν
d 2 ἀήττητον καὶ ἀκολάκευτον βοῶντας. ἔνιοι δὲ τῶν πρεσ-
βυτέρων ἠναντιοῦντο, προορώμενοι τὸ ἀποβησόμενον. ἀπέ-
3 βη δὲ χρηστὸν οὐδέν. οἱ γὰρ δήμαρχοι παρόντες ὡς ᾔσθοντο 434 S
τῇ γνώμῃ κρατοῦντα τὸν Μάρκιον, ἐξέδραμον εἰς τὸν
ὄχλον, μετὰ βοῆς παρακελευόμενοι συνίστασθαι καὶ βοη-
4 θεῖν αὐτοῖς τοὺς πολλούς. ἐκκλησίας δὲ θορυβώδους γενο-
μένης, καὶ τῶν λόγων οὓς ὁ Μάρκιος εἶπεν ἀναγορευθέν-
των, ὀλίγον ἐδέησεν ἐμπεσεῖν ὑπ' ὀργῆς φερόμενος εἰς
τὴν βουλὴν ὁ δῆμος· οἱ δὲ δήμαρχοι τοῦ Μαρκίου τὴν
αἰτίαν ἐποιοῦντο, καὶ πέμποντες ἐκάλουν αὐτὸν ἀπολογη-
5 σόμενον. ὡς δὲ πρὸς ὕβριν τοὺς πεμφθέντας ἐξήλασεν
ὑπηρέτας, αὐτοὶ μετὰ τῶν ἀγορανόμων ἧκον, ἄξοντες βίᾳ
e 6 τὸν ἄνδρα, καὶ τοῦ σώματος ἐπελαμβάνοντο. συστάντες
δ' οἱ πατρίκιοι τοὺς μὲν δημάρχους ἀπετρίψαντο, τοῖς δ'
7 ἀγορανόμοις καὶ πληγὰς ἐνέβαλον. τότε μὲν οὖν ἑσπέρα
καταλαβοῦσα τὴν ταραχὴν διέλυσεν· ἅμα δ' ἡμέρᾳ τὸν

cap. 17 Dion. Hal. 7, 25–32

[N(UA=)Υ] **7** τῆς om. Υ ‖ **8. 9** οὔσης ὡς πρότερον litt. supra-pos. corr. **N** ‖ **9** τυμὴν μηδένα ποτὲ **N** ‖ **10** ὑμᾶς **N** ‖ **11** ταραττομένους **A** ‖ **14** ἅπαντας om. **N** ‖ **16** ὑφορώμενοι Υ ‖ **23** Μαρκίου ⟨μόνου⟩ Ha. ‖ **25** ἀπήλασεν **N** ‖ **28** ἀπετρέψαντο **N** ‖ **29** ἐνέβαλλον **N**

227 L δῆμον ἐξηγριωμένον ὁρῶντες οἱ ὕπατοι καὶ συντρέχοντα
πανταχόθεν εἰς τὴν ἀγοράν, ἔδεισαν ὑπὲρ τῆς πόλεως,
καὶ τὴν βουλὴν ἀθροίσαντες ἐκέλευον σκοπεῖν ὅπως ἐπι-
εικέσι λόγοις καὶ δόγμασι χρηστοῖς πραΰνωσι καὶ κατα-
στήσωσι τοὺς πολλούς, ὡς οὐ φιλοτιμίας οὖσαν ὥραν οὐδ'
ὑπὲρ δόξης ἅμιλλαν, εἰ σωφρονοῦσιν, ἀλλὰ καιρὸν ἐπι-
σφαλῆ καὶ ὀξὺν εὐγνώμονος πολιτείας καὶ φιλανθρώπου f
δεόμενον. εἰξάντων δὲ τῶν πλείστων, προελθόντες ὡς 8
ἐνῆν μάλιστα τῷ δήμῳ διελέγοντο καὶ κατεπράυνον, ἀπο-
λυόμενοί τε τὰς διαβολὰς ἐπιεικῶς καὶ τῷ νουθετοῦντι
καὶ δάκνοντι μετρίως χρώμενοι, περὶ δὲ τιμῆς ὠνίων
καὶ ἀγορᾶς οὐδὲν διοίσεσθαι πρὸς αὐτοὺς φάσκοντες.

18. Ὡς οὖν ἐνεδίδου τὸ πολὺ τοῦ δήμου καὶ φανερὸν ἦν 222
τῷ κοσμίως καὶ σωφρόνως ἀκούειν ἀγόμενον καὶ κηλού-
μενον, ἀνέστησαν οἱ δήμαρχοι, τῇ μὲν βουλῇ σωφρονούσῃ
τὸν δῆμον ἀνθυπείξειν ὅσα καλῶς ἔχει φάσκοντες, τὸν δὲ
435 S Μάρκιον ἀπολογεῖσθαι κελεύοντες, εἰ μή φησιν ἐπὶ συγ-
χύσει τῆς πολιτείας καὶ καταλύσει τοῦ δήμου τήν τε βου-
λὴν παροξῦναι καὶ καλούμενος ὑπ' αὐτῶν ἀπειθῆσαι, τέλος
δὲ τοὺς ἀγορανόμους τύπτων ἐν ἀγορᾷ καὶ προπηλακίζων
ἐμφύλιον, ὅσον ἐφ' ἑαυτῷ, πόλεμον ἐξεργάσασθαι καὶ
προαγαγεῖν εἰς ὅπλα τοὺς πολίτας. ἔλεγον δὲ ταῦτα βου- 2
λόμενοι τὸν Μάρκιον ἢ ταπεινὸν ἀποδεῖξαι, παρὰ φύσιν b
θεραπεύοντα τοὺς πολλοὺς ὑπὸ δέους καὶ παραιτούμενον, ἢ
φυλάττοντα τὸ φρόνημα καὶ τῇ φύσει χρώμενον ἀνήκε-
228 L στον ἀπεργάσασθαι τὴν πρὸς αὐτὸν ὀργήν· ὃ μᾶλλον ἤλπι-
ζον, ὀρθῶς στοχαζόμενοι τοῦ ἀνδρός. ἔστη μὲν γὰρ ὡς ἀπο- 3
λογησόμενος, καὶ παρέσχεν αὐτῷ σιωπὴν καὶ ἡσυχίαν ὁ
δῆμος. ὡς δ' ἤρξατο πρὸς ἀνθρώπους δεητικόν τινα λόγον

cap. 18 Dion. Hal. 7, 33–36

[N(UA =)Υ] **4** *δόγμασι* Υ: *πράγμασι* **N** ‖ **9** *ἀποδυόμενοι* Υ ‖ **15** *σωφρονοῦσι* **N** ‖ **16** *ἔχειν* **N** ‖ **19** *παροξῖναι* Rei.: *παροξύνει* **N** *παροξύνειν* Υ | *ἀπειθῆσαι* Υ: *ἀπειθεῖ* **N** *ἀπειθεῖν* Li. ‖ **21** *ἐπ' αὐτῷ* Υ ‖ **22** *τοὺς ὁπλίτας* **U** ‖ **24. 25** *τοὺς—φυλάττοντα* om. Υ ‖ **25** *καὶ* **N**: *ἢ* Υ ‖ **29** *πρὸς* **N**: *πρὸς τοὺς* Υ | *λόγον τινὰ* **N**

*προσδεχομένους οὐ μόνον ἐπαχθεῖ παρρησίᾳ χρῆσθαι καὶ
πλείονι κατηγορίᾳ τῆς ἀπολογίας, ἀλλὰ καὶ τόνῳ φωνῆς
καὶ διαθέσει προσώπου τὴν ἐγγὺς ὑπεροψίας καὶ ὀλιγω-
ρίας ἀφοβίαν ἐπιδεικνύμενος, ὁ μὲν δῆμος ἐξετραχύνθη
καὶ φανερὸς ἦν δυσανασχετῶν καὶ βαρυνόμενος τοῖς λεγο-
c μένοις, τῶν δὲ δημάρχων ὁ θρασύτατος Σικίννιος μικρὰ
τοῖς συνάρχουσι διαλεχθείς, εἶτ' εἰς μέσον ἀναγορεύσας,
ὡς θάνατος ὑπὸ τῶν δημάρχων τοῦ Μαρκίου κατέγνωσται,
προσέταξε τοῖς ἀγορανόμοις ἀναγαγόντας αὐτὸν ἐπὶ τὴν
4 ἄκραν εὐθὺς ὦσαι κατὰ τῆς ὑποκειμένης φάραγγος. ἁπτο-
μένων δὲ τῶν ἀγορανόμων τοῦ σώματος, ἔδοξε μὲν καὶ
τῶν δημοτῶν πολλοῖς φρικτὸν εἶναι τὸ γινόμενον καὶ ὑπερ-
ήφανον, οἱ δὲ πατρίκιοι παντάπασιν ἐκστάντες καὶ περι-
παθήσαντες ὥρμησαν βοηθεῖν ἀπὸ κραυγῆς, οἱ δὲ καὶ
d χερσὶ τοὺς ἐπιλαμβανομένους ἀνείργοντες καὶ καταμειγ-
5 νύντες ἑαυτοῖς τὸν Μάρκιον· ἔνιοι δὲ καὶ τὰς χεῖρας ὀρέ-
γοντες ἐδέοντο τῶν πολλῶν, ἐπειδὴ λόγου τε καὶ φωνῆς οὐ-
δὲν ἔργον ἦν ἐν ἀκοσμίᾳ τοσαύτῃ καὶ θορύβοις, ἄχρι οὗ
συμφρονήσαντες οἱ φίλοι καὶ οἰκεῖοι τῶν δημάρχων, ὡς
ἄνευ φόνου πολλοῦ τῶν πατρικίων οὐκ ἔστιν ἐξαγαγεῖν* 436 S
*καὶ κολάσαι τὸν Μάρκιον, ἔπεισαν αὐτοὺς ἀφελεῖν τῆς
τιμωρίας τὸ ἀλλόκοτον καὶ βαρύ, μὴ βίᾳ μηδ' ἄκριτον
ἀποκτιννύντας, ἀλλὰ τῷ δήμῳ ψῆφον ἐπενεγκεῖν ἀπο-* 229 L
6 *δόντας. ἐκ τούτου καταστὰς ὁ Σικίννιος ἠρώτα τοὺς πα-
τρικίους, τί βουλόμενοι τὸν Μάρκιον ἀφαιροῦνται τοῦ
e 7 δήμου βουλομένου κολάζειν. ἐκείνων δὲ πάλιν ἀντερω-
τώντων· „τί μὲν οὖν διανοεῖσθε καὶ τί βούλεσθε ὑμεῖς,
ἄνδρα Ῥωμαίων ἐν τοῖς ἀρίστοις ἄνευ κρίσεως ἐπὶ τιμω-
8 ρίαν ὠμὴν καὶ παράνομον οὕτως ἄγοντες;“ „ἀλλὰ ταύτην*

[N(UA =)Υ] **2** *ἀπολογίας* Ha.: *παρρησίας* || **3** *τὴν* Υ: *τὸν* **N** || **4** *ἀφοβία* **N** | *ἐξεταράχθη, ύν* supra *άχ* scr., **N** || **12** *γιγνόμενον* Υ || **14** *ὥρμησαν* ⟨*οἱ μὲν*⟩ Rei. | *ἀπὸ κραυγῆς βοηθεῖν* Υ || **15** *εἴργον-τες* **N** || **16** *καὶ* om. **N** || **17** *ἐπειδὴ* Rei.: *ἐπεὶ δὲ* | *τε*] *γε* Rei. || **19** *συμφωνήσαντες* **N** | *καὶ οἱ οἰκ.* **N** || **21** *καὶ* **N**: *οὐδὲ* Υ | *τῆς* Υ: *τὰς* **N** || **23** *ψῆφος* **N** || **25.26** *τὸν—βουλομένου* om. **U** || **27** *δια-νοεῖσθε* (*αι* supra *ε*) **N** | *τί*[2] om. **N** || **29** *ταῦτα* **N**

μέν“ εἶπεν ὁ Σικίννιος, „ὑμεῖς μὴ ποιεῖσθε πρόφασιν δια-
φορᾶς καὶ στάσεως πρὸς τὸν δῆμον· ὃ γὰρ ἀξιοῦτε δίδω-
σιν ὑμῖν, κριθῆναι τὸν ἄνδρα. σοὶ δὲ Μάρκιε προαγορεύομεν 9
εἰς τρίτην ἀγορὰν παρεῖναι καὶ πείθειν τοὺς πολίτας, εἰ
μηδὲν ἀδικεῖς, ὡς ψήφῳ κρινοῦντας.“

19. Τότε μὲν οὖν ἠγάπησαν οἱ πατρίκιοι τὴν διάλυσιν,
καὶ τὸν Μάρκιον ἔχοντες ἀσμένως ἀπῆλθον. ἐν δὲ τῷ
μεταξὺ χρόνῳ τῆς τρίτης ἀγορᾶς – ἀγορὰς δὲ ποιοῦσι f
Ῥωμαῖοι δι' ἡμέρας ἐνάτης, νουνδίνας καλοῦντες – ἐλπίδας
μὲν αὐτοῖς παρέσχε διακρούσεως στρατεία γενομένη πρὸς
Ἀντιάτας, ὡς μῆκος ἕξουσα καὶ χρόνον ἐν ᾧ χειροήθης
ὁ δῆμος ἔσται, τῆς ὀργῆς ἀπομαρανθείσης ἢ παντελῶς
ἐκπεσούσης δι' ἀσχολίαν καὶ πόλεμον· ἔπειτα δ' ὡς ταχὺ 2
διαλυσάμενοι πρὸς τοὺς Ἀντιάτας ἐπανῆλθον, ἐγίνοντο
σύνοδοι τῶν πατρικίων πολλάκις, δεδιότων καὶ σκοπούντων
ὅπως τόν τε Μάρκιον οὐ προήσονται, τόν τε δῆμον αὖθις 223
οὐ παρέξουσιν ἐκταράττειν τοῖς δημαγωγοῖς. Ἄππιος 3
230 L μὲν οὖν Κλαύδιος, αἰτίαν ἔχων ἐν τοῖς μάλιστα μισόδημος
εἶναι, διεμαρτύρετο λέγων τήν τε βουλὴν αὐτοὺς ἀναιρή-
σειν καὶ προήσεσθαι παντάπασι τὴν πολιτείαν, εἰ κύριον
τῆς ψήφου κατὰ τῶν πατρικίων ἀνέξονται γενόμενον τὸν
437 S δῆμον· οἱ δὲ πρεσβύτατοι καὶ δημοτικώτατοι τοὐναντίον
ἠξίουν οὐ χαλεπὸν οὐδὲ βαρύν, ἀλλὰ πρᾷον καὶ φιλάνθρω-
πον ὑπὸ τῆς ἐξουσίας ἔσεσθαι τὸν δῆμον· οὐ γὰρ κατα- 4
φρονοῦντι τῆς βουλῆς, ἀλλ' οἰομένῳ καταφρονεῖσθαι,
τιμὴν καὶ παραμυθίαν γενήσεσθαι τὴν κρίσιν, ὥσθ' ἅμα
τὴν ψῆφον λαβόντας ἀποθήσεσθαι τὴν ὀργήν.

20. Ὁρῶν οὖν ὁ Μάρκιος εὐνοίᾳ μὲν αὐτοῦ, φόβῳ δὲ τοῦ b
δήμου τὴν σύγκλητον ἀπορουμένην, ἠρώτησε τοὺς δημάρ-
χους, τί κατηγοροῦσιν αὐτοῦ καὶ περὶ τίνος κριθησόμενον

cap. 19 Dion. Hal. 7, 37–57 ‖ 28 sq. Dion. Hal. 7, 57–59

[N(UA =)Υ] 1 ποιεῖσθε Υ: εἴσθε N ‖ 3 κριθῆναι om. N | σοὶ Υ: εὖ N ‖ 7 ἀσμένως ἔχοντες: trp. Ha. ‖ 9 ἐλπίδα Υ ‖ 16 τε[2] Υ: δὲ N ‖ 18 μισοδήμοις N ‖ 19 αὐτοῖς N ‖ 20. 21 κύριον τῆς om. N ‖ 21 δέξονται Υ ‖ 27 ἀναλαβόντας N | ἀπωθήσεσθαι N

2 ἐπὶ τὸν δῆμον ἐξάγουσιν. εἰπόντων δ' ἐκείνων ὅτι τυραν-
νίδος ἐστὶ τὸ ἔγκλημα καὶ τυραννεῖν διανοούμενον ἀποδεί-
ξουσιν αὐτόν, οὕτως ἐξαναστὰς αὐτὸς ἔφη πρὸς τὸν δῆμον
ἤδη βαδίζειν ἀπολογησόμενος καὶ μηδένα τρόπον κρίσεως
μηδ' ἂν ἁλῷ κολάσεως παραιτεῖσθαι· „μόνον ὅπως“ ἔφη
„τοῦτο κατηγορήσητε καὶ μὴ ψεύσησθε τὴν βουλήν.“ ὡς
3 δ' ὡμολόγησαν, ἐπὶ τούτοις ἡ κρίσις ἐγίνετο. συνελθόν-
τος δὲ τοῦ δήμου, πρῶτον μὲν οὐ κατὰ λόχους, ἀλλὰ κατὰ
c φυλὰς ἐβιάσαντο γίνεσθαι τὴν ψηφοφορίαν, τῶν εὐπό-
ρων καὶ γνωρίμων καὶ στρατευομένων τὸν ἄπορον καὶ
πολυπράγμονα καὶ τοῦ καλοῦ φροντίζοντα μηδὲν ὄχλον
4 ἐπίπροσθεν ταῖς ψήφοις ποιοῦντες. ἔπειτα τὴν τυραννί-
δος ἀφέντες αἰτίαν ἀναπόδεικτον οὖσαν, ἐκείνων πάλιν 231 L
ἐμέμνηντο τῶν λόγων οὓς ὁ Μάρκιος πρότερον εἶπεν ἐν
τῇ βουλῇ, κωλύων μὲν ἐπευωνίσαι τὴν ἀγοράν, ἀφελέσθαι
5 δὲ τὴν δημαρχίαν τοῦ δήμου κελεύων. καινὸν δὲ κατηγόρη-
σαν αὐτοῦ κατηγόρημα τὴν διανομὴν τῶν λαφύρων, ἃ λαβὼν
ἐκ τῆς Ἀντιατῶν χώρας οὐκ ἀνήνεγκεν εἰς τὸ δημόσιον,
d ἀλλὰ διένειμε τοῖς μεθ' αὑτοῦ στρατευομένοις· ὑφ' οὗ δὴ
6 καὶ μάλιστα λέγεται διαταραχθῆναι τὸν Μάρκιον. οὐ γὰρ
προσεδόκησεν οὐδ' εὐπόρησε πρὸς τὸν ὄχλον ἐκ τοῦ παραυ-
τίκα λόγων πιθανῶν, ἀλλ' ἐπαινοῦντι τοὺς στρατευσαμένους
⟨ἐπ⟩εθορύβησαν αὐτῷ πλείονες ὄντες οἱ μὴ στρατευσά- 438 S
7 μενοι. τέλος δ' οὖν ταῖς φυλαῖς τῆς ψήφου δοθείσης, αἱ
καθαιροῦσαι τρεῖς ἐγένοντο ***. ἦν δὲ τίμημα τῆς καταδίκης
8 ἀίδιος φυγή. μετὰ δὲ τὴν ἀναγόρευσιν ὁ μὲν δῆμος οὐδέποτε
νικήσας μάχῃ πολεμίους τοσοῦτον ἐφρόνησεν, ὅσον τότε
φρονῶν καὶ γεγηθὼς ἀπῄει, τὴν δὲ βουλὴν ἄχος ἔσχε καὶ

16 Dion. Hal. 7, 63–65

[**N**(**UA** =)**Υ**] **1** *εἰσάγουσιν* Anon. ‖ **1.2** *τυραννίς ἐστι* **Υ** ‖ **4** *ἀπολογισόμενος* **N** ‖ **9** *ἐβιάζοντο* **Υ** | *γίνεσθαι* om. **N** ‖ **10** *στρατευσαμένων* vel *ἐστρατευμένων* Br. cl. v. 22.23 ‖ **13** *ἀφιέντες* **U** | *ἐκείνων* **Υ**: *ἐκεῖ* **N** ‖ **13.14** *πάλιν–εἶπεν* om. **N** ‖ **16** *δήμου* **Υ**: *νόμου* **N** | *κενὸν* **N** ‖ **19** *διένημε* **N** | *μεθ' ἑαυτοῦ* **U** *μετ' αὐτοῦ* **N** ‖ **23** *ἐθορύβησαν*: em. Ha. ‖ **24** *δ' οὖν* Rei.: *δ' αὖ* ‖ **25** lac. Zie., *τῶν ἀπολυουσῶν πλείονες* excidisse ratus cl. Dion. Hal. 7, 64, 6 *τρισὶ περιεγένοντο* Erbse

κατήφεια δεινή, μεταμελομένην καὶ δυσφοροῦσαν ἐπὶ τῷ 8
μὴ πάντα ποιῆσαι καὶ παθεῖν πρότερον ἢ περιιδεῖν ὑβρί-
σαντα καὶ χρησάμενον ἐξουσίᾳ τοσαύτῃ τὸν δῆμον. οὐδὲν 9
δ' ἔδει τότε πρὸς διάγνωσιν ἐσθῆτος ἢ παρασήμων ἑτέρων,
ἀλλ' εὐθὺς ἦν δῆλος ὅτι δημότης ὁ χαίρων καὶ ὁ δυσφορῶν
ὅτι πατρίκιος.

21. Πλὴν αὐτὸς ὁ Μάρκιος ἀνέκπληκτος καὶ ἀταπείνωτος
καὶ σχήματι καὶ βαδίσματι καὶ προσώπῳ καθεστηκὼς ἐν
232 L πᾶσι τοῖς ἄλλοις ἐφαίνετο πεπονθόσιν ἀσυμπαθὴς ἑαυτῷ
μόνος, οὐχ ὑπὸ λογισμοῦ καὶ πρᾳότητος, οὐδὲ τῷ φέρειν
μετρίως τὸ συμβεβηκός, ἀλλ' ἐμπαθὴς ὢν ὑπ' ὀργῆς καὶ
βαρυφροσύνης, ὅπερ ἀγνοοῦσιν οἱ πολλοὶ λύπην οὖσαν. f
ὅταν γὰρ εἰς θυμὸν μεταβάλλῃ, καθάπερ ἐκπυρωθεῖσα 2
τὸ ταπεινὸν ἀποβάλλει καὶ ἀργόν· ᾗ καὶ δοκεῖ δραστικὸς
ὁ θυμούμενος ὡς θερμὸς ὁ πυρέττων, οἷον ἐν σφυγμῷ καὶ
διατάσει καὶ ὄγκῳ γενομένης τῆς ψυχῆς.
Ἐδήλωσε δὲ τοῖς ἔργοις αὐτίκα μάλα τὴν διάθεσιν ταύ- 3
την ὁ Μάρκιος. εἰσελθὼν γὰρ οἴκαδε, καὶ τὴν μητέρα καὶ 224
τὴν γυναῖκα μετὰ κλαυθμοῦ καὶ βοῆς ὀλοφυρομένας
ἀσπασάμενος καὶ κελεύσας φέρειν μετρίως τὸ συμβεβη-
κός, εὐθὺς ἀπιὼν ἐβάδιζεν ἐπὶ τὰς πύλας. ἐκεῖ δὲ τῶν 4
πατρικίων ὁμοῦ τι πάντων προπεμπόντων αὐτὸν οὔτε τι
λαβὼν οὔτε τινὸς δεηθεὶς ἀπηλλάττετο, τρεῖς ἢ τέτταρας
πελάτας ἔχων περὶ αὐτόν. ἡμέρας δ' ὀλίγας ἔν τισιν ἀγροῖς 5
αὐτὸς καθ' ἑαυτὸν ὑπὸ πολλῶν διενεχθεὶς διαλογισμῶν,
439 S οἵους ὁ θυμὸς ὑπέβαλλεν, ὡς οὔτε καλὸν οὔτε συμφέρον
οὐδὲν ἀλλ' ἢ τὸ Ῥωμαίους μετελθεῖν, ἐγίνωσκε πόλεμόν
τινα βαρὺν καὶ ὅμορον ἀναστῆσαι ἐπ' αὐτούς. ὥρμησεν 6 b

7sq. Dion. Hal. 7, 67 || 28 Dion. Hal. 8, 1

[N(UA =)Υ] 4 ἐσθῆτος Υ: ἔσοντος N || 7 αὐτὸς om. N | post *Μάρκιος* add. ὅτι N || 10 τῷ Υ: τὸ N || 13 μεταβάλη Υ || 14 ᾗ Υ: εἰ δὲ N || 20 μετρίως φέρειν Υ || 21 ἀπιὼν om. N || 22 τι[1] om. N || 23 ἀπηλάττετο N || 24 πελταστὰς N | ὀλίγας δὲ ἡμέρας ante corr. N || 26 ὡς NU: ὥστε A | οὔτε N: οὔτ' εἰς Υ | post *συμφέρον* adde vel subaudi ⟨ὂν⟩

οὖν διαπειρᾶσθαι πρῶτον Οὐολούσκων, ἀκμάζοντας μὲν
εἰδὼς ἔτι καὶ σώμασι καὶ χρήμασι, ταῖς δὲ γεγενημέναις
ἔναγχος ἥτταις οὐ τοσοῦτον ἀπολωλέναι τῆς δυνάμεως
ὅσον ἐγγεγονέναι φιλονικίας αὐτοῖς καὶ ὀργῆς οἰόμενος.

22. Ἦν δέ τις ἀνὴρ ἐξ Ἀντίου πόλεως διά τε πλοῦτον 233 L
καὶ ἀνδρείαν καὶ γένους ἐπιφάνειαν ἀξίωμα βασιλικὸν
2 ἔχων ἐν πᾶσιν Οὐολούσκοις, ὄνομα Τύλλος Ἄττιος. ὑπὸ
τούτου μισούμενον ὁ Μάρκιος ἑαυτὸν ὡς οὐδένα Ῥωμαίων
ἐγίνωσκε· πολλάκις γὰρ ἐν ἀπειλαῖς καὶ προκλήσεσι κατὰ
c τὰς μάχας γενόμενοι, καὶ κομπάσαντες διὰ τὸ ἐνάμιλλον,
οἷα νεανιῶν πολεμικῶν φιλοτιμίαι καὶ ζῆλοι φέρουσιν,
ἴδιον προσεκτήσαντο τῷ κοινῷ τὸ κατ' ἀλλήλων ἔχθος.
3 οὐ μὴν ἀλλὰ μέγεθός τι φρονήματος ἔχοντα τὸν Τύλλον
ὁρῶν, καὶ μάλιστα δὴ Οὐολούσκων ἐπιθυμοῦντα Ῥωμαίους
λαβὴν παρασχόντας ἐν μέρει κολοῦσαι, μαρτυρίαν ἀπέλιπε
τῷ εἰπόντι· (Heracl. fr. 85 D[5])· „θυμῷ μάχεσθαι χαλε-
4 πόν· ὃ γὰρ ἂν θέλῃ, ψυχῆς ὠνεῖται.“ λαβὼν γὰρ ἐσθῆτα
καὶ σκευὴν ἐν ᾗ μάλιστα μὴ δόξειν ὃς ἦν ἔμελλεν ὁρώ-
μενος, ὥσπερ ὁ Ὀδυσσεὺς (Od. 4, 246)

ἀνδρῶν δυσμενέων κατέδυ πόλιν.

23. Ἦν δ' ἑσπέρα, καὶ πολλοὶ μὲν αὐτῷ προσετύγ-
d χανον, ἐγνώριζε δ' οὐδείς. ἐβάδιζεν οὖν ἐπὶ τὴν
οἰκίαν τοῦ Τύλλου, καὶ παρεισελθὼν ἄφνω πρὸς τὴν
ἑστίαν ἐκάθισε σιωπῇ, καὶ τὴν κεφαλὴν ἐγκαλυψάμενος
2 ἡσυχίαν ἦγεν. οἱ δὲ κατὰ τὴν οἰκίαν θαυμάσαντες, ἀνα-
στῆσαι μὲν οὐκ ἐτόλμησαν – ἦν γάρ τι περὶ αὐτὸν

cap. 22 Dion. Hal. 8, 1 Liv. 2, 35 || cap. 23 Dion. Hal. 8, 1–2

[N(UA =)Υ] **2** καὶ χρήμασι om. U || **4** αὐτῆς ante corr. N || **5** ἀντίας N || **7** τύλλος semper Υ (item Dion. Hal.) τοῦλλος h. l. N τύλλιος p. 210, 8. 20. 27 N τύλλος cet. locis N *Tullius* Livius, cf. Plut. Cic. 1, 2 v. l. | Ἄττιος Dion. Hal. (*Attius* Livius): αὐτίδιος N ἀμφίδιος Υ, cf. Plut. Cic. 1, 2 || **11** νεανιῶν Υ: νέων N | φιλοτιμία N || **14** ἐπιθυμούντων N || **17** θέλῃ] ἔλῃ ? Wil. || **19** ὁ ὀδυσσεὺς N ὁ + δυσσεὺς U ὀδυσσεὺς A || **26** τι καὶ Υ

*ἀξίωμα και τοῦ σχήματος καὶ τῆς σιωπῆς –, ἔφρασαν δὲ
τῷ Τύλλῳ περὶ δεῖπνον ὄντι τὴν ἀτοπίαν τοῦ πράγματος.*
234 L *ὁ δ' ἐξαναστὰς ἧκε πρὸς αὐτὸν καὶ ἀνέκρινε, τίς ὢν ἀφῖ-* 3
440 S *κται καὶ τίνων δεόμενος. οὕτως οὖν ὁ Μάρκιος ἀποκαλυ-
ψάμενος καὶ μικρὸν ἀνασχών, ,,εἰ μήπω με γινώσκεις
ὦ Τύλλε" εἶπεν, ,,ἀλλ' ὁρῶν ἀπιστεῖς, ἀνάγκη με
κατήγορον ἐμαυτοῦ γενέσθαι· Γάιός εἰμι Μάρκιος, ὁ* 4 e
*πλεῖστα σὲ καὶ Οὐολούσκους ἐργασάμενος κακά, καὶ τὴν
οὐκ ἐῶσαν ἀρνεῖσθαι ταῦτα περιφέρων προσηγορίαν τὸν
Κοριολανόν. οὐδὲν γὰρ ἄλλο τῶν πολλῶν πόνων καὶ κιν-* 5
*δύνων ἐκείνων ἐκτησάμην ἔπαθλον ἢ τὸ παράσημον ὄνομα
τῆς πρὸς ὑμᾶς ἔχθρας. καὶ τοῦτό μοι περίεστιν ἀναφαί-* 6
*ρετον· τὰ δ' ἄλλ' ὁμοῦ πάντα φθόνῳ δήμου καὶ ὕβρει,
μαλακίᾳ δὲ καὶ προδοσίᾳ τῶν ἐν τέλει καὶ ἰσοτίμων ἀπε-
στέρημαι, καὶ φυγὰς ἐλήλαμαι καὶ γέγονα τῆς σῆς ἑστίας
ἱκέτης, οὐχ ὑπὲρ ἀδείας καὶ σωτηρίας – τί γὰρ ἔδει με
δεῦρο ἥκειν φοβούμενον ἀποθανεῖν; – ἀλλὰ δίκας λαβεῖν
χρῄζων, καὶ λαμβάνων ἤδη παρὰ τῶν ἐκβαλόντων τῷ σὲ* f
ποιεῖν ἐμαυτοῦ κύριον. εἰ μὲν οὖν ἐστί σοι θυμὸς ἐπιχειρεῖν 7
*τοῖς πολεμίοις, ἴθι ταῖς ἐμαῖς συμφοραῖς ὦ γενναῖε χρῆσαι,
καὶ κοινὸν εὐτύχημα ποίησαι Οὐολούσκων τὴν ἐμὴν δυστυ-
χίαν, τοσούτῳ βέλτιον ὑπὲρ ὑμῶν πολεμήσοντος ἢ πρὸς
ὑμᾶς, ὅσῳ πολεμοῦσι βέλτιον οἱ γινώσκοντες τὰ παρὰ
τοῖς πολεμίοις τῶν ἀγνοούντων. εἰ δ' ἀπείρηκας, οὔτ' ἐγὼ* 8
βούλομαι ζῆν, οὔτε σοὶ καλῶς ἔχει σῴζειν πάλαι μὲν ἐχθρὸν 225
ἄνδρα καὶ πολέμιον, νῦν δ' ἀνωφελῆ καὶ ἄχρηστον." ὡς 9
*οὖν ταῦθ' ὁ Τύλλος ἤκουσεν, ἥσθη τε θαυμαστῶς, καὶ
τὴν δεξιὰν ἐμβαλών, ,,ἀνάστηθι" εἶπεν ,,ὦ Μάρκιε καὶ θάρ-*
235 L *σει. μέγα μὲν γὰρ ἡμῖν ἀγαθὸν ἥκεις διδοὺς σεαυτόν, ἔλπιζε*

[**N**(**UA** =)**Υ**] **1** *καὶ τῆς σιωπῆς καὶ τοῦ σχήματος* **N** || **6** *ἀλλ'*] *ἢ* Ha. || **9** *ἀνεῖσθαι* **N** || **11** *ἐκείνων* om. **N** | *τὸ* om. **N** || **13** *πάντα ὁμοῦ* **N** || **15** *τῆς σῆς ἑστίας* **N**: *τῆς ἑστίας τῆς σῆς* **Υ** || **18** *ἐκβαλλόντων*: em. Rei. | *τὸ* **N** || **19** *οὖν* om. **N** || **21** *ποιῆσαι* **N**: *ποίησον* **Υ** | *ἀτυχίαν* **Υ** || **22** *τοσοῦτον* **N** | *ὑπὲρ ὑμῶν βέλτιον* **N** || **23** *τὰ* om. **N** || **25** *ἔχεις* **N** || **27** *τύλλων*, supra *ων* scr. *ος*, **N** || **28** *ἀνίστασο* **Υ** | *θάρρει* **Υ** || **29** *μὲν* om. **Υ** | *ἡμῖν ἀγαθὸν* om. **N**

10 δὲ μείζονα παρὰ Οὐολούσκων.“ καὶ τότε μὲν εἱστία φιλο-
φρονούμενος τὸν Μάρκιον, ἐν δὲ ταῖς ἐπιούσαις ἡμέραις
ἐβουλεύοντο περὶ τοῦ πολέμου καθ' ἑαυτούς.

24. Τὴν δὲ Ῥώμην ἥ τε τῶν πατρικίων δυσμένεια πρὸς
τὸν δῆμον, οὐχ ἥκιστα τὴν τοῦ Μαρκίου καταδίκην αἰτίαν
ἐχόντων, ἐτάραττε, καὶ πολλὰ δαιμόνια μάντεις καὶ ἱερεῖς 441 S
καὶ ἰδιῶται προσήγγελλον ἄξια φροντίδος. ἓν δὲ λέγεται
b 2 τοιοῦτό τι γενέσθαι. Τίτος ἦν Λατίνιος, ἀνὴρ οὐκ ἄγαν
ἐπιφανής, ἀπράγμων δὲ καὶ μέτριος ἄλλως καὶ καθαρὸς
3 δεισιδαιμονίας, ἔτι δὲ μᾶλλον ἀλαζονείας. οὗτος ὄναρ
εἶδεν ὡς τοῦ Διὸς εἰς ὄψιν ἥκοντος αὐτῷ καὶ κελεύοντος
εἰπεῖν πρὸς τὴν σύγκλητον, ὅτι κάκιστον ὀρχηστὴν ἔστει-
4 λαν αὐτῷ πρὸ τῆς πομπῆς καὶ ἀτερπέστατον. ἰδὼν δὲ τὴν
ὄψιν ἔλεγε μὴ πάνυ φροντίσαι τὸ πρῶτον· ὡς δὲ καὶ δεύ-
τερον ἰδὼν καὶ τρίτον ἠμέλησε, παιδός τε χρηστοῦ θάνα-
τον ἐπιδεῖν καὶ τοῦ σώματος ἄφνω παραλυθέντος ἀκρατὴς
5 γενέσθαι. ταῦτα δ' ἐν κλινιδίῳ φοράδην κομισθεὶς εἰς τὴν
σύγκλητον ἀπήγγειλεν. ἀπαγγείλας δ' ὥς φασιν εὐθὺς
c ᾔσθετο ῥωννύμενον αὑτοῦ τὸ σῶμα, καὶ ἀναστὰς ἀπῄει δι'
αὑτοῦ βαδίζων. θαυμάσαντες οὖν οἱ βουλευταὶ πολλὴν
6 ἐποιήσαντο τοῦ πράγματος ζήτησιν. ἦν δὲ τοιοῦτον· οἰκέ-
την τις αὑτοῦ παραδοὺς οἰκέταις ἑτέροις ἐκέλευσεν ἐξά-
γειν δι' ἀγορᾶς μαστιγοῦντας, εἶτ' ἀποκτεῖναι. ταῦτα
πράττουσιν αὐτοῖς καὶ τὸν ἄνθρωπον αἰκιζομένοις, στρο- 236 L
φάς τε παντοδαπὰς ὑπ' ὀδύνης στρεφόμενον καὶ κινήσεις
ἄλλας ἀτερπεῖς τῷ περιπαθεῖν κινούμενον, ἡ πομπὴ κατὰ
7 τύχην παρηκολουθήκει. καὶ πολλοὶ μὲν ἐδυσχέραινον τῶν

cap. 24 Dion. Hal. 7, 68–69 Liv. 2, 36 Cic. de div. 1, 55 Val. Max. 1, 7, 4 Macrob. sat. 1, 11, 3

[N(UA =)Υ] 1 ἑστιᾶ N ‖ 2 δὲ om. N ‖ 5 δίκην N ‖ 8 λατίνιος N (Dion. Hal., Val. Max., Liv.): λατῖνος Υ; *Annius* apud Macrobium; cf. p. 209, 13 ‖ 12 κάκιστον Rei.: κακὸν τὸν libri (οὐ καλὸν Dion. Hal. 68, 3. 69, 1. 2) ‖ 13 αὐτῷ om. N ‖ 14 τὸ om. N ‖ 16 παραλυθέντος N: παρεθέντος Υ | ἀκρατῆ N ‖ 22 ἀπάγειν N ‖ 26 ne ἀπρεπεῖς conicias cl. 209, 1, cf. 209, 15 | κατὰ τύχην om. N ‖ 27 ἠκολουθήκει Υ παρηκολούθει Cor.

παρόντων, οὔτ' ὄψιν ἱλαρὰν ὁρῶντες οὔτε κινήσεις πρεπού- d
σας, οὐδεὶς δ' ἐπεξῆλθεν, ἀλλὰ λοιδορίαι μόνον ἐγένοντο
καὶ κατάραι τῷ πικρῶς οὕτως κολάζοντι. καὶ γὰρ ἐχρῶντο 8
πολλῇ πρὸς τοὺς οἰκέτας ἐπιεικείᾳ τότε, δι' αὐτουργίαν
καὶ τὸ κοινωνεῖν διαίτης ἡμερώτερον ἔχοντες πρὸς αὐτοὺς
καὶ συνηθέστερον. ἦν δὲ μεγάλη κόλασις οἰκέτου πλημ- 9
μελήσαντος, εἰ ξύλον ἁμάξης, ᾧ τὸν ῥυμὸν ὑπερείδουσιν,
ἀράμενος διεξέλθοι παρὰ τὴν γειτνίασιν. ὁ γὰρ τοῦτο
παθὼν καὶ ὀφθεὶς ὑπὸ τῶν συνοίκων καὶ γειτόνων οὐκέτι
442 S πίστιν εἶχεν. ἐκαλεῖτο δὲ φούρκιφερ· ὃ γὰρ οἱ Ἕλληνες 10
11 ὑποστάτην καὶ στήριγμα, τοῦτο Ῥωμαῖοι φοῦρκαν ὀνομά-
ζουσιν.

25. Ὡς οὖν ὁ Λατίνιος ἀπήγγειλε τὴν ὄψιν αὐτοῖς καὶ e
διηπόρουν, ὅστις ἦν ὁ τῆς πομπῆς τότε προηγούμενος
ἀτερπὴς καὶ κακὸς ὀρχηστής, ἀνεμνήσθησαν ἔνιοι διὰ τὴν
ἀτοπίαν τῆς τιμωρίας ἐκείνου τοῦ θεράποντος, ὃν μαστι-
γοῦντες ἐξήγαγον δι' ἀγορᾶς, εἶτ' ἐθανάτωσαν. συμφωνη-
σάντων οὖν τῶν ἱερέων ὅ τε δεσπότης δίκην ἔδωκε, καὶ τῷ
θεῷ τὴν πομπὴν καὶ τὰς θέας αὖθις ἐξ ἀρχῆς ἐπετέλουν.
ἔοικεν οὖν ὁ Νομᾶς τά τ' ἄλλα τῶν ἱερῶν σοφώτατος ἐξη- 2
γητὴς γεγονέναι, καὶ τοῦτο παγκάλως γε νομοθετῆσαι
πρὸς εὐλάβειαν αὐτοῖς. ὅταν γὰρ ἄρχοντες ἢ ἱερεῖς πράτ- 3
237 L τωσί τι τῶν θείων, ὁ κῆρυξ πρόεισι μεγάλῃ φωνῇ βοῶν· f
ὃκ ἄγε. σημαίνει δ' ἡ φωνή· τοῦτο πρᾶττε, προσέχειν 4
κελεύουσα τοῖς ἱεροῖς καὶ μηδὲν ἔργον ἐμβάλλειν μεταξὺ
μηδὲ χρείαν ἀσχολίας, ὡς τὰ πλεῖστα τῶν ἀνθρωπίνων
ἀναγκαίῳ τινὶ τρόπῳ καὶ διὰ βίας περαινόμενα. θυσίας 5
δὲ καὶ πομπὰς καὶ θέας οὐ μόνον ἐξ αἰτίας τηλικαύτης,
ἀλλὰ καὶ διὰ μικρὰ Ῥωμαίοις ἔθος ἐστὶν ἀναλαμβάνειν.

6 mor. 280e ‖ **13** Dion. Hal. 7, 73, 5 ‖ **20** Plut. Num. 14, 4. 5

[N(UA==)Υ] **5** τῷ **N** ‖ **9** ὑπὸ **N**: παρὰ Υ ‖ **11** φοῦρκαν om. **N** ‖ **13** λατῖνος Υ λατίνος h. l. **N**, cf. p. 208, 8 ‖ **19** καὶ om. **U** ‖ **21** γενέσθαι **N** ‖ **22** ἢ om. **N** ‖ **25** ἱερεῖς **N** | ἐμβαλεῖν Υ ‖ **26** τῶν ἀνων **N** ἀνθρωπείων Rei. ‖ **27** θυσίας **A**: οὐσίας **N** θύσας **U** ‖ **29** μικρᾶς Υ (μικρὰς Rei.)

6 *ἵππου τε γὰρ ἑνὸς τῶν ἀγόντων τὰς καλουμένας θήσσας*
226 *ἀτονήσαντος, καὶ πάλιν τοῦ ἡνιόχου τῇ ἀριστερᾷ χειρὶ*
τὰς ἡνίας συλλαβόντος, αὖθις ἐψηφίσαντο τὴν πομπὴν
7 *ἐπιτελεῖν. ἐν δὲ τοῖς κάτω χρόνοις μίαν θυσίαν τριακοντάκις*
ἐποίησαν, ἀεί τινος ἐλλείμματος ἢ προσκρούσματος γίνε-
σθαι δοκοῦντος. τοιαύτη μὲν ἦν εὐλάβεια Ῥωμαίων πρὸς τὸ
θεῖον.

26. *Ὁ δὲ Μάρκιος καὶ Τύλλος ἐν Ἀντίῳ τοῖς δυνατω-*
τάτοις κρύφα διελέγοντο, καὶ παρεκάλουν, ἕως στασιά-
ζουσι πρὸς ἀλλήλους οἱ Ῥωμαῖοι, τὸν πόλεμον ἐξενεγκεῖν.
2 *τῶν δὲ δυσωπουμένων, ὅτι σπονδαὶ διέτεις ἦσαν αὐτοῖς*
καὶ ἀνοχαὶ γεγενημέναι, πρόφασιν αὐτοὶ Ῥωμαῖοι παρέσχον, 443 S
b *ἔκ τινος ὑποψίας ἢ διαβολῆς ἐν θέαις καὶ ἀγῶσι κηρύξαν-*
τες ἀπιέναι Οὐολούσκους πρὸ ἡλίου δύνοντος ἐκ τῆς πόλε-
3 *ως· ἔνιοι δέ φασιν ἀπάτῃ τοῦ Μαρκίου καὶ δόλῳ γενέ-*
σθαι τοῦτο, πέμψαντος εἰς Ῥώμην πρὸς τοὺς ἄρχοντας
οὐκ ἀληθῆ κατήγορον τῶν Οὐολούσκων, ὡς ἐν ταῖς θέαις 238 L
διανοουμένων ἐπιθέσθαι τοῖς Ῥωμαίοις καὶ τὴν πόλιν
4 *ἐμπιπράναι. πάντας μὲν γὰρ αὐτοὺς τὸ κήρυγμα τοῦτο*
δυσμενεστέρους ἐποίησε τοῖς Ῥωμαίοις· ὁ δὲ Τύλλος ἐπὶ
μεῖζον αἴρων τὸ πρᾶγμα καὶ παροξύνων, τέλος ἔπεισε
πέμψαντας εἰς Ῥώμην τήν τε χώραν ἀπαιτεῖν καὶ τὰς
c 5 *πόλεις ὅσας ἀφῄρηντο πολέμῳ τῶν Οὐολούσκων. οἱ δὲ*
Ῥωμαῖοι τῶν πρέσβεων ἀκούσαντες ἠγανάκτησαν, καὶ
ἀπεκρίναντο προτέρους μὲν ἀναλήψεσθαι τὰ ὅπλα Οὐο-
6 *λούσκους, ὑστέρους δὲ καταθήσεσθαι Ῥωμαίους. ἐκ τού-*
του συναγαγὼν ἐκκλησίαν πάνδημον ὁ Τύλλος, ἐπεὶ τὸν
πόλεμον ἐψηφίσαντο, συνεβούλευσε τὸν Μάρκιον καλέσαι

1 Cic. har. resp. 23 || cap. 26 Dion. Hal. 8, 2–11 Liv. 2, 37

[N(UA =)Υ] **1** *ἱππίου* **N** | *θήσας* **U** || **6** *ἦν* om. Υ || **6.7** *πρὸς τὸ θεῖον ῥωμαίων* Υ || **8** *τύλλιος* **N**, item v. 20. 27 | *ἐναντίως* **N** || **9** *προσεκάλουν ὡς* **N** || **10** *οἱ ῥωμαῖοι πρὸς ἀλλήλους* Υ || **11** *αὐτοῖς* om. **N** || **13** *ἔκ τινος* Υ: *ἐκείνοις* **N** | *ἢ* Υ: *καὶ* **N** || **14** *ἀπεῖναι ἰολούσκοις* **N** || **15** *δέ* om. **N** || **17** *κατηγορούντων οὐολούσκων* **U** | *ἐν* Υ: *ἂν* **N** || **19** *ἐμπιπρᾶν* Υ || **20** *τοῖς* Υ: *τότε* **N** || **23** *ὅσας* Steph.: *ὅσαι* | *ἀφῄρηνται* Υ | *πολεμίοις* **N** || **25** *τοὺς οὐολούσκους* Υ || **28** *συνεβούλευε* Υ

μηδὲν αὐτῷ μνησικακοῦντας, ἀλλὰ πιστεύσαντας ὅτι συμ-
μαχῶν ὠφελήσει τὸ ἔθνος ὅσα πολεμῶν ἔβλαψεν.

27. Ἐπεὶ δὲ κληθεὶς ὁ Μάρκιος καὶ διαλεχθεὶς πρὸς τὸ
πλῆθος οὐχ ἧττον ἀπὸ τῶν λόγων ἢ τῶν ὅπλων ἀνὴρ δει-
νὸς ἐφάνη [καὶ πολεμικὸς] καὶ τῷ φρονεῖν καὶ τολμᾶν
περιττός, ἀποδείκνυται μετὰ Τύλλου στρατηγὸς αὐτο-
κράτωρ τοῦ πολέμου. δεδιὼς δὲ τὸν χρόνον ἐν ᾧ παρα- d 2
σκευάσασθαι τοὺς Οὐολούσκους ἔδει, μὴ πολὺς γενόμενος
τὸν καιρὸν ἀφέληται τῆς πράξεως, τὰ μὲν ἄλλα τοὺς κατὰ
πόλιν δυνατοὺς καὶ ἄρχοντας ἐκέλευσε συνάγειν καὶ πορί-
ζειν, αὐτὸς δὲ τοὺς προθυμοτάτους ἄνευ καταλόγου πεί-
239 L σας ἑκόντας αὐτῷ συνεξελθεῖν, ἐνέβαλεν εἰς τὴν Ῥωμαίων
ἄφνω καὶ μηδενὸς προσδοκῶντος. ὅθεν ηὐπόρησε λείας 3
τοσαύτης, ὅσην ἄγοντας καὶ φέροντας καὶ χρωμένους
444 S ἐν τῷ στρατοπέδῳ τοὺς Οὐολούσκους ἀπειπεῖν. ἦν δὲ 4
μικρότατον ἔργον αὐτῷ τῆς στρατείας ἐκείνης ἡ εὐπορία e
καὶ τὸ πολλὰ βλάψαι καὶ κακῶσαι τὴν χώραν· οὗ δ' ἕνεκα
ταῦτ' ἔπραττε, μέγα· τὸ τοὺς πατρικίους προσδιαβάλλειν
τῷ δήμῳ. τὰ γὰρ ἄλλα πάντα λυμαινόμενος καὶ διαφθεί- 5
ρων, τοὺς ἐκείνων ἀγροὺς ἰσχυρῶς ἐφύλαττε, καὶ οὐκ εἴα
κακουργεῖν οὐδὲ λαμβάνειν ἐξ ἐκείνων οὐδέν. ὅθεν ἐν δια- 6
βολαῖς ἔτι μᾶλλον ἐγένοντο καὶ ταραχαῖς πρὸς ἀλλήλους,
οἱ μὲν πατρίκιοι τοῖς πολλοῖς ἐγκαλοῦντες ὡς ἄνδρα δυνα-
τὸν ἀδίκως ἐκβαλοῦσιν, ὁ δὲ δῆμος ἐκείνους ᾐτιᾶτο διὰ
μνησικακίαν ἐπαγαγεῖν τὸν Μάρκιον, εἶτα πολεμουμένων
ἑτέρων θεατὰς καθῆσθαι, φύλακα τοῦ πλούτου καὶ τῶν

cap. 27 Dion. Hal. 8, 11–12 Liv. 2, 39

[N(UA =)Υ] **2** τὸ ἔθνος om. Υ | ἔβλαψεν N: οὐκ ἔβλαψεν Υ || **3** ὁ Μάρκιος καὶ διαλεχθεὶς om. N || **4** ἀνὴρ om. N || **5** καὶ πολεμικὸς del. Rei. (qui et καὶ πολεμ. ⟨καὶ πολιτικὸς⟩; πολιτ. pro πολεμ. Sch.) | τῷ N: τὸ Υ, cf. Li. ad Plut. Pomp. 24, 3 (p. 81, 19) || **6** μετὰ τύλλου Υ: μὲν μάρκιος N || **7** παρεσκευάσθαι Υ || **10** πόλεις N | ἐκέλευε Υ || **12** συνελθεῖν: em. Rei. | τῶν Ῥωμ. Υ || **15** δὲ Υ: δ' οὐ N || **16** αὐτοῦ A || **17** καὶ τὸ–χώραν om. N | δ' om. N || **18** μέγα Υ: μετὰ N | τὸ om. N | προσδιαβαλεῖν Υ || **19** γὰρ Υ: μὲν N || **25** ἐπάγειν Υ || **26** φύλακας: em. Dacier.

7 f χρημάτων ἔξω τὸν πολέμιον αὐτὸν ἔχοντας. ταῦτα δια-
πραξάμενος ὁ Μάρκιος, καὶ μεγάλα πρὸς τῷ θαρρεῖν καὶ
καταφρονεῖν τῶν πολεμίων τοὺς Οὐολούσκους ὠφελήσας,
ἀπήγαγεν ἀσφαλῶς.

28. Ἐπεὶ δὲ πᾶσα ταχὺ καὶ προθύμως ἡ τῶν Οὐολού-
σκων δύναμις ἠθροίσθη, πολλὴ φανεῖσα, μέρος μὲν ἔγνω-
σαν ὑπολιπεῖν ταῖς πόλεσιν ὑπὲρ ἀσφαλείας, μέρει δὲ στρα-
τεύειν ἐπὶ τοὺς Ῥωμαίους· ἑλέσθαι δὲ τῶν ἡγεμονιῶν ὁ
2 Μάρκιος ἔδωκε τῷ Τύλλῳ τὴν ἑτέραν. ὁ δὲ Τύλλος εἰπὼν
227 ὡς οὐδὲν ἀρετῇ λειπόμενον αὐτοῦ τὸν Μάρκιον ὁρᾷ, τύχῃ 240 L
δὲ βελτίονι κεχρημένον ἐν ταῖς μάχαις ἁπάσαις, ἐκέλευσεν
ἡγεῖσθαι τῶν ἐξιόντων, αὐτὸς δὲ τάς τε πόλεις ὑπομένων
φυλάξειν, καὶ τοῖς στρατευομένοις ὑπουργήσειν τὰ πρόσ-
3 φορα. μᾶλλον οὖν ἐπιρρωσθεὶς ὁ Μάρκιος ἐχώρει πρῶτον
ἐπὶ Κίρκαιον, πόλιν ἀποικίδα Ῥωμαίων, καὶ ταύτην ἐνδοῦ-
4 σαν ἑκουσίως οὐδὲν ἠδίκησε. μετὰ δὲ ταύτην ἐπόρθει τὴν
Λατίνων χώραν, ἐνταῦθα προσμαχεῖσθαι προσδεχόμενος
αὐτῷ τοὺς Ῥωμαίους ὑπὲρ τῶν Λατίνων, συμμάχων ὄντων
5 καὶ πολλάκις αὐτοὺς ἐπικαλουμένων. ἐπεὶ δὲ καὶ τὸ πλῆ-
b θος ἀπρόθυμον ἐγένετο, καὶ τοῖς ὑπάτοις ὀλίγος ἔτι περιῆν 445 S
τῆς ἀρχῆς χρόνος, ἐν ᾧ κινδυνεύειν οὐκ ἐβούλοντο, καὶ
διὰ ταῦτα τοὺς Λατίνους ἀπέπεμψαν, οὕτως ὁ Μάρκιος ἐπ᾽
αὐτὰς τὰς πόλεις ἦγε, καὶ Τολερίνους μὲν καὶ Λαουικα-
νοὺς καὶ Πεδανούς, ἔτι δὲ Βωλανοὺς ἀντιστάντας αὐτῷ
κατὰ κράτος ἑλών, τά τε σώματα λείαν ἐποιήσατο καὶ τὰ
6 χρήματα διήρπασε. τῶν δὲ προστιθεμένων ἐπιμέλειαν
ἐποιεῖτο πολλήν, ὅπως μηδ᾽ ἄκοντος αὐτοῦ βλάπτοιντο,
πορρωτάτω στρατοπεδεύων καὶ τῆς χώρας ἀπεχόμενος.

cap. 28 Dion. Hal. 8, 13–19 Liv. 2, 39

[N(UA=)Υ] **1** *πολέμιον* Am.: *πόλεμον* | *αὐτῶν*: em. Dacier. || **2** *τῷ* Zie.: *τὸ* || **7** *⟨ἐν⟩ ταῖς* Zie. || **11** *δὲ* om. N || **12** *τε* om. N || **13** *φυλάξαι* N || **15** *ἐπὶ κυρ* (3–4 litt. spat.) *καὶ πόλιν* (in marg. crux a m. 1) N || **16** *ταῦτα ἐπορεύθη* N || **17** *ἐνταῦθα καὶ προσμάχεσθαι* N | *προσδεχομένους* Υ || **19** *αὐτῶν* N || **20** *ἔτι ἦν* N || **23** *ἦγε* Υ: *ἦκεν* N | *τολερινοὺς* Υ: *τὸ λέρνους* N | *μὲν* om. Υ | *Λαουικανοὺς* Xy.: *οὐικανοὺς*; ap. Dion. Hal. 19, 1 *Λαβικανοί*, ap. Liv. *Labici* || **24** *πεδανοὺς* Υ: *πλανοὺς* N

29. Ἐπεὶ δὲ καὶ Βοΐλλας, πόλιν οὐ πλείους σταδίους
ἑκατὸν ἀπέχουσαν τῆς Ῥωμαίων, ἑλὼν χρημάτων τε πολ-
λῶν ἐκράτησε καὶ πάντας ὀλίγου δεῖν τοὺς ἐν ἡλικίᾳ διέ- c
φθειρε, τῶν δὲ Οὐολούσκων οὐδ' οἱ μένειν ἐν ταῖς πόλεσι
ταχθέντες ἐκαρτέρουν, ἀλλ' ἐφέροντο σὺν τοῖς ὅπλοις
241 L πρὸς τὸν Μάρκιον, ἕνα στρατηγὸν καὶ μόνον ἄρχοντα ἑαυ-
τῶν γινώσκειν ἐκεῖνον [εἶναι] λέγοντες, ἦν ὄνομα κατὰ
πᾶσαν αὐτοῦ τὴν Ἰταλίαν μέγα καὶ δόξα θαυμαστὴ τῆς
ἀρετῆς, ἑνὸς σώματος μεταθέσει τοσοῦτον ἀπεργασαμέ-
νης τὸ παράλογον ἐν τοῖς πράγμασι.

Τὰ δὲ τῶν Ῥωμαίων οὐδένα κόσμον εἶχε, μάχεσθαι 2
μὲν ἀπεγνωκότων, ἐν δὲ συστάσεσι καὶ λόγοις στασια-
στικοῖς ὁσημέραι πρὸς ἀλλήλους ὄντων, ἄχρι οὗ Λαουΐ-
νιον ἀπηγγέλθη περιτειχιζόμενον ὑπὸ τῶν πολεμίων, d
ὅπου καὶ θεῶν ἱερὰ Ῥωμαίοις πατρῴων ἀπέκειτο, καὶ
τοῦ γένους ἦσαν αὐτοῖς ἀρχαὶ διὰ τὸ πρώτην πόλιν ἐκεί-
νην κτίσαι τὸν Αἰνείαν. ἐκ δὲ τούτου θαυμαστὴ μὲν ἔσχε 3
καὶ ἀθρόα μεταβολὴ γνώμης τὸν δῆμον, ἄτοπος δὲ κομιδῇ
καὶ παράλογος τοὺς πατρικίους. ὁ μὲν γὰρ δῆμος ὥρμησε 4
λύειν τὴν τοῦ Μαρκίου καταδίκην καὶ καλεῖν αὐτὸν εἰς
τὴν πόλιν, ἡ δὲ βουλὴ συναχθεῖσα καὶ σκοποῦσα περὶ τοῦ
προβουλεύματος ἀπέγνω καὶ διεκώλυσεν, εἴτε πάντως
446 S ἐνίστασθαι φιλονικοῦσα καὶ πᾶσιν οἷς ὁ δῆμος ἐσπούδαζεν,
εἴτ' ἄλλως χάριτι τοῦ δήμου τὸν ἄνδρα μὴ βουλομένη
κατελθεῖν, εἴτε κἀκεῖνον αὐτὸν ἤδη πεποιημένη δι' ὀργῆς, e
ὅτι πάντας ἐποίει κακῶς οὐχ ὑπὸ πάντων ἀγνωμονηθείς,

cap. 29 Dion. Hal. 8, 20–21 Liv. 2, 39

[N(UA =)Υ] **1** *Βοΐλλας* iam Palmerius: *βόλλας* libri Plut., *βωλὰς* vel *βολὰς* libri Dionysii, cf. Steph. Byz. s. v. *Βοΐλλαι* || **2** *τῆς ῥωμαίων* **N**: *τῆς ῥώμης* Υ | *τε* om. Υ || **6** *ἑαυτῶν ἄρχοντα* Zie. (*ἑαυτὸν* **N**) || **7** *εἶναι* del. Cor. | *ἦν* Υ: *ἦν οὖν* **N** || **8** *θαυμαστὴ* om. **N** | distinguebant ante *τῆς ἀρετῆς* || **9** *τοσοῦτον* ⟨*τῆς τύχης*⟩ Zie. | *ἀπειργασμένης* **N** || **10** *τὸ* Υ: *τὸν* **N** || **11** *κόσμιον* **U** || **12. 13** *ἐν δὲ συστασιαστικοῖς ὁσημέραι* **U** || **13** *λαουΐνον* **U** || **15** *ἀπέκειντο* **N** || **16** *πρῶτον* **N** || **22** *βουλεύματος* Υ, cf. p. 214, 5 et Dion. Hal. 21, 4 || **23** *καὶ* om. Υ || **24. 25** *εἴτ' – κατελθεῖν* om. **N** || **25** *πεποιημένων* **U**

καὶ τῆς πατρίδος αὐτὸν ὅλης ἀπέδειξεν ἐχθρόν, ἐν ᾗ τὸ
κυριώτατον καὶ κράτιστον μέρος ἐγίνωσκε συμπαθοῦν
5 αὐτῷ καὶ συναδικούμενον. ἐξενεχθείσης δὲ τῆς γνώμης
εἰς τοὺς πολλούς, ὁ μὲν δῆμος ἄκυρος ἦν τοῦ ψήφῳ καὶ
νόμῳ τι ποιεῖν ἄνευ προβουλεύματος.

30. Ὁ δὲ Μάρκιος ἀκούσας ἔτι μᾶλλον ἐξετραχύνθη, 242 L
καὶ τὴν πολιορκίαν ἀπολιπὼν ἐπὶ τὴν πόλιν ὑπ᾽ ὀργῆς
ἐχώρει, καὶ περὶ τὰς λεγομένας Κλοιλίας τάφρους κατε-
στρατοπέδευσε, τεσσαράκοντα τῆς πόλεως σταδίους ἀφε-
f 2 στώς. ὀφθεὶς δὲ φοβερὸς καὶ πολὺν θόρυβον παρασχών,
ὅμως ἐν τῷ παρόντι τὴν στάσιν ἔπαυσεν· οὐδεὶς γὰρ ἔτι τοῖς
πολλοῖς ἐτόλμησεν ἀντειπεῖν οὔτ᾽ ἄρχων οὔτε βουλευτὴς
περὶ τοῦ τὸν Μάρκιον κατάγειν, ἀλλ᾽ ὁρῶντες ἐν τῇ πόλει
διαδρομὰς γυναικῶν καὶ πρὸς ἱεροῖς ἱκεσίας καὶ δάκρυα
πρεσβυτῶν καὶ δεήσεις, πάντα δ᾽ ἐνδεᾶ τόλμης καὶ σωτη-
ρίων λογισμῶν, συνέγνωσαν ὀρθῶς τὸν δῆμον ἐπὶ τὰς διαλ-
228 λαγὰς τοῦ Μαρκίου τραπέσθαι, τὴν δὲ βουλὴν τοῦ παντὸς
ἁμαρτάνειν, ὅτε παύσασθαι καλῶς εἶχεν, ὀργῆς καὶ μνησι-
3 κακίας ἀρχομένην. ἔδοξεν οὖν πᾶσι πρέσβεις ἀποστεῖλαι
πρὸς τὸν Μάρκιον, ἐκείνῳ τε κάθοδον διδόντας εἰς τὴν
4 πατρίδα καὶ τὸν πόλεμον αὐτοῖς λῦσαι δεομένους. οἱ δὲ
πεμφθέντες ἀπὸ βουλῆς ἦσαν μὲν ἐπιτήδειοι τῷ Μαρ-
κίῳ, προσεδέχοντο δὲ καὶ πολλὴν περί γε τὰς πρώτας
ἀπαντήσεις φιλοφροσύνην παρ᾽ ἀνδρὸς οἰκείου καὶ συνή-
5 θους. ἐγίνετο δὲ τοιοῦτον οὐδέν, ἀλλὰ διὰ τοῦ στρατοπέδου
τῶν πολεμίων ἀχθέντες, ἐνετύγχανον αὐτῷ μετ᾽ ὄγκου
b 6 καθεζομένῳ καὶ βαρύτητος οὐκ ἀνεκτῆς. ἔχων δὲ τοὺς 447 S
πρώτους τῶν Οὐολούσκων περὶ αὐτόν, ἐκέλευε λέγειν

cap. 30 Dion. Hal. 8, 22–35 Liv. 2, 39

[N(UA =)Υ] **1** *ὅλης* om. Υ | *ἔδειξεν* Υ | *ἐχθρόν* om. N || **7** *ἔτι ἀπολιπὼν ἐπὶ* N || **8** *κλοιλίας* A: *κλειλίας* U *κοιλίας* N || **9** *τεσσαράκοντα* Υ: *τριάκοντα* N, cf. Dion. Hal. 8, 22 Liv. 1, 23, 3. 2, 39, 5 || **11. 12** *τοῖς πολλοῖς* om. N || **14** *ἱερεῖς* N || **19** *πρεσβείας* N || **23** *καὶ* om. Υ || **25** *ἐγένετο* N || **26. 27** *μετ᾽ ὄχλου καθεζομένω* Υ *καθεζομένω μετὰ ὄχλου* N: em. Br.

ὧν δεόμενοι τυγχάνουσιν. εἰπόντων δὲ λόγους ἐπιεικεῖς καὶ 7
243 L φιλανθρώπους ἐν ἤθει τῷ πρέποντι καὶ παυσαμένων,
ἀπεκρίνατο τὰ μὲν πικρῶς ὑπὲρ ἑαυτοῦ καὶ πρὸς ὀργὴν
ὧν ἔπαθε, τὰ δ' ὑπὲρ τῶν Οὐολούσκων ὡς στρατηγός,
ἀποδοῦναι τὰς πόλεις καὶ τὴν χώραν ὅσην ἀπετέμοντο
πολέμῳ κελεύων, καὶ ψηφίσασθαι Οὐολούσκοις ἰσοπο-
λιτείαν ἥνπερ Λατίνοις· ἄλλην γὰρ οὐκ εἶναι βέβαιον ἢ 8
τὴν ἐπὶ τοῖς ἴσοις καὶ δικαίοις ἀπαλλαγὴν τοῦ πολέμου.
χρόνον δὲ βουλῆς ἔδωκεν αὐτοῖς ἡμέρας τριάκοντα, καὶ
τῶν πρέσβεων ἀπελθόντων εὐθὺς ἀνέζευξεν ἐκ τῆς χώρας. c

31. Τοῦτο δὴ πρῶτον αἰτίαμα τῶν Οὐολούσκων οἱ
πάλαι βαρυνόμενοι τὴν δύναμιν αὐτοῦ καὶ φθονοῦντες
ἐλάμβανον· ὧν ἦν καὶ ὁ Τύλλος, ἰδίᾳ μὲν ὑπὸ τοῦ Μαρ-
κίου μηδὲν ἀδικούμενος, ἐν δ' ἀνθρωπίνῳ πάθει γεγο-
νώς. ἤχθετο γὰρ ἠμαυρωμένος παντάπασι τῇ δόξῃ καὶ 2
παρορώμενος ὑπὸ τῶν Οὐολούσκων, πάντα μόνον ἡγου-
μένων αὐτοῖς εἶναι τὸν Μάρκιον, τοὺς δ' ἄλλους ἀξιούν-
των, ὅσον ἐκεῖνος αὐτοῖς μεταδώσει δυνάμεως καὶ ἀρχῆς,
ἀγαπᾶν ἔχοντας. ὅθεν αἱ πρῶται κατηγορίαι κρύφα διε- 3
σπείροντο, καὶ συνιστάμενοι πρὸς ἀλλήλους ἠγανάκτουν, d
καὶ προδοσίαν ἐκάλουν τὴν ἀνάζευξιν, οὐ τειχῶν οὐδ'
ὅπλων, ἀλλὰ καιρῶν, οἷς καὶ τἆλλα πάντα σῴζεσθαι καὶ
πάλιν ἀπόλλυσθαι πέφυκεν, ἡμερῶν τριάκοντα τῷ πο-
λέμῳ δεδομένων, οὗ μείζονας οὐδὲν ⟨ἐν⟩ ἐλάττονι χρόνῳ
λαμβάνειν μεταβολάς. καίτοι τὸν χρόνον τοῦτον ὁ Μάρ- 4
244 L κιος οὐκ ἀργὸν διῆγεν, ἀλλὰ τοὺς συμμάχους τῶν πολε-
μίων ἔφθειρεν ἐπιὼν καὶ περιέκοπτε, καὶ πόλεις ἑπτὰ
μεγάλας καὶ πολυανθρώπους ἔλαβεν. οἱ δὲ Ῥωμαῖοι 5
448 S βοηθεῖν μὲν οὐκ ἐτόλμων, ἀλλ' ὄκνου πλήρεις ἦσαν αὐτῶν
αἱ ψυχαί, καὶ τοῖς ἐκνεναρκηκόσι κομιδῇ καὶ παραλελυ- e

11sq. Dion. Hal. 8, 57 || 25sq. Dion. Hal. 8, 36–37

[N(UA =)Υ] 3 αὐτοῦ Υ || 18 ἀρχῆς καὶ δυνάμεως N || 22 καιρὸν N | πάντα N: πάντα ταῦτα Υ || 23 πολεμίω N || 24 οὐδὲν ἐν Rei.: οὐδ' ἐν Υ οὐδὲ N || 25 τοῦτον Υ: αὐτὸν N || 26 συνῆγεν N || 30 ἐκνενικηκόσι U

6 μένοις σώμασιν ὁμοίως διέκειντο πρὸς τὸν πόλεμον. ἐπεὶ
δ' ὁ χρόνος διῆλθε καὶ παρῆν αὖθις ὁ Μάρκιος μετὰ τῆς
δυνάμεως ἁπάσης, ἐκπέμπουσι πρεσβείαν πάλιν τοῦ Μαρ-
κίου δεησομένην ὑφέσθαι τῆς ὀργῆς καὶ τοὺς Οὐολούσκους
ἐκ τῆς χώρας ἀπαγαγόντα πράττειν καὶ λέγειν ὅ τι ἂν
ἀμφοτέροις οἴηται βέλτιον εἶναι· φόβῳ μὲν γὰρ οὐδὲν
ἐνδώσειν Ῥωμαίους, ἐὰν δέ τινος τῶν ἐπιεικῶν καὶ φιλαν-
θρώπων οἴηται δεῖν τυχεῖν τοὺς Οὐολούσκους, ἅπαν ἂν
7 αὐτοῖς γενέσθαι τὰ ὅπλα καταθεμένοις. πρὸς ταῦθ' ὁ
Μάρκιος ἔφη μηδὲν ὡς Οὐολούσκων ἀποκρίνεσθαι στρα-
f τηγός, ὡς δὲ Ῥωμαίων ἔτι πολίτης παραινεῖν καὶ παρα-
καλεῖν μετριώτερα φρονήσαντας ἐπὶ τοῖς δικαίοις ἥκειν
πρὸς αὐτὸν ἐν ἡμέραις τρισίν, ἃ προκαλεῖται ψηφισαμένους·
εἰ δ' ἕτερα δόξειε, γινώσκειν οὐκ οὖσαν αὐτοῖς ἄδειαν αὖθις
μετὰ λόγων κενῶν βαδίζουσιν εἰς τὸ στρατόπεδον.

32. Ἐπανελθόντων δὲ τῶν πρέσβεων ἀκούσασα ἡ βουλή,
καθάπερ ἐν χειμῶνι πολλῷ καὶ κλύδωνι τῆς πόλεως ἄρασα
2 τὴν ἱερὰν ἀφῆκεν. ὅσοι γὰρ ἦσαν ἱερεῖς θεῶν ἢ μυστηρίων
229 ὀργιασταὶ καὶ φύλακες ἢ τὴν ἀπ' οἰωνῶν πάτριον οὖσαν 245 L
ἔκπαλαι μαντικὴν ἔχοντες, τούτους πάντας ἀπιέναι πρὸς
τὸν Μάρκιον ἐψηφίσαντο, κεκοσμημένους ὡς ἦν ἑκάστῳ
νόμος ἐν ταῖς ἱερουργίαις, λέγειν δὲ ταὐτὰ καὶ παρακαλεῖν
ὅπως ἀπαλλάξας τὸν πόλεμον οὕτω διαλέγηται περὶ τῶν
8 Οὐολούσκων τοῖς πολίταις. ἐδέξατο μὲν οὖν εἰς τὸ στρα-
τόπεδον τοὺς ἄνδρας, ἄλλο δ' οὐδὲν ἔδωκεν οὐδ' ἔπραξεν
οὐδ' εἶπε μαλακώτερον, ἀλλ' ἐφ' οἷς πρότερον ἐκέλευε

16 sq. Dion. Hal. 8, 38 Liv. 2, 39

N(UA =)Υ] **1** *δὲ ἔκειντο* **N** || **4** *ὑφεῖσθαι* **Υ** || **5** *ἀπάγοντα* **N** || **6** et **8** *οἴεται* **N** || **7** *τινος τῶν* **Υ**: *τινων* **N** | *ἐπιεικῶν καὶ* om. **Υ** || **8** *ἅπαν ἂν* Sch.: *ἅπασαν* **N** *ἅπαν* **Υ** || **9** *γενήσεσθαι* Cor. || **11** *πολίτη* **N** || **12** *μετριώτατα* **N** || **14** *γιγνώσκειν* **Υ** | *οὐκ οὖσαν* om. **U** | *αὖθις* **Υ**: *εὐθὺς* **N** || **15** *καινῶν* **N** || **17** *πολλῷ* corr. ex *πολύ* m. 1 **N** | *πόλεως ⟨οὔσης⟩* Ha. | *ἄρας* **N** || **18** *ἱερὰν* **N**: *ἀφ' ἱερᾶς* **Υ** | *καθῆκεν* Herw. || **19** *καὶ* Zie.: *ἢ* **Υ** om. **N** | *ἢ* om. **N** || **20** *ἔκπαλαι* Zie.: *ἐκ παλαιῶν* | *ἀπεῖναι* **N** || **21** *ἦν* **N**: *ἐνῆν* **Υ** || **22** *ταῦτα*: em. Sch. || **25** *ἄλλοι δ' οὐ ἔδωκεν* **U** *⟨ἐν⟩έδωκεν* Cor. || **25.26** *οὐδ' ἔπραξεν οὐδ' εἶπε μαλακώτερον* om. **N**

ποιεῖσθαι τὰς διαλύσεις ἢ δέχεσθαι τὸν πόλεμον. ἐπανελ- 4
θόντων οὖν τῶν ἱερέων ἔδοξεν ἀτρεμοῦντας ἐν τῇ πόλει
τὰ τείχη φυλάττειν καὶ προσβάλλοντας ἀποκρούεσθαι τοὺς
449 S πολεμίους, ἐν τῷ χρόνῳ μάλιστα καὶ τοῖς ἀπὸ τῆς τύχης
παραλόγοις τιθεμένοις τὰς ἐλπίδας, ἐπεὶ δι' αὑτῶν γε b
σωτήριον οὐδὲν ἠπίσταντο πράττοντες, ἀλλὰ ταραχὴ καὶ
πτοία καὶ φήμη πονηρὰ τὴν πόλιν κατεῖχεν, ἄχρι οὗ συνέβη
τι πρᾶγμα τῷ πολλάκις ὑφ' Ὁμήρου λεγομένῳ, μὴ πάνυ
δὲ πείθοντι πολλούς, ὅμοιον. λέγοντος γὰρ αὐτοῦ καὶ ἀνα- 5
φωνοῦντος ἐπὶ ταῖς μεγάλαις πράξεσι καὶ παραλόγοις
(Od. 21, 1)

τῇ δ' ἄρ' ἐπὶ φρεσὶ θῆκε θεὰ γλαυκῶπις Ἀθήνη,

καὶ τὸ (Il. 9, 459sq.)

ἀλλά τις ἀθανάτων τρέψεν φρένας, ὅς ῥ' ἐνὶ θυμῷ
δήμου θῆκε φάτιν,

246 L καὶ τὸ (Od. 9, 339)

ἤ τι ὀισσάμενος ἢ καὶ θεὸς ὣς ἐκέλευε, c

καταφρονοῦσιν, ὡς ἀδυνάτοις πλάσμασι καὶ μυθεύμασιν
ἀπίστοις τὸν ἑκάστου λογισμὸν τῆς προαιρέσεως † ἄπι-
στον καθιστάντος. οὐ ποιεῖ δὲ τοῦθ' Ὅμηρος, ἀλλὰ τὰ 6
μὲν εἰκότα καὶ συνήθη καὶ κατὰ λόγον περαινόμενα τῷ
ἐφ' ἡμῖν ἀποδίδωσι, καὶ λέγει δήπου πολλάκις·

αὐτὰρ ἐγὼ βούλευσα κατὰ μεγαλήτορα θυμόν,

καὶ (Il. 1, 188)·

ὣς φάτο, Πηλείωνι δ' ἄχος γένετ', ἐν δέ οἱ ἦτορ

[N(UA =)Υ] **3** προσβαλόντας N || **5** παραλόγους Hase | τιθεμένους Sch. || **6.7** καὶ πτοία om. N || **7** οὗ om. N || **8** τι πρᾶγμα τῷ ... λεγομένῳ Rei.: τι πρᾶγμα τῶν ... λεγομένων A τῶν πραγμάτων ... λεγομένων (-γόμενον N) NU || **9** δὲ om. N | πείθοντι NU: πεῖθον A | τοὺς πολλοὺς A || **12** τῇ N (Homerus): τῷ Υ | δ' ἀρ' ἐπὶ Υ: γὰρ ἐνὶ N || **14** τρέψεν φρένας] παῦσεν χόλον Hom. (τρέψαι N) | ῥ' N Hom.: γ' Υ || **17** ἤ τι N Hom.: ἤτοι Υ | ἐκέλευσεν Hom. || **18** ἀθανάτοις N | πλάσμασι N: πράγμασι Υ || **19** ἄπιστον] ἄκυρον Rei. ἄμοιρον Ha. ἀπωστὸν Kron. ἀπ⟨αλλα⟩κτὸν Zie. cl. p. 218, 11 || **21** τῷ Υ: τὸ εἰ N

στήθεσσιν λασίοισι διάνδιχα μερμήριζεν,

καὶ πάλιν (Il. 6, 161)·

ἀλλὰ τὸν οὔ τι
πεῖθ' ἀγαθὰ φρονέοντα δαΐφρονα Βελλεροφόντην·

d 7 ἐν δὲ ταῖς ἀτόποις καὶ παραβόλοις πράξεσι καὶ φορᾶς
τινος ἐνθουσιώδους καὶ παραστάσεως δεομέναις οὐκ ἀναι-
ροῦντα ποιεῖ τὸν θεόν, ἀλλὰ κινοῦντα τὴν προαίρεσιν,
οὐδ' ὁρμὰς ἐνεργαζόμενον, ἀλλὰ φαντασίας ὁρμῶν ἀγω-
γούς, αἷς οὐδὲ ποιεῖ τὴν πρᾶξιν ἀκούσιον, ἀλλὰ τῷ ἑκου-
σίῳ δίδωσιν ἀρχήν, καὶ τὸ θαρρεῖν καὶ τὸ ἐλπίζειν προσ- 450 S
8 τίθησιν. ἢ γὰρ ἀπαλλακτέον ὅλως τὰ θεῖα πάσης αἰτίας 11
καὶ ἀρχῆς τῶν καθ' ἡμᾶς, ἢ τις ἂν ἄλλος εἴη τρόπος ᾧ
βοηθοῦσιν ἀνθρώποις καὶ συνεργοῦσιν, οὐ τὸ σῶμα δήπου
πλάττοντες ἡμῶν, οὐδὲ τὰς χεῖρας ὡς δεῖ μετατιθέντες
αὐτοὶ καὶ τοὺς πόδας, ἀλλὰ τῆς ψυχῆς τὸ πρακτικὸν καὶ
e προαιρετικὸν ἀρχαῖς τισι καὶ φαντασίαις καὶ ἐπινοίαις 247 L
ἐγείροντες, ἢ τοὐναντίον ἀποστρέφοντες καὶ ἱστάντες.

33. Ἐν δὲ τῇ Ῥώμῃ τότε τῶν γυναικῶν ἄλλαι μὲν πρὸς
ἄλλοις ἱεροῖς, αἱ δὲ πλεῖσται καὶ δοκιμώταται περὶ τὸν τοῦ
Καπιτωλίου Διὸς βωμὸν ἱκέτευον, ἐν δὲ ταύταις ἡ Ποπλι-
κόλα τοῦ μεγάλα καὶ πολλὰ Ῥωμαίους ἔν τε πολέμοις καὶ
2 πολιτείαις ὠφελήσαντος ἀδελφὴ Οὐαλερία. Ποπλικόλας
μὲν οὖν ἐτεθνήκει πρότερον, ὡς ἐν τοῖς περὶ ἐκείνου γεγραμ-
μένοις (cap. 23) ἱστορήκαμεν, ἡ δὲ Οὐαλερία δόξαν εἶχεν
ἐν τῇ πόλει καὶ τιμήν, δοκοῦσα τῷ βίῳ μὴ καταισχύνειν
f 3 τὸ γένος. ὅπερ οὖν λέγω πάθος ἐξαπίνης παθοῦσα, καὶ
κατ' ἐπίνοιαν οὐκ ἀθείαστον ἁψαμένη τοῦ συμφέροντος,
αὐτή τ' ἀνέστη καὶ τὰς ἄλλας ἀναστήσασα πάσας ἧκεν

cap. 33 Dion. Hal. 8, 39–42 Liv. 2, 40

[N(UA =)Υ] **1** στήθεσι **NA** | μερμήριξεν Homerus || **3** οὔτι Υ: οὐ **N** || **5** φορᾶς Υ: φοβερὰς **N** || **7** τὴν αἵρεσιν **N** || **9** αἷς del. Rei. | ἑκουσίῳ Aldina: ἀκουσίῳ **NΥ** || **12** ἄρχειν **N** | scribebant ἤ τίς || **14** πλάσσον **N** μεταπλάττοντες vel μεταλλάττοντες Zie. || **14.15** ἡμῶν – τοὺς om. **N** || **16** ἀρχαῖς] ἠχαῖς Ha. || **19** δοκιμώτατοι Υ || **20** ἡ **N**: ἣν ἡ Υ || **25** δοκοῦσαν **N** || **28** αὐτή γέ τοι ἀνέστη **N**

ἐπὶ τὴν οἰκίαν τῆς τοῦ Μαρκίου μητρὸς Οὐολουμνίας. ὡς 4
δ' εἰσῆλθε καὶ κατέλαβε μετὰ τῆς νυοῦ καθεζομένην καὶ
τὰ παιδία τοῦ Μαρκίου πρὸς τοῖς κόλποις ἔχουσαν, ἐν
κύκλῳ περιστήσασα τὰς γυναῖκας αὐτῆς· „αὐταί γ' ἡμεῖς," 5 230
εἶπεν „ὦ Οὐολουμνία καὶ σὺ Οὐεργιλία, γυναῖκες ἥκομεν
πρὸς γυναῖκας, οὔτε βουλῆς ψηφισαμένης οὔτ' ἄρχοντος
κελεύσαντος, ἀλλ' ὁ θεὸς ἡμῶν ὡς ἔοικεν οἰκτίρας τὴν
ἱκετείαν, ὁρμὴν παρέστησε δευρὶ τραπέσθαι πρὸς ὑμᾶς καὶ
δεηθῆναι σωτήρια μὲν αὐταῖς καὶ τοῖς ἄλλοις πολίταις,
ὑμῖν δὲ πεισθείσαις ἐπιφανεστέραν φέροντα δόξαν, ἧς αἱ
Σαβίνων θυγατέρες ἔσχον, εἰς φιλίαν καὶ εἰρήνην ἐκ πολέ-
248 L μων συναγαγοῦσαι πατέρας καὶ ἄνδρας. δεῦτε, πρὸς Μάρ- 6
451 S κιον ἰοῦσαι μεθ' ἡμῶν συνάψασθε τῆς ἱκετηρίας, καὶ μαρ-
τυρήσατε τῇ πατρίδι μαρτυρίαν ἀληθῆ καὶ δικαίαν, ὅτι
πολλὰ πάσχουσα κακῶς οὐδὲν οὔτ' ἔπραξε δεινὸν οὔτ' b
ἐβούλευσε περὶ ὑμῶν δι' ὀργήν, ἀλλ' ἀποδίδωσιν ὑμᾶς
ἐκείνῳ, κἂν μηδενὸς τυγχάνειν μέλλῃ τῶν ἐπιεικῶν."
ταῦτα τῆς Οὐαλερίας εἰπούσης, ἀνεβόησαν αἱ λοιπαὶ 7
γυναῖκες, ἠμείψατο δ' ἡ Οὐολουμνία· „καὶ τῶν κοινῶν
ἡμῖν συμφορῶν, ὦ γυναῖκες, ἴσον μέτεστι, καὶ ἰδίᾳ πράτ-
τομεν κακῶς, ἀπολέσασαι τὴν Μαρκίου δόξαν καὶ ἀρετήν,
τὸ σῶμα δ' αὐτοῦ τοῖς τῶν πολεμίων ὅπλοις φρουρού-
μενον μᾶλλον ἢ σῳζόμενον ἐφορῶσαι. μέγιστον δ' ἡμῖν 8
τῶν ἀτυχημάτων ἐστίν, εἰ τὰ τῆς πατρίδος οὕτως ἐξη-
σθένηκεν, ὥστ' ἐν ἡμῖν ἔχειν τὰς ἐλπίδας. οὐκ οἶδα γὰρ εἴ 9 c
τινα ποιήσεται λόγον ἡμῶν ἐκεῖνος, εἴ γε μηδένα ποιεῖται
τῆς πατρίδος, ἣν καὶ μητρὸς καὶ γυναικὸς καὶ τέκνων
προετίμησεν. οὐ μὴν ἀλλὰ χρῆσθε ἡμῖν καὶ λαβοῦσαι 10
κομίζετε πρὸς ἐκεῖνον, εἰ μηδὲν ἄλλο, ταῖς ὑπὲρ τῆς πα-
τρίδος ἱκεσίαις ἐναποπνεῦσαι δυναμένας."

[N(UA=)Υ] **2** *νυοῦ* Υ: *νύμφης* N || **4** *αὐταί* Rei.: *αὖται* N *αὗται* Υ || **5** *οὐεργινίῳ* N *ἐργιλία* U; cf. p. 220, 1; *Οὐολουμνία* ap. Dion. Hal., *Volumnia* ap. Livium; cf. p. 187, 4 || **9** *σωτηρίαν*: em. Cor. || **10** *πεισθείσαις* Υ: *πείθειν σὲ* N | *φέροντα* Υ: *φερούσας* N || **17** *μηδὲν ἐπιτυγχάνειν* N || **19** *οὐλουμνία* h. l. N | *κοινῶν* Υ: *λοιπῶν* N || **20** *ὑμῖν* N | *ὦ* om. N || **20.21** *πράττομεν αὖται* N || **26** *ἡμῖν* N | *γε* om. N || **28** *χρῆσθαι* N | *καὶ λαβοῦσαι* N: *λαβοῦσαι καὶ* Υ || **29** *πρὸς ἐκεῖνον* om. N | *μηδὲ* N

34. Ἐκ τούτου τά τε παιδία καὶ τὴν Οὐεργιλίαν ἀνα-
στήσασα, μετὰ τῶν ἄλλων γυναικῶν ἐβάδιζεν εἰς τὸ στρα-
2 τόπεδον τῶν Οὐολούσκων. ἡ δ᾽ ὄψις αὐτῶν τό τ᾽ οἰκτρὸν
καὶ τοῖς πολεμίοις ἐνεποίησεν αἰδῶ καὶ σιωπήν. ἐδίκαζε
δ᾽ ὁ Μάρκιος, ἐπὶ βήματος καθεζόμενος μετὰ τῶν ἡγεμο-
3 νικῶν. ὡς οὖν εἶδε προσιούσας τὰς γυναῖκας, ἐθαύμασεν·
d ἐπιγνοὺς δὲ τὴν μητέρα πρώτην βαδίζουσαν, ἐβούλετο 249 L
μὲν ἐμμένειν τοῖς ἀτρέπτοις ἐκείνοις καὶ ἀπαραιτήτοις
λογισμοῖς, γενόμενος δὲ τοῦ πάθους ἐλάττων καὶ συνταρα-
χθεὶς πρὸς τὴν ὄψιν, οὐκ ἔτλη καθεζομένῳ προσελθεῖν,
ἀλλὰ καταβὰς θᾶττον ἢ βάδην καὶ ἀπαντήσας, πρώτην
μὲν ἠσπάσατο τὴν μητέρα καὶ πλεῖστον χρόνον, εἶτα δὲ
τὴν γυναῖκα καὶ τὰ τέκνα, μήτε δακρύων ἔτι μήτε τοῦ
φιλοφρονεῖσθαι φειδόμενος, ἀλλ᾽ ὥσπερ ὑπὸ ῥεύματος 452 S
φέρεσθαι τοῦ πάθους ἑαυτὸν ἐνδεδωκώς.

35. Ἐπεὶ δὲ τούτων ἄδην εἶχε καὶ τὴν μητέρα βου-
e λομένην ἤδη λόγων ἄρχειν ᾔσθετο, τοὺς τῶν Οὐολού-
σκων προβούλους παραστησάμενος, ἤκουσε τῆς Οὐολου-
2 μνίας τοιαῦτα λεγούσης· „ὁρᾷς μὲν ὦ παῖ, κἂν αὐταὶ μὴ
λέγωμεν, ἐσθῆτι καὶ μορφῇ τῶν ἀθλίων σωμάτων τεκ-
μαιρόμενος, οἵαν οἰκουρίαν ἡμῖν ἡ σὴ φυγὴ περιεποίησε·
λόγισαι δὲ νῦν, ὡς ἀτυχέσταται πασῶν ἀφίγμεθα γυναι-
κῶν, αἷς τὸ ἥδιστον θέαμα φοβερώτατον ἡ τύχη πεποίη-
κεν, ἐμοὶ μὲν υἱόν, ταύτῃ δ᾽ ἄνδρα τοῖς τῆς πατρίδος τείχεσιν
3 ἰδεῖν ἀντικαθήμενον. ὃ δ᾽ ἔστι τοῖς ἄλλοις ἀτυχίας πάσης
καὶ κακοπραγίας παραμύθιον, εὔχεσθαι θεοῖς, ἡμῖν ἀπο-
f ρώτατον γέγονεν. οὐ γὰρ οἷόν τε καὶ τῇ πατρίδι νίκην

cap. 34 Dion. Hal. 8, 44–45 || cap. 35–36 Dion. Hal. 8, 46–54. 57

[N(UA =)Υ] **1** *οὐεργίαν* **N** || **3** *οἰκτρὸν* **N**: *οἰκτρὰν* Υ || **4** *καὶ*[1] om. **N** | *ἐδίκαζε* **N**: *ἔτυχε* Υ || **6** *τὰς γυναῖκας πρόσιούσας* **N** || **7** *πρώτην* om. **N** || **12** *μὲν* om. **N** | *εἶτα* Rei.: *ἔτ᾽* | *δὲ* Υ: *τε* **N** || **13** *τὰ* om. **A** | *μήτε*[1] Υ: *καὶ μετὰ* **N** | *ἔτι τοῦ μήτε* **N** || **16.17** *ἤδη λόγων βουλομένην* **N** || **18** *ἤκουε τῆς ὀλουμνίας* **N** || **21** *περιεποίησε* **NU**[1]: *περιεποίηκε* **U**[2] *περιεποιήσατο* **A** || **23** *περιπεποίηκεν* **N**

ἅμα καὶ σοὶ σωτηρίαν αἰτεῖσθαι παρὰ τῶν θεῶν, ἀλλ' ἅ
τις ἂν ἡμῖν καταράσαιτο τῶν ἐχθρῶν, ταῦτα ταῖς ἡμετέραις
ἔνεστιν εὐχαῖς. ἀνάγκη γὰρ ἢ τῆς πατρίδος ἢ σοῦ στέρε- 4
250 L σθαι καὶ γυναικὶ σῇ καὶ τέκνοις. ἐγὼ δ' οὐ περιμενῶ 5
ταύτην μοι διαιτῆσαι τὴν τύχην ζώσῃ τὸν πόλεμον, ἀλλ'
εἰ μή σε πείσαιμι φιλίαν καὶ ὁμόνοιαν ⟨ἀντὶ⟩ διαφορᾶς
καὶ κακῶν θέμενον ἀμφοτέρων εὐεργέτην γενέσθαι μᾶλ-
λον ἢ λυμεῶνα τῶν ἑτέρων, οὕτω διανοοῦ καὶ παρασκεύαζε 231
σαυτὸν ὡς τῇ πατρίδι προσμεῖξαι μὴ δυνάμενος πρὶν ἢ
νεκρὰν ὑπερβῆναι τὴν τεκοῦσαν. οὐ γὰρ ἐκείνην με δεῖ 6
τὴν ἡμέραν ἀναμένειν, ἐν ᾗ τὸν υἱὸν ἐπόψομαι θριαμβευό-
μενον ὑπὸ τῶν πολιτῶν ἢ θριαμβεύοντα κατὰ τῆς πα-
τρίδος. εἰ μὲν οὖν ἀξιῶ σε τὴν πατρίδα σῶσαι Οὐολού- 7
σκους ἀπολέσαντα, χαλεπή σοι καὶ δυσδιαίτητος ὦ παῖ
πρόκειται σκέψις· οὔτε γὰρ διαφθεῖραι τοὺς πολίτας
καλόν, οὔτε τοὺς πεπιστευκότας προδοῦναι δίκαιον· νῦν δ' 8
ἀπαλλαγὴν κακῶν αἰτούμεθα, σωτήριον μὲν ἀμφοτέροις
453 S ὁμοίως, ἔνδοξον δὲ καὶ καλὴν μᾶλλον Οὐολούσκοις, ὅτι
τῷ κρατεῖν δόξουσι διδόναι τὰ μέγιστα τῶν ἀγαθῶν, οὐχ b
ἧττον λαμβάνοντες, εἰρήνην καὶ φιλίαν, ὧν μάλιστα μὲν
αἴτιος ἔσῃ γενομένων, μὴ γενομένων δὲ μόνος αἰτίαν ἕξεις
παρ' ἀμφοτέροις. ἄδηλος δ' ὢν ὁ πόλεμος τοῦτ' ἔχει 9
πρόδηλον, ὅτι σοι νικῶντι μὲν ἀλάστορι τῆς πατρίδος
εἶναι περίεστιν, ἡττώμενος δὲ δόξεις ὑπ' ὀργῆς εὐεργέ-
ταις ἀνδράσι καὶ φίλοις τῶν μεγίστων αἴτιος γενέσθαι
κακῶν."

36. Ταῦτα τῆς Οὐολουμνίας λεγούσης ὁ Μάρκιος ἠκροᾶτο μηδὲν ἀποκρινόμενος. ἐπεὶ δὲ καὶ παυσαμένης εἱστήκει σιωπῶν πολὺν χρόνον, αὖθις ἡ Οὐολουμνία·

[N(UA...)Υ] **2** καταράσηται **N** || **4** καί[1] om. Υ | σῇ Υ: ἢ **N** | περιμενῶ Rei.: περιμένω || **6** ἀντὶ add. Orelli | διαφορᾶς om. **N** || **9** σεαυτὸν Υ | προσμῖξαι μὴ **N**: προσμίξαι **U** μὴ προσμίξαι **A** || **13** τὴν πατρίδα ἀξιῶ σε **N** || **14** σοι om. **N** || **15** προδιαφθεῖραι **N** || **19** δόξουσι---μέγιστα om. **N** || **21** γινομένων bis Υ || **25.26** αἴτιος γενέσθαι κακῶν **N**: συμφορῶν αἴτιος γεγονέναι Υ || **27** ταῦτα τῆς Υ: τῆς δὲ **N** || **29** ὀλουμνία ex οὐουμνία **N**

2 „τί σιγᾷς“ εἶπεν „ὦ παῖ; πότερον ὀργῇ καὶ μνησικακίᾳ 251 L
c πάντα συγχωρεῖν καλόν, οὐ καλὸν δὲ μητρὶ χαρίσασθαι
δεομένῃ περὶ τηλικούτων; ἢ τὸ μεμνῆσθαι πεπονθότα
κακῶς ἀνδρὶ μεγάλῳ προσήκει, τὸ δ' εὐεργεσίας ἃς εὐερ-
γετοῦνται παῖδες ὑπὸ τῶν τεκόντων σέβεσθαι καὶ τιμᾶν
οὐκ ἀνδρὸς ἔργον ἐστὶ μεγάλου καὶ ἀγαθοῦ; καὶ μὴν
οὐδενὶ μᾶλλον ἔπρεπε τηρεῖν χάριν ὡς σοί, πικρῶς οὕτως
3 ἀχαριστίαν ἐπεξιόντι. καίτοι παρὰ τῆς πατρίδος ἤδη
μεγάλας δίκας ἀπείληφας, τῇ μητρὶ δ' οὐδεμίαν χάριν ἀπο-
δέδωκας. ἦν μὲν οὖν ὁσιώτατον ἄνευ τινὸς ἀνάγκης τυχεῖν
με παρὰ σοῦ δεομένην οὕτω καλῶν καὶ δικαίων· μὴ πεί-
4 θουσα δὲ τί φείδομαι τῆς ἐσχάτης ἐλπίδος;“ καὶ ταῦτ'
d εἰποῦσα προσπίπτει τοῖς γόνασιν αὐτοῦ μετὰ τῆς γυναι-
5 κὸς ἅμα καὶ τῶν παιδίων. ὁ δὲ Μάρκιος ἀναβοήσας· „οἷον
εἴργασαί μ' ὦ μῆτερ“, ἐξανίστησιν αὐτὴν καὶ τὴν δεξιὰν
πιέσας σφόδρα· „νενίκηκας“ εἶπεν „εὐτυχῆ μὲν τῇ πα-
τρίδι νίκην, ἐμοὶ δ' ὀλέθριον· ἄπειμι γὰρ ὑπὸ σοῦ μόνης
6 ἡττημένος.“ τοσοῦτο δ' εἰπὼν καὶ βραχέα τῇ μητρὶ καὶ
τῇ γυναικὶ διαλεχθεὶς ἰδίᾳ, τὰς μὲν ἀπέπεμψεν εἰς Ῥώμην
πάλιν αὐτὰς δεομένας, τῆς δὲ νυκτὸς παρελθούσης ἀπή- 454 S
γαγεν Οὐολούσκους, οὐ τὸν αὐτὸν τρόπον οὐδ' ὁμοίως
7 διακειμένους ἅπαντας. οἱ μὲν γὰρ ἐμέμφοντο καὶ τὸν
ἄνδρα καὶ τὴν πρᾶξιν, οἱ δ' οὐδέτερα, πρὸς διάλυσιν καὶ
e εἰρήνην οἰκείως ἔχοντες, ἔνιοι δὲ δυσχεραίνοντες τὰ
πραττόμενα, τὸν Μάρκιον ὅμως οὐ πονηρὸν ἐνόμιζον, 252 L
ἀλλὰ συγγνωστόν, ἐπικλασθέντα τηλικαύταις ἀνάγκαις.
8 ἀντεῖπε δ' οὐδείς, ἀλλὰ πάντες εἵποντο, τὴν ἀρετὴν αὐτοῦ
μᾶλλον θαυμάζοντες ἢ τὴν ἐξουσίαν.

[N(UA =) Υ] 1 εἶπεν N^{m} Υ: ἔφη N^{r} | καὶ Υ: ἢ N || 2 οὐ καλὸν om. N || 4.5 εὐεργεσίας εὐεργετοῦντα παῖδας N || 4 ἃς Bernardakis: αἷς || 5 τεκόντων Υ: γονέων N || 7 ὡς] ἢ Rei. || 9 τῇ δὲ μητρὶ N | ἀπέδωκας N || 11 σοῦ μὴ δεομένην N | καλῶν καὶ μεγάλων N | μὴ om. N || 13 γόνασιν N: ποσὶν Υ || 14 ἅμα δὲ καὶ N | παιδίων N: τέκνων Υ | οἷα Υ || 15 ὦ om. N || 16 εἶπεν om. N || 17 μόνος Υ || 18 ἡττώμενος Υ | τοῦτο Υ || 20 πάλιν αὐτὸς δὲ μόνος τῆς νυκτὸς N || 27.28 μᾶλλον αὐτοῦ Υ

37. Ὁ δὲ Ῥωμαίων δῆμος ἐν ὅσῳ φόβῳ καὶ κινδύνῳ
καθειστήκει τοῦ πολέμου παρόντος, αἴσθησιν παρέσχε
μᾶλλον λυθέντος. ἅμα γὰρ ἀφεώρων τοὺς Οὐολούσκους 2
ἀναζευγνύντας οἱ περὶ τὰ τείχη, καὶ πᾶν εὐθὺς ἱερὸν
ἀνεῴγει, στεφανηφορούντων ὥσπερ ἐπὶ νίκῃ καὶ θυόντων.
μάλιστα δὲ τῇ περὶ τὰς γυναῖκας ἀγαπήσει καὶ τιμῇ τῆς τε 3
βουλῆς τοῦ τε πλήθους ἅπαντος ἔνδηλος ἦν ἡ χαρὰ τῆς
πόλεως, καὶ λεγόντων καὶ νομιζόντων αἰτίας γεγονέναι f
τῆς σωτηρίας περιφανῶς ἐκείνας. ψηφισαμένης δὲ τῆς 4
βουλῆς, ὅ τι ἂν αὐταῖς ἀξιώσωσι γενέσθαι πρὸς δόξαν
ἢ χάριν, τοῦτο ποιῆσαι καὶ παρασχεῖν τοὺς ἄρχοντας,
οὐδὲν ἠξίωσαν ἄλλο ἢ Τύχης γυναικείας ἱερὸν ἱδρύσα-
σθαι, τὸ μὲν ἀνάλωμα συμβαλόμεναι παρ' αὑτῶν, ἱερουρ-
γίας δὲ καὶ τιμὰς ὅσαι θεοῖς πρέπουσι δημοσίᾳ τῆς πό- 232
λεως ἀναλαβούσης. ἐπεὶ δ' ἡ βουλὴ τὴν μὲν φιλοτιμίαν 5
ἐπῄνεσε, δημοσίαις δὲ δαπάναις ἐποιήσατο τὸν νεὼν καὶ
τὸ ἕδος, οὐδὲν ἧττον αὐταὶ χρήματα συνεισενεγκοῦσαι
δεύτερον ἄγαλμα κατεσκεύασαν, ὃ δὴ καί φασι Ῥωμαῖοι
253 L καθιστάμενον ἐν τῷ ἱερῷ φθέγξασθαί τι τοιοῦτο· „θεο-
φιλεῖ με θεσμῷ γυναῖκες δεδώκατε."

38. Ταύτην καὶ δὶς γενέσθαι τὴν φωνὴν μυθολογοῦσιν,
ἀγενήτοις ὅμοια καὶ χαλεπὰ πεισθῆναι πείθοντες ἡμᾶς.
455 S ἱδίοντα μὲν γὰρ ἀγάλματα φανῆναι καὶ δακρυρροοῦντα 2
καί τινας μεθιέντα νοτίδας αἱματώδεις οὐκ ἀδύνατόν ἐστι·
καὶ γὰρ ξύλα καὶ λίθοι πολλάκις μὲν εὐρῶτα συνάγουσι b
γόνιμον ὑγρότητος, πολλὰς δὲ καὶ χρόας ἀνιᾶσιν ἐξ

1sq. Dion. Hal. 8, 55 || 9sq. mor. 318f Dion. Hal. 8, 55. 56 Liv. 2, 40, 12 Val. Max. 1, 8, 4. 5, 2, 1 Lact. inst. 2, 7, 11 Aug. c. d. 4, 19 || cap. 38 cf. Plut. Brut. 37 mor. 588c 674b

[N(UA =)Υ] **3** ἑώρων N || **4** ἀναζευγνύοντας Υ || **5** νίκης N || **5.6** θυόντων – καὶ om. N || **6** τιμῇ τῆς τε Υ: μην τῆς γε N || **8** αἰτίας post ἐκείνας ponit Υ || **10** αὐταὶ N || **12** ἄλλο ἢ Υ: ἀλλὰ N || **13** συμβαλόμεναι C: συμβαλλόμεναι cet. || **14** ὅσαι Υ: αἳ N | δημοσίᾳ om. N || **16** ἐποιήσαντο τῶν νεῶν N || **17** οὐδ' ἧττον N || **19** καθιστανόμενον N | τοιοῦτον Υ || **22** πείθοντσς N || **24** τινα μὲν ἱδίοντα νοτίδας N || **26** καὶ om. Υ | χροιὰς Υ

αὐτῶν, καὶ δέχονται βαφὰς ἐκ τοῦ περιέχοντος, οἷς
ἔνια σημαίνειν τὸ δαιμόνιον οὐδὲν ἂν δόξειε κωλύειν.
3 δυνατὸν δὲ καὶ μυγμῷ καὶ στεναγμῷ ψόφον ὅμοιον ἐκ-
βαλεῖν ἄγαλμα κατὰ ῥῆξιν ἢ διάστασιν μορίων βιαιοτέραν
ἐν βάθει γενομένην. ἔναρθρον δὲ φωνὴν καὶ διάλεκτον
οὕτω σαφῆ καὶ περιττὴν καὶ ἀρτίστομον ἐν ἀψύχῳ γενέσθαι
παντάπασιν ἀμήχανον, εἰ μηδὲ τὴν ψυχὴν καὶ τὸν θεὸν
ἄνευ σώματος ὀργανικοῦ καὶ διηρμοσμένου μέρεσι λογι-
c 4 κοῖς γέγονεν ἠχεῖν καὶ διαλέγεσθαι. ὅπου δ' ἡμᾶς ἡ ἱστο-
ρία πολλοῖς ἀποβιάζεται καὶ πιθανοῖς μάρτυσιν, ἀνό-
μοιον αἰσθήσει πάθος ἐγγινόμενον τῷ φανταστικῷ τῆς
ψυχῆς συναναπείθει τὸ δόξαν, ὥσπερ ἐν ὕπνοις ἀκούειν
5 οὐκ ἀκούοντες καὶ βλέπειν οὐ βλέποντες δοκοῦμεν. οὐ
μὴν ἀλλὰ τοῖς ὑπ' εὐνοίας καὶ φιλίας πρὸς τὸν θεὸν ἄγαν
ἐμπαθῶς ἔχουσι καὶ μηδὲν ἀθετεῖν μηδ' ἀναίνεσθαι τῶν
τοιούτων δυναμένοις μέγα πρὸς πίστιν ἐστὶ τὸ θαυμά-
6 σιον καὶ μὴ καθ' ἡμᾶς τῆς τοῦ θεοῦ δυνάμεως. οὐδενὶ 254 L
γὰρ οὐδαμῶς ἀνθρωπίνῳ προσέοικεν οὔτε φύσιν οὔτε
κίνησιν οὔτε τέχνην οὔτ' ἰσχύν, οὐδ' εἴ τι ποιεῖ τῶν
d ἡμῖν ἀποιήτων καὶ μηχανᾶται τῶν ἀμηχάνων, παράλογόν
ἐστιν, ἀλλὰ μᾶλλον ἐν πᾶσι διαφέρων πολύ, μάλιστα τοῖς
7 ἔργοις ἀνόμοιός ἐστι καὶ παρηλλαγμένος. ἀλλὰ τῶν μὲν
θείων τὰ πολλά, καθ' Ἡράκλειτον (fr. 86 D[6]), ἀπιστίῃ
διαφυγγάνει μὴ γινώσκεσθαι.

39. Τὸν δὲ Μάρκιον, ὡς ἐπανῆλθεν εἰς τὸ Ἄντιον ἀπὸ
τῆς στρατείας, μισῶν πάλαι καὶ βαρυνόμενος διὰ φθόνον
ὁ Τύλλος ἐπεβούλευεν ἀνελεῖν εὐθύς, ὡς εἰ νῦν διαφύ-
2 γοι, λαβὴν ἑτέραν οὐ παρέξοντα. πολλοὺς δὲ συστήσας 456 S

cap. 39 Dion. Hal. 8, 57–59

[N(UA –)Υ] **1** ἑαυτῶν A || **2** ἐνιαχοῦ Rei. | σημαίνει N || **3.4** ἐκβάλλειν ἀγάλματα Υ || **9** γέγονεν ἠχεῖν NA: τὸ γινώσκειν U | post διαλέγεσθαι add. δυνατὸν δέ ἐστιν N | ἡ om. N || **10** ἀποβιάζεσθαι N | ἀνόμοιον Υ: ἀλλ' ὅμοιον N ὅμοιον Cor., cf. Bernardakis symb. p. 12 || **12** συναναπείσθει N || **16** μέγαν U || **17** οὐδενὶ N: οὐδὲν Υ || **21** ἐν om. N | διαφέρων ⟨ἡμῶν⟩ Zie. || **23** ἀπιστίῃ Υ: πίστιν N || **26** στρατιᾶς U | πάλαι Rei.: πάνυ | φθόνον N: φόβον Υ || **27** ἔτι ἐβούλευεν N | εὐθύς om. N

καὶ παρασκευάσας ἐπ' αὐτόν, ἐκέλευσεν εὐθύνας ὑποσχεῖν
τοῖς Οὐολούσκοις, ἀποδόντα τὴν ἀρχήν. ὁ δὲ φοβούμενος 3
ἰδιώτης γενέσθαι τοῦ Τύλλου στρατηγοῦντος καὶ δυνα- e
μένου μέγιστον ἐν τοῖς ἑαυτοῦ πολίταις, ἔλεγε τὴν ἀρχὴν
ἀποδώσειν Οὐολούσκοις ἐὰν κελεύωσι· καὶ γὰρ λαβεῖν
πάντων κελευόντων· εὔθυναν δὲ διδόναι καὶ λόγον οὐδὲ νῦν
παραιτεῖσθαι τοῖς βουλομένοις Ἀντιατῶν. γενομένης οὖν 4
ἐκκλησίας οἱ παρεσκευασμένοι τῶν δημαγωγῶν ἀνιστά-
μενοι παρώξυναν τὸ πλῆθος. ἐπεὶ δ' ἀναστάντι τῷ Μαρ- 5
κίῳ τὸ μὲν ἄγαν θορυβοῦν ὑπ' αἰδοῦς ἐνεδίδου καὶ παρεῖ-
χεν ἀδεῶς λέγειν, οἱ δὲ βέλτιστοι καὶ μάλιστα χαί-
ροντες τῇ εἰρήνῃ τῶν Ἀντιατῶν ἐγένοντο φανεροὶ μετ'
255 L εὐνοίας ἀκουσόμενοι καὶ δικαίως κρινοῦντες, ἔδεισεν ὁ
Τύλλος τὴν ἀπολογίαν τοῦ ἀνδρός. ἦν γὰρ ἐν τοῖς μάλιστα 6 f
δεινὸς εἰπεῖν, καὶ τὰ πρόσθεν ἔργα μείζονα τὴν χάριν
εἶχε τῆς ὕστερον αἰτίας, μᾶλλον δ' ὅλως τὸ ἔγκλημα τοῦ
μεγέθους τῆς χάριτος ἦν μαρτύριον. οὐ γὰρ ἂν ἔδοξαν ἀδικεῖ- 7
σθαι τὴν Ῥώμην ὑποχείριον μὴ λαβόντες, εἰ μὴ τοῦ λαβεῖν
ἐγγὺς ἐγένοντο διὰ Μάρκιον. οὐκέτ' οὖν ἔδοξε διαμέλλειν οὐ- 8 233
δὲ πειρᾶσθαι τῶν πολλῶν, ἀλλ' ἐγκραγόντες οἱ θρασύτατοι
τῶν συνεστώτων, ὡς οὐκ ἔστιν ἀκουστέον οὐδὲ περιοπτέον
Οὐολούσκοις τὸν προδότην τυραννοῦντα καὶ μὴ κατατι-
θέμενον τὴν ἀρχήν, προσπεσόντες ἀθρόοι διέφθειραν αὐτόν,
καὶ προσήμυνεν οὐδεὶς τῶν παρόντων. ὅτι δὲ τοῖς πλεί- 9
στοις οὐκ ἐπράχθη κατὰ γνώμην, ἐδήλωσαν αὐτίκα συν-
δραμόντες ἐκ τῶν πόλεων ἐπὶ τὸ σῶμα καὶ θάψαντες
ἐντίμως καὶ τὸν τάφον ὅπλοις καὶ λαφύροις κοσμήσαντες
ὡς ἀριστέως καὶ στρατηγοῦ.

Ῥωμαῖοι δὲ τὴν τελευτὴν πυθόμενοι, ἄλλο μὲν οὐδὲν 10
ἀπεδείξαντο σημεῖον οὔτε τιμῆς οὔτ' ὀργῆς πρὸς αὐτόν, b

29 sq. Dion. Hal. 8, 62–63

[N(UA =)Υ] **1** ἐκέλευεν **N** ‖ **5** ἂν **N** ‖ **6** εὐθύνας **A** ‖ **9** παρώξυνον Υ ‖ **12** τῇ om. Υ ‖ **21** ὡς om. **N** | ἀκουστέον Υ: ἀναγκαῖον **N** ‖ **30** σημεῖον οὔτε τι ὀργῆς οὔτε τιμῆς πρὸς **N**

αἰτησαμέναις δὲ ταῖς γυναιξὶν ἐπέτρεψαν ἀποπενθῆσαι 457 S
δέκα μῆνας, ὥσπερ ἔθος ἦν ἑκάστῃ πατέρα καὶ παῖδα καὶ
11 ἀδελφόν. οὗτος γὰρ ἦν ὅρος τοῦ μακροτάτου πένθους ὃν
ὥρισε Νομᾶς Πομπίλιος, ὡς ἐν τοῖς περὶ ἐκείνου γεγραμ-
μένοις (cap. 12) δεδήλωται.

12 Τὸν δὲ Μάρκιον εὐθὺς ἐπόθει τὰ Οὐολούσκων πράγ-
ματα. πρῶτον μὲν γὰρ στασιάσαντες πρὸς Αἰκανοὺς
συμμάχους καὶ φίλους ὄντας ὑπὲρ ἡγεμονίας, ἄχρι τραυ-
μάτων καὶ φόνων προῆλθον· ἔπειτα μάχῃ κρατηθέντες
13 ὑπὸ Ῥωμαίων, ἐν ᾗ Τύλλος ἀπέθανε καὶ τὸ ἀνθοῦν μά- 256 L
λιστα τῆς δυνάμεως διεφθάρη, διαλύσεις αἰσχίστας ἠγά- 11
c πησαν, ὑπήκοοι γενόμενοι καὶ τὸ προσταττόμενον αὐτοῖς
ποιήσειν ὁμολογήσαντες.

ΑΛΚΙΒΙΑΔΗΣ 376 S

e **1.** Τὸ Ἀλκιβιάδου γένος ἄνωθεν Εὐρυσάκη τὸν Αἴαν-
τος ἀρχηγὸν ἔχειν δοκεῖ, πρὸς δὲ μητρὸς Ἀλκμαιωνίδης
ἦν, ἐκ Δεινομάχης γεγονὼς τῆς Μεγακλέους. ὁ δὲ πατὴρ
a. 480 αὐτοῦ Κλεινίας ἰδιοστόλῳ τριήρει περὶ Ἀρτεμίσιον ἐν-
δόξως ἐναυμάχησεν, ὕστερον δὲ Βοιωτοῖς μαχόμενος περὶ
f 2 a. 447 Κορώνειαν ἀπέθανε. τοῦ δ' Ἀλκιβιάδου Περικλῆς καὶ
Ἀρίφρων οἱ Ξανθίππου, προσήκοντες κατὰ γένος, ἐπε-
3 τρόπευον. λέγεται δ' οὐ κακῶς ὅτι τῆς Σωκράτους πρὸς
αὐτὸν εὐνοίας καὶ φιλ[ανθρωπ]ίας οὐ μικρὰ πρὸς δόξαν
ἀπέλαυεν, εἴγε Νικίου μὲν καὶ Δημοσθένους καὶ Λαμά-
χου καὶ Φορμίωνος Θρασυβούλου τε καὶ Θηραμένους, ἐπι-
192 φανῶν ἀνδρῶν γενομένων κατ' αὐτόν, οὐδενὸς οὐδ' ἡ μήτηρ

10 Dion. Hal. 8, 67 || **14** cf. J Hatzfeld, Alcibiade, Paris 1951[2] || **18** Herodot. 8, 17 cf. Dittenberger Herm. 37, 1902, 1 sq.

[N(UA =)Υ] **3** οὗτως N || **4** πομπήλιος N || **7** αἰκανοὺς N: σικανοὺς Υ || **11** ἐφθάρη N || **15** εὐρυσάκην Υ || **16** ἀρχηγὸν om. N || **20** κορωνίαν N || **23** φιλανθρωπίας: em. Iunt. Ald. | μικρὰν N || **24** ἀπέλαυεν Li.: ἀπήλαυεν N ἀπέλαυσεν Υ

ὀνόματος ἔτυχεν, Ἀλκιβιάδου δὲ καὶ τίτθην, γένος Λάκαι-
ναν, Ἀμύκλαν ὄνομα, καὶ Ζώπυρον παιδαγωγὸν ἴσμεν, ὧν
τὸ μὲν Ἀντισθένης, τὸ δὲ Πλάτων (Alcib. 122b) ἱστόρηκε.
περὶ μὲν οὖν τοῦ κάλλους [τοῦ σώματος] οὐδὲν ἴσως δεῖ λέ- 4
γειν, πλὴν ὅτι καὶ παῖδα καὶ μειράκιον καὶ ἄνδρα πάσῃ
257 L συνανθῆσαν [τῇ] ἡλικίᾳ καὶ ὥρᾳ τοῦ σώματος ἐράσμιον
καὶ ἡδὺν παρέσχεν. οὐ γάρ, ὡς Εὐριπίδης ἔλεγε, πάντων 5
τῶν καλῶν καὶ τὸ μετόπωρον καλόν ἐστιν, ἀλλὰ τοῦτ'
Ἀλκιβιάδῃ μετ' ὀλίγων ἄλλων δι' εὐφυΐαν καὶ ἀρετὴν τοῦ b
σώματος ὑπῆρξε. τῇ δὲ φωνῇ καὶ τὴν τραυλότητα συμ- 6
πρέψαι λέγουσι καὶ τῷ λάλῳ πιθανότητα παρασχεῖν χάριν
ἐπιτρέχουσαν. μέμνηται δὲ καὶ Ἀριστοφάνης (vesp. 44) 7
αὐτοῦ τῆς τραυλότητος ἐν οἷς ἐπισκώπτει Θέωρον·

εἶτ' Ἀλκιβιάδης εἶπε πρός με τραυλίσας·
„ὁλᾷς Θέωλον; τὴν κεφαλὴν κόλακος ἔχει."
ὀρθῶς γε τοῦτ' Ἀλκιβιάδης ἐτραύλισε.

377 S καὶ Ἄρχιππος (fr. 45 CAF I 688) τὸν υἱὸν τοῦ Ἀλκιβιά- 8
δου σκώπτων, 'βαδίζει', φησί, 'διακεχλιδώς, θοἰμάτιον
ἕλκων, ὅπως ἐμφερὴς μάλιστα τῷ πατρὶ δόξειεν εἶναι,

κλασαυχενεύεταί τε καὶ τραυλίζεται.'

2. Τὸ δ' ἦθος αὐτοῦ πολλὰς μὲν ὕστερον, ὡς εἰκὸς ἐν c
πράγμασι μεγάλοις καὶ τύχαις πολυτρόποις, ἀνομοιό-
τητας πρὸς αὑτὸ καὶ μεταβολὰς ἐπεδείξατο. φύσει δὲ
πολλῶν ὄντων καὶ μεγάλων παθῶν ἐν αὐτῷ τὸ φιλόνικον
ἰσχυρότατον ἦν καὶ τὸ φιλόπρωτον, ὡς δῆλόν ἐστι τοῖς

7 mor. 177 a 770 c (Eur. fr. p. 391 Matth.) Ael. v. h. 13, 4 Ars. 453 Apost. 17, 42

[N(UA =)Υ] **1** *τέτευχεν* Υ (*τετύχηκεν* C) | *τιθὴν* N || **4** *τοῦ σώματος* N *ἀλκιβιάδου* Υ del. Zie. || **6** *τῇ* del. Ha. *συνανθήσασα ἡλικία* N || **8** *τῶν* om. N || **9** *τοῦ* om. Υ || **10** *τὴν δὲ φωνὴν* N | *ἐμπρέψαι* Υ || **12** *ἐπιτρέχουσαν* Zie. cl. Cat. min. 5, 3: *ἐπιτελοῦσαν* || **14** *τραυλίας* N || **15** *ὁρᾷς* N | *ὁλᾷς; Θέωλος τὴν* Aristoph. | *ἔχει*+(*ν* eras.?) N || **18** *διακεχλίδος* N || **19** *ὅπως* ⟨*τ'*⟩ Rei. || **20** *κλασαυχενεύεταί* E: *κλαυσαυχενεύεταί* Υ *κλαυσαχενεύεταί* N || **23** *πρὸς αὑτὸ καὶ* Rei.: *καὶ πρὸς αὐτὸ* Υ *καὶ πρὸς αὐτὰ* N

2 παιδικοῖς ἀπομνημονεύμασιν. ἐν μὲν γὰρ τῷ παλαίειν
πιεζούμενος, ὑπὲρ τοῦ μὴ πεσεῖν ἀναγαγὼν πρὸς τὸ στόμα
τὰ ἅμματα τοῦ πιεζοῦντος οἷος ἦν διαφαγεῖν τὰς χεῖρας.
3 ἀφέντος οὖν τὴν λαβὴν ἐκείνου καὶ εἰπόντος· „δάκνεις ὦ
Ἀλκιβιάδη καθάπερ αἱ γυναῖκες“, „οὐκ ἔγωγε“ εἶπεν,
d „ἀλλ' ὡς οἱ λέοντες.“ ἔτι δὲ μικρὸς ὢν ἔπαιζεν ἀστραγά- 258 L
λοις ἐν τῷ στενωπῷ, τῆς δὲ βολῆς καθηκούσης εἰς αὐτόν,
4 ἅμαξα φορτίων ἐπῄει. τὸ μὲν οὖν πρῶτον ἐκέλευσε περι-
μεῖναι τὸν ἄγοντα τὸ ζεῦγος· ὑπέπιπτε γὰρ ἡ βολὴ τῇ
παρόδῳ τῆς ἁμάξης· μὴ πειθομένου δὲ δι' ἀγροικίαν,
ἀλλ' ἐπάγοντος, οἱ μὲν ἄλλοι παῖδες διέσχον, ὁ δ' Ἀλκι-
βιάδης καταβαλὼν ἐπὶ στόμα πρὸ τοῦ ζεύγους καὶ παρα-
τείνας ἑαυτόν, ἐκέλευσεν οὕτως εἰ βούλεται διεξελθεῖν,
ὥστε τὸν μὲν ἄνθρωπον ἀνακροῦσαι τὸ ζεῦγος ὀπίσω δεί-
σαντα, τοὺς δ' ἰδόντας ἐκπλαγῆναι καὶ μετὰ βοῆς συν-
5 δραμεῖν πρὸς αὐτόν. ἐπεὶ δ' εἰς τὸ μανθάνειν ἧκε, τοῖς μὲν
ἄλλοις ὑπήκουε διδασκάλοις ἐπιεικῶς, τὸ δ' αὐλεῖν ἔφευ-
e γεν ὡς ἀγεννὲς καὶ ἀνελεύθερον· πλήκτρου μὲν γὰρ καὶ
λύρας χρῆσιν οὐδὲν οὔτε σχήματος οὔτε μορφῆς ἐλευθέρῳ
πρεπούσης διαφθείρειν, αὐλοὺς δὲ φυσῶντος ἀνθρώπου
στόματι καὶ τοὺς συνήθεις ἂν πάνυ μόλις διαγνῶναι τὸ
6 πρόσωπον. ἔτι δὲ τὴν μὲν λύραν τῷ χρωμένῳ συμφθέγ-
γεσθαι καὶ συνᾴδειν, τὸν δ' αὐλὸν ἐπιστομίζειν καὶ ἀπο- 378 S
φράττειν ἕκαστον, τήν τε φωνὴν καὶ τὸν λόγον ἀφαιρού-
μενον. „αὐλείτωσαν οὖν“ ἔφη „Θηβαίων παῖδες· διαλέ-
γεσθαι γὰρ οὐκ ἴσασιν· ἡμῖν δὲ τοῖς Ἀθηναίοις, ὡς οἱ
πατέρες λέγουσιν, ἀρχηγέτις Ἀθηνᾶ καὶ πατρῷος Ἀπόλ-
λων ἐστίν, ὧν ἡ μὲν ἔρριψε τὸν αὐλόν, ὁ δὲ καὶ τὸν αὐλητὴν

1 mor. 186d 234d || **16** sq. cf. Plat. Alcib. I 106e

[**N(UA=)Υ**] **3** *διαφαγεῖν* **E**: *διαφυγεῖν* **NΥ** ⟨*ὡς οὐχ*⟩ *οἷος ἦν διαφυγεῖν* ⟨*ἔδακε*⟩ *τὰς χ.* cl. mor. 186d Zie. || **4** *οὖν* **N**: *δὲ* **Υ** || **8** *τὸ μὲν οὖν πρῶτον ἐκέλευσε* **N**: *πρῶτον μὲν οὖν ἐκέλευε* **Υ** || **12** *ἐπὶ τὸ στόμα* **N** || **13** *ἐκέλευεν* **Υ** || **15** *καὶ μετὰ βοῆς* Rei.: *μετὰ βοῆς καὶ* || **18** *ἀγενὲς* **N** || **18.19** *καὶ λύρας καὶ χρῆσιν* **N** || **21** *στόματι* del. Ha. || **24** *ἑκάστου*: em. Classen || **25.26** *οὐ γὰρ ἴσασι διαλέγεσθαι* **Υ**

ἐξέδειρε.“ τοιαῦτα παίζων ἅμα καὶ σπουδάζων ὁ Ἀλκι- 7 f
259 L *βιάδης αὐτόν τε τοῦ μαθήματος ἀπέστησε καὶ τοὺς ἄλλους.*
ταχὺ γὰρ διῆλθε λόγος εἰς τοὺς παῖδας, ὡς εὖ ποιῶν ὁ
Ἀλκιβιάδης βδελύττοιτο τὴν αὐλητικὴν καὶ χλευάζοι τοὺς
μανθάνοντας. ὅθεν ἐξέπεσε κομιδῇ τῶν ἐλευθερίων διατρι-
βῶν καὶ προεπηλακίσθη παντάπασιν ὁ αὐλός.

3. *Ἐν δὲ ταῖς Ἀντιφῶντος λοιδορίαις* (fr. 66 Bl.)
γέγραπται, ὅτι παῖς ὢν ἐκ τῆς οἰκίας ἀπέδρα πρὸς Δημο- 193
κράτην τινὰ τῶν ἐραστῶν, βουλομένου δ' αὐτὸν ἐπικηρύτ-
τειν Ἀρίφρονος, Περικλῆς οὐκ εἴασεν εἰπών, εἰ μὲν τέθνη-
κεν, ἡμέρᾳ μιᾷ διὰ τὸ κήρυγμα φανεῖσθαι πρότερον, εἰ δὲ
σῶς ἐστιν, ἄσωστον αὐτῷ τὸν λοιπὸν βίον ἔσεσθαι, καὶ
ὅτι τῶν ἀκολούθων τινὰ κτείνειεν ἐν τῇ Σιβυρτίου παλαί-
στρᾳ ξύλῳ πατάξας. ἀλλὰ τούτοις μὲν οὐκ ἄξιον ἴσως 2
πιστεύειν, ἅ γε λοιδορεῖσθαί τις αὐτῷ δι' ἔχθραν ὁμολο-
γῶν εἶπεν.

4. *Ἤδη δὲ πολλῶν καὶ γενναίων ἀθροιζομένων καὶ*
περιεπόντων, οἱ μὲν ἄλλοι καταφανεῖς ἦσαν αὐτοῦ τὴν
λαμπρότητα τῆς ὥρας ἐκπεπληγμένοι καὶ θεραπεύοντες,
ὁ δὲ Σωκράτους ἔρως μέγα μαρτύριον ἦν τῆς πρὸς ἀρε-
τὴν εὐφυΐας τοῦ παιδός, ἣν ἐμφαινομένην τῷ εἴδει καὶ b
διαλάμπουσαν ἐνορῶν, φοβούμενος δὲ τὸν πλοῦτον καὶ
τὸ ἀξίωμα καὶ τὸν προκαταλαμβάνοντα κολακείαις καὶ
χάρισιν ἀστῶν καὶ ξένων καὶ συμμάχων ὄχλον, οἷος ἦν
ἀμύνειν καὶ μὴ περιορᾶν ὥσπερ φυτὸν ἐν ἄνθει τὸν οἰκεῖον
καρπὸν ἀποβάλλον καὶ διαφθεῖρον. οὐδένα γὰρ ἡ τύχη 2
379 S *περιέσχεν ἔξωθεν οὐδὲ περιέφραξε τοῖς λεγομένοις ἀγαθοῖς*
τοσοῦτον ὥστ' ἄτρωτον ὑπὸ φιλοσοφίας γενέσθαι καὶ λό-
260 L *γοις ἀπρόσιτον παρρησίαν καὶ δηγμὸν ἔχουσιν· ὡς Ἀλκι-*

[N(UA =)Υ] **3** *ὁ λόγος* N | *ὁ* om. N || **4** *χλευάζοιτο* N || **5** *ἐλευθέρων*: em. Sch. || **8** *δημοκράτη* Υ (sed *ν* s. s. A) || **9** *ἀποκηρύττειν* Υ || **12** *σωός* N | *ἄσωτον* Li. *ἀβίωτον* Cob. | *αὐτὸν* N || **13** *ἀκολουθούντων*: em. Cob. || **15** *ἅ γε* N: *ἅτε* Υ || **17** *καὶ γενναίων* om. N || **18** *αὐτοῦ* om. Υ || **20.21** *τῆς ἀρετῆς καὶ εὐφυΐας* Υ || **25** *ὡς* Υ || **26** *οὐδὲν* Υ | *ἡ* om. N || **27** *οὐδὲ* N: *καὶ* Υ || **29** *δῆμον* N | *ὡς* Cor.: *ὅσοις*

βιάδης εὐθὺς ἐξ ἀρχῆς θρυπτόμενος καὶ ἀποκλειόμενος ὑπὸ τῶν πρὸς χάριν ἐξομιλούντων εἰσακοῦσαι τοῦ νουθετοῦντος καὶ παιδεύοντος, ὅμως ὑπ' εὐφυΐας ἐγνώρισε
c Σωκράτη καὶ προσήκατο, διασχὼν τοὺς πλουσίους καὶ
3 ἐνδόξους ἐραστάς. ταχὺ δὲ ποιησάμενος συνήθη καὶ λόγων ἀκούσας οὐχ ἡδονὴν ἄνανδρον ἐραστοῦ θηρεύοντος οὐδὲ φιλήματα καὶ ψαύσεις προσαιτοῦντος, ἀλλ' ἐλέγχοντος τὰ σαθρὰ τῆς ψυχῆς αὐτοῦ καὶ πιεζοῦντος τὸν κενὸν καὶ ἀνόητον τῦφον,

ἔπτηξ' ἀλέκτωρ δοῦλος ὣς κλίνας πτερόν (Phryn. fr. 17 N[2]).

4 καὶ τὸ μὲν Σωκράτους ἡγήσατο πρᾶγμα τῷ ὄντι θεῶν ὑπηρεσίαν εἰς νέων ἐπιμέλειαν εἶναι καὶ σωτηρίαν, καταφρονῶν δ' αὐτὸς ἑαυτοῦ, θαυμάζων δ' ἐκεῖνον, ἀγαπῶν δὲ τὴν φιλοφροσύνην, αἰσχυνόμενος δὲ τὴν ἀρετήν,
d ἐλάνθανεν εἴδωλον ἔρωτος, ὥς φησιν ὁ Πλάτων (Phaedr. 255 d), ἀντέρωτα κτώμενος, ὥστε θαυμάζειν ἅπαντας ὁρῶντας αὐτὸν Σωκράτει μὲν συνδειπνοῦντα καὶ συμπαλαίοντα καὶ συσκηνοῦντα, τοῖς δ' ἄλλοις ἐρασταῖς χαλεπὸν ὄντα καὶ δυσχείρωτον, ἐνίοις δὲ καὶ παντάπασι σοβαρῶς προσφερόμενον, ὥσπερ Ἀνύτῳ τῷ Ἀνθεμίωνος.
5 ἐτύγχανε μὲν γὰρ ἐρῶν τοῦ Ἀλκιβιάδου, ξένους δέ τινας ἑστιῶν ἐκάλει κἀκεῖνον ἐπὶ τὸ δεῖπνον. ὁ δὲ τὴν μὲν κλῆσιν ἀπείπατο, μεθυσθεὶς δ' οἴκοι μετὰ τῶν ἑταίρων, ἐκώμασε πρὸς τὸν Ἄνυτον, καὶ ταῖς θύραις ἐπιστὰς τοῦ ἀνδρῶνος καὶ θεασάμενος ἀργυρῶν ἐκπωμάτων καὶ χρυσῶν 261 L
πλήρεις τὰς τραπέζας, ἐκέλευσε τοὺς παῖδας τὰ ἡμίση
e λαβόντας οἴκαδε κομίζειν πρὸς ἑαυτόν, εἰσελθεῖν δ' οὐκ
6 ἠξίωσεν, ἀλλ' ἀπῆλθε ταῦτα πράξας. τῶν οὖν ξένων δυσχεραινόντων καὶ λεγόντων, ὡς ὑβριστικῶς καὶ ὑπερ-

10 Plut. Pelop. 29, 11 mor. 762f || **21** mor. 762c Athen. 12, 534e, f

[N(UA=)Υ] **2** ὁμιλούντων Cob. || **5** λόγον **N** || **7** φιλημάτων καὶ ψαύσεως: em. Cob. || **7. 8** τὸ σαθρὸν Υ || **8** κενὸν **A**: καινὸν **NU** || **10** δοῦλος **E**: δοῦλον cet. || **14** δὲ[1] om. **N** || **15** ἔρωτος ἢ ὡς **N** (et ἢ s. l. **A**, m. 1, ut vid.) || **24** καὶ om. **N** || **27** αὐτόν Υ || **28** ἀλλὰ ταῦτα πράξας ἀπῆλθε Υ

380 S ηφάνως εἴη τῷ Ἀνύτῳ κεχρημένος ὁ Ἀλκιβιάδης, „ἐπιει-
κῶς μὲν οὖν“ ὁ Ἄνυτος ἔφη „καὶ φιλανθρώπως· ἃ γὰρ
ἐξῆν αὐτῷ λαβεῖν ἅπαντα, τούτων ἡμῖν τὰ ἡμίση κατα-
λέλοιπεν.“

5. Οὕτω δὲ καὶ τοῖς ἄλλοις ἐρασταῖς ἐχρῆτο, πλὴν ἕνα
μετοικικὸν ὥς φασιν ἄνθρωπον, οὐ πολλὰ κεκτημένον,
ἀποδόμενον δὲ πάντα καὶ τὸ συναχθὲν εἰς ἑκατὸν στατῆρας
τῷ Ἀλκιβιάδῃ προσφέροντα καὶ δεόμενον λαβεῖν, γελάσας
καὶ ἡσθεὶς ἐκάλεσεν ἐπὶ δεῖπνον. ἑστιάσας δὲ καὶ φιλοφρο- 2 f
νηθεὶς τό τε χρυσίον ἀπέδωκεν αὐτῷ καὶ προσέταξε τῇ
ὑστεραίᾳ τοὺς ὠνουμένους τὰ τέλη τὰ δημόσια ταῖς τιμαῖς
ὑπερβάλλειν ἀντωνούμενον. παραιτουμένου δὲ τοῦ ἀνθρώ- 3
που διὰ τὸ πολλῶν ταλάντων εἶναι τὴν ὠνήν, ἠπείλησε
μαστιγώσειν εἰ μὴ ταῦτα πράττοι· καὶ γὰρ ἐτύγχανεν 194
ἐγκαλῶν τι τοῖς τελώναις ἴδιον. ἕωθεν οὖν προελθὼν ὁ 4
μέτοικος εἰς ἀγορὰν ἐπέθηκε τῇ ὠνῇ τάλαντον. ἐπεὶ δ' οἱ
τελῶναι συστρεφόμενοι καὶ ἀγανακτοῦντες ἐκέλευον ὀνο-
μάζειν ἐγγυητήν, ὡς οὐκ ἂν εὑρόντος, θορυβουμένου τοῦ
ἀνθρώπου καὶ ἀναχωροῦντος ἑστὼς ὁ Ἀλκιβιάδης ἄπω-
θεν πρὸς τοὺς ἄρχοντας „ἐμὲ γράψατε“ εἶπεν, „ἐμὸς φίλος
ἐστίν, ἐγγυῶμαι.“ τοῦτ' ἀκούσαντες οἱ τελῶναι πάντες 5
ἐξηπορήθησαν. εἰωθότες γὰρ ἀεὶ ταῖς δευτέραις ὠναῖς
262 L χρεωλυτεῖν τὰς πρώτας, οὐχ ἑώρων ἀπαλλαγὴν οὖσαν
αὐτοῖς τοῦ πράγματος. ἐδέοντο δὴ τοῦ ἀνθρώπου διδόντες
ἀργύριον· ὁ δ' Ἀλκιβιάδης οὐκ εἴα λαβεῖν ἔλαττον ταλάν- b
του. διδόντων δὲ τὸ τάλαντον ἐκέλευσεν ἀποστῆναι λα-
βόντα. κἀκεῖνον μὲν οὕτως ὠφέλησεν.

6. Ὁ δὲ Σωκράτους ἔρως πολλοὺς ἔχων καὶ μεγάλους
ἀνταγωνιστὰς πῇ μὲν ἐκράτει τοῦ Ἀλκιβιάδου, δι' εὐφυΐαν
ἁπτομένων τῶν λόγων αὐτοῦ καὶ τὴν καρδίαν στρεφόντων

[N(UA=)Υ] **3** τὰ ἡμίση Athen.: τὰ μέρη; cf. p. 230, 26 ‖ **6** ἄνθρωπον ὥς φασιν Υ ‖ **7** τὸ om. **N** ‖ **15** προσελθών: em. Rei. ‖ **19** ἄποθεν **N** ‖ **20** εἶπεν **N**: ἔφη Υ ‖ **21** ταῦτ' Υ | πάντες om. Υ ‖ **23. 24** αὐτοῖς οὖσαν Υ ‖ **24. 25** ἀργύριον διδόντες: trp. Benseler ‖ **26** τὸ τάλαντον del. Cob. ‖ **28** πολλοὺς om. **N** ‖ **30** τῶν **N** et ras. **A**: τῶν δὲ U et ante ras. **A**

καὶ δάκρυα ἐκχεόντων, ἔστι δ' ὅτε καὶ τοῖς κόλαξι πολλὰς
ἡδονὰς ὑποβάλλουσιν ἐνδιδοὺς ἑαυτόν, ἀπωλίσθανε τοῦ 381 S
Σωκράτους καὶ δραπετεύων ἀτεχνῶς ἐκυνηγεῖτο, πρὸς
μόνον ἐκεῖνον ἔχων τὸ αἰδεῖσθαι καὶ τὸ φοβεῖσθαι, τῶν
2 δ' ἄλλων ὑπερορῶν. ὁ μὲν οὖν Κλεάνθης (fr. 614 Arn.)
ἔλεγε τὸν ἐρώμενον ὑφ' ἑαυτοῦ μὲν ἐκ τῶν ὤτων κρατεῖ-
c σθαι, τοῖς δ' ἀντερασταῖς πολλὰς λαβὰς παρέχειν ἀθί-
κτους ἑαυτῷ, τὴν γαστέρα λέγων καὶ τὰ αἰδοῖα καὶ τὸν
λαιμόν· Ἀλκιβιάδης δ' ἦν μὲν ἀμέλει καὶ πρὸς ἡδονὰς
3 ἀγώγιμος· ἡ γὰρ ὑπὸ Θουκυδίδου (6, 15, 4) λεγομένη παρα-
νομία κατὰ τὸ σῶμα τῆς διαίτης ὑποψίαν τοιαύτην ⟨ἐν⟩-
4 δίδωσιν. οὐ μὴν ἀλλὰ μᾶλλον αὐτοῦ τῆς φιλοτιμίας ἐπι-
λαμβανόμενοι καὶ τῆς φιλοδοξίας οἱ διαφθείροντες ἐνέ-
βαλλον οὐ καθ' ὥραν εἰς μεγαλοπραγμοσύνην, ἀναπεί-
θοντες ὡς ὅταν πρῶτον ἄρξηται τὰ δημόσια πράττειν,
οὐ μόνον ἀμαυρώσοντα τοὺς ἄλλους στρατηγοὺς καὶ δημα-
d γωγοὺς εὐθύς, ἀλλὰ καὶ τὴν Περικλέους δύναμιν ἐν τοῖς
5 Ἕλλησι καὶ δόξαν ὑπερβαλούμενον. ὥσπερ οὖν ὁ σίδηρος
ἐν τῷ πυρὶ μαλασσόμενος αὖθις ὑπὸ τοῦ ψυχροῦ 263 L
πυκνοῦται καὶ σύνεισι τοῖς μορίοις εἰς ἑαυτόν, οὕτως ἐκεῖ-
νον ὁ Σωκράτης θρύψεως διάπλεων καὶ χαυνότητος ὁσά-
κις ἀναλάβοι, πιέζων τῷ λόγῳ καὶ συστέλλων ταπεινὸν
ἐποίει καὶ ἄτολμον, ἡλίκων ἐνδεής ἐστι καὶ ἀτελὴς πρὸς
ἀρετὴν μανθάνοντα.

7. Τὴν δὲ παιδικὴν ἡλικίαν παραλλάσσων ἐπέστη γραμματοδιδασκαλείῳ καὶ βιβλίον ᾔτησεν Ὁμηρικόν. εἰπόντος δὲ τοῦ διδασκάλου μηδὲν ἔχειν Ὁμήρου, κονδύλῳ καθι-

25 mor. 186e Aelian. v. h. 13, 38a Ars. 128

[N(UA =)Υ] **2** ἀπολίσθανε **N** ἀπωλίσθαινε Υ || **4** τὸ² om. **N** || **8** ἑαυτῶν **N** || **11** κατὰ Zie. ex Thuc., simul hiatu expulso: εἰς || **11. 12** δίδωσιν: em. Cob. cl. Plat. leg. 10, 887e Demosth. 61, 19 || **13** καὶ διὰ τῆς **N** || **14** καθ' ὥραν Υ: καθαρῶντες **N** | ἀναπείθοντες del. Cob. Li. || **16** ἀμαυρώσαντα: em. Steph. || **19** ψύχους **N** || **20** αὐτόν Υ || **21** διάπλεω **N** || **22** ἀναλάβοι **N**: ἂν λάβοι Υ || **25** γραμματοδιδασκάλῳ Υ, cf. mor. et Aelian. || **27** καθηκόμενος **N**

κόμενος αὐτοῦ παρῆλθεν. ἑτέρου δὲ φήσαντος ἔχειν Ὅμη- 2
ρον ὑφ' ἑαυτοῦ διωρθωμένον, „εἶτα“ ἔφη „γράμματα διδά- e
σκεις Ὅμηρον ἐπανορθοῦν ἱκανὸς ὤν, οὐχὶ τοὺς νέους
παιδεύεις;“ Περικλεῖ δὲ βουλόμενος ἐντυχεῖν, ἐπὶ θύρας 3
ἦλθεν αὐτοῦ. πυθόμενος δὲ μὴ σχολάζειν, ἀλλὰ σκοπεῖν
καθ' ἑαυτὸν ὅπως ἀποδώσει λόγον Ἀθηναίοις, ἀπιὼν ὁ
382 S Ἀλκιβιάδης, „εἶτα“ ἔφη „βέλτιον οὐκ ἦν σκοπεῖν αὐτὸν
ὅπως οὐκ ἀποδώσει [λόγον Ἀθηναίοις];“

Ἔτι δὲ μειράκιον ὢν ἐστρατεύσατο τὴν εἰς Ποτείδαιαν
στρατείαν, καὶ Σωκράτη σύσκηνον εἶχε καὶ παραστάτην
ἐν τοῖς ἀγῶσιν. ἰσχυρᾶς δὲ γενομένης μάχης ἠρίστευσαν 4
μὲν ἀμφότεροι, τοῦ δ' Ἀλκιβιάδου τραύματι περιπεσόν-
τος ὁ Σωκράτης προέστη καὶ ἤμυνε, καὶ μάλιστα δὴ προ- f
δήλως ἔσωσεν αὐτὸν μετὰ τῶν ὅπλων. ἐγίνετο μὲν οὖν 5
τῷ δικαιοτάτῳ λόγῳ Σωκράτους τὸ ἀριστεῖον· ἐπεὶ δ' οἱ
264 L στρατηγοὶ διὰ τὸ ἀξίωμα τῷ Ἀλκιβιάδῃ σπουδάζοντες
ἐφαίνοντο περιθεῖναι τὴν δόξαν, ὁ Σωκράτης βουλόμενος
αὔξεσθαι τὸ φιλότιμον ἐν τοῖς καλοῖς αὐτοῦ, πρῶτος ἐμαρ- 195
τύρει καὶ παρεκάλει στεφανοῦν ἐκεῖνον καὶ διδόναι τὴν
πανοπλίαν. ἔτι δὲ τῆς ἐπὶ Δηλίῳ μάχης γενομένης καὶ 6 a. 424
φευγόντων τῶν Ἀθηναίων, ἔχων ἵππον ὁ Ἀλκιβιάδης,
τοῦ δὲ Σωκράτους πεζῇ μετ' ὀλίγων ἀποχωροῦντος, οὐ
παρήλασεν ἰδών, ἀλλὰ παρέπεμψε καὶ περιήμυνεν, ἐπι-
κειμένων τῶν πολεμίων καὶ πολλοὺς ἀναιρούντων. καὶ
ταῦτα μὲν ὕστερον ἐπράχθη.

8. Ἱππονίκῳ δὲ τῷ Καλλίου πατρί, καὶ δόξαν ἔχοντι μεγάλην καὶ δύναμιν ἀπὸ πλούτου καὶ γένους, ἐνέτριψε κόνδυλον, οὐχ ὑπ' ὀργῆς ἢ διαφορᾶς τινος προαχθείς,

4 mor. 186e Diod. 12, 38 Aristodem. 16, 4 Val. Max. 3, 1 ext. 1 Ars. 418 || 11 Plat. sympos. 220e Isocr. 16, 29 || 20 Plat. sympos. 221a || cap. 8 [Andoc.] Alcib. 13–15

[N(UA =)Υ] 2 αὐτοῦ Υ || 3 ⟨τί⟩ οὐχὶ Rei. ⟨καὶ⟩ οὐχὶ Sch. ⟨ἀλλ'⟩ οὐχὶ Cor. σύ γε Sint. || 6–8 ἀπιὼν–Ἀθηναίοις om. N || 8 λόγον Ἀθηναίοις del. Cob. cum mor. || 9 ποτίδαιαν codd. || 13 προσέστη N || 14 οὖν ⟨ἂν⟩ Zie. || 15 σωκράτης N || 20 δηλίῳ Υ: λήνῳ N || 21 τῶν om. Υ || 23 περιέμεινεν N προσήμυνεν Zie. || 28 πραχθεὶς N

2 ἀλλ' ἐπὶ γέλωτι συνθέμενος πρὸς τοὺς ἑταίρους. περιβοή-
b του δὲ τῆς ἀσελγείας ἐν τῇ πόλει γενομένης, καὶ συναγανα-
κτούντων ὥσπερ εἰκὸς ἁπάντων, ἅμ' ἡμέρᾳ παρῆν ὁ Ἀλκι-
βιάδης ἐπὶ τὴν οἰκίαν τοῦ Ἱππονίκου, καὶ τὴν θύραν κόψας
εἰσῆλθε πρὸς αὐτόν, καὶ θεὶς τὸ ἱμάτιον παρεδίδου τὸ
3 σῶμα, μαστιγοῦν καὶ κολάζειν κελεύων. ὁ δὲ συνέγνω καὶ
τὴν ὀργὴν ἀφῆκεν, ὕστερον δὲ τῆς θυγατρὸς Ἱππαρέτης
ἐποιήσατο νυμφίον. ἔνιοι δέ φασιν οὐχ Ἱππόνικον, ἀλλὰ
Καλλίαν, τὸν υἱὸν αὐτοῦ, δοῦναι τῷ Ἀλκιβιάδῃ τὴν Ἱπ-
παρέτην ἐπὶ δέκα ταλάντοις· εἶτα μέντοι τεκούσης ἄλλα
πάλιν δέκα προσεισπρᾶξαι τὸν Ἀλκιβιάδην, ὡς τοῦτο 383 S
c 4 συνθέμενον εἰ γένοιντο παῖδες. ὁ δὲ Καλλίας ἐπιβουλὴν
δεδοικὼς προσῆλθε τῷ δήμῳ, τὰ χρήματα διδοὺς καὶ
τὸν οἶκον, ἄνπερ αὐτῷ συμπέσῃ μὴ καταλιπόντι γενεὰν 265 L
ἀποθανεῖν. εὔτακτος δ' οὖσα καὶ φίλανδρος ἡ Ἱππαρέτη,
λυπουμένη δ' ὑπ' αὐτοῦ περὶ τὸν γάμον, ἑταίραις ξέναις
καὶ ἀσταῖς συνόντος, ἐκ τῆς οἰκίας ἀπιοῦσα πρὸς τὸν
5 ἀδελφὸν ᾤχετο. τοῦ δ' Ἀλκιβιάδου μὴ φροντίζοντος,
ἀλλ' ἐντρυφῶντος, ἔδει τὸ τῆς ἀπολείψεως γράμμα
παρὰ τῷ ἄρχοντι θέσθαι μὴ δι' ἑτέρων, ἀλλ' αὐτὴν
παροῦσαν. ὡς οὖν παρῆν τοῦτο πράξουσα κατὰ τὸν
νόμον, ἐπελθὼν ὁ Ἀλκιβιάδης καὶ συναρπάσας αὐτὴν
d ἀπῆλθε δι' ἀγορᾶς οἴκαδε κομίζων, μηδενὸς ἐναντιωθῆ-
6 ναι μηδ' ἀφελέσθαι τολμήσαντος. ἔμεινε μέντοι παρ'
αὐτῷ μέχρι τελευτῆς, ἐτελεύτησε δὲ μετ' οὐ πολὺν
χρόνον εἰς Ἔφεσον τοῦ Ἀλκιβιάδου πλεύσαντος. αὕτη μὲν
οὖν οὐ παντελῶς ἔδοξεν ἡ βία παράνομος οὐδ' ἀπάνθρω-
πος εἶναι· καὶ γὰρ ὁ νόμος δοκεῖ διὰ τοῦτο προάγειν τὴν
ἀπολιποῦσαν εἰς τὸ δημόσιον αὐτήν, ὅπως ἐγγένηται τῷ
ἀνδρὶ συμβῆναι καὶ κατασχεῖν.

[N(UA =)Υ] **6** δὲ ⟨καὶ⟩ Rei. || **11** προεισπράξαι U (προσε-πράξατο Andoc.) || **15** δ' οὖσα om. U || **18** δὲ s. s. N || **19** ἀλλὰ τρυφῶντος Υ || **21** τὸν om. N || **22** ἐπεξελθὼν Υ || **23** δι' ἀγορᾶς om. Υ (add. A²) || **27** οὖν παντελῶς ἔδοξεν ἡ βία οὔτε παράνομος οὔτε N || **29** ἀπολείπουσαν Υ | αὐτήν om. N | ὅπως εἰ γένηται N

9. Ὄντος δὲ κυνὸς αὐτῷ θαυμαστοῦ τὸ μέγεθος καὶ
τὸ εἶδος, ὃν ἑβδομήκοντα μνῶν ἐωνημένος ἐτύγχανεν,
ἀπέκοψε τὴν οὐρὰν πάγκαλον οὖσαν. ἐπιτιμώντων δὲ 2
τῶν συνήθων καὶ λεγόντων ὅτι πάντες ἐπὶ τῷ κυνὶ δά- e
κνονται καὶ λοιδοροῦσιν αὐτόν, ἐπιγελάσας· „γίνεται τοί-
νυν“ εἶπεν „ὃ βούλομαι· βούλομαι γὰρ Ἀθηναίους τοῦτο
λαλεῖν, ἵνα μή τι χεῖρον περὶ ἐμοῦ λέγωσι.“

10. Πρώτην δ' αὐτῷ πάροδον εἰς τὸ δημόσιον γενέσθαι
λέγουσι μετὰ χρημάτων ἐπιδόσεως, οὐκ ἐκ παρασκευῆς,
266 L ἀλλὰ παριόντα θορυβούντων τῶν Ἀθηναίων ἐρέσθαι τὴν
αἰτίαν τοῦ θορύβου, πυθόμενον δὲ χρημάτων ἐπίδοσιν
384 S γίνεσθαι, παρελθεῖν καὶ ἐπιδοῦναι. τοῦ δὲ δήμου κροτοῦν-
τος καὶ βοῶντος ὑφ' ἡδονῆς, ἐπιλαθέσθαι τοῦ ὄρτυγος
ὃν ἐτύγχανεν ἔχων ἐν τῷ ἱματίῳ. πτοηθέντος οὖν καὶ 2
διαφυγόντος, ἔτι μᾶλλον ἐκβοῆσαι τοὺς Ἀθηναίους, πολ-
λοὺς δὲ συνθηρᾶν ἀναστάντας, λαβεῖν δ' αὐτὸν Ἀντίο- f
χον τὸν κυβερνήτην καὶ ἀποδοῦναι· διὸ προσφιλέστατον
τῷ Ἀλκιβιάδῃ γενέσθαι.

Μεγάλας δ' αὐτῷ κλισιάδας ἐπὶ τὴν πολιτείαν ἀνοί- 3
γοντος τοῦ τε γένους καὶ τοῦ πλούτου τῆς τε περὶ τὰς
μάχας ἀνδραγαθίας, φίλων τε πολλῶν καὶ οἰκείων ὑπαρ-
χόντων, ἀπ' οὐδενὸς ἠξίου μᾶλλον ἢ τῆς τοῦ λόγου χάρι-
τος ἰσχύειν ἐν τοῖς πολλοῖς. καὶ ὅτι μὲν δυνατὸς ἦν εἰπεῖν, 4 196
οἵ τε κωμικοὶ μαρτυροῦσι καὶ τῶν ῥητόρων ὁ δυνατώτατος,
ἐν τῷ κατὰ Μειδίου (Demosth. 21, 145) λέγων τὸν Ἀλκι-
βιάδην καὶ δεινότατον εἰπεῖν γενέσθαι πρὸς τοῖς ἄλλοις.
εἰ δὲ Θεοφράστῳ (fr. 134 W.) πιστεύομεν, ἀνδρὶ φιληκόῳ
καὶ ἱστορικῷ παρ' ὁντινοῦν τῶν φιλοσόφων, εὑρεῖν μὲν
ἦν τὰ δέοντα καὶ νοῆσαι πάντων ἱκανώτατος ὁ Ἀλκιβιάδης,
ζητῶν δὲ μὴ μόνον ἃ δεῖ λέγειν, ἀλλὰ καὶ ὡς δεῖ τοῖς
ὀνόμασι καὶ τοῖς ῥήμασιν, οὐκ εὐπορῶν δέ, πολλάκις

cap. 9 mor. 186 d || 27 mor. 80d 804a Diod. 12, 84, 1

[N(UA =)Υ] 7 τι om. N | λέγουσι N || 8 πρῶτον N || 10 τῶν om. Υ || 12 γενέσθαι Υ || 23 εἰπεῖν ἦν N || 27 πιστεύοιμεν N | φιλοκάλῳ N || 31 δέ om. N

ἐσφάλλετο καὶ μεταξὺ λέγων ἀπεσιώπα καὶ διέλειπε λέξεως διαφυγούσης, αὐτὸν ἀναλαμβάνων καὶ διασκοπούμενος.

b **11.** *Αἱ δ' ἱπποτροφίαι περιβόητοι μὲν ἐγένοντο καὶ τῷ
πλήθει τῶν ἁρμάτων· ἑπτὰ γὰρ ἄλλος οὐδεὶς καθῆκεν
2 Ὀλυμπίασιν ἰδιώτης οὐδὲ βασιλεύς, μόνος δ' ἐκεῖνος, καὶ* 267 L
τὸ νικῆσαι καὶ δεύτερον γενέσθαι καὶ τέταρτον ὡς Θουκυδίδης (6, 16) *φησίν, ὡς δ' Εὐριπίδης τρίτον, ὑπερβάλλει
λαμπρότητι καὶ δόξῃ πᾶσαν τὴν ἐν τούτοις φιλοτιμίαν.
3 λέγει δ' ὁ Εὐριπίδης* (fg. 3 D.) *ἐν τῷ ᾄσματι ταῦτα· „σὲ δ'
ἀείσομαι ὦ Κλεινίου παῖ. καλὸν ἁ νίκα· κάλλιστον δ', ὃ μηδεὶς ἄλλος Ἑλλάνων, ἅρματι πρῶτα δραμεῖν καὶ δεύτερα
καὶ τρίτα, βῆναί τ' ἀπονητὶ δὶς στεφθέντ' ἐλαίᾳ κάρυκι* 385 S
βοὰν παραδοῦναι.“

12. *Τοῦτο μέντοι τὸ λαμπρὸν ἐπιφανέστερον ἐποίησεν ἡ
c τῶν πόλεων φιλοτιμία. σκηνὴν μὲν γὰρ αὐτῷ κεκοσμημένην
διαπρεπῶς ἔστησαν Ἐφέσιοι, τροφὰς δ' ἵπποις καὶ πλῆθος ἱερείων παρεῖχεν ἡ Χίων πόλις, οἶνον δὲ Λέσβιοι καὶ
2 τὴν ἄλλην ὑποδοχὴν ἀφειδῶς ἑστιῶντι πολλούς. οὐ μὴν
ἀλλὰ καὶ διαβολή τις ἢ κακοήθεια γενομένη περὶ τὴν
3 φιλοτιμίαν ἐκείνην πλείονα λόγον παρέσχε. λέγεται γάρ,
ὡς ἦν Ἀθήνησι Διομήδης, ἀνὴρ οὐ πονηρός, Ἀλκιβιάδου
δὲ φίλος, ἐπιθυμῶν δὲ νίκην Ὀλυμπικὴν αὐτῷ γενέσθαι,
καὶ πυνθανόμενος ἅρμα δημόσιον Ἀργείοις εἶναι, τὸν δ'
Ἀλκιβιάδην εἰδὼς ἐν Ἄργει μέγα δυνάμενον καὶ φίλους
d 4 ἔχοντα πολλούς, ἔπεισεν αὐτῷ πρίασθαι τὸ ἅρμα. πριάμενος δ' ὁ Ἀλκιβιάδης ἴδιον ἀπεγράψατο, τὸν δὲ Διομή-*

4 Thuc. 6, 16, 2 || **7** Isocr. 16, 34 || **10** cf. Plut. Demosth. 1, 1 || **15** Athen. 12, 534 d || **21** Diod. 13, 74, 3 [Andoc.] Alcib. 26

[**N**(**UA** =)**Υ**] **1** *διέλιπε* **N** || **7** *καὶ*[1] **N**: *δὲ καὶ* **Υ** || **8** *ὡς δ'* **N**: *ὁ δ'* **Υ** || **10** *ὁ* om. **N** || **11** *ἀείσομαι* **Υ**: *ἄγαμε* **N** *ἄγαμαι* Li. | *δ'* om. **Υ** || **13** *τ'* **Υ**: *δ'* **N** | *δὶς*] *Διὸς* G. Hermann *τρὶς* Rei. || **16** *τῶν πολεμίων* **Υ** || **19** *ἑστιῶντο* **A** | *πολλοὺς ἀνθρώπους* **N** | *οὐ μὴν* om. **Υ** (s. s. **A**[2]) || **23** *δὲ*[1] om. **Υ** | *δὲ*[2] **Υ**: *τε* **N** || **24** *δ'* om. **Υ** || **25** *μέγα* om. **N** || **27** *διομήδη* **Υ** (*ν* s. s. **A**)

δην χαίρειν εἴασε, χαλεπῶς φέροντα καὶ μαρτυρόμενον
268 L θεοὺς καὶ ἀνθρώπους. φαίνεται δὲ καὶ δίκη συστᾶσα περὶ
τούτου, καὶ λόγος Ἰσοκράτει (Isocr. 16) γέγραπται περὶ τοῦ
ζεύγους ὑπὲρ τοῦ Ἀλκιβιάδου παιδός, ἐν ᾧ Τεισίας ἐστίν,
οὐ Διομήδης, ὁ δικασάμενος.

13. Ἐπεὶ δ' ἀφῆκεν αὐτὸν εἰς τὴν πολιτείαν ἔτι μειράκιον ὤν, τοὺς μὲν ἄλλους εὐθὺς ἐταπείνωσε δημαγωγούς, ἀγῶνα δ' εἶχε πρός τε Φαίακα τὸν Ἐρασιστράτου καὶ Νικίαν τὸν Νικηράτου, τὸν μὲν ἤδη καθ' ἡλικίαν προήκοντα καὶ στρατηγὸν ἄριστον εἶναι δοκοῦντα, Φαίακα δ' ἀρχόμενον ὥσπερ αὐτὸς αὐξάνεσθαι τότε καὶ γνω- e
ρίμων ὄντα πατέρων, ἐλαττούμενον δὲ τοῖς τ' ἄλλοις καὶ
περὶ τὸν λόγον. ἐντευκτικὸς γὰρ ἰδίᾳ καὶ πιθανὸς ἐδόκει 2
μᾶλλον ἢ φέρειν ἀγῶνας ἐν δήμῳ δυνατός. ἦν γάρ, ὡς
Εὔπολίς (fr. 95 CAF I 281) φησι,

λαλεῖν ἄριστος, ἀδυνατώτατος λέγειν.

386 S φέρεται δὲ καὶ λόγος τις κατ' Ἀλκιβιάδου Φαίακος ἐπι- 3
γεγραμμένος, ἐν ᾧ μετὰ τῶν ἄλλων γέγραπται καὶ ὅτι τῆς πόλεως πολλὰ πομπεῖα χρυσᾶ καὶ ἀργυρᾶ κεκτημένης, ὁ Ἀλκιβιάδης ἐχρῆτο πᾶσιν αὐτοῖς ὥσπερ ἰδίοις πρὸς τὴν καθ' ἡμέραν δίαιταν.

Ἦν δέ τις Ὑπέρβολος Περιθοΐδης, οὗ μέμνηται μὲν 4
ὡς ἀνθρώπου πονηροῦ καὶ Θουκυδίδης (8, 73, 3), τοῖς f
δὲ κωμικοῖς ὁμοῦ τι πᾶσι διατριβὴν ἀεὶ σκωπτόμενος ἐν
τοῖς θεάτροις παρεῖχεν. ἄτρεπτος δὲ πρὸς τὸ κακῶς 5
ἀκούειν καὶ ἀπαθὴς ὢν ὀλιγωρίᾳ δόξης, ἣν ἀναισχυντίαν 197
269 L καὶ ἀπόνοιαν οὖσαν εὐτολμίαν ἔνιοι καὶ ἀνδρείαν καλοῦ-

cap. 13 Plut. Nic. 11 Arist. 7 ‖ 16 Gell. 1, 15, 12 Galen. 8, 653. 943

[N(UA=)Υ] 2 καί[1] Υ: τε καὶ N ‖ 4 ὑπὲρ Υ: περὶ N | τισίας Υ: τιλυσίας N ‖ 6 ἑαυτῷ N ‖ 8 φαία U ‖ 11.12 γνώριμον ὄντα παρῶν N ‖ 14 μὲν μᾶλλον N | ⟨δια⟩φέρειν Zie. cl. Cic. 53, 2 mor. 771 b ‖ 17 καὶ φαίακος γεγραμμένος Υ ‖ 18 ἐπιγέγραπται N ‖ 20 ὁ om. Υ ‖ 23 μοχθηρὸν ἄνθρωπον vocat Thuc. ‖ 25 δὲ Υ: δὲ καὶ N

σιν, οὐδενὶ μὲν ἤρεσκεν, ἐχρῆτο δ' αὐτῷ πολλάκις ὁ
δῆμος ἐπιθυμῶν προπηλακίζειν τοὺς ἐν ἀξιώματι καὶ
6 *συκοφαντεῖν. ἀναπεισθεὶς οὖν ὑπ' αὐτοῦ τότε τὸ ὄστρα-*
κον ἐπιφέρειν ἔμελλεν, ᾧ κολούοντες ἀεὶ τὸν προὔχοντα
δόξῃ καὶ δυνάμει τῶν πολιτῶν ἐλαύνουσι, παραμυθούμενοι
7 *τὸν φθόνον μᾶλλον ἢ τὸν φόβον. ἐπεὶ δὲ δῆλον ἦν ὅτι ἑνὶ τῶν*
τριῶν τὸ ὄστρακον ἐποίσουσι, συνήγαγε τὰς στάσεις εἰς
a. 417 *ταὐτὸν ὁ Ἀλκιβιάδης, καὶ διαλεχθεὶς πρὸς τὸν Νικίαν*
τῷ Ὑπερβόλῳ περικάτω τὴν ὀστρακοφορίαν ἔτρεψεν.
8 *ὡς δ' ἔνιοί φασιν, οὐ πρὸς Νικίαν, ἀλλὰ πρὸς Φαίακα*
b *διαλεχθεὶς καὶ τὴν ἐκείνου προσλαβὼν ἑταιρίαν, ἐξήλασε*
9 *τὸν Ὑπέρβολον οὐκ ἂν προσδοκήσαντα. φαῦλος γὰρ οὐδεὶς*
ἐνέπιπτεν εἰς τοῦτον τὸν κολασμὸν οὐδ' ἄδοξος, ὥς που καὶ
Πλάτων ὁ κωμικὸς (fr. 187 CAF I 654) *εἴρηκε τοῦ Ὑπερ-*
βόλου μνησθείς·

> *καίτοι πέπραγε τῶν τρόπων μὲν ἄξια,*
> *αὑτοῦ δὲ καὶ τῶν στιγμάτων ἀνάξια.*
> *οὐ γὰρ τοιούτων εἵνεκ' ὄστραχ' εὑρέθη.*

περὶ μὲν οὖν τούτων ἐν ἑτέροις μᾶλλον εἴρηται τὰ ἱστο-
ρούμενα.

14. *Τὸν δ' Ἀλκιβιάδην ὁ Νικίας οὐχ ἧττον ἠνία θαυ-*
c *μαζόμενος ὑπὸ τῶν πολεμίων ἢ τιμώμενος ὑπὸ τῶν πολιτῶν.* 387 S
πρόξενος μὲν γὰρ ἦν ὁ Ἀλκιβιάδης τῶν Λακεδαιμονίων,
καὶ τοὺς ἁλόντας αὐτῶν περὶ Πύλον ἄνδρας ἐθεράπευσεν·
2 *ἐπεὶ δ' ἐκεῖνοί τε διὰ Νικίου μάλιστα τῆς εἰρήνης τυχόν-* 270 L
τες καὶ τοὺς ἄνδρας ἀπολαβόντες ὑπερηγάπων αὐτόν, ἔν
τε τοῖς Ἕλλησι λόγος ἦν, ὡς Περικλέους μὲν συνάψαντος

cap. 14 Thuc. 5, 42–45 Plut. Nic. 10

[N(UA =)Υ] **2** *ἀξιώμασι* (τι *supra* σι) N ‖ **6** *μᾶλλον* om. N | *ἑνὶ* Υ: *ἐν ᾗ* N ‖ **8** *ταυτὸ* N ‖ **9** *περὶ κάτω* N: *κάτω* Υ | *ἔκοψεν* N ‖ **10** *πρὸς τὸν νικίαν* N ‖ **12** *οὐκ* N: *οὐδ'* Υ ‖ **16** *καίτοι* Υ: *τῶτοι* N | *πέπραγε* Sch.: *πέπραχε* Υ *πεπράχθαι* N ‖ **18** *ἕνεκα* N | *ἠρέθη* N ‖ **23** *ὁ Ἀλκιβιάδης*] *ὁ Νικίας* Steph., sed cf. Thuc. 5, 43, 2 ‖ **26** *ἀπολαύοντες* N

αὐτοῖς, Νικίου δὲ λύσαντος τὸν πόλεμον, οἵ τε πλεῖστοι
τὴν εἰρήνην Νικίειον ὠνόμαζον, οὐ μετρίως ἀνιώμενος
ὁ Ἀλκιβιάδης καὶ φθονῶν ἐβούλευε σύγχυσιν ὁρκίων. καὶ 3
πρῶτον μὲν Ἀργείους αἰσθανόμενος μίσει καὶ φόβῳ τῶν
Σπαρτιατῶν ζητοῦντας ἀποστροφήν, ἐλπίδας αὐτοῖς ἐνε- d
δίδου κρύφα τῆς Ἀθηναίων συμμαχίας, καὶ παρεθάρρυνε
πέμπων καὶ διαλεγόμενος τοῖς προεστῶσι τοῦ δήμου
μὴ δεδιέναι μηδ' ὑπείκειν Λακεδαιμονίοις, ἀλλὰ πρὸς
Ἀθηναίους τρέπεσθαι καὶ περιμένειν, ὅσον οὐδέ-
πω μεταμελομένους καὶ τὴν εἰρήνην ἀφιέντας. ἐπεὶ δὲ 4
Λακεδαιμόνιοι πρός τε τοὺς Βοιωτοὺς ἐποιήσαντο συμ-
μαχίαν, καὶ Πάνακτον οὐχ ἑστὼς ὥσπερ ἔδει τοῖς Ἀθη-
ναίοις παρέδωκαν, ἀλλὰ καταλύσαντες, ὀργιζομένους
λαβὼν τοὺς Ἀθηναίους ἔτι μᾶλλον ἐξετράχυνε, καὶ τὸν
Νικίαν ἐθορύβει καὶ διέβαλλεν εἰκότα κατηγορῶν, ὅτι
τοὺς ἐν Σφακτηρίᾳ τῶν πολεμίων ἀποληφθέντας αὐτὸς e
μὲν ἐξελεῖν οὐκ ἠθέλησε στρατηγῶν, ἑτέρων δ' ἐξελόν-
των ἀφῆκε καὶ ἀπέδωκε χαριζόμενος Λακεδαιμονίοις·
εἶτ' ἐκείνους μὲν οὐκ ἔπεισε φίλος ὢν Βοιωτοῖς μὴ συνό- 5
μνυσθαι μηδὲ Κορινθίοις, Ἀθηναίοις δὲ κωλύει καὶ τὸν
βουλόμενον τῶν Ἑλλήνων φίλον εἶναι καὶ σύμμαχον, εἰ
μὴ δόξειε Λακεδαιμονίοις. ἐκ δὲ τούτου κακῶς φερομένῳ 6
τῷ Νικίᾳ παρῆσαν ὥσπερ κατὰ τύχην πρέσβεις ἀπὸ τῆς a. 420
Λακεδαίμονος, αὐτόθεν τε λόγους ἐπιεικεῖς ἔχοντες καὶ
271 L πρὸς πᾶν τὸ συμβατικὸν καὶ δίκαιον αὐτοκράτορες ἥκειν
φάσκοντες. ἀποδεξαμένης δὲ τῆς βουλῆς, τοῦ δὲ δήμου 7
388 S τῇ ὑστεραίᾳ μέλλοντος ἐκκλησιάζειν, δείσας ὁ Ἀλκιβιά-
δης διεπράξατο τοὺς πρέσβεις ἐν λόγοις γενέσθαι πρὸς f
αὐτόν. ὡς δὲ συνῆλθον, ἔλεγε· „τί πεπόνθατε ἄνδρες 8
Σπαρτιᾶται; πῶς ἔλαθεν ὑμᾶς, ὅτι τὰ τῆς βουλῆς ἀεὶ

[**N**(**UA** =)**Υ**] **1** *αὐτοὺς* **Υ** ‖ **2** *νικίειον* **A**: *νίκϊον* **N** *νίκειον* **U** | *οὐδὲ* **N** ‖ **3** *ἐβούλευσε* **N** ‖ **4** *καὶ φθόνῳ* **Υ** (sed *φόβῳ* e corr. **A**) ‖ **9** *τραπέσθαι* **N** ‖ **12** *ἑστὼς* **Υ**: *ἑστ*[illegible]*ς* **N** Li. *ἑστῶσαν* Nic. 10, 3 (Rei.) ‖ **16** *ἀπολειφθέντας*: em. Cor. ‖ **19** *βιώτιος* **N** ‖ **20** *ἀθηναίους* **Υ** | *κωλύειν*: em. Rei. | *καὶ* om. **Υ** ‖ **25** *συμβιβαστικὸν*: em. Zie. cl. Thuc. 5, 45, 1 *περὶ πάντων ξυμβῆναι τῶν διαφόρων* | *καὶ* **Υ**: *καὶ τὸ* **N** ‖ **26** *τοῦ τε* Rei.

μέτρια καὶ φιλάνθρωπα πρὸς τοὺς ἐντυγχάνοντάς ἐστιν,
198 ὁ δὲ δῆμος μέγα φρονεῖ καὶ μεγάλων ὀρέγεται; κἂν φά-
σκητε κύριοι πάντων ἀφῖχθαι, προστάττων καὶ βιαζόμε-
9 νος ἀγνωμονήσει. φέρε δὴ τὴν εὐήθειαν ταύτην ἀφέντες,
εἰ βούλεσθε χρήσασθαι μετρίοις ⟨τοῖς⟩ Ἀθηναίοις καὶ
μηδὲν ἐκβιασθῆναι παρὰ γνώμην, οὕτω διαλέγεσθε περὶ
τῶν δικαίων ὡς οὐκ ὄντες αὐτοκράτορες. συμπράξομεν δ'
10 ἡμεῖς Λακεδαιμονίοις χαριζόμενοι.“ ταῦτα δ' εἰπὼν ὅρκους
ἔδωκεν αὐτοῖς καὶ μετέστησεν ἀπὸ τοῦ Νικίου, παντάπασι
πιστεύοντας αὐτῷ καὶ θαυμάζοντας ἅμα τὴν δεινότητα καὶ
11 τὴν σύνεσιν, ὡς οὐ τοῦ τυχόντος ἀνδρὸς οὖσαν. τῇ δ' ὑστε-
ραίᾳ συνήχθη μὲν ὁ δῆμος, εἰσῆλθον δ' οἱ πρέσβεις. ἐρω-
b τώμενοι δ' ὑπὸ τοῦ Ἀλκιβιάδου πάνυ φιλανθρώπως, ἐφ'
οἷς ἀφιγμένοι τυγχάνουσιν, οὐκ ἔφασαν ἥκειν αὐτοκρά-
12 τορες. εὐθὺς οὖν ὁ Ἀλκιβιάδης ἐνέκειτο μετὰ κραυγῆς
καὶ ὀργῆς, ὥσπερ οὐκ ἀδικῶν, ἀλλ' ἀδικούμενος, ἀπί-
στους καὶ παλιμβόλους ἀποκαλῶν καὶ μηδὲν ὑγιὲς μήτε
πρᾶξαι μήτ' εἰπεῖν ἥκοντας, ἐπηγανάκτει δ' ἡ βουλὴ καὶ
ὁ δῆμος ἐχαλέπαινε, τὸν δὲ Νικίαν ἔκπληξις εἶχε καὶ
κατήφεια τῶν ἀνδρῶν τῆς μεταβολῆς, ἀγνοοῦντα τὴν
ἀπάτην καὶ τὸν δόλον.

15. Οὕτω δὲ τῶν Λακεδαιμονίων ἐκπεσόντων, στρα- 272 L
τηγὸς ἀποδειχθεὶς ὁ Ἀλκιβιάδης εὐθὺς Ἀργείους καὶ
Μαντινεῖς καὶ Ἠλείους συμμάχους ἐποίησε τοῖς Ἀθη-
c 2 ναίοις. καὶ τὸν μὲν τρόπον οὐδεὶς τῆς πράξεως ἐπῄνει,
μέγα δ' ἦν τὸ πεπραγμένον ὑπ' αὐτοῦ, διαστῆσαι καὶ
κραδᾶναι Πελοπόννησον ὀλίγου δεῖν ἅπασαν, καὶ τοσαύ-
a. 418 τας ἀσπίδας ἐν ἡμέρᾳ μιᾷ περὶ Μαντίνειαν ἀντιτάξαι
Λακεδαιμονίοις, καὶ πορρωτάτω τῶν Ἀθηνῶν ἀγῶνα κα- 389 S

cap. 15 Diod. 12, 80. 81

[N(UA =)Υ] 4 εὐήθειαν A: εὐθεῖαν U συνήθειαν N ‖ 4. 5 ταύτην εἰ βούλεσθε ἀφέντες U ‖ 5 χρήσασθε U | τοῖς add. Cob. ‖ 6 διαλέγεσθαι N ‖ 11 τὴν om. Υ ‖ 18 πράξειν Υ ‖ 26 διαστῆσαι ⟨δοκοῦντος⟩ Rei. ‖ 29 καὶ πρῶτα τὸν τῶν N | ἀθηνῶν Rei.: ἀθηναίων

ταϲκευάσαι καὶ κίνδυνον αὐτοῖς, ἐν ᾧ μέγα μὲν οὐδὲν ἡ
νίκη προσέθηκε κρατήσασιν, εἰ δ' ἐσφάλησαν, ἔργον ἦν
τὴν Λακεδαίμονα περιγενέσθαι. μετὰ δὲ τὴν μάχην εὐθὺς 3
ἐπέθεντο καταλύειν ἐν Ἄργει τὸν δῆμον οἱ χίλιοι καὶ
τὴν πόλιν ὑπήκοον ποιεῖν Λακεδαιμονίοις· οἱ δὲ παραγε-
νόμενοι κατέλυσαν τὴν δημοκρατίαν. αὖθις δὲ τῶν πολ- 4 a. 417
λῶν ἐξενεγκαμένων τὰ ὅπλα καὶ κρατησάντων, ἐπελθὼν d
ὁ Ἀλκιβιάδης τήν τε νίκην ἐβεβαίωσε τῷ δήμῳ, καὶ τὰ
μακρὰ τείχη συνέπεισε καθεῖναι καὶ προσμείξαντας τῇ
θαλάσσῃ τὴν πόλιν ἐξάψαι παντάπασι τῆς Ἀθηναίων δυ-
νάμεως, καὶ τέκτονας καὶ λιθουργοὺς ἐκ τῶν Ἀθηνῶν ἐκό- 5
μισε καὶ πᾶσαν ἐνεδείκνυτο προθυμίαν, οὐχ ἧττον ἑαυτῷ
κτώμενος ἢ τῇ πόλει χάριν καὶ ἰσχύν. ἔπεισε δὲ καὶ Πα- 6
τρεῖς ὁμοίως τείχεσι μακροῖς συνάψαι τῇ θαλάσσῃ τὴν
πόλιν. εἰπόντος δέ τινος τοῖς Πατρεῦσιν ὅτι „καταπιοῦν-
ται ὑμᾶς Ἀθηναῖοι"· „ἴσως" εἶπεν ὁ Ἀλκιβιάδης „κατὰ
μικρὸν καὶ κατὰ τοὺς πόδας, Λακεδαιμόνιοι δὲ κατὰ τὴν
273 L κεφαλὴν καὶ ἀθρόως." οὐ μὴν ἀλλὰ καὶ τῆς γῆς συνεβού- 7 e
λευεν ἀντέχεσθαι τοῖς Ἀθηναίοις καὶ τὸν ἐν Ἀγραύλου
προβαλλόμενον ἀεὶ τοῖς ἐφήβοις ὅρκον ἔργῳ βεβαιοῦν.
ὀμνύουσι γὰρ ὅροις χρήσεσθαι τῆς Ἀττικῆς πυροῖς κριθαῖς 8
ἀμπέλοις σύκαις ἐλαίαις, οἰκείαν ποιεῖσθαι διδασκόμενοι
τὴν ἥμερον καὶ καρποφόρον.

16. Ἐν δὲ τοῖς τοιούτοις πολιτεύμασι καὶ λόγοις καὶ
φρονήματι καὶ δεινότητι πολλὴν αὖ πάλιν τὴν τρυφὴν τῆς
διαίτης καὶ περὶ πότους καὶ ἔρωτας ὑβρίσματα, καὶ θηλύ-

3 Thuc. 5, 81, 2. 82, 2–6 || **13** Thuc. 5, 52, 2 || **19** Demosth. 19, 303 c. schol. Lycurg. Leocr. 76 sq. Polyaen. 1, 22 || **24** Athen. 12, 534e

[N(UA =)Υ] **4** *χιλίαρχοι* U *χίλι++οι* A || **5** *τὴν πόλιν* Υ: *τὸν δῆμον* N | *λακεδαιμονίοις· οἱ δὲ* Rei.: *λακεδαιμόνιοι δὲ* || **11** *ἀθηνῶν* Iunt.: *ἀθηναίων* || **12** *ἐδείκνυτο* U || **17** *κατὰ*[2] Υ: *καὶ κατὰ* N || **18** *καὶ κατὰ τῆς* N || **19** *Ἀγραύλου* Valesius: *ἀγραύλῳ* Υ *ἀγραυλίῳ* N *Ἀγραυλείῳ* Rei. || **20** *προβαλλόμενος*: em. Meursius || **21** *χρήσασθαι*: em. Cob. | *τῆς* om. A || **22** *σύκαις* om. Υ || **24** *τοῖς* om. Υ || **25** *πάλιν* ⟨*ἦν ὁρᾶν*⟩ vel ⟨*ἐπεδείκνυε*⟩ servato (p. 242, 6) *ἅπερ* Rei. || **26** *περὶ ἀτόπους ἔρωτας* N | *καὶ*[3] N: *τε καὶ* Υ

τητας ἐσθήτων ἁλουργῶν ἑλκομένων δι' ἀγορᾶς, καὶ πολυ-
τέλειαν ὑπερήφανον, ἐκτομάς τε καταστρωμάτων ἐν ταῖς
f τριήρεσιν, ὅπως μαλακώτερον ἐγκαθεύδοι, κειρίαις, ἀλλὰ
μὴ σανίσι, τῶν στρωμάτων ἐπιβαλλομένων, ἀσπίδος τε
διαχρύσου ποίησιν οὐδὲν ἐπίσημον τῶν πατρίων ἔχουσαν, 390 S
2 ἀλλ' Ἔρωτα κεραυνοφόρον [ἅπερ] ὁρῶντες, οἱ μὲν ἔνδοξοι
μετὰ τοῦ βδελύττεσθαι καὶ δυσχεραίνειν ἐφοβοῦντο τὴν
ὀλιγωρίαν αὐτοῦ καὶ παρανομίαν ὡς τυραννικὰ καὶ ἀλλό-
199 κοτα, τοῦ δὲ δήμου τὸ πάθος τὸ πρὸς αὐτὸν οὐ κακῶς
ἐξηγούμενος ὁ Ἀριστοφάνης ταῦτ' εἴρηκε (ran. 1425)·

3 ποθεῖ μέν, ἐχθαίρει δέ, βούλεται δ' ἔχειν,

ἔτι δὲ μᾶλλον τῇ ὑπονοίᾳ πιέζων (ran. 1432)·

μάλιστα μὲν λέοντα μὴ 'ν πόλει τρέφειν·
ἢν δ' ἐκτρέφῃ τις, τοῖς τρόποις ὑπηρετεῖν.

4 ἐπιδόσεις γὰρ καὶ χορηγίαι καὶ φιλοτιμήματα πρὸς τὴν 274 L
πόλιν ὑπερβολὴν μὴ ἀπολείποντα καὶ δόξα προγόνων
καὶ λόγου δύναμις καὶ σώματος εὐπρέπεια καὶ ῥώμη
μετ' ἐμπειρίας τῶν πολεμικῶν καὶ ἀλκῆς πάντα
τἆλλα συγχωρεῖν ἐποίει καὶ φέρειν μετρίως τοὺς Ἀθη-
b ναίους, ἀεὶ τὰ πρᾳότατα τῶν ὀνομάτων τοῖς ἁμαρτήμασι
5 τιθεμένους, παιδιὰς καὶ φιλοτιμίας. οἷον ἦν καὶ τὸ Ἀγά-
θαρχον εἷρξαι τὸν ζωγράφον, εἶτα γράψαντα τὴν οἰκίαν
ἀφεῖναι δωρησάμενον· καὶ Ταυρέαν ἀντιχορηγοῦντα ῥαπί-
σαι, φιλοτιμούμενον ὑπὲρ τῆς νίκης· καὶ τὸ Μηλίαν γυναῖ-
κα ἐκ τῶν αἰχμαλώτων ἐξελόμενον καὶ συνόντα θρέψαι
6 παιδάριον ἐξ αὐτῆς. καὶ γὰρ τοῦτο φιλάνθρωπον ἐκά-

21 [Andoc.] Alcib. 17. 20. 22 Demosth. 21, 147

[N(UA =)Υ] 3 ἐγκαθεύδοι N || 6 ἅπερ del. Br. || 12 τὴν ὑπόνοιαν N || 14 δ' ἐκτρέφῃ Υ: δὲ τρέφῃ N δ' ἐκτραφῇ Aristoph. || 15 γὰρ Υ: δὲ N || 16 πολλὴν N | ἀπολιπόντα N || 17 λόγων N || 18. 19 πάντα τὰ πράγματα τὰ ἄλλα N Li. || 20 πρᾳότατα Υ: πράγματα N || 24 γυναῖκα Μηλίαν Zie. || 25 ἐκ del. Li. || 26 φιλανθρωπίαν N

λουν, πλὴν ὅτι ⟨τοῦ⟩ τοὺς Μηλίους ἡβηδὸν ἀποσφαγῆναι
τὴν πλείστην αἰτίαν ἔσχε, τῷ ψηφίσματι συνειπών. Ἀρι- 7
στοφῶντος δὲ Νεμέαν γράψαντος ἐν ταῖς ἀγκάλαις αὑτῆς
καθήμενον Ἀλκιβιάδην ἔχουσαν, ἐθεῶντο καὶ συνέτρεχον
χαίροντες· οἱ δὲ πρεσβύτεροι καὶ τούτοις ἐδυσχέραινον c
ὡς τυραννικοῖς καὶ παρανόμοις. ἐδόκει δὲ καὶ Ἀρχέστρατος 8
οὐκ ἀπὸ τρόπου λέγειν, ὡς ἡ Ἑλλὰς οὐκ ἂν ἤνεγκε δύο
Ἀλκιβιάδας. ἐπεὶ δὲ Τίμων ὁ μισάνθρωπος εὐημερήσαντα 9
τὸν Ἀλκιβιάδην καὶ προπεμπόμενον ἀπὸ τῆς ἐκκλησίας
391 S ἐπιφανῶς οὐ παρῆλθεν οὐδ' ἐξέκλινεν, ὥσπερ εἰώθει τοὺς
ἄλλους, ἀλλ' ἀπαντήσας καὶ δεξιωσάμενος „εὖ γε" ἔφη
275 L „ποιεῖς αὐξόμενος ὦ παῖ· μέγα γὰρ αὔξει κακὸν ἅπασι
τούτοις," οἱ μὲν ἐγέλων, οἱ δ' ἐβλασφήμουν, ἐνίους δὲ καὶ
πάνυ τὸ λεχθὲν ἐπέστρεφεν. οὕτως ἄκριτος ἦν ἡ δόξα περὶ d
αὐτοῦ διὰ τὴν τῆς φύσεως ἀνωμαλίαν.

17. Σικελίας δὲ καὶ Περικλέους ἔτι ζῶντος ἐπεθύμουν
Ἀθηναῖοι, καὶ τελευτήσαντος ἥπτοντο, καὶ τὰς λεγομένας
βοηθείας καὶ συμμαχίας ἔπεμπον ἑκάστοτε τοῖς ἀδικου-
μένοις ὑπὸ Συρακουσίων, ἐπιβάθρας τῆς μείζονος στρατεί-
ας τιθέντες. ὁ δὲ παντάπασι τὸν ἔρωτα τοῦτον ἀναφλέξας 2
αὐτῶν καὶ πείσας μὴ κατὰ μέρος μηδὲ κατὰ μικρόν, ἀλλὰ
μεγάλῳ στόλῳ πλεύσαντας ἐπιχειρεῖν καὶ καταστρέφεσθαι
τὴν νῆσον Ἀλκιβιάδης ἦν, τόν τε δῆμον ἐλπίζειν μεγάλα πεί-
σας, αὐτός τε μειζόνων ὀρεγόμενος. ἀρχὴν γὰρ εἶναι πρὸς
ἃ ἠλπίκει διενοεῖτο τῆς στρατείας, οὐ τέλος ὥσπερ οἱ λοι-
ποί, Σικελίαν. καὶ Νικίας μὲν ὡς χαλεπὸν ἔργον ὂν τὰς 3 e

2 Athen. 12. 534d, e || **8** Plut. Ant. 70, 3 || cap. 17 Plut. Nic. 12. 13 Per. 20, 4 Thuc. 6, 15 Diod. 12, 83. 84

[N(UA =)Υ] **1** τοῦ add. Br. (τοῦ pro τοὺς Cor.) | ἡβηδὸν om. Υ (s. s. A²) || **2** Ἀγλαοφῶντος Athen. || **3** Νεμεὰς (nom.) Athen. || **4** ἐπιθεῶντο N || **5** οἱ Υ: ὅσοι N | ἐδυσχέστραινον U || **7** ἡ om. N || **10. 11** τοῖς ἄλλοις Υ || **12** αὐξανόμενος N | αὔξει N: αὔξῃ Υ || **14** ἐπέστρεπεν U ἐπέστρεψεν C || **18** διακονουμένοις N || **19** ἐπιβάθρα N || **23** μεγάλα πείσας ἐλπίζειν Υ || **24. 25** πρὸς ἃ ἠλπίκει del. Ha., ἀρχὴν γὰρ ⟨ἤλπιζεν⟩ εἶναι πρὸς ἃ [ἠλπίκει] Zie. || **26** τὰς Υ: αὐτὰς N

Συρακούσας ἑλεῖν ἀπέτρεπε τὸν δῆμον, Ἀλκιβιάδης δὲ
καὶ Καρχηδόνα καὶ Λιβύην ὀνειροπολῶν, ἐκ δὲ τούτων
προσγενομένων Ἰταλίαν καὶ Πελοπόννησον ἤδη περιβαλ-
λόμενος, ὀλίγου δεῖν ἐφόδιον τοῦ πολέμου Σικελίαν ἐποιεῖτο.
4 καὶ τοὺς μὲν νέους αὐτόθεν εἶχεν ἤδη ταῖς ἐλπίσιν ἐπηρ-
μένους, τῶν δὲ πρεσβυτέρων ἠκροῶντο πολλὰ θαυμάσια
περὶ τῆς στρατείας περαινόντων, ὥστε πολλοὺς ἐν ταῖς
παλαίστραις καὶ τοῖς ἡμικυκλίοις καθέζεσθαι τῆς τε νήσου
f τὸ σχῆμα καὶ θέσιν Λιβύης καὶ Καρχηδόνος ὑπογράφον-
5 τας. Σωκράτην μέντοι τὸν φιλόσοφον καὶ Μέτωνα τὸν 276 L
ἀστρολόγον οὐδὲν ἐλπίσαι τῇ πόλει χρηστὸν ἀπὸ τῆς στρα-
τείας ἐκείνης λέγουσιν, ᾧ μὲν ὡς ἔοικε τοῦ συνήθους
δαιμονίου γενομένου καὶ προσημαίνοντος, ὁ δὲ Μέτων εἴτε
δείσας ἐκ λογισμοῦ τὸ μέλλον, εἴτε μαντικῆς τινι τρόπῳ
200 χρησάμενος, ἐσκήψατο μεμηνέναι, καὶ λαβὼν δᾷδα καιο-
6 μένην οἷος ἦν αὐτοῦ τὴν οἰκίαν ὑφάπτειν. ἔνιοι δέ φασι 392 S
προσποίημα μὲν μανίας μηδὲν ἐσκευάσθαι τὸν Μέτωνα,
καταπρῆσαι δὲ τὴν οἰκίαν νύκτωρ, εἶθ' ἕωθεν προελθόντα
δεῖσθαι καὶ ἀντιβολεῖν ἐπὶ συμφορᾷ τηλικαύτῃ τὸν υἱὸν
αὐτῷ παρεθῆναι τῆς στρατείας. ἐκεῖνος μὲν οὖν ἔτυχεν
ὧν ἠξίου, παρακρουσάμενος τοὺς πολίτας.

18. Ὁ δὲ Νικίας ἄκων μὲν ᾑρέθη στρατηγός, οὐχ ἥκιστα
τὴν ἀρχὴν καὶ διὰ τὸν συνάρχοντα φεύγων· ἐφαίνετο γὰρ
τοῖς Ἀθηναίοις τὰ τοῦ πολέμου βέλτιον ἕξειν μὴ προιε-
μένοις τὸν Ἀλκιβιάδην ἄκρατον, ἀλλὰ μειχθείσης πρὸς
b 2 τὴν τόλμαν αὐτοῦ τῆς Νικίου προνοίας· καὶ γὰρ ὁ τρίτος
στρατηγὸς ὁ Λάμαχος ἡλικίᾳ προήκων ὅμως ἐδόκει μηδὲν
ἧττον εἶναι τοῦ Ἀλκιβιάδου διάπυρος καὶ φιλοκίνδυνος

cap. 18 Plut. Nic. 12. 13 || 22 Thuc. 6, 8, 4

[N(UA =)Υ] **1. 2** *δὲ καὶ* N: *δὲ* Υ || **4** *ἐφόδια* Υ || **5** *ἐπαιρομένους* N || **7** *⟨προτέρας⟩ στρατείας* vel sim. Zie. || **8** *ἡμικυκλείοις* U || **10** *σωκράτη* Υ (sed *ν* s. s. A[2]) || **12** *ᾧ* Zie.: *ὁ* libri *τὸν* Rei. Li. || **13** *⟨παρα⟩γεν.* Rei. || **18** *προσελθόντα* N || **24** *προεμένοις* N et e ras. A || **26** *τὴν* om. U || **27** *ὁ λάμαχος* N: *λάμαχος* Υ | *⟨καίπερ⟩ ἡλικίᾳ* Zie. | *προσήκων* N

ἐν τοῖς ἀγῶσι. βουλευομένων δὲ περὶ πλήθους καὶ τρόπου
παρασκευῆς, ἐπεχείρησεν αὖθις ὁ Νικίας ἐνίστασθαι καὶ
καταπαύειν τὸν πόλεμον. ἀντειπόντος δὲ τοῦ Ἀλκιβιάδου 3
καὶ κρατήσαντος, ἔγραψε τῶν ῥητόρων Δημόστρατος καὶ
277 L εἶπεν ὡς χρὴ τοὺς στρατηγοὺς αὐτοκράτορας εἶναι καὶ
τῆς παρασκευῆς καὶ τοῦ πολέμου παντός. ἐπιψηφισα- 4
μένου δὲ τοῦ δήμου καὶ γενομένων ἑτοίμων πάντων πρὸς c
τὸν ἔκπλουν, οὐ χρηστὰ παρῆν οὐδὲ τὰ τῆς ἑορτῆς. Ἀδω- 5
νίων γὰρ εἰς τὰς ἡμέρας ἐκείνας καθηκόντων, εἴδωλά τε
πολλαχοῦ νεκροῖς ἐκκομιζομένοις ὅμοια προὔκειντο ταῖς
γυναιξί, καὶ ταφὰς ἐμιμοῦντο κοπτόμεναι καὶ θρήνους
ᾖδον. ἡ μέντοι τῶν Ἑρμῶν περικοπή, μιᾷ νυκτὶ τῶν πλεί- 6
στων ἀκρωτηριασθέντων τὰ πρόσωπα, πολλοὺς καὶ τῶν
περιφρονούντων τὰ τοιαῦτα διετάραξεν. ἐλέχθη μὲν οὖν, 7
ὅτι Κορίνθιοι διὰ τοὺς Συρακουσίους ἀποίκους ὄντας, ὡς
ἐπισχέσεως ἐσομένης πρὸς τὸν οἰωνὸν ἢ μεταγνώσεως τοῦ
πολέμου, ταῦτα δράσειαν. οὐ μὴν ἥπτετό γε τῶν πολλῶν 8
οὔθ' οὗτος ὁ λόγος οὔθ' ὁ τῶν σημεῖον δεινὸν εἶναι μηδὲν d
393 S οἰομένων, ἀλλ' οἷα φιλεῖ φέρειν ἄκρατος ἀκολάστων νέων
εἰς ὕβριν ἐκ παιδιᾶς ὑποφερομένων· ὀργῇ δ' ἅμα καὶ φόβῳ
τὸ γεγονὸς λαμβάνοντες ὡς ἀπὸ συνωμοσίας ἐπὶ πράγμασι
μεγάλοις τετολμημένον, ἅπασαν ἐξήταζον ὑπόνοιαν πικρῶς
ἥ τε βουλὴ συνιοῦσα περὶ τούτων καὶ ὁ δῆμος ἐν ὀλίγαις
ἡμέραις πολλάκις.

19. Ἐν δὲ τούτῳ δούλους τινὰς καὶ μετοίκους προή-
γαγεν Ἀνδροκλῆς ὁ δημαγωγός, ἄλλων τ' ἀγαλμάτων

3 Thuc. 6, 25. 26 ‖ 12 Thuc. 6, 27, 1 Diod. 13, 2, 3 Nep. Alc. 3 al. ‖ 14 schol. Aristoph. Lysistr. 1096 (Philoch. FGrH 328 F 133) Phot. s. v. Ἑρμοκοπίδαι, Cratippus FHG II 76 [mor. 834d] ‖ 17 Thuc. 6, 27, 3 ‖ cap. 19 Thuc. 6, 28. 29 Nep. Alc. 4 Iustin. 5, 5, 1 Clem. Al. protr. 11, 10 St. infra c. 22, 4

[N(UA =)Υ] 1 ἐν τοῖς Br.: ἐνίοις Υ ἐν ἐνίοις N | βουλομένων N ‖ 9 γὰρ om. N | καθηκόντων NU²: καθηκότων U¹ καθεστηκό+των (ν eras.) A | τε om. Υ ‖ 14 ἠλέγχθη N ‖ 16 πρὸ U | τῶν οἰωνῶν Υ ‖ 18 οὔθ' ὁ τῶν σημεῖον om. N | σημείων Υ: em. Anon. ⟨τὸ⟩ σημεῖον Cor. ‖ 19 ἀκράτοις N | ἀκολάστως N ‖ 20 δ' Υ: τε N ‖ 22 τετολμημένον e corr. C: τετολμημένων cet. ‖ 23 ἐν C: ὡς ἐν cet.

περικοπὰς καὶ μυστηρίων παρʼ οἶνον ἀπομιμήσεις τοῦ
2 Ἀλκιβιάδου καὶ τῶν φίλων κατηγοροῦντας. ἔλεγον δὲ Θεό- 278 L
e δωρον μέν τινα δρᾶν τὰ τοῦ κήρυκος, Πουλτίωνα δὲ τὰ
τοῦ δᾳδούχου, τὰ δὲ τοῦ ἱεροφάντου τὸν Ἀλκιβιάδην, τοὺς
δʼ ἄλλους ἑταίρους παρεῖναι καὶ θεᾶσθαι, μύστας προσαγο-
3 ρευομένους. ταῦτα γὰρ ἐν τῇ εἰσαγγελίᾳ γέγραπται Θεσ-
σαλοῦ τοῦ Κίμωνος, εἰσαγγείλαντος Ἀλκιβιάδην ἀσεβεῖν
περὶ τὼ θεώ. τραχυνομένου δὲ τοῦ δήμου καὶ πικρῶς πρὸς
τὸν Ἀλκιβιάδην ἔχοντος, καὶ τοῦ Ἀνδροκλέους – ἦν γὰρ
ἐχθρὸς οὗτος ἐν τοῖς μάλιστα τοῦ Ἀλκιβιάδου – παρο-
ξύνοντος, ἐν ἀρχῇ μὲν ἐταράχθησαν οἱ περὶ τὸν Ἀλκιβιά-
4 δην, αἰσθόμενοι δὲ τούς τε ναύτας ὅσοι πλεῖν ἔμελλον εἰς
Σικελίαν εὔνους ὄντας αὐτοῖς καὶ τὸ στρατιωτικόν, Ἀργείων
f δὲ καὶ Μαντινέων χιλίων ὄντων ὁπλιτῶν ἀκούοντες ἀνα-
φανδὸν λεγόντων, ὡς διʼ Ἀλκιβιάδην στρατεύοιντο δια-
πόντιον καὶ μακρὰν στρατείαν, ἂν δέ τις ἀγνωμονῇ περὶ
τοῦτον, εὐθὺς ἀποστήσεσθαι, ἀνεθάρρουν καὶ παρίσταντο
τῷ καιρῷ πρὸς τὴν ἀπολογίαν, ὥστε τοὺς ἐχθροὺς πάλιν
ἀθυμεῖν καὶ φοβεῖσθαι, μὴ περὶ τὴν κρίσιν ὁ δῆμος ἀμβλύ-
201 5 τερος αὐτῷ γένηται διὰ τὴν χρείαν. πρὸς ταῦτʼ οὖν τεχνά-
ζουσι τῶν ῥητόρων τοὺς οὐ δοκοῦντας ἐχθροὺς τοῦ Ἀλκι-
βιάδου, μισοῦντας δʼ αὐτὸν οὐχ ἧττον τῶν ὁμολογούντων,
ἀνισταμένους ἐν τῷ δήμῳ λέγειν, ὡς ἄτοπόν ἐστιν αὐτο- 394 S
κράτορι στρατηγῷ τηλικαύτης ἀποδεδειγμένῳ δυνάμεως,
ἠθροισμένης ⟨τῆς⟩ στρατιᾶς καὶ τῶν συμμάχων, μεταξὺ
κληροῦντας δικαστήριον καὶ ὕδωρ διαμετροῦντας ἀπολ-
6 λύναι τὸν καιρόν· „ἀλλὰ νῦν μὲν ἀγαθῇ τύχῃ πλεέτω, τοῦ
δὲ πολέμου διαπραχθέντος ἐπὶ τοῖς αὐτοῖς νόμοις ἀπολο- 279 L
7 γείσθω παρών.“ οὐκ ἐλάνθανε μὲν οὖν ἡ κακοήθεια τῆς
ἀναβολῆς τὸν Ἀλκιβιάδην, ἀλλʼ ἔλεγε παριὼν ὡς δεινόν

[**N**(**UA** =)**Υ**] **3** *πολυτίωνα* **Υ**, cf. p. 250, 18 Andoc. 1, 12. 14 Isocr. 16, 6 Plat. Eryx. 394 c. 400b Paus. 1, 2, 5 Suda s. v. *ἐξωρχησάμην* || **5** *δʼ* **Υ**: *τε* **N** | *θεᾶσθαι* **N**: *μυεῖσθαι* **Υ** || **8** *πικρὸς* **N** || **9** *τὸν* om. **Υ** || **10** *οὗτος ἐχθρὸς* **Υ** || **11** *ἐν* om. **N** || **14** *ἀναφανδόν τε* **N** || **16** *ἐὰν* **Υ** || **17** *παρίσταντο*] *παρῆσαν* Rei. || **18** *πρὸς* om. **N** || **21** *οὐ* om. **N** | *ἐχθροὺς* ⟨*εἶναι*⟩ Zie. || **25** *τῆς* add. Cob. | *στρατείας* **N** || **26** *συγκληροῦντας* **N** (et *συγ* s. s. **A**[2]) || **28** *νόμοις* del. Rei.

ἐστιν αἰτίας ἀπολιπόντα καθ' ἑαυτοῦ καὶ διαβολὰς ἐκπέμ- b
πεσθαι μετέωρον ἐπὶ τοσαύτης δυνάμεως· ἀποθανεῖν γὰρ
αὐτῷ προσήκειν μὴ λύσαντι τὰς κατηγορίας, λύσαντι δὲ
καὶ φανέντι καθαρῷ τρέπεσθαι πρὸς τοὺς πολεμίους μὴ δε-
δοικότι τοὺς συκοφάντας.

20. Ἐπεὶ δ' οὐκ ἔπειθεν, ἀλλὰ πλεῖν ἐκέλευον αὐτόν,
ἀνήχθη μετὰ τῶν συστρατήγων, ἔχων τριήρεις μὲν
οὐ πολλῷ τῶν τεσσαράκοντα καὶ ἑκατὸν ἀποδεούσας,
ὁπλίτας δὲ πεντακισχιλίους καὶ ἑκατόν, τοξότας δὲ καὶ
σφενδονήτας καὶ ψιλοὺς περὶ τριακοσίους καὶ χιλίους καὶ
τὴν ἄλλην παρασκευὴν ἀξιόλογον. προσβαλὼν δ' Ἰταλίᾳ 2
καὶ Ῥήγιον ἑλών, εἰσηγήσατο γνώμην ὅτῳ τρόπῳ πολε- c
μητέον ἐστί, καὶ Νικίου μὲν ἀντιλέγοντος, Λαμάχου δὲ 3
προσθεμένου, πλεύσας εἰς Σικελίαν προσηγάγετο Κατά-
νην, ἄλλο δ' οὐδὲν ἔπραξε, μετάπεμπτος ὑπὸ τῶν Ἀθηναίων
ἐπὶ τὴν κρίσιν εὐθὺς γενόμενος. πρῶτον μὲν γὰρ ὥσπερ 4
εἴρηται τυφλαί τινες ὑποψίαι καὶ διαβολαὶ κατὰ τοῦ Ἀλκι-
βιάδου προσέπιπτον ἀπὸ δούλων καὶ μετοίκων, ἔπειτα 5
τῶν ἐχθρῶν ἀπόντος αὐτοῦ καθαπτομένων σφοδρότερον,
καὶ τοῖς περὶ τοὺς Ἑρμᾶς ὑβρίσμασι καὶ τὰ μυστικὰ συμ-
πλεκόντων, ὡς ἀπὸ μιᾶς ἐπὶ νεωτερισμῷ συνωμοσίας πε-
πραγμένα, τοὺς μὲν ὁπωσοῦν ἐπαιτιαθέντας ἐνέβαλον ἀκρί- d
τους εἰς τὸ δεσμωτήριον, ἤχθοντο δὲ τὸν Ἀλκιβιάδην μὴ
280 L λαβόντες ὑπὸ τὰς ψήφους τότε μηδὲ κρίναντες ἐπ' αἰτίαις
395 S τηλικαύταις. ὁ δὲ τῇ πρὸς ἐκεῖνον ὀργῇ περιπεσὼν οἰκεῖος 6
ἢ φίλος ἢ συνήθης χαλεπωτέροις αὐτοῖς ἐχρήσατο. τοὺς
δὲ μηνύσαντας ὁ μὲν Θουκυδίδης ὀνομάσαι παρῆκεν, ἄλλοι

13 Thuc. 6, 50sq. || 19 Thuc. 6, 53

[N(UA =)Υ] 3 αὐτῷ om. Υ | προσήκει Υ || 7 συστρατιωτῶν U || 9 καὶ om. N | ἑκατὸν ἀποδέοντων N || 10 σφενδονηστὰς N || 12 ὅτῳ Υ: ᾧ N || 15 ἀλλ' οὐδὲν U | 15.16 μετάπεμπτος . . . γενόμενος] cf. Sol. p. 117, 24 || 17 τυφλαὶ N et s. s. A: ψυχραὶ UA[r] || 20 καὶ[2] om. N || 21 ἀπὸ μιᾶς Υ: ἀνομίας N || 22 ἐνέβαλλον Υ | ἀκρίτως N || 23 μὴ om. N || 25 περιπεσὼν Br.: παραπεσὼν || 26 αὐτοῖς om. U

δ' ὀνομάζουσι Διοκλείδαν καὶ Τεῦκρον, ὧν καὶ Φρύνιχός
ἐστιν ὁ κωμικὸς ταυτὶ πεποιηκώς (fr. 58 CAF I 385)·

7 ὦ φίλταθ' Ἑρμῆ, καὶ φυλάσσου μὴ πεσὼν
σαυτὸν παρακρούσῃ καὶ παράσχῃς διαβολὴν
ἑτέρῳ Διοκλείδᾳ βουλομένῳ κακόν τι δρᾶν. –
φυλάξομαι· Τεύκρῳ γὰρ οὐχὶ βούλομαι
e μήνυτρα δοῦναι τῷ παλαμναίῳ ξένῳ.

8 καίτοι βέβαιον οὐδὲν οὐδ' ἰσχυρὸν οἱ μηνύοντες ἐδεί-
κνυσαν. εἷς δ' αὐτῶν ἐρωτώμενος, ὅπως τὰ πρόσωπα τῶν
Ἑρμοκοπιδῶν γνωρίσειε, καὶ ἀποκρινόμενος ὅτι πρὸς τὴν
σελήνην, ἐσφάλη τοῦ παντός, ἕνης καὶ νέας οὔσης ὅτε
ταῦτ' ἐδρᾶτο, καὶ θόρυβον μὲν παρέσχε τοῖς νοῦν ἔχουσι,
τὸν δῆμον δ' οὐδὲ τοῦτο μαλακώτερον ἐποίησε πρὸς τὰς
διαβολάς, ἀλλ' ὥσπερ ὥρμησεν ἐξ ἀρχῆς, οὐκ ἐπαύσατο
φέρων καὶ καταβάλλων εἰς τὸ δεσμωτήριον, οὗ τις κατεί-
ποι.

21. Τῶν οὖν δεθέντων καὶ φυλαττομένων ἐπὶ κρίσει
f τότε καὶ Ἀνδοκίδης ἦν ὁ ῥήτωρ, ὃν Ἑλλάνικος ὁ συγγρα-
φεὺς (FGrH 4 F 170b) εἰς τοὺς Ὀδυσσέως ἀπογόνους ἀνή-
2 γαγεν. ἐδόκει δὲ μισόδημος εἶναι καὶ ὀλιγαρχικὸς ὁ Ἀν-
δοκίδης, ὕποπτον δ' οὐχ ἥκιστα τῆς τῶν Ἑρμῶν περι-
κοπῆς ἐποίησεν ὁ μέγας Ἑρμῆς ὁ πλησίον αὐτοῦ τῆς
3 οἰκίας ἀνάθημα τῆς Αἰγηίδος φυλῆς ἱδρυμένος· ἐν γὰρ 281 L
202 ὀλίγοις πάνυ τῶν ἐπιφανῶν μόνος σχεδὸν ἀκέραιος ἔμεινε·
διὸ καὶ νῦν Ἀνδοκίδου καλεῖται, καὶ πάντες οὕτως ὀνομά-
4 ζουσι, τῆς ἐπιγραφῆς ἀντιμαρτυρούσης. συνέβη δὲ τῷ
Ἀνδοκίδῃ μάλιστα τῶν τὴν αὐτὴν αἰτίαν ἐχόντων ἐν τῷ
δεσμωτηρίῳ γενέσθαι συνήθη καὶ φίλον, ἔνδοξον μὲν οὐχ
ὁμοίως ἐκείνῳ, συνέσει δὲ καὶ τόλμῃ περιττόν, ὄνομα

8 Diod. 13, 2, 4 || 17sq. Thuc. 6, 60 Andoc. Myst. 45sq.

[N(UA =)Υ] 3 φυλάττου Meineke || 4 σαυτὸν Kock: ἑαυτὸν N αὐτὸν Υ | περικρούσῃς (Meineke) Kock || 6 καὶ φυλάξομαι A || 10 ἀποκρινάμενος Υ || 12 καὶ om. Υ | μὲν om. N || 13 τὸν δὲ δῆμον N | τοῦτο Υ: οὕτω N || 15 ἐμβάλλων C || 20 εἶναι om. Υ ||

396 S Τίμαιον. οὗτος ἀναπείθει τὸν Ἀνδοκίδην ἑαυτοῦ τε κατή- 5
γορον καί τινων ἄλλων γενέσθαι μὴ πολλῶν· ὁμολογή-
σαντι γὰρ ἄδειαν εἶναι κατὰ ψήφισμα τοῦ δήμου, τὰ δὲ
τῆς κρίσεως ἄδηλα πᾶσι, τοῖς δὲ δυνατοῖς φοβερώτατα·
βέλτιον δὲ σωθῆναι ψευδόμενον ἢ μετὰ τῆς αὐτῆς αἰτίας
ἀποθανεῖν ἀδόξως, καὶ τὸ κοινῇ σκοποῦντι συμφέρον b
ὑπάρχειν, ὀλίγους καὶ ἀμφιβόλους προέμενον, πολλοὺς
καὶ ἀγαθοὺς ἐξελέσθαι τῆς ὀργῆς. ταῦτα τοῦ Τιμαίου 6
λέγοντος καὶ διδάσκοντος, ὁ Ἀνδοκίδης ἐπείσθη, καὶ
γενόμενος μηνυτὴς καθ' αὑτοῦ καὶ καθ' ἑτέρων, ἔσχε τὴν
ἀπὸ τοῦ ψηφίσματος ἄδειαν αὐτός, οὓς δ' ὠνόμασε πάντες
πλὴν τῶν φυγόντων ἀπώλοντο. καὶ πίστεως ἕνεκα προσ-
έθηκεν αὐτοῖς οἰκέτας ἰδίους ὁ Ἀνδοκίδης.

Οὐ μὴν ὅ γε δῆμος ἐνταῦθα τὴν ὀργὴν ἅπασαν ἀφῆκεν, 7
ἀλλὰ μᾶλλον ἀπαλλαγεὶς τῶν Ἑρμοκοπιδῶν, ὥσπερ σχο-
λάζοντι τῷ θυμῷ πρὸς τὸν Ἀλκιβιάδην ὅλος ἐρρύη, καὶ
τέλος ἀπέστειλε τὴν Σαλαμινίαν ἐπ' αὐτόν, οὐ φαύλως c
αὐτό γε τοῦτο προστάξας, μὴ βιάζεσθαι μηδ' ἅπτεσθαι
282 L τοῦ σώματος, ἀλλὰ τῷ μετριωτάτῳ λόγῳ χρῆσθαι, κελεύ-
οντας ἀκολουθεῖν ἐπὶ κρίσιν καὶ πείθειν τὸν δῆμον. ἐφο- 8
βοῦντο γὰρ ταραχὰς τοῦ στρατεύματος ἐν πολεμίᾳ γῇ καὶ
στάσιν, ἣν ῥᾳδίως ἂν ἐξειργάσατο βουληθεὶς ὁ Ἀλκιβιάδης.
καὶ γὰρ ἠθύμουν ἀπιόντος αὐτοῦ, καὶ πολλὴν τριβὴν προσ-
εδόκων καὶ μῆκος ἀργὸν ἐν τῷ Νικίᾳ τὸν πόλεμον ἕξειν,
καθάπερ μύωπος ἀφῃρημένου τῶν πράξεων. ὁ γὰρ Λάμα- 9
χος ἦν μὲν πολεμικὸς καὶ ἀνδρώδης, ἀξίωμα δ' οὐ προσῆν
οὐδ' ὄγκος αὐτῷ διὰ πενίαν.

14sq. Thuc. 6, 61 Iustin. 5, 5, 2 || 25 Plut. Nic. 15, 1

[N(UA =)Υ] 1 τε om. Υ || 4 πᾶσι τοῖς φοβεροῖς δυνατώτατα N || 5 αὐτῆς om. U || 6 καὶ | καὶ τῷ κοινῇ U || 10 ἑτέρου N || 11 ἀπὸ N: ἐκ Υ || 14 δῆμος τὴν ὀργὴν ἅπασαν ἀφῆκεν ἐνταῦθα Υ || 15 ἑρμοκοπίων N || 16 ὅλως N || 17 ἐπ' N: πρὸς Υ || 19 τῷ μετρίῳ λόγῳ Υ (τούτω supra μετρίω scr. A) | χρῆσθαι Sch.: κεχρῆσθαι Υ χρήσασθαι N || 21 ταραχὴν N | πολεμία τῇ στάσει N || 22 ἣν N: ὁ Υ || 23 ἀπόντος N || 26.27 προσῆν αὐτῷ οὐδὲ ὄγκος διαπενίαν N

d **22.** Εὐθὺς μὲν οὖν ἀποπλέων ὁ Ἀλκιβιάδης ἀφείλετο
Μεσσήνην Ἀθηναίους. ἦσαν γὰρ οἱ μέλλοντες ἐνδιδόναι
τὴν πόλιν, οὓς ἐκεῖνος εἰδὼς σαφέστατα τοῖς τῶν Συρακου-
σίων φίλοις ἐμήνυσε, καὶ διέφθειρε τὴν πρᾶξιν. ἐν δὲ Θου-
ρίοις γενόμενος καὶ ἀποβὰς τῆς τριήρους, ἔκρυψεν ἑαυτὸν 397 S
2 καὶ διέφυγε τοὺς ζητοῦντας. ἐπιγνόντος δέ τινος καὶ εἰπόν-
τος· „οὐ πιστεύεις ὦ Ἀλκιβιάδη τῇ πατρίδι;" „τὰ μὲν ἄλλ'"
ἔφη „πάντα· περὶ δὲ τῆς ἐμῆς ψυχῆς οὐδὲ τῇ μητρί,
μήπως ἀγνοήσασα τὴν μέλαιναν ἀντὶ τῆς λευκῆς ἐπενέγκῃ
3 ψῆφον." ὕστερον δ' ἀκούσας ὅτι θάνατον αὐτοῦ κατέγνω-
4 κεν ἡ πόλις· „ἀλλ' ἐγὼ" εἶπε „δείξω αὐτοῖς ὅτι ζῶ." τὴν
e μὲν οὖν εἰσαγγελίαν οὕτως ἔχουσαν ἀναγράφουσι· „Θεσσα-
λὸς Κίμωνος Λακιάδης Ἀλκιβιάδην Κλεινίου Σκαμβω- 283 L
νίδην εἰσήγγειλεν ἀδικεῖν περὶ τὼ θεώ, [τὴν Δήμητραν
καὶ τὴν Κόρην,] ἀπομιμούμενον τὰ μυστήρια καὶ δεικνύ-
οντα τοῖς αὑτοῦ ἑταίροις ἐν τῇ οἰκίᾳ τῇ ἑαυτοῦ, ἔχοντα
στολὴν οἵανπερ ὁ ἱεροφάντης ἔχων δεικνύει τὰ ἱερά, καὶ
ὀνομάζοντα αὑτὸν μὲν ἱεροφάντην, Πουλυτίωνα δὲ δᾳδοῦ-
χον, κήρυκα δὲ Θεόδωρον Φηγαιᾶ, τοὺς δ' ἄλλους ἑταί-
ρους μύστας προσαγορεύοντα καὶ ἐπόπτας παρὰ τὰ νόμιμα
f καὶ τὰ καθεστηκότα ὑπό τ' Εὐμολπιδῶν καὶ Κηρύκων
5 καὶ τῶν ἱερέων τῶν ἐξ Ἐλευσῖνος." ἐρήμην δ' αὐτοῦ

1 Thuc. 6, 74, 1 || 4 mor. 186e Thuc. 6, 61, 6 Diod. 13, 5 Nep. Alc. 4 Aelian. v. h. 13, 38 Ars. 128. 234 Apost. 7, 53 || 10 mor. 186e Aelian. v. h. 13, 38 Polyaen. 1, 40, 6 Ars. 128 || 12 supra c. 19 et ibi l. l. || 22 Thuc. 6, 61, 7 Diod. 13, 5, 4 Nep. Alc. 4, 5 Iustin. 5, 5, 3

[N(UA=)Υ] 2 μεσήνην N | ἀθηναίους N: om. Υ (sed add. A^m) || 3 σαφέστατα τοῖς τῶν Rei.: σαφεστάτοις τῶν N σαφέστατα τῶν Υ || 7. 8 τὰ μὲν ἄλλ' ἔφη πάντα Υ: πάντα ἔφη τἄλλα N || 8 τῆς ψυχῆς τῆς ἐμῆς Υ || 9 [ἐπ]ενέγκῃ Cor., sed cf. mor. 965d || 13 λακιάδης Υ: ἀλκιβιάδης N | σκαμμωνίδην N || 14 εἰσήγγειλον N | ἀδικεῖν ἀδι +++ περὶ N || 14. 15 τὴν—Κόρην del. Cor. || 15. 16 δεικνύοντα—ἑαυτοῦ om. N || 17 τὴν στολὴν N | ὁ om. Υ || 18 αὐτὸν μὲν Υ: μὲν ἑαυτὸν N | πολυτίωνα libri, cf. p. 246, 3 || 19 Φηγαιᾶ Cob.: φηγέα N φηγεέα A φιγεέα U (η supra ι) | post ἄλλους add. φησὶν N || 21 καὶ[1] del. Cob. || 22 ἱερῶν N

καταγνόντες καὶ τὰ χρήματα δημεύσαντες, ἔτι καὶ κατα-
ρᾶσθαι προσεψηφίσαντο πάντας ἱερεῖς καὶ ἱερείας, ὧν
μόνην φασὶ Θεανὼ τὴν Μένωνος Ἀγρυλῆθεν ἀντειπεῖν
πρὸς τὸ ψήφισμα, φάσκουσαν εὐχῶν, οὐ καταρῶν ἱέρειαν
γεγονέναι.

23. Τοσούτων δὲ κατεψηφισμένων Ἀλκιβιάδου καὶ κατε-
γνωσμένων, ἐτύγχανε μὲν ἐν Ἄργει διατρίβων, ὡς τὸ
πρῶτον ἐκ Θουρίων ἀποδρὰς εἰς Πελοπόννησον διεκομί-
σθη, φοβούμενος δὲ τοὺς ἐχθροὺς καὶ παντάπασι τῆς πα- 203
τρίδος ἀπεγνωκώς, ἔπεμψεν εἰς Σπάρτην, ἄδειαν ἀξιῶν
αὐτῷ γενέσθαι καὶ πίστιν ἐπὶ μείζοσι χρείαις καὶ ὠφελεί-
284 L αις ὧν πρότερον αὐτοὺς ἀμυνόμενος ἔβλαψε. δόντων δὲ 2
τῶν Σπαρτιατῶν καὶ δεξαμένων προθύμως, παραγενό-
398 S μενος ἓν μὲν εὐθὺς ἐξειργάσατο, μέλλοντας καὶ ἀναβαλ-
λομένους βοηθεῖν Συρακουσίοις ἐγείρας, καὶ παροξύνας
πέμψαι Γύλιππον ἄρχοντα, καὶ θραῦσαι τὴν ἐκεῖ τῶν
Ἀθηναίων δύναμιν· ἕτερον δέ, κινεῖν τὸν αὐτόθεν πόλε-
μον ἐπὶ τοὺς Ἀθηναίους· τὸ δὲ τρίτον καὶ μέγιστον, ἐπιτει-
χίσαι Δεκέλειαν, οὗ μᾶλλον οὐδὲν διειργάσατο καὶ κατοι-
κοφθόρησε τὴν πόλιν. εὐδοκιμῶν δὲ δημοσίᾳ καὶ θαυ- 3 b
μαζόμενος, οὐχ ἧττον ἰδίᾳ τοὺς πολλοὺς τότ' ἐδημαγώγει
καὶ κατεγοήτευε τῇ διαίτῃ λακωνίζων, ὥσθ' ὁρῶντας
ἐν χρῷ κουριῶντα καὶ ψυχρολουτοῦντα καὶ μάζῃ συνόντα
καὶ ζωμῷ μέλανι χρώμενον, ἀπιστεῖν καὶ διαπορεῖν εἴ ποτε
μάγειρον ἐπὶ τῆς οἰκίας οὗτος ὁ ἀνὴρ ἔσχεν ἢ προσέβλεψε
μυρεψὸν ἢ Μιλησίας ἠνέσχετο θιγεῖν χλανίδος. ἦν γὰρ ὥς 4
φασι μία δεινότης αὕτη τῶν πολλῶν ἐν αὐτῷ καὶ μηχανὴ

6 sq. Thuc. 6, 88, 9sq. 93 Diod. 13, 7,2 Nep. Alc. 4 || **20** sq. mor. 52e Athen. 12, 534b Aelian. v. h. 4, 15 Nep. Alc. 11

[N(UA =)Υ] **1** *καταγόντες* **N** | *τὰ* om. **N** | *καὶ*[2] om. Υ || **3** *ἀγραυλῆθεν* Υ *ἀπαρχῆθεν* **N**: em. Cob.; cf. Them. 23, 1 || **6** *Ἀλκιβιάδου καὶ κατεγνωσμένων* om. **N** || **7** *τὸ* Haitinger: *τότε* || **10** *ἀξιῶν ἄδειαν* Υ || **11** *μείζωσι* **N** || **12** *πρότερος*: em. Anon. || **13** *παραγενόμενος προθύμως*: trp. Am. || **25** *ὁ* om. Υ || **27** *μία* Υ: *μιλησίοις* **N** | *αὐτῷ* **N**: *αὐτῇ* Υ (sed *ῷ* s. s. **A**)

θήρας ἀνθρώπων, συνεξομοιοῦσθαι καὶ συνομοπαθεῖν τοῖς
ἐπιτηδεύμασι καὶ ταῖς διαίταις, ὀξυτέρας τρεπομένῳ
c 5 τροπὰς τοῦ χαμαιλέοντος. πλὴν ἐκεῖνος μὲν ὡς λέγεται
πρὸς ἓν ἐξαδυνατεῖ χρῶμα τὸ λευκὸν ἀφομοιοῦν ἑαυτόν·
Ἀλκιβιάδῃ δὲ διὰ χρηστῶν ἰόντι καὶ πονηρῶν ὁμοίως
οὐδὲν ἦν ἀμίμητον οὐδ' ἀνεπιτήδευτον, ἀλλ' ἐν Σπάρτῃ
γυμναστικός, εὐτελής, σκυθρωπός, ἐν Ἰωνίᾳ χλιδανός,
ἐπιτερπής, ῥᾴθυμος, ἐν Θρᾴκῃ μεθυστικός, ἱππαστι-
κός, Τισσαφέρνῃ δὲ τῷ σατράπῃ συνὼν ὑπερέβαλλεν ὄγκῳ
καὶ πολυτελείᾳ τὴν Περσικὴν μεγαλοπρέπειαν, οὐχ αὑτὸν 285 L
ἐξιστὰς οὕτω ῥᾳδίως εἰς ἕτερον ἐξ ἑτέρου τρόπον, οὐδὲ
πᾶσαν δεχόμενος τῷ ἤθει μεταβολήν, ἀλλ' ὅτι τῇ φύσει
d χρώμενος ἔμελλε λυπεῖν τοὺς ἐντυγχάνοντας, εἰς πᾶν ἀεὶ
τὸ πρόσφορον ἐκείνοις σχῆμα καὶ πλάσμα κατεδύετο καὶ
6 κατέφευγεν. ἐν γοῦν τῇ Λακεδαίμονι πρὸς τὰ ἔξωθεν ἦν
εἰπεῖν (TGF adesp. 363 N[2])·

„οὐ παῖς Ἀχιλλέως, ἀλλ' ἐκεῖνος αὐτὸς εἶ,“

οἷον ὁ Λυκοῦργος ἐπαίδευσε, τοῖς δ' ἀληθινοῖς ἂν τις
ἐπεφώνησεν αὐτοῦ πάθεσι καὶ πράγμασιν (Eurip. Or. 399 S
129)·

„ἔστιν ἡ πάλαι γυνή“.

7 Τιμαίαν γὰρ τὴν Ἄγιδος γυναῖκα τοῦ βασιλέως στρα-
τευομένου καὶ ἀποδημοῦντος οὕτω διέφθειρεν, ὥστε καὶ
κύειν ἐξ Ἀλκιβιάδου καὶ μὴ ἀρνεῖσθαι, καὶ τεκούσης παι-
δίον ἄρρεν ἔξω μὲν Λεωτυχίδην καλεῖσθαι, τὸ δ' ἐντὸς αὐτοῦ
e ψιθυριζόμενον ὄνομα πρὸς τὰς φίλας καὶ τὰς ὀπαδοὺς ὑπὸ

15 mor. 51 c ‖ 22 sq. Plut. Lys. 22, 7. 8. Ages. 3 mor. 467 f Xen. Hell. 3, 3, 1–3 Athen. 12, 535 b Nep. Ages. 1, 4 Iustin. 5, 2, 5

[N(UA=)Υ] 6 Σπάρτῃ ⟨μὲν ἦν⟩ Zie. ‖ 8 post μεθυστικός add. (coll. Athen.) ἐν Θετταλίᾳ Br. (cum C), ἐν Θετταλοῖς Sint., vix recte ‖ 9 τισσαφέρνῃ N: τισαφέρνῃ Υ; item semper fere alibi | ὑπερέβαλ+εν (λ eras.) A ‖ 15 κατέφυγεν N ‖ 17 αὐτὸς εἶ mor.: εἴη ἂν αὐτός ‖ 18 ὁ om. Υ ‖ 24 καὶ[1] del. Cob. | παιδάριον Υ ‖ 26 καὶ τὰς Rei.: καὶ τοὺς

τῆς μητρὸς Ἀλκιβιάδην εἶναι· τοσοῦτος ἔρως κατεῖχε
τὴν ἄνθρωπον. ὁ δ' ἐντρυφῶν ἔλεγεν οὐχ ὕβρει τοῦτο 8
πράσσειν οὐδὲ κρατούμενος ὑφ' ἡδονῆς, ἀλλ' ὅπως Λακε-
δαιμονίων βασιλεύσωσιν οἱ ἐξ αὐτοῦ γεγονότες. οὕτω
πραττόμενα ταῦτα πολλοὶ κατηγόρουν πρὸς τὸν Ἆγιν.
ἐπίστευσε δὲ τῷ χρόνῳ μάλιστα, ὅτι σεισμοῦ γενομένου 9
φοβηθεὶς ἐξέδραμε τοῦ θαλάμου παρὰ τῆς γυναικός, εἶτα
δέκα μηνῶν οὐκέτι συνῆλθεν αὐτῇ, μεθ' οὓς γενόμενον
τὸν Λεωτυχίδην ἀπέφησεν ἐξ αὐτοῦ μὴ γεγονέναι. καὶ
διὰ τοῦτο τῆς βασιλείας ἐξέπεσεν ὕστερον ὁ Λεωτυχί-
δης.

286 L **24.** Μετὰ δὲ τὴν ἐν Σικελίᾳ τῶν Ἀθηναίων δυστυχίαν f
ἐπρέσβευσαν εἰς Σπάρτην ἅμα Χῖοι καὶ Λέσβιοι καὶ
Κυζικηνοὶ περὶ ἀποστάσεως, ⟨συμ⟩πραττόντων Βοιω-
τῶν μὲν Λεσβίοις, Φαρναβάζου δὲ Κυζικηνοῖς. Ἀλκιβιάδῃ 2
δὲ πεισθέντες εἵλοντο Χίοις πρὸ πάντων βοηθεῖν. ἐκ-
πλεύσας δὲ καὶ αὐτὸς ἀπέστησεν ὀλίγου δεῖν ἅπασαν
Ἰωνίαν, καὶ πολλὰ συνὼν τοῖς τῶν Λακεδαιμονίων στρα- 204
τηγοῖς, ἔβλαπτε τοὺς Ἀθηναίους. ὁ δ' Ἆγις ἐχθρὸς μὲν 3
ὑπῆρχεν αὐτῷ διὰ τὴν γυναῖκα κακῶς πεπονθώς, ἤχθετο
δὲ καὶ τῇ δόξῃ· τὰ γὰρ πλεῖστα γίνεσθαι καὶ προχωρεῖν
δι' Ἀλκιβιάδην λόγος εἶχε· τῶν δ' ἄλλων Σπαρτιατῶν
οἱ δυνατώτατοι καὶ φιλοτιμότατοι τὸν Ἀλκιβιάδην ἤδη
ἐβαρύνοντο διὰ φθόνον. ἴσχυσαν οὖν καὶ διεπράξαντο τοὺς 4
οἴκοθεν ἄρχοντας ἐπιστεῖλαι τοῖς κατ' Ἰωνίαν, ὅπως ἀπο-
400 S κτείνωσιν αὐτόν. ὁ δ' ἡσυχῇ προγνοὺς καὶ φοβηθείς, τῶν
μὲν πράξεων πασῶν ἐκοινώνει τοῖς Λακεδαιμονίοις,
τὸ δ' εἰς χεῖρας ἰέναι παντάπασιν ἔφευγε, Τισσαφέρνῃ b

15 Thuc. 8, 6, 3 || **19** sq. Thuc. 8, 45, 1 Iustin. 5, 2, 4 Nep. Alc. 5

[N(UA =)Υ] **1** τοιοῦτος **N** || **3** πράττειν Υ || **4** οὕτω δὲ **N** || **14** πραττόντων: em. Mittelhaus || **16** δὲ h. l. omisit, post πραττόντων (l. 14) habet Υ || **17** καὶ om. **U** || **21** προσχωρεῖν Υ (sed ras. corr. **A**) || **22** εἶχε **N**: ἦν Υ || **23** φιλοτιμώτατοι **N** | ἤδη delendumne? || **25** τοῖς κατ' **N**: πρὸς Υ

δὲ τῷ βασιλέως σατράπῃ δοὺς ἑαυτὸν ὑπὲρ ἀσφαλείας,
5 εὐθὺς ἦν παρ' αὐτῷ πρῶτος καὶ μέγιστος. τὸ μὲν γὰρ
πολύτροπον καὶ περιττὸν αὐτοῦ τῆς δεινότητος, οὐκ ὢν
ἁπλοῦς, ἀλλὰ κακοήθης καὶ φιλοπόνηρος, ἐθαύμαζεν ὁ
βάρβαρος· ταῖς δὲ καθ' ἡμέραν ἐν τῷ συσχολάζειν καὶ
συνδιαιτᾶσθαι χάρισιν οὐδὲν ἦν ἄτεγκτον ἦθος οὐδὲ φύ-
σις ἀνάλωτος, ἀλλὰ καὶ ⟨τοῖς⟩ δεδιόσι καὶ φθονοῦσιν
ὅμως τὸ συγγενέσθαι καὶ προσιδεῖν ἐκεῖνον ἡδονήν τινα
6 καὶ φιλοφροσύνην παρεῖχε. τἆλλα γοῦν ὠμὸς ὢν καὶ 287 L
μισέλλην ἐν τοῖς μάλιστα Περσῶν ὁ Τισσαφέρνης οὕτως
c ἐνεδίδου τῷ Ἀλκιβιάδῃ κολακευόμενος, ὥσθ' ὑπερβάλλειν
7 αὐτὸς ἀντικολακεύων ἐκεῖνον. ὧν γὰρ ἐκέκτητο παρα-
δείσων τὸν κάλλιστον λειμώνων καὶ ὑδάτων ὑγιεινῶν
ἕνεκα, διατριβὰς ἔχοντα καὶ καταφυγὰς ἠσκημένας βασι-
λικῶς καὶ περιττῶς, Ἀλκιβιάδην καλεῖν ἔθετο· καὶ πάν-
τες οὕτω καλοῦντες καὶ προσαγορεύοντες διετέλουν.

25. Ἀπογνοὺς οὖν ὁ Ἀλκιβιάδης τὰ τῶν Σπαρτιατῶν
ὡς ἄπιστα, καὶ φοβούμενος τὸν Ἆγιν, ἐκάκου καὶ διέ-
βαλλε πρὸς τὸν Τισσαφέρνην, οὐκ ἐῶν βοηθεῖν αὐτοῖς
d προθύμως οὐδὲ καταλύειν τοὺς Ἀθηναίους, ἀλλὰ γλί-
σχρως χορηγοῦντα θλίβειν καὶ ἀποκναίειν ἀτρέμα, καὶ
ποιεῖν ἀμφοτέρους βασιλεῖ χειροήθεις καὶ καταπόνους
2 ὑπ' ἀλλήλων. ὁ δ' ἐπείθετο ῥᾳδίως καὶ δῆλος ἦν ἀγα-
πῶν καὶ θαυμάζων, ὥστ' ἀποβλέπεσθαι τὸν Ἀλκιβιάδην
ἑκατέρωθεν ὑπὸ τῶν Ἑλλήνων, τοὺς δ' Ἀθηναίους καὶ με-
ταμέλεσθαι τοῖς γνωσθεῖσι περὶ αὐτοῦ κακῶς πάσχοντας,
ἄχθεσθαι δὲ κἀκεῖνον ἤδη καὶ φοβεῖσθαι, μὴ παντάπασι
τῆς πόλεως ἀναιρεθείσης ἐπὶ Λακεδαιμονίοις γένηται
μισούμενος.

Cap. 25 Thuc. 8, 45–51. 68, 3. 90, 1 Nep. Alc. 5 Diod. 13, 37 Iustin. 5, 2, 4–14

[N(UA =)Υ] **6** ἄτευκτον N | φύσιν N || **7** τοῖς add. Sch. || **9** τἆλλ' οὖν Υ || **12** αὐτὸν–ἐκεῖνος Υ || **13** κάλλιστον καὶ ὑδάτων καὶ λειμώνων Υ || **14** ἕνεκα Sint.: ἕνεκεν καὶ || **14. 15** καὶ βασιλικῶς καὶ N || **15** ne Ἀλκιβιάδου conicias, cf. Luc. 41,5. Sull. 17,5 || **23** ἀγαπᾶν N || **25** καὶ om. Υ || **28** ἐπὶ Herw.: ὑπὸ

401 s Ἐν δὲ τῇ Σάμῳ τότε πάντα τὰ πράγματα τοῖς Ἀθη- 3
ναίοις σχεδὸν ὑπῆρχε, κἀκεῖθεν ὁρμώμενοι τῇ ναυτικῇ e
δυνάμει τὰ μὲν ἀνεκτῶντο τῶν ἀφεστώτων, τὰ δ' ἐφύ-
288 L λαττον, ἁμῶς γέ πως ἔτι τοῖς πολεμίοις κατὰ θάλατταν
ὄντες ἀξιόμαχοι, Τισσαφέρνην δὲ φοβούμενοι καὶ τὰς 4
λεγομένας ὅσον οὔπω παρεῖναι Φοινίσσας τριήρεις, πεν-
τήκοντα καὶ ἑκατὸν οὔσας, ὧν ἀφικομένων οὐδεμία σω-
τηρίας ἐλπὶς ὑπελείπετο τῇ πόλει. ταῦτα δ' εἰδὼς ὁ 5
Ἀλκιβιάδης ἔπεμπε κρύφα πρὸς τοὺς ἐν Σάμῳ δυνατοὺς τῶν
Ἀθηναίων, ἐλπίδας ἐνδιδοὺς παρέξειν τὸν Τισσαφέρνην
φίλον, οὐ τοῖς πολλοῖς χαριζόμενος οὐδὲ πιστεύων ἐκεί-
νοις, ἀλλὰ τοῖς ἀρίστοις, εἰ τολμήσειαν ἄνδρες ἀγαθοὶ
γενόμενοι καὶ παύσαντες ὑβρίζοντα τὸν δῆμον αὐτοὶ
δι' αὑτῶν σῴζειν τὰ πράγματα καὶ τὴν πόλιν. οἱ μὲν οὖν 6 f
ἄλλοι σφόδρα προσεῖχον τῷ Ἀλκιβιάδῃ· τῶν δὲ στρατη-
γῶν εἷς, Φρύνιχος ὁ Δειραδιώτης, ὑποπτεύσας (ὅπερ ἦν)
τὸν Ἀλκιβιάδην οὐθέν τι μᾶλλον ὀλιγαρχίας ἢ δημοκρα-
τίας δεόμενον, ζητοῦντα δὲ πάντως κατελθεῖν, ἐκ διαβο-
λῆς τοῦ δήμου προθεραπεύειν καὶ ὑποδύεσθαι τοὺς δυ-
νατούς, ἀνθίστατο. κρατούμενος δὲ τῇ γνώμῃ καὶ φανε- 7
ρῶς ἤδη τοῦ Ἀλκιβιάδου γεγονὼς ἐχθρός, ἐξήγγειλε κρύφα
πρὸς Ἀστύοχον τὸν τῶν πολεμίων ναύαρχον, ἐγκελευό- 205
μενος φυλάττεσθαι καὶ συλλαμβάνειν ὡς ἐπαμφοτερί-
ζοντα τὸν Ἀλκιβιάδην. ἐλελήθει δ' ἄρα προδότης προ-
δότῃ διαλεγόμενος. τὸν γὰρ Τισσαφέρνην ἐκπεπληγ- 8
μένος ὁ Ἀστύοχος, καὶ τὸν Ἀλκιβιάδην ὁρῶν παρ' αὐτῷ
μέγαν ὄντα, κατεμήνυσε τὰ τοῦ Φρυνίχου πρὸς αὐτούς.
289 L ὁ δ' Ἀλκιβιάδης εὐθὺς εἰς Σάμον ἔπεμψε τοὺς τοῦ Φρυ- 9

14sq. Polyaen. 3, 6 || 16 cf. Thuc. 8, 48, 4

[N(UA =)Υ] 2 σχεδὸν post ὑπῆρχε hab. N; transponam ante πάντα || 3 ἐφεστώτων N || 4 ἁμῶς γέ πως Υ: ἄλλως τε ἕως N || 4.5 ἀξιόμαχοι κατὰ θάλατταν ὄντες N || 5 τισσαφέρνη U | φοβούμενοι Υ: βουλόμενοι N || 7 οὐδεμιᾶς: em. Rei. || 8 ὁ om. Υ || 11 χαριζόμενον οὐδὲ πιστεύοντ' Holzapfel cl. Thuc. 8, 48, 1 || 14 δι' ἑαυτῶν Υ || 16 διραδιώτης: em. Palmerius | ὅπερ καὶ ἦν Thuc. || 17 τι om. Thuc. || 21 ἐχθρὸς γεγονὼς N || 23 φυλάσσεσθαι Υ || 27 κατεμήνυε N

νίχου κατηγορήσοντας. ἀγανακτούντων δὲ πάντων καὶ
συνισταμένων ἐπὶ τὸν Φρύνιχον, οὐχ ὁρῶν ἑτέραν δια-
φυγὴν ἐκ τῶν παρόντων, ἐπεχείρησεν ἰάσασθαι μείζονι
10 κακῷ τὸ κακόν. αὖθις γὰρ ἔπεμψε πρὸς τὸν Ἀστύοχον,
b ἐγκαλῶν μὲν ὑπὲρ τῆς μηνύσεως, ἐπαγγελλόμενος δὲ τὰς 402 S
ναῦς καὶ τὸ στρατόπεδον τῶν Ἀθηναίων ὑποχείριον αὐτῷ
11 παρέξειν. οὐ μὴν ἔβλαψέ γε τοὺς Ἀθηναίους ἡ τοῦ Φρυνίχου
προδοσία διὰ τὴν Ἀστυόχου παλιμπροδοσίαν· καὶ γὰρ ταῦτα
κατεῖπε τοῦ Φρυνίχου πρὸς τοὺς περὶ τὸν Ἀλκιβιά-
12 δην. ὁ δὲ Φρύνιχος προαισθόμενος καὶ προσδεχόμενος
δευτέραν κατηγορίαν παρὰ τοῦ Ἀλκιβιάδου, φθάσας αὐτὸς
προεῖπε τοῖς Ἀθηναίοις, ὅτι μέλλουσιν ἐπιπλεῖν οἱ πολέ-
μιοι, καὶ παρῄνεσε πρὸς ταῖς ναυσὶν εἶναι καὶ περιτει-
13 χίσαι τὸ στρατόπεδον. ἐπεὶ δὲ πραττόντων ταῦτα τῶν
c Ἀθηναίων ἧκε γράμματα πάλιν παρὰ τοῦ Ἀλκιβιάδου,
φυλάττεσθαι κελεύοντος τὸν Φρύνιχον ὡς προδιδόντα
τοῖς πολεμίοις τὸν ναύσταθμον, ἠπίστησαν, οἰόμενοι τὸν
Ἀλκιβιάδην, εἰδότα σαφῶς τὴν τῶν πολεμίων παρασκευὴν
καὶ διάνοιαν, ἀποχρῆσθαι πρὸς τὴν τοῦ Φρυνίχου διαβολὴν
14 οὐκ ἀληθῶς. ὕστερον μέντοι τὸν Φρύνιχον ἑνὸς τῶν
περιπόλων Ἕρμωνος ἐν ἀγορᾷ πατάξαντος ἐγχειριδίῳ
καὶ διαφθείραντος, οἱ Ἀθηναῖοι δίκης γενομένης τοῦ
μὲν Φρυνίχου προδοσίαν κατεψηφίσαντο τεθνηκότος, τὸν
δ' Ἕρμωνα καὶ τοὺς μετ' αὐτοῦ συστάντας ἐστεφάνω- 290 L
σαν.

26. Ἐν δὲ τῇ Σάμῳ τότε κρατήσαντες οἱ Ἀλκιβιάδου
d φίλοι πέμπουσι Πείσανδρον εἰς ἄστυ, κινήσοντα τὴν πο-
λιτείαν καὶ παραθαρρυνοῦντα τοὺς δυνατοὺς τῶν πραγ-
μάτων ἀντιλαμβάνεσθαι καὶ καταλύειν τὸν δῆμον, ὡς

20 Thuc. 8, 92, 2 || 26 Thuc. 8, 49

[N(UA =)Υ] 1 κατηγορήσαντας U || 3 ἰᾶ[σα]σθαι A ἰάσθαι U || 5 κινήσεως (μηνυ supra κινή scr.) N || 8 πάλιν προδοσίαν: em. Steph. || 12 προσεῖπε N || 14 τῶν om. U || 16 προδόντα N (παραδίδοται vel προδίδονται Thuc. 8, 51, 2) || 22 διαφείραντος N || 26 κατήσαντες N || 27 πίσανδρον Υ || 28 παραθαρρύνοντα N

ἐπὶ τούτοις τοῦ Ἀλκιβιάδου Τισσαφέρνην αὐτοῖς φίλον
καὶ σύμμαχον παρέξοντος. αὕτη γὰρ ἦν πρόφασις καὶ
τοῦτο πρόσχημα τοῖς καθιστᾶσι τὴν ὀλιγαρχίαν. ἐπεὶ 2
δ' ἴσχυσαν καὶ παρέλαβον τὰ πράγματα, πεντακισχίλιοι
λεγόμενοι, τετρακόσιοι δ' ὄντες, ἐλάχιστα τῷ Ἀλκι-
βιάδῃ προσεῖχον ἤδη καὶ μαλακώτερον ἥπτοντο τοῦ πολέ-
μου, τὰ μὲν ἀπιστοῦντες ἔτι πρὸς τὴν μεταβολὴν ξενοπα-
403 S θοῦσι τοῖς πολίταις, τὰ δ' οἰόμενοι μᾶλλον ἐνδώσειν αὐτοῖς
Λακεδαιμονίους, ἀεὶ πρὸς ὀλιγαρχίαν ἐπιτηδείως ἔχον- e
τας. ὁ μὲν οὖν κατὰ πόλιν δῆμος ἄκων ὑπὸ δέους ἡσυ-
χίαν ἦγε· καὶ γὰρ ἀπεσφάγησαν οὐκ ὀλίγοι τῶν ἐναντιου-
μένων φανερῶς τοῖς τετρακοσίοις· οἱ δ' ἐν Σάμῳ ταῦτα 3
πυνθανόμενοι καὶ ἀγανακτοῦντες, ὥρμηντο πλεῖν εὐθὺς
ἐπὶ τὸν Πειραιᾶ, καὶ μεταπεμψάμενοι τὸν Ἀλκιβιάδην
καὶ στρατηγὸν ἀποδείξαντες ἐκέλευον ἡγεῖσθαι καὶ κατα-
λύειν τοὺς τυράννους. ὁ δ' οὐχ, οἷον ἄν τις ἄλλος ἐξαίφνης 4
χάριτι τῶν πολλῶν μέγας γεγονὼς ἔπαθε καὶ ἠγάπησε,
πάντα δεῖν εὐθὺς οἰόμενος χαρίζεσθαι καὶ μηδὲν ἀντιλέ-
γειν τοῖς ἐκ πλάνητος καὶ φυγάδος αὐτὸν ἄρτι νεῶν το-
σούτων καὶ στρατοπέδου καὶ δυνάμεως τηλικαύτης ἀπο- f
291 L δείξασιν ἡγεμόνα καὶ στρατηγόν, ἀλλ' ὅπερ ἦν ἄρχοντι
μεγάλῳ προσῆκον, ἀνθίστασθαι φερομένοις ὑπ' ὀργῆς,
κωλύσας ἐξαμαρτεῖν τότε γοῦν τῇ πόλει τὰ πράγματα
περιφανῶς ἔσωσεν. εἰ γὰρ ἄραντες ἀπέπλευσαν οἴκαδε, 5
τοῖς μὲν πολεμίοις εὐθὺς ἔχειν ὑπῆρξεν Ἰωνίαν ἅπασαν 206
⟨καὶ⟩ Ἑλλήσποντον ἀμαχεὶ καὶ τὰς νήσους, Ἀθηναίοις
δὲ πρὸς Ἀθηναίους μάχεσθαι, τὸν πόλεμον εἰς τὴν πόλιν
ἐμβαλόντας· ὃ μόνος ⟨ἢ⟩ μάλιστα μὴ γενέσθαι διεκώ-
λυσεν ὁ Ἀλκιβιάδης, οὐ μόνον πείθων καὶ διδάσκων τὸ

3 Thuc. 8, 70 || 12 Thuc. 8, 81. 82 || 16sq. Thuc. 8, 86, 4

[N(UA =)Υ] 3 πρόσσχημα U | καθηστῶσι N || 4 οἱ πενταχ. Υ || 10 κατὰ τὴν πόλιν Υ || 16 ἄλλος om. Υ || 19 ἄρτι om. Υ || 20 στρατοπέδων N || 21 ὅπερ Υ: ὥσπερ N || 23 τὰ πράγματα τῇ πόλει Υ || 24 εἰ Υ: οἱ (ε s. s. m. 1) N || 25 ὑπῆρχεν Υ || 26 καὶ add. Zie. (καὶ τὸν Rei.) || 28 ὃ Zie.: ὃν | ἢ add. Rei. || 29 ὁ om. N

πλῆθος, ἀλλὰ καὶ καθ' ἕνα τοὺς μὲν ἀντιβολῶν, τῶν δ'
6 ἐπιλαμβανόμενος. συνέπραττε δ' αὐτῷ καὶ Θρασύβουλος
ὁ Στειριεύς, ἅμα παρὼν καὶ κεκραγώς· ἦν γὰρ ὡς λέγε-
7 ται μεγαλοφωνότατος Ἀθηναίων· ἐκεῖνό τε δὴ καλὸν
ἔργον τοῦ Ἀλκιβιάδου καὶ δεύτερον, ὅτι ὑποσχόμενος τὰς
Φοινίσσας ναῦς, ἃς προσεδέχοντο Λακεδαιμόνιοι βασι-
b λέως πέμψαντος, ἢ μεταστήσειν πρὸς αὐτούς, ἢ διαπρά-
ξεσθαι μηδὲ πρὸς ἐκείνους κομισθῆναι, διὰ ταχέων ἐξέ-
8 πλευσε. καὶ τὰς μὲν ναῦς ἐκφανείσας περὶ Ἄσπενδον
οὐκ ἤγαγεν ὁ Τισσαφέρνης, ἀλλ' ἐψεύσατο τοὺς Λακε-
δαιμονίους, τὴν δ' αἰτίαν τοῦ ἀποστρέψαι παρ' ἀμφοτέ- 404 S
ροις ὁ Ἀλκιβιάδης εἶχε, καὶ μᾶλλον ἔτι παρὰ τοῖς Λακε-
δαιμονίοις, ὡς διδάσκων τὸν βάρβαρον αὐτοὺς ὑφ' ἑαυτῶν
9 περιορᾶν ἀπολλυμένους τοὺς Ἕλληνας. οὐ γὰρ ἦν ἄδηλον,
ὅτι τοῖς ἑτέροις δύναμις τοσαύτη προσγενομένη τοὺς ἑτέ- 292 L
ρους ἀφῃρεῖτο κομιδῇ τὸ κράτος τῆς θαλάττης.

27. Ἐκ τούτου κατελύθησαν μὲν οἱ τετρακόσιοι, τῶν τοῦ
c Ἀλκιβιάδου φίλων προθύμως συλλαμβανομένων τοῖς τὰ
τοῦ δήμου φρονοῦσι· βουλομένων δὲ τῶν ἐν ἄστει καὶ
κελευόντων κατιέναι τὸν Ἀλκιβιάδην, αὐτὸς ᾤετο δεῖν
μὴ κεναῖς χερσὶ μηδ' ἄπρακτος οἴκτῳ καὶ χάριτι τῶν
2 πολλῶν, ἀλλ' ἐνδόξως κατελθεῖν. διὸ πρῶτον μὲν ὀλίγαις
ναυσὶν ἐκ Σάμου περιέπλει τὴν ἐπὶ Κνίδου καὶ Κῶ θά-
λασσαν· ἐκεῖ δ' ἀκούσας Μίνδαρον τὸν Σπαρτιάτην εἰς
Ἑλλήσποντον ἀναπλεῖν τῷ στόλῳ παντὶ καὶ τοὺς Ἀθη-
ναίους ἐπακολουθεῖν, ἠπείγετο βοηθῆσαι τοῖς στρατη-

4sq. Thuc. 8, 46, 5 Diod. 13, 37, 4. 41, 4 || cap. 27 Xen. Hell. 1, 1, 4–9 Diod. 13, 45. 46

[N(UA =)Υ] 1 τῶν Υ: τοὺς N || 3 παριὼν Ri. || 4 ἐκείνῳ N | τε δὴ Υ: δ' ἦν N || 5 ἔργον om. Υ || 7 διαπράξασθαι Υ || 11 τὴν δ' αἰτίαν τοῦ ἀποστρέψαι (ἀποτρέψαι A) Υ: ὁ δ' ἀποστρέψαι τὴν αἰτίαν N || 12 ὁ om. N || 13 αὑτῶν Υ || 17 τοῦ om. Υ || 18 λαμβανομένων (in init. pag.) U || 19 τοῦ om. Υ || 20 κατιέναι Υ: κατάγειν N || 21 ἄπρακτος Rei.: ἀπράκτοις || 23 τὴν ἐπὶ Κνίδου καὶ Κῶ θάλασσαν Zie.: τὴν ἐπὶ κνίδον κακοθάλασσαν N τὴν κνιδίων καὶ κῴων θάλασσαν Υ || 26 βοηθήσας N

γοῖς, καὶ κατὰ τύχην εἰς τοῦτο καιροῦ συνήνυσε πλέων 3
ὀκτωκαίδεκα τριήρεσιν, ἐν ᾧ πάσαις ὁμοῦ ταῖς ναυσὶ
συμπεσόντες εἰς ταὐτὸ καὶ διαναυμαχοῦντες περὶ Ἄβυδον a. 411
ἀμφότεροι, τοῖς μὲν ἡττώμενοι μέρεσι, τοῖς δὲ νικῶντες, d
ἄχρι δείλης ἀγῶνι μεγάλῳ συνείχοντο, καὶ παρέσχε μὲν 4
ἐναντίαν δόξαν ἀμφοτέροις ἐπιφανείς, ὥστε θαρρεῖν μὲν
τοὺς πολεμίους, θορυβεῖσθαι δὲ τοὺς Ἀθηναίους. ταχὺ
δὲ σημεῖον ἄρας ἀπὸ τῆς ναυαρχίδος φίλιον, ὥρμησεν
εὐθὺς ἐπὶ τοὺς κρατοῦντας καὶ διώκοντας τῶν Πελοπον-
νησίων. τρεψάμενος δ' αὐτοὺς ἐξέωσεν εἰς τὴν γῆν, καὶ 5
προσκείμενος ἔκοπτε τὰς ναῦς καὶ συνετίτρωσκε, τῶν
293 L ἀνδρῶν ἐκνεόντων καὶ Φαρναβάζου πεζῇ προσβοηθοῦντος
αὐτοῖς καὶ μαχομένου παρὰ τὴν θάλατταν ὑπὲρ τῶν νεῶν.
τέλος δὲ τῶν μὲν πολεμίων τριάκοντα λαβόντες, ἀνασώ- 6
σαντες δὲ τὰς αὑτῶν, τρόπαιον ἔστησαν. e

405 S Οὕτω δὲ λαμπρᾷ χρησάμενος εὐτυχίᾳ, καὶ φιλοτιμού-
μενος εὐθὺς ἐγκαλλωπίσασθαι τῷ Τισσαφέρνῃ, ξένια καὶ
δῶρα παρασκευασάμενος καὶ θεραπείαν ἔχων ἡγεμονι-
κὴν ἐπορεύετο πρὸς αὐτόν. οὐ μὴν ἔτυχεν ὧν προσεδόκη- 7
σεν, ἀλλὰ πάλαι κακῶς ἀκούων ὁ Τισσαφέρνης ὑπὸ τῶν
Λακεδαιμονίων, καὶ φοβούμενος αἰτίαν λαβεῖν ἐκ βασι-
λέως, ἔδοξεν ἐν καιρῷ τὸν Ἀλκιβιάδην ἀφῖχθαι, καὶ συλ-
λαβὼν αὐτὸν εἷρξεν ἐν Σάρδεσιν, ὡς λύσιν ἐκείνης τῆς δια-
βολῆς τὴν ἀδικίαν ταύτην ἐσομένην.

28. Τριάκοντα δ' ἡμερῶν διαγενομένων ὁ Ἀλκιβιάδης
ἵππου ποθὲν εὐπορήσας καὶ ἀποδρὰς τοὺς φύλακας, εἰς f
Κλαζομενὰς διέφυγε, καὶ τὸν μὲν Τισσαφέρνην προσδιέ- 2
βαλλεν ὡς ὑπ' ἐκείνου μεθειμένος, αὐτὸς δὲ πλεύσας εἰς
τὸ στρατόπεδον τῶν Ἀθηναίων, καὶ πυθόμενος Μίνδαρον

cap. 28 Xen. Hell. 1, 1, 10–23 Diod. 13, 49–51 Iustin. 5, 4, 1–3

[N(UA =)Υ] **1** πλέον N ‖ **2** ὁμοῦ ἐν ᾧ πάσαις ὁμοῦ N ‖ **3** τὸ αὐτὸ Υ ‖ **4** ἡττωμένοις N ‖ **8** ναυαρχίδος A (ίδος fortasse in ras.): ναυαρχίας NU ‖ **12** ἐκνευόντων N ‖ **13** περὶ N ‖ **14** τέλος δὲ om. N ‖ **25** ὁ om. N ‖ **28** μεμισθωμένος N ‖ **29.** p. 260, 1 μίνδαρον ὁμοῦ Υ: αὐτὸν ὁμοῦ μίνδαρον N

ὁμοῦ καὶ Φαρνάβαζον ἐν Κυζίκῳ γεγονέναι, τοὺς μὲν στρα-
a. 410 τιώτας παρώρμησεν, ὡς ἀνάγκην οὖσαν αὐτοῖς καὶ ναυμα-
207 χεῖν καὶ πεζομαχεῖν καὶ νὴ Δία τειχομαχεῖν πρὸς τοὺς πο-
3 λεμίους· χρήματα γὰρ οὐκ εἶναι μὴ πάντῃ κρατοῦσι· πληρώ-
σας δὲ τὰς ναῦς καὶ κατάρας εἰς Προικόννησον, ἐκέλευσεν
ἐντὸς περιβάλλειν τὰ λεπτὰ πλοῖα καὶ παραφυλάσσειν,
ὅπως μηδεμία τοῖς πολεμίοις ἐπιπλέοντος αὐτοῦ γένοιτο
4 μηδαμόθεν προαίσθησις. ἔτυχε δὲ καὶ πολὺν ὄμβρον ἐξαί- 294 L
φνης ἐπιπεσόντα καὶ βροντὰς καὶ ζόφον συνεργῆσαι καὶ
συνεπικρύψαι τὴν παρασκευήν. οὐ γὰρ μόνον τοὺς πολε-
μίους ἔλαθεν, ἀλλὰ καὶ τοὺς Ἀθηναίους ἀπεγνωκότας
5 ἤδη ἐμβῆναι κελεύσας ἀνήχθη. καὶ μετὰ μικρὸν ὅ τε ζόφος
διελύθη, καὶ κατώφθησαν αἱ τῶν Πελοποννησίων νῆες
6 αἰωρούμεναι πρὸ τοῦ λιμένος τῶν Κυζικηνῶν. δείσας οὖν
b ὁ Ἀλκιβιάδης, μὴ διὰ τὸ πλῆθος αὐτῶν προϊδόντες εἰς τὴν
γῆν καταφύγωσι, τοὺς μὲν στρατηγοὺς ἐκέλευσεν ἡσυχῇ
πλεῖν ὑπολιπομένους, αὐτὸς δὲ τετταράκοντα ναῦς ἔχων 406 S
7 ἐφαίνετο καὶ προὐκαλεῖτο τοὺς πολεμίους. ἐπεὶ δ' ἐξηπά-
τηντο καὶ καταφρονήσαντες ὡς ἐπὶ τοσαύτας ἀντεξήλα-
σαν, αὐτοὶ μὲν εὐθὺς ἐξήπτοντο καὶ συνεπλέκοντο, τῶν
δ' ἄλλων ἤδη μαχομένοις ἐπιφερομένων, ἐκπλαγέντες
8 ἔφευγον. ὁ δ' Ἀλκιβιάδης εἴκοσι ταῖς ἀρίσταις διεκπλεύσας
καὶ προσβαλὼν τῇ γῇ καὶ ἀποβάς, ἐνέκειτο τοῖς φεύγου-
σιν ἐκ τῶν νεῶν καὶ πολλοὺς ἔφθειρε· Μινδάρου δὲ καὶ
c Φαρναβάζου προσβοηθούντων κρατήσας, τὸν μὲν Μίν-
δαρον ἀνεῖλεν ἐρρωμένως ἀγωνιζόμενον, ὁ δὲ Φαρνάβαζος
9 ἔφυγε. πολλῶν δὲ καὶ νεκρῶν καὶ ὅπλων κρατήσαντες,
τάς τε ναῦς ἁπάσας λαβόντες, χειρωσάμενοι δὲ καὶ Κύζι-

[N(UA =)Υ] **3** *καὶ²—τειχομαχεῖν* om. Υ (add. A^m) | *νὴ* Cor.: *μὰ* ‖ **4** *πάντι* **N** ‖ **5** *προικόννησον* **UN**, sed *ι* alio atramento **N** *προικό+νησον* (*ι* postea add., *ν* eras.) **A** ‖ **6** *περιβαλεῖν* **N** *περιλαβεῖν* Zie. ‖ **12** *ἤδη* ⟨*ναυμαχεῖν*⟩ vel sim. Sint. ‖ **13** *διεχύθη* **N** ‖ **15** *αὐτὸν* Υ ‖ **16** *συστρατήγους* Cob. ‖ **17** *πλεῖν ὑπολιπομένους* (*ιπομ* e corr. m. 1) **N**: *πλέοντας ὑπολείπεσθαι* Υ ‖ **19** *καὶ* om. Υ | *τοσαύταις* **N** ‖ **20** *αὐτοὶ* Υ: *αὗται* **N** ‖ **21** *μαχουμένοις* **U** ‖ **23** *τὴν γῆν* **N** ‖ **25** *βοηθούντων* Υ (sed *προς* s. s. **A**) ‖ **28** *ἔλαβον* Υ

*κον, ἐκλιπόντος τοῦ Φαρναβάζου καὶ τῶν Πελοποννησίων
διαφθαρέντων, οὐ μόνον τὸν Ἑλλήσποντον εἶχον βεβαίως,
ἀλλὰ καὶ τῆς ἄλλης θαλάττης ἐξήλασαν κατὰ κράτος τοὺς
Λακεδαιμονίους. ἑάλω δὲ καὶ γράμματα Λακωνικὰ φρά-* 10
295 L *ζοντα τοῖς ἐφόροις τὴν γεγενημένην ἀτυχίαν· „ἔρρει τὰ*
6 *κᾶλα· Μίνδαρος ἀπεσσούα· πεινῶντι τὤνδρες· ἀπορίομες
τί χρὴ δρᾶν.“*

29. *Οὕτω δ' ἐπήρθησαν οἱ μετὰ τοῦ Ἀλκιβιάδου στρατευ-* d
*σάμενοι καὶ τοσοῦτον ἐφρόνησαν, ὥστ' ἀπαξιοῦν ἔτι τοῖς
ἄλλοις καταμειγνύναι στρατιώταις ἑαυτούς, πολλάκις ἡτ-
τημένοις ἀηττήτους ὄντας. καὶ γὰρ οὐ πολλῷ πρότερον* 2
*συνεβεβήκει πταίσαντος περὶ Ἔφεσον τοῦ Θρασύλλου τὸ
χαλκοῦν ἀνεστάναι τρόπαιον ὑπὸ τῶν Ἐφεσίων ἐπ' αἰσ-
χύνῃ τῶν Ἀθηναίων. ταῦτ' οὖν ὠνείδιζον οἱ μετὰ τοῦ* 3
*Ἀλκιβιάδου τοῖς μετὰ τοῦ Θρασύλλου, μεγαλύνοντες αὑ-
τοὺς καὶ τὸν στρατηγόν, ἐκείνοις δὲ μήτε γυμνασίων μήτε
χώρας ἐν στρατοπέδῳ κοινωνεῖν ἐθέλοντες. ἐπεὶ δὲ Φαρ-* 4
*νάβαζος ἱππέας τε πολλοὺς ἔχων καὶ πεζοὺς ἐπῆλθεν
αὐτοῖς ἐμβεβληκόσιν εἰς τὴν Ἀβυδηνῶν, ὁ δ' Ἀλκι-
βιάδης ἐκβοηθήσας ἐπ' αὐτὸν ἐτρέψατο καὶ κατεδίωξεν* e
407 S *ἄχρι σκότους μετὰ τοῦ Θρασύλλου, καὶ ἀνεμείγνυντο καὶ
κοινῇ φιλοφρονούμενοι καὶ χαίροντες ἐπανῄεσαν εἰς τὸ
στρατόπεδον. τῇ δ' ὑστεραίᾳ στήσας τρόπαιον ἐλεηλάτει τὴν* 5
*Φαρναβάζου χώραν οὐδενὸς ἀμύνεσθαι τολμῶντος. ἱερεῖς
μέντοι καὶ ἱερείας οὓς ἔλαβεν ἀφῆκεν ἄνευ λύτρων.*

Χαλκηδονίοις δ' ἀφεστῶσι καὶ δεδεγμένοις φρουρὰν 6 a. 409
καὶ ἁρμοστὴν Λακεδαιμονίων ὡρμημένος πολεμεῖν, ἀκού-
296 L *σας δ' ὅτι τὴν λείαν ἅπασαν ἐκ τῆς χώρας συναγαγόντες*

8 sq. Xen. Hell. 1, 2, 15–17 || 26 Xen. Hell. 1, 3, 1–3

[N(UA=)Υ] 1 *τοῦ* Υ: *δὲ τοῦ* N || 4 *λακωνικῶς* Υ || 6 *ἀπεσσούα* Υ: *ἀπέσσυε* N cf. Herw. lex. suppl. s. v. *ἀπεσσία* | *πινῶντι* N | *ἀπορείομες* N || 10 *ἡττημένους* N || 11 *ἀκτήτους* N || 12 *συνεκβεβήκει* N || 16 *γυμνασίῳ* N || 19 *δ'* om. Υ || 20 *ἐκβοη*^θ^*ήσας* A || 21 *ἄχρις ἐσκότου* N | *ἀνεμίγνυτο*: em. Rei. || 22. 23 *εἰς τὸ στρατόπεδον* om. N || 25 *οὓς ἔλαβεν* N: *ἔλαβε μὲν ἀλλ'* Υ || 26 *φρουρᾶς* N || 27 *ὡρμημένους* N *ὥρμησε μὲν* Rei. || 28 *δ'* om. Baroccianus 137 | *πᾶσαν* Υ

εἰς Βιθυνοὺς ὑπεκτίθενται φίλους ὄντας, ἧκεν ἐπὶ τοὺς
ὅρους ἄγων τὸ στράτευμα, καὶ κήρυκα προπέμψας ἐνε-
f κάλει τοῖς Βιθυνοῖς. οἱ δὲ δείσαντες τήν τε λείαν ἀπέδοσαν
αὐτῷ καὶ φιλίαν ὡμολόγησαν.

30. Ἀποτειχιζομένης δὲ τῆς Χαλκηδόνος ἐκ θαλάττης
εἰς θάλατταν, ὁ Φαρνάβαζος ἧκεν ὡς λύσων τὴν πολιορ-
κίαν, καὶ Ἱπποκράτης ὁ ἁρμοστὴς ἐκ τῆς πόλεως προαγα-
208 2 γὼν τὴν σὺν αὐτῷ δύναμιν, ἐπεχείρει τοῖς πολεμίοις. ὁ δ'
Ἀλκιβιάδης ἅμα πρὸς ἀμφοτέρους ἀντιτάξας τὸ στρά-
τευμα, τὸν μὲν Φαρνάβαζον φυγεῖν αἰσχρῶς ἠνάγκαζε,
τὸν δ' Ἱπποκράτην διέφθειρε καὶ συχνοὺς τῶν περὶ αὐτὸν
3 ἡττηθέντας. εἶτ' αὐτὸς μὲν ἐκπλεύσας εἰς τὸν Ἑλλήσπον-
τον ἠργυρολόγει καὶ Σηλυβρίαν εἷλεν, ἀφειδήσας ἑαυτοῦ
4 παρὰ τὸν καιρόν. οἱ γὰρ ἐνδιδόντες τὴν πόλιν συνέθεντο
μὲν ἀνασχήσειν πυρσὸν αὐτῷ μεσούσης νυκτός, ἠναγκάσ-
θησαν δὲ τοῦτο ποιῆσαι πρὸ τοῦ καιροῦ, τῶν συνωμοτῶν
5 τινα φοβηθέντες ἐξαίφνης μεταβαλόμενον. ἀρθέντος οὖν
τοῦ πυρσοῦ μηδέπω τῆς στρατιᾶς οὔσης ἑτοίμης, ἀναλα-
b βὼν ὅσον τριάκοντα ⟨τοὺς⟩ περὶ αὐτὸν ἠπείγετο δρόμῳ
πρὸς τὰ τείχη, τοὺς ἄλλους ἕπεσθαι κατὰ τάχος κελεύσας.
6 ἀνοιχθείσης δὲ τῆς πύλης αὐτῷ καὶ προσγενομένων τοῖς
τριάκοντα πελταστῶν εἴκοσι, παρεισπεσὼν εὐθὺς ᾔσθετο
τοὺς Σηλυβριανοὺς ἐξ ἐναντίας μετὰ τῶν ὅπλων ἐπιφερο- 297 L
7 μένους. ἐπεὶ δ' ὑποστάντι μὲν οὐκ ἐφαίνετο σωτηρία, πρὸς 408 S
δὲ τὸ φυγεῖν ἀήττητος ἄχρι τῆς ἡμέρας ἐκείνης ἐν ταῖς
στρατηγίαις γεγονὼς φιλονικότερον εἶχε, τῇ σάλπιγγι
σημήνας σιωπήν, ἐκέλευσεν ἕνα τῶν παρόντων ἀνειπεῖν

cap. 30 Xen. Hell. 1, 3, 4–10 Diodor. 13, 66

[N(UA =)Υ] 1 ἐκτίθενται Υ || 2 πέμψας N || 7 συναγαγὼν Υ || 8 τοῖς ἀθηναίοις Υ || 10 αἰσχρῶς φεύγειν ἠνάγκασε Υ || 11 ἱπποκράτη Υ || 15 ἀνασχεῖν N | μέσης N || 17 μεταβαλόμενον BCE: μεταβαλλόμενον NΥ || 18 στρατείας N || 19 τοὺς add. Zie. (⟨τῶν⟩ Rei.) || 21 δὲ om. U || 22 περισπεσὼν N || 23 σηλυμβριανοὺς (h. l., non postea) U σηλυβρινοὺς (h. l., non postea) N || 25 τῆς om. N

Σηλυβριανοῖς Ἀθηναίους ἐναντία ⟨τὰ⟩ ὅπλα μὴ τίθεσθαι.
τοῦτο τὸ κήρυγμα τοὺς μὲν ἀμβλυτέρους ἐποίησε πρὸς τὴν 8
μάχην, ὡς τῶν πολεμίων ἔνδον ὄντων ἁπάντων, οἱ δὲ ταῖς
ἐλπίσιν ἡδίους ἐγένοντο πρὸς τὰς διαλύσεις. ἐν ᾧ δὲ συ- 9 c
στάντες ἀλλήλοις μετεδίδοσαν λόγων, ἐπῆλθεν ἡ στρατιὰ
τῷ Ἀλκιβιάδῃ, καὶ τεκμαιρόμενος, ὅπερ ἦν, εἰρηνικὰ φρο-
νεῖν τοὺς Σηλυβριανούς, ἔδεισε μὴ τὴν πόλιν οἱ Θρᾷκες
διαρπάσωσιν. ἦσαν δὲ πολλοί, χάριτι τοῦ Ἀλκιβιάδου καὶ 10
δι' εὔνοιαν στρατευόμενοι προθύμως. ἀπέπεμψεν οὖν τού-
τους ἅπαντας ἐκ τῆς πόλεως, τοὺς δὲ Σηλυβριανοὺς δεη-
θέντας οὐδὲν ἠδίκησεν, ἀλλὰ χρήματα λαβὼν καὶ φρου-
ρὰν ἐγκαταστήσας ἀπῆλθεν.

31. Οἱ δὲ πολιορκοῦντες τὴν Χαλκηδόνα στρατηγοὶ a. 408
σπονδὰς ἐποιήσαντο πρὸς Φαρνάβαζον ἐπὶ τῷ χρήματα
λαβεῖν καὶ Χαλκηδονίους ὑπηκόους πάλιν Ἀθηναίοις εἶναι, d
τὴν δὲ Φαρναβάζου χώραν μηδὲν ἀδικεῖν, Φαρνάβαζον δὲ
πρέσβεσιν Ἀθηναίων πρὸς βασιλέα πομπὴν μετ' ἀσφα-
λείας παρασχεῖν. ὡς οὖν ἐπανελθόντα τὸν Ἀλκιβιάδην 2
ὁ Φαρνάβαζος ἠξίου καὶ αὐτὸν ὀμόσαι περὶ τῶν ὡμολο-
γημένων, οὐκ ἔφη πρότερον ἢ κἀκεῖνον αὐτοῖς ὀμόσαι.
298 L γενομένων δὲ τῶν ὅρκων, ἐπὶ Βυζαντίους ἀφεστῶτας 3
ἦλθε καὶ περιετείχιζε τὴν πόλιν. Ἀναξιλάου δὲ καὶ Λυκούρ-
γου καί τινων ἄλλων συνθεμένων ἐπὶ σωτηρίᾳ παραδώ-
σειν τὴν πόλιν, διαδοὺς λόγον ὡς ἀνίστησιν αὐτοὺς πράγ-
ματα νεώτερα συνιστάμενα περὶ τὴν Ἰωνίαν, ἡμέρας ἀπέ- e
πλει ταῖς ναυσὶ πάσαις, νυκτὸς δ' ὑποστρέψας, αὐτὸς μὲν
ἀπέβη μετὰ τῶν ὁπλιτῶν καὶ προσελθὼν τοῖς τείχεσιν
409 S ἡσυχίαν ἦγεν, αἱ δὲ νῆες ἐπὶ τὸν λιμένα πλεύσασαι καὶ

13 sq. Xen. Hell. 1, 3, 8–11 Diod. 13, 66, 3 || **21** sq. Xen. Hell. 1, 3, 14–22 Diod. 13, 66. 67

[N(UA =)Υ] **1** *σηλυβριανοὺς ἀθηναίοις*: em. Br. | *τὰ* add. Cob. || **4** *δὲ* om. **N** || **5** *μετεδίδοσαν* **N**: *ἐδίδοσαν* (s. s. *μετ* **A**) Υ | *λόγον* Υ | *στρατεία* **N** || **9** *συστρατευόμενοι* Naber || **16** *μηδὲν* **N**: *μὴ* Υ || **17** *πέμπειν* ex *πομπὴν* corr. m. 1 **N** || **19** *ὀμῶσαι* ex *ὀμόσαι* m. 1 **N**; item l. 20 || **20** *κακεῖνον* **N** (cf. Xen. Hell. 1, 3,11): *ἐκεῖνον* Υ || **21** *ὅρκων* ex *ὅρκον* m. 1 **N** || **24** *διδοὺς* **N**

βιαζόμεναι κραυγῇ τε πολλῇ καὶ θορύβοις καὶ ψόφοις,
ἅμα μὲν ἐξέπληττον τῷ ἀπροσδοκήτῳ τοὺς Βυζαντίους,
ἅμα δὲ τοῖς ἀττικίζουσι παρεῖχον ἐπ' ἀδείας τὸν Ἀλκιβιά-
δην δέχεσθαι, πάντων ἐπὶ τὸν λιμένα καὶ πρὸς τὰς ναῦς
4 βοηθούντων. οὐ μὴν ἀμαχεὶ προσεχώρησαν· οἱ γὰρ παρόν-
τες ἐν τῷ Βυζαντίῳ Πελοποννήσιοι καὶ Βοιωτοὶ καὶ Μεγα-
ρεῖς τοὺς μὲν ἀπὸ τῶν νεῶν ἐτρέψαντο καὶ καθεῖρξαν εἰς
f τὰς ναῦς πάλιν, τοὺς δ' Ἀθηναίους ἔνδον ὄντας αἰσθό-
5 μενοι, [καὶ] συντάξαντες ἑαυτοὺς ἐχώρουν ὁμόσε. καρτε-
ρᾶς δὲ μάχης γενομένης ἐνίκησεν ὁ Ἀλκιβιάδης τὸ δεξιὸν
κέρας ἔχων, Θηραμένης δὲ τὸ εὐώνυμον, καὶ τῶν πολεμίων
τοὺς περιγενομένους ὅσον τριακοσίους ζῶντας ἔλαβε.
6 Βυζαντίων δὲ μετὰ τὴν μάχην οὐδεὶς ἀπέθανεν οὐδ' ἔφυγεν·
209 ἐπὶ τούτοις γὰρ οἱ ἄνδρες παρέδοσαν τὴν πόλιν καὶ ταῦτα
7 συνέθεντο, μηδὲν αὐτοῖς ἴδιον ὑπεξελόμενοι. διὸ καὶ δίκην
προδοσίας ἐν Λακεδαίμονι φεύγων ὁ Ἀναξίλαος ἐφάνη
8 τῷ λόγῳ τὸ ἔργον οὐ καταισχύνων. ἔφη γὰρ οὐκ ὢν Λακε- 299 L
δαιμόνιος, ἀλλὰ Βυζάντιος, οὐδὲ τὴν Σπάρτην κινδυνεύου-
σαν, ἀλλὰ τὸ Βυζάντιον ὁρῶν, τῆς μὲν πόλεως ἀποτετειχι-
σμένης, μηδενὸς δ' εἰσαγομένου, τὸν δ' ὄντα σῖτον ἐν τῇ
πόλει Πελοποννησίων καὶ Βοιωτῶν ἐσθιόντων, Βυζαντίων
δὲ πεινώντων σὺν τέκνοις καὶ γυναιξίν, οὐ προδοῦναι τοῖς
πολεμίοις, ἀλλὰ πολέμου καὶ κακῶν ἀπαλλάξαι τὴν πόλιν,
b μιμούμενος τοὺς ἀρίστους Λακεδαιμονίων, οἷς ἓν καλὸν
ἁπλῶς καὶ δίκαιόν ἐστι τὸ τῆς πατρίδος συμφέρον. οἱ μὲν
οὖν Λακεδαιμόνιοι ταῦτ' ἀκούσαντες ᾐδέσθησαν καὶ ἀπέ-
λυσαν τοὺς ἄνδρας.

32. Ὁ δ' Ἀλκιβιάδης ἰδεῖν τε ποθῶν ἤδη τὰ οἴκοι καὶ
ἔτι μᾶλλον ὀφθῆναι βουλόμενος τοῖς πολίταις, νενικηκὼς

Cap. 32 Xen. Hell. 1, 4, 12–19 Diod. 13, 68 Nep. Alc. 6 Iustin. 5, 4

[N(UA=)Υ] 1.2 καὶ ψόφοις ἅμα μὲν om. N ‖ 4 πρὸς om. Υ ‖ 8. 9 αἰσθόμενοι–ἑαυτοὺς om. N ‖ 9 καὶ del. Li. ‖ 10 ὁ om. Υ ‖ 15 ὑπεξελεῖν Υ ‖ 17 οὐκ αἰσχύνων Υ ‖ 23 πολέμων καὶ Υ ‖ 29 βουλόμενος om. N

τοὺς πολεμίους τοσαυτάκις, ἀνήχθη, πολλαῖς μὲν ἀσπίσι
410 S καὶ λαφύροις κύκλῳ κεκοσμημένων τῶν Ἀττικῶν τριή-
ρων, πολλὰς δ' ἐφελκόμενος αἰχμαλώτους, ἔτι δὲ πλείω
κομίζων ἀκροστόλια τῶν διεφθαρμένων ὑπ' αὐτοῦ καὶ
κεκρατημένων. ἦσαν γὰρ οὐκ ἐλάττους συναμφότεραι
διακοσίων. ἃ δὲ Δοῦρις ὁ Σάμιος (FGrH 76 F 70), Ἀλκιβιάδου 2
φάσκων ἀπόγονος εἶναι, προστίθησι τούτοις, αὐλεῖν μὲν c
εἰρεσίαν τοῖς ἐλαύνουσι Χρυσόγονον τὸν πυθιονίκην, κελεύ-
ειν δὲ Καλλιππίδην τὸν τῶν τραγῳδιῶν ὑποκριτήν, στα-
τοὺς καὶ ξυστίδας καὶ τὸν ἄλλον ἐναγώνιον ἀμπεχομένους
κόσμον, ἱστίῳ δ' ἁλουργῷ τὴν ναυαρχίδα προσφέρεσθαι
300 L τοῖς λιμέσιν, ὥσπερ ἐκ μέθης ἐπικωμάζοντος, οὔτε Θεό-
πομπος οὔτ' Ἔφορος οὔτε Ξενοφῶν γέγραφεν, οὔτ' εἰκὸς
ἦν οὕτως ἐντρυφῆσαι τοῖς Ἀθηναίοις μετὰ φυγὴν καὶ συμ-
φορὰς τοσαύτας κατερχόμενον, ἀλλ' ἐκεῖνος καὶ δεδιὼς
κατήγετο, καὶ καταχθεὶς οὐ πρότερον ἀπέβη τῆς τριή-
ρους, ἢ στὰς ἐπὶ τοῦ καταστρώματος ἰδεῖν Εὐρυπτόλε- d
μόν τε τὸν ἀνεψιὸν παρόντα καὶ τῶν ἄλλων φίλων καὶ
οἰκείων συχνοὺς ἐκδεχομένους καὶ παρακαλοῦντας. ἐπεὶ 3
δ' ἀπέβη, τοὺς μὲν ἄλλους στρατηγοὺς οὐδ' ὁρᾶν ἐδό-
κουν ἀπαντῶντες οἱ ἄνθρωποι, πρὸς δ' ἐκεῖνον συντρέ-
χοντες ἐβόων, ἠσπάζοντο, παρέπεμπον, ἐστεφάνουν προσ-
ιόντες, οἱ δὲ μὴ δυνάμενοι προσελθεῖν ἄπωθεν ἐθεῶντο,
καὶ τοῖς νέοις ἐδείκνυσαν οἱ πρεσβύτεροι. πολὺ δὲ καὶ 4
⟨τὸ⟩ δακρῦον τῷ χαίροντι τῆς πόλεως ἀνεκέκρατο καὶ
μνήμη πρὸς τὴν παροῦσαν εὐτυχίαν τῶν πρόσθεν ἀτυ-
χημάτων λογιζομένοις, ὡς οὔτ' ἂν Σικελίας διήμαρτον,
οὔτ' ἄλλο τι τῶν προσδοκηθέντων ἐξέφυγεν αὐτοὺς ἐάσαν- e
τας Ἀλκιβιάδην ἐπὶ τῶν τότε πραγμάτων καὶ τῆς δυνά-

6 Athen. 12, 535 c. d

[N(UA =)Υ] **3** πολλοὺς N | δὲ om. Υ (s. s. A) || **8** εἰρέσιον N | πυθιονίκῃ Υ (sed ν supra η scr. m. 2(?) A) | κελεύειν bis N || **9** δὲ Υ: δὲ τὸν N || **10** ξυστίδα: em. Rei. | ἀμπεχόμενον Υ || **12** ἐπικωμάζοντας: em. Cor. || **15** καὶ Υ: τε καὶ N || **17** ἢ N: πρὶν Υ || **23** ἄποθεν N || **25** τὸ add. Rei. || **26** μνήμην N

μεως ἐκείνης, εἰ νῦν τὴν πόλιν παραλαβὼν ὀλίγου δέουσαν ἐκπεπτωκέναι τῆς θαλάσσης, κατὰ γῆν δὲ μόλις τῶν προαστείων κρατοῦσαν, αὐτὴν δὲ πρὸς ἑαυτὴν στασιάζουσαν, ἐκ λυπρῶν ἔτι λειψάνων καὶ ταπεινῶν ἀναστήσας οὐ μόνον τῆς θαλάσσης τὸ κράτος ἀποδέδωκεν, ἀλλὰ 411 S
καὶ πεζῇ νικῶσαν ἀποδείκνυσι πανταχοῦ τοὺς πολε- 6
μίους.

33. Τὸ μὲν οὖν ψήφισμα τῆς καθόδου πρότερον ἐκε-
a. 411 κύρωτο, Κριτίου τοῦ Καλλαίσχρου γράψαντος, ὡς αὐτὸς ἐν ταῖς ἐλεγείαις πεποίηκεν, ὑπομιμνήσκων τὸν Ἀλκιβιά-
f δην τῆς χάριτος ἐν τούτοις (fr. 3 D.)·

γνώμην δ' ἥ σε κατήγαγ', ἐγὼ ταύτην ἐν ἅπασιν 301 L
εἶπον καὶ γράψας τοὔργον ἔδρασα τόδε.
σφραγὶς δ' ἡμετέρης γλώσσης ἐπὶ τοῖσδεσι κεῖται·

a. 408 2 τότε δὲ τοῦ δήμου συνελθόντος εἰς ἐκκλησίαν παρελθὼν
210 ὁ Ἀλκιβιάδης, καὶ τὰ μὲν αὐτοῦ πάθη κλαύσας καὶ ὀλοφυράμενος, ἐγκαλέσας δὲ μικρὰ καὶ μέτρια τῷ δήμῳ, τὸ δὲ σύμπαν ἀναθεὶς αὑτοῦ τινι τύχῃ πονηρᾷ καὶ φθονερῷ δαίμονι, πλεῖστα δ' εἰς ἐλπίδας τῶν πολιτῶν καὶ πρὸς τὸ θαρρεῖν διαλεχθεὶς καὶ παρορμήσας, στεφάνοις μὲν ἐστεφανώθη χρυσοῖς, ᾑρέθη δ' ἅμα καὶ κατὰ γῆν καὶ κατὰ
3 θάλατταν αὐτοκράτωρ στρατηγός. ἐψηφίσαντο δὲ ⟨καὶ⟩ τὴν οὐσίαν ἀποδοῦναι αὐτῷ καὶ τὰς ἀρὰς ἀφοσιώσασθαι πάλιν Εὐμολπίδας καὶ Κήρυκας, ἃς ἐποιήσαντο τοῦ δήμου προστάξαντος. ἀφοσιουμένων δὲ τῶν ἄλλων Θεόδωρος ὁ ἱεροφάντης „ἀλλ' ἐγὼ" εἶπεν „οὐδὲ κατηρασάμην
b αὐτῷ κακὸν οὐδέν, εἰ μηδὲν ἀδικεῖ τὴν πόλιν."

8 Thuc. 8, 97, 3 Diod. 13, 38, 2. 42, 2 Nep. Alc. 5, 4 || 15 Xen. Hell. 1, 4, 20 Diod. 13, 69, 1 Nep. Alc. 6 || 22 Diod. 13, 69, 2

[N(UA =)Υ] 2 θαλάττης A || 5 μόνον γε τῆς Υ | θαλάττης Υ | ἀπέδωκεν N || 10 ὑπομνήσκων N || 12 γνώμη Υ | δ' om. N | δ' ἧστε U || 13 εἰπὼν Zie. || 14 ἡμετέρας Cob. | γλώττης Υ || 15 εἰς τὴν Υ || 18 τύχῃ φθονερᾷ N || 19 πολιτῶν Br.: πολεμίων libri πολλῶν Kron. || 22 θάλασσαν A | καὶ add. C || 23 αὐτῷ ante ⟨καὶ⟩ trp. Zie. || 24 ἐποίησαν N

34. Οὕτω δὲ τοῦ Ἀλκιβιάδου λαμπρῶς εὐημεροῦντος,
ὑπέθραττεν ἐνίους ὅμως ὁ τῆς καθόδου καιρός. ᾗ γὰρ
ἡμέρᾳ κατέπλευσεν, ἐδρᾶτο τὰ Πλυντήρια τῇ θεῷ. δρῶσι
δὲ τὰ ὄργια Πραξιεργίδαι Θαργηλιῶνος ἕκτῃ φθίνοντος
ἀπόρρητα, τόν τε κόσμον ἀφελόντες καὶ τὸ ἕδος κατακαλύ-
ψαντες. ὅθεν ἐν ταῖς μάλιστα τῶν ἀποφράδων τὴν ἡμέραν 2
ταύτην ἄπρακτον Ἀθηναῖοι νομίζουσιν. οὐ φιλοφρόνως
302 L οὖν οὐδ' εὐμενῶς ἐδόκει προσδεχομένη τὸν Ἀλκιβιάδην
ἡ θεὸς παρακαλύπτεσθαι καὶ ἀπελαύνειν ἑαυτῆς.
412 S Οὐ μὴν ἀλλὰ πάντων γεγονότων τῷ Ἀλκιβιάδῃ κατὰ 3 c
γνώμην, καὶ πληρουμένων ἑκατὸν τριήρων αἷς αὖθις
ἐκπλεῖν ἔμελλε, φιλοτιμία τις οὐκ ἀγεννὴς προσπεσοῦσα
κατέσχεν αὐτὸν μέχρι μυστηρίων. ἀφ' οὗ γὰρ ἐπετει- 4
χίσθη Δεκέλεια καὶ τῶν εἰς Ἐλευσῖνα παρόδων ἐκράτουν
οἱ πολέμιοι παρόντες, οὐδένα κόσμον εἶχεν ἡ τελετὴ
πεμπομένη κατὰ θάλατταν, ἀλλὰ καὶ θυσίαι καὶ χορεῖαι
καὶ πολλὰ τῶν δρωμένων καθ' ὁδὸν ἱερῶν, ὅταν ἐξελαύ-
νωσι τὸν Ἴακχον, ὑπ' ἀνάγκης ἐξελείπετο. καλὸν οὖν 5
ἐφαίνετο τῷ Ἀλκιβιάδῃ καὶ πρὸς θεῶν ὁσιότητα καὶ
πρὸς ἀνθρώπων δόξαν ἀποδοῦναι τὸ πάτριον σχῆμα τοῖς
ἱεροῖς, παραπέμψαντα πεζῇ τὴν τελετὴν καὶ δορυφορή- d
σαντα παρὰ τοὺς πολεμίους· ἢ γὰρ ἀτρεμήσαντα κομιδῇ
κολούσειν καὶ ταπεινώσειν τὸν Ἆγιν, ἢ μάχην ἱερὰν καὶ
θεοφιλῆ περὶ τῶν ἁγιωτάτων καὶ μεγίστων ἐν ὄψει τῆς
πατρίδος μαχεῖσθαι, καὶ πάντας ἕξειν μάρτυρας τοὺς πο-
λίτας τῆς ἀνδραγαθίας. ὡς δὲ ταῦτ' ἔγνω καὶ προεῖπεν 6
Εὐμολπίδαις καὶ Κήρυξι, σκοποὺς μὲν ἐπὶ τῶν ἄκρων
ἐκάθισε καὶ προδρόμους τινὰς ἅμ' ἡμέρᾳ προεξέπεμψεν,

1sq. Xen. Hell. 1, 4, 12 Phot. et Hesych. et Et. M. s. v. *Καλλυντήρια καὶ Πλυντήρια* IG I² 80 cf. Ziehen RE XXI 1060 || **10**sq. Xen. Hell. 1, 4, 20

[**N**(**UA**=)**Υ**] **4** *πραξιεργίδαι* om. **Υ** (sed add. **A**ᵐ) || **5** *ἀπορρητότα τὸν* **U** | *καθελόντες* **Υ** | *ἀποκαλύψαντες* **N** || **7** *ἄπρακτον* del. Cob. || **10** *τῷ* om. **N** || **11** *αἳ* **Υ** || **12** *ἔμελλον*: em. Sint. || **13** *ἄχρι* **Υ** || **16** *καὶ χορεῖαι* om. **N** || **17.18** *ἐξελαύνωσι—οὖν* om. **N** || **19** *ἐξεφαίνετο* **N** || **20** *δόξης* **N** || **23** *κολούσειν* **Υ**: *καταλύσιν* (i. e. *καταλύσειν*) **N** || **28** *προέπεμψεν* **N**

ἱερεῖς δὲ καὶ μύστας καὶ μυσταγωγοὺς ἀναλαβὼν καὶ
τοῖς ὅπλοις περικαλύψας, ἦγεν ἐν κόσμῳ καὶ μετὰ σιω-
πῆς, θέαμα σεμνὸν καὶ θεοπρεπὲς τὴν στρατηγίαν ἐκεί-
e νην ἐπιδεικνύμενος, ὑπὸ τῶν μὴ φθονούντων ἱεροφαντίαν
7 καὶ μυσταγωγίαν προσαγορευομένην. μηδενὸς δὲ τῶν 303 L
πολεμίων ἐπιθέσθαι τολμήσαντος, ἀσφαλῶς ἀπαγαγὼν
εἰς τὴν πόλιν, ἤρθη μὲν αὐτὸς τῷ φρονήματι, καὶ τὴν
στρατιὰν ἐπῆρεν ὡς ἄμαχον καὶ ἀήττητον οὖσαν ἐκείνου
στρατηγοῦντος, τοὺς δὲ φορτικοὺς καὶ πένητας οὕτως
ἐδημαγώγησεν, ὥστ' ἐρᾶν ἔρωτα θαυμαστὸν ὑπ' ἐκείνου
τυραννεῖσθαι, καὶ λέγειν ἐνίους καὶ προσιέναι παρακε-
λευομένους, ὅπως τοῦ φθόνου κρείττων γενόμενος καὶ
καταβαλὼν ψηφίσματα καὶ νόμους καὶ φλυάρους ἀπολ-
λύντας τὴν πόλιν ὡς ἂν *** πράξῃ καὶ χρήσηται τοῖς 413 S
πράγμασι, μὴ δεδιὼς τοὺς συκοφάντας.

f **35.** Αὐτὸς μὲν οὖν ἐκεῖνος ἣν εἶχε διάνοιαν περὶ τῆς
τυραννίδος, ἄδηλόν ἐστιν· οἱ δὲ δυνατώτατοι τῶν πολι-
τῶν φοβηθέντες ἐσπούδασαν αὐτὸν ἐκπλεῦσαι τὴν ταχί-
στην, τά τ' ἄλλα ψηφισάμενοι καὶ συνάρχοντας οὓς ἐκεῖ-
νος ἠθέλησεν.

2 Ἐκπλεύσας δὲ ταῖς ἑκατὸν ναυσὶ καὶ προσβαλὼν Ἄν-
δρῳ, μάχῃ μὲν ἐκράτησεν αὐτῶν καὶ Λακεδαιμονίων ὅσοι
211 παρῆσαν, οὐχ εἷλε δὲ τὴν πόλιν, ἀλλὰ τοῦτο τῶν καινῶν
ἐγκλημάτων πρῶτον ὑπῆρξε κατ' αὐτοῦ τοῖς ἐχθροῖς.
3 ἔοικε δ' εἴ τις ἄλλος ὑπὸ τῆς αὑτοῦ δόξης καταλυθῆναι
καὶ Ἀλκιβιάδης. μεγάλη γὰρ οὖσα καὶ τόλμης καὶ συνέ-
σεως [γέμουσα] ἀφ' ὧν κατώρθωσεν, ὕποπτον αὐτοῦ τὸ
ἐλλεῖπον ὡς οὐ σπουδάσαντος ἀπιστίᾳ τοῦ μὴ δυνηθῆναι

5 cf. Diod. 13, 68, 5 ‖ 16sq. Xen. Hell. 1, 4, 21 ‖ 25sq. Nep. Alc. 7 Iustin. 5, 5, 5–7

N(UA =)Υ] 6 ἐπαγαγὼν Υ ἀναγαγὼν Li. (ἐπαναγαγὼν Rei.) ‖ 8 στρατείαν N στρατηγίαν Υ: em. Br. ‖ 14 lac. stat. Zie. εἰς ὧν ἄρξῃ (Cor.) Bernardakis ὡς ἂν κράτιστα Madvig ὡς ἂν ⟨βούληται⟩ πράξει καὶ χρήσεται Rei. ⟨δόξῃ⟩ Ri. ὡς ἂν ὑπάρξῃ καὶ χρήσηται Kron.; alii alia ‖ 16 οὖν om. N ‖ 23 κοινῶν Υ κενῶν Ri. ‖ 26 καὶ τόλμης om. U ‖ 27 γέμουσα del. Madvig ‖ 28 ἀπιστίαν: em. Br.; possis et ⟨δι'⟩ ἀπιστίαν

παρεῖχε· σπουδάσαντα γὰρ οὐδὲν ἂν διαφυγεῖν. ἤλπιζον δὲ
304 L *καὶ Χίους ἑαλωκότας ἀκούσεσθαι καὶ τὴν ἄλλην Ἰωνίαν.*
ὅθεν ἠγανάκτουν μὴ ταχὺ πάντα μηδ' εὐθὺς ὡς ἐβούλοντο 4
πυνθανόμενοι διαπεπραγμένον, οὐχ ὑπολογιζόμενοι τὴν
ἀχρηματίαν, ἀφ' ἧς πολεμῶν πρὸς ἀνθρώπους βασιλέα μέ- b
γαν χορηγὸν ἔχοντας, ἠναγκάζετο πολλάκις ἐκπλέων καὶ
ἀπολείπων τὸ στρατόπεδον μισθοὺς καὶ τροφὰς πορίζειν.
καὶ γὰρ τὸ τελευταῖον ἔγκλημα διὰ ταύτην ἔλαβε τὴν αἰτίαν. 5
Λυσάνδρου γὰρ ἐπὶ τὴν ναυαρχίαν ἀποσταλέντος ὑπὸ τῶν a. 407
Λακεδαιμονίων καὶ τετρώβολον ἀντὶ τριωβόλου τῷ ναύ-
τῃ διδόντος, ἐξ ὧν ἔλαβε παρὰ Κύρου χρημάτων, αὐτὸς
ἤδη γλίσχρως χορηγῶν καὶ τὸ τριώβολον, ἀπῆρεν ἀργυ-
ρολογήσων ἐπὶ Καρίας. ὁ δ' ἀπολειφθεὶς ἐπὶ τῶν νεῶν 6
ἐπιμελητὴς Ἀντίοχος ἀγαθὸς μὲν ἦν κυβερνήτης, ἀνόη-
τος δὲ τὰ ἄλλα καὶ φορτικός· ἔχων δὲ πρόσταγμα παρὰ
τοῦ Ἀλκιβιάδου μηδ' ἂν ἐπιπλέωσιν οἱ πολέμιοι διαναυ- c
μαχεῖν, οὕτως ἐξύβρισε καὶ κατεφρόνησεν, ὥστε τὴν
414 S *αὑτοῦ πληρωσάμενος τριήρη καὶ τῶν ἄλλων μίαν, ἐπι-*
πλεῦσαι τῇ Ἐφέσῳ καὶ παρὰ τὰς πρῴρας τῶν πολεμίων
νεῶν πολλὰ καὶ πράττων καὶ φθεγγόμενος ἀκόλαστα καὶ
βωμολόχα παρεξελαύνειν. τὸ μὲν οὖν πρῶτον ὁ Λύσανδρος 7
ὀλίγαις ναυσὶν ἐπαναχθεὶς ἐδίωκεν αὐτόν, τῶν δ' Ἀθη-
ναίων ἐπιβοηθούντων πάσαις ἀναχθεὶς καὶ κρατήσας,
αὐτόν τε διέφθειρε τὸν Ἀντίοχον, καὶ ναῦς ἔλαβε πολλὰς
καὶ ἀνθρώπους, καὶ τρόπαιον ἔστησεν. ὡς δὲ ταῦτ' ἤκου- 8
σεν ὁ Ἀλκιβιάδης ἐπανελθὼν εἰς Σάμον, ἀνήχθη παντὶ
305 L *τῷ στόλῳ καὶ προὐκαλεῖτο τὸν Λύσανδρον. ὁ δ' ἠγάπα* d
νενικηκὼς καὶ οὐκ ἀντανήγετο.

9sq. Xen. Hell. 1, 5, 11–15 Diod. 13, 71 Plut. Lys. 5 Paus. 9, 32, 6 Iustin. 5, 5, 2. 3

[N(UA=)Υ] 3 *εὐθέως* Υ || 4 *διαπεπραγμένων* N || 5 *ἀφ'*] *ὑφ'* Cob. | *μέγα* N || 7 *ἀπολείπων* A: *ἀπολείπον* U *ἀπολῖπὸν* N || 8 *αἰτίαν* Υ: *αἰτίαν ἀρχὴν* N || 9 *τῶν* om. Υ || 12 *τὸ* om. N || 15 *τἄλλα* Υ || 19 *πρώτας* N || 20 *καὶ πράττων* om. N || 21 *ὁ* om. Υ || 22 *ἐπαχθεὶς* U

36. Τῶν δὲ μισούντων τὸν Ἀλκιβιάδην ἐν τῷ στρα-
τοπέδῳ Θρασύβουλος ὁ Θράσωνος ἐχθρὸς ὢν ἀπῆρεν
2 εἰς Ἀθήνας κατηγορήσων, καὶ τοὺς ἐκεῖ παροξύνας ἔλεγε
πρὸς τὸν δῆμον, ὡς Ἀλκιβιάδης διέφθαρκε τὰ πράγματα
καὶ τὰς ναῦς ἀπολώλεκεν, ἐντρυφῶν τῇ ἀρχῇ καὶ παρα-
διδοὺς τὴν στρατηγίαν ἀνθρώποις ἐκ πότων καὶ ναυτι-
κῆς σπερμολογίας δυναμένοις παρ' αὐτῷ μέγιστον, ὅπως
αὐτὸς ἐπ' ἀδείας χρηματίζηται περιπλέων, καὶ ἀκολα-
σταίνῃ μεθυσκόμενος καὶ συνὼν ἑταίραις Ἀβυδηναῖς καὶ
e 3 Ἰωνίσιν, ἐφορμούντων δι' ὀλίγου τῶν πολεμίων. ἐνεκά-
λουν δ' αὐτῷ καὶ τὴν τῶν τειχῶν κατασκευήν, ἃ κατε-
σκεύασεν ἐν Θρᾴκῃ περὶ Βισάνθην ἑαυτῷ καταφυγήν, ὡς
4 ἐν τῇ πατρίδι μὴ δυνάμενος βιοῦν ἢ μὴ βουλόμενος. οἱ
δ' Ἀθηναῖοι πεισθέντες ἑτέρους εἵλοντο στρατηγούς, ἐν-
5 δεικνύμενοι τὴν πρὸς ἐκεῖνον ὀργὴν καὶ κακόνοιαν. ἃ
δὴ πυνθανόμενος ὁ Ἀλκιβιάδης καὶ δεδοικώς, ἀπῆλθεν
ἐκ τοῦ στρατοπέδου παντάπασι, καὶ συναγαγὼν ξένους
ἐπολέμει τοῖς ἀβασιλεύτοις Θρᾳξὶν ἰδίᾳ, καὶ πολλὰ χρή-
ματα συνῆγεν ἀπὸ τῶν ἁλισκομένων, καὶ τοῖς Ἕλλησιν
ἅμα τοῖς προσοικοῦσιν ἄδειαν ἀπὸ τῶν βαρβάρων παρ-
εῖχεν.

f 6 Ἐπεὶ δ' οἱ περὶ Τυδέα καὶ Μένανδρον καὶ Ἀδείμαν-
a. 405 τον στρατηγοί, πάσας ὁμοῦ τὰς ὑπαρχούσας τότε ναῦς 415 S
τοῖς Ἀθηναίοις ἔχοντες ἐν Αἰγὸς ποταμοῖς, εἰώθεσαν ἐπι-
πλεῖν τῷ Λυσάνδρῳ ναυλοχοῦντι περὶ Λάμψακον ἅμ'
ἡμέρᾳ προκαλούμενοι, καὶ πάλιν ἀναστρέφειν ὀπίσω καὶ
212 διημερεύειν ἀτάκτως καὶ ἀμελῶς, ἅτε δὴ καταφρονοῦν- 306 L
τες, ἐγγὺς ὢν ὁ Ἀλκιβιάδης οὐ περιεῖδεν οὐδ' ἠμέλησεν,
ἀλλ' ἵππῳ προσελάσας ἐδίδασκε τοὺς στρατηγούς, ὅτι

1sq. Plut. Lys. 5, 3 Xen. Hell. 1, 5, 16–17 Diod. 13, 73, 4. 74 Nep. Alc. 7, 2–5 Iustin. 5, 5, 4–7 || 22 Plut. Lys. 10 Xen. Hell. 2, 1, 20–25 Diod. 13, 105 Nep. Alc. 8

[N(UA =)Υ] 2 ἐχθρὸς ὢν del. Zie. (solum ἐχθρὸς Madvig) || 12 αὑτῷ Υ || 19 συνῆγεν N: ξυνήγαγεν Υ || 20 προσήκουσιν N || 28 παρεῖδεν οὔτε N

κακῶς ὁρμοῦσιν ἐν χωρίοις ἀλιμένοις καὶ πόλιν οὐκ ἔχουσιν, ἀλλὰ πόρρωθεν ἐκ Σηστοῦ τὰ ἐπιτήδεια λαμβάνοντες καὶ περιορῶντες τὸ ναυτικόν, ὅταν ἐπὶ γῆς γένηται, πλανώμενον ὅπῃ τις θέλοι καὶ διασπειρόμενον, ἀντεφορμοῦντος αὐτοῖς στόλου μεγάλου, πρὸς ἐπίταγμα μοναρχικὸν εἰθισμένου σιωπῇ πάντα ποιεῖν.

37. Ταῦτα δὲ λέγοντος τοῦ Ἀλκιβιάδου καὶ παραινοῦν-
τος εἰς Σηστὸν μεθορμίσαι τὸν στόλον, οὐ προσεῖχον οἱ
στρατηγοί, Τυδεὺς δὲ καὶ πρὸς ὕβριν ἐκέλευσεν ἀποχω- b
ρεῖν· οὐ γὰρ ἐκεῖνον, ἀλλ' ἑτέρους στρατηγεῖν. ὁ δ' Ἀλκι- 2
βιάδης ὑπονοήσας τι καὶ προδοσίας ἐν αὐτοῖς ἀπῄει, καὶ
τοῖς προπέμπουσι τῶν ἀπὸ τοῦ στρατοπέδου γνωρίμων
ἔλεγεν, ὅτι μὴ προπηλακισθεὶς οὕτως ὑπὸ τῶν στρατη-
γῶν ὀλίγαις ἂν ἡμέραις ἠνάγκασε Λακεδαιμονίους δια-
ναυμαχεῖν αὐτοῖς ἄκοντας ἢ τὰς ναῦς ἀπολιπεῖν. ἐδόκει δὲ 3
τοῖς μὲν ἀλαζονεύεσθαι, τοῖς δ' εἰκότα λέγειν, εἰ Θρᾷκας
ἐκ γῆς ἐπαγαγὼν πολλοὺς ἀκοντιστὰς καὶ ἱππεῖς προσ-
μάχοιτο καὶ διαταράττοι τὸ στρατόπεδον αὐτῶν. ὅτι μέν- 4
τοι τὰς ἁμαρτίας ὀρθῶς συνεῖδε τῶν Ἀθηναίων, ταχὺ τὸ
ἔργον ἐμαρτύρησεν. ἄφνω γὰρ αὐτοῖς καὶ ἀπροσδοκήτως c
τοῦ Λυσάνδρου προσπεσόντος, ὀκτὼ μόναι τριήρεις ὑπεξέ-
φυγον μετὰ Κόνωνος, αἱ δ' ἄλλαι μικρὸν ἀπολείπουσαι
307 L διακοσίων ἀπήχθησαν αἰχμάλωτοι. τῶν δ' ἀνθρώπων τρισ-
χιλίους ἑλὼν ζῶντας ἀπέσφαξεν ὁ Λύσανδρος. ἔλαβε δὲ 5
416 S καὶ τὰς Ἀθήνας ὀλίγῳ χρόνῳ καὶ τὰς ναῦς ἐνέπρησε καὶ a. 404
τὰ μακρὰ τείχη καθεῖλεν.

Ἐκ δὲ τούτου φοβηθεὶς ὁ Ἀλκιβιάδης ἄρχοντας ἤδη καὶ 6
γῆς καὶ θαλάττης τοὺς Λακεδαιμονίους εἰς Βιθυνίαν
μετέστη, πολλὰ μὲν ἄγων χρήματα, πολλὰ δὲ κομίζων,

7 sq. Plut. Lys. 10. 11 Xen. Hell. 2, 1, 26–28 Diod. 13, 105. 106 Nep. Alc. 8

N(UA =)Υ] **1** ὁρμῶσιν : em. Rei. || **3** ἐπὶ τῆς γῆς Υ || **4** ὅποι Υ | τις om. **U** || **5** μεγάλου | (fin. pag.) μεγάλου **N**: om. Υ || **8** μεθορμῆσαι **N** || **12** τοῦ om. **N** || **17** ἀπαγαγὼν **N** || **19** τῶν ἀθηναίων ὀρθῶς συνεῖδε Υ || **21** ἐξέφυγον Υ || **22** ἀπολιποῦσαι **N** || **25** διέπρησε **N** || **29** μὲν Υ: μὲν οὖν **N**

7 ἔτι δὲ πλείω καταλιπὼν ἐν οἷς ᾤκει τείχεσιν. ἐν δὲ Βιθυνίᾳ
d πάλιν οὐκ ὀλίγα τῶν ἰδίων ἀπολέσας καὶ περικοπεὶς ὑπὸ
τῶν ἐκεῖ Θρᾳκῶν, ἔγνω μὲν ἀναβαίνειν πρὸς Ἀρταξέρξην,
ἑαυτόν τε μὴ χείρονα Θεμιστοκλέους πειρωμένῳ βασιλεῖ
8 φανεῖσθαι νομίζων, καὶ κρείττονα τὴν πρόφασιν· οὐ γὰρ
ἐπὶ τοὺς πολίτας ὡς ἐκεῖνον, ἀλλ' ὑπὲρ τῆς πατρίδος ἐπὶ
τοὺς πολεμίους ὑπουργήσειν καὶ δεήσεσθαι τῆς βασιλέως
δυνάμεως· εὐπορίαν δὲ τῆς ἀνόδου μετ' ἀσφαλείας μάλι-
στα Φαρνάβαζον οἰόμενος παρέξειν, ᾤχετο πρὸς αὐτὸν εἰς
Φρυγίαν καὶ συνδιῆγε θεραπεύων ἅμα καὶ τιμώμενος.

38. Ἀθηναῖοι δὲ χαλεπῶς μὲν ἔφερον τῆς ἡγεμονίας
e ἀποστερηθέντες· ἐπεὶ δὲ καὶ τὴν ἐλευθερίαν ἀφελόμενος
αὐτῶν ὁ Λύσανδρος ἀνδράσι τριάκοντα παρέδωκε τὴν
πόλιν, οἷς οὐκ ἐχρήσαντο σῴζεσθαι δυνάμενοι λογισμοῖς
ἀπολωλότων ἤδη τῶν πραγμάτων συνίεσαν, ὀλοφυρό-
μενοι καὶ διεξιόντες τὰς ἁμαρτίας ἑαυτῶν καὶ ἀγνοίας, ὧν
μεγίστην ἐποιοῦντο τὴν δευτέραν πρὸς Ἀλκιβιάδην ὀργήν.
2 ἀπερρίφη γὰρ οὐδὲν ἀδικῶν αὐτός, ἀλλ' ὑπηρέτῃ χαλεπή-
ναντες ὀλίγας ἀποβαλόντι ναῦς αἰσχρῶς, αἴσχιον αὐτοὶ 308 L
τὸν κράτιστον καὶ πολεμικώτατον ἀφείλοντο τῆς πόλεως
3 στρατηγόν. ἔτι δ' οὖν ὅμως ἐκ τῶν παρόντων ἀνέφερέ τις
f ἐλπὶς ἀμυδρά, μὴ παντάπασιν ἔρρειν τὰ πράγματα τῶν
Ἀθηναίων Ἀλκιβιάδου περιόντος· „οὔτε γὰρ πρότερον
ἠγάπησε φεύγων ἀπραγμόνως ζῆν καὶ μεθ' ἡσυχίας, οὔτε
νῦν, εἰ τὰ κατ' αὐτὸν ἱκανῶς ἔχει, περιόψεται Λακεδαι-
μονίους ὑβρίζοντας καὶ τοὺς τριάκοντα παροινοῦντας."
4 ταῦτα δ' οὐκ ἦν ἄλογον οὕτως ὀνειροπολεῖν τοὺς πολλούς, 417 S
ὁπότε καὶ τοῖς τριάκοντα φροντίζειν ἐπῄει καὶ διαπυν-
213 θάνεσθαι καὶ λόγον ἔχειν πλεῖστον ὧν ἐκεῖνος ἔπραττε
5 καὶ διενοεῖτο. τέλος δὲ Κριτίας ἐδίδασκε Λύσανδρον, ὡς

8 Diod. 14, 11 Nep. Alc. 9 || **27** Isocr. 16, 40 Nep. Alc. 10, 1

[N(UA =)Υ] **2** *οὐκ* Υ: *ὀκ* N || **6** *ὡς* om. N || **11** *τῆς* N: *καὶ τῆς* Υ || **15** *συνήεσαν* N Li. || **16** *τὰς* om. N | *αὐτῶν* Υ || **19** *αἴσχιον* NA: *αἴσχιστον* U || **23** *οὐδὲ* N | *πρότερον*, ⟨*ἔφασαν*⟩ vel sim. Zie. || **25** *καθ' ἑαυτὸν* Υ || **26** *καὶ τὰς* U

Ἀθηναίων οὐκ ἔσται δημοκρατουμένων ἀσφαλῶς ἄρχειν
Λακεδαιμονίοις τῆς Ἑλλάδος· Ἀθηναίους δέ, κἂν πρᾴως
πάνυ καὶ καλῶς πρὸς ὀλιγαρχίαν ἔχωσιν, οὐκ ἐάσει ζῶν
Ἀλκιβιάδης ἀτρεμεῖν ἐπὶ τῶν καθεστώτων. οὐ μὴν ἐπείσθη 6
γε πρότερον τούτοις ὁ Λύσανδρος ἢ παρὰ τῶν οἴκοι τελῶν
σκυτάλην ἐλθεῖν κελεύουσαν ἐκποδὼν ποιήσασθαι τὸν
Ἀλκιβιάδην, εἴτε κἀκείνων φοβηθέντων τὴν ὀξύτητα καὶ
μεγαλοπραγμοσύνην τοῦ ἀνδρός, εἴτε τῷ Ἄγιδι χαρι-
ζομένων.

39. Ὡς οὖν ὁ Λύσανδρος ἔπεμψε πρὸς τὸν Φαρνάβαζον
ταῦτα πράττειν κελεύων, ὁ δὲ Βαγαίῳ τε τῷ ἀδελφῷ καὶ b
Σουσαμίθρῃ τῷ θείῳ προσέταξε τὸ ἔργον, ἔτυχε μὲν ἐν
κώμῃ τινὶ τῆς Φρυγίας ὁ Ἀλκιβιάδης τότε διαιτώμενος,
ἔχων Τιμάνδραν μεθ' ἑαυτοῦ τὴν ἑταίραν, ὄψιν δὲ κατὰ
309 L τοὺς ὕπνους εἶδε τοιαύτην· ἐδόκει περικεῖσθαι μὲν αὐτὸς 2
τὴν ἐσθῆτα τῆς ἑταίρας, ἐκείνην δὲ τὴν κεφαλὴν ἐν ταῖς
ἀγκάλαις ἔχουσαν αὐτοῦ κοσμεῖν τὸ πρόσωπον ὥσπερ
γυναικὸς ὑπογράφουσαν καὶ ψιμυθιοῦσαν. ἕτεροι δέ φασιν 3
ἰδεῖν τὴν κεφαλὴν ἀποτέμνοντας αὐτοῦ τοὺς περὶ τὸν
Βαγαῖον ἐν τοῖς ὕπνοις καὶ τὸ σῶμα καιόμενον. ἀλλὰ τὴν
μὲν ὄψιν οὐ πολὺ γενέσθαι λέγουσι πρὸ τῆς τελευτῆς. οἱ 4 c
δὲ πεμφθέντες ἐπ' αὐτὸν οὐκ ἐτόλμησαν εἰσελθεῖν, ἀλλὰ
κύκλῳ τὴν οἰκίαν περιστάντες ἐνεπίμπρασαν. αἰσθόμενος 5
δ' ὁ Ἀλκιβιάδης, τῶν μὲν ἱματίων τὰ πλεῖστα καὶ τῶν στρω-
μάτων συναγαγὼν ἐπέρριψε τῷ πυρί, τῇ δ' ἀριστερᾷ χειρὶ
τὴν ἑαυτοῦ χλαμύδα περιελίξας, τῇ ⟨δὲ⟩ δεξιᾷ σπασά-
μενος τὸ ἐγχειρίδιον, ἐξέπεσεν ἀπαθὴς ὑπὸ τοῦ πυρὸς
418 S πρὶν ἢ διαφλέγεσθαι τὰ ἱμάτια, καὶ τοὺς βαρβάρους ὀφ-
θεὶς διεσκέδασεν. οὐδεὶς γὰρ ὑπέμεινεν αὐτὸν οὐδ' εἷς 6

cap. 39 Diod. 14, 11 Nep. Alc. 10, 2–6 Iustin. 5, 8, 13 sq.

N(UA =)Υ] 1 *ἔσται* Zie. (cl. Nep. Alc. 10, 1 *ratum fore*): *ἔστι* **N** *ἔτι* **Υ** ‖ **2** *Λακεδαιμονίους* Ha. ‖ **5** *τούτοις πρότερον* **N** | *τῶν οἰκοτελῶν* **N** ‖ **11** *μαγαίῳ* **Υ** ‖ **14** *μετ' αὐτοῦ* **Υ** | *ἑτέραν* **N** ‖ **19** *ἀποτέμνοντες* **N** | *τοῖς περὶ* **U** ‖ **20** *μαγαῖον* **Υ** | *ἐν τοῖς ὕπνοις* del. Stegmann ‖ **22** *ἐπ'* **N**: *πρὸς* **Υ** ‖ **23** *ἐπίμπρασαν* **N** ‖ **26** *δὲ* add. Rei.

χεῖρας συνῆλθεν, ἀλλ' ἀποστάντες ἔβαλλον ἀκοντίοις καὶ
7 τοξεύμασιν. οὕτω δ' αὐτοῦ πεσόντος καὶ τῶν βαρβάρων
d ἀπελθόντων, ἡ Τιμάνδρα τὸν νεκρὸν ἀνείλετο, καὶ τοῖς αὑτῆς περιβαλοῦσα καὶ περικαλύψασα χιτωνίσκοις, ἐκ τῶν παρόντων ἐκήδευσε λαμπρῶς καὶ φιλοτίμως.

8 Ταύτης λέγουσι θυγατέρα γενέσθαι Λαΐδα τὴν Κορινθίαν μὲν προσαγορευθεῖσαν, ἐκ δ' Ὑκκάρων, Σικελικοῦ πολίσματος, αἰχμάλωτον γενομένην.

9 Ἔνιοι δὲ τὰ μὲν ἄλλα περὶ τῆς Ἀλκιβιάδου τελευτῆς ὁμολογοῦσι τούτοις, αἰτίαν δέ φασιν οὐ Φαρνάβαζον οὐδὲ Λύσανδρον οὐδὲ Λακεδαιμονίους παρασχεῖν, αὐτὸν δὲ τὸν Ἀλκιβιάδην γνωρίμων τινῶν διεφθαρκότα γύναιον ἔχειν 310 L
σὺν ἑαυτῷ, τοὺς δ' ἀδελφοὺς τοῦ γυναίου τὴν ὕβριν οὐ μετρίως φέροντας ἐμπρῆσαί τε τὴν οἰκίαν νύκτωρ, ἐν ᾗ διαιτώμενος ἐτύγχανεν ὁ Ἀλκιβιάδης, καὶ καταβαλεῖν αὐτόν, ὥσπερ εἴρηται, διὰ τοῦ πυρὸς ἐξαλλόμενον.

[Σύγκρισις] **40 (1).** Ἐκκειμένων δὲ τῶν πράξεων, ὅσας ἡγούμεθα 457 S
λόγου καὶ μνήμης ἀξίας εἶναι, τὰς μὲν πολεμικὰς ἐπ'
2 οὐδέτερον ποιούσας ῥοπὴν μεγάλην ὁρᾶν ἔστιν. ὁμαλῶς γὰρ ἀμφότεροι πολλὰ μὲν στρατιωτικῆς ἔργα τόλμης καὶ ἀνδρείας, πολλὰ δὲ καὶ τέχνης καὶ προνοίας στρατηγοῦντες ἐπεδείξαντο, πλὴν εἰ μή τις θέλοι τὸν Ἀλκιβιάδην, ὅτι καὶ κατὰ γῆν καὶ κατὰ θάλατταν ἐν πολλοῖς ἀγῶσι νικῶν καὶ κατορθῶν διετέλεσεν, ἀποφαίνειν τελειότερον στρα-
d τηγόν· ἐπεὶ τό γε παρόντας καὶ ἄρχοντας ὀρθοῦν ἀεὶ προδήλως τὰ οἰκεῖα, καὶ προδηλότερον αὖ πάλιν βλάπτειν
3 μεθισταμένους ἀμφοτέροις ὑπῆρξε. πολιτείαν δὲ τὴν μὲν Ἀλκιβιάδου τὴν ἄγαν λαμυρὰν καὶ τὸ μὴ καθαρεῦον ἀνα-

2 cf. Athen. 13, 574e || 6 Plut. Nic. 15, 4 et ibi l. l.

[N(UA=)Υ] 2 αὐτῶν N || 7 ἐκ δεκαρῶν N || 12 τινὸς Sauppe || 13 αὐτῷ Υ (ἔχειν σὺν ἑαυτῷ del. Kron.) || 14 τε om. N | ἐν om. N || 18.19 ἐπ' οὐδέτερον Υ: σπουδεότερον N || 20 ἔργα καὶ τόλμης καὶ N || 21 καὶ[1] om. N || 22 ἐθέλοιτο N || 23 καὶ[1] om. Υ || 23.24 νικῶν τε καὶ N || 25 ἐπεί τοιγε N || 27 πολιτείας δὲ τῆς N

γωγίας καὶ βωμολοχίας ἐν τῷ πρὸς χάριν ὁμιλεῖν τοῖς
πολλοῖς οἱ σώφρονες ἐβδελύττοντο, τὴν δὲ Μαρκίου παν-
458 S τάπασιν ἄχαριν καὶ ὑπερήφανον καὶ ὀλιγαρχικὴν γενομέ-
νην ἐμίσησεν ὁ Ῥωμαίων δῆμος. οὐδετέραν μὲν οὖν ἐπαι- 4
νετέον· ὁ δὲ δημαγωγῶν καὶ χαριζόμενος τῶν ὅπως οὐ
δόξουσι δημαγωγεῖν προπηλακιζόντων τοὺς πολλοὺς ἀμεμ-
311 L πτότερος· αἰσχρὸν μὲν γὰρ τὸ κολακεύειν δῆμον ἐπὶ τῷ
δύνασθαι, τὸ δ' ἰσχύειν ἐκ τοῦ φοβερὸν εἶναι καὶ κακοῦν e
καὶ πιέζειν πρὸς τῷ αἰσχρῷ καὶ ἄδικόν ἐστιν.

41 (2). Ὅτι τοίνυν ἁπλοῦς τις ὁ Μάρκιος ὑπείληπται
τῷ τρόπῳ γεγονέναι καὶ αὐθέκαστος, ὁ δ' Ἀλκιβιάδης
πανοῦργος ἐν τῇ πολιτείᾳ καὶ ἀναλήθης, οὐκ ἄδηλόν ἐστι.
μάλιστα δὲ κατηγοροῦσιν αὐτοῦ κακοήθειαν καὶ ἀπάτην, 2
ᾗ τοὺς Λακεδαιμονίων πρέσβεις παρακρουσάμενος, ὡς
Θουκυδίδης (5, 45) ἱστόρηκε, τὴν εἰρήνην ἔλυσεν. ἀλλ' 3
αὕτη μὲν ἡ πολιτεία, καίπερ εἰς πόλεμον αὖθις ἐμβαλοῦσα
τὴν πόλιν, ἰσχυρὰν ἐποίησε καὶ φοβερὰν τῇ Μαντινέων
καὶ Ἀργείων συμμαχίᾳ δι' Ἀλκιβιάδου προσγενομένῃ· f
Μάρκιος δ' ὅτι μὲν ἀπάτῃ καὶ αὐτὸς ἐξεπολέμωσε Ῥωμαί- 4
ους καὶ Οὐολούσκους, διαβαλὼν ψευδῶς τοὺς ἥκοντας
ἐπὶ τὴν θέαν, Διονύσιος (a. r. 8, 2) ἱστόρηκεν. ἡ δ' αἰτία
φαυλότερον ποιεῖ τὸ ἔργον. οὐ γὰρ ἐκ φιλονικίας οὐδὲ 5
πολιτικῆς μάχης ἢ ἁμίλλης ὡς ἐκεῖνος, ἀλλ' ὀργῇ χαρι-
ζόμενος, παρ' ἧς οὐδένα φησὶν ὁ Δίων ἀπολαβεῖν χάριν,
πολλὰ τῆς Ἰταλίας μέρη συνετάραξε καὶ πολλὰς πόλεις 234
οὐδὲν ἀδικούσας τῷ πρὸς τὴν πατρίδα θυμῷ παρανάλωσε.
καίτοι καὶ Ἀλκιβιάδης δι' ὀργὴν μεγάλων αἴτιος συμφορῶν 6
κατέστη τοῖς πολίταις. ἀλλ' ὅτε πρῶτον ἔγνω μεταμελο-

24 Stob. 3, 20, 6 = Men. fr. 516 Kö.

[N(UA =)Υ] **2** σόφρονες **N** ‖ **4** οὐδέτερα **N** ‖ **5** τῶν **NA**: τὴν **U** ‖ **5.6** ὁπωσοῦν δόξωσι **N** ‖ **17.18** τὴν ... συμμαχίαν ... προσγενομένην: em. Rei. (τῆς ... συμμαχίας ... προσγενομένης Anon.) ‖ **19** ἐξεπολέμησε **U** ‖ **21** διονύσιος om. **N** ‖ **22** οὐδὲ γὰρ **N** ‖ **23** ἢ Υ: καὶ **N** ‖ **24** οὐδὲν **U**, cf. Men.

μένους, εὐγνωμόνησε, καὶ πάλιν ἀπορριφείς, οὐκ ἐφήσθη
τοῖς στρατηγοῖς ἁμαρτάνουσιν οὐδὲ περιεῖδε βουλευομένους
κακῶς καὶ κινδυνεύοντας, ἀλλ' ὅπερ Ἀριστείδης ἐπαινεῖται 312 L
μάλιστα πράξας πρὸς Θεμιστοκλέα, τοῦτ' ἐποίησε, πρὸς
τοὺς τότ' ἄρχοντας οὐ φίλους ὄντας ἐλθὼν καὶ φράσας τὸ
b 7 δέον καὶ διδάξας. Μάρκιος δὲ πρῶτον μὲν ὅλην κακῶς 459 S
ἐποίει τὴν πόλιν οὐχ ὑφ' ὅλης παθών, ἀλλὰ τοῦ βελτίστου
καὶ κρατίστου μέρους συναδικηθέντος αὐτῷ καὶ συναλγή-
σαντος· ἔπειτα πολλαῖς πρεσβείαις καὶ δεήσεσι μίαν ἰωμέ-
νων ὀργὴν καὶ ἄγνοιαν οὐ τεγχθεὶς οὐδ' εἴξας, ἐδήλωσεν
ἐπὶ τῷ διαφθεῖραι τὴν πατρίδα καὶ καταβαλεῖν, οὐχ ὅπως
ἀπολάβῃ καὶ κατέλθῃ, βαρὺν πόλεμον καὶ ἄσπονδον ἐπανῃ-
8 ρημένος. ⟨καίτοι⟩ τοῦτό γε φήσει τις διαφέρειν· Ἀλκιβιά-
δην μὲν γὰρ ἐπιβουλευόμενον ὑπὸ Σπαρτιατῶν διὰ δέος
ἅμα καὶ μῖσος αὐτῶν μεταστῆναι πρὸς Ἀθηναίους, Μαρκίῳ
δὲ πάντα δίκαια ποιοῦντας Οὐολούσκους οὐ καλῶς εἶχεν
c 9 ἐγκαταλιπεῖν. καὶ γὰρ ἡγεμὼν ἀποδέδεικτο καὶ πίστιν
εἶχε μεγίστην μετὰ δυνάμεως, οὐχ ὡς ἐκεῖνος, ἀποχρω-
μένων μᾶλλον ἢ χρωμένων αὐτῷ Λακεδαιμονίων, ἐν τῇ
πόλει περιιών, καὶ κυλινδούμενος αὖθις ἐν τῷ στρατο-
πέδῳ, τέλος εἰς τὰς Τισσαφέρνου χεῖρας ἀφῆκεν αὑτόν·
εἰ μὴ νὴ Δία μὴ φθαρῆναι παντάπασι τὰς Ἀθήνας, ποθῶν
κατελθεῖν, ἐθεράπευε.

42 (3). Χρήματα τοίνυν ὁ μὲν Ἀλκιβιάδης καὶ λαβεῖν οὐκ εὖ πολλάκις ἐκ δωροδοκιῶν, καὶ διαθέσθαι κακῶς εἰς τρυφὴν καὶ ἀκολασίαν ἱστόρηται· Μάρκιον δὲ σὺν τιμῇ

[N(UA=)Υ] **1** ἐφήσθη Sch.: ἐπείσθη ‖ **2.3** οὐδὲ παρεῖδε κακῶς βουλευομένους (βουλομένους A) Υ ‖ **4** ἐποιήσατο N ‖ **8** αὐτοῦ N ‖ **9** δεήσεσι καὶ πρεσβείαις N ‖ **10** ἄγνοιαν Pflugk: ἄνοιαν | οὐ τεγχθεὶς οὐδ' εἴξας Υ: οὔτε πεισθεὶς οὔτε εἴξας N ‖ **11** τὸ διαφθαρῆναι N ‖ **12** ἐπανκρημένος N ‖ **13** καίτοι add. Zie. | τοῦτό γε N: τούτῳ γε Υ (δὲ C) ‖ **14** γὰρ om. N ‖ **16** τοὺς οὐολούσκους N | εἶχεν] ἔχειν Sch. ‖ **17** ἀπεδείχθη N ‖ **17.18** μεγίστην πίστιν εἶχε Υ ‖ **20** περιὼν N ‖ **21** τισσιφέρνου h. l. N ‖ **22** εἰ om. N | μὴ[2] om. N ⟨διὰ τὸ⟩ μὴ Madvig; expectem potius τὰς Ἀθήνας ⟨σπεύδων ἅτε⟩ vel sim. | τὰς ἀθήνας παντάπασι Υ ‖ **26** ἱστορεῖται N | δὲ εἰς τιμὴν N

διδόντες οἱ στρατηγοὶ λαβεῖν οὐκ ἔπεισαν. διὸ καὶ μά- 2
313 L λιστα τοῖς πολλοῖς ἦν ἐπαχθὴς ἐν ταῖς περὶ χρεῶν δια- d
φοραῖς πρὸς τὸν δῆμον, ὡς οὐκ ἐπὶ κέρδεσιν, ἀλλὰ δι'
ὕβριν καὶ περιφροσύνην τοῖς πένησιν ἐπηρεάζων. Ἀντί- 3
πατρος (FHG II 338) μὲν οὖν ἐν ἐπιστολῇ τινι γράφων περὶ
τῆς Ἀριστοτέλους τοῦ φιλοσόφου τελευτῆς „πρὸς τοῖς
ἄλλοις“ φησὶν „ὁ ἀνὴρ καὶ τὸ πιθανὸν εἶχε·“ τὰς δὲ Μαρ-
κίου πράξεις καὶ ἀρετὰς τοῦτο μὴ προσὸν ἐπαχθεῖς ἐποίη-
σεν αὐτοῖς τοῖς εὖ παθοῦσι, τὸν ὄγκον αὐτοῦ καὶ τὴν ἐρη-
μίᾳ σύνοικον, ὡς Πλάτων (ep. 4, 321c) εἶπεν, αὐθάδειαν
μὴ ὑπομείνασιν. τοῦ δ' Ἀλκιβιάδου τοὐναντίον ἐπισταμέ- 4
460 S νου χρῆσθαι τοῖς προστυγχάνουσιν οἰκείως, οὐδὲν ἦν θαυ-
μαστὸν ἐν οἷς κατώρθου τὴν δόξαν ἀνθεῖν μετ' εὐνοίας καὶ e
τιμῆς εὐημεροῦσαν, ὅπου καὶ τῶν ἁμαρτημάτων ἔνια πολλά-
κις χάριν εἶχε καὶ ὥραν. ὅθεν οὗτος μέν, οὐ μικρὰ βλά- 5
ψας οὐδ' ὀλίγα τὴν πόλιν, ὅμως ἀπεδείκνυτο πολλάκις
ἡγεμὼν καὶ στρατηγός, ἐκεῖνος δὲ μετιὼν ἐπὶ πολλαῖς
ἀριστείαις καὶ ἀνδραγαθίαις ἀρχὴν προσήκουσαν ἐξέπεσεν.
οὕτω τὸν μὲν οὐδὲ πάσχοντες κακῶς ἐδύναντο μισεῖν οἱ 6
πολῖται, τῷ δὲ περιῆν θαυμαζομένῳ μὴ φιλεῖσθαι.

43 (4). Καὶ γάρ τοι Μάρκιος μὲν οὐδὲν ἀπεδείξατο τῇ
πόλει στρατηγῶν, ἀλλὰ τοῖς πολεμίοις κατὰ τῆς πατρίδος·
Ἀλκιβιάδου δὲ καὶ στρατευομένου πολλάκις καὶ στρατη-
γοῦντος ἀπέλαυσαν Ἀθηναῖοι· καὶ παρὼν ἐκράτει τῶν f
ἐχθρῶν ὅσον ἐβούλετο, καὶ μὴ παρόντος ἴσχυσαν αἱ δια-
βολαί· Μάρκιος δὲ παρὼν μὲν ὑπὸ Ῥωμαίων κατεδικάσθη, 2
314 L παρόντα δὲ Οὐολοῦσκοι διέφθειραν, οὐ δικαίως μὲν οὐδ'
ὁσίως, αἰτίαν δ' [τοῦ] εὔλογον παρέσχεν αὐτός, ὅτι δημο-

6 cf. Plut. Cato Maior 29, 5 || 9 cf. Plut. Cor. 15, 4 Dio 8, 4. 52, 5

[N(UA =)Υ] 2 ἐπαχθὴς ἦν Υ || 4 φιλοφροσύνην N || 5 ἐν τῇ ἐπιστολῇ τινι N || 7 πιθανὸν Cat. M.: πείθειν || 8 προσόσεπαχθεῖς N || 11 ὑπομείναντας Υ || 12 ἦν om. Υ, fort. recte || 13 ἂν θείη μετ' N || 15 οὕτως N || 19 φάσκοντες N || 24 ἀπήλαυσαν N | οἱ ἀθηναῖοι Υ || 26 μὲν om. Υ || 28 τοῦ εὐλόγου: em. Zie.

235 σίᾳ τὰς διαλύσεις μὴ προσδεξάμενος, ἰδίᾳ δὲ πεισθεὶς ὑπὸ
τῶν γυναικῶν, οὐκ ἔλυσε τὴν ἔχθραν, ἀλλὰ τοῦ πολέμου
3 μένοντος ἀπώλεσε τὸν καιρὸν καὶ διέφθειρε. πείσαντα γὰρ
ἔδει τοὺς πεπιστευκότας ἀπελθεῖν, εἰ τοῦ πρὸς ἐκείνους
4 δικαίου πλεῖστον ἐποιεῖτο λόγον. εἰ δὲ μηδὲν ἐφρόντιζεν
Οὐολούσκων, ἀλλὰ τὴν ὀργὴν ἐμπλῆσαι τὴν ἑαυτοῦ βουλόμενος ἐνῆγε τὸν πόλεμον, εἶτ' ἔληξεν, οὐ διὰ τὴν μητέρα
καλῶς εἶχε φείσασθαι τῆς πατρίδος, ἀλλὰ σὺν τῇ πατρίδι
τῆς μητρός· μέρος γὰρ ἦν καὶ ἡ μήτηρ καὶ ἡ γυνὴ τῆς πα-
5 τρίδος, ἣν ἐπολιόρκει. τὸ δὲ δημοσίαις ἱκεσίαις καὶ δεήσεσι
b πρεσβευτῶν καὶ λιταῖς ἱερέων ἀπηνῶς χρησάμενον, εἶτα
χαρίσασθαι τῇ μητρὶ τὴν ἀναχώρησιν, οὐ τιμὴ τῆς μη-
τρὸς ἦν, ἀλλ' ἀτιμία τῆς πατρίδος, οἴκτῳ καὶ παραιτήσει
διὰ μίαν γυναῖκα σῳζομένης, ὡς οὐκ ἀξίας σῴζεσθαι δι' 461 S
6 αὐτήν. ἐπίφθονος γὰρ ἡ χάρις καὶ ὠμὴ καὶ ἀχάριστος
ἀληθῶς καὶ πρὸς οὐδετέρους ἔχουσα τὸ εὔγνωμον· ἀνε-
χώρησε γὰρ μήτε πεισθεὶς ὑπὸ τῶν πολεμουμένων, μήτε
7 πείσας τοὺς συμπολεμοῦντας. ὧν αἴτιον ἁπάντων τὸ ἀνο-
μίλητον τοῦ τρόπου καὶ λίαν ὑπερήφανον καὶ αὔθαδες, ὃ
καθ' αὑτὸ μὲν ἐπαχθές ἐστι τοῖς πολλοῖς, τῷ δὲ φιλοτίμῳ
8 προσὸν γίνεται παντάπασιν ἄγριον καὶ ἀπαραίτητον. οὐ
c γὰρ θεραπεύουσι τοὺς πολλοὺς ὡς μὴ δεόμενοι τιμῆς, εἶτα
χαλεπαίνουσι μὴ τυγχάνοντες. ἐπεὶ τό γε μὴ λιπαρῆ μηδὲ
θεραπευτικὸν ὄχλων εἶναι καὶ Μέτελλος εἶχε καὶ Ἀριστεί- 315 L
δης καὶ Ἐπαμεινώνδας· ἀλλὰ τῷ καταφρονεῖν ἀληθῶς,
ὧν δῆμός ἐστι καὶ δοῦναι καὶ ἀφελέσθαι κύριος, ἐξοστρακιζόμενοι καὶ ἀποχειροτονούμενοι καὶ καταδικαζόμενοι πολλάκις οὐκ ὠργίζοντο τοῖς πολίταις ἀγνωμονοῦσιν, ἀλλ' ἠγάπων αὖθις μεταμελομένων, καὶ διηλλάττοντο παρα-
9 καλούντων. τὸν γὰρ ἥκιστα θεραπευτικὸν ἥκιστα πρέπει

[N(UA =)Υ] 3 *μένοντος* Υ: *ὄντος* N || 6 *ἐμπλῆσαι τὴν* om. N || 7 *οὐ* om. N || 8 *ἀλλὰ* C: *ἀλλὰ καὶ* cet. || 10 *δημοσία* N | *δεήσει* Υ || 11 *πρέσβεων* Υ | *καὶ μάλιστα ἱερέων* N || 12 *ἐπαναχώρησιν* N || 12.13 *οὐ τιμὴ τῆς μητρὸς ἦν ἀλλ'* Zie.: *ὅτι μὴ τῆς μ. ἦν* N Li. *οὐ τῆς μ. ἦν τιμὴ ἀλλ'* Υ || 14.15 *ἀξίαν σώζεσθαι αὐτήν* N || 20.21 *φιλοτίμω προσεπιγίνεται* N || 24 *ὄχλω* N || 25 *τῷ* Υ: *τὸ* N || 29 *μεταμελουμένων* N *μεταμελομένους* Υ

τιμωρητικὸν εἶναι τῶν πολλῶν, ὡς τὸ χαλεπαίνειν σφόδρα d μὴ τυγχάνοντα τιμῆς ἐκ τοῦ σφόδρα γλίχεσθαι φυόμενον.

44 (5). Ἀλκιβιάδης μὲν οὖν οὐκ ἠρνεῖτο τιμώμενος χαίρειν καὶ δυσφορεῖν παρορώμενος, ὅθεν ἐπειρᾶτο προσφιλὴς εἶναι τοῖς παροῦσι καὶ κεχαρισμένος· Μάρκιον δὲ θεραπεύειν μὲν οὐκ εἴα τοὺς τιμᾶν δυναμένους καὶ αὔξειν τὸ ὑπερήφανον, ὀργὴν δὲ καὶ λύπην ἀμελουμένῳ τὸ φιλότιμον παρεῖχε. καὶ ταῦτ' ἔστιν ἅ τις ἂν αἰτιάσαιτο τοῦ ἀνδρός· 2 τὰ δ' ἄλλα πάντα λαμπρά. σωφροσύνης δὲ καὶ χρημάτων ἐγκρατείας ἕνεκα τοῖς ἀρίστοις καὶ καθαρωτάτοις τῶν Ἑλλήνων ἄξιον αὐτὸν παραβάλλειν, οὐκ Ἀλκιβιάδῃ μὰ Δία τῷ θρασυτάτῳ περὶ ταῦτα καὶ ὀλιγωροτάτῳ τοῦ καλοῦ e γενομένῳ.

[N(UA=)Υ] 1 σφόδρα N: μάλιστα Υ || 2 τῆς τιμῆς Υ | εἰς τοὺς σφόδρα γλίχεσθαι φοβούμενον N || 3 τιμώμενος ex τιμωρούμενος N || 5 μάρκιος U || 11 ἄξιον αὐτὸν NA: ἄν τις αὐτοῦ U[2] verba in U deleta supplens || 13 γενόμενοι N

ΔΗΜΟΣΘΕΝΗΣ ΚΑΙ ΚΙΚΕΡΩΝ 209 S 317 L

846 1. Ὁ μὲν γράψας τὸ ἐπὶ τῇ νίκῃ τῆς Ὀλυμπίασιν ἱππο-
δρομίας εἰς Ἀλκιβιάδην ἐγκώμιον, εἴτ' Εὐριπίδης (PLG
II p. 266 B⁴) ὡς ὁ πολὺς κρατεῖ λόγος, εἴθ' ἕτερός τις ἦν,
ὦ Σόσσιε Σενεκίων, φησὶ χρῆναι τῷ εὐδαίμονι πρῶτον
ὑπάρξαι „τὰν πόλιν εὐδόκιμον·“ ἐγὼ δὲ τῷ μὲν εὐδαιμο-
νήσειν μέλλοντι τὴν ἀληθινὴν εὐδαιμονίαν, ἧς ἐν ἤθει καὶ
διαθέσει τὸ πλεῖστόν ἐστιν, οὐδὲν ἡγοῦμαι διαφέρειν ἀδό-
c ξου καὶ ταπεινῆς : ατρίδος ἢ μητρὸς ἀμόρφου καὶ μικρᾶς
2 γενέσθαι. γελοῖον γάρ, εἴ τις οἴοιτο τὴν Ἰουλίδα, μέρος
μικρὸν οὖσαν οὐ μεγάλης νήσου τῆς Κέω, καὶ τὴν Αἴγι-
ναν, ἣν τῶν Ἀττικῶν τις ἐκέλευεν ὡς λήμην τοῦ Πειραιῶς
ἀφελεῖν, ὑποκριτὰς μὲν ἀγαθοὺς τρέφειν καὶ ποιητάς,
ἄνδρα δ' οὐκ ἄν ποτε δύνασθαι δίκαιον καὶ αὐτάρκη καὶ
3 νοῦν ἔχοντα καὶ μεγαλόψυχον ἐξενεγκεῖν. τὰς μὲν γὰρ
ἄλλας τέχνας εἰκός ἐστι, πρὸς ἐργασίαν καὶ δόξαν συνι-
σταμένας, ἐν ταῖς ἀδόξοις καὶ ταπειναῖς πόλεσιν ἀπομα-
ραίνεσθαι, τὴν δ' ἀρετὴν ὥσπερ ἰσχυρὸν καὶ διαρκὲς φυτὸν 318 L
d ἐν ἅπαντι ῥιζοῦσθαι τόπῳ, φύσεώς γε χρηστῆς καὶ φι-
4 λοπόνου ψυχῆς ἐπιλαμβανομένην. ὅθεν οὐδ' ἡμεῖς, εἴ τι
τοῦ φρονεῖν ὡς δεῖ καὶ βιοῦν ἐλλείπομεν, τοῦτο τῇ μι-
κρότητι τῆς πατρίδος, ἀλλ' αὐτοῖς δικαίως ἀναθήσομεν.

12 Plut. Per. 8, 7 mor. 186 c 803 a Aristot. rhet. 3, 10 Athen. 3, 99 d Strab. 9, 395; cf. mor. 1101 c

[**N**(**UABCE**=)**Υ**] **5** *ὦ σόσιε* (ex *σώσιε* corr.) *σενεκίων* **N**: *σόσσιε* **Υ** || **6** *τὰν* **NU**: *τὴν* **A** | *τῶ μὲν* **ΥN²**: *τῶ μὲν τῶ* **N¹** || **8** *διαφέρειν ἡγοῦμαι* **Υ** || **9** *ἀμόρφου* **Υ**: *ἀδόξου* **N** || **13** *ἀφελεῖν* **N**: om. **Υ**, cf. testim. || **15** *ἐξενεγκεῖν* **N**: *προενεγκεῖν* **A** *προελθεῖν* **U** | *μὲν* **N**: om. **Υ** || **16** *καὶ* **N**: *ἢ* **Υ** || **19** *γε* Br.: *τε* || **20** *ἐπιλαβομένην* **N** | *τι* om. **U** || **21** *καὶ τοῦ βιοῦν* **N** | *τοῦτο* οὐ *τῇ* **U** | *σμικρότητι* **Υ**

2. Τῷ μέντοι σύνταξιν ὑποβεβλημένῳ καὶ ἱστορίαν,
ἐξ οὐ προχείρων οὐδ' οἰκείων, ἀλλὰ ξένων τε τῶν
πολλῶν καὶ διεσπαρμένων ἐν ἑτέροις συνιοῦσαν ἀνα-
γνωσμάτων, τῷ ὄντι χρῆν πρῶτον ὑπάρχειν καὶ μάλιστα
„τὰν πόλιν εὐδόκιμον" καὶ φιλόκαλον καὶ πολυάνθρωπον,
210 S ὡς βιβλίων τε παντοδαπῶν ἀφθονίαν ἔχων, καὶ ὅσα τοὺς
γράφοντας διαφυγόντα σωτηρίᾳ μνήμης ἐπιφανεστέραν
εἴληφε πίστιν, ὑπολαμβάνων ἀκοῇ καὶ διαπυνθανόμενος,
μηδενὸς τῶν ἀναγκαίων ἐνδεὲς ἀποδιδοίη τὸ ἔργον. ἡμεῖς 2 e
δὲ μικρὰν μὲν οἰκοῦντες πόλιν, καὶ ἵνα μὴ μικροτέρα
γένηται φιλοχωροῦντες, ἐν δὲ Ῥώμῃ καὶ ταῖς περὶ τὴν
Ἰταλίαν διατριβαῖς οὐ σχολῆς οὔσης γυμνάζεσθαι περὶ
τὴν Ῥωμαϊκὴν διάλεκτον ὑπὸ χρειῶν πολιτικῶν καὶ τῶν
διὰ φιλοσοφίαν πλησιαζόντων, ὀψέ ποτε καὶ πόρρω τῆς
ἡλικίας ἠρξάμεθα Ῥωμαϊκοῖς συντάγμασιν ἐντυγχάνειν,
καὶ πρᾶγμα θαυμαστὸν μέν, ἀλλ' ἀληθὲς ἐπάσχομεν. οὐ 3
γὰρ οὕτως ἐκ τῶν ὀνομάτων τὰ πράγματα συνιέναι καὶ
γνωρίζειν συνέβαινεν ἡμῖν, ὡς ἐκ τῶν πραγμάτων, ⟨ὧν⟩
ἁμῶς γέ πως εἴχομεν ἐμπειρίαν, ἐπακολουθεῖν δι' αὐτὰ
καὶ τοῖς ὀνόμασι. κάλλους δὲ Ῥωμαϊκῆς ἀπαγγελίας καὶ 4 f
319 L τάχους αἰσθάνεσθαι καὶ μεταφορᾶς ὀνομάτων καὶ ἁρμο-
νίας καὶ τῶν ἄλλων, οἷς ὁ λόγος ἀγάλλεται, χαρίεν μὲν
ἡγούμεθα καὶ οὐκ ἀτερπές· ἡ δὲ πρὸς τοῦτο μελέτη καὶ
ἄσκησις οὐκ εὐχερής, ἀλλ' οἷστισι πλείων τε σχολὴ καὶ
τὰ τῆς ὥρας ἔτι [πρὸς] τὰς τοιαύτας ἐπιχωρεῖ φιλοτιμίας.

3. Διὸ καὶ γράφοντες ἐν τῷ βιβλίῳ τούτῳ, τῶν παραλ- 847
λήλων βίων ὄντι πέμπτῳ, περὶ Δημοσθένους καὶ Κικέ-
ρωνος, ἀπὸ τῶν πράξεων καὶ τῶν πολιτειῶν τὰς φύσεις

N(UABCE =)Υ] **2** *τῶν* om. **N** || **4** *χρὴ*: em. Campe || **6** *βυβλίων* **U** | *ἔχων* Rei.: *ἔχειν* || **7** *διαφεύγοντα* **Υ** | *σωτηρίαν* **N** || **9** *μηδενὸς τῶν* **N**: *μὴ πολλῶν μηδ'* **Υ** || **10** *μὲν* om. **Υ** || **11.12** *περὶ τῆς ἰταλίας* supplev. **U**[2] | *τὴν* s. s. **N** || **12** *οὐ*] *ἐν* supplev. **U**[2] || **13** *πολυτελῶν* supplev. **U**[2] || **15** *ἠξάμεθα* **U** *ἠψάμεθα* **A** | *συντάγμασιν* **N**: *γράμμασιν* **Υ** || **18** *ὧν* add. Rei. || **19** *ἐμπειρίας* **Υ** | *διὰ ταῦτα* **Υ** || **21** *καὶ γὰρ ἁρμονίας* **N** || **24** *εὐχερής* **Υ**: *ἀμαθὴς γένοιτ' ἂν* **N** *εὐμαρὴς γέν. ἂν* Graux || **25** *πρὸς* del. Madvig quod frustra tuetur Erbse cl. Thuc. 4, 107, 1 Xen. hell. 2, 4, 34 *προσέτι* vel ⟨*σπουδὴν*⟩ vel ⟨*ἰσχὺν*⟩ *ἔτι πρὸς* Ri. | *ἐπιχωρεῖ*: *ὑπάρχει* Zie. || **28** *τῶν*[2] temere excidit in ed. 2.

αὐτῶν καὶ τὰς διαθέσεις πρὸς ἀλλήλας ἐπισκεψόμεθα,
τὸ δὲ τοὺς λόγους ἀντεξετάζειν καὶ ἀποφαίνεσθαι, πότε-
2 ρος ἡδίων ἢ δεινότερος εἰπεῖν, ἐάσομεν. „κακὴ“ γὰρ
ὥς φησιν ὁ Ἴων (TGF p. 744 N²) „δελφῖνος ἐν χέρ-
σῳ βία“, *** ἣν ὁ περιττὸς ἐν ἅπασι Καικίλιος
ἀγνοήσας, ἐνεανιεύσατο σύγκρισιν τοῦ Δημοσθένους λό-
γου καὶ Κικέρωνος ἐξενεγκεῖν. ἀλλὰ γὰρ ἴσως, εἰ παντὸς
ἦν τὸ „γνῶθι σαυτὸν“ ἔχειν πρόχειρον, οὐκ ἂν ἐδόκει τὸ
b 3 πρόσταγμα θεῖον εἶναι. Δημοσθένει γὰρ Κικέρωνα τὸν
αὐτὸν ἔοικε πλάττων ἐξ ἀρχῆς ὁ δαίμων πολλὰς μὲν εἰς 211 S
τὴν φύσιν ἐμβαλεῖν αὐτοῦ τῶν ὁμοιοτήτων, ὥσπερ τὸ
φιλότιμον καὶ φιλελεύθερον ἐν τῇ πολιτείᾳ, πρὸς δὲ κιν-
δύνους καὶ πολέμους ἄτολμον, πολλὰ δ᾽ ἀναμεῖξαι καὶ
τῶν τυχηρῶν. δύο γὰρ ἑτέρους οὐκ ἂν εὑρεθῆναι δοκῶ
ῥήτορας ἐκ μὲν ἀδόξων καὶ μικρῶν ἰσχυροὺς καὶ μεγά-
λους γενομένους, προσκρούσαντας δὲ βασιλεῦσι καὶ τυ-
ράννοις, θυγατέρας δ᾽ ἀποβαλόντας, ἐκπεσόντας δὲ τῶν 320 L
πατρίδων, κατελθόντας δὲ μετὰ τιμῆς, ἀποδράντας δ᾽
αὖθις καὶ ληφθέντας ὑπὸ τῶν πολεμίων, ἅμα δὲ παυσα-
c μένῃ τῇ τῶν πολιτῶν ἐλευθερίᾳ τὸν βίον συγκαταστρέ-
5 ψαντας· ὥστ᾽ εἰ γένοιτο τῇ φύσει καὶ τῇ τύχῃ καθάπερ
τεχνίταις ἅμιλλα, χαλεπῶς ἂν διακριθῆναι, πότερον αὕτη
τοῖς τρόποις ἢ τοῖς πράγμασιν ἐκείνη τοὺς ἄνδρας ὁμοιο-
τέρους ἀπείργασται. λεκτέον δὲ περὶ τοῦ πρεσβυτέρου
πρότερον.

4. Δημοσθένης ὁ πατὴρ Δημοσθένους ἦν μὲν τῶν καλῶν καὶ ἀγαθῶν ἀνδρῶν, ὡς ἱστορεῖ Θεόπομπος (FGrH

26 Aeschin. 3, 171 Zosim. p. 146 R. Phot. bibl. 492b 21

[N(UABCE =)Υ] **1** ἐπισκεψώμεθα N ‖ **2** πότερον Υ ‖ **3** δεινότερον A | εἰπεῖν Υ: ἦν εἰπεῖν N | ἐάσωμεν N | κακὴ N: κακεῖ Υ quod tuetur Sch. | γὰρ Plutarchi esse, articulo ἡ facile careri posse docet Kron. ‖ **4** ⟨ἡ⟩ δελφῖνος Sol. ‖ **5** lac. stat. Zie. | ἣν] subaudi παροιμίαν Sch. ὃ Ha. | κεκίλιος Υ ‖ **6** λόγου om. Υ ‖ **7** ἀλλὰ γὰρ] incipit (in charta papyr.) m. nova U (*U*), cf. praef. ‖ **8.9** τὸ πρόσταγμα *U*: πρόσταγμα Υ τὸ πρᾶγμα N ‖ **9** δημοσθένην Υ | γὰρ N: γὰρ καὶ Υ ‖ **10** ἐξ N: ἀπ᾽ Υ ‖ **10.11** ἐμβαλεῖν εἰς τὴν φύσιν Υ ‖ **11** ἐμβαλὼν N ‖ **17.18** δὲ τῆς πατρίδος Υ ‖ **19** δὲ Υ: δὲ καὶ N ‖ **22** ἂν N: μὲν ἂν Υ

115 F 325), ἐπεκαλεῖτο δὲ μαχαιροποιός, ἐργαστήριον ἔχων
μέγα καὶ δούλους τεχνίτας τοὺς τοῦτο πράττοντας. ἃ 2
δ' Αἰσχίνης ὁ ῥήτωρ (3, 171) εἴρηκε περὶ τῆς μητρός, ὡς
ἐκ Γύλωνός τινος ἐπ' αἰτίᾳ προδοσίας φεύγοντος ἐξ ἄστε-
ος γεγόνοι καὶ βαρβάρου γυναικός, οὐκ ἔχομεν εἰπεῖν d
εἴτ' ἀληθῶς εἴρηκεν εἴτε βλασφημῶν καὶ καταψευδόμε-
νος. ἀπολειφθεὶς δ' ὁ Δημοσθένης ὑπὸ τοῦ πατρὸς ἑπτα- 3
έτης ἐν εὐπορίᾳ — μικρὸν γὰρ ἀπέλιπεν ἡ σύμπασα
τίμησις αὐτοῦ τῆς οὐσίας πεντεκαίδεκα ταλάντων — ὑπὸ
τῶν ἐπιτρόπων ἠδικήθη, τὰ μὲν νοσφισαμένων, τὰ δ'
ἀμελησάντων, ὥστε καὶ τῶν διδασκάλων αὐτοῦ τὸν μισθὸν
ἀποστερῆσαι. διά τε δὴ ταῦτα τῶν ἐμμελῶν καὶ προση- 4
κόντων ἐλευθέρῳ παιδὶ μαθημάτων ἀπαίδευτος δοκεῖ
γενέσθαι, καὶ διὰ τὴν τοῦ σώματος ἀσθένειαν καὶ θρύ-
212 S ψιν, οὐ προϊεμένης τοῖς πόνοις τῆς μητρὸς αὐτὸν οὐδὲ
321 L προσβιαζομένων τῶν παιδαγωγῶν. ἦν γὰρ ἐξ ἀρχῆς κάτισ- 5 e
χνος καὶ νοσώδης, διὸ καὶ τὴν λοιδορουμένην ἐπωνυμίαν,
τὸν Βάταλον, εἰς τὸ σῶμα λέγεται σκωπτόμενος ὑπὸ τῶν
παίδων λαβεῖν. ἦν δ' ὁ Βάταλος, ὡς μὲν ἔνιοί φασιν, αὐλη- 6
τὴς τῶν κατεαγότων, καὶ δραμάτιον εἰς τοῦτο κωμῳδῶν
αὐτὸν Ἀντιφάνης (fr. 57 CAF II 35) πεποίηκεν. ἕτεροι δέ τι-
νες ὡς ποιητοῦ τρυφερὰ καὶ παροίνια γράφοντος τοῦ
Βατάλου μέμνηνται. δοκεῖ δὲ καὶ τῶν οὐκ εὐπρεπῶν τι 7
λεχθῆναι τοῦ σώματος μορίων παρὰ τοῖς Ἀττικοῖς τότε
καλεῖσθαι βάταλος. ὁ δ' Ἀργᾶς — καὶ τοῦτο γάρ φασι 8
τῷ Δημοσθένει γενέσθαι παρωνύμιον — ἢ πρὸς τὸν τρό-
πον ὡς θηριώδη καὶ πικρὸν ἐτέθη· τὸν γὰρ ὄφιν ἔνιοι τῶν f
ποιητῶν ἀργᾶν ὀνομάζουσιν· ἢ πρὸς τὸν λόγον, ὡς ἀνιῶν-
τα τοὺς ἀκροωμένους· καὶ γὰρ Ἀργᾶς τοὔνομα ποιητὴς

3 mor. 844a Demosth. 28, 3 || 7 Demosth. 27, 46. Phot. bibl. 492b 22) || 17 mor. 847e Demosth. 18, 180 Aeschin. 1, 126. 131 181. 2, 99 || 25 Aeschin. 2. 99

[(N U ≕)N (ABCE =)Υ] 4 φυγόντος: em. Sint. || 8 σύμπασα ἡ N || 12 ταῦτα N: τοῦτο Υ || 16 κάτισχνος Υ: ἁπαλὸς N || 21 ἕτεροι N: ἔνιοι Υ || 25 γάρ om. N || 26 παρωνύμιον U: παρώνυμον Υ παρωνύμενον N | ἢ Υ: ὁ ἢ N

ἣν νόμων πονηρῶν καὶ ἀργαλέων. καὶ ταῦτα μὲν ταύτῃ
[κατὰ Πλάτωνα].
5. Τῆς δὲ πρὸς τοὺς λόγους ὁρμῆς ἀρχὴν αὐτῷ φασι
τοιαύτην γενέσθαι. Καλλιστράτου τοῦ ῥήτορος ἀγωνί-
848 ζεσθαι τὴν περὶ Ὠρωποῦ κρίσιν ἐν τῷ δικαστηρίῳ μέλ-
a. 366 λοντος, ἦν προσδοκία τῆς δίκης μεγάλη διά τε τὴν τοῦ
ῥήτορος δύναμιν, ἀνθοῦντος τότε μάλιστα τῇ δόξῃ, καὶ
2 διὰ τὴν πρᾶξιν οὖσαν περιβόητον. ἀκούσας οὖν ὁ Δημο-
σθένης τῶν διδασκάλων καὶ τῶν παιδαγωγῶν συντιθε-
μένων τῇ δίκῃ παρατυχεῖν, ἔπεισε τὸν ἑαυτοῦ παιδαγω-
γὸν δεόμενος καὶ προθυμούμενος, ὅπως αὐτὸν ἀγάγοι πρὸς
3 τὴν ἀκρόασιν. ὁ δ' ἔχων πρὸς τοὺς ἀνοίγοντας τὰ δικα- 322 L
στήρια δημοσίους συνήθειαν, εὐπόρησε χώρας ἐν ᾗ κα-
4 θήμενος ὁ παῖς ἀδήλως ἀκροάσεται τῶν λεγόντων. εὐη-
b μερήσαντος δὲ τοῦ Καλλιστράτου καὶ θαυμασθέντος
ὑπερφυῶς, ἐκείνου μὲν ἐζήλωσε τὴν δόξαν, ὁρῶν προ-
πεμπόμενον ὑπὸ πολλῶν καὶ μακαριζόμενον, τοῦ δὲ λό- 213 S
γου μᾶλλον ἐθαύμασε καὶ κατενόησε τὴν ἰσχὺν ὡς πάντα
5 χειροῦσθαι καὶ τιθασεύειν πεφυκότος. ὅθεν ἐάσας τὰ λοιπὰ
μαθήματα καὶ τὰς παιδικὰς διατριβάς, αὐτὸς αὑτὸν ἤσκει
καὶ διεπόνει ταῖς μελέταις, ὡς ἂν τῶν λεγόντων ἐσόμε-
6 νος καὶ αὐτός. ἐχρήσατο δ' Ἰσαίῳ πρὸς τὸν λόγον ὑφη-
γητῇ, καίπερ Ἰσοκράτους τότε σχολάζοντος, εἴθ' ὥς
τινες λέγουσι τὸν ὡρισμένον μισθὸν Ἰσοκράτει τελέσαι
μὴ δυνάμενος τὰς δέκα μνᾶς διὰ τὴν ὀρφανίαν, εἴτε μᾶλ-
λον τοῦ Ἰσαίου τὸν λόγον ὡς δραστήριον καὶ πανοῦργον εἰς
c 7 τὴν χρείαν ἀποδεχόμενος. Ἕρμιππος (FGH III 49) δέ φη-
σιν ἀδεσπότοις ὑπομνήμασιν ἐντυχεῖν, ἐν οἷς ἐγέγραπτο
τὸν Δημοσθένη συνεσχολακέναι Πλάτωνι καὶ πλεῖστον

4 mor. **844**b Gell. **3**, **13** || **22** sq. cf. mor. **837**d. **844**b sq. Diog. Laert. **3**, **46** Phot. bibl. 492b 25

[(N*U* =)N(ABCE =)Υ] **2** *κατὰ Πλάτωνα* del. Wytt. || **11** *ἀγάγῃ U* || **14** *ἀκούσεται* Υ | *λεγομένων* Υ || **17** *ὑπὸ τῶν* Υ || **18** *ὡς* om. Υ || **19** *τιθασσεύειν* N || **21** *ἂν*] *δὴ* Naber || **26** *εἰς* N: *ἐπὶ* Υ || **27** *φησιν* Υ: *φησιν ὁ ποιητὴς* N || **29** *δημοσθένην* Υ | *τῷ πλάτωνι* N

εἰς τοὺς λόγους ὠφελῆσθαι, Κτησιβίου δὲ μέμνηται λέ-
γοντος παρὰ Καλλίου τοῦ Συρακουσίου καί τινων ἄλλων
τὰς Ἰσοκράτους τέχνας καὶ τὰς Ἀλκιδάμαντος κρύφα
λαβόντα τὸν Δημοσθένη καταμαθεῖν.

6. Ὡς δ' οὖν ἐν ἡλικίᾳ γενόμενος τοῖς ἐπιτρόποις ἤρξα- a. 364/3
το δικάζεσθαι καὶ λογογραφεῖν ἐπ' αὐτούς, πολλὰς διαδύ-
323 L σεις καὶ παλινδικίας εὑρίσκοντας, ἐγγυμνασάμενος κατὰ
τὸν Θουκυδίδην (1, 18, 3) ταῖς μελέταις οὐκ ἀκινδύ-
νως οὐδ' ἀργῶς, κατευτυχήσας ἐκπρᾶξαι μὲν οὐδὲ πολ-
λοστὸν ἠδυνήθη μέρος τῶν πατρῴων, τόλμαν δὲ πρὸς d
τὸ λέγειν καὶ συνήθειαν ἱκανὴν λαβών, καὶ γευσάμενος
τῆς περὶ τοὺς ἀγῶνας φιλοτιμίας καὶ δυνάμεως, ἐνεχεί-
ρησεν εἰς μέσον παριέναι καὶ τὰ κοινὰ πράττειν, καὶ κα- 2
θάπερ Λαομέδοντα τὸν Ὀρχομένιον λέγουσι καχεξίαν τινὰ
σπληνὸς ἀμυνόμενον δρόμοις μακροῖς χρῆσθαι τῶν ἰα-
τρῶν κελευσάντων, εἶθ' οὕτως διαπονήσαντα τὴν ἕξιν
ἐπιθέσθαι τοῖς στεφανίταις ἀγῶσι καὶ τῶν ἄκρων γενέ-
σθαι δολιχοδρόμων, οὕτως τῷ Δημοσθένει συνέβη τὸ
πρῶτον ἐπανορθώσεως ἕνεκα τῶν ἰδίων ἀποδύντι πρὸς
τὸ λέγειν, ἐκ δὲ τούτου κτησαμένῳ δεινότητα καὶ δύ-
214 S ναμιν, ἐν τοῖς πολιτικοῖς ἤδη καθάπερ στεφανίταις ἀγῶσι e
πρωτεύειν τῶν ἀπὸ τοῦ βήματος ἀγωνιζομένων πολιτῶν.
καίτοι τό γε πρῶτον ἐντυγχάνων τῷ δήμῳ θορύβοις περι- 3
έπιπτε καὶ κατεγελᾶτο δι' ἀήθειαν, τοῦ λόγου συγκε-
χύσθαι ταῖς περιόδοις καὶ βεβασανίσθαι τοῖς ἐνθυμήμασι
πικρῶς ἄγαν καὶ κατακόρως δοκοῦντος. ἦν δέ τις ὡς 4
ἔοικε καὶ φωνῆς ἀσθένεια καὶ γλώττης ἀσάφεια καὶ
πνεύματος κολοβότης, ἐπιταράττουσα τὸν νοῦν τῶν λεγο-

cap. 6 mor. 844c sq. Phot. bibl. 492b 30 || **26** mor. 845a Phot. bibl. 493b 1 Zosim. p. 148R.

[(**NU** =)**N** (**ABCE** =)**Υ**] **2. 3** *ἄλλων καὶ τὰς* **N** || **4** *δημοσθένην* **Υ** || **5** *δ' οὖν* **N**: *γοῦν* **Υ** || **6** *διαλύσεις* **N** || **12** *ἐπεχείρησεν* **Υ** || **18. 19** *τοῦ δημοσθένους τὸ πρῶτον συνέβη* **N** || **20** *δὲ* om. **Υ** || **25** *βεβύσθαι* Naber *βεβαρύνθαι* Ha. || **26** *ἄγαν πικρῶς* **N** (*πυκνῶς* Br. *ψυχρῶς* Wytt., sed cf. mor. 802e)

5 *μένων τῷ διασπᾶσθαι τὰς περιόδους. τέλος δ' ἀποστάντα*
τοῦ δήμου καὶ ῥεμβόμενον ἐν Πειραιεῖ δι' ἀθυμίαν Εὔνο-
f *μος ὁ Θριάσιος ἤδη πάνυ γέρων θεασάμενος ἐπετίμησεν,*
ὅτι τὸν λόγον ἔχων ὁμοιότατον τῷ Περικλέους, προδίδω-
σιν ὑπ' ἀτολμίας καὶ μαλακίας ἑαυτόν, οὔτε τοὺς ὄχλους
ὑφιστάμενος εὐθαρσῶς, οὔτε τὸ σῶμα πρὸς τοὺς ἀγῶνας 324 L
ἐξαρτυόμενος, ἀλλὰ τρυφῇ περιορῶν μαραινόμενον.

7. *Πάλιν δέ ποτέ φασιν ἐκπεσόντος αὐτοῦ καὶ ἀπιόντος*
849 *οἴκαδε συγκεχυμένου καὶ βαρέως φέροντος, ἐπακολου-*
θῆσαι Σάτυρον τὸν ὑποκριτὴν ἐπιτήδειον ὄντα καὶ συν-
2 *εισελθεῖν. ὀδυρομένου δὲ τοῦ Δημοσθένους πρὸς αὐτόν,*
ὅτι πάντων φιλοπονώτατος ὢν τῶν λεγόντων καὶ μικροῦ
δέων καταναλωκέναι τὴν τοῦ σώματος ἀκμὴν εἰς τοῦτο,
χάριν οὐκ ἔχει πρὸς τὸν δῆμον, ἀλλὰ κραιπαλῶντες ἄν-
θρωποι ναῦται καὶ ἀμαθεῖς ἀκούονται καὶ κατέχουσι τὸ
3 *βῆμα, παρορᾶται δ' αὐτός, „ἀληθῆ λέγεις ὦ Δημόσθε-*
νες" φάναι τὸν Σάτυρον, „ἀλλ' ἐγὼ τὸ αἴτιον ἰάσομαι
b *ταχέως, ἄν μοι τῶν Εὐριπίδου τινὰ ῥήσεων ἢ Σοφο-*
4 *κλέους ἐθελήσῃς εἰπεῖν ἀπὸ στόματος." εἰπόντος δὲ τοῦ*
Δημοσθένους, μεταλαβόντα τὸν Σάτυρον οὕτω πλάσαι
καὶ διεξελθεῖν ἐν ἤθει πρέποντι καὶ διαθέσει τὴν αὐτὴν
ῥῆσιν, ὥστ' εὐθὺς ὅλως ἑτέραν τῷ Δημοσθένει φανῆναι.
5 *πεισθέντα δ' ὅσον ἐκ τῆς ὑποκρίσεως τῷ λόγῳ κόσμου καὶ* 215 S
χάριτος πρόσεστι, μικρὸν ἡγήσασθαι καὶ τὸ μηδὲν εἶναι
τὴν ἄσκησιν ἀμελοῦντι τῆς προφορᾶς καὶ διαθέσεως τῶν
6 *λεγομένων. ἐκ δὲ τούτου κατάγειον μὲν οἰκοδομῆσαι με-*
λετητήριον, ὃ δὴ διεσῴζετο καὶ καθ' ἡμᾶς, ἐνταῦθα δὲ
πάντως μὲν ἑκάστης ἡμέρας κατιόντα πλάττειν τὴν ὑπό-
κρισιν καὶ διαπονεῖν τὴν φωνήν, πολλάκις δὲ καὶ μῆνας

8 cf. mor. 845 a || **26** mor. 844 d

[(NU =)N (ABCE =)Υ] **1** *διεσπάσθαι* **N** || **2** *πειραεῖ* **N** || **7** *ἐπαρτυόμενος* **N** || **8** *ποτέ* om. **N** || **9** *οἴκαδε* om. **N** | *συγκεκαλυμμένου* Υ | *ὑπακολουθῆσαι* Υ || **10** *συνελθεῖν* Υ || **22** *εὐθὺς* om. Υ || **26** *δὲ* om. Υ | *μελετήριον* **NU**[1], cf. p. 287, 7 || **27** *διεσώζετο καὶ* Υ: *διεσώθη* **N** || **28** *προσιόντα* **A**

ἑξῆς δύο καὶ τρεῖς συνάπτειν, ξυρούμενον τῆς κεφαλῆς c
θάτερον μέρος ὑπὲρ τοῦ μηδὲ βουλομένῳ πάνυ προελθεῖν
ἐνδέχεσθαι δι' αἰσχύνην.

325 L **8.** Οὐ μὴν ἀλλὰ καὶ τὰς πρὸς τοὺς ἐκτὸς ἐντεύξεις καὶ
λόγους καὶ ἀσχολίας ὑποθέσεις ἐποιεῖτο καὶ ἀφορμὰς
τοῦ φιλοπονεῖν. ἀπαλλαγεὶς γὰρ αὐτῶν τάχιστα κατέ-
βαινεν εἰς τὸ μελετητήριον, καὶ διεξῄει τάς τε πράξεις
ἐφεξῆς καὶ τοὺς ὑπὲρ αὐτῶν ἀπολογισμούς. ἔτι δὲ τοὺς 2
λόγους οἷς παρέτυχε λεγομένοις ἀναλαμβάνων πρὸς
ἑαυτὸν εἰς γνώμας ἀνῆγε καὶ περιόδους, ἐπανορθώσεις
τε παντοδαπὰς καὶ μεταφράσεις ἐκαινοτόμει τῶν εἰρημέ-
νων ὑφ' ἑτέρου πρὸς ἑαυτὸν ἢ ὑφ' ἑαυτοῦ πάλιν πρὸς ἄλλον.
ἐκ δὲ τούτου δόξαν ἔσχεν ὡς οὐκ εὐφυὴς ὤν, ἀλλ' ἐκ πό- 3 d
νου συγκειμένῃ δεινότητι καὶ δυνάμει χρώμενος, ἐδόκει
τε τούτου σημεῖον εἶναι μέγα καὶ τὸ μὴ ῥᾳδίως ἀκοῦσαί
τινα Δημοσθένους ἐπὶ καιροῦ λέγοντος, ἀλλὰ καὶ καθή-
μενον ἐν ἐκκλησίᾳ πολλάκις τοῦ δήμου καλοῦντος ὀνο-
μαστὶ μὴ παρελθεῖν, εἰ μὴ τύχοι πεφροντικὼς καὶ παρε-
σκευασμένος. εἰς τοῦτο δ' ἄλλοι τε πολλοὶ τῶν δημαγω- 4
γῶν ἐχλεύαζον αὐτόν, καὶ Πυθέας ἐπισκώπτων ἐλλυ-
χνίων ἔφησεν ὄζειν αὐτοῦ τὰ ἐνθυμήματα. τοῦτον μὲν
οὖν ἠμείψατο πικρῶς ὁ Δημοσθένης· „οὐ ταὐτά" γὰρ 5
εἶπεν „ἐμοὶ καὶ σοὶ ὁ λύχνος ὦ Πυθέα σύνοιδε." πρὸς
δὲ τοὺς ἄλλους οὐ παντάπασιν ἦν ἔξαρνος, ἀλλ' οὔτε e
γράψας οὔτ' ἄγραφα κομιδῇ λέγειν ὡμολόγει, καὶ μέντοι 6
216 S δημοτικὸν ἀπέφαινεν ἄνδρα τὸν λέγειν μελετῶντα· θερα-
πείας γὰρ εἶναι τοῦ[το] δήμου ⟨τὴν⟩ παρασκευήν, τὸ
δ' ὅπως ἕξουσιν οἱ πολλοὶ πρὸς τὸν λόγον ἀφροντιστεῖν
ὀλιγαρχικοῦ καὶ βίᾳ μᾶλλον ἢ πειθοῖ προσέχοντος. τῆς 7

8 mor. 40 de || **20** Plut. Cic. 50, 4 || **26** mor. 848c

[(NU =)N(ABCE =)Υ] **7** *μελετήριον* **N** || **9** *πρὸς* **N**: *εἰς* Υ || **12** *αὐτοῦ* Υ *U* | *πάλιν* om. **N** || **13** *δὲ* om. Υ | *εἶχεν* Υ || **15** *τε* Υ *δὲ* **N** | *καὶ* om. Υ || **16** *καὶ* om. **N** || **20** *πυθέως* **N** *πυθέας*, sed *α* in ras., *U* || **23** *ὁ λύχνος* post *πυθέα* hab. Υ | *ὦ* Υ et e ras. **N**: *ὡς* *U* et ante ras. **N** || **27** *τοῦτο*: em. Rei. | *τὴν* add. Rei., qui et *θεραπείαν*

δὲ πρὸς καιρὸν ἀτολμίας αὐτοῦ καὶ τοῦτο ποιοῦνται ση-
μεῖον, ὅτι Δημάδης μὲν ἐκείνῳ θορυβηθέντι πολλάκις 326 L
ἀναστὰς ἐκ προχείρου συνεῖπεν, ἐκεῖνος δ' οὐδέποτε
Δημάδῃ.

9. Πόθεν οὖν, φαίη τις ἄν, ὁ Αἰσχίνης (3, 152) πρὸς
τὴν ἐν τοῖς λόγοις τόλμαν θαυμασιώτατον ἀπεκάλει τὸν
f ἄνδρα; πῶς δὲ Πύθωνι τῷ Βυζαντίῳ, θρασυνομένῳ καὶ
ῥέοντι πολλῷ κατὰ τῶν Ἀθηναίων, ἀναστὰς μόνος ἀντ-
εῖπεν, ἢ Λαμάχου τοῦ Σμυρναίου γεγραφότος ἐγκώμιον
Ἀλεξάνδρου καὶ Φιλίππου τῶν βασιλέων, ἐν ᾧ πολλὰ
Θηβαίους καὶ Ὀλυνθίους εἰρήκει κακῶς, καὶ τοῦτ' ἀνα-
850 γινώσκοντος Ὀλυμπίασι, παραναστὰς καὶ διεξελθὼν μεθ'
ἱστορίας καὶ ἀποδείξεως, ὅσα Θηβαίοις καὶ Χαλκιδεῦσιν
ὑπάρχει καλὰ πρὸς τὴν Ἑλλάδα, καὶ πάλιν ὅσων αἴτιοι
γεγόνασι κακῶν οἱ κολακεύοντες Μακεδόνας, οὕτως ἐπέ-
στρεψε τοὺς παρόντας, ὥστε δείσαντα τῷ θορύβῳ τὸν
2 σοφιστὴν ὑπεκδῦναι τῆς πανηγύρεως; ἀλλ' ἔοικεν ὁ ἀνὴρ
τοῦ Περικλέους τὰ μὲν ἄλλα μὴ πρὸς αὐτὸν ἡγήσασθαι,
τὸ δὲ πλάσμα καὶ τὸν σχηματισμὸν αὐτοῦ καὶ τὸ μὴ τα-
χέως μηδὲ περὶ παντὸς ἐκ τοῦ παριστάμενου λέγειν,
ὥσπερ ἐκ τούτων μεγάλου γεγονότος, ζηλῶν καὶ μιμού-
μενος, οὐ πάνυ προσίεσθαι τὴν ἐν τῷ καιρῷ δόξαν, οὐδ'
b ἐπὶ τῇ τύχῃ πολλάκις ἑκὼν εἶναι ποιεῖσθαι τὴν δύναμιν.
3 ἐπεὶ τόλμαν γε καὶ θάρσος οἱ λεχθέντες ὑπ' αὐτοῦ λόγοι
τῶν γραφέντων μᾶλλον εἶχον, εἴ τι δεῖ πιστεύειν Ἐρατο-
σθένει καὶ Δημητρίῳ τῷ Φαληρεῖ καὶ τοῖς κωμι- 327 L
4 κοῖς. ὧν Ἐρατοσθένης (FGrH 241 F 32) μέν φησιν αὐτὸν
ἐν τοῖς λόγοις πολλαχοῦ γεγονέναι παράβακχον, ὁ δὲ
Φαληρεὺς (FGrH 228 F 16) τὸν ἔμμετρον ἐκεῖνον ὅρκον

1 mor. 80d || **7** mor. 845c Demosth. 18, 136

[(**NU** =)**N** (**A B C E** =)**Υ**] **6** τοῖς om. N, cf. Aeschin. v. l. | ἀπο-καλεῖ N || **7** δὲ Υ: δὲ καὶ N || **8** πολλοῦ N || **9** σμυρναίου N: μυρρη-ναίου Υ τερειναίου mor. || **11** τοῦτ' om. Υ || **12** παραναστὰς N mor.: παραστὰς Υ || **18** ἄλλα καλὰ N || **20** προισταμένου N || **22** προίεσθαι: em. Lambinus || **23** τῇ om. Υ

ὀμόσαι ποτὲ πρὸς τὸν δῆμον ὥσπερ ἐνθουσιῶντα (CAF II 128. 466)

217 S μὰ γῆν, μὰ κρήνας, μὰ ποταμούς, μὰ νάματα.

τῶν δὲ κωμικῶν ὁ μέν τις αὐτὸν ἀποκαλεῖ ῥωποπερπε- 5
ρήθραν, ὁ δὲ παρασκώπτων ὡς χρώμενον τῷ ἀντιθέτῳ φησὶν οὕτως (Antiphan. fr. 169 CAF II 80)·

ἀπέλαβεν ὥσπερ ἔλαβεν. ⟨Β.⟩ ἠγάπησεν ἂν
τὸ ῥῆμα τοῦτο παραλαβὼν Δημοσθένης. c

ἐκτὸς εἰ μὴ νὴ Δία πρὸς τὸν ὑπὲρ Ἁλοννήσου λόγον ὁ 6
Ἀντιφάνης καὶ τουτὶ πέπαιχεν, ἣν Ἀθηναίοις Δημοσθένης (7, 5) συνεβούλευε μὴ λαμβάνειν, ἀλλ' ἀπολαμβάνειν παρὰ Φιλίππου, περὶ συλλαβῶν διαφερόμενος.

10. Πλὴν τόν γε Δημάδην πάντες ὡμολόγουν τῇ φύσει χρώμενον ἀνίκητον εἶναι καὶ παραφέρειν αὐτοσχεδιάζοντα τὰς τοῦ Δημοσθένους σκέψεις καὶ παρασκευάς. Ἀρίστων 2
δ' ὁ Χῖος (I p. 87 n. 381 Arn.) καὶ Θεοφράστου (fr. 144 W.) τινὰ δόξαν ἱστόρηκε περὶ τῶν ῥητόρων· ἐρωτηθέντα γὰρ ὁποῖός τις αὐτῷ φαίνεται ῥήτωρ ὁ Δημοσθένης, εἰπεῖν· „ἄξιος τῆς πόλεως“· ὁποῖος δέ τις ὁ Δημάδης· „ὑπὲρ
τὴν πόλιν.“ ὁ δ' αὐτὸς φιλόσοφος Πολύευκτον ἱστορεῖ τὸν 3 d
Σφήττιον, ἕνα τῶν τότε πολιτευομένων Ἀθήνησιν, ἀποφαί-
328 L νεσθαι, μέγιστον μὲν εἶναι ῥήτορα Δημοσθένην, δυνατώτατον δ' εἰπεῖν Φωκίωνα· πλεῖστον γὰρ ἐν βραχυτάτῃ λέξει νοῦν
ἐκφέρειν. καὶ μέντοι καὶ τὸν Δημοσθένην φασὶν αὐτόν, 4

3 mor. 845 b schol. Aristoph. av. 194 || 11 Aeschin. 3, 83 || 20 Plut. Phoc. 5, 4. 5 mor. 803 e || 24 Plut. Phoc. 5, 9 sq. mor. 803 e Stob. 3, 37, 33

[N(U =)N (ABCE =)Υ] 1 ὠμοσέ ποτε N || 4 ῥωτοπερπερήθραν N || 7 ἀπέβαλεν N | ἠγάπησεν ἂν Cor. ex Athen. 6, 223 e: ἠγάπησε γὰρ || 9 ἐκτὸς del. Herw. | ἀλονήσου N || 12 περὶ συλλαβῶν διαφερόμενος Aeschin. 3, 83: π. συλλ. διαλεγόμενος NA^{m}, om. Υ || 14 αὐτὸν σχεδιάζοντα: em. Br. || 19 τις ὁ om. Υ || 20 πόλιν ἔφη N | φιλόσοφος Υ: θεόφραστος N || 22 μέγ.] ἄριστος Phoc. | δημοσθένην Υ mor. Phoc.: τὸν δημ. N | δεινόνατον Cor. cl. Phoc. mor. || 23 φωκ. Υ mor.: τὸν φωκ. N (ὁ φ. Phoc.)

ὁσάκις ἀντερῶν αὐτῷ Φωκίων ἀναβαίνοι, λέγειν πρὸς
τοὺς συνήθεις· ,,ἡ τῶν ἐμῶν λόγων κοπὶς ἀνίσταται.“
5 τοῦτο μὲν οὖν ἄδηλον εἴτε πρὸς τὸν λόγον τοῦ ἀνδρὸς ὁ
Δημοσθένης εἴτε πρὸς τὸν βίον καὶ τὴν δόξαν ἐπεπόνθει,
πολλῶν πάνυ καὶ μακρῶν περιόδων ἓν ῥῆμα καὶ νεῦμα
πίστιν ἔχοντος ἀνθρώπου κυριώτερον ἡγούμενος.
e **11.** Τοῖς δὲ σωματικοῖς ἐλαττώμασι τοιαύτην ἐπῆγεν
ἄσκησιν, ὡς ὁ Φαληρεὺς Δημήτριος (FGrH 228 F 17) ἱστορεῖ,
λέγων αὐτοῦ Δημοσθένους ἀκοῦσαι πρεσβύτου γεγονότος·
τὴν μὲν γὰρ ἀσάφειαν καὶ τραυλότητα τῆς γλώττης ἐκβιά- 218 S
ζεσθαι καὶ διαρθροῦν εἰς τὸ στόμα ψήφους λαμβάνοντα
καὶ ῥήσεις ἅμα λέγοντα, τὴν δὲ φωνὴν γυμνάζειν ἐν τοῖς
δρόμοις καὶ ταῖς πρὸς τὰ σίμ' ἀναβάσεσι διαλεγόμενον καὶ
λόγους τινὰς ἢ στίχους ἅμα τῷ πνεύματι πυκνουμένῳ προ-
φερόμενον· εἶναι δ' αὐτῷ μέγα κάτοπτρον οἴκοι, καὶ πρὸς
2 τοῦτο τὰς μελέτας ἱστάμενον ἐξ ἐναντίας περαίνειν. λέγε-
f ται δ' ἀνθρώπου προσελθόντος αὐτῷ δεομένου συνηγορίας
καὶ διεξιόντος ὡς ὑπό του λάβοι πληγάς, ,,ἀλλὰ σύ γε“,
φάναι τὸν Δημοσθένην, ,,τούτων ὧν λέγεις οὐδὲν πέπον-
θας.“ ἐπιτείναντος δὲ τὴν φωνὴν τοῦ ἀνθρώπου καὶ βοῶντος
,,ἐγὼ Δημόσθενες οὐδὲν πέπονθα;“ ,,νὴ Δία“ φάναι, ,,νῦν 329 L
3 ἀκούω φωνὴν ἀδικουμένου καὶ πεπονθότος.“ οὕτως ᾤετο
851 μέγα πρὸς πίστιν εἶναι τὸν τόνον καὶ τὴν ὑπόκρισιν τῶν
λεγόντων. τοῖς μὲν οὖν πολλοῖς ὑποκρινόμενος ἤρεσκε
θαυμαστῶς, οἱ δὲ χαρίεντες ταπεινὸν ἡγοῦντο καὶ ἀγεννὲς
αὐτοῦ τὸ πλάσμα καὶ μαλακόν, ὧν καὶ Δημήτριος ὁ Φαλη-
4 ρεύς (FGrH 228 F 18) ἐστιν. Αἰσίωνα δέ φησιν Ἕρμιππος
(FHG III 50) ἐπερωτηθέντα περὶ τῶν πάλαι ῥητόρων καὶ
τῶν καθ' αὐτὸν εἰπεῖν, ὡς ἀκούων μὲν ἄν τις ἐθαύμασεν
ἐκείνους εὐκόσμως καὶ μεγαλοπρεπῶς τῷ δήμῳ διαλεγο-

15 mor. 844e

[(NU =)N (ABCE =)Υ] **1** ἂν ἀντερῶν Υ ‖ **7** ἐπήγαγεν **N** ‖ **9** ἀκούειν Υ ‖ **10** γὰρ om. Υ ‖ **12.13** γυμνάζειν ἐν τοῖς δρόμοις **N**: ἐν τοῖς δρόμοις γυμνάζεσθαι Υ ‖ **13** πρὸς τὰ σιμὰ Υ: πρὸς τάσιν **U** πρὸς στάσιν **N** | προβάσεσι Υ ‖ **16** ἐξ ἐναντίας ἱστάμενον Υ ‖ **17** αὐτῷ om. Υ ‖ **27** αἰσίωνα **BCE**: ἀππίωνα **NA**, cf. Suda 922c ‖ **28** ἐρωτηθέντα Υ

μένους, ἀναγινωσκόμενοι δ' οἱ Δημοσθένους λόγοι πολὺ
τῇ κατασκευῇ καὶ δυνάμει διαφέρουσιν. οἱ μὲν οὖν γεγραμ- 5
μένοι τῶν λόγων ὅτι τὸ αὐστηρὸν πολὺ καὶ πικρὸν ἔχουσι,
τί ἂν λέγοι τις; ἐν δὲ ταῖς παρὰ τὸν καιρὸν ἀπαντήσεσιν
ἐχρῆτο καὶ τῷ γελοίῳ. Δημάδου (fr. 54 de F.) μὲν γὰρ b
εἰπόντος ,,ἐμὲ Δημοσθένης; ἡ ὗς τὴν Ἀθηνᾶν'', ,,αὕτη''
εἶπεν ,,ἡ Ἀθηνᾶ πρώην ἐν Κολλυτῷ μοιχεύουσα ἐλήφθη.''
πρὸς δὲ τὸν κλέπτην ὃς ἐπεκαλεῖτο Χαλκοῦς καὶ αὐτὸν 6
εἰς τὰς ἀγρυπνίας αὐτοῦ καὶ νυκτογραφίας πειρώμενόν τι
219 8 λέγειν· ,,οἶδα'' εἶπεν ,,ὅτι σε λυπῶ λύχνον καίων. ὑμεῖς δ'
11 ὦ ἄνδρες Ἀθηναῖοι μὴ θαυμάζετε τὰς γινομένας κλοπάς,
ὅταν τοὺς μὲν κλέπτας χαλκοῦς, τοὺς δὲ τοίχους πηλίνους
ἔχωμεν.'' ἀλλὰ περὶ μὲν τούτων καὶ ἑτέρων γελοίων καί- 7
περ ἔτι πλείω λέγειν ἔχοντες, ἐνταῦθα παυσόμεθα· τὸν
δ' ἄλλον αὐτοῦ τρόπον καὶ τὸ ἦθος ἀπὸ τῶν πράξεων καὶ c
τῆς πολιτείας θεωρεῖσθαι δίκαιόν ἐστιν.

330 L **12.** Ὥρμησε μὲν οὖν ἐπὶ τὸ πράττειν τὰ κοινὰ τοῦ
Φωκικοῦ πολέμου συνεστῶτος, ὡς αὐτός τέ φησι (18, 18)
καὶ λαβεῖν ἔστιν ἀπὸ τῶν Φιλιππικῶν δημηγοριῶν. αἱ μὲν 2
γὰρ ἤδη διαπεπραγμένων ἐκείνων γεγόνασιν, αἱ δὲ πρε-
σβύταται τῶν ἔγγιστα πραγμάτων ἅπτονται. δῆλος δ' ἐστὶ 3
καὶ τὴν κατὰ Μειδίου παρασκευασάμενος εἰπεῖν δίκην
δύο μὲν ἐπὶ τοῖς τριάκοντα γεγονὼς ἔτη, μηδέπω δ' ἔχων
ἰσχὺν ἐν τῇ πολιτείᾳ μηδὲ δόξαν. ὃ καὶ μάλιστά μοι δοκεῖ 4
δείσας ἐπ' ἀργυρίῳ καταθέσθαι τὴν πρὸς τὸν ἄνθρωπον
ἔχθραν (Il. 20, 467)·

οὐ γάρ τι γλυκύθυμος ἀνὴρ ἦν οὐδ' ἀγανόφρων,

ἀλλ' ἔντονος καὶ βίαιος περὶ τὰς ἀμύνας. ὁρῶν δ' οὐ φαῦ- 5 d
λον οὐδὲ τῆς αὐτοῦ δυνάμεως ἔργον ἄνδρα καὶ πλούτῳ

24 Aeschin. 3, 52 Phot. bibl. 492b 38

[(NU =)N (ABCE =)Υ] 3 αὐστηρὸν καὶ πικρὸν πολὺ N || 4 ταῖς ἀπαντήσεσι ταῖς παρὰ τὸν καιρὸν Υ || 7 κολυττῶ N || 11 γενομένας N || 13 καὶ ἑτέρων γελοίων om. Υ || 14 πλέω N || 22 τὴν om. N || 23.24 μηδέπω ἰσχὺν ἔχων N || 27 τι Υ: τοι N || 28 περὶ Υ: πρὸς N

καὶ λόγῳ καὶ φίλοις εὖ πεφραγμένον καθελεῖν τὸν Μει-
6 δίαν, ἐνέδωκε τοῖς ὑπὲρ αὐτοῦ δεομένοις. αἱ δὲ τρισχίλιαι
καθ' ἑαυτὰς οὐκ ἄν μοι δοκοῦσι τὴν Δημοσθένους ἀμβλῦ-
ναι πικρίαν, ἐλπίζοντος καὶ δυναμένου περιγενέσθαι.
7 Λαβὼν δὲ τῆς πολιτείας καλὴν ὑπόθεσιν τὴν πρὸς Φίλιπ-
πον ὑπὲρ τῶν Ἑλλήνων δικαιολογίαν, καὶ πρὸς ταύτην ἀγω-
νιζόμενος ἀξίως, ταχὺ δόξαν ἔσχε καὶ περίβλεπτος ὑπὸ
τῶν λόγων ἤρθη καὶ τῆς παρρησίας, ὥστε θαυμάζεσθαι
e μὲν ἐν τῇ Ἑλλάδι, θεραπεύεσθαι δ' ὑπὸ τοῦ μεγάλου βασι-
λέως, πλεῖστον δ' αὐτοῦ λόγον εἶναι παρὰ τῷ Φιλίππῳ
τῶν δημαγωγούντων, ὁμολογεῖν δὲ καὶ τοὺς ἀπεχθανο-
μένους, ὅτι πρὸς ἔνδοξον αὐτοῖς ἄνθρωπον ὁ ἀγών ἐστι. 220 S
8 καὶ γὰρ Αἰσχίνης καὶ Ὑπερείδης (or. 1 col. 22, 10 Jens.)
⟨τοιαῦτα περὶ αὐτοῦ κατηγοροῦντες εἰρήκασιν. 331 L

13. Ὅθεν οὐκ οἶδ' ὅπως παρέστη Θεοπόμπῳ (FGrH 115
F 326) λέγειν, αὐτὸν ἀβέβαιον τῷ τρόπῳ γεγονέναι καὶ
μήτε πράγμασι μήτ' ἀνθρώποις πολὺν χρόνον τοῖς αὐτοῖς
2 ἐπιμένειν δυνάμενον. φαίνεται γάρ, εἰς ἣν ἀπ' ἀρχῆς τῶν
πραγμάτων μερίδα καὶ τάξιν αὑτὸν ἐν τῇ πολιτείᾳ κατέ-
στησε, ταύτην ἄχρι τέλους διαφυλάξας καὶ οὐ μόνον ἐν
f τῷ βίῳ μὴ μεταβαλόμενος, ἀλλὰ καὶ τὸν βίον ἐπὶ τῷ μὴ
3 μεταβαλέσθαι προέμενος. οὐ γάρ – ὡς Δημάδης ἀπολο-
γούμενος τὴν ἐν τῇ πολιτείᾳ μεταβολὴν ἔλεγεν, αὑτῷ
μὲν αὑτὸς τἀναντία πολλάκις εἰρηκέναι, τῇ δὲ πόλει μηδέ-
ποτε, καὶ Μελάνωπος ἀντιπολιτευόμενος Καλλιστράτῳ
καὶ πολλάκις ὑπ' αὐτοῦ χρήμασι μετατιθέμενος εἰώθει
852 λέγειν πρὸς τὸν δῆμον „ὁ μὲν ἀνὴρ ἐχθρός, τὸ δὲ τῆς πό-
4 λεως νικάτω συμφέρον," Νικόδημος δ' ὁ Μεσσήνιος Κασ-
σάνδρῳ προστιθέμενος πρότερον, εἶτ' αὖθις ὑπὲρ Δημη-
τρίου πολιτευόμενος, οὐκ ἔφη τἀναντία λέγειν, ἀεὶ γὰρ εἶναι

9 cf. cap. 16, 2

[(NU =)N (ABCE =)Υ] **2** ἑαυτοῦ N | δὲ] γὰρ Zie. || **13** ὑπερ-
είδης N: ὑπερίδης UΥ, cf. p. 293, 16 || **14** περὶ N: ὑπὲρ Υ || **20** τοῦ
τέλους N || **21** μεταβαλλόμενος N || **22** μεταβάλλεσθαι N || **23** διὰ
τὴν Υ || **24** αὐτὸς N: αὐτὸν Υ || **28** κασάνδρω Υ

*συμφέρον ἀκροᾶσθαι τῶν κρατούντων –, οὕτω καὶ περὶ
Δημοσθένους ἔχομεν εἰπεῖν οἷον ἐκτρεπομένου καὶ πλαγι-
άζοντος ἢ φωνὴν ἢ πρᾶξιν, ἀλλ' ὥσπερ ἀφ' ἑνὸς καὶ ἀμετα-
βόλου διαγράμματος τῆς πολιτείας ἕνα τόνον ἔχων ἐν τοῖς
πράγμασιν ἀεὶ διετέλεσε. Παναίτιος δ' ὁ φιλόσοφος* (fr. 94 5
v. Str.) *καὶ τῶν λόγων αὐτοῦ φησιν οὕτω γεγράφθαι τοὺς
πλείστους, ὡς μόνου τοῦ καλοῦ δι' αὑτὸ αἱρετοῦ ὄντος,* b
*τὸν περὶ τοῦ στεφάνου, τὸν κατ' Ἀριστοκράτους, τὸν ὑπὲρ
τῶν ἀτελειῶν, τοὺς Φιλιππικούς· ἐν οἷς πᾶσιν οὐ πρὸς* 6
332 L *τὸ ἥδιστον ἢ ῥᾷστον ἢ λυσιτελέστατον ἄγει τοὺς πολίτας,
ἀλλὰ πολλαχοῦ τὴν ἀσφάλειαν καὶ τὴν σωτηρίαν οἴεται
δεῖν ἐν δευτέρᾳ τάξει τοῦ καλοῦ ποιεῖσθαι καὶ τοῦ πρέ-*
221 S *ποντος, ὡς εἴγε τῇ περὶ τὰς ὑποθέσεις αὐτοῦ φιλοτιμίᾳ
καὶ τῇ τῶν λόγων εὐγενείᾳ παρῆν ἀνδρεία τε πολεμιστή-
ριος καὶ τὸ καθαρῶς ἕκαστα πράττειν, οὐκ ἐν τῷ κατὰ
Μοιροκλέα καὶ Πολύευκτον καὶ Ὑπερείδην ἀριθμῷ τῶν
ῥητόρων, ἀλλ' ἄνω μετὰ Κίμωνος καὶ Θουκυδίδου καὶ
Περικλέους ἄξιος ἦν τίθεσθαι.*

14. *Τῶν γοῦν κατ' αὐτὸν ὁ Φωκίων, οὐκ ἐπαινουμένης* c
*προϊστάμενος πολιτείας, ἀλλὰ δοκῶν μακεδονίζειν, ὅμως
δι' ἀνδρείαν καὶ δικαιοσύνην οὐδὲν οὐδαμῇ χείρων ἔδο-
ξεν Ἐφιάλτου καὶ Ἀριστείδου καὶ Κίμωνος ἀνὴρ γενέσθαι.
Δημοσθένης δ' οὐκ ὢν ἐν τοῖς ὅπλοις ἀξιόπιστος, ὥς* 2
φησιν ὁ Δημήτριος (FGrH 228 F 19), *οὐδὲ πρὸς τὸ λαμβά-
νειν παντάπασιν ἀπωχυρωμένος, ἀλλὰ τῷ μὲν παρὰ Φιλίπ-
που καὶ ἐκ Μακεδονίας ἀνάλωτος ὤν, τῷ δ' ἄνωθεν ἐκ
Σούσων καὶ Ἐκβατάνων ἐπιβατὸς χρυσίῳ γεγονὼς καὶ
κατακεκλυσμένος, ἐπαινέσαι μὲν ἦν ἱκανώτατος τὰ τῶν*

3 mor. 55d || 26 Aeschin. 3, 173

[(NU =)N (ABCE =)Υ] **2** *ἐντρεπομένου* **N** || **3** *ἀφ'* Υ: *ἐφ'* **N** (cf. mor.) | *ἀμεταβλήτου* Υ || **6** *αὐτοῦ φησιν* Iunt. Ald.: *φησὶν αὐτοῦ* **N**Υ || **10** *λυσιτελέστερον* **N** || **11** *τὴν*[1] Υ: *καὶ τὴν* **N** || **15** *κατὰ* Υ: *περὶ* **N** || **16** *μυροκλέα* Υ, cf. p. 303, 3 | *ὑπερείδην* **N**: *ὑπερίδην* **U**Υ, cf. p. 292, 13 || **19** *κατ' αὐτὸν* Lambinus: *μετ' αὐτὸν* | *ἐπαινουμένης* ⟨*μεν*⟩ Zie. || **25** *τῶν μὲν* **N** || **26** *ἐκ*[1] om. Υ | *τῶν* **N** || **27** *ἀκβατάνων* **N** || **28** *ἱκανώτατος ἦν* Υ

3 προγόνων καλά, μιμήσασθαι δ' οὐχ ὁμοίως. ἐπεὶ τούς
γε καθ' αὑτὸν ῥήτορας – ἔξω δὲ λόγου τίθεμαι Φωκίωνα –
d καὶ τῷ βίῳ παρῆλθε. φαίνεται δὲ καὶ μετὰ παρρησίας
μάλιστα τῷ δήμῳ διαλεγόμενος, καὶ πρὸς τὰς ἐπιθυμίας
τῶν πολλῶν ἀντιτείνων, καὶ τοῖς ἁμαρτήμασιν αὐτῶν ἐπι-
4 φυόμενος, ὡς ἐκ τῶν λόγων αὐτῶν λαβεῖν ἔστιν. ἱστορεῖ
δὲ καὶ Θεόφραστος, ὅτι τῶν Ἀθηναίων ἐπί τινα προβαλλο- 333 L
μένων αὐτὸν κατηγορίαν, εἶθ' ὡς οὐχ ὑπήκουε θορυβούν-
των, ἀναστὰς εἶπεν „ὑμεῖς ἐμοὶ ὦ ἄνδρες Ἀθηναῖοι συμ-
βούλῳ μέν, κἂν μὴ θέλητε, χρήσεσθε· συκοφάντῃ δ' οὐδ'
5 ἂν θέλητε.“ σφόδρα δ' ἀριστοκρατικὸν αὐτοῦ πολίτευμα
καὶ τὸ περὶ Ἀντιφῶντος· ὃν ὑπὸ τῆς ἐκκλησίας ἀφεθέντα
e συλλαβὼν ἐπὶ τὴν ἐξ Ἀρείου πάγου βουλὴν ἀνήγαγε, καὶ
παρ' οὐδὲν τὸ προσκροῦσαι τῷ δήμῳ θέμενος, ἤλεγξεν
ὑπεσχημένον Φιλίππῳ τὰ νεώρια ἐμπρήσειν, καὶ παραδο-
6 θεὶς ὁ ἄνθρωπος ὑπὸ τῆς βουλῆς ἀπέθανε. κατηγόρησε δὲ 222 S
καὶ τῆς ἱερείας Θεωρίδος ὡς ἄλλα τε ῥᾳδιουργούσης πολλὰ
καὶ τοὺς δούλους ἐξαπατᾶν διδασκούσης, καὶ θανάτου
τιμησάμενος ἀπέκτεινε.

15. Λέγεται δὲ καὶ τὸν κατὰ Τιμοθέου τοῦ στρατηγοῦ
λόγον, ᾧ χρησάμενος Ἀπολλόδωρος εἷλε τὸν ἄνδρα τοῦ
ὀφλήματος, Δημοσθένης γράψαι τῷ Ἀπολλοδώρῳ, καθά-
περ καὶ τοὺς πρὸς Φορμίωνα καὶ Στέφανον, ἐφ' οἷς εἰκό-
2 τως ἠδόξησε. καὶ γὰρ ὁ Φορμίων ἠγωνίζετο λόγῳ Δημο-
f σθένους πρὸς τὸν Ἀπολλόδωρον, ἀτεχνῶς καθάπερ ἐξ ἑνὸς
μαχαιροπωλίου τὰ κατ' ἀλλήλων ἐγχειρίδια πωλοῦντος
3 αὐτοῦ τοῖς ἀντιδίκοις. τῶν δὲ δημοσίων λόγων ὁ μὲν κατ'
Ἀνδροτίωνος καὶ κατὰ Τιμοκράτους καὶ ⟨κατ'⟩ Ἀριστο-

11 mor. 848a Demosth. 18, 132sq. Dinarch. 1, 62

[(NU =)N (ABCE =)Υ] **1** *ὁμοίως* Rei.: *ὅμοιος* || **2** *καταυτὸν* N || **6** *αὐτῶν* om. Υ || **7** *θεόφραστος* N: *θεόπομπος* Υ (cf. FGrH 115 F 327) | *προκαλουμένων* Mittelhaus || **8** *εἶθ'* om. Υ | *θορυβουμένων* N || **11** *ἐὰν* N || **16** *κατηγορήσας* N || **17** *Θεωρίδος* om. N || **18** *διδάσκουσαν* N || **20** *τοῦ* om. N || **26** *μαχαιροπωλείου* N || **27** *λόγων* om. Υ || **28** *κατὰ* om. Υ | *καὶ Ἀριστοκράτους* om. N | *κατ'* add. Zie.

κράτους ἑτέροις ἐγράφησαν, οὔπω τῇ πολιτείᾳ προσεληλυ-
θότος αὐτοῦ· δοκεῖ γὰρ δυεῖν ἢ τριῶν δέοντα ἔτη τριάκον- 853
τα γεγονὼς ἐξενεγκεῖν τοὺς λόγους ἐκείνους· τοῖς δὲ
κατ' Ἀριστογείτονος αὐτὸς ἠγωνίσατο, καὶ τὸν περὶ τῶν
334 L ἀτελειῶν διὰ τὸν Χαβρίου παῖδα Κτήσιππον, ὥς φησιν
αὐτός, ὡς δ' ἔνιοι λέγουσι, τὴν μητέρα τοῦ νεανίσκου
μνώμενος. οὐ μὴν ἔγημε ταύτην, ἀλλὰ Σαμίᾳ τινὶ συνῴ- 4
κησεν, ὡς ἱστορεῖ Δημήτριος ὁ Μάγνης ἐν τοῖς περὶ συνω-
νύμων. ὁ δὲ κατ' Αἰσχίνου <περὶ> τῆς παραπρεσβείας 5
ἄδηλον εἰ λέλεκται· καίτοι φησὶν Ἰδομενεὺς (FGrH 338 F 10)
παρὰ τριάκοντα μόνας τὸν Αἰσχίνην ἀποφυγεῖν. ἀλλ' οὐκ
ἔοικεν οὕτως ἔχειν τὸ ἀληθές, εἰ δεῖ τοῖς περὶ τοῦ στεφά-
νου γεγραμμένοις ἑκατέρῳ λόγοις τεκμαίρεσθαι. μέμνη- 6 b
ται γὰρ οὐδέτερος αὐτῶν ἐναργῶς οὐδὲ τρανῶς ἐκείνου τοῦ
ἀγῶνος ὡς ἄχρι δίκης προελθόντος. ταυτὶ μὲν οὖν ἕτεροι
διακρινοῦσι μᾶλλον.

16. Ἡ δὲ τοῦ Δημοσθένους πολιτεία φανερὰ μὲν ἦν ἔτι
καὶ τῆς εἰρήνης ὑπαρχούσης οὐδὲν ἐῶντος ἀνεπιτίμητον
223 S τῶν πραττομένων ὑπὸ τοῦ Μακεδόνος, ἀλλ' ἐφ' ἑκάστῳ
χαράττοντος τοὺς Ἀθηναίους καὶ διακαίοντος ἐπὶ τὸν
ἄνθρωπον. διὸ καὶ παρὰ Φιλίππῳ πλεῖστος ἦν λόγος 2
αὐτοῦ, καὶ ὅτε πρεσβεύων δέκατος ἧκεν εἰς Μακεδονίαν,
ἤκουσε μὲν ἁπάντων ὁ Φίλιππος, ἀντεῖπε δὲ μετὰ πλεί-
στης ἐπιμελείας πρὸς τὸν ἐκείνου λόγον. οὐ μὴν ἔν γε ταῖς 3 c
ἄλλαις τιμαῖς καὶ φιλοφροσύναις ὅμοιον αὐτὸν τῷ Δημο-
σθένει παρεῖχεν, ἀλλὰ καὶ προσήγετο τοὺς περὶ Αἰσχίνην
καὶ Φιλοκράτην μᾶλλον. ὅθεν ἐπαινούντων ἐκείνων τὸν 4

2 Gell. 15, 28, 6 cf. Erbse Herm. 84, 408, 2 || **9** Aeschin. 2 argum. || **21** cf. cap. 12, 7 || **23**–296, 4 Phot. bibl. 394b

[(N*U* =)N(ABCE =)Υ] **2** *αὐτοῦ* om. Υ | *δυοῖν* *U* || **2.3** *τριῶν καὶ τριάκοντα γεγονὼς ἐτῶν ἐξεν.* N || **3** *τοῖς* N: *τὸν* Υ || **9** *περὶ* add. Wytt. || **12** *τἀληθές* Υ | *τοῦ* *U* et s. s. N (m. 1): om. Υ || **13** *ἑκατέρων*: em. Sch. || **15** *παρελθόντος* Υ || **16** *διακριβοῦσι* N || **20** *ταράττοντος* Υ || **23** *ἁπάντων* N Phot.: *πάντων* Υ | *ὁ* om. Υ || **24** *ἔν γε* om. Phot. || **26** *καὶ* N Phot.: om. Υ || **27** *φιλοκράτην* *U* A Phot.: *φιλοκράτη* NBCE

Φίλιππον, ὡς καὶ λέγειν δυνατώτατον καὶ κάλλιστον ὀφθῆ-
ναι καὶ νὴ Δία συμπιεῖν ἱκανώτατον, ἠναγκάζετο βασκαί- 335 L
νων ἐπισκώπτειν, ὡς τὸ μὲν σοφιστοῦ, τὸ δὲ γυναικός, τὸ
δὲ σπογγιᾶς εἴη, βασιλέως δ' οὐδὲν ἐγκώμιον.

17. Ἐπειδὴ δ' εἰς τὸ πολεμεῖν ἔρρεπε τὰ πράγματα,
τοῦ μὲν Φιλίππου μὴ δυναμένου τὴν ἡσυχίαν ἄγειν, τῶν
d δ' Ἀθηναίων ἐγειρομένων ὑπὸ τοῦ Δημοσθένους, πρῶτον
a. 340 μὲν εἰς Εὔβοιαν ἐξώρμησε τοὺς Ἀθηναίους, καταδεδου-
λωμένην ὑπὸ τῶν τυράννων Φιλίππῳ, καὶ διαβάντες, ἐκεί-
νου τὸ ψήφισμα γράψαντος, ἐξήλασαν τοὺς Μακεδόνας.
2 δεύτερον δὲ Βυζαντίοις ἐβοήθησε καὶ Περινθίοις ὑπὸ τοῦ
Μακεδόνος πολεμουμένοις, πείσας τὸν δῆμον, ἀφέντα τὴν
ἔχθραν καὶ τὸ μεμνῆσθαι τῶν περὶ τὸν συμμαχικὸν ἡμαρ-
τημένων ἑκατέροις πόλεμον, ἀποστεῖλαι δύναμιν αὐτοῖς,
3 ὑφ' ἧς ἐσώθησαν. ἔπειτα πρεσβεύων καὶ διαλεγόμενος
τοῖς Ἕλλησι καὶ παροξύνων, συνέστησε πλὴν ὀλίγων ἅπαν-
e τας ἐπὶ τὸν Φίλιππον, ὥστε σύνταξιν γενέσθαι πεζῶν μὲν
μυρίων καὶ πεντακισχιλίων, ἱππέων δὲ δισχιλίων ἄνευ τῶν
πολιτικῶν δυνάμεων, χρήματα δὲ καὶ μισθοὺς εἰσφέρε-
4 σθαι τοῖς ξένοις προθύμως. ὅτε καί φησι Θεόφραστος (fr.
145 W.), ἀξιούντων τῶν συμμάχων ὁρισθῆναι τὰς εἰσφοράς,
εἰπεῖν Κρωβύλον τὸν δημαγωγόν, ὡς οὐ τεταγμένα σιτεῖ-
5 ται πόλεμος. ἐπηρμένης δὲ τῆς Ἑλλάδος πρὸς τὸ μέλλον, 224 S
καὶ συνισταμένων κατ' ἔθνη καὶ πόλεις Εὐβοέων, Ἀχαιῶν,
Κορινθίων, Μεγαρέων, Λευκαδίων, Κερκυραίων, ὁ μέγι-
στος ὑπελείπετο Δημοσθένει τῶν ἀγώνων, Θηβαίους
προσαγαγέσθαι τῇ συμμαχίᾳ, χώραν τε σύνορον τῆς Ἀτ-
f τικῆς καὶ δύναμιν ἐναγώνιον ἔχοντας καὶ μάλιστα τότε 336 L
6 τῶν Ἑλλήνων εὐδοκιμοῦντας ἐν τοῖς ὅπλοις. ἦν δ' οὐ
ῥᾴδιον ἐπὶ προσφάτοις εὐεργετήμασι τοῖς περὶ τὸν Φω-

1 Aeschin. 2, 112 || **7** Demosth. 18, 79. 80 Aeschin. 3, 85 Diod. 16, 74—77 || **11** Plut. Phoc. 14 et ibi l. l. || **22** Plut. Crass. 2, 9 et ibi l. l.

[(N*U* =)N(ABCE =)Υ] **1** *καὶ*[1] om. Phot. || **1.2** *καὶ κάλλιστον —ἱκανώτατον* om. N || **5** *ἐπεὶ δ' εἰς* Υ || **14** *αὐτοῖς* Υ*U*: *ἀρχῆς* N || **19.20** *τοῖς ξένοις εἰσφέρεσθαι* Υ || **20** *Θεόφραστος*] *Θεόπομπος* Bünger (FGrH 115 F 404) || **23** *ὁ πόλεμος* N || **26** *τῷ δημοσθένει* Υ || **29** *εὐδοκιμούντων* N || **30** *τοῖς εὐεργετήμασι τοῖς* N

κικὸν πόλεμον τετιθασσευμένους ὑπὸ τοῦ Φιλίππου με-
ταστῆσαι τοὺς Θηβαίους, καὶ μάλιστα ταῖς διὰ τὴν γει-
τνίασιν ἀψιμαχίαις ἀναξαινομένων ἑκάστοτε τῶν πολε-
μικῶν πρὸς ἀλλήλας διαφορῶν ταῖς πόλεσιν.

18. Οὐ μὴν ἀλλ' ἐπεὶ Φίλιππος ὑπὸ τῆς περὶ τὴν Ἄμφισ- 854
σαν εὐτυχίας ἐπαιρόμενος εἰς τὴν Ἐλάτειαν ἐξαίφνης ἐνέ- a. 338
πεσε καὶ τὴν Φωκίδα κατέσχεν, ἐκπεπληγμένων τῶν Ἀθη-
ναίων καὶ μηδενὸς τολμῶντος ἀναβαίνειν ἐπὶ τὸ βῆμα μηδ'
ἔχοντος ὅ τι χρὴ λέγειν, ἀλλ' ἀπορίας οὔσης ἐν μέσῳ καὶ
σιωπῆς, παρελθὼν μόνος ὁ Δημοσθένης συνεβούλευε τῶν
Θηβαίων ἔχεσθαι, καὶ τἆλλα παραθαρρύνας καὶ μετεωρί-
σας ὥσπερ εἰώθει ταῖς ἐλπίσι τὸν δῆμον, ἀπεστάλη πρε-
σβευτὴς μεθ' ἑτέρων εἰς Θήβας. ἔπεμψε δὲ καὶ Φίλιππος, 2
ὡς Μαρσύας (FGrH 135 136 F 20) φησίν, Ἀμύνταν μὲν καὶ
Κλέανδρον καὶ Κάσανδρον Μακεδόνας, Δάοχον δὲ Θεσσα-
λὸν καὶ Θρασυδαῖον ἀντεροῦντας. τὸ μὲν οὖν συμφέρον οὐ b
διέφευγε τοὺς τῶν Θηβαίων λογισμούς, ἀλλ' ἐν ὄμμασιν
ἕκαστος εἶχε τὰ τοῦ πολέμου δεινά, τῶν Φωκικῶν ἔτι
τραυμάτων νεαρῶν παραμενόντων· ἡ δὲ τοῦ ῥήτορος
δύναμις, ὥς φησι Θεόπομπος (FGrH 115 F 328), ἐκριπί-
ζουσα τὸν θυμὸν αὐτῶν καὶ διακαίουσα τὴν φιλοτιμίαν,
ἐπεσκότησε τοῖς ἄλλοις ἅπασιν, ὥστε καὶ φόβον καὶ λογι-
337 L σμὸν καὶ χάριν ἐκβαλεῖν αὐτούς, ἐνθουσιῶντας ὑπὸ τοῦ
225 S λόγου πρὸς τὸ καλόν. οὕτω δὲ μέγα καὶ λαμπρὸν ἐφάνη 3
τὸ τοῦ ῥήτορος ἔργον, ὥστε τὸν μὲν Φίλιππον εὐθὺς ἐπι-
κηρυκεύεσθαι δεόμενον εἰρήνης, ὀρθὴν δὲ τὴν Ἑλλάδα c
γενέσθαι καὶ συνεξαναστῆναι πρὸς τὸ μέλλον, ὑπηρετεῖν
δὲ μὴ μόνον τοὺς στρατηγοὺς τῷ Δημοσθένει, ποιοῦντας
τὸ προσταττόμενον, ἀλλὰ καὶ τοὺς βοιωτάρχας, διοικεῖ-

cap. 18 Demosth. 18, 169–179. 211–213 Aeschin. 3, 137–140. 145sq. Diod. 16, 84. 85 Iustin. 9, 3, 5

[(N*U* =)N(ABCE =)Υ] **1** τετιθασευμένους Υ ‖ **3** πολιτικῶν Sint. ‖ **6** φερόμενος N, cf. ad Publ. p. 135, 30 ‖ **6.7** Ἐλάτειαν—Φωκίδα] Φωκίδα—Ἐλάτειαν Gebhard ‖ **12** τὸν δῆμον ταῖς ἐλπίσιν Υ ‖ **15** κλέανδρον καὶ κάσανδρον N: κλέαρχον Υ | δὲ N: δὲ καὶ Υ ‖ **16** θρασυδαῖον Υ: δικαίαρχον N ‖ **18** δεινά Υ: δείγματα N | ἔτι τῶν φωκικῶν Υ ‖ **22** ἐπεσκότισε N

σθαι δὲ καὶ τὰς ἐκκλησίας ἁπάσας οὐδὲν ἧττον ὑπ' ἐκείνου τότε τὰς Θηβαίων ἢ τὰς Ἀθηναίων, ἀγαπωμένου παρ' ἀμφοτέροις καὶ δυναστεύοντος οὐκ ἀδίκως οὐδὲ παρ' ἀξίαν, καθάπερ ἀποφαίνεται Θεόπομπος (FGrH 115 F 328), *ἀλλὰ καὶ πάνυ προσηκόντως.*

19. *Τύχη δέ τις [ὡς] ἔοικε δαιμόνιος ἢ περιφορὰ πραγμάτων, εἰς ἐκεῖνο καιροῦ συμπεραίνουσα τὴν ἐλευ-*
d *θερίαν τῆς Ἑλλάδος, ἐναντιοῦσθαι τοῖς πραττομένοις καὶ πολλὰ σημεῖα τοῦ μέλλοντος ἀναφαίνειν, ἐν οἷς ἥ τε Πυθία δεινὰ προὔφερε μαντεύματα, καὶ χρησμὸς ᾔδετο παλαιὸς ἐκ τῶν Σιβυλλείων* (Hendess 137)·

τῆς ἐπὶ Θερμώδοντι μάχης ἀπάνευθε γενοίμην,
αἰετὸς ἐν νεφέεσσι καὶ ἠέρι θηήσασθαι.
κλαίει ὁ νικηθείς, ὁ δὲ νικήσας ἀπόλωλε.

2 *τὸν δὲ Θερμώδοντά φασιν εἶναι παρ' ἡμῖν ἐν Χαιρωνείᾳ ποτάμιον μικρὸν εἰς τὸν Κηφισὸν ἐμβάλλον. ἡμεῖς δὲ νῦν μὲν οὐδὲν οὕτω τῶν ῥευμάτων ἴσμεν ὀνομαζόμενον, εἰκάζομεν δὲ τὸν καλούμενον Αἵμονα Θερμώδοντα τότε*
e *λέγεσθαι· καὶ γὰρ παραρρεῖ παρὰ τὸ Ἡράκλειον, ὅπου κατεστρατοπέδευον οἱ Ἕλληνες· καὶ τεκμαιρόμεθα τῆς μάχης* 338 L
γενομένης αἵματος ἐμπλησθέντα καὶ νεκρῶν τὸν ποταμὸν
3 *ταύτην διαλλάξαι τὴν προσηγορίαν. ὁ δὲ Δοῦρις* (FGrH 76 F 38) *οὐ ποταμὸν εἶναι τὸν Θερμώδοντά φησιν, ἀλλ' ἱστάντας τινὰς σκηνὴν καὶ περιορύττοντας ἀνδριαντίσκον εὑρεῖν λίθινον, ὑπὸ γραμμάτων τινῶν διασημαινόμενον ὡς εἴη Θερμώδων, ἐν ταῖς ἀγκάλαις Ἀμαζόνα φέροντα τετρωμένην.* 226 S
πρὸς δὲ τούτῳ χρησμὸν ἄλλον ᾄδεσθαι λέγει (Hendess 138)·

15 Plut. Thes. 27, 8 Callim. fr. 648 Pf. cf. Bölte RE VII 2218 sq.

[(N*U* =)N(ABCE =)Υ] **3** *οὐκ ἀδίκως* Υ: *οὐ κακῶς* **N** ‖ **4** *καθάπερ* **N**: *ὥσπερ* Υ ‖ **6** *ὡς* del. Mu. | *ἢ περιφορὰ* **N**: *ἐν περιφορᾷ* Υ Cast. ‖ **10** *δεινὰ* Υ : *πολλὰ* **N** | *προύφαινε* Υ ‖ **11** *σιβυλλίων* **N** ‖ **14** *κλαίει* *U*Υ: *καὶ κλαίει* **N** ‖ **16** *ποταμὸν* **N** | *ἐμβάλλοντα* **N** ‖ **18** *τὸν καλούμενον* om. **N** | *αἵμωνα* **N** ‖ **18.19** *λέγεσθαι τότε* Υ· | *παραρρέειν* **N** ‖ **22** *διαλλάξασθαι* **N** ‖ **23** *φησι τὸν θερμώδοντα* Υ ‖ **25** *ὑπὸ* Υ *ὑπὸ τῶν* **N** ‖ **26** *Ἀμαζόνα φέροντα* Cor.: *ἀμαζόνα φέρων* Υ *φέρων ἀμαζόνα* **N** ‖ **27** *πρὸς δὲ τούτῳ* Zie. (cl. p. 299, 1): *ἐπὶ δὲ τούτῳ* Υ *ἐπὶ τούτῳ δὲ* **N** | *λέγοντα* Υ

τὴν δ' ἐπὶ Θερμώδοντι μάχην μένε, παμμέλαν ὄρνι·
τηνεί τοι κρέα πολλὰ παρέσσεται ἀνθρώπεια. f

20. *Ταῦτα μὲν οὖν ὅπως ἔχει, διαιτῆσαι χαλεπόν· ὁ δὲ
Δημοσθένης λέγεται, τοῖς τῶν Ἑλλήνων ὅπλοις ἐκτεθαρ-
ρηκὼς καὶ λαμπρὸς ὑπὸ ῥώμης καὶ προθυμίας ἀνδρῶν
τοσούτων προκαλουμένων τοὺς πολεμίους αἱρόμενος, οὔτε
χρησμοῖς ἐᾶν προσέχειν οὔτε μαντείας ἀκούειν, ἀλλὰ καὶ
τὴν Πυθίαν ὑπονοεῖν ὡς φιλιππίζουσαν, ἀναμιμνήσκων
Ἐπαμεινώνδου τοὺς Θηβαίους καὶ Περικλέους τοὺς Ἀθη-
ναίους, ὡς ἐκεῖνοι τὰ τοιαῦτα πάντα δειλίας ἡγούμενοι* 855
προφάσεις ἐχρῶντο τοῖς λογισμοῖς. μέχρι μὲν οὖν τού- 2
των ἦν ἀνὴρ ἀγαθός· ἐν δὲ τῇ μάχῃ καλὸν οὐδὲν οὐδ' a. 338
*ὁμολογούμενον ἔργον οἷς εἶπεν ἀποδειξάμενος, ᾤχετο λι-
πὼν τὴν τάξιν, ἀποδρὰς αἴσχιστα καὶ τὰ ὅπλα ῥίψας,
οὐδὲ τὴν ἐπιγραφὴν τῆς ἀσπίδος ὡς ἔλεγε Πυθέας* (fr. 8 M.)
αἰσχυνθείς, ἐπιγεγραμμένης γράμμασι χρυσοῖς· ἀγαθῇ τύχῃ.
339 L *Παραυτίκα μὲν οὖν ἐπὶ τῇ νίκῃ διὰ τὴν χαρὰν ὁ Φί-* 3
*λιππος ἐξυβρίσας καὶ κωμάσας ἐπὶ τοὺς νεκροὺς μεθύων
ᾖδε τὴν ἀρχὴν τοῦ Δημοσθένους ψηφίσματος, πρὸς πόδα
διαιρῶν καὶ ὑποκρούων·*

Δημοσθένης Δημοσθένους Παιανιεὺς τάδ' εἶπεν· b

*ἐκνήψας δὲ καὶ τὸ μέγεθος τοῦ περιστάντος αὐτὸν ἀγῶ-
νος ἐν νῷ λαβών, ἔφριττε τὴν δεινότητα καὶ τὴν δύναμιν
τοῦ ῥήτορος, ἐν μέρει μικρῷ μιᾶς ἡμέρας τὸν ὑπὲρ τῆς ἡγε-
μονίας καὶ τοῦ σώματος ἀναρρῖψαι κίνδυνον ἀναγκασθεὶς
ὑπ' αὐτοῦ. διῖκτο δ' ἡ δόξα μέχρι τοῦ Περσῶν βασιλέως,* 4
*κἀκεῖνος ἔπεμψε τοῖς σατράπαις ἐπὶ θάλασσαν γράμ-
ματα καὶ χρήματα, Δημοσθένει διδόναι κελεύων καὶ προσ-*

12 mor. 845 f Aeschin. 3, 175 sq. 253 Gell. 17, 21 || **24** Aeschin. 3, 148. || **28** mor. 327 c d Aeschin. 3, 156. 239 Dinarch. 1, 10. 18

[(**N***U* =)**N** (**ABCE** =)Υ] **1** *πρὸς δὲ τὴν ἐπὶ θερμώδοντι* **N** | *ὄρνιν* **N** || **2** *ἀνθρώπεια* Lambinus: *ἀνθρώποισι* || **7** *προσχεῖν* Υ || **10** *πάντα* om. Υ || **11** *οὖν* om. **N** || **12** *ἀνὴρ ἦν* Υ || **16** *ἐπιγεγραμμένην* **N** | *χρυσοῖς γράμμασι* **N** || **17** *οὖν* **N**: *οὖν ὁ φίλιππος* Υ | *ὁ Φίλιππος* om. Υ || **26** *δίκετο* **N** || **27** *ἔπεμπε* **N** || **28** *καὶ*[1] om. Υ

ἔχειν ἐκείνῳ μάλιστα τῶν Ἑλλήνων, ὡς περισπάσαι
δυναμένῳ καὶ κατασχεῖν ταῖς Ἑλληνικαῖς ταραχαῖς τὸν 227 S
5 Μακεδόνα. ταῦτα μὲν οὖν ὕστερον ἐφώρασεν Ἀλέξανδρος,
c ἐν Σάρδεσιν ἐπιστολάς τινας ἀνευρὼν τοῦ Δημοσθένους
καὶ γράμματα τῶν βασιλέως στρατηγῶν, δηλοῦντα τὸ
πλῆθος τῶν δοθέντων αὐτῷ χρημάτων.

21. Τότε δὲ τῆς ἀτυχίας τοῖς Ἕλλησι γεγενημένης, οἱ
μὲν ἀντιπολιτευόμενοι ῥήτορες ἐπεμβαίνοντες τῷ Δημο-
2 σθένει κατεσκεύαζον εὐθύνας καὶ γραφὰς ἐπ' αὐτόν· ὁ
δὲ δῆμος οὐ μόνον τούτων ἀπέλυεν, ἀλλὰ καὶ τιμῶν διε-
τέλει καὶ προκαλούμενος αὖθις ὡς εὔνουν εἰς τὴν πολι-
τείαν, ὥστε καὶ τῶν ὀστῶν ἐκ Χαιρωνείας κομισθέντων
καὶ θαπτομένων, τὸν ἐπὶ τοῖς ἀνδράσιν ἔπαινον εἰπεῖν
d ἀπέδωκεν, οὐ ταπεινῶς οὐδ' ἀγεννῶς φέρων τὸ συμβε-
βηκός, ὡς γράφει καὶ τραγῳδεῖ Θεόπομπος (FGrH 115
F 329), ἀλλὰ τῷ τιμᾶν μάλιστα καὶ κοσμεῖν τὸν σύμβου-
λον ἐπιδεικνύμενος τὸ μὴ μεταμέλεσθαι τοῖς βεβουλευ- 340 L
3 μένοις. τὸν μὲν οὖν λόγον εἶπεν ὁ Δημοσθένης, τοῖς δὲ
ψηφίσμασιν οὐχ ἑαυτόν, ἀλλ' ἐν μέρει τῶν φίλων ἕκαστον
ἐπέγραφεν, ἐξοιωνιζόμενος τὸν ἴδιον δαίμονα καὶ τὴν
τύχην, ἕως αὖθις ἀνεθάρρησε Φιλίππου τελευτήσαντος.
a. 336 4 ἐτελεύτησε δὲ τῇ περὶ Χαιρώνειαν εὐτυχίᾳ χρόνον οὐ πο-
λὺν ἐπιβιώσας· καὶ τοῦτο δοκεῖ τῷ τελευταίῳ τῶν ἐπῶν
ὁ χρησμὸς ἀποθεσπίσαι·

κλαίει ὁ νικηθείς, ὁ δὲ νικήσας ἀπόλωλεν.

e **22.** Ἔγνω μὲν οὖν κρύφα τὴν τοῦ Φιλίππου τελευτὴν
ὁ Δημοσθένης, προκαταλαμβάνων δὲ τὸ θαρρύνειν ἐπὶ τὰ
μέλλοντα τοὺς Ἀθηναίους, προῆλθε φαιδρὸς εἰς τὴν βου-

7 Demosth. 18, 249 sq. 285. 25, 36 sq. 60 || Cap. 22 Plut. Phoc. 16, 8 Phot. bibl. 394 b mor. 847 b Aeschin. 3, 77. 160. 219

[(NU =)N(ABCE =)Υ] 10 ἀπέλυσεν N || 12 ὀστέων Υ | χερωνείας N || 17 ἀποδεικνύμενος Υ | τοῖς συμβεβουλευμένοις N || 23 τοῦτ' ἐδόκει Zie. || 27.28 θαρρεῖν NΥ: em. Zie. (post Rei.) cl. Phot., qui om. προκαταλ.—Ἀθηναίους ac deinde sic habet: προῆλθε —βουλήν· ἐπιθαρρύνων τοὺς Ἀθην. πρὸς τὰ μέλλ. καὶ ὄναρ ἑωρακέναι ἔλεγεν ἀφ' οὗ Phot.

λήν, ὡς ὄναρ ἑωρακὼς ἀφ' οὗ τι μέγα προσδοκᾶν Ἀθη-
ναίοις ἀγαθόν· καὶ μετ' οὐ πολὺ παρῆσαν οἱ τὸν Φιλίπ-
που θάνατον ἀπαγγέλλοντες. εὐθὺς οὖν ἔθυον εὐαγγέ- 2
λια καὶ στεφανοῦν ἐψηφίσαντο Παυσανίαν, καὶ προῆλ- 3
228 S θεν ὁ Δημοσθένης ἔχων λαμπρὸν ἱμάτιον ἐστεφανωμέ-
νος, ἑβδόμην ἡμέραν τῆς θυγατρὸς αὐτοῦ τεθνηκυίας, ὡς
Αἰσχίνης (3, 77) φησί, λοιδορῶν ἐπὶ τούτῳ καὶ κατηγο-
ρῶν αὐτοῦ μισοτεκνίαν, αὐτὸς ὢν ἀγεννὴς καὶ μαλακός, f
εἰ τὰ πένθη καὶ τοὺς ὀδυρμοὺς ἡμέρου καὶ φιλο-
στόργου ψυχῆς ἐποιεῖτο σημεῖα, τὸ δ' ἀλύπως φέρειν
ταῦτα καὶ πρᾴως ἀπεδοκίμαζεν. ἐγὼ δ' ὡς μὲν ἐπὶ θα- 4
νάτῳ βασιλέως, ἡμέρως οὕτω καὶ φιλανθρώπως ἐν οἷς
εὐτύχησε χρησαμένου πταίσασιν αὐτοῖς, στεφανηφορεῖν
καλῶς εἶχε καὶ θύειν, οὐκ ἂν εἴποιμι· πρὸς γὰρ τῷ νε-
341 L μεσητῷ καὶ ἀγεννές, ζῶντα μὲν τιμᾶν καὶ ποιεῖσθαι πο-
λίτην, πεσόντος δ' ὑφ' ἑτέρου μὴ φέρειν τὴν χαρὰν με- 856
τρίως, ἀλλ' ἐπισκιρτᾶν τῷ νεκρῷ καὶ παιωνίζειν, ὥσπερ
αὐτοὺς ἀνδραγαθήσαντας· ὅτι μέντοι τὰς οἴκοι τύχας καὶ 5
δάκρυα καὶ ὀδυρμοὺς ἀπολιπὼν ταῖς γυναιξὶν ὁ Δημο-
σθένης, ἃ τῇ πόλει συμφέρειν ᾤετο, ταῦτ' ἔπραττεν, ἐπαι-
νῶ, καὶ τίθεμαι πολιτικῆς καὶ ἀνδρώδους ψυχῆς, ἀεὶ πρὸς
τὸ κοινὸν ἱστάμενον καὶ τὰ οἰκεῖα πράγματα καὶ πάθη τοῖς
δημοσίοις ἐπανέχοντα * * * τηρεῖν τὸ ἀξίωμα, πολὺ μᾶλλον
ἢ τοὺς ὑποκριτὰς τῶν βασιλικῶν καὶ τυραννικῶν προσώ-
πων, οὓς ὁρῶμεν οὔτε κλαίοντας οὔτε γελῶντας ἐν τοῖς
θεάτροις ὡς αὐτοὶ θέλουσιν, ἀλλ' ὡς ὁ ἀγὼν ἀπαιτεῖ πρὸς b
τὴν ὑπόθεσιν. χωρὶς δὲ τούτων, εἰ δεῖ τὸν ἀτυχήσαντα 6
μὴ περιορᾶν ἀπαρηγόρητον ἐν τῷ πάθει κείμενον, ἀλλὰ

[(NU =)N (ABCE =)Υ] **3.4** *εὐθὺς–Παυσανίαν* om. Phot. || **4** *ἐψηφίζοντο* N | *παρῆλθεν* Phot. || **5** *ἐστεφανωμένος, ἔχων καὶ λαμπρὸν ἱμάτιον* Phot. || **6** *ὡς* N Phot.: *ὡς ὁ* Υ || **7** *λοιδορῶν αὐτὸν* Phot. || **9** *τὰ πένθη*] *τὸ ταπεινὸν* Phot. || **10** *ποιεῖται* Phot. || **10.11** *καὶ πράως ταῦτα φέρειν* Phot. || **13** *ηὐτύχησε* Υ || **14** *εἶχε* N Phot.: *εἰ δὲ* Υ || **17.18** *ὥσπ. αὐτ. ἀνδρ.* om. Phot. || **22** *ἐνιστάμενον* Phot. | *πράγματα καὶ πάθη* N Phot.: *πάθη καὶ πράγματα* Υ || **23** *ἐπαμπέχοντα* Ha. *ὑπέχοντα* Zie. | lac. ante *τηρεῖν* stat. Graux Li. || **27** *εἰ δεῖ*] *ἔδει* Phot. || **28** *ἐν τῷ πάσχειν* Phot.

καὶ λόγοις χρῆσθαι κουφίζουσι καὶ πρὸς ἡδίω πράγματα
τρέπειν τὴν διάνοιαν, ὥσπερ οἱ τοὺς ὀφθαλμιῶντας ἀπὸ
τῶν λαμπρῶν καὶ ἀντιτύπων ἐπὶ τὰ χλωρὰ καὶ μαλακὰ
χρώματα τὴν ὄψιν ἀπάγειν κελεύοντες, πόθεν ἄν τις ἐπά-
γοιτο βελτίω παρηγορίαν, ἢ πατρίδος εὐτυχούσης ἐκ
τῶν κοινῶν παθῶν ἐπὶ τὰ οἰκεῖα σύγκρασινποριζόμενος,
7 τοῖς βελτίοσιν ἐναφανίζουσαν τὰ χείρω; ταῦτα μὲν οὖν
c εἰπεῖν προήχθημεν, ὁρῶντες ἐπικλῶντα πολλοὺς καὶ ἀπο- 229 S
θηλύνοντα τὸν Αἰσχίνην τῷ λόγῳ τούτῳ πρὸς οἶκτον.

a. 335 **23.** *Αἱ δὲ πόλεις, πάλιν τοῦ Δημοσθένους ἀναρριπί-
ζοντος αὐτάς, συνίσταντο, καὶ Θηβαῖοι μὲν ἐπέθεντο τῇ
φρουρᾷ καὶ πολλοὺς ἀνεῖλον, ὅπλα τοῦ Δημοσθένους
αὐτοῖς συμπαρασκευάσαντος, Ἀθηναῖοι δ' ὡς πολεμή- 342 L
2 σοντες μετ' αὐτῶν παρεσκευάζοντο, καὶ τὸ βῆμα κατεῖχεν
ὁ Δημοσθένης, καὶ πρὸς τοὺς ἐν Ἀσίᾳ στρατηγοὺς τοῦ
βασιλέως ἔγραφε, τὸν ἐκεῖθεν ἐπεγείρων πόλεμον Ἀλε-
ξάνδρῳ, παῖδα καὶ Μαργίτην ἀποκαλῶν αὐτόν. ἐπεὶ μέν-
d τοι τὰ περὶ τὴν χώραν θέμενος, παρῆν αὐτὸς μετὰ τῆς
δυνάμεως εἰς τὴν Βοιωτίαν, ἐξεκέκοπτο μὲν ἡ θρασύτης
τῶν Ἀθηναίων, καὶ ὁ Δημοσθένης ἀπεσβήκει, Θηβαῖοι
δὲ προδοθέντες ὑπ' ἐκείνων ἠγωνίσαντο καθ' αὑτοὺς καὶ
3 τὴν πόλιν ἀπέβαλον. θορύβου δὲ μεγάλου τοὺς Ἀθηναίους
περιεστῶτος, ἀπεστάλη μὲν ὁ Δημοσθένης αἱρεθεὶς μεθ'
ἑτέρων πρεσβευτὴς πρὸς Ἀλέξανδρον, δείσας δὲ τὴν ὀργὴν
ἐκ τοῦ Κιθαιρῶνος ἀνεχώρησεν ὀπίσω καὶ τὴν πρεσβείαν
4 ἀφῆκεν. εὐθὺς δ' ὁ Ἀλέξανδρος ἐξῄτει πέμπων τῶν δημα-
γωγῶν δέκα μὲν ὡς Ἰδομενεὺς* (FGrH 338 F 11) *καὶ Δοῦ-*

2 mor. 469a. 490c. d. 543e. f. 599f ‖ **12** mor. 847b Diod. 17, 8 cf. ad p. 299, 28 et v. Alex. 11. 13, 1 Phoc. 17, 2 et ibi l. l. ‖ **24** Aeschin. 3, 161

[(N*U* =)N(ABCE =)Υ] **2** *οἱ* om. Phot. ‖ **3** *μαλακὰ καὶ χλωρὰ* Phot. ‖ **4** *ἐπάγοιτο* Phot.: *ἐπαγάγοιτο* NΥ ‖ **6** *κοινῶν ἀγαθῶν ἐπὶ τὰ οἰκεῖα ⟨πάθη⟩ σύγκρασιν* Wytt. ‖ **7** *καὶ τοῖς* N | *ἐναφανίζουσαν* N Phot.: *ἀφανίζουσαν* Υ, cf. Cat. M. 28, 1 Aem. 36, 1 al. ‖ **12** *πολλοὺς μὲν* N ‖ **16** *πόλεμον ἐπεγείρων* N ‖ **18** *⟨δια⟩θέμενος* Cast. | *αὐτὸς* om. N ‖ **22** *τοῖς ἀθηναίοις* N ‖ **26** *ὁ* om. N | *ἐξήτει* N ‖ **27** *μὲν* om. N

ϱις (FGrH 76 F 39) εἰϱήκασιν, ὀκτὼ δ' ὡς οἱ πλεῖστοι καὶ
δοκιμώτατοι τῶν συγγϱαφέων, τούσδε· Δημοσθένην, Πο- e
λύευκτον, Ἐφιάλτην, Λυκοῦϱγον, Μοιϱοκλέα, Δήμωνα,
Καλλισθένην, Χαϱίδημον. ὅτε καὶ τὸν πεϱὶ τῶν πϱοβά- 5
των λόγον ὁ Δημοσθένης, ἃ τοῖς λύκοις τοὺς κύνας ἐξέ-
δωκε, διηγησάμενος, αὐτὸν μὲν εἴκασε καὶ τοὺς σὺν αὐτῷ
κυσὶν ὑπὲϱ τοῦ δήμου μαχομένοις, Ἀλέξανδϱον δὲ τὸν
Μακεδόνα μονόλυκον πϱοσηγόϱευσεν. ἔτι δ' „ὥσπεϱ" 6
ἔφη „τοὺς ἐμπόϱους ὁϱῶμεν, ὅταν ἐν τϱυβλίῳ δεῖγμα
πεϱιφέϱωσι, δι' ὀλίγων πυϱῶν τοὺς πολλοὺς πιπϱάσκον-
343 L τας, οὕτως [ἐν] ἡμῖν λανθάνετε πάντας αὐτοὺς συνεκδιδόν-
230 S τες." ταῦτα μὲν οὖν Ἀϱιστόβουλος ὁ Κασσανδϱεὺς (FGrH
139 F 3) ἱστόϱηκε. βουλευομένων δὲ τῶν Ἀθηναίων καὶ δια- f
ποϱούντων, ὁ Δημάδης (fr. 15 M.) λαβὼν πέντε τάλαντα
παϱὰ τῶν ἀνδϱῶν ὡμολόγησε πϱεσβεύσειν καὶ δεήσεσθαι
τοῦ βασιλέως ὑπὲϱ αὐτῶν, εἴτε τῇ φιλίᾳ πιστεύων, εἴτε
πϱοσδοκῶν μεστὸν εὑϱήσειν ὥσπεϱ λέοντα φόνου κεκο-
ϱεσμένον. ἔπεισε δ' οὖν καὶ παϱῃτήσατο τοὺς ἄνδϱας ὁ
Φωκίων καὶ διήλλαξεν αὐτῷ τὴν πόλιν.

24. Ἀπελθόντος δ' Ἀλεξάνδϱου μεγάλοι μὲν ἦσαν οὗτοι, 857
ταπεινὰ δ' ἔπϱαττεν ὁ Δημοσθένης. κινουμένῳ δ' Ἄγιδι
τῷ Σπαϱτιάτῃ βϱαχέα συνεκινήθη πάλιν, εἶτ' ἔπτηξε,
τῶν μὲν Ἀθηναίων οὐ συνεξαναστάντων, τοῦ δ' Ἄγιδος a. 331
πεσόντος καὶ τῶν Λακεδαιμονίων συντϱιβέντων. εἰσήχθη 2
δὲ τότε καὶ ἡ πεϱὶ τοῦ στεφάνου γϱαφὴ κατὰ Κτησιφῶν-
τος, γϱαφεῖσα μὲν ἐπὶ Χαιϱώνδου ἄϱχοντος μικϱὸν ἐπάνω
τῶν Χαιϱωνικῶν, κϱιθεῖσα δ' ὕστεϱον ἔτεσι δέκα ἐπ' Ἀϱι- a. 330
στοφῶντος, γενομένη δ' ὡς οὐδεμία τῶν δημοσίων πεϱι-

17 *λέοντα φόνου κεκοϱεσμένον* ex aliquo poeta petitum? || **23** Plut. Ag. 3,3 Diod. 17,63 Curt. 6,1,1–16 Iustin. 12,1,8–12

[(**NU**=)**N** (**ABCE**=)**Υ**] **3** *μυϱοκλέα* Υ, cf. p. 293,16 || **5. 6** *ὁ δημοσθένης ὡς τοῖς–αὐτὸν* Υ *ὁ δημοσθέν.ης πϱοσῆψε τῷ δήμῳ ἃ τοῖς λύκοις τοὺς κύνας ἐξέδωκε* (*-δωκαν* **U**) *καὶ διηγούμενος αὐτὸν* **N** || **7** *τοῦ* om. **N** | *ἀλέξανδϱον δὲ τὸν* Υ: *τὸν δὲ ἀλ. τὸν* **N** || **11** *ἐν* del. Mittelhaus | *λανθάνεται* **N** sed ε s. s. *U* || **12** *κασανδϱεὺς* **N** sed corr. in *σσ* *U* || **15** *πϱεσβεύειν*: em. Rei. || **18** *δ' οὖν* Υ: *οὖν* **N** || **19** *φωκίων* **N**: *δημάδης* Υ | *αὐτῶν* **N** || **20** *δὲ* Υ*U*: *δὲ τοῦ* **N** || **26** *μικϱὸν ἐπάνω* om. **N** || **27** *δέκα*] errat Plut.

βόητος διά τε τὴν δόξαν τῶν λεγόντων καὶ τὴν τῶν δικα-
b *ζόντων εὐγένειαν, οἳ τοῖς ἐλαύνουσι τὸν Δημοσθένη τότε*
πλεῖστον δυναμένοις καὶ μακεδονίζουσιν οὐ προήκαντο τὴν
κατ᾽ αὐτοῦ ψῆφον, ἀλλ᾽ οὕτω λαμπρῶς ἀπέλυσαν, ὥστε
τὸ πέμπτον μέρος τῶν ψήφων Αἰσχίνην μὴ μεταλαβεῖν.
3 *ἐκεῖνος μὲν οὖν εὐθὺς ἐκ τῆς πόλεως ᾤχετ᾽ ἀπιὼν καὶ περὶ*
Ῥόδον καὶ Ἰωνίαν σοφιστεύων κατεβίωσε.

a. 324 **25.** *Μετ᾽ οὐ πολὺ δ᾽ Ἅρπαλος ἧκεν ἐξ Ἀσίας εἰς τὰς* 344 L
Ἀθήνας ἀποδρὰς Ἀλέξανδρον, αὑτῷ τε πράγματα συνει-
δὼς πονηρὰ δι᾽ ἀσωτίαν, κἀκεῖνον ἤδη χαλεπὸν ὄντα τοῖς
2 *φίλοις δεδοικώς. καταφυγόντος δὲ πρὸς τὸν δῆμον αὐτοῦ,*
καὶ μετὰ τῶν χρημάτων καὶ τῶν νεῶν αὑτὸν παραδιδόντος,
c *οἱ μὲν ἄλλοι ῥήτορες εὐθὺς ἐποφθαλμιάσαντες πρὸς τὸν*
πλοῦτον ἐβοήθουν καὶ συνέπειθον τοὺς Ἀθηναίους δέχε-
3 *σθαι καὶ σῴζειν τὸν ἱκέτην. ὁ δὲ Δημοσθένης πρῶτον μὲν* 231 S
ἀπελαύνειν συνεβούλευε τὸν Ἅρπαλον καὶ φυλάττεσθαι,
μὴ τὴν πόλιν ἐμβάλωσιν εἰς πόλεμον ἐξ οὐκ ἀναγκαίας
καὶ ἀδίκου προφάσεως· ἡμέραις δ᾽ ὀλίγαις ὕστερον ἐξε-
ταζομένων τῶν χρημάτων, ἰδὼν αὐτὸν ὁ Ἅρπαλος ἡσθέντα
βαρβαρικῇ κύλικι καὶ καταμανθάνοντα τὴν τορείαν καὶ τὸ
εἶδος, ἐκέλευσε διαβαστάσαντα τὴν ὁλκὴν τοῦ χρυσίου
4 *σκέψασθαι. θαυμάσαντος δὲ τοῦ Δημοσθένους τὸ βάρος*
d *καὶ πυθομένου πόσον ἄγει, μειδιάσας ὁ Ἅρπαλος ,,ἄξει*
σοι'' φησίν ,,εἴκοσι τάλαντα'', καὶ γενομένης τάχιστα τῆς
νυκτὸς ἔπεμψεν αὐτῷ τὴν κύλικα μετὰ τῶν εἴκοσι ταλάν-
5 *των. ἦν δ᾽ ἄρα δεινὸς ὁ Ἅρπαλος ἐρωτικοῦ πρὸς χρυσίον*
ἀνδρὸς ὄψει καὶ διαχύσει καὶ βολαῖς ὀμμάτων ἐνευρεῖν
ἦθος. οὐ γὰρ ἀντέσχεν ὁ Δημοσθένης, ἀλλὰ πληγεὶς ὑπὸ
τῆς δωροδοκίας ὥσπερ παραδεδεγμένος φρουρὰν προσκε-

5 mor. 840 c d || cap. 25. 26 mor. 846 a Diod. 17, 108 Arr. ap. Phot. bibl. cod. 91, p. 68 b 21 Dinarch. 3, 1 Hyperid. 1 Paus. 1, 37, 5. 2, 33, 4 Curt. 10, 2 || **29** – 305, 6 Phot. bibl. 394 b

[(**NU** =)**N** (**ABCE** =)**Υ**] **2** *δημοσθένην* **Υ** || **3** *καὶ* om. **N** || **6** *ἐκ τῆς πόλεως εὐθὺς* **N** || **8** *τὰς* om. **N** || **10** *ἀπιστίαν* **N** || **13** *ὀφθαλμιάσαντες* **N** || **14** *πλοῦτον εὐθὺς ἐβοήθουν* **N** || **19** *πράγμάτων* (*χρη* supra) **N** || **27** *ὄψιν* **Υ** *ὄψεως διαχύσει* Rei. | *ἀνευρεῖν* **Υ** || **29** *δεδεγμένος* Phot.

χωρήκει τῷ Ἁρπάλῳ, καὶ μεθ' ἡμέραν εὖ καὶ καλῶς ἐρί-
345 L οις καὶ ταινίαις κατὰ τοῦ τραχήλου καθελιξάμενος εἰς τὴν
ἐκκλησίαν προῆλθε, καὶ κελευόντων ἀνίστασθαι καὶ λέ-
γειν, διένευεν ὡς ἀποκεκομμένης αὐτῷ τῆς φωνῆς. οἱ δ' 6
εὐφυεῖς χλευάζοντες οὐχ ὑπὸ συνάγχης ἔφραζον, ἀλλ' ἀρ- e
γυράγχης εἰλῆφθαι νύκτωρ τὸν δημαγωγόν. ὕστερον
δὲ τοῦ δήμου παντὸς αἰσθομένου τὴν δωροδοκίαν καὶ βου-
λόμενον ἀπολογεῖσθαι καὶ πείθειν οὐκ ἐῶντος, ἀλλὰ
χαλεπαίνοντος καὶ θορυβοῦντος, ἀναστάς τις ἔσκωψεν
εἰπών· „οὐκ ἀκούσεσθε ὦ ἄνδρες Ἀθηναῖοι τοῦ τὴν κύλικα
ἔχοντος;" τότε μὲν οὖν ἀπέπεμψαν ἐκ τῆς πόλεως τὸν 7
Ἅρπαλον, δεδιότες δὲ μὴ λόγον ἀπαιτῶνται τῶν χρημά-
των ἃ διηρπάκεισαν οἱ ῥήτορες, ζήτησιν ἐποιοῦντο νεανι-
κήν, καὶ τὰς οἰκίας ἐπιόντες ἠρεύνων πλὴν τῆς Καλλι-
κλέους τοῦ Ἀρρενείδου. μόνην γὰρ τὴν τούτου νεωστὶ γεγα- 8 f
232 S μηκότος οὐκ εἴασαν ἐλεγχθῆναι νύμφης ἔνδον οὔσης, ὡς
ἱστορεῖ Θεόφραστος.

26. Ὁ δὲ Δημοσθένης ὁμόσε χωρῶν εἰσήνεγκε ψήφισμα,
τὴν ἐξ Ἀρείου πάγου βουλὴν ἐξετάσαι τὸ πρᾶγμα καὶ
τοὺς ἐκείνῃ δόξαντας ἀδικεῖν δοῦναι δίκην. ἐν δὲ πρώτοις 2
αὐτοῦ τῆς βουλῆς καταψηφισαμένης, εἰσῆλθε μὲν εἰς τὸ
δικαστήριον, ὀφλὼν δὲ πεντήκοντα ταλάντων δίκην καὶ
παραδοθεὶς εἰς τὸ δεσμωτήριον, αἰσχύνῃ τῆς αἰτίας φησὶ 858
καὶ δι' ἀσθένειαν τοῦ σώματος οὐ δυνάμενος φέρειν τὸν
εἱργμὸν ἀποδρᾶναι, τοὺς μὲν λαθών, τῶν δὲ λαθεῖν ἐξου-

4 Pollux 7, 104 Gell. 11, 9 || 14 Hellad. ap. Phot. bibl. 534b 16

[(**N*U*** =)**N** (**ABCE** =)Υ] **2** κατὰ τοῦ τραχήλου om. ***U*** | κα+θελιξάμενος ex κατωσελιξάμενος (?) corr. ***U***: κατωσεληξάμενος **N** κατελιξάμενος Υ Phot. || **5** ἀλλ' **N** Phot.: ἀλλ' ἀπ' Υ || **11** τὸν om. **A** || **12. 13** τῶν χρημάτων ἃ **N**: χρημάτων ὧν Υ || **13** διηρπάκεσαν Υ || **14** τῆς Υ***U***: τὰς **N** || **15** τοῦ Υ: τῆς **N** | ἀρρενίδου libri | ἀρρενίδου μονῆς τὴν δὲ τούτου **N** || **16** οὔσης ἔνδον **N** || **17** θεόπομπος Υ (cf. FGrH 115 F 330) || **21** τῆς βουλῆς Li.: τῆς βουλῆς ἐκείνης **N** τῆς βουλῆς ἐκείνου Υ τῆς πόλεως ***U*** || **23** φασὶ Υ || **24** δυναμένου Υ || **25** λαθόντα Υ (λαθόντας **A**)

3 σίαν δόντων. λέγεται γοῦν, ὡς οὐ μακρὰν τοῦ ἄστεος φεύ- 346 L
γων αἴσθοιτό τινας τῶν διαφόρων αὐτῷ πολιτῶν ἐπιδιώ-
κοντας, [καὶ] βούλεσθαι μὲν αὐτὸν ἀποκρύπτειν, ὡς δ' ἐκεῖ-
νοι φθεγξάμενοι τοὔνομα καὶ προσελθόντες ἐγγὺς ἐδέοντο
λαβεῖν ἐφόδιον παρ' αὐτῶν, ἐπ' αὐτὸ τοῦτο κομίζοντες
ἀργύριον οἴκοθεν καὶ τούτου χάριν ἐπιδιώξαντες αὐτόν,
ἅμα δὲ θαρρεῖν παρεκάλουν καὶ μὴ φέρειν ἀνιαρῶς τὸ συμ-
b βεβηκός, ἔτι μᾶλλον ἀνακλαύσασθαι τὸν Δημοσθένην καὶ
4 εἰπεῖν· „πῶς δ' οὐ μέλλω φέρειν βαρέως, ἀπολείπων πόλιν
ἐχθροὺς τοιούτους ἔχουσαν, οἵους ἐν ἑτέρᾳ φίλους εὑρεῖν
οὐ ῥᾴδιόν ἐστιν;"

5 Ἤνεγκε δὲ τὴν φυγὴν μαλακῶς, ἐν Αἰγίνῃ καὶ Τροι-
ζῆνι καθήμενος τὰ πολλὰ καὶ πρὸς τὴν Ἀττικὴν ἀπο-
βλέπων δεδακρυμένος, ὥστε φωνὰς οὐκ εὐγνώμονας οὐδ'
ὁμολογουμένας τοῖς ἐν τῇ πολιτείᾳ νεανιεύμασιν ἀπομνη-
6 μονεύεσθαι. λέγεται γὰρ ἐκ τοῦ ἄστεος ἀπαλλαττόμενος
καὶ πρὸς τὴν ἀκρόπολιν ἀνατείνας τὰς χεῖρας εἰπεῖν· „ὦ
δέσποινα Πολιάς, τί δὴ τρισὶ τοῖς χαλεπωτάτοις χαίρεις
7 θηρίοις, γλαυκὶ καὶ δράκοντι καὶ δήμῳ;" τοὺς δὲ προσ-
c ιόντας αὐτῷ καὶ συνδιατρίβοντας νεανίσκους ἀποτρέπειν
τῆς πολιτείας, λέγων ὡς εἰ, δυεῖν αὐτῷ προκειμένων ἀπ'
ἀρχῆς ὁδῶν, τῆς μὲν ἐπὶ τὸ βῆμα καὶ τὴν ἐκκλησίαν, τῆς 233 S
δ' ἄντικρυς εἰς τὸν ὄλεθρον, ἐτύγχανε προειδὼς τὰ κατὰ τὴν
πολιτείαν κακά, φόβους καὶ φθόνους καὶ διαβολὰς καὶ 347 L
ἀγῶνας, ἐπὶ ταύτην ἂν ὁρμῆσαι τὴν εὐθὺ τοῦ θανάτου
τείνουσαν.

27. Ἀλλὰ γὰρ ἔτι φεύγοντος αὐτοῦ τὴν εἰρημένην φυ-
a. 323 γήν, Ἀλέξανδρος μὲν ἐτελεύτησε, τὰ δ' Ἑλληνικὰ συνί-

1 cf. mor. 845e Hellad. ap. Phot. bibl. 534b 4 ‖ **19–26** Phot. bibl. 394b

[(N*U* =)N(ABCE =)Υ] **1** *φεύγων τοῦ ἄστεος* N ‖ **3** *καί* del. Erbse | *βούλεσθαι* N: *βούλοιτο* Υ ‖ **5** *ἐφόδια* Υ ‖ **9** *ἀπολιπών*: em. Cor. ‖ **13** *καθεζόμενος* Υ ‖ **15** *ὁμολογούσας* Υ ‖ **19** *τοὺς δὲ* Υ: *καὶ τοὺς* N ‖ **20** *ἀπέτρεπε* Υ Phot. ‖ **21** *δυεῖν* N Phot.: *δυοῖν* Υ *U* | *αὐτῷ* N Phot.: om. Υ ‖ **21.22** *ἀπ' ἀρχῆς ὁδῶν* N Phot.: *ὁδῶν ἀπ' ἀρχῆς* Υ ‖ **23** *ἐτύγχανεν δὲ προειδὼς* Υ *ἐτύγχανεν εἰδὼς* Phot. ‖ **25** *ἀγωνίας* Phot. ‖ **28** *συνίσταντο* Υ

στατο πάλιν, Λεωσθένους ἀνδραγαθοῦντος καὶ περιτειχί-
ζοντος Ἀντίπατρον ἐν Λαμίᾳ πολιορκούμενον. Πυθέας 2 d
μὲν οὖν ὁ ῥήτωρ καὶ Καλλιμέδων ὁ Κάραβος ἐξ Ἀθηνῶν
φεύγοντες Ἀντιπάτρῳ προσεγένοντο, καὶ μετὰ τῶν ἐκεί-
νου φίλων καὶ πρέσβεων περιιόντες οὐκ εἴων ἀφίστασθαι
τοὺς Ἕλληνας οὐδὲ προσέχειν τοῖς Ἀθηναίοις· Δημοσθένης 3
δὲ τοῖς ἐξ ἄστεος πρεσβεύουσι καταμείξας ἑαυτὸν ⟨συν⟩ηγω-
νίζετο καὶ συνέπραττεν, ὅπως αἱ πόλεις συνεπιθήσον-
ται τοῖς Μακεδόσι καὶ συνεκβαλοῦσιν αὐτοὺς τῆς Ἑλλάδος.
ἐν δ' Ἀρκαδίᾳ καὶ λοιδορίαν τοῦ Πυθέου καὶ τοῦ Δημο- 4
σθένους γενέσθαι πρὸς ἀλλήλους εἴρηκεν ὁ Φύλαρχος (FGrH
81 F 75) ἐν ἐκκλησίᾳ, τοῦ μὲν ὑπὲρ τῶν Μακεδόνων, τοῦ
δ' ὑπὲρ τῶν Ἑλλήνων λέγοντος. λέγεται δὲ τότε τὸν μὲν 5 e
Πυθέαν (fr. 13 M.) εἰπεῖν, ὅτι καθάπερ οἰκίαν, εἰς ἣν ὄνειον
εἰσφέρεται γάλα, κακόν τι πάντως ἔχειν νομίζομεν, οὕτω
καὶ πόλιν ἀνάγκη νοσεῖν εἰς ἣν Ἀθηναίων πρεσβεία παρα-
γίνεται· τὸν δὲ Δημοσθένη τρέψαι τὸ παράδειγμα, φή-
σαντα καὶ τὸ γάλα τὸ ὄνειον ἐφ' ὑγιείᾳ καὶ τοὺς Ἀθηναίους
ἐπὶ σωτηρίᾳ παραγίνεσθαι τῶν νοσούντων. ἐφ' οἷς ἡσθεὶς 6
ὁ τῶν Ἀθηναίων δῆμος ψηφίζεται τῷ Δημοσθένει κάθο-
δον. τὸ μὲν οὖν ψήφισμα Δήμων ὁ Παιανιεύς, ἀνεψιὸς ὢν
348 L Δημοσθένους, εἰσήνεγκεν· ἐπέμφθη δὲ τριήρης ἐπ' αὐ-
τὸν εἰς Αἴγιναν. ἐκ δὲ Πειραιῶς ἀνέβαινεν οὔτ' ἄρχοντος 7
οὔθ' ἱερέως ἀπολειφθέντος, ἀλλὰ καὶ τῶν ἄλλων πολι-
234 S τῶν ὁμοῦ τι πάντων ἀπαντώντων καὶ δεχομένων προθύ- f
μως. ὅτε καί φησιν αὐτὸν ὁ Μάγνης Δημήτριος ἀνατεί-
ναντα τὰς χεῖρας μακαρίσαι τῆς ἡμέρας ἐκείνης ἑαυ-
τόν, ὡς βέλτιον Ἀλκιβιάδου κατιόντα· πεπεισμένους γάρ,
οὐ βεβιασμένους, ὑπ' αὐτοῦ δέχεσθαι τοὺς πολίτας. τῆς 8
δὲ χρηματικῆς ζημίας αὐτῷ μενούσης – οὐ γὰρ ἐξῆν χάριτι

6 mor. 846 c. d || **19** sq. mor. 846 d Iustin. 13, 5, 9

[(**NU** =) **N** (**ABCE** =) **Υ**] **3** *οὖν* om. **N** || **5** *περιόντες* **N** || **7** *προσμίξας* **Υ** | *ἠγωνίζετο* : em. Zie. cl. p. 372, 14 || **13** *τότε* om. **Υ** | *μὲν* om. **N** || **16** *νοσεῖν ἀνάγκη* **N** || **17** *δημοσθένην* *U* *δημοσθένην* **Υ** | *στρέψαι* **Υ** || **18** *ὑγεία* *U* *ὑγία* **N** || **25** *τι* om. **Υ** || **27** *αὑτὸν* **Υ** || **29** *ὑπὸ τούτου* **N**

859 λῦσαι καταδίκην – ἐσοφίσαντο πρὸς τὸν νόμον. εἰωθότες
γὰρ ἐν τῇ θυσίᾳ τοῦ Διὸς τοῦ Σωτῆρος ἀργύριον τελεῖν
τοῖς κατασκευάζουσι καὶ κοσμοῦσι τὸν βωμόν, ἐκείνῳ
τότε ταῦτα ποιῆσαι καὶ παρασχεῖν πεντήκοντα ταλάν-
των ἐξέδωκαν, ὅσον ἦν τὸ τίμημα τῆς καταδίκης.

28. Οὐ μὴν ἐπὶ πολὺν χρόνον ἀπέλαυσε τῆς πατρίδος
κατελθών, ἀλλὰ ταχὺ τῶν Ἑλληνικῶν πραγμάτων συντρι-
a. 322 βέντων, Μεταγειτνιῶνος μὲν ἡ περὶ Κραννῶνα μάχη συνέ-
πεσε, Βοηδρομιῶνος δὲ παρῆλθεν εἰς Μουνυχίαν ἡ φρουρά,
Πυανεψιῶνος δὲ Δημοσθένης ἀπέθανε τόνδε τὸν τρόπον.
2 ὡς Ἀντίπατρος καὶ Κρατερὸς ἠγγέλλοντο προσιόντες ἐπὶ
b τὰς Ἀθήνας, οἱ μὲν περὶ τὸν Δημοσθένην φθάσαντες ὑπεξ-
ῆλθον ἐκ τῆς πόλεως, ὁ δὲ δῆμος αὐτῶν θάνατον κατέγνω
3 Δημάδου γράψαντος. ἄλλων δ' ἀλλαχοῦ διασπαρέντων,
ὁ Ἀντίπατρος περιέπεμπε τοὺς συλλαμβάνοντας, ὧν ἦν
ἡγεμὼν Ἀρχίας ὁ κληθεὶς Φυγαδοθήρας. τοῦτον δὲ Θού-
ριον ὄντα τῷ γένει λόγος ἔχει τραγῳδίας ὑποκρίνασθαί
ποτε, καὶ τὸν Αἰγινήτην Πῶλον τὸν ὑπερβαλόντα τῇ τέχνῃ 349 L
πάντας ἐκείνου γεγονέναι μαθητὴν ἱστοροῦσιν. Ἕρμιππος
(FHG III 51) δὲ τὸν Ἀρχίαν ἐν τοῖς Λακρίτου τοῦ ῥήτορος
μαθηταῖς ἀναγράφει· Δημήτριος (FGrH 228 F 20) δὲ τῆς
c 4 Ἀναξιμένους διατριβῆς μετεσχηκέναι φησὶν αὐτόν. οὗ-
τος οὖν ὁ Ἀρχίας Ὑπερείδην μὲν τὸν ῥήτορα καὶ Ἀριστό-
νικον τὸν Μαραθώνιον καὶ τὸν Δημητρίου τοῦ Φαληρέως
ἀδελφὸν Ἱμεραῖον, ἐν Αἰγίνῃ καταφυγόντας ἐπὶ τὸ Αἰά- 235 S
κειον, ἔπεμψεν ἀποσπάσας εἰς Κλεωνὰς πρὸς Ἀντίπατρον,
κἀκεῖ διεφθάρησαν· Ὑπερείδου δὲ καὶ τὴν γλῶτταν ἐκτμη-
θῆναι ζῶντος λέγουσι.

11 mor. 846e. f

[(NU =)N (ABCE =)Υ] **3** ἐκεῖνον **N** || **5** τὸ om. Υ || **8** μὲν Υ: μὲν μηνὸς **N**, cf. Thes. p. 19. 27 v. l. Ages. cap. 28, 7 v. l. Cam. p. 211, 11 | κρανῶνα: em. Sint. || **10** τὸν om. **N** || **16** ἡγεμὼν ἦν Υ || **17** ὑποκρίνεσθαι: em. Rei. || **18** ὑπερβάλλοντα **N** || **19** πάντες **N** || **21** μαθητὴν Υ || **22** αὐτός **N** || **26** ἀποσπάσας ἔπεμψεν Υ || **28** ζῶντος om. Υ

29. Τὸν δὲ Δημοσθένην πυθόμενος ἱκέτην ἐν Καλαυρείᾳ
ἐν τῷ ἱερῷ Ποσειδῶνος καθέζεσθαι, διαπλεύσας ὑπηρετι-
κοῖς καὶ ἀποβὰς μετὰ Θρᾳκῶν δορυφόρων ἔπειθεν ἀναστάν-
τα βαδίζειν μετ᾽ αὐτοῦ πρὸς Ἀντίπατρον, ὡς δυσχερὲς πει-
σόμενον οὐδέν. ὁ δὲ Δημοσθένης ἐτύγχανεν ὄψιν ἑωρακὼς 2 d
κατὰ τοὺς ὕπνους ἐκείνης τῆς νυκτὸς ἀλλόκοτον. ἐδόκει γὰρ
ἀνταγωνίζεσθαι τῷ Ἀρχίᾳ τραγῳδίαν ὑποκρινόμενος,
εὐημερῶν δὲ καὶ κατέχων τὸ θέατρον ἐνδείᾳ παρασκευῆς
καὶ χορηγίας κρατεῖσθαι. διὸ τοῦ Ἀρχίου πολλὰ φιλάν- 3
θρωπα διαλεχθέντος, ἀναβλέψας πρὸς αὐτόν, ὥσπερ ἐτύγ-
χανε καθήμενος, ,,ὦ Ἀρχία“ εἶπεν ,,οὔθ᾽ ὑποκρινόμενός με
πώποτ᾽ ἔπεισας, οὔτε νῦν πείσεις ἐπαγγελλόμενος.“ ἀρ-
ξαμένου δ᾽ ἀπειλεῖν μετ᾽ ὀργῆς τοῦ Ἀρχίου ,,νῦν“ ἔφη
,,λέγεις τὰ ἐκ τοῦ Μακεδονικοῦ τρίποδος, ἄρτι δ᾽ ὑπε-
κρίνου. μικρὸν οὖν ἐπίσχες, ὅπως ἐπιστείλω τι τοῖς οἴκοι.“
350 L καὶ ταῦτ᾽ εἰπὼν ἐντὸς ἀνεχώρησε τοῦ ναοῦ, καὶ λαβὼν 4 e
βιβλίον, ὡς γράφειν μέλλων προσήνεγκε τῷ στόματι τὸν
κάλαμον, καὶ δακών, ὥσπερ ἐν τῷ διανοεῖσθαι καὶ
γράφειν εἰώθει, χρόνον τινὰ κατέσχεν, εἶτα συγκαλυψά-
μενος ἀπέκλινε τὴν κεφαλήν. οἱ μὲν οὖν παρὰ τὰς 5
θύρας ἑστῶτες δορυφόροι κατεγέλων ὡς ἀποδειλιῶν-
τος αὐτοῦ, καὶ μαλακὸν ἀπεκάλουν καὶ ἄνανδρον, ὁ δ᾽
Ἀρχίας προσελθὼν ἀνίστασθαι παρεκάλει, καὶ τοὺς αὐ-
τοὺς ἀνακυκλῶν λόγους αὖθις ἐπηγγέλλετο διαλλαγὰς
πρὸς τὸν Ἀντίπατρον. ἤδη δὲ συνῃσθημένος ὁ Δημοσθένης 6
ἐμπεφυκότος αὐτῷ τοῦ φαρμάκου καὶ νεκροῦντος, ἐξεκα-
236 S λύψατο καὶ ἀποβλέψας πρὸς τὸν Ἀρχίαν ,,οὐκ ἂν φθάνοις“ f
εἶπεν ,,ἤδη τὸν ἐκ τῆς τραγῳδίας ὑποκρινόμενος Κρέοντα
καὶ τὸ σῶμα τουτὶ ῥίπτων ἄταφον. ἐγὼ δ᾽ ὦ φίλε Πό-

[(N*U* =)N(ABCE =)Υ] **1** *καλαυρία* **N** *καλαβρία* Υ, cf. p. 311, 9 ‖ **1.2** *ἐν*[2]*–Ποσειδῶνος* del. Benseler; ante *ἐν Καλαυρείᾳ* trp. Cast. *ἱερῷ τοῦ ποσειδῶνος* **N** | *ὑπηρετικῶς* **N** ‖ **12** *ἔπεισας πώποτε* Υ ‖ **13** *τοῦ ἀρχίου μετ᾽ ὀργῆς* Υ ‖ **18.19** *καὶ*[2]*–εἰώθει* om. **N** ‖ **20** *παρὰ* Υ: *περὶ* **N** ‖ **20.21** *ταῖς θύραις* Rei. ‖ **22** *ἐκάλουν* **N** ‖ **23** *παρελθὼν* **N** ‖ **26** *νεκροῦντος* **N**: *κρατοῦντος* Υ ‖ **27** *διαβλέψας* Υ Cast. ‖ **29** *τοῦτο* Υ

σειδον ἔτι ζῶν ἐξίσταμαι τοῦ ἱεροῦ· τὸ δ᾽ ἐπ᾽ Ἀντιπάτρῳ
καὶ Μακεδόσιν οὐδ᾽ ὁ σὸς νεὼς καθαρὸς ἀπολέλειπται.“
7 ταῦτα δ᾽ εἰπὼν καὶ κελεύσας ὑπολαβεῖν αὐτὸν ἤδη τρέ-
μοντα καὶ σφαλλόμενον, ἅμα τῷ προελθεῖν καὶ παραλ-
λάξαι τὸν βωμὸν ἔπεσε καὶ στενάξας ἀφῆκε τὴν ψυχήν.

860 **30.** *Τὸ δὲ φάρμακον Ἀρίστων* (I p. 87 n. 380 Arn.) *μὲν ἐκ*
τοῦ καλάμου φησὶ λαβεῖν αὐτόν, ὡς εἴρηται· Πάππος δέ
τις, οὗ τὴν ἱστορίαν Ἕρμιππος (FHG III 50) ἀνείληφε,
φησὶ πεσόντος αὐτοῦ παρὰ τὸν βωμὸν ἐν μὲν τῷ βιβλίῳ
γεγραμμένην ἐπιστολῆς ἀρχὴν εὑρεθῆναι „Δημοσθένης
2 Ἀντιπάτρῳ“ καὶ μηδὲν ἄλλο· θαυμαζομένης δὲ τῆς περὶ
τὸν θάνατον ὀξύτητος, διηγήσασθαι τοὺς παρὰ ταῖς θύ-
ραις Θρᾷκας, ὡς ἔκ τινος ῥακίου λαβὼν εἰς τὴν χεῖρα
προσθοῖτο τῷ στόματι καὶ καταπίοι τὸ φάρμακον· αὐτοὶ
δ᾽ ἄρα χρυσίον ᾠήθησαν εἶναι τὸ καταπινόμενον· ἡ δ᾽ 351 L
ὑπηρετοῦσα παιδίσκη, πυνθανομένων τῶν περὶ τὸν Ἀρ-
b χίαν, φαίη πολὺν εἶναι χρόνον ἐξ οὗ φοροίη τὸν ἀπόδεσμον
3 ἐκεῖνον ὁ Δημοσθένης ὡς φυλακτήριον. Ἐρατοσθένης
(FGrH 241 F 31) δέ φησι καὶ αὐτὸς ἐν κρίκῳ κοίλῳ τὸ
φάρμακον φυλάττειν· τὸν δὲ κρίκον εἶναι τοῦτον αὐτῷ
4 φόρημα περιβραχιόνιον. τῶν δ᾽ ἄλλων ὅσοι γεγράφασι
περὶ αὐτοῦ — πάμπολλοι δ᾽ εἰσί — τὰς διαφορὰς οὐκ
ἀναγκαῖον ἐπεξιέναι· πλὴν ὅτι Δημοχάρης (FGrH 75 F 3)
ὁ τοῦ Δημοσθένους οἰκεῖος οἴεσθαί φησιν αὐτὸν οὐχ ὑπὸ
φαρμάκου, θεῶν δὲ τιμῇ καὶ προνοίᾳ τῆς Μακεδόνων
ὠμότητος ἐξαρπαγῆναι, συντόμως καταστρέψαντα καὶ
5 ἀλύπως. κατέστρεψε δ᾽ ἕκτῃ ἐπὶ δέκα τοῦ Πυανεψιῶνος
μηνός, ἐν ᾗ τὴν σκυθρωποτάτην τῶν Θεσμοφορίων ἡμέ-
ραν ἄγουσαι παρὰ τῇ θεῷ νηστεύουσιν αἱ γυναῖκες.

19 mor. 847 b

[(N *U* =)N (ABCE =)Υ] **1** ἐξανίσταμαι Υ | τοῦ ⟨σοῦ⟩ Zie. | τὸ δὲ ἐπ᾽ N: τῷ δὲ Υ || **2** ναὸς Υ || **3** ταῦτ᾽ εἰπὼν Υ || **7** λαβεῖν φησιν Υ || **10** γεγραμμένης: em. Reiske || **12** διηγεῖσθαι Υ || **15** χρυσὸν Υ || **19** καὶ αὐτὸς ἐν κρίκῳ φησὶ Υ | [καὶ] αὐτὸν Zie. || **20** φυλάσσειν Υ || **21** περιβραχιόνιον Υ: περὶ τὸν βραχίονα N || **23** ἐπεξελθεῖν Υ | Δημοχάρης Lambinus: δημόχαρις

237 S *Τούτῳ μὲν οὖν ὀλίγον ὕστερον ὁ τῶν Ἀθηναίων δῆμος* c
ἀξίαν ἀποδιδοὺς τιμήν, εἰκόνα τε χαλκῆν ἀνέστησε, καὶ τὸν
πρεσβύτατον ἐψηφίσατο τῶν ἀπὸ γένους ἐν Πρυτανείῳ
σίτησιν ἔχειν, καὶ τὸ ἐπίγραμμα τὸ θρυλούμενον ἐπιγρα-
φῆναι τῇ βάσει τοῦ ἀνδριάντος (PLG⁴ II p. 331)·

εἴπερ ἴσην γνώμῃ ῥώμην Δημόσθενες ἔσχες,
οὔποτ᾽ ἂν Ἑλλήνων ἦρξεν Ἄρης Μακεδών.

οἱ γὰρ αὐτὸν τὸν Δημοσθένην τοῦτο ποιῆσαι λέγοντες 6
ἐν Καλαυρείᾳ, μέλλοντα τὸ φάρμακον προσφέρεσθαι, κο-
μιδῇ φλυαροῦσι.

352 L **31.** *Μικρῷ δὲ πρόσθεν ἢ παραβαλεῖν ἡμᾶς Ἀθήναζε*
λέγεται τὸ τοιόνδε συμβῆναι. στρατιώτης ἐπὶ κρίσιν τινὰ d
καλούμενος ὑφ᾽ ἡγεμόνος, ὅσον εἶχε χρυσίδιον εἰς τὰς
χεῖρας ἐνέθηκε τοῦ ἀνδριάντος. ἕστηκε δὲ τοὺς δακτύλους 2
συνέχων δι᾽ ἀλλήλων, καὶ παραπέφυκεν οὐ μεγάλη
πλάτανος. ἀπὸ ταύτης πολλὰ τῶν φύλλων, εἴτε πνεύματος
ἐκ τύχης καταβαλόντος, εἴτ᾽ αὐτὸς οὕτως ὁ θεὶς ἐπεκά-
λυψε, περικείμενα καὶ συμπεσόντα λαθεῖν ἐποίησε τὸ
χρυσίον οὐκ ὀλίγον χρόνον. ὡς δ᾽ ὁ ἄνθρωπος ἐπανελθὼν 3
ἀνεῦρε, καὶ διεδόθη λόγος ὑπὲρ τούτου, πολλοὶ τῶν εὐ-
φυῶν ὑπόθεσιν λαβόντες εἰς τὸ ἀδωροδόκητον τοῦ Δη-
μοσθένους διημιλλῶντο τοῖς ἐπιγράμμασι.
Δημάδην δὲ χρόνον οὐ πολὺν ἀπολαύσαντα μισουμέ- 4 e a. 319
νης δόξης ἡ Δημοσθένους δίκη κατήγαγεν εἰς Μακεδο-
νίαν, οὓς ἐκολάκευσεν αἰσχρῶς, ὑπὸ τούτων ἐξολούμενον
δικαίως, ἐπαχθῆ μὲν ὄντα καὶ πρότερον αὐτοῖς, τότε

2 mor. 847 a. d. e || **6** cf. l. l. ap. Bergk || **23** Plut. Phoc. 30, 9. 10 Diod. 18, 48, 1—4 Arr. succ. Al. 14. 15

[(**N** *U* =)**N** (**ABCE** =)Υ] **1** *οὖν* om. Υ || **2** *ἀποδοὺς* **N** || **3** *τῶν* Υ: *τὸν* **N** || **4** *θρυλλούμενον* libri, cf. Thes. p. 3, 10 | *ἐπεγράφη* Υ || **6** *γνώμῃ ῥώμην* **N** Phot. Zos. al.: *ῥώμην γνώμῃ* Υ mor. 847a Suda | *ἔσχες* *U*: *ἔσχε* **N** *εἶχες* Υ || **9** *καλαυρίᾳ* **A** *καλαβρίᾳ* cet., cf. p. 309, 1 || **11** *μικρὸν* Υ || **12** *τὸ* **N**: *τι* Υ || **13** *χρυσίον* **N** || **14** *ἀνέθηκε* Υ || **17** *οὕτως* Barton: *οὗτος* (an del.?) | *ἐκάλυψε* Υ || **23** *μισουμένης* **N**: *τῆς φυομένης* Υ || **25** *ἐκολάκευεν* Υ

5 δ' εἰς αἰτίαν ἄφυκτον ἐμπεσόντα. γράμματα γὰρ ἐξέ-
πεσεν αὐτοῦ, δι' ὧν παρεκάλει Περδίκκαν ἐπιχειρεῖν Μα-
κεδονίᾳ καὶ σῴζειν τοὺς Ἕλληνας, ὡς ἀπὸ σαπροῦ καὶ
παλαιοῦ στήμονος — λέγων τὸν Ἀντίπατρον — ἠρτημέ-
6 νους. ἐφ' οἷς Δεινάρχου τοῦ Κορινθίου κατηγορήσαντος,
παροξυνθεὶς ὁ Κάσσανδρος ἐγκατέσφαξεν αὐτοῦ τῷ κόλπῳ
τὸν υἱόν, εἶθ' οὕτως ἐκεῖνον ἀνελεῖν προσέταξε, [ἐν] τοῖς 238 S
μεγίστοις διδασκόμενον ἀτυχήμασιν, ὅτι πρώτους ἑαυ-
f τοὺς οἱ προδόται πωλοῦσιν, ὃ πολλάκις Δημοσθένους
προαγορεύοντος οὐκ ἐπίστευσε.
7 Τὸν μὲν οὖν Δημοσθένους ἀπέχεις ὦ Σόσσιε βίον ἐξ
ὧν ἡμεῖς ἀνέγνωμεν ἢ διηκούσαμεν.

ΚΙΚΕΡΩΝ

353 L

861 **1.** Κικέρωνος δὲ τὴν μὲν μητέρα λέγουσιν Ἑλβίαν καὶ
γεγονέναι καλῶς καὶ βεβιωκέναι, περὶ δὲ τοῦ πατρὸς
2 οὐδὲν ἦν πυθέσθαι μέτριον. οἱ μὲν γὰρ ἐν γναφείῳ τινὶ
b καὶ γενέσθαι καὶ τραφῆναι τὸν ἄνδρα λέγουσιν, οἱ δ' εἰς
Τύλλον Ἄττιον ἀνάγουσι τὴν ἀρχὴν τοῦ γένους, βασιλεύ-
σαντα λαμπρῶς ἐν Οὐολούσκοις καὶ πολεμήσαντα Ῥω-
3 μαίοις οὐκ ἀδυνάτως. ὁ μέντοι πρῶτος ἐκ τοῦ γένους
Κικέρων ἐπονομασθεὶς ἄξιος λόγου δοκεῖ γενέσθαι· διὸ
τὴν ἐπίκλησιν οὐκ ἀπέρριψαν οἱ μετ' αὐτόν, ἀλλ' ἠσπά-
4 σαντο, καίπερ ὑπὸ πολλῶν χλευαζομένην. κίκερ γὰρ οἱ

Cf. Gudeman, the sources of Plutarch's life of Cicero, Public. university Pennsylv. VIII 2 (1902) || **14** cf. Cic. fam. 16, 26, 2 Hieron. Euseb. Chron. Olymp. 168 || **16** Cass. D. 46, 4, 2 de vir. ill. 81, 1 Sil. Ital. 8,405 || **23** Priscian. 2, 24 (GL II 58, 11) Plin. n. h. 18, 10

[(NU =)N (ABCE =)Υ] **6** κάσανδρος N || **7** ἐν del. Sch. || **10** προαγορεύσαντος N || **11** ὦ om. Υ || **15** καλῶς καὶ N: καὶ καλῶς Υ || **16** κναφείῳ Υ || **17** καὶ[1] om. N || **18** τύλλιον Υ τούλλιον N; cf. p. 206, 7 v. l. | ἄππιον Υ λατῖνον N: em. Xy. | βασιλεύσαντος N

Λατῖνοι τὸν ἐρέβινθον καλοῦσι, κἀκεῖνος ἐν τῷ πέρατι τῆς ῥινὸς διαστολὴν ὡς ἔοικεν ἀμβλεῖαν εἶχεν ὥσπερ ἐρεβίνθου διαφυήν, ἀφ' ἧς ἐκτήσατο τὴν ἐπωνυμίαν. αὐτός γε μὴν Κικέρων, ὑπὲρ οὗ τάδε γέγραπται, 5
τῶν φίλων αὐτὸν οἰομένων δεῖν, ὅτε πρῶτον ἀρχὴν μετῄει c
καὶ πολιτείας ἥπτετο, φυγεῖν τοὔνομα καὶ μεταθέσθαι, λέγεται νεανιευσάμενος εἰπεῖν, ὡς ἀγωνιεῖται τὸν Κικέρωνα τῶν Σκαύρων καὶ τῶν Κάτλων ἐνδοξότερον ἀποδεῖξαι. ταμιεύων δ' ἐν Σικελίᾳ καὶ τοῖς θεοῖς ἀνάθημα 6
ποιούμενος ἀργυροῦν, τὰ μὲν πρῶτα δύο τῶν ὀνομάτων
239 S 354 L ἐπέγραψε, τόν τε Μᾶρκον καὶ τὸν Τύλλιον, ἀντὶ δὲ τοῦ τρίτου σκώπτων ἐρέβινθον ἐκέλευσε παρὰ τὰ γράμματα τὸν τεχνίτην ἐντορεῦσαι. ταῦτα μὲν οὖν περὶ τοῦ ὀνόματος ἱστόρηται.

2. Τεχθῆναι δὲ Κικέρωνα λέγουσιν ἀνωδύνως καὶ ἀπό- 3. Jan. 106
νως λοχευθείσης αὐτοῦ τῆς μητρὸς ἡμέρᾳ τρίτῃ τῶν νέων Καλανδῶν, ἐν ᾗ νῦν οἱ ἄρχοντες εὔχονται καὶ θύουσιν d
ὑπὲρ τοῦ ἡγεμόνος. τῇ δὲ τίτθῃ φάσμα δοκεῖ γενέσθαι καὶ προειπεῖν ὡς ὄφελος μέγα πᾶσι Ῥωμαίοις ἐκτρεφούσῃ. ταῦτα δ' ἄλλως ὀνείρατα καὶ φλύαρον εἶναι δοκοῦν- 2
τα ταχέως αὐτὸς ἀπέδειξε μαντείαν ἀληθινὴν ἐν ἡλικίᾳ τοῦ μανθάνειν γενόμενος καὶ δι' εὐφυΐαν ἐκλάμψας καὶ λαβὼν ὄνομα καὶ δόξαν ἐν τοῖς παισίν, ὥστε τοὺς πατέρας αὐτῶν ἐπιφοιτᾶν τοῖς διδασκαλείοις, ὄψει τε βουλομένους ἰδεῖν τὸν Κικέρωνα καὶ τὴν ὑμνουμένην αὐτοῦ περὶ τὰς μαθήσεις ὀξύτητα καὶ σύνεσιν ἱστορῆσαι, τοὺς δ' ἀγροι- e
κοτέρους ὀργίζεσθαι τοῖς υἱέσιν, ὁρῶντας ἐν ταῖς ὁδοῖς τὸν Κικέρωνα μέσον αὐτῶν ἐπὶ τιμῇ λαμβάνοντας. γενό- 3
μενος δ', ὥσπερ ὁ Πλάτων (resp. 475b) ἀξιοῖ τὴν φιλομαθῆ

Priscian. 2, 24 (GL II 58, 11) Plin. n. h. 18, 10 || **4** mor. 204e || **9** mor. 204e || **16** Cic. Att. 7, 5, 3. 13, 42, 2 Brut. 161 Gell. 15, 28, 3

[(**NU** =)**N** (**A B C E** =)**Υ**] **2** *ὡς ἔοικεν διαστολὴν* **N** || **10** *δύο τῶν* **N**: *τῶν δύο τῶν* **Υ** || **11** *τούλλιον* **N** || **16** *τῶν* **Υ**: *τῆς τῶν* **N** | *νέων*] *Ἰανουαρίων* Zie., cf. Mar. 12, 3. 45, 3 || **21** *ὑπέδειξε* **N** || **22** *καὶ*[1] om. **Υ**

καὶ φιλόσοφον φύσιν, οἷος ἀσπάζεσθαι πᾶν μάθημα καὶ
μηδὲν λόγου μηδὲ παιδείας ἀτιμάζειν εἶδος, ἐρρύη πως
προθυμότερον ἐπὶ ποιητικήν, καί τι καὶ διασῴζεται ποιη-
μάτιον ἔτι παιδὸς αὐτοῦ Πόντιος Γλαῦκος, ἐν τετραμέ-
4 τρῳ πεποιημένον. προϊὼν δὲ τῷ χρόνῳ καὶ ποικιλώτερον
ἁπτόμενος τῆς περὶ ταῦτα μούσης, ἔδοξεν οὐ μόνον ῥή-
5 τωρ, ἀλλὰ καὶ ποιητὴς ἄριστος εἶναι Ῥωμαίων. ἡ μὲν οὖν
f ἐπὶ τῇ ῥητορικῇ δόξα μέχρι νῦν διαμένει, καίπερ οὐ μι- 355 L
κρᾶς γεγενημένης περὶ τοὺς λόγους καινοτομίας, τὴν δὲ
ποιητικὴν αὐτοῦ, πολλῶν εὐφυῶν ἐπιγενομένων, παντά-
πασιν ἀκλεῆ καὶ ἄτιμον ἔρρειν συμβέβηκεν.

a. 90 **3.** Ἀπαλλαγεὶς δὲ τῶν ἐν παισὶ διατριβῶν, Φίλωνος
ἤκουσε τοῦ ἐξ Ἀκαδημείας, ὃν μάλιστα Ῥωμαῖοι τῶν
Κλειτομάχου συνήθων καὶ διὰ τὸν λόγον ἐθαύμασαν καὶ 240 S
2 διὰ τὸν τρόπον ἠγάπησαν. ἅμα δὲ τοῖς περὶ Μούκιον ἀν-
δράσι πολιτικοῖς καὶ πρωτεύουσι τῆς βουλῆς συνών, εἰς
862 ἐμπειρίαν τῶν νόμων ὠφελεῖτο, καί τινα χρόνον καὶ στρα-
a. 89 τείας μετέσχεν ὑπὸ Σύλλᾳ περὶ τὸν Μαρσικὸν πόλεμον.
3 εἶθ' ὁρῶν εἰς στάσιν, ἐκ δὲ τῆς στάσεως εἰς ἄκρατον ἐμ-
πίπτοντα τὰ πράγματα μοναρχίαν, ἐπὶ τὸν σχολαστὴν καὶ
θεωρητικὸν ἀνελθὼν βίον Ἕλλησί τε συνῆν φιλολόγοις καὶ
προσεῖχε τοῖς μαθήμασιν, ἄχρι οὗ Σύλλας ἐκράτησε καὶ
a. 80 4 κατάστασίν τινα λαμβάνειν ἔδοξεν ἡ πόλις. ἐν δὲ τῷ
χρόνῳ τούτῳ Χρυσόγονος ἀπελεύθερος Σύλλα προσαγ-
γείλας τινὸς οὐσίαν, ὡς ἐκ προγραφῆς ἀναιρεθέντος,
5 αὐτὸς ἐωνήσατο δισχιλίων δραχμῶν. ἐπεὶ δὲ Ῥώσκιος ὁ
b υἱὸς καὶ κληρονόμος τοῦ τεθνηκότος ἠγανάκτει καὶ τὴν

12 Cic. Luc. 4. 11. 17 Brut. 306 || **15** Cic. leg. 1, 13 Lael. 1. Phil. 8, 31 || **18** Cic. div. 1, 72. 2, 65 || **23** Cic. Rosc. Amer. 6 passim

[(**NU** =)**N** (**ABCE** =)Υ] **3. 4** *διασώζεται* post *αὐτοῦ* hab. Υ || **4** *γλαύκιος* **N** || **5** *ποικιλωτέρας* Rei. || **9** *περὶ τοὺς λόγους γεγενημένης* **N** || **16** *συνὼν* ante *πολιτικοῖς* hab. Υ || **18** *περὶ* Υ: *ἐπὶ* **N** || **21** *ἀνελθὼν* Br.: *ἀπελθὼν* **N** *ἐλθὼν* Υ | *τε* om. Υ || **24. 25** *προσαγγείλαντός τινος* Υ || **25** ⟨*Ῥωσκίου*⟩ *τινὸς* Zie.

οὐσίαν ἐπεδείκνυε πεντήκοντα καὶ διακοσίων ταλάντων
ἀξίαν οὖσαν, ὅ τε Σύλλας ἐλεγχόμενος ἐχαλέπαινε καὶ δί-
κην πατροκτονίας ἐπῆγε τῷ Ῥωσκίῳ, τοῦ Χρυσογόνου
κατασκευάσαντος, ἐβοήθει δ᾽ οὐδείς, ἀλλ᾽ ἀπετρέποντο,
356 L τοῦ Σύλλα τὴν χαλεπότητα δεδοικότες, οὕτω δὴ δι᾽ ἐρη-
μίαν τοῦ μειρακίου τῷ Κικέρωνι προσφυγόντος οἱ φίλοι
συμπαρώρμων, ὡς οὐκ ἂν αὐτῷ λαμπροτέραν αὖθις ἀρχὴν
πρὸς δόξαν ἑτέραν οὐδὲ καλλίω γενησομένην. ἀναδεξάμενος 6
οὖν τὴν συνηγορίαν καὶ κατορθώσας ἐθαυμάσθη, δεδιὼς
δὲ τὸν Σύλλαν ἀπεδήμησεν εἰς τὴν Ἑλλάδα, διασπείρας c
λόγον ὡς τοῦ σώματος αὐτῷ θεραπείας δεομένου. καὶ γὰρ a. 79 7
ἦν ὄντως τὴν ἕξιν ἰσχνὸς καὶ ἄσαρκος, ἀρρωστίᾳ τοῦ στο-
μάχου μικρὰ καὶ γλίσχρα μόλις ὀψὲ τῆς ὥρας προσφερό-
μενος· ἡ δὲ φωνὴ πολλὴ μὲν καὶ ἀγαθή, σκληρὰ δὲ καὶ
ἄπλαστος, ὑπὸ δὲ τοῦ λόγου σφοδρότητα καὶ πάθος ἔχον-
τος ἀεὶ διὰ τῶν ἄνω τόνων ἐλαυνομένη, φόβον παρεῖχεν
ὑπὲρ τοῦ σώματος.

241 S **4.** Ἀφικόμενος δ᾽ εἰς Ἀθήνας Ἀντιόχου τοῦ Ἀσκαλωνίτου
διήκουσε, τῇ μὲν εὐροίᾳ τῶν λόγων αὐτοῦ καὶ τῇ χάριτι
κηλούμενος, ἃ δ᾽ ἐν τοῖς δόγμασιν ἐνεωτέριζεν, οὐκ ἐπαι-
νῶν. ἤδη γὰρ ἐξίστατο τῆς νέας λεγομένης Ἀκαδημείας 2
ὁ Ἀντίοχος καὶ τὴν Καρνεάδου στάσιν ἐγκατέλειπεν, εἴτε d
καμπτόμενος ὑπὸ τῆς ἐναργείας καὶ τῶν αἰσθήσεων, εἴθ᾽,
ὥς φασιν ἔνιοι, φιλοτιμίᾳ τινὶ καὶ διαφορᾷ πρὸς τοὺς Κλει-
τομάχου καὶ Φίλωνος συνήθεις τὸν Στωικὸν ἐκ μεταβολῆς
θεραπεύων λόγον ἐν τοῖς πλείστοις. ὁ δὲ Κικέρων ἐκεῖν᾽ 3
ἠγάπα κἀκείνοις προσεῖχε μᾶλλον, διανοούμενος, εἰ παν-

10 de vir. ill. 81, 2 Cic. Brut. 313sq. || **18** Cic. Acad. 1, 13 Luc. 1, 9. 113 nat. deor. 1, 6 Cass. D. 46, 7, 2 de vir. ill. 81, 2

[(**N***U* =)**N** (**A B C E** =)Υ] **1** ἀπεδείκνυε Υ || **2** οὖσαν ἀξίαν Υ || **3** τῶ ῥωστικίω **N** || **7** συμπαρώρμουν **N** | λαμπρότερον **N** || **8** γενησομένην] γενομένην Naber (ἂν v. 7 del. Hude) || **12** τὴν ἕξιν om. Υ | τοῦ om. Υ || **13** μόλις **N**: μόγις Υ || **14** μὲν ⟨οὖσα⟩ Zie. || **19** τῇ² om. Υ || **22** ἐγκατέλιπεν: em. Steph. || **23** ἐναργείας **AB**: ἐνεργείας **NCE** | καὶ del. Sch.

τάπασιν ἐκπέσοι τοῦ τὰ κοινὰ πράσσειν, δεῦρο μετενεγ-
κάμενος τὸν βίον ἐκ τῆς ἀγορᾶς καὶ τῆς πολιτείας ἐν ἡσυ-
4 *χίᾳ μετὰ φιλοσοφίας καταζῆν. ἐπεὶ δ' αὐτῷ Σύλλας τε* 357 L
προσηγγέλθη τεθνηκώς, καὶ τὸ σῶμα τοῖς γυμνασίοις
e *ἀναρρωννύμενον εἰς ἕξιν ἐβάδιζε νεανικήν, ἥ τε φωνὴ λαμ-*
βάνουσα πλάσιν ἡδεῖα μὲν πρὸς ἀκοὴν ἐτέθραπτο καὶ πολ-
λή, μετρίως δὲ πρὸς τὴν ἕξιν τοῦ σώματος ἥρμοστο, πολλὰ
μὲν τῶν ἀπὸ Ῥώμης φίλων γραφόντων καὶ δεομένων, πολ-
λὰ δ' Ἀντιόχου παρακελευομένου τοῖς κοινοῖς ἐπιβαλεῖν
πράγμασιν, αὖθις ὥσπερ ὄργανον ἐξηρτύετο τὸν ῥητορι-
κὸν λόγον καὶ ἀνεκίνει τὴν πολιτικὴν δύναμιν, αὐτόν τε
ταῖς μελέταις διαπονῶν καὶ τοὺς ἐπαινουμένους μετιὼν
5 *ῥήτορας. ὅθεν εἰς Ἀσίαν καὶ Ῥόδον ἔπλευσε, καὶ τῶν μὲν*
Ἀσιανῶν ῥητόρων Ξενοκλεῖ τῷ Ἀδραμυττηνῷ καὶ Διονυ-
f *σίῳ τῷ Μάγνητι καὶ Μενίππῳ τῷ Καρὶ συνεσχόλασεν, ἐν*
δὲ Ῥόδῳ ῥήτορι μὲν Ἀπολλωνίῳ τῷ Μόλωνος, φιλοσόφῳ
6 *δὲ Ποσειδωνίῳ. λέγεται δὲ τὸν Ἀπολλώνιον οὐ συνιέντα*
τὴν Ῥωμαϊκὴν διάλεκτον δεηθῆναι τοῦ Κικέρωνος Ἑλλη-
νιστὶ μελετῆσαι· τὸν δ' ὑπακοῦσαι προθύμως, οἰόμενον
7 *οὕτως ἔσεσθαι βελτίονα τὴν ἐπανόρθωσιν· ἐπεὶ δ' ἐμε-*
λέτησε, τοὺς μὲν ἄλλους ἐκπεπλῆχθαι καὶ διαμιλλᾶσθαι 242 S
πρὸς ἀλλήλους τοῖς ἐπαίνοις, τὸν δ' Ἀπολλώνιον οὔτ' ἀκρο-
ώμενον αὐτοῦ διαχυθῆναι, καὶ παυσαμένου σύννουν καθέ-
863 *ζεσθαι πολὺν χρόνον· ἀχθομένου δὲ τοῦ Κικέρωνος εἰπεῖν·*
„σὲ μὲν ὦ Κικέρων ἐπαινῶ καὶ θαυμάζω, τῆς δ' Ἑλλάδος
οἰκτίρω τὴν τύχην, ὁρῶν, ἃ μόνα τῶν καλῶν ἡμῖν ὑπελεί- 358 L
πετο, καὶ ταῦτα Ῥωμαίοις διὰ σοῦ προσγινόμενα, παιδείαν
καὶ λόγον."

13 Plut. Caes. 3, 1 Cic. Brut. 315. 316 Planc. 84 || **17** de vir. ill. 81, 2

[(**N***U* =)**N** (**A B C E** =)**Υ**] **1. 2** *δεῦρο—πολιτείας* om. **N** || **6** *πολλή*] *ποικίλη* Hanov *ἁπαλὴ* Rei. Kron. || **7** *ἥρμοστο τοῦ σώματος* **Υ** || **9** *ἐπιβάλλειν* **N** || **10** *ἐξήρτυε*: em. Madvig || **14** *ἀδραμυττηνῷ* **N**: *ἀδραμυτηνῷ* *U* *ἀδραμυττινῷ* **Υ** || **15** *μελανίππω* **N** || **20** *ἐπεὶ δὲ οὕτως ἐμελέτησε* **N** || **24** *ἀχθομένου* **N**: *ἀρχομένου* **Υ** | *κικέρωνος εὐθὺς εἰπεῖν* **N** || **26** *ὑπελίπετο* **Υ** || **27** *προσγενόμενα* **Υ**

5. Ὁ δ' οὖν Κικέρων ἐλπίδων μεστὸς ἐπὶ τὴν πολιτείαν a. 77
φερόμενος, ὑπὸ χρησμοῦ τινος ἀπημβλύνθη τὴν ὁρμήν.
ἐρομένῳ γὰρ αὐτῷ τὸν ἐν Δελφοῖς θεὸν ὅπως ἂν ἐνδοξό-
τατος γένοιτο, προσέταξεν ἡ Πυθία τὴν ἑαυτοῦ φύσιν,
ἀλλὰ μὴ τὴν τῶν πολλῶν δόξαν ἡγεμόνα ποιεῖσθαι τοῦ
βίου. καὶ τόν γε πρῶτον ἐν Ῥώμῃ χρόνον εὐλαβῶς διῆγε 2
καὶ ταῖς ἀρχαῖς ὀκνηρῶς προσῄει καὶ παρημελεῖτο, ταῦτα
δὴ τὰ Ῥωμαίων τοῖς βαναυσοτάτοις πρόχειρα καὶ συνήθη b
ῥήματα Γραικὸς καὶ σχολαστικὸς ἀκούων. ἐπεὶ δὲ καὶ 3
φύσει φιλότιμος ὢν καὶ παροξυνόμενος ὑπὸ τοῦ πατρὸς
καὶ τῶν φίλων ἐπέδωκεν εἰς τὸ συνηγορεῖν ἑαυτόν, οὐκ
ἠρέμα τῷ πρωτείῳ προσῆλθεν, ἀλλ' εὐθὺς ἐξέλαμψε τῇ
δόξῃ καὶ διέφερε πολὺ τῶν ἀγωνιζομένων ἐπ' ἀγορᾶς.
λέγεται δὲ καὶ αὐτὸς οὐδὲν ἧττον νοσήσας τοῦ Δημο- 4
σθένους περὶ τὴν ὑπόκρισιν, τοῦτο μὲν Ῥωσκίῳ τῷ κωμῳ-
δῷ, τοῦτο δ' Αἰσώπῳ τῷ τραγῳδῷ προσέχειν ἐπιμελῶς.
τὸν δ' Αἴσωπον τοῦτον ἱστοροῦσιν ὑποκρινόμενον ἐν θεά- 5
τρῳ τὸν περὶ τῆς τιμωρίας τοῦ Θυέστου βουλευόμενον c
Ἀτρέα, τῶν ὑπηρετῶν τινος ἄφνω παραδραμόντος, ἔξω
τῶν ἑαυτοῦ λογισμῶν διὰ τὸ πάθος ὄντα τῷ σκήπτρῳ πατά-
ξαι καὶ ἀνελεῖν. οὐ μικρὰ δὴ πρὸς τὸ πείθειν ὑπῆρχεν ἐκ 6
τοῦ ὑποκρίνεσθαι ῥοπὴ τῷ Κικέρωνι, καὶ τούς γε τῷ
359 L μέγα βοᾶν χρωμένους ῥήτορας ἐπισκώπτων, ἔλεγε δι' ἀσθέ-
243 S νειαν ἐπὶ τὴν κραυγὴν ὥσπερ χωλοὺς ἐφ' ἵππον πηδᾶν.
ἡ δὲ περὶ τὰ σκώμματα καὶ τὴν παιδιὰν ταύτην εὐτρα-
πελία δικανικὸν μὲν ἐδόκει καὶ γλαφυρὸν εἶναι, χρώμενος
δ' αὐτῇ κατακόρως, πολλοὺς ἐλύπει καὶ κακοηθείας ἐλάμ-
βανε δόξαν.

9 Cass. D. 46, 18, 1 || 17 cf. Cic. divin. 1, 80 || 21–24 Phot. bibl. 395a || 22 mor. 204e

[(NU ==)N (ABCE ==)Υ] 1 δ' οὖν N: γοῦν Υ | ἐλπίδος N || 3 ἂν om. Υ || 6 γε N: τε Υ || 9 καί[2] om. Υ || 12 προσῆγεν Υ || 15 περὶ N: πρὸς Υ || 21 δὴ N: δὲ Υ | ὑπῆρχεν] προσῆν Phot. || 22 γε om. Phot. || 22.23 τῷ μέγα βοᾶν mor.: τῶ (τὰ N) μεγάλα βοᾶν N Phot. τῶ βοᾶν μεγάλα Υ || 24 τοὺς χωλοὺς Phot. || 25 παιδείαν N || 26 εἶναι om. Υ

d a.75 **6.** Ἀποδειχθεὶς δὲ ταμίας ἐν σιτοδείᾳ καὶ λαχὼν Σικε-
λίαν, ἠνώχλησε τοῖς ἀνθρώποις ἐν ἀρχῇ, σῖτον εἰς Ῥώμην
ἀποστέλλειν ἀναγκαζομένοις. ὕστερον δὲ τῆς ἐπιμελείας
καὶ δικαιοσύνης καὶ πρᾳότητος αὐτοῦ πεῖραν λαμβάνον-
2 τες, ὡς οὐδένα τῶν πώποθ' ἡγεμόνων ἐτίμησαν. ἐπεὶ δὲ
πολλοὶ τῶν ἀπὸ Ῥώμης νέων ἔνδοξοι καὶ γεγονότες καλῶς,
αἰτίαν ἔχοντες ἀταξίας καὶ μαλακίας περὶ τὸν πόλεμον,
ἀνεπέμφθησαν ἐπὶ τὸν στρατηγὸν τῆς Σικελίας, συνεῖπεν
3 αὐτοῖς ὁ Κικέρων ἐπιφανῶς καὶ περιεποίησεν. ἐπὶ τούτοις
οὖν μέγα φρονῶν, εἰς Ῥώμην βαδίζων γελοῖόν τι παθεῖν
e φησι (pro Planc. 26, 64). συντυχὼν γὰρ ἀνδρὶ τῶν ἐπιφανῶν
φίλῳ δοκοῦντι περὶ Καμπανίαν, ἐρέσθαι τίνα δὴ τῶν πε-
πραγμένων ὑπ' αὐτοῦ λόγον ἔχουσι Ῥωμαῖοι καὶ τί φρονοῦ-
σιν, ὡς ὀνόματος καὶ δόξης τῶν πεπραγμένων αὐτῷ τὴν
4 πόλιν ἅπασαν ἐμπεπληκώς· τὸν δ' εἰπεῖν· „ποῦ γὰρ ἦς
ὦ Κικέρων τὸν χρόνον τοῦτον;" τότε μὲν οὖν ἐξαθυμῆσαι
παντάπασιν, εἴ γε καθάπερ εἰς πέλαγος ἀχανὲς τὴν πόλιν
ἐμπεσὼν ὁ περὶ αὐτοῦ λόγος οὐδὲν εἰς δόξαν ἐπίδηλον
πεποίηκεν· ὕστερον δὲ λογισμὸν αὐτῷ διδοὺς πολὺ τῆς
φιλοτιμίας ὑφελεῖν, ὡς πρὸς ἀόριστον πρᾶγμα τὴν δόξαν 360 L
f 5 ἁμιλλώμενος καὶ πέρας ἐφικτὸν οὐκ ἔχουσαν. οὐ μὴν
ἀλλὰ τό γε χαίρειν ἐπαινούμενον διαφερόντως καὶ πρὸς
δόξαν ἐμπαθέστερον ἔχειν ἄχρι παντὸς αὐτῷ παρέ-
μεινε καὶ πολλοὺς πολλάκις τῶν ὀρθῶν ἐπετάραξε
λογισμῶν.

7. Ἀπτόμενος δὲ τῆς πολιτείας προθυμότερον, αἰσχρὸν
ἡγεῖτο τοὺς μὲν βαναύσους, ὀργάνοις χρωμένους καὶ σκεύ- 244 S
εσιν ἀψύχοις, μηδενὸς ἀγνοεῖν ὄνομα μηδὲ χώραν ἢ δύνα-
864 μιν αὐτῶν, τὸν δὲ πολιτικόν, ᾧ δι' ἀνθρώπων αἱ κοιναὶ
πράξεις περαίνονται, ῥαθύμως καὶ ἀμελῶς ἔχειν περὶ τὴν

[(NU =)N (A B C E =)Υ] **3** ἀναγκαζομένοις *U*: ἀναγκαζόμενος **NΥ** ‖ **16** οὖν αὐτὸν **N** ‖ **17** γε om. Υ ‖ **19** αὐτῷ **N**: ἑαυτῷ Υ ‖ **20** ὑφελεῖν Wytt.: ὑφεῖλεν ‖ **21** οὐκ ἐφικτὸν Υ ‖ **22** διαφερόντως Υ: οὐ δεόντως **N** ‖ **24** πολλοὺς del. et ἐξετάραξε scr. Rei. alii, sed cf. mor. 788e ‖ **27** βαναύσοις **N** | καὶ σκεύεσιν χρωμένους **N** ‖ **28** χώραν] χρείαν Cor.

τῶν πολιτῶν γνῶσιν. ὅθεν οὐ μόνον τῶν ὀνομάτων μνη- 2
μονεύειν εἴθιζεν ἑαυτόν, ἀλλὰ καὶ τὸν τόπον ἐν ᾧ τῶν γνω-
ρίμων ἕκαστος οἰκεῖ, καὶ χωρίον ὃ κέκτηται, καὶ φίλους
οἷστισι χρῆται καὶ γείτονας γινώσκειν, καὶ πᾶσαν ὁδὸν
τῆς Ἰταλίας διαπορευομένῳ Κικέρωνι πρόχειρον ἦν εἰπεῖν
καὶ ἐπιδεῖξαι τοὺς τῶν φίλων ἀγροὺς καὶ τὰς ἐπαύλεις.
οὐσίαν δὲ μικρὰν μέν, ἱκανὴν δὲ καὶ ταῖς δαπάναις ἐπαρκῆ 3
κεκτημένος, ἐθαυμάζετο μήτε μισθοὺς μήτε δῶρα προσ-
ιέμενος ἀπὸ τῆς συνηγορίας, μάλιστα δ' ὅτε τὴν κατὰ
Βέρρου δίκην ἀνέλαβε. τοῦτον γὰρ στρατηγὸν γεγονότα a. 70 4 b
τῆς Σικελίας καὶ πολλὰ πεπονηρευμένον τῶν Σικελιω-
τῶν διωκόντων εἷλεν, οὐκ εἰπών, ἀλλ' ἐξ αὐτοῦ τρόπον
τινὰ τοῦ μὴ εἰπεῖν. τῶν γὰρ στρατηγῶν τῷ Βέρρῃ χαρι- 5
ζομένων καὶ τὴν κρίσιν ὑπερθέσεσι καὶ διακρούσεσι πολ-
361 L *λαῖς εἰς τὴν ὑστάτην ἐκβαλλόντων, ὡς ἦν πρόδηλον ὅτι*
τοῖς λόγοις ὁ τῆς ἡμέρας οὐκ ἐξαρκέσει χρόνος οὐδὲ λήψε-
ται πέρας ἡ κρίσις, ἀναστὰς ὁ Κικέρων ἔφη μὴ δεῖσθαι
λόγων, ἀλλ' ἐπαγαγὼν τοὺς μάρτυρας καὶ ἀνακρίνας, ἐκέ-
λευσε φέρειν τὴν ψῆφον τοὺς δικαστάς. ὅμως δὲ πολλὰ 6 c
χαρίεντα διαμνημονεύεται καὶ περὶ ἐκείνην αὐτοῦ τὴν δίκην.
βέρρην γὰρ οἱ Ῥωμαῖοι τὸν ἐκτετμημένον χοῖρον καλοῦ-
σιν. ὡς οὖν ἀπελευθερικὸς ἄνθρωπος ἔνοχος τῷ ἰουδαΐ-
ζειν ὄνομα Κεκίλιος ἐβούλετο παρωσάμενος τοὺς Σικελι-
ώτας κατηγορεῖν τοῦ Βέρρου, „τί Ἰουδαίῳ πρὸς χοῖρον;"
ἔφη ὁ Κικέρων. ἦν δὲ τῷ Βέρρῃ ἀντίπαις υἱὸς οὐκ ἐλευ- 7
θερίως δοκῶν προΐστασθαι τῆς ὥρας. λοιδορηθεὶς οὖν ὁ
Κικέρων εἰς μαλακίαν ὑπὸ τοῦ Βέρρου, „τοῖς υἱοῖς" εἶπεν
245 S *„ἐντὸς θυρῶν δεῖ λοιδορεῖσθαι." τοῦ δὲ ῥήτορος Ὁρτη-* 8

1 cf. Cic. Mur. 3, 77 || **25** mor. 204 f Arsen. 412 Apostol. 14, 82

[(**NU** =)**N** (**A B C E** =)Υ] **1** *πολιτικῶν* Υ || **1. 2** *εἴθιζε μνημονεύειν* Υ || **2** *αὐτὸν* Υ | *τὸν* om. Υ || **3** *ᾤκει* **N** | *ὃ* **C**: *οὗ* cet. || **4** *ἐγίνωσκε* Υ || **5** *τῆς* om. Υ || **14** *κρίσιν* **N**: *δίκην* Υ | *καὶ διακρούσεσι* **N**: *καὶ διακρήσεσι* **A**, om. cet. | *πολλάκις* **N** || **18** *ἐπάγων* **N** | *ἐπικρίνας* Υ | *ἐκέλευε* **N** || **21** *τὸν μὴ ἐκτετμημένον* Am. || **22** *τῷ* Υ: *τοῦ* **N** || **24** *χοίρειον* **N** || **25** *ὁ* del. Sint. Li. || **28** *ὀρτηνσίου* (sed p. 351, 9 *ὀρτήσιον*) **N**

σίου τὴν μὲν εὐθεῖαν τῷ Βέρρῃ συνειπεῖν μὴ θελήσαντος,
d *ἐν δὲ τῷ τιμήματι πεισθέντος παραγενέσθαι καὶ λαβόντος*
ἐλεφαντίνην Σφίγγα μισθόν, εἶπέ τι πλαγίως ὁ Κικέρων
πρὸς αὐτόν· τοῦ δὲ φήσαντος αἰνιγμάτων λύσεως ἀπείρως
ἔχειν, ,,καὶ μὴν ἐπὶ τῆς οἰκίας'' ἔφη ,,τὴν Σφίγγα ἔχεις''.

8. *Οὕτω δὲ τοῦ Βέρρου καταδικασθέντος, ἑβδομήκοντα*
πέντε μυριάδων τιμησάμενος τὴν δίκην ὁ Κικέρων δια-
βολὴν ἔσχεν, ὡς ἐπ' ἀργυρίῳ τὸ τίμημα καθυφειμένος.
2 *οὐ μὴν ἀλλ' οἱ Σικελιῶται χάριν εἰδότες ἀγορανομοῦντος*
a. 69 *αὐτοῦ πολλὰ μὲν ἄγοντες ἀπὸ τῆς νήσου, πολλὰ δὲ φέροντες*
ἧκον, ὧν οὐδὲν ἐποιήσατο κέρδος, ἀλλ' ὅσον ἐπευωνίσαι 362 L
τὴν ἀγορὰν ἀπεχρήσατο τῇ φιλοτιμίᾳ τῶν ἀνθρώπων.
e 3 *Ἐκέκτητο δὲ χωρίον καλὸν ἐν Ἄρποις, καὶ περὶ Νέαν*
πόλιν ἦν ἀγρὸς καὶ περὶ Πομπηίους ἕτερος, οὐ μεγάλοι,
φερνή τε Τερεντίας τῆς γυναικὸς προσεγένετο μυριάδων
δώδεκα, καὶ κληρονομία τις εἰς ἐννέα συναχθεῖσα δηνα-
4 *ρίων μυριάδας. ἀπὸ τούτων ἐλευθερίως ἅμα καὶ σωφρό-*
νως διῆγε μετὰ τῶν συμβιούντων Ἑλλήνων καὶ Ῥωμαίων
φιλολογῶν, σπάνιον εἴ ποτε πρὸ δυσμῶν ἡλίου κατακλι-
νόμενος, οὐχ οὕτω δι' ἀσχολίαν ὡς διὰ τὸ σῶμα τῷ στο-
5 *μάχῳ μοχθηρῶς διακείμενον. ἦν δὲ καὶ τὴν ἄλλην περὶ τὸ*
σῶμα θεραπείαν ἀκριβὴς καὶ περιττός, ὥστε καὶ τρίψεσι
f *καὶ περιπάτοις ἀριθμῷ τεταγμένοις χρῆσθαι, καὶ τοῦτον*
τὸν τρόπον διαπαιδαγωγῶν τὴν ἕξιν ἄνοσον καὶ διαρκῆ
πρὸς πολλοὺς καὶ μεγάλους ἀγῶνας καὶ πόνους συνεῖχεν.
6 *οἰκίαν δὲ τὴν μὲν πατρῴαν τῷ ἀδελφῷ παρεχώρησεν,*
αὐτὸς δ' ᾤκει περὶ τὸ Παλάτιον ὑπὲρ τοῦ μὴ μακρὰν βαδί-
ζοντας ἐνοχλεῖσθαι τοὺς θεραπεύοντας αὐτόν. ἐθεράπευ-

1 mor. 205b Quintil. 6, 3, 98. 10, 1. 23 Plin. n. h. 34, 48 || **6** Ps.-Ascon. p. 106 || **15** cf. Cic. Att. 2, 4, 5 || **21** Cic. Att. 2, 23, 1 || **27** Cic. fam. 5, 6, 2 al.

[(**N** *U* =)**N** (**A B C E** =)Υ] **1** *τολμήσαντος* Υ || **2** *τμήματι* **N** || **3** *ἐλεφαντίνην*] *ἀργυρᾶν* mor. *aeneam* Quintil., cf. Plin. || **4** *λύσεως* **N** mor.: *λύσεων* Υ || **5** *ἔφη* **N** mor.: om. Υ || **11** *ἐπευωνῆσαι* **N** || **16** *δώδεκα* **N**: *δέκα* Υ | *δηναρίων συναχθεῖσα* Υ || **19** *φιλολόγων* Υ || **23** *καί*^{2} om. Υ

ον δὲ καθ' ἡμέραν ἐπὶ θύρας φοιτῶντες οὐκ ἐλάσσονες ἢ
246 S Κράσσον ἐπὶ πλούτῳ καὶ Πομπήιον διὰ τὴν ἐν τοῖς στρα- 865
τεύμασι δύναμιν, θαυμαζομένους μάλιστα Ῥωμαίων καὶ
μεγίστους ὄντας. Πομπήιος δὲ καὶ Κικέρωνα ἐθεράπευε, 7
καὶ μέγα πρὸς δύναμιν αὐτῷ καὶ δόξαν ἡ Κικέρωνος συνέ-
πραξε πολιτεία.

9. Στρατηγίαν δὲ μετιόντων ἅμα σὺν αὐτῷ πολλῶν καὶ
γενναίων, πρῶτος ἁπάντων ἀνηγορεύθη, καὶ τὰς κρίσεις a. 66
363 L ἔδοξε καθαρῶς καὶ καλῶς βραβεῦσαι. λέγεται δὲ καὶ Λικί- 2
νιος Μᾶκερ, ἀνὴρ καὶ καθ' αὑτὸν ἰσχύων ἐν τῇ πόλει μέγα
καὶ Κράσσῳ χρώμενος βοηθῷ, κρινόμενος κλοπῆς ἐπ'
αὐτοῦ, τῇ δὲ δυνάμει καὶ σπουδῇ πεποιθώς, ἔτι τὴν ψῆφον
τῶν κριτῶν διαφερόντων, ἀπαλλαγεὶς οἴκαδε κείρασθαί b
τε τὴν κεφαλὴν κατὰ τάχος καὶ καθαρὸν ἱμάτιον λαβὼν
ὡς νενικηκὼς αὖθις εἰς ἀγορὰν προϊέναι, τοῦ δὲ Κράσσου
περὶ τὴν αὔλειον ἀπαντήσαντος αὐτῷ καὶ φράσαντος ὅτι
πάσαις ἑάλωκε ταῖς ψήφοις, ἀναστρέψας καὶ κατακλινεὶς
ἀποθανεῖν. τὸ δὲ πρᾶγμα τῷ Κικέρωνι δόξαν ἤνεγκεν ὡς
ἐπιμελῶς βραβεύσαντι τὸ δικαστήριον.

Ἐπεὶ δὲ Οὐατίνιος, ἀνὴρ ἔχων τι τραχὺ καὶ πρὸς τοὺς 3
ἄρχοντας ὀλίγωρον ἐν ταῖς συνηγορίαις, χοιράδων δὲ τὸν
τράχηλον περίπλεως, ᾐτεῖτό τι καταστὰς παρὰ τοῦ Κικέ-
ρωνος, καὶ μὴ διδόντος, ἀλλὰ βουλευομένου πολὺν χρό-
νον, εἶπεν ὡς οὐκ ἂν αὐτός γε διστάσειε περὶ τούτου στρα- c
τηγῶν, ἐπιστραφεὶς ὁ Κικέρων „ἀλλ' ἔγωγε" εἶπεν „οὐκ
ἔχω τηλικοῦτον τράχηλον."

7 Cic. Brut. 321 leg. Manil. 2 tog. cand. fr. 5 in Pis. 2 || **9** cf. Val. Max. 9, 12, 7 Cic. Att. 1, 4, 2 || **20** cf. cap. 26, 3 Cic. Vatin. 4, 10. 39 Att. 2, 9, 2

[(**NU** =)**N** (**ABCE** =)Υ] **1** *ἐλάττονες* Υ || **4** *ἐθεράπευε δὲ Κικέρωνα καὶ Πομπήιος* Sint. || **5** *μεγάλα* Υ || **8** *γενναίων* **N**: *μεγάλων* Υ || **9** *καὶ*[2] om. **N** | *λικίννιος* (sed p. 351, 7 *λικινίω*) Υ || **11** *ἐπ'* Cob.: *ὑπ'* || **12** *δὲ* om. Υ || **14** *κεφαλὴν καὶ κατὰ τάχος* **N** || **14. 15** *ὡς νενικηκὼς λαβὼν* Υ || **16** *αὔλιον* **N** || **20** *Οὐατίνιος* Steph.: *σουατίνιος* **N** *οὐατῖνος* Υ || **22** *τι* om. **N** || **24** *εἰπεῖν* Υ | *γε* om. Υ | *νυστάσειε* Sickinger Erbse Mus. Rhen. 100, 290 || **25** *ἐγὼ* Υ

4 Ἔτι δ' ἡμέρας δύο ἢ τρεῖς ἔχοντι τῆς ἀρχῆς αὐτῷ προσ-
ήγαγέ τις Μανίλιον εὐθύνων κλοπῆς. ὁ δὲ Μανίλιος οὗτος
εὔνοιαν εἶχε καὶ σπουδὴν ὑπὸ τοῦ δήμου, δοκῶν ἐλαύνε-
5 σθαι διὰ Πομπήιον· ἐκείνου γὰρ ἦν φίλος. αἰτουμένου δ'
ἡμέρας αὐτοῦ, μίαν ὁ Κικέρων μόνην τὴν ἐπιοῦσαν ἔδωκε,
καὶ ὁ δῆμος ἠγανάκτησεν, εἰθισμένων τῶν στρατηγῶν
6 δέκα τοὐλάχιστον ἡμέρας διδόναι τοῖς κινδυνεύουσι. τῶν 364 L
d δὲ δημάρχων ἀγαγόντων αὐτὸν ἐπὶ τὸ βῆμα καὶ κατη- 247 S
γορούντων, ἀκουσθῆναι δεηθεὶς εἶπεν, ὅτι τοῖς κινδυνεύ-
ουσιν ἀεί, καθ' ὅσον οἱ νόμοι παρείκουσι, κεχρημένος
ἐπιεικῶς καὶ φιλανθρώπως, δεινὸν ἡγεῖτο τῷ Μανιλίῳ
ταὐτὰ μὴ παρασχεῖν· ἧς οὖν ἔτι μόνης κύριος ἦν ἡμέρας
στρατηγῶν, ταύτην ἐπίτηδες ὁρίσαι· τὸ γὰρ εἰς ἄλλον
ἄρχοντα τὴν κρίσιν ἐκβαλεῖν οὐκ εἶναι βουλομένου βοηθεῖν.
7 ταῦτα λεχθέντα θαυμαστὴν ἐποίησε τοῦ δήμου μεταβολήν,
καὶ πολλὰ κατευφημοῦντες αὐτόν, ἐδέοντο τὴν ὑπὲρ τοῦ
Μανιλίου συνηγορίαν ἀναλαβεῖν. ὁ δ' ὑπέστη προθύμως,
e οὐχ ἥκιστα διὰ Πομπήιον ἀπόντα, καὶ καταστὰς πάλιν
ἐξ ὑπαρχῆς ἐδημηγόρησε, νεανικῶς τῶν ὀλιγαρχικῶν καὶ
τῷ Πομπηίῳ φθονούντων καθαπτόμενος.

10. Ἐπὶ δὲ τὴν ὑπατείαν οὐχ ἧττον ὑπὸ τῶν ἀριστο-
κρατικῶν ἢ τῶν πολλῶν προήχθη, διὰ τὴν πόλιν ἐξ αἰτίας
2 αὐτῷ τοιᾶσδε συναγωνισαμένων. τῆς ὑπὸ Σύλλα γενο-
μένης μεταβολῆς περὶ τὴν πολιτείαν ἐν ἀρχῇ μὲν ἀτόπου
φανείσης τοῖς πολλοῖς, τότε δ' ὑπὸ χρόνου καὶ συνηθείας
ἤδη τινὰ κατάστασιν ἔχειν οὐ φαύλην δοκούσης, ἦσαν οἱ
τὰ παρόντα διασεῖσαι καὶ μεταθεῖναι ζητοῦντες ἰδίων
ἕνεκα πλεονεξιῶν, οὐ πρὸς τὸ βέλτιστον, Πομπηίου μὲν
f ἔτι τοῖς βασιλεῦσιν ἐν Πόντῳ καὶ Ἀρμενίᾳ διαπολεμοῦντος,

1 Q. Cic. pet. cons. 51 Ascon. Cornel. 53. 58 Cass. D. 36, 44, 1

[(NU =)N (ABCE =)Υ] **2** μανιάλιον N | μανιάλιος N || **5** ἡμέραν N || **8** ἀγαγόντων αὐτὸν N: αὐτὸν διαγαγόντων Υ || **11** μανιαλίῳ N || **12** ταὐτὰ Sol.: ταῦτα | ἧς ΥU^{2}: ἣν N U^{1} || **14** βουλομένῳ Υ || **16** αὐτὸν om. N || **17** μανιαλίου N || **20** τῷ N: τῶν Υ || **23** τοιαύτης Υ || **25** τότε δὲ (δὲ om. N) τοῖς πολλοῖς: trp. Zie. || **28** βέλτιον N | μὲν om. N || **29** πολεμοῦντος Υ

ἐν δὲ τῇ Ῥώμῃ μηδεμιᾶς ὑφεστώσης πρὸς τοὺς νεωτερί-
365 L ζοντας ἀξιομάχου δυνάμεως. οὗτοι κορυφαῖον εἶχον ἄνδρα 3
τολμητὴν καὶ μεγαλοπράγμονα καὶ ποικίλον τὸ ἦθος,
Λεύκιον Κατιλίναν, ὃς αἰτίαν ποτὲ πρὸς ἄλλοις ἀδική-
μασι μεγάλοις ἔλαβε παρθένῳ συγγεγονέναι θυγατρί,
κτείνας δ' ἀδελφὸν αὐτοῦ καὶ δίκην ἐπὶ τούτῳ φοβού-
μενος, ἔπεισε Σύλλαν ὡς ἔτι ζῶντα τὸν ἄνθρωπον ἐν τοῖς 866
ἀποθανουμένοις προγράψαι. τοῦτον οὖν προστάτην οἱ πονη- 4
248 S ροὶ λαβόντες, ἄλλας τε πίστεις ἔδοσαν ἀλλήλοις καὶ κατα-
θύσαντες ἄνθρωπον ἐγεύσαντο τῶν σαρκῶν. διέφθαρτο
δ' ὑπ' αὐτοῦ πολὺ μέρος τῆς ἐν τῇ πόλει νεότητος, ἡδονὰς
καὶ πότους καὶ γυναικῶν ἔρωτας ἀεὶ προξενοῦντος ἑκάστῳ
καὶ τὴν εἰς ταῦτα δαπάνην ἀφειδῶς παρασκευάζοντος.
ἐπῆρτο δ' ἥ τε Τυρρηνία πρὸς ἀπόστασιν ὅλη καὶ τὰ πολλὰ 5
τῆς ἐντὸς Ἄλπεων Γαλατίας. ἐπισφαλέστατα δ' ἡ Ῥώμη
πρὸς μεταβολὴν εἶχε διὰ τὴν ἐν ταῖς οὐσίαις ἀνωμαλίαν,
τῶν μὲν ἐν δόξῃ μάλιστα καὶ φρονήματι κατεπτωχευμένων b
εἰς θέατρα καὶ δεῖπνα καὶ φιλαρχίας καὶ οἰκοδομίας, τῶν
δὲ πλούτων εἰς ἀγεννεῖς καὶ ταπεινοὺς συνερρυηκότων
ἀνθρώπους, ὥστε μικρᾶς ῥοπῆς δεῖσθαι τὰ πράγματα καὶ
πᾶν εἶναι τοῦ τολμήσαντος ἐκστῆσαι τὴν πολιτείαν, αὐτὴν
ὑφ' αὑτῆς νοσοῦσαν.

11. Οὐ μὴν ἀλλὰ βουλόμενος ὁ Κατιλίνας ἰσχυρόν τι προ-
καταλαβεῖν ὁρμητήριον, ὑπατείαν μετῄει, καὶ λαμπρὸς ἦν
ταῖς ἐλπίσιν ὡς Γαΐῳ Ἀντωνίῳ συνυπατεύσων, ἀνδρὶ καθ'
αὑτὸν μὲν οὔτε πρὸς τὸ βέλτιον οὔτε πρὸς τὸ χεῖρον ἡγε-
366 L μονικῷ, προσθήκῃ δ' ἄγοντος ἑτέρου δυνάμεως ἐσομένῳ.
ταῦτα δὴ τῶν καλῶν καὶ ἀγαθῶν ἀνδρῶν οἱ πλεῖστοι 2

2 Sall. Cat. 5 Cic. in Cat. 3, 17 al. || **4** Cic. tog. cand. fr. 23 Plut. Sull. 32, 3 || **8** Sall. Cat. 22 Cass. D. 37, 30, 3

[(**N** *U* =)**N** (**ABCE** =)ϒ] **5** *θυγατρί συγγεγονέναι* **N** || **6** *κτεῖναι* ϒ || **7** *ὡς* om. **N** || **8** *προσγράψαι* **N** | *οὖν* ϒ*U*: om. **N** || **9** *ἀλλήλοις ἔδοσαν* ϒ || **14** *τυραννία* **N** || **18** *οἰκονομίας* **N** || **19** *ἀγεννεῖς* ϒ*U*: *ἀγενεῖς* **N** || **21** *πᾶν* **N**: *παντὸς* ϒ *τὸ πᾶν* Zie. | *ἐκστῆναι* ϒ || **23** *τι* om. **N** | *προσκαταλαβεῖν* **N** || **27** *προσθήκῃ* Parisinus 1674 (*προσθήκη* Wytt.): *προσθήκην* **N** ϒ | *ἐσομένου* ϒ || **28** *ἀνδρῶν* om. ϒ

c προαισθόμενοι, τὸν Κικέρωνα προῆγον ἐπὶ τὴν ὑπατείαν,
καὶ τοῦ δήμου δεξαμένου προθύμως, ὁ μὲν Κατιλίνας ἐξέ-
3 πεσε, Κικέρων δὲ καὶ Γάιος Ἀντώνιος ᾑρέθησαν. καίτοι
τῶν μετιόντων ὁ Κικέρων μόνος ἦν ἐξ ἱππικοῦ πατρός, οὐ
βουλευτοῦ, γεγονώς.

a. 63 **12.** Καὶ τὰ μὲν περὶ Κατιλίναν ἔμελλεν ἔτι, τοὺς πολ-
λοὺς λανθάνοντα, προάγωνες δὲ μεγάλοι τὴν Κικέρωνος
2 ὑπατείαν ἐξεδέξαντο. τοῦτο μὲν γὰρ οἱ κεκωλυμένοι κατὰ
τοὺς Σύλλα νόμους ἄρχειν, οὔτ' ἀσθενεῖς ὄντες οὔτ' ὀλί-
γοι, μετιόντες ἀρχὰς ἐδημαγώγουν, πολλὰ τῆς Σύλλα
τυραννίδος ἀληθῆ μὲν καὶ δίκαια κατηγοροῦντες, οὐ μὴν 249 S
d ἐν δέοντι τὴν πολιτείαν οὐδὲ σὺν καιρῷ κινοῦντες, τοῦτο
δὲ νόμους εἰσῆγον οἱ δήμαρχοι πρὸς τὴν αὐτὴν ὑπόθεσιν,
δεκαδαρχίαν καθιστάντες ἀνδρῶν αὐτοκρατόρων, οἷς
ἐφεῖτο πάσης μὲν Ἰταλίας, πάσης δὲ Συρίας καὶ ὅσα διὰ
Πομπηίου νεωστὶ προσώριστο, κυρίους ὄντας πωλεῖν τὰ
δημόσια, κρίνειν οὓς δοκοίη, φυγάδας ἐκβάλλειν, συνοι-
κίζειν πόλεις, χρήματα λαμβάνειν ἐκ τοῦ ταμιείου, στρατιώ-
3 τας τρέφειν καὶ καταλέγειν ὁπόσων δέοιντο. διὸ καὶ τῷ
νόμῳ προσεῖχον ἄλλοι τε τῶν ἐπιφανῶν καὶ πρῶτος
Ἀντώνιος ὁ τοῦ Κικέρωνος συνάρχων, ὡς τῶν δέκα γενησό-
e μενος· ἐδόκει δὲ καὶ τὸν Κατιλίνα νεωτερισμὸν εἰδὼς οὐ
4 δυσχεραίνειν ὑπὸ πλήθους δανείων. ὃ μάλιστα τοῖς ἀρί-
στοις φόβον παρεῖχε. καὶ τοῦτο πρῶτον θεραπεύων ὁ Κικέ-
ρων, ἐκείνῳ μὲν ἐψηφίσατο τῶν ἐπαρχιῶν Μακεδονίαν, 367 L
ἑαυτῷ δὲ τὴν Γαλατίαν διδομένην παρῃτήσατο, καὶ κατειρ-
γάσατο τῇ χάριτι ταύτῃ τὸν Ἀντώνιον ὥσπερ ὑποκριτὴν
5 ἔμμισθον αὐτῷ τὰ δεύτερα λέγειν ὑπὲρ τῆς πατρίδος. ὡς
δ' οὗτος ἑαλώκει καὶ χειροήθης ἐγεγόνει, μᾶλλον ἤδη

4 Ascon. tog. cand. p. 64 St. ‖ **13** Cic. or. de leg. agr. 1–3 al. ‖ **24** Cic. Pis. 2, 5 Sall. Cat. 26, 4 Cass. Dio 37, 33, 4

[(**N** *U* =)**N** (**A B C E** =)Υ] **1** ἦγον **N** ‖ **6** ἔμενεν: em. Sint. ‖ **8** ὑπατείαν Υ: πολιτείαν **N** | ἐδέξαντο **N** ‖ **14** αὐτοκρατόρων ἀνδρῶν Υ ‖ **15** ἐφεῖτο Υ: ἐφοβεῖτο **N** | ὅση **N** ‖ **24** τοῦτον **N** ‖ **26** αὐτῶ Υ

θαρρῶν ὁ Κικέρων ἐνίστατο πρὸς τοὺς καινοτομοῦντας.
ἐν μὲν οὖν τῇ βουλῇ κατηγορίαν τινὰ τοῦ νόμου διαθέ-
μενος, οὕτως ἐξέπληξεν αὐτοὺς τοὺς εἰσφέροντας, ὥστε
μηδὲν’ ἀντιλέγειν. ἐπεὶ δ’ αὖθις ἐπεχείρουν καὶ παρασκευ- 6 f
ασάμενοι προεκαλοῦντο τοὺς ὑπάτους ἐπὶ τὸν δῆμον,
οὐδὲν ὑποδείσας ὁ Κικέρων, ἀλλὰ τὴν βουλὴν ἕπεσθαι
κελεύσας καὶ προελθών, οὐ μόνον ἐκεῖνον ἐξέβαλε τὸν
νόμον, ἀλλὰ καὶ τῶν ἄλλων ἀπογνῶναι τοὺς δημάρχους
ἐποίησε, παρὰ τοσοῦτον τῷ λόγῳ κρατηθέντας ὑπ’ αὐτοῦ.

13. Μάλιστα γὰρ οὗτος ὁ ἀνὴρ ἐπέδειξε Ῥωμαίοις, 867
ὅσον ἡδονῆς λόγος τῷ καλῷ προστίθησι, καὶ ὅτι τὸ δί-
καιον ἀήττητόν ἐστιν, ἂν ὀρθῶς λέγηται, καὶ δεῖ τὸν ἐμ-
250 S μελῶς πολιτευόμενον ἀεὶ τῷ μὲν ἔργῳ τὸ καλὸν ἀντὶ τοῦ
κολακεύοντος αἱρεῖσθαι, τῷ δὲ λόγῳ τὸ λυποῦν ἀφαιρεῖν
τοῦ συμφέροντος. δεῖγμα δ’ αὐτοῦ τῆς περὶ τὸν λόγον 2
χάριτος καὶ τὸ παρὰ τὰς θέας ἐν τῇ ὑπατείᾳ γενόμενον.
τῶν γὰρ ἱππικῶν πρότερον ἐν τοῖς θεάτροις ἀναμεμειγ-
μένων τοῖς πολλοῖς καὶ μετὰ τοῦ δήμου θεωμένων ὡς
ἔτυχε, πρῶτος διέκρινεν ἐπὶ τιμῇ τοὺς ἱππέας ἀπὸ τῶν
ἄλλων πολιτῶν Μᾶρκος Ὄθων στρατηγῶν, καὶ κατέ-
νειμεν ἰδίαν ἐκείνοις θέαν, ἣν ἔτι καὶ νῦν ἐξαίρετον ἔχουσι. b
368 L τοῦτο πρὸς ἀτιμίαν ὁ δῆμος ἔλαβε, καὶ φανέντος ἐν τῷ θεά- 3
τρῳ τοῦ Ὄθωνος ἐφυβρίζων ἐσύριττεν, οἱ δ’ ἱππεῖς ὑπέλα-
βον κρότῳ τὸν ἄνδρα λαμπρῶς· αὖθις δ’ ὁ δῆμος ἐπέτεινε τὸν
συριγμόν, εἶτ’ ἐκεῖνοι τὸν κρότον. ἐκ δὲ τούτου τραπό- 4
μενοι πρὸς ἀλλήλους ἐχρῶντο λοιδορίαις, καὶ τὸ θέατρον
ἀκοσμία κατεῖχεν. ἐπεὶ δ’ ὁ Κικέρων ἧκε πυθόμενος, καὶ
τὸν δῆμον ἐκκαλέσας πρὸς τὸ τῆς Ἐνυοῦς ἱερὸν ἐπετί-
μησε καὶ παρῄνεσεν, ἀπελθόντες εἰς τὸ θέατρον αὖθις

15 Cic. p. Mur. 40 Att. 2, 1, 3 Ascon. in Corn. p. 70 K.–S. Liv. per. 99 Vell. 2, 32, 3 Hor. epod. 4, 15 c. Porph. Cass. D. 36, 42, 1 Plin. n. h. 7, 117

[(N *U* =)N (A B C E =)Υ] **2** διατιθέμενος Υ ‖ **4** μηδένα **N**: μηδέν Υ | παρεσκευασμένοι Υ ‖ **7** προσελθὼν **N** | ἐκεῖνον om. Υ ‖ **16** παρὰ **N**: περὶ Υ ‖ **18** θεωρουμένων **N** ‖ **20** διένειμεν Υ ‖ **21** ἐκείνοις ἰδίαν (ἰδία *U*)**N** | καὶ om. **N** ‖ **22** ἀτιμίας Υ | τῷ om. Υ ‖ **24** ὑπέτεινε **N** ‖ **28** ἐννοῦς **A** ‖ **29** ἀπελθόντες Υ: οἱ δὲ ἀπελθόντες **N** | αὖθις εἰς τὸ θέατρον Υ

ἐκρότουν τὸν Ὄθωνα λαμπρῶς, καὶ πρὸς τοὺς ἱππέας
ἅμιλλαν ἐποιοῦντο περὶ τιμῶν καὶ δόξης τοῦ ἀνδρός.
c **14.** Ἡ δὲ περὶ τὸν Κατιλίναν συνωμοσία, πτήξασα καὶ
καταδείσασα τὴν ἀρχήν, αὖθις ἀνεθάρρει, καὶ συνῆγον
ἀλλήλους καὶ παρεκάλουν εὐτολμότερον ἅπτεσθαι τῶν
πραγμάτων πρὶν ἐπανελθεῖν Πομπήιον, ἤδη λεγόμενον
2 ὑποστρέφειν μετὰ τῆς δυνάμεως. μάλιστα δὲ τὸν Κατιλί-
ναν ἐξηρέθιζον οἱ Σύλλα πάλαι στρατιῶται, διαπεφυκό-
τες μὲν ὅλης τῆς Ἰταλίας, πλεῖστοι δὲ καὶ μαχιμώτατοι
ταῖς Τυρρηνίσιν ἐγκατεσπαρμένοι πόλεσιν, ἁρπαγὰς δὲ
πάλιν καὶ διαφορήσεις πλούτων ἑτοίμων ὀνειροπολοῦν-
3 τες. οὗτοι γὰρ ἡγεμόνα Μάλλιον ἔχοντες, ἄνδρα τῶν
ἐπιφανῶς ὑπὸ Σύλλᾳ στρατευσαμένων, συνίσταντο τῷ
d Κατιλίνᾳ καὶ παρῆσαν εἰς Ῥώμην συναρχαιρεσιάσοντες. 251 S
ὑπατείαν γὰρ αὖθις μετῄει, βεβουλευμένος ἀνελεῖν τὸν
4 Κικέρωνα περὶ αὐτὸν τὸν τῶν ἀρχαιρεσιῶν θόρυβον. ἐδόκει 369 L
δὲ καὶ τὸ δαιμόνιον προσημαίνειν τὰ πρασσόμενα σεισμοῖς
καὶ κεραυνοῖς καὶ φάσμασιν. αἱ δ᾿ ἀπ᾿ ἀνθρώπων μηνύ-
σεις ἀληθεῖς μὲν ἦσαν, οὔπω δ᾿ εἰς ἔλεγχον ἀποχρῶσαι
κατ᾿ ἀνδρὸς ἐνδόξου καὶ δυναμένου μέγα τοῦ Κατιλίνα·
5 διὸ τὴν ἡμέραν τῶν ἀρχαιρεσιῶν ὑπερθέμενος ὁ Κικέρων
ἐκάλει τὸν Κατιλίναν εἰς τὴν σύγκλητον καὶ περὶ τῶν
6 λεγομένων ἀνέκρινεν. ὁ δὲ πολλοὺς οἰόμενος εἶναι
τοὺς πραγμάτων καινῶν ἐφιεμένους ἐν τῇ βουλῇ, καὶ ἅμα
e τοῖς συνωμόταις ἐνδεικνύμενος, ἀπεκρίνατο τῷ Κικέ-
ρωνι μανικὴν ἀπόκρισιν. „τί γάρ“ ἔφη „πράττω δεινόν,
εἰ δυοῖν σωμάτων ὄντων, τοῦ μὲν ἰσχνοῦ καὶ κατε-

7 Cass. D. 37, 30, 4 App. civ. 2, 2, 4sq. || **15** Cic. p. Sull. 51 Cat. 1, 11. 15 Cass. D. 37, 29, 2 || **16** Cass. D. 37, 9, 1 || **26** Cic. Mur. 51 Cass. D. 37, 29, 3sq.

[(**N** *U* =)**N** (**ABCE** =)Υ] **3. 4** καὶ καταδείσασα om. **N** || **4. 5** συνῆγον πρὸς ἀλλήλους **N** || **8** διαπεφευγότες: em. Wytt. || **10** τυρρηνίσιν **N**: τυρρηνικαῖς vel τυραννικαῖς Υ | δὲ om. Υ || **12** μάλιον Υ || **13** συστρατευσαμένων **N** | συνίστατο **N** || **16** αὐτὸν τῶν ἀρχαιρεσιῶν τὸν θόρυβον Υ || **17** τῷ πρασσομένῳ **N** || **18** καὶ[1] Υ: τε καὶ **N** || **26** ὑπόκρισιν Υ | post ἀπόκρισιν add. ἐν τούτῳ **N** || **27** δυεῖν Υ

φθινηκότος, ἔχοντος δὲ κεφαλήν, τοῦ δ' ἀκεφάλου μέν,
ἰσχυροῦ δὲ καὶ μεγάλου, τούτῳ κεφαλὴν αὐτὸς ἐπιτίθη-
μι;" τούτων εἴς τε τὴν βουλὴν καὶ τὸν δῆμον ᾐνιγμένων ὑπ' 7
αὐτοῦ, μᾶλλον ὁ Κικέρων ἔδεισε, καὶ τεθωρακισμένον
αὐτὸν οἵ τε δυνατοὶ πάντες ἀπὸ τῆς οἰκίας καὶ τῶν νέων
πολλοὶ κατῆγον εἰς τὸ πεδίον. τοῦ δὲ θώρακος ἐπίτηδες 8
ὑπέφαινέ τι παραλύσας ἐκ τῶν ὤμων τοῦ χιτῶνος, ἐνδει-
κνύμενος τοῖς ὁρῶσι τὸν κίνδυνον. οἱ δ' ἠγανάκτουν καὶ f
συνεστρέφοντο περὶ αὐτόν, καὶ τέλος ἐν ταῖς ψήφοις τὸν
μὲν Κατιλίναν αὖθις ἐξέβαλον, εἵλοντο δὲ Σιλανὸν ὕπατον
καὶ Μουρήναν.

15. Οὐ πολλῷ δ' ὕστερον τούτων ἤδη τῷ Κατιλίνᾳ
τῶν ἐν Τυρρηνίᾳ στρατευμάτων συνερχομένων καὶ κατα-
λοχιζομένων, καὶ τῆς ὡρισμένης πρὸς τὴν ἐπίθεσιν ἡμέρας
370 L ἐγγὺς οὔσης, ἧκον ἐπὶ τὴν Κικέρωνος οἰκίαν περὶ μέσας 868
νύκτας ἄνδρες οἱ πρῶτοι καὶ δυνατώτατοι Ῥωμαίων,
Μᾶρκός τε Κράσσος καὶ Μᾶρκος Μάρκελλος καὶ Σκιπίων
Μέτελλος, κόψαντες δὲ τὰς θύρας καὶ καλέσαντες τὸν θυ-
252 S ρωρόν, ἐκέλευον ἐπεγεῖραι καὶ φράσαι Κικέρωνι τὴν παρ-
ουσίαν αὐτῶν. ἦν δὲ τοιόνδε· τῷ Κράσσῳ μετὰ δεῖπνον 2
ἐπιστολὰς ἀποδίδωσιν ὁ θυρωρός, ὑπὸ δή τινος ἀνθρώπου
κομισθείσας ἀγνῶτος, ἄλλας ἄλλοις ἐπιγεγραμμένας, αὐτῷ
δὲ Κράσσῳ μίαν ἀδέσποτον. ἣν μόνην ἀναγνοὺς ὁ Κράσσος, 3
ὡς ἔφραζε τὰ γράμματα φόνον γενησόμενον πολὺν διὰ
Κατιλίνα καὶ παρῄνει τῆς πόλεως ὑπεξελθεῖν, τὰς ἄλλας b
οὐκ ἔλυσεν, ἀλλ' ἧκεν εὐθὺς πρὸς τὸν Κικέρωνα, πληγεὶς
ὑπὸ τοῦ δεινοῦ καί τι καὶ τῆς αἰτίας ἀπολυόμενος, ἣν
ἔσχε διὰ φιλίαν τοῦ Κατιλίνα. βουλευσάμενος οὖν ὁ Κικέ- 4

15 Plut. Crass. 13, 4 Cass. D. 37, 31, 1 || **28** Cic. Cat. 1, 1, 3. 2, 4 Sall. Cat. 29, 2 Cass. D. 37, 31, 1. 2

[(N*U* =)N(ABCE =)Υ] **1** τοῦ–**2** κεφαλὴν om. **N** || **2** αὐτὸς ⟨αὐτὸν⟩ Sch. (solum ἐμαυτὸν Wytt.) || **6** κατῆγον **N**: κατήγαγον Υ || **7** τοὺς χιτῶνας *U* || **11** μουρίναν **N** || **13** στρατευμάτων Zie.: πραγμάτων **N** om. Υ (στρατιωτῶν P. de Nolhac Graux στασιωτῶν Hude ταγμάτων Erbse) || **22** ἀγνώστου Υ || **25** κατιλίναν: em. Emp. || **27** καί τι καὶ **N**: καί τι vel καί τοι Υ | ἀποδυόμενος: em. Sol.

ρων ἅμ' ἡμέρᾳ βουλὴν συνήγαγε, καὶ τὰς ἐπιστολὰς κο-
μίσας ἀπέδωκεν οἷς ἦσαν ἐπεσταλμέναι, κελεύσας φανε-
ρῶς ἀναγνῶναι. πᾶσαι δ' ὁμοίως τὴν ἐπιβουλὴν ἔφραζον.
5 ἐπεὶ δὲ καὶ Κόιντος Ἄρριος, ἀνὴρ στρατηγικός, εἰσήγ-
γελλε τοὺς ἐν Τυρρηνίᾳ καταλοχισμούς, καὶ Μάλλιος
ἀπηγγέλλετο σὺν χειρὶ μεγάλῃ περὶ τὰς πόλεις ἐκείνας
αἰωρούμενος ἀεί τι προσδοκᾶν καινὸν ἀπὸ τῆς Ῥώμης,
c γίνεται δόγμα τῆς βουλῆς παρακαταθέσθαι τοῖς ὑπάτοις τὰ
πράγματα, δεξαμένους δ' ἐκείνους ὡς ἐπίστανται διοι-
κεῖν καὶ σῴζειν τὴν πόλιν. τοῦτο δ' οὐ πολλάκις, ἀλλ' ὅταν
τι μέγα δείσῃ, ποιεῖν εἴωθεν ἡ σύγκλητος.

16. Ἐπεὶ δὲ ταύτην λαβὼν τὴν ἐξουσίαν ὁ Κικέρων τὰ
μὲν ἔξω πράγματα Κοΐντῳ Μετέλλῳ διεπίστευσε, τὴν δὲ 371 L
πόλιν εἶχε διὰ χειρὸς καὶ καθ' ἡμέραν προῄει δορυφορού-
μενος ὑπ' ἀνδρῶν τοσούτων τὸ πλῆθος, ὥστε τῆς ἀγορᾶς
πολὺ μέρος κατέχειν ἐμβάλλοντος αὐτοῦ τοὺς παραπέμ-
ποντας, οὐκέτι καρτερῶν τὴν μέλλησιν ὁ Κατιλίνας, αὐτὸς
d μὲν ἐκπηδᾶν ἔγνω πρὸς τὸν Μάλλιον ἐπὶ τὸ στράτευμα, [καὶ]
Μάρκιον δὲ καὶ Κέθηγον ἐκέλευσε ξίφη λαβόντας ἐλθεῖν
ἐπὶ τὰς θύρας ἕωθεν ὡς ἀσπασομένους τὸν Κικέρωνα καὶ
2 διαχρήσασθαι προσπεσόντας. τοῦτο Φουλβία, γυνὴ τῶν 253 S
ἐπιφανῶν, ἐξήγγειλε τῷ Κικέρωνι, νυκτὸς ἐλθοῦσα καὶ
3 διακελευσαμένη φυλάττεσθαι τοὺς περὶ τὸν Κέθηγον. οἱ
δ' ἧκον ἅμ' ἡμέρᾳ, καὶ κωλυθέντες εἰσελθεῖν ἠγανάκτουν
καὶ κατεβόων ἐπὶ ταῖς θύραις, ὥσθ' ὑποπτότεροι γενέ-
σθαι. προελθὼν δ' ὁ Κικέρων ἐκάλει τὴν σύγκλητον εἰς τὸ
τοῦ Στησίου Διὸς ἱερόν, ὃν Στάτορα Ῥωμαῖοι καλοῦσιν,

12 Cic. Cat. 2, 26 fam. 5, 2, 4sq. || **18** Cass. D. 37, 32 App. civ. 2, 3, 10 Cic. in Cat. 1, 9 p. Sull. 18. 52 Sall. Cat. 28

[(N*U* =)N(ABCE =)Υ] **3** πᾶσαι δ' ἦσαν ὁμοίως ἐπιβουλὴν φράζουσαι Υ || **4** καὶ om. N | εἰσήγγειλε N ἀπήγγελλε Υ || **5** μάλιος Υ || **8** παρακατατίθεσθαι Υ || **11** μέγα om. *U* | δείσῃ] δέος ᾖ Naber cl. p. 359, 15 (unde μέγα τι Ha.) || **16** ἐμβαλόντος N || **18** καὶ del. Cor. || **22** ἐξαγγέλλει Υ || **25** ταῖς om. Υ || **27** ἐτησίου N | στάτωρα Υ

ἱδρυμένον ἐν ἀρχῇ τῆς ἱερᾶς ὁδοῦ πρὸς τὸ Παλάτιον ἀνιόν-
των. ἐνταῦθα καὶ τοῦ Κατιλίνα μετὰ τῶν ἄλλων ἐλθόντος 4 e
ὡς ἀπολογησομένου, συγκαθίσαι μὲν οὐδεὶς ὑπέμεινε τῶν
συγκλητικῶν, ἀλλὰ πάντες ἀπὸ τοῦ βάθρου μετῆλθον.
ἀρξάμενος δὲ λέγειν ἐθορυβεῖτο, καὶ τέλος ἀναστὰς ὁ 5
Κικέρων προσέταξεν αὐτῷ τῆς πόλεως ἀπαλλάττεσθαι·
δεῖν γὰρ αὐτοῦ μὲν ἐν λόγοις, ἐκείνου δ' ἐν ὅπλοις πολιτευο-
μένου, μέσον εἶναι τὸ τεῖχος. ὁ μὲν οὖν Κατιλίνας 6
εὐθὺς ἐξελθὼν μετὰ τριακοσίων ὁπλοφόρων, καὶ περι-
372 L στησάμενος αὑτῷ ῥαβδουχίας ὡς ἄρχοντι καὶ πελέκεις
καὶ σημαίας ἐπαράμενος, πρὸς τὸν Μάλλιον ἐχώρει, καὶ f
δισμυρίων ὁμοῦ τι συνηθροισμένων ἐπῄει τὰς πόλεις
ἀφιστὰς καὶ ἀναπείθων, ὥστε τοῦ πολέμου φανεροῦ γε-
γονότος τὸν Ἀντώνιον ἀποσταλῆναι διαμαχούμενον.

17. Τοὺς δ' ὑπολειφθέντας ἐν τῇ πόλει τῶν διεφθαρμέ-
νων ὑπὸ τοῦ Κατιλίνα συνῆγε καὶ παρεθάρρυνε Κορνή-
λιος Λέντλος Σούρας ἐπίκλησιν, ἀνὴρ γένους μὲν ἐνδόξου,
βεβιωκὼς δὲ φαύλως καὶ δι' ἀσέλγειαν ἐξεληλαμένος τῆς
βουλῆς πρότερον, τότε δὲ στρατηγῶν τὸ δεύτερον, ὡς
ἔθος ἐστὶ τοῖς ἐξ ὑπαρχῆς ἀνακτωμένοις τὸ βουλευτικὸν
ἀξίωμα. λέγεται δὲ καὶ τὴν ἐπίκλησιν αὐτῷ γενέσθαι τὸν 2 869
Σούραν ἐξ αἰτίας τοιαύτης. ἐν τοῖς κατὰ Σύλλαν χρόνοις
ταμιεύων, συχνὰ τῶν δημοσίων χρημάτων ἀπώλεσε καὶ
254 S διέφθειρεν. ἀγανακτοῦντος δὲ τοῦ Σύλλα καὶ λόγον ἀπαι- 3
τοῦντος ἐν τῇ συγκλήτῳ, προελθὼν ὀλιγώρως πάνυ
καὶ καταφρονητικῶς, λόγον μὲν οὐκ ἔφη διδόναι, παρεῖχε
δὲ τὴν κνήμην, ὥσπερ εἰώθασιν οἱ παῖδες ὅταν ἐν τῷ σφαιρί-
ζειν διαμάρτωσιν. ἐκ τούτου Σούρας παρωνομάσθη· σού- 4

2 Cic. in Cat. 1, 16. 2, 12 || 5 Cic. in Cat. 1, 10' || 18 Cass. D. 37, 30, 4 Vell. 2, 34, 4

[(NU =)N (A B Ċ E =)Υ] 4 τῆς βάθρου N τῶν βάθρων Cor. || **7** ἐν bis om. Υ || **11** σημεία N | ἐπαιρόμενος N || **12** τι om. N || **13** ἀναπείθων καὶ ἀφιστάς Υ || **17** λέντρος *U*, cf. p. 331, 4. 332, 4 | σούρως N | ἐνδόξου ⟨γεγονώς⟩ Zie. || **22** ἐκ τοιαύτης αἰτίας N || **23** πραγμάτων N || **25** προσελθὼν N || **26** οὐκ ⟨ἂν⟩ Ri. | παρέχειν Υ || **27** εἰώθεισαν Υ || **28** ἁμάρτωσιν Υ

ϱαν γὰϱ Ῥωμαῖοι τὴν κνήμην λέγουσι. πάλιν δὲ δίκην
ἔχων καὶ διαφθείϱας ἐνίους τῶν δικαστῶν, ἐπεὶ δυσὶ μόναις
ἀπέφυγε ψήφοις, ἔφη παϱανάλωμα γεγονέναι τὸ θατέϱῳ
b κϱιτῇ δοθέν· ἀϱκεῖν γὰϱ εἰ καὶ μιᾷ ψήφῳ μόνον ἀπελύθη.
τοῦτον ὄντα τῇ φύσει τοιοῦτον καὶ κεκινημένον ὑπὸ τοῦ 373 L
Κατιλίνα πϱοσδιέφθειϱαν ἐλπίσι κεναῖς ψευδομάντεις 6
τινὲς καὶ γόητες, ἔπη πεπλασμένα καὶ χϱησμοὺς ᾄδοντες
ὡς ἐκ τῶν Σιβυλλείων, πϱοδηλοῦντας εἱμαϱμένους εἶναι
τῇ Ῥώμῃ Κοϱνηλίους τϱεῖς μονάϱχους, ὧν δύο μὲν ἤδη
πεπληϱωκέναι τὸ χϱεών, Κίνναν τε καὶ Σύλλαν, τϱίτῳ δὲ
λοιπῷ Κοϱνηλίων ἐκείνῳ φέϱοντα τὴν μοναϱχίαν ἥκειν
τὸν δαίμονα, καὶ δεῖν πάντως δέχεσθαι καὶ μὴ διαφθεί-
ϱειν μέλλοντα τοὺς καιϱοὺς ὥσπεϱ Κατιλίναν.

18. *Οὐδὲν οὖν ἐπενόει κακὸν ὁ Λέντλος ἴασιμον, ἀλλ'*
c ἐδέδοκτο τὴν βουλὴν ἅπασαν ἀναιϱεῖν καὶ τῶν ἄλλων πολι-
τῶν ὅσους δύναιντο, τήν τε πόλιν αὐτὴν καταπιμπϱάναι,
φείδεσθαι δὲ μηδενὸς ἢ τῶν Πομπηίου τέκνων· ταῦτα δ'
ἐξαϱπασαμένους ἔχειν ὑφ' αὐτοῖς καὶ φυλάττειν ὅμηϱα
τῶν πϱὸς Πομπήιον διαλύσεων· ἤδη γὰϱ ἐφοίτα πολὺς
λόγος καὶ βέβαιος ὑπὲϱ αὐτοῦ κατιόντος ἀπὸ τῆς μεγάλης
2 στϱατείας. καὶ νὺξ μὲν ὥϱιστο πϱὸς τὴν ἐπίθεσιν μία τῶν
Κϱονιάδων, ξίφη δὲ καὶ στυππεῖον καὶ θεῖον εἰς τὴν Κεθή-
3 γου φέϱοντες οἰκίαν ἀπέκϱυψαν. ἄνδϱας δὲ τάξαντες ἑκα-
τὸν καὶ μέϱη τοσαῦτα τῆς Ῥώμης, ἕκαστον ἐφ' ἑκάστῳ
διεκλήϱωσαν, ὡς δι' ὀλίγου πολλῶν ἀναψάντων φλέγοιτο
d πανταχόθεν ἡ πόλις. ἄλλοι δὲ τοὺς ὀχετοὺς ἔμελλον ἐμφϱά- 255 S

5 Cic. in Cat. 3, 9. 4, 2. 12 Sall. Cat. 47, 2 Liv. per. 102 Flor. 2, 12, 8 Quint. 5, 10, 30 App. civ. 2, 4, 15

[(N*U* =)N(ABCE =)Υ] **1** οἱ ϱωμαῖοι Υ ‖ **2** ἐπὶ N ‖ **3** ἔφη γὰϱ ἀνάλωμα N ‖ **4** δοχθὲν N | γὰϱ ⟨ἂν⟩ Sch. | μόνον om. N ‖ **5** καὶ om. Υ ‖ **7** τινὲς om. Υ ‖ **8** σιβυλλίων N ‖ **11** κοϱνηλίῳ: em. Zie. (ἐκείνῳ del Li.) ‖ **12** πάντων N ‖ **13** κατιλίνας : em. Sch. ‖ **14** κακὸν NΥ: μικϱὸν vulg. | ἴασιμον N: ἢ ἄσημον Υ ‖ **15** καὶ τῶν N: τῶν τ' Υ ‖ **16** τήν τε πόλιν N: τὴν πόλιν δ' Υ | κατεμπιπϱάναι N ‖ **17** δὲ N: τε Υ ‖ **22** στύππιον N (στυππεῖον Graux): στυππεῖα Υ ‖ **25** ἀψάντων Υ

ξαντες ἀποσφάττειν τοὺς ὑδρευομένους. πραττομένων δὲ 4
τούτων ἔτυχον ἐπιδημοῦντες Ἀλλοβρίγων δύο πρέσβεις,
ἔθνους μάλιστα δὴ τότε πονηρὰ πράττοντος καὶ βαρυ-
374 L νομένου τὴν ἡγεμονίαν. τούτους οἱ περὶ Λέντλον ὠφε- 5
λίμους ἡγούμενοι πρὸς τὸ κινῆσαι καὶ μεταβαλεῖν τὴν
Γαλατίαν, ἐποιήσαντο συνωμότας, καὶ γράμματα μὲν
αὐτοῖς πρὸς τὴν ἐκεῖ βουλήν, γράμματα δὲ πρὸς Κατι-
λίναν ἔδοσαν, τῇ μὲν ὑπισχνούμενοι τὴν ἐλευθερίαν, τὸν
δὲ Κατιλίναν παρακαλοῦντες ἐλευθερώσαντα τοὺς δού-
λους ἐπὶ τὴν Ῥώμην ἐλαύνειν. συναπέστελλον δὲ μετ' αὐ- 6
τῶν πρὸς τὸν Κατιλίναν Τίτον τινὰ Κροτωνιάτην, κομί- e
ζοντα τὰς ἐπιστολάς. οἷα δ' ἀνθρώπων ἀσταθμήτων καὶ 7
μετ' οἴνου τὰ πολλὰ καὶ γυναικῶν ἀλλήλοις ἐντυγχανόν-
των βουλεύματα πόνῳ καὶ λογισμῷ νήφοντι καὶ συνέσει
περιττῇ διώκων ὁ Κικέρων, καὶ πολλοὺς μὲν ἔχων ἔξωθεν
ἐπισκοποῦντας τὰ πραττόμενα καὶ συνεξιχνεύοντας αὐτῷ,
πολλοῖς δὲ τῶν μετέχειν τῆς συνωμοσίας δοκούντων δια-
λεγόμενος κρύφα καὶ πιστεύων, ἔγνω τὴν πρὸς τοὺς ξένους
κοινολογίαν, καὶ νυκτὸς ἐνεδρεύσας ἔλαβε τὸν Κροτω-
νιάτην καὶ τὰ γράμματα, συνεργούντων [ἀλλήλοις] ἀδήλως
τῶν Ἀλλοβρίγων.

19. Ἅμα δ' ἡμέρᾳ βουλὴν ἀθροίσας εἰς τὸ τῆς Ὁμονοίας f 3. Dec. 63
ἱερόν, ἐξανέγνω τὰ γράμματα καὶ τῶν μηνυτῶν διήκουσεν.
ἔφη δὲ καὶ Σιλανὸς Ἰούνιος ἀκηκοέναι τινὰς Κεθήγου
λέγοντος, ὡς ὕπατοί τε τρεῖς καὶ στρατηγοὶ τέτταρες ἀναι-
ρεῖσθαι μέλλουσι. τοιαῦτα δ' ἕτερα καὶ Πείσων, ἀνὴρ
ὑπατικός, εἰσήγγειλε. Γάιος δὲ Σουλπίκιος, εἷς τῶν στρα- 2 870

1 App. civ. 2, 4, 14sq. Cic. in Cat. 3, 4 Sall. Cat. 40sq. || **10** Cic. in Cat. 3, 8 Sall. Cat. 44, 2–6 || **22** Cic. in Cat. 3, 8–15. 4, 5. 10 Sall. Cat. 46. 47 Cass. D. 37, 34 App. civ. 2, 5, 16sq.

[(N*U* =)N (A B C E =)Υ] **2** *ἀλλοβρήγων* N || **4** *λέντ[λ]ρον* *U* || **7** *ἐκεῖ* Υ: *ἐκείνου* N || **10. 11** *πρὸς κατιλίναν μετ' αὐτῶν* (*αὐτὸν* N) N || **11** *τρίτον* N || **14** *πόνῳ* ⟨*συνεχεῖ*⟩ e. g. Rei. ⟨*πολλῷ*⟩ Zie. (avec grande solicitude Am.) || **17** *δοκούντων τῆς συνωμοσίας* Υ || **18** *καὶ πιστοὺς εὑρὼν* Graux *ἔχων* Zie. || **20** *ἀλλήλοις* del. Br. | *ἀδήλως* om. N || **24** *ἰούνιος* om. N || **25** *ὑπατικοί τε* Holzapfel

τηγῶν, ἐπὶ τὴν οἰκίαν πεμφθεὶς τοῦ Κεθήγου, πολλὰ μὲν
ἐν αὐτῇ βέλη καὶ ὅπλα, πλεῖστα δὲ ξίφη καὶ μαχαίρας εὗρε, 375 L
3 *νεοθήκτους ἁπάσας. τέλος δὲ τῷ Κροτωνιάτῃ ψηφισαμένης*
ἄδειαν ἐπὶ μηνύσει τῆς βουλῆς, ἐξελεγχθεὶς ὁ Λέντλος 256 S
ἀπωμόσατο τὴν ἀρχήν – στρατηγῶν γὰρ ἐτύγχανε –, καὶ
τὴν περιπόρφυρον ἐν τῇ βουλῇ καταθέμενος, διήλλαξεν
4 *ἐσθῆτα τῇ συμφορᾷ πρέπουσαν. οὗτος μὲν οὖν καὶ οἱ σὺν*
αὐτῷ παρεδόθησαν εἰς ἄδεσμον φυλακὴν τοῖς στρατηγοῖς.
ἤδη δ' ἑσπέρας οὔσης καὶ τοῦ δήμου παραμένοντος ἀθρό-
ως, προελθὼν ὁ Κικέρων καὶ φράσας τὸ πρᾶγμα τοῖς πολί-
b *ταις καὶ προπεμφθείς, παρῆλθεν εἰς οἰκίαν φίλου γειτνι-*
ῶντος, ἐπεὶ τὴν ἐκείνου γυναῖκες κατεῖχον ἱεροῖς ἀπορ-
ρήτοις ὀργιάζουσαι θεόν, ἣν Ῥωμαῖοι μὲν Ἀγαθήν, Ἕλλη-
5 *νες δὲ Γυναικείαν ὀνομάζουσι. θύεται δ' αὐτῇ κατ' ἐνι-*
αυτὸν ἐν τῇ οἰκίᾳ τοῦ ὑπάτου διὰ γυναικὸς ἢ μητρὸς αὐ-
τοῦ, τῶν Ἑστιάδων παρθένων παρουσῶν. εἰσελθὼν οὖν ὁ
Κικέρων καὶ γενόμενος καθ' αὑτόν, ὀλίγων παντάπασιν
αὐτῷ παρόντων, ἐφρόντιζεν ὅπως χρήσαιτο τοῖς ἀνδράσι.
6 *τήν τε γὰρ ἄκραν καὶ προσήκουσαν ἀδικήμασι τηλικούτοις*
τιμωρίαν ἐξηυλαβεῖτο καὶ κατώκνει δι' ἐπιείκειαν ἤθους
c *ἅμα καὶ ὡς μὴ δοκοίη τῆς ἐξουσίας ἄγαν ἐμφορεῖσθαι καὶ*
πικρῶς ἐπεμβαίνειν ἀνδράσι γένει τε πρώτοις καὶ φίλους
δυνατοὺς ἐν τῇ πόλει κεκτημένοις, μαλακώτερον δὲ χρη-
7 *σάμενος ὠρρώδει τὸν ἀπ' αὐτῶν κίνδυνον. οὐ γὰρ ἀγαπή-*
σειν μετριώτερόν τι θανάτου παθόντας, ἀλλ' εἰς ἅπαν
ἀναρραγήσεσθαι τόλμης, τῇ παλαιᾷ κακίᾳ νέαν ὀργὴν προσ-
λαβόντας, αὐτός τε δόξειν ἄνανδρος καὶ μαλακός, οὐδ' 376 L
ἄλλως δοκῶν εὐτολμότατος εἶναι τοῖς πολλοῖς.

10 Cic. in Cat. 3 || **12** Cass. D. 37, 35, 4

[(**N** *U* =)**N** (**A B C E** =)Υ] **1** *τοῦ* Υ: *τὴν* **N** || **4** *ἐξενεχθεὶς* **N** | *λέντρος* *U* || **9** *περιμένοντος* Υ | *ἀθρόου* Υ || **12** *ἐπειδὴ* **N** || **14** *ἐθύετο* **N** || **17** *καὶ γενόμενος* om. Υ | *κατ' αὐτὸν* **N** || **18** *χρήσοιτο* Sch. || **20** *ἐξηυλαβεῖτο* *U*: *ἐξὴν λαβεῖτο* **N** *ἐξευλαβεῖτο* Υ || **23** *δὲ* **N**: *τε* Υ || **26** *τόλμης ἢ μετὰ τῆς πάλαι κακίας* **N** || **27** *δόξει*: em. Steph. || **28** *εὐτολμώτατος* **N** *εὔτολμός τις* Naber

20. *Ταῦτα τοῦ Κικέρωνος διαποροῦντος, γίνεταί τι ταῖς
γυναιξὶ σημεῖον θυούσαις. ὁ γὰρ βωμός, ἤδη τοῦ πυρὸς
κατακεκοιμῆσθαι δοκοῦντος, ἐκ τῆς τέφρας καὶ τῶν κα-
τακεκαυμένων φλοιῶν φλόγα πολλὴν ἀνῆκε καὶ λαμπράν.* d
ὑφ' ἧς αἱ μὲν ἄλλαι διεπτοήθησαν, αἱ δ' ἱεραὶ παρθένοι 2
257 S *τὴν τοῦ Κικέρωνος γυναῖκα Τερεντίαν ἐκέλευσαν ᾗ τάχος
χωρεῖν πρὸς τὸν ἄνδρα καὶ κελεύειν, οἷς ἔγνωκεν ἐγχειρεῖν
ὑπὲρ τῆς πατρίδος, ὡς μέγα πρός τε σωτηρίαν καὶ δόξαν
αὐτῷ τῆς θεοῦ φῶς διδούσης. ἡ δὲ Τερεντία – καὶ γὰρ* 3
*οὐδ' ἄλλως ἦν πρᾳεῖά τις οὐδ' ἄτολμος τὴν φύσιν, ἀλλὰ
φιλότιμος γυνὴ καὶ μᾶλλον, ὡς αὐτός φησιν ὁ Κικέρων,
τῶν πολιτικῶν μεταλαμβάνουσα παρ' ἐκείνου φροντίδων
ἢ μεταδιδοῦσα τῶν οἰκιακῶν ἐκείνῳ – ταῦτά τε πρὸς αὐ-
τὸν ἔφρασε καὶ παρώξυνεν ἐπὶ τοὺς ἄνδρας· ὁμοίως δὲ* e
*καὶ Κόιντος ὁ ἀδελφὸς καὶ τῶν ἀπὸ φιλοσοφίας ἑταίρων
Πόπλιος Νιγίδιος, ᾧ τὰ πλεῖστα καὶ μέγιστα παρὰ τὰς
πολιτικὰς ἐχρῆτο πράξεις.*
Τῇ δ' ὑστεραίᾳ γιγνομένων ἐν συγκλήτῳ λόγων περὶ 4 5. Dec. 63
*τιμωρίας τῶν ἀνδρῶν, ὁ πρῶτος ἐρωτηθεὶς γνώμην Σιλα-
νὸς εἶπε τὴν ἐσχάτην δίκην δοῦναι προσήκειν, ἀχθέντας
εἰς τὸ δεσμωτήριον, καὶ τούτῳ προσετίθεντο πάντες ἐφε-* 5
ξῆς μέχρι Γαΐου Καίσαρος τοῦ μετὰ ταῦτα δικτάτορος
377 L *γενομένου. τότε δὲ νέος ὢν ἔτι καὶ τὰς πρώτας ἔχων τῆς* 6
*αὐξήσεως ἀρχάς, ἤδη δὲ τῇ πολιτείᾳ καὶ ταῖς ἐλπίσιν εἰς
ἐκείνην τὴν ὁδὸν ἐμβεβηκὼς ᾗ τὰ Ῥωμαίων εἰς μοναρχίαν* f
*μετέστησε πράγματα, τοὺς μὲν ἄλλους ἐλάνθανε, τῷ δὲ
Κικέρωνι πολλὰς μὲν ὑποψίας, λαβὴν δ' εἰς ἔλεγχον οὐδε-*

1 cf. Serv. buc. 8, 105 || **16** mor. 797d Cic. p. Sull. 42. fam. 4, 13, 2. 7 || **18** sq. Plut. Cat. min. 22. 23 Caes. 7. 8 Cass. D. 37, 35 sq. App. civ. 2, 5, 20sq. Sall. Cat. 50–53 Vell. Pat. 2, 35

[(**N** *U* =)**N** (**A B C E** =)**Υ**] **1** *τι* om. **N** || **2** *θυούσαις σημεῖον* **N** || **3** *τῶν κεκαυμένων* **Υ** || **5** *ἱεροὶ* **Υ** || **11** *ὁ* om. **N** || **12** *φροντίδων παρ' ἐκείνου* **N** || **13** *οἰκειακῶν*: em. Cor. || **18** *γιγνομένων* **N** (*γινομένων* ante corr. **N**): *γενομένων* **Υ** || **19** *γνώμην ἐρωτηθεὶς* **N** || **21** *προσετίθεντο τούτῳ* **Υ** || **24** *δὲ* **Υ** *U*: *δὲ καὶ* **N** || **27** *λαβεῖν* **N**, sed *ἡ* s. s. *U* | *οὐδεμίαν εἰς ἔλεγχον* **Υ**

μίαν παρέδωκεν, ἀλλὰ καὶ λεγόντων ἦν ἐνίων ἀκούειν, ὡς
7 ἐγγὺς ἐλθὼν ἁλῶναι διεκφύγοι τὸν ἄνδρα. τινὲς δέ φασι
περιδεῖν ἑκόντα καὶ παραλιπεῖν τὴν κατ' ἐκείνου μήνυσιν
φόβῳ τῶν φίλων αὐτοῦ καὶ τῆς δυνάμεως· παντὶ γὰρ
εἶναι πρόδηλον, ὅτι μᾶλλον ἂν ἐκεῖνοι γένοιντο προσθήκη
871 Καίσαρι σωτηρίας ἢ Καῖσαρ ἐκείνοις κολάσεως.

21. Ἐπεὶ δ' οὖν ἡ γνώμη περιῆλθεν εἰς αὐτόν, ἀναστὰς
ἀπεφήνατο μὴ θανατοῦν τοὺς ἄνδρας, ἀλλὰ τὰς οὐσίας
εἶναι δημοσίας, αὐτοὺς δ' ἀπαχθέντας εἰς πόλεις τῆς Ἰτα-
λίας, ἃς ἂν δοκῇ Κικέρωνι, τηρεῖσθαι δεδεμένους, ἄχρι ἂν 258 S
2 οὗ καταπολεμηθῇ Κατιλίνας. οὔσης δὲ τῆς γνώμης ἐπιει-
κοῦς καὶ τοῦ λέγοντος εἰπεῖν δυνατωτάτου, ῥοπὴν ὁ Κικέ-
3 ρων προσέθηκεν οὐ μικράν. αὐτὸς γὰρ ἀναστὰς ἐνεχεί-
ρησεν εἰς ἑκάτερον, τὰ μὲν τῇ προτέρᾳ, τὰ δὲ τῇ Καίσαρος
γνώμῃ συνειπών, οἵ τε φίλοι πάντες οἰόμενοι τῷ Κικέρωνι
b λυσιτελεῖν τὴν Καίσαρος γνώμην – ἧττον γὰρ ἐν αἰτίαις
ἔσεσθαι μὴ θανατώσαντα τοὺς ἄνδρας – ᾑροῦντο τὴν
δευτέραν μᾶλλον γνώμην, ὥστε καὶ τὸν Σιλανὸν αὖθις
μεταβαλόμενον παραιτεῖσθαι καὶ λέγειν, ὡς οὐδ' αὐτὸς
εἴποι θανατικὴν γνώμην· ἐσχάτην γὰρ ἀνδρὶ βουλευτῇ
4 Ῥωμαίων εἶναι δίκην τὸ δεσμωτήριον· εἰρημένης δὲ τῆς
γνώμης, πρῶτος ἀντέκρουσεν αὐτῇ Κάτλος Λουτάτιος, 378 L
εἶτα διαδεξάμενος Κάτων, καὶ τῷ λόγῳ σφοδρῶς συνεπ-
ερείσας ἐπὶ τὸν Καίσαρα τὴν ὑπόνοιαν, ἐνέπλησε θυμοῦ
καὶ φρονήματος τὴν σύγκλητον, ὥστε θάνατον καταψη-
5 φίσασθαι τῶν ἀνδρῶν. περὶ δὲ δημεύσεως χρημάτων ἐνί-
c στατο Καῖσαρ, οὐκ ἀξιῶν τὰ φιλάνθρωπα τῆς ἑαυτοῦ γνώ-
μης ἐκβαλόντας ἑνὶ χρήσασθαι τῷ σκυθρωποτάτῳ. βια-
ζομένων δὲ πολλῶν, ἐπεκαλεῖτο τοὺς δημάρχους· οἱ δ'

12 Cic. in Cat. 4

[(NU=)N (ABCE=)Υ] **3** *παριδεῖν* Υ ‖ **5** *ὅτι* om. N ‖ **10** *ἃς* om. N ‖ **13** *ἐπεχείρησεν* Cor., sed cf. mor. 687d ‖ **14.15** *τῇ γνώμῃ καίσαρος* Υ ‖ **16** *λυσιτελεῖν* N: *συμφέρειν* Υ ‖ **18** *γνώμην* om. N ‖ **19** *μεταβαλλόμενον*: em. Cor. ‖ **21** *δίκην εἶναι* N ‖ **22** *κάτλος ἄννιος* N ‖ **23** *δεξάμενος* Υ | *συναπερείσας* : em. Cor.

οὐχ ὑπήκουον, ἀλλὰ Κικέρων αὐτὸς ἐνδοὺς ἀνῆκε τὴν περὶ δημεύσεως γνώμην.

22. Ἐχώρει δὲ μετὰ τῆς βουλῆς ἐπὶ τοὺς ἄνδρας. οὐκ
ἐν ταὐτῷ δὲ πάντες ἦσαν, ἄλλος δ' ἄλλον ἐφύλαττε τῶν
στρατηγῶν. καὶ πρῶτον ἐκ Παλατίου παραλαβὼν τὸν 2
Λέντλον ἦγε διὰ τῆς ἱερᾶς ὁδοῦ καὶ τῆς ἀγορᾶς μέσης,
τῶν μὲν ἡγεμονικωτάτων ἀνδρῶν κύκλῳ περιεσπειρα-
μένων καὶ δορυφορούντων, τοῦ δὲ δήμου φρίττοντος τὰ
δρώμενα καὶ παριέντος σιωπῇ, μάλιστα δὲ τῶν νέων, d
ὥσπερ ἱεροῖς τισι πατρίοις ἀριστοκρατικῆς τινος ἐξου-
σίας τελεῖσθαι μετὰ φόβου καὶ θάμβους δοκούντων. διελ- 3
259 S θὼν δὲ τὴν ἀγορὰν καὶ γενόμενος πρὸς τῷ δεσμωτηρίῳ,
παρέδωκε τὸν Λέντλον τῷ δημίῳ καὶ προσέταξεν ἀνε-
λεῖν, εἶθ' ἑξῆς τὸν Κέθηγον, καὶ οὕτω τῶν ἄλλων ἕκα-
στον καταγαγὼν ἀπέκτεινεν. ὁρῶν δὲ πολλοὺς ἔτι τῶν 4
ἀπὸ τῆς συνωμοσίας ἐν ἀγορᾷ συνεστῶτας ἀθρόους, καὶ
379 L τὴν μὲν πρᾶξιν ἀγνοοῦντας, τὴν δὲ νύκτα προσμένοντας,
ὡς ἔτι ζώντων τῶν ἀνδρῶν καὶ δυναμένων ἐξαρπαγῆναι,
φθεγξάμενος μέγα πρὸς αὐτοὺς „ἔζησαν" εἶπεν· οὕτω e
δὲ Ῥωμαίων οἱ δυσφημεῖν μὴ βουλόμενοι τὸ τεθνάναι
σημαίνουσιν. ἤδη δ' ἦν ἑσπέρα, καὶ δι' ἀγορᾶς ἀνέβαινεν 5
εἰς τὴν οἰκίαν, οὐκέτι σιωπῇ τῶν πολιτῶν οὐδὲ τάξει προ-
πεμπόντων αὐτόν, ἀλλὰ φωναῖς καὶ κρότοις δεχομένων
καθ' οὓς γένοιτο, σωτῆρα καὶ κτίστην ἀνακαλούντων τῆς
πατρίδος. τὰ δὲ φῶτα πολλὰ κατέλαμπε τοὺς στενωπούς,
λαμπάδια καὶ δᾷδας ἱστάντων ἐπὶ ταῖς θύραις. αἱ δὲ γυναῖ- 6
κες ἐκ τῶν τεγῶν προὔφαινον ἐπὶ τιμῇ καὶ θέᾳ τοῦ ἀνδρός,
ὑπὸ πομπῇ τῶν ἀρίστων μάλα σεμνῶς ἀνιόντος· ὧν οἱ

5 Sall. Cat. 55, 2 App. civ. 2, 6, 22 Cass. D. 46, 20, 5 Liv. per. 102 Vell. Pat. 2, 34, 4 || 21 App. civ. 2, 7, 24 Cic. Att. 9, 10, 3 Phil. 2, 12

[(NU =)N (ABCE =)Υ] 1 περὶ Υ: περὶ τῆς N || 9 παριόντος: em. Cor. || 12 τὸ δεσμωτήριον N || 13 δημίῳ Iunt. Ald.: δήμῳ NΥ || 14 καὶ οὕτω Υ: οὕτως καὶ N || 15.16 τῶν ἀπὸ om. Υ || 18 ἐξαρπασθῆναι Υ || 28 πομπῆς N

πλεῖστοι πολέμους τε κατειργασμένοι μεγάλους καὶ διὰ
f θριάμβων εἰσεληλακότες καὶ προσεκτημένοι γῆν καὶ θά-
λατταν οὐκ ὀλίγην, ἐβάδιζον ἀνομολογούμενοι πρὸς ἀλλή-
λους, πολλοῖς μὲν τῶν τόθ' ἡγεμόνων καὶ στρατηγῶν
πλούτου καὶ λαφύρων καὶ δυνάμεως χάριν ὀφείλειν τὸν
Ῥωμαίων δῆμον, ἀσφαλείας δὲ καὶ σωτηρίας ἑνὶ μόνῳ
Κικέρωνι, τηλικοῦτον ἀφελόντι καὶ τοσοῦτον αὐτοῦ κίν-
7 δυνον. οὐ γὰρ τὸ κωλῦσαι τὰ πραττόμενα καὶ κολάσαι
872 τοὺς πράττοντας ἐδόκει θαυμαστόν, ἀλλ' ὅτι μέγιστον
τῶν πώποτε νεωτερισμῶν οὗτος ἐλαχίστοις κακοῖς ἄνευ
8 στάσεως καὶ ταραχῆς κατέσβεσε. καὶ γὰρ τὸν Κατιλίναν
οἱ πλεῖστοι τῶν συνερρυηκότων πρὸς αὐτὸν ἅμα τῷ πυθέ-
σθαι τὰ περὶ Λέντλον καὶ Κέθηγον ἐγκαταλιπόντες ᾤχοντο,
καὶ μετὰ τῶν συμμεμενηκότων αὐτῷ διαγωνισάμενος 380 L
πρὸς Ἀντώνιον αὐτός τε διεφθάρη καὶ τὸ στρατόπεδον. 260 S

23. *Οὐ* μὴν ἀλλὰ καὶ ἦσαν οἱ τὸν Κικέρωνα παρεσκευ-
ασμένοι καὶ λέγειν ἐπὶ τούτοις καὶ ποιεῖν κακῶς, ἔχον-
τες ἡγεμόνας τῶν εἰς τὸ μέλλον ἀρχόντων Καίσαρα μὲν
στρατηγοῦντα, Μέτελλον δὲ καὶ Βηστίαν δημαρχοῦντας.
b 2 οἳ τὴν ἀρχὴν παραλαβόντες, ἔτι τοῦ Κικέρωνος ἡμέρας
ὀλίγας ἄρχοντος, οὐκ εἴων δημηγορεῖν αὐτόν, ἀλλ' ὑπὲρ
τῶν ἐμβόλων βάθρα θέντες οὐ παρίεσαν οὐδ' ἐπέτρεπον
λέγειν, ἀλλ' ἐκέλευον, εἰ βούλοιτο, μόνον περὶ τῆς ἀρχῆς
3 ἀπομόσαντα καταβαίνειν, κἀκεῖνος ἐπὶ τούτοις ὡς ὀμό-
σων προῆλθε· καὶ γενομένης αὐτῷ σιωπῆς, ἀπώμνυεν οὐ
τὸν πάτριον, ἀλλ' ἴδιόν τινα καὶ καινὸν ὅρκον, ἦ μὴν σεσω-
κέναι τὴν πατρίδα καὶ διατετηρηκέναι τὴν ἡγεμονίαν.
4 ἐπώμνυε δὲ τὸν ὅρκον αὐτῷ σύμπας ὁ δῆμος. ἐφ' οἷς ἔτι

8 Cic. in Cat. 3, 23 al. || **11** Cass. D. 37, 39 Sall. Cat. 57 App. civ. 2, 7, 23 || **24** Cass. D. 37, 38, 1 Cic. fam. 5, 2, 7 in Pis. 6 rep. 1, 7 || **28** Plut. Cat. min. 26

[(**N** *U* =)**N** (**A B C E** =)**Υ**] **1** κατεργασάμενοι **N** || **2** προσκεκτημένοι **Υ** || **7** τοιοῦτον Sch. || **8** τὸ **Υ**: τῶ **N** | τὰ πραττόμενα **N**: τὰ πραττόμενα πράγματα **Υ** || **9** μέγιστον **N**: μέγιστος ἦν **Υ** || **16** καὶ om. **Υ** || **18** ἀρξόντων Ri. dubitanter || **20. 21** ὀλίγας ἡμέρας **N** || **21** ἔχοντος **N** || **25** σιωπῆς αὐτῷ **N** | ἀπώμνυεν **N**: ὤμνυεν **Υ** || **26** κοινὸν **N**

μᾶλλον ὅ τε Καῖσαρ οἵ τε δήμαρχοι χαλεπαίνοντες, ἄλλας
τε τῷ Κικέρωνι ταραχὰς ἐμηχανῶντο, καὶ νόμος ὑπ' αὐ-
τῶν εἰσήγετο καλεῖν Πομπήιον μετὰ τῆς στρατιᾶς, ὡς c
δὴ καταλύσοντα τὴν Κικέρωνος δυναστείαν. ἀλλ' ἦν ὄφε- 5
λος μέγα τῷ Κικέρωνι καὶ πάσῃ τῇ πόλει δημαρχῶν τότε
Κάτων καὶ τοῖς ἐκείνων πολιτεύμασιν ἀπ' ἴσης μὲν ἐξου-
σίας, μείζονος δὲ δόξης ἀντιτασσόμενος. τά τε γὰρ ἄλλα 6
ῥᾳδίως ἔλυσε, καὶ τὴν Κικέρωνος ὑπατείαν οὕτως ἦρε τῷ
381 L λόγῳ δημηγορήσας, ὥστε τιμὰς αὐτῷ τῶν πώποτε μεγί-
στας ψηφίσασθαι καὶ προσαγορεῦσαι πατέρα πατρίδος.
πρώτῳ γὰρ ἐκείνῳ δοκεῖ τοῦθ' ὑπάρξαι, Κάτωνος αὐτὸν
οὕτως ἐν τῷ δήμῳ προσαγορεύσαντος.

24. Καὶ μέγιστον μὲν ἴσχυσεν ἐν τῇ πόλει τότε, πολλοῖς d
δ' ἐπίφθονον ἑαυτὸν ἐποίησεν ἀπ' οὐδενὸς ἔργου πονηροῦ,
τῷ δ' ἐπαινεῖν ἀεὶ καὶ μεγαλύνειν αὐτὸς ἑαυτὸν ὑπὸ πολ-
λῶν δυσχεραινόμενος. οὔτε γὰρ βουλὴν οὔτε δῆμον οὔτε 2
261 S δικαστήριον ἦν συνελθεῖν, ἐν ᾧ μὴ Κατιλίναν ἔδει θρυλού-
μενον ἀκοῦσαι καὶ Λέντλον, ἀλλὰ καὶ τὰ βιβλία τελευτῶν 3
κατέπλησε καὶ τὰ συγγράμματα τῶν ἐγκωμίων, καὶ τὸν
λόγον, ἥδιστον ὄντα καὶ χάριν ἔχοντα πλείστην, ἐπαχθῆ
καὶ φορτικὸν ἐποίησε τοῖς ἀκροωμένοις, ὥσπερ τινὸς ἀεὶ
κηρὸς αὐτῷ τῆς ἀηδίας ταύτης προσούσης. ὅμως δέ, καίπερ 4
οὕτως ἀκράτῳ φιλοτιμίᾳ συνών, ἀπήλλακτο τοῦ φθονεῖν e
ἑτέροις, ἀφθονώτατος ὢν ἐν τῷ τοὺς πρὸ αὐτοῦ καὶ τοὺς
καθ' αὑτὸν ἄνδρας ἐγκωμιάζειν, ὡς ἐκ τῶν συγγραμμά-
των λαβεῖν ἔστι. πολλὰ δ' αὐτοῦ καὶ ἀπομνημονεύουσιν, 5
οἷον περὶ Ἀριστοτέλους, ὅτι χρυσοῦ ποταμὸς εἴη ῥέοντος
(Lucull. 38, 119), καὶ περὶ τῶν Πλάτωνος διαλόγων, ὡς

7 App. civ. 2.7, 24 Cic. in Pis. 6 Sest. 121 al. Plin. n. h. 7, 117 || 13 mor. 540 f Cass. D. 37, 38, 12 Sen. brev. vit. 5, 1

[(N U =) N (A B C E =) Υ] **1** *δήμαρχοι* **N**: *χιλίαρχοι* Υ (*δήμαρχοι* s. s. A) || **3** *στρατείας* **N** || **6** *ἐκείνου* Υ || **7** *μείζονος* Υ: *οὐ μείζονος* **N** || **8** *ὑπατείαν* Υ: *δυναστείαν* **N** || **9** *λόγῳ* **N**: *λόγῳ μεγάλην* Υ, unde *μεγαληγορήσας* Zie. | *τῶν ποτὲ* **N** || **11** *τοῦτο καθυπάρξαι* Υ || **15** *τῷ* Υ: *τὸ* **N** || **17** *θρυλλούμενον* Υ, cf. Thes. p. 3, 10 || **27** *χρυσίου*: em. Sch.

τοῦ Διός, εἰ λόγῳ χρῆσθαι πέφυκεν, οὕτως ⟨ἂν⟩ διαλεγο-
6 μένου (Brut. 31, 121). τὸν δὲ Θεόφραστον εἰώθει τρυφὴν
ἰδίαν ἀποκαλεῖν. περὶ δὲ τῶν Δημοσθένους λόγων ἐρωτη-
θείς, τίνα δοκοίη κάλλιστον εἶναι, τὸν μέγιστον εἶπε. καί-
τοι τινὲς τῶν προσποιουμένων δημοσθενίζειν ἐπιφύονται
φωνῇ τοῦ Κικέρωνος, ἣν πρός τινα τῶν ἑταίρων ἔθηκεν ἐν 382 L
f ἐπιστολῇ γράψας, ἐνιαχοῦ τῶν λόγων ὑπονυστάζειν τὸν
Δημοσθένην· τῶν δὲ μεγάλων καὶ θαυμαστῶν ἐπαίνων,
οἷς πολλαχοῦ χρῆται περὶ τοῦ ἀνδρός, καὶ ὅτι περὶ οὓς
μάλιστα τῶν ἰδίων ἐσπούδασε λόγους, τοὺς κατ' Ἀντω-
7 νίου, Φιλιππικοὺς ἐπέγραψεν, ἀμνημονοῦσι. τῶν δὲ κατ'
αὐτὸν ἐνδόξων ἀπὸ λόγου καὶ φιλοσοφίας οὐκ ἔστιν οὐδεὶς
ὃν οὐκ ἐποίησεν ἐνδοξότερον, ἤ τι λέγων ἢ γράφων εὐμε-
873 νῶς περὶ ἑκάστου. Κρατίππῳ δὲ τῷ περιπατητικῷ διε-
πράξατο μὲν Ῥωμαίῳ γενέσθαι παρὰ Καίσαρος ἄρχον-
τος ἤδη, διεπράξατο δὲ ⟨καὶ⟩ τὴν ἐξ Ἀρείου πάγου βου-
λὴν ψηφίσασθαι [καὶ] δεηθῆναι μένειν αὐτὸν ἐν Ἀθήναις
8 καὶ διαλέγεσθαι τοῖς νέοις, ὡς κοσμοῦντα τὴν πόλιν. ἐπι-
στολαὶ δὲ περὶ τούτων Κικέρωνος εἰσὶ πρὸς Ἡρώδην, ἕτε-
ραι δὲ πρὸς τὸν υἱόν, ἐγκελευομένου συμφιλοσοφεῖν Κρα- 262 S
τίππῳ. Γοργίαν δὲ τὸν ῥητορικὸν αἰτιώμενος πρὸς ἡδονὰς
προάγειν καὶ πότους τὸ μειράκιον, ἀπελαύνει τῆς συνουσίας
9 αὐτοῦ, καὶ σχεδὸν αὕτη γε τῶν Ἑλληνικῶν μία καὶ δευτέρα
πρὸς Πέλοπα τὸν Βυζάντιον ἐν ὀργῇ τινι γέγραπται, τὸν
b μὲν Γοργίαν αὐτοῦ προσηκόντως ἐπικόπτοντος, εἴπερ ἦν
φαῦλος καὶ ἀκόλαστος ὥσπερ ἐδόκει, πρὸς δὲ τὸν Πέλοπα
μικρολογουμένου καὶ μεμψιμοιροῦντος, ὥσπερ ἀμελήσαν-

3 cf. Plin. ep. 1, 20, 4 || **7** cf. Cic. orat. 104 Quint. 12, 1, 22 || **21** Cic. fam. 16, 21, 6

[(N *U* =)N (A B C E =)Υ] **1** ἂν add. Naber (post ὡς Rei.) || **4** μέγιστον] μήκιστον Br. | εἰπεῖν **N** || **6** τινας Υ || **7** ἀπονυστάζειν: em. Herw. || **8** δημοσθένη **BCE** || **9** χρῆται Υ: δεῖται **N** || **10** λόγων Υ || **11.12** καθ' αὑτὸν **N** || **12** σοφίας Υ || **13** ἤ τι **N**: ἢ Υ || **16** καὶ add. Rei. || **17** καὶ del. Sint. || **19** περὶ τούτων **N**: παρὰ τοῦ Υ || **21** τὸν ῥήτορα Υ | πρὸς **N**: εἰς Υ || **22** καὶ πότους προάγειν Υ || **23** γε **N**: τε Υ || **24** τινι Υ: τινι γενέσθαι **N** || **25** ἐπισκώπτοντος: em. Ruhnken || **27** ὥσπερ **N**: ᾗπερ Υ

*τα τιμάς τινας αὐτῷ καὶ ψηφίσματα παρὰ Βυζαντίων
γενέσθαι.*

25. *Ταῦτά τε δὴ φιλότιμα, καὶ τὸ πολλάκις ἐπαιρόμενον
383 L τοῦ λόγου τῇ δεινότητι τὸ πρέπον προΐεσθαι. Μουνατίῳ
μὲν γάρ ποτε συνηγορήσας, ὡς ἀποφυγὼν τὴν δίκην ἐκεῖ-
νος ἐδίωκεν ἑταῖρον αὐτοῦ Σαβῖνον, οὕτω λέγεται προπε-
σεῖν ὑπ' ὀργῆς ὁ Κικέρων, ὥστ' εἰπεῖν· „σὺ γὰρ ἐκείνην
ὦ Μουνάτιε τὴν δίκην ἀπέφυγες διὰ σεαυτόν, οὐκ ἐμοῦ
πολὺ σκότος ἐν φωτὶ τῷ δικαστηρίῳ περιχέαντος;" Μᾶρ- 2 c
κον δὲ Κράσσον ἐγκωμιάζων ἀπὸ τοῦ βήματος εὐημέρησε,
καὶ μεθ' ἡμέρας αὖθις ὀλίγας λοιδορῶν αὐτόν, ὡς ἐκεῖνος
εἶπεν „οὐ γὰρ ἐνταῦθα πρώην αὐτὸς ἡμᾶς ἐπῄνεις;"
„ναί" φησι, „μελέτης ἕνεκα γυμνάζων τὸν λόγον εἰς φαύ-
λην ὑπόθεσιν." εἰπόντος δέ ποτε τοῦ Κράσσου μηδένα 3
Κράσσον ἐν Ῥώμῃ βεβιωκέναι μακρότερον ἑξηκονταετίας,
εἶθ' ὕστερον ἀρνουμένου καὶ λέγοντος „τί δ' ἂν ἐγὼ παθὼν
τοῦτ' εἶπον;" „ᾔδεις" ἔφη „Ῥωμαίους ἡδέως ἀκουσομέ-
νους, καὶ διὰ τοῦτ' ἐδημαγώγεις". ἀρέσκεσθαι δὲ τοῦ 4
Κράσσου τοῖς Στωικοῖς φήσαντος, ὅτι πλούσιον εἶναι τὸν
ἀγαθὸν ἀποφαίνουσιν, „ὅρα μὴ μᾶλλον" εἶπεν „ὅτι πάντα d
τοῦ σοφοῦ λέγουσιν εἶναι". διεβάλλετο δ' εἰς φιλαργυρίαν
ὁ Κράσσος. ἐπεὶ δὲ τοῦ Κράσσου τῶν παίδων ὁ ἕτερος, 5
263 S Ἀξίῳ τινὶ δοκῶν ὅμοιος εἶναι καὶ διὰ τοῦτο τῇ μητρὶ προσ-
τριβόμενος αἰσχρὰν ἐπὶ τῷ Ἀξίῳ διαβολήν, εὐδοκίμησε
λόγον ἐν βουλῇ διελθών, ἐρωτηθεὶς ὁ Κικέρων, τί φαίνεται
αὐτῷ, „ἄξιος" εἶπε „Κράσσου".*

26. *Μέλλων δ' ὁ Κράσσος εἰς Συρίαν ἀπαίρειν, ἐβούλετο a. 54
384 L τὸν Κικέρωνα φίλον αὐτῷ μᾶλλον ἢ ἐχθρὸν εἶναι, καὶ φιλο-
φρονούμενος ἔφη βούλεσθαι δειπνῆσαι παρ' αὐτῷ, κἀ-*

4 cf. Quint. 2, 17, 21

[(N *U* =)N (A B C E =)Υ] **1** *τινας* om. **N** || **3** *τὸ* om. **N** || **6** *ῥουβῖνον* **N** | *προπεσεῖν* Rei.: *προσπεσεῖν* || **8** *σαυτόν* Υ || **13** *φησι* Υ: *φάναι* **N** | *ἕνεκεν* Υ || **18** *καὶ* om. **N** || **26** *αὐτῷ* del. Sint.; an excidit aliquid? || **27** *ὁ* om. Υ || **28** *μᾶλλον αὐτῷ φίλον* Υ

2 κεῖνος ὑπεδέξατο προθύμως. ὀλίγαις δ' ὕστερον ἡμέραις
περὶ Βατινίου φίλων τινῶν ἐντυγχανόντων ὡς μνωμέ-
e νου διαλύσεις καὶ φιλίαν — ἦν γὰρ ἐχθρός —, „οὐ δή-
που καὶ Βατίνιος" εἶπε „δειπνῆσαι παρ' ἐμοὶ βούλεται;"
3 πρὸς μὲν οὖν Κράσσον τοιοῦτος. αὐτὸν δὲ τὸν Βατίνιον,
ἔχοντα χοιράδας ἐν τῷ τραχήλῳ καὶ λέγοντα δίκην,
οἰδοῦντα ῥήτορα προσεῖπεν. ἀκούσας δ' ὅτι τέθνηκεν,
εἶτα μετὰ μικρὸν πυθόμενος σαφῶς ὅτι ζῇ· „κακὸς τοί-
4 νυν ἀπόλοιτο κακῶς ὁ ψευσάμενος". ἐπεὶ δὲ Καίσαρι
ψηφισαμένῳ τὴν ἐν Καμπανίᾳ χώραν κατανεμηθῆναι τοῖς
στρατιώταις πολλοὶ μὲν ἐδυσχέραινον ἐν τῇ βουλῇ, Λεύ-
κιος δὲ Γέλλιος ὁμοῦ τι πρεσβύτατος ὢν εἶπεν, ὡς οὐ
γενήσεται τοῦτο ζῶντος αὐτοῦ, „περιμείνωμεν" ὁ Κικέ-
ρων ἔφη· „μακρὰν γὰρ οὐκ αἰτεῖται Γέλλιος ὑπέρθεσιν".
f 5 ἦν δέ τις Ὀκταούιος αἰτίαν ἔχων ἐκ Λιβύης γεγονέναι·
πρὸς τοῦτον ἔν τινι δίκῃ λέγοντα τοῦ Κικέρωνος μὴ ἐξα-
κούειν „καὶ μὴν οὐκ ἔχεις" εἶπε „τὸ οὖς ἀτρύπητον".
6 Μετέλλου δὲ Νέπωτος εἰπόντος, ὅτι πλείονας καταμαρ-
τυρῶν ἀνῄρηκεν ἢ συνηγορῶν σέσωκεν, „ὁμολογῶ γάρ"
7 ἔφη „πίστεως ἐν ἐμοὶ πλέον ἢ δεινότητος εἶναι". νεανί-
σκου δέ τινος, αἰτίαν ἔχοντος ἐν πλακοῦντι φάρμακον τῷ
874 πατρὶ δεδωκέναι, θρασυνομένου καὶ λέγοντος ὅτι λοιδορή-
σει τὸν Κικέρωνα, „τοῦτ'" ἔφη „παρὰ σοῦ βούλομαι μᾶλ-
8 λον ἢ πλακοῦντα". Ποπλίου δὲ Σηστίου συνήγορον μὲν 385 L
αὐτὸν ἔν τινι δίκῃ παραλαβόντος μεθ' ἑτέρων, αὐτοῦ δὲ 264 S
πάντα βουλομένου λέγειν καὶ μηδενὶ παριέντος εἰπεῖν, ὡς 26
δῆλος ἦν ἀφιέμενος ὑπὸ τῶν δικαστῶν ἤδη τῆς ψήφου
φερομένης, „χρῶ σήμερον" ἔφη „τῷ καιρῷ Σήστιε· μέλ-
9 λεις γὰρ αὔριον ἰδιώτης εἶναι". Πόπλιον δὲ Κώσταν,

5 cf. cap. 9, 3 || **7** mor. 205a || **15** mor. 205b 631d || **18** mor. 204f 541f || **29** mor. 205b

[(**N** *U* =)**N** (**ABCE** =)**Υ**] **4** *εἰπεῖν* **Υ** || **5** *κράσσον* **Υ**: *κράσσον αὐτὸν* **N** || **7** *οἰδοῦντα* **Υ** *U*[2]: *οἰδῶντα* **N** *U*[1] || **13** *ὁ κικέρων ἔφη* **N**: *εἶπεν ὁ κικέρων* **Υ** || **14** *γὰρ* om. **N** || **20** *ἐν ἐμοὶ* **Υ**: *ἕνεκά μοι* **N** || **23** *παρὰ σοῦ ἔφη* **N** || **25** *μεθ' ἑτέρων παραλαβόντος* **N** || **29** *ποπίλ(λ)ιον* mor. | *κῶσταν* *U*: *κώνσταν* **NΥ** *Κότταν* Xy. Wytt.

νομικὸν εἶναι βουλόμενον, ὄντα δ' ἀφυῆ καὶ ἀμαθῆ, πρός
τινα δίκην ἐκάλεσε μάρτυρα. τοῦ δὲ μηδὲν εἰδέναι φάσ-
κοντος, „ἴσως" ἔφη „δοκεῖς περὶ τῶν νομικῶν ἐρωτᾶ-
σθαι". Μετέλλου δὲ Νέπωτος ἐν διαφορᾷ τινι πολλάκις b
λέγοντος „τίς σοῦ πατήρ ἐστιν ὦ Κικέρων", „σοὶ ταύτην"
ἔφη „τὴν ἀπόκρισιν ἡ μήτηρ χαλεπωτέραν πεποίηκεν"·
ἐδόκει δ' ἀκόλαστος ἡ μήτηρ εἶναι τοῦ Νέπωτος, αὐτὸς 10
δέ τις εὐμετάβολος, καί ποτε τὴν δημαρχίαν ἀπολιπὼν
ἄφνω πρὸς Πομπήιον ἐξέπλευσεν εἰς Συρίαν, εἶτ' ἐκεῖθεν
ἐπανῆλθεν ἀλογώτερον. θάψας δὲ Φίλαγρον τὸν καθηγη- 11
τὴν ἐπιμελέστερον, ἐπέστησεν αὐτοῦ τῷ τάφῳ κόρακα
λίθινον, καὶ ὁ Κικέρων „τοῦτο" ἔφη „σοφώτατον ἐποίη-
σας· πέτεσθαι γάρ σε μᾶλλον ἢ λέγειν ἐδίδαξεν". ἐπεὶ 12
δὲ Μᾶρκος Ἄππιος ἔν τινι δίκῃ προοιμιαζόμενος εἶπε φίλον c
αὐτοῦ δεδεῆσθαι παρασχεῖν ἐπιμέλειαν καὶ λογιότητα καὶ
πίστιν, „εἶθ' οὕτως" ἔφη „σιδηροῦς γέγονας ἄνθρωπος,
ὥστε μηδὲν ἐκ τοσούτων ὧν ᾐτήσατο φίλῳ παρασχεῖν;"

27. Τὸ μὲν οὖν πρὸς ἐχθροὺς ἢ πρὸς ἀντιδίκους σκώμ-
386 L μασι χρῆσθαι πικροτέροις δοκεῖ ῥητορικὸν εἶναι· τὸ δ'
οἷς ἔτυχε προσκρούειν ἕνεκα τοῦ γελοίου πολὺ συνῆγε μῖ-
σος αὐτῷ. γράψω δὲ καὶ τούτων ὀλίγα. Μᾶρκον Ἀκύλλιον 2
ἔχοντα δύο γαμβροὺς φυγάδας Ἄδραστον ἐκάλει. Λευ- 3
κίου δὲ Κόττα τὴν τιμητικὴν ἔχοντος ἀρχήν, φιλοινοτά-
του δ' ὄντος, ὑπατείαν μετιὼν ὁ Κικέρων ἐδίψησε, καὶ
265 S τῶν φίλων κύκλῳ περιστάντων ὡς ἔπινεν, „ὀρθῶς φο- d
βεῖσθε" ἔφη „μή μοι γένηται χαλεπὸς ὁ τιμητὴς ὅτι
ὕδωρ πίνω". Βοκωνίῳ δ' ἀπαντήσας, ἄγοντι μεθ' ἑαυτοῦ 4

4 mor. 205a ‖ 8 Plut. Cat. min. 29, 1 ‖ 10 mor. 205a ‖ 13–21 Phot. bibl. 395a ‖ 27 mor. 205c

[(N*U* =)N(ABCE =)Υ] **1** *ὄντα δ' ἀμαθῆ καὶ ἀφυῆ* Υ ‖ **5** *σοῦ* Υ: *σοὶ* N | *ὦ* N: *ὁ* Υ ‖ **6** *πεποίηκεν* N mor.: *ἐποίησεν* Υ ‖ **8** *ἀπολιπὼν* ⟨*ἀλόγως*⟩ Zie. ‖ **10** *Φίλαγρον*] *Διόδοτον* mor. ‖ **12** *σοφώτερον*: em. Rei. ‖ **14** *μάρκιος* N ‖ **15** *ἑαυτοῦ* N ‖ **17** *φίλος* Υ ‖ **18** *πρὸς*[2] N Phot.: om. Υ ‖ **19** *ἐδόκει* Cast. ‖ **20** *συνήγαγε* Phot. ‖ **21** *Ἀκύλλιον* Xy.: *ἀκυλῖνον* N *ἀκυίνιον* Υ ‖ **23** *δὲ καὶ κόττα* N | *τὴν* om. Υ ‖ **25** *φοβεῖσθαι* N ‖ **26** *ἔφη* N: *εἶπε* Υ | *γένοιτο* Υ | *ὅτι* Υ: *ὅτι μὴ* N *ὅτι μὴν* *U* ‖ **27** *βοκωνίω* hab. N *βωκωνίω* cet.

τρεῖς ἀμορφοτάτας θυγατέρας, ἀνεφθέγξατο (TGF p.911N²)·
,,Φοίβου ποτ' οὐκ ἐῶντος ἔσπειρεν τέκνα.“
5 Μάρκου δὲ Γελλίου δοκοῦντος οὐκ ἐξ ἐλευθέρων γεγονέ-
ναι, λαμπρᾷ δὲ τῇ φωνῇ καὶ μεγάλῃ γράμματα πρὸς τὴν
σύγκλητον ἐξαναγνόντος, ,,μὴ θαυμάζετε“ εἶπε· ,,καὶ
6 αὐτὸς εἷς ἐστι τῶν ἀναπεφωνηκότων.“ ἐπεὶ δὲ Φαῦστος
ὁ Σύλλα, τοῦ μοναρχήσαντος ἐν Ῥώμῃ καὶ πολλοὺς ἐπὶ
θανάτῳ προγράψαντος, ἐν δανείοις γενόμενος καὶ πολλὰ
τῆς οὐσίας διασπαθήσας ἀπαρτίαν προέγραψε, ταύτην
e ἔφη μᾶλλον αὐτῷ τὴν προγραφὴν ἀρέσκειν ἢ τὴν πα-
τρῴαν.

28. Ἐκ δὲ τούτων ἐγίνετο πολλοῖς ἐπαχθής, καὶ οἱ μετὰ
Κλωδίου συνέστησαν ἐπ' αὐτόν, ἀρχὴν τοιαύτην λαβόν-
τες. ἦν Κλώδιος ἀνὴρ εὐγενής, τῇ μὲν ἡλικίᾳ νέος, τῷ δὲ
a. 62 2 φρονήματι θρασὺς καὶ αὐθάδης. οὗτος ἐρῶν Πομπηίας 387 L
τῆς Καίσαρος γυναικός, εἰς τὴν οἰκίαν αὐτοῦ παρεισῆλθε
κρύφα, λαβὼν ἐσθῆτα καὶ σκευὴν ψαλτρίας· ἔθυον γὰρ
ἐν τῇ Καίσαρος οἰκίᾳ τὴν ἀπόρρητον ἐκείνην καὶ ἀθέατον
ἀνδράσι θυσίαν αἱ γυναῖκες, καὶ παρῆν ἀνὴρ οὐδείς· ἀλλὰ μει-
ράκιον ὢν ἔτι καὶ μήπω γενειῶν ὁ Κλώδιος ἤλπιζε λήσεσθαι
f 3 διαδὺς πρὸς τὴν Πομπηίαν διὰ τῶν γυναικῶν. ὡς δ' εἰσῆλ-
θε νυκτὸς εἰς οἰκίαν μεγάλην, ἠπόρει τῶν διόδων, καὶ πλα-
νώμενον αὐτὸν ἰδοῦσα θεραπαινὶς Αὐρηλίας τῆς Καίσαρος
μητρός, ᾔτησεν ὄνομα. φθέγξασθαι δ' ἀναγκασθέντος
αὐτοῦ καὶ φήσαντος ἀκόλουθον Πομπηίας ζητεῖν Ἄβραν
τοὔνομα, συνεῖσα τὴν φωνὴν οὐ γυναικείαν οὖσαν ἀνέκραγε

6 mor. 205c, cf. Cic. Att. 9, 11, 3. 4 || 12–14 Phot. bibl. 395a || 15 Plut. Caes. 9sq. Cass. D. 37, 45 Cic. Att. 1, 12. 13 harusp. 8. 37. 44 al.

[(N *U* =)N (A B C E =)Υ] 1 τρεῖς Υ (mor.): om. N || 3 μάρκω N || 5 εἶπεν, ⟨ἐπεὶ⟩ vel καὶ ⟨γὰρ⟩ Zie. || 9 διασπασθείσας N διασπασθείσης *U* | ἁμαρτίαν N Υ ἀπάρτιον mor.: em. Nachstädt || 12 δὲ om. Υ || 17–19 γὰρ αἱ γυναῖκες τὴν . . . θυσίαν ἐν τῇ τοῦ καίσαρος οἰκίᾳ Υ || 21 διὰ N: μετὰ Υ || 22 ἠπορεῖτο Υ || 23 αὐρηλίας θεραπαινὶς Υ || 25 αὐτοῦ N: ἐκείνου Υ | ἄβραν N: αὔραν Υ || 26 γυναικὸς N

καὶ συνεκάλει τὰς γυναῖκας. αἱ δ' ἀποκλείσασαι τὰς θύρας 4
266 S καὶ πάντα διερευνώμεναι, λαμβάνουσι τὸν Κλώδιον, εἰς
οἴκημα παιδίσκης ᾗ συνεισῆλθε καταπεφευγότα. τοῦ δὲ
πράγματος περιβοήτου γενομένου, Καῖσάρ τε τὴν Πομ- 875
πηίαν ἀφῆκε, καὶ δίκην τις ⟨τῶν δημάρχων⟩ ἀσεβείας
ἐγράψατο τῷ Κλωδίῳ.

29. Κικέρων δ' ἦν μὲν αὐτοῦ φίλος, καὶ τῶν περὶ Κατι-
λίναν πραττομένων ἐκέχρητο προθυμοτάτῳ συνεργῷ καὶ
φύλακι τοῦ σώματος, ἰσχυριζομένου δὲ πρὸς τὸ ἔγκλημα
τῷ μηδὲ γεγονέναι κατ' ἐκεῖνον ἐν Ῥώμῃ τὸν χρόνον, ἀλλ'
ἐν τοῖς πορρωτάτω χωρίοις διατρίβειν, κατεμαρτύρησεν
ὡς ἀφιγμένου τε πρὸς αὐτὸν οἴκαδε καὶ διειλεγμένου περί
τινων· ὅπερ ἦν ἀληθές. οὐ μὴν ἐδόκει μαρτυρεῖν ὁ Κικέ- 2
388 L ρων διὰ τὴν ἀλήθειαν, ἀλλὰ πρὸς τὴν αὑτοῦ γυναῖκα Τερεν-
τίαν ἀπολογούμενος. ἦν γὰρ αὐτῇ πρὸς τὸν Κλώδιον ἀπέχ- 3 b
θεια διὰ τὴν ἀδελφὴν τὴν ἐκείνου Κλωδίαν, ὡς τῷ Κικέ-
ρωνι βουλομένην γαμηθῆναι καὶ τοῦτο διὰ Τύλλου τινὸς
Ταραντίνου πράττουσαν, ὃς ἑταῖρος μὲν ἦν καὶ συνήθης ἐν
τοῖς μάλιστα Κικέρωνος, ἀεὶ δὲ πρὸς τὴν Κλωδίαν φοιτῶν
καὶ θεραπεύων ἐγγὺς οἰκοῦσαν, ὑποψίαν τῇ Τερεντίᾳ παρ-
έσχε. χαλεπὴ δὲ τὸν τρόπον οὖσα καὶ τοῦ Κικέρωνος 4
ἄρχουσα, παρώξυνε τῷ Κλωδίῳ συνεπιθέσθαι καὶ κατα-
μαρτυρῆσαι. κατεμαρτύρουν δὲ τοῦ Κλωδίου πολλοὶ τῶν
καλῶν καὶ ἀγαθῶν ἀνδρῶν ἐπιορκίας, ῥᾳδιουργίας, ὄχ-
λων δεκασμούς, φθορὰς γυναικῶν. Λεύκολλος δὲ καὶ θερα-
παινίδας παρεῖχεν, ὡς συγγένοιτο τῇ νεωτάτῃ τῶν ἀδελ- c

9 Cic. Att. 1, 16, 2. 4 schol. Bob. p. 85, 28 St. Val. Max. 8, 5, 5

[(N U =)N (A B C E =)Υ] 3 συνῆλθε Υ || 4 τε Υ: τότε N || 5 τῶν δημάρχων add. Barton cl. Caes. 10, 6 | τῆς ἀσεβείας N || 6 ἀπεγράψατο Υ || 8 ἐχρῆτο Υ || 10 μήτε Υ | τὸν χρόνον ἐν ῥώμῃ N || 11 πορρωτάτοις Υ || 12 τε om. Υ || 17 τύλλου Υ: θύλλου N κατύλλου Gudeman, Amer. Journ. Philol. 11, 312 sq., cf. A. Klotz, Philol. Woch. 1923, 1110. 1924, 307. 309 || 18 ταραντίνου om. Υ || 23 ⟨καὶ ἄλλοι⟩ πολλοὶ Rei. || 24 κἀγαθῶν Υ || 25 λεύκουλλος Υ, item λευκούλλῳ p. 344, 1, cf. Luc. 1, 1 | θεραπαινίδας ⟨μαρτυρούσας⟩ Madvig θ ⟨μάρτυρας⟩ Ri.

5 *φῶν ὁ Κλώδιος, ὅτε Λευκόλλῳ συνῴκει. πολλὴ δ' ἦν δόξα*
καὶ ταῖς ἄλλαις δυσὶν ἀδελφαῖς πλησιάζειν τὸν Κλώδιον,
ὧν Τερτίαν μὲν Μάρκιος ⟨ὁ⟩ Ῥήξ, Κλωδίαν δὲ Μέτελλος
ὁ Κέλερ εἶχεν, ἣν Κουαδρανταρίαν ἐκάλουν, ὅτι τῶν
ἐραστῶν τις αὐτῇ χαλκοῦς ἐμβαλὼν εἰς βαλάντιον ὡς
ἀργύριον εἰσέπεμψε· τὸ δὲ λεπτότατον τοῦ χαλκοῦ νομί-
σματος κουαδράντην Ῥωμαῖοι καλοῦσιν. ἐπὶ ταύτῃ μάλιστα 267 S
6 *τῶν ἀδελφῶν κακῶς ἤκουσεν ὁ Κλώδιος. οὐ μὴν ἀλλὰ*
τότε τοῦ δήμου πρὸς τοὺς καταμαρτυροῦντας αὐτοῦ καὶ
συνεστῶτας ἀντιταττομένου, φοβηθέντες οἱ δικασταὶ φυ-
d *λακὴν περιεστήσαντο, καὶ τὰς δέλτους οἱ πλεῖστοι συγ-* 389 L
κεχυμένοις τοῖς γράμμασιν ἤνεγκαν. ὅμως δὲ πλείονες
ἔδοξαν οἱ ἀπολύοντες γενέσθαι, καί τις ἐλέχθη καὶ δεκα-
7 *σμὸς διελθεῖν. ὅθεν ὁ μὲν Κάτλος ἀπαντήσας τοῖς δικασταῖς,*
„ὑμεῖς" εἶπεν „ὡς ἀληθῶς ὑπὲρ ἀσφαλείας ᾐτήσασθε τὴν
φυλακήν, φοβούμενοι μή τις ὑμῶν ἀφέληται τὸ ἀργύριον."
8 *Κικέρων δὲ τοῦ Κλωδίου πρὸς αὐτὸν λέγοντος, ὅτι μαρ-*
τυρῶν οὐκ ἔσχε πίστιν παρὰ τοῖς δικασταῖς, „ἀλλ' ἐμοὶ
μέν" εἶπεν „οἱ πέντε καὶ εἴκοσι τῶν δικαστῶν ἐπίστευ-
e *σαν· τοσοῦτοι γάρ σου κατεψηφίσαντο· σοὶ δ' οἱ τριά-*
κοντα οὐκ ἐπίστευσαν· οὐ γὰρ πρότερον ἀπέλυσαν ἢ
9 *ἔλαβον τὸ ἀργύριον." ὁ μέντοι Καῖσαρ οὐ κατεμαρτύρησε*
κληθεὶς ἐπὶ τὸν Κλώδιον, οὐδ' ἔφη μοιχείαν κατεγνωκέ-
ναι τῆς γυναικός, ἀφεικέναι δ' αὐτὴν ὅτι τὸν Καίσαρος
ἔδει γάμον οὐ πράξεως αἰσχρᾶς μόνον, ἀλλὰ καὶ φήμης
καθαρὸν εἶναι.

6, 7 Phot. bibl. 395a || **9** Plut. Caes. 10, 10sq. || **14** Cass. D. 37, 46, 3 Cic. Att. 1, 16, 5 Sen. ep. 97, 6 || **17** Cio. Att. 1, 16, 10 || **22** Plut. Caes. 10, 8sq. mor. 206a Cass. D. 37, 45 Suet. Caes. 6, 2. 74, 2

[(**N***U* =)**N**(**ABCE** =)**Υ**] **3** *τερτίαν* Am.: *τερεντίαν* | *ὁ* add. Paris. 1674, om. **NΥ** || **4** *κουαδραντίαν* **Υ** (*mulier potens quadrantaria* Cic. pro Cael. 26, 62) || **6** *νόμισμα* Phot. || **7** *κουαδρ. Ῥωμ.* Phot.: *ῥωμ. κουαδρ.* **N** *ῥωμ.* om. **Υ** | *καλοῦσιν* **N** Phot.: *ἐκάλουν* **Υ** || **10** *ἀντιπραττομένου* **N** || **11** *συγκεχυμένοις* Parisinus 1674 Baroccianus 137: *συγκεχυμένας* cet.; cf. Caes. 10, 11 || **14** *δικασταῖς* **N**: *κριταῖς* **Υ** || **20** *δ' οἱ* **N**: *δὲ* **Υ**

30. *Διαφυγὼν δὲ τὸν κίνδυνον ὁ Κλώδιος καὶ δήμαρχος
αἱρεθείς, εὐθὺς εἴχετο τοῦ Κικέρωνος, πάνθ' ὁμοῦ πράγ-* a. 58
*ματα καὶ πάντας ἀνθρώπους συνάγων καὶ ταράττων ἐπ'
αὐτόν. τόν τε γὰρ δῆμον ᾠκειώσατο νόμοις φιλανθρώ-* 2
*ποις, καὶ τῶν ὑπάτων ἑκατέρῳ μεγάλας ἐπαρχίας ἐψη-
φίσατο, Πείσωνι μὲν Μακεδονίαν, Γαβινίῳ δὲ Συρίαν·
πολλοὺς δὲ καὶ τῶν ἀπόρων συνέτασσεν εἰς τὸ πολίτευμα,* f
καὶ δούλους ὡπλισμένους περὶ αὐτὸν εἶχε. τῶν δὲ πλεῖστον 3
*δυναμένων τότε τριῶν ἀνδρῶν, Κράσσου μὲν ἄντικρυς
Κικέρωνι πολεμοῦντος, Πομπηίου δὲ θρυπτομένου πρὸς*
390 L *ἀμφοτέρους, Καίσαρος δὲ μέλλοντος εἰς Γαλατίαν ἐξιέναι*
268 S *μετὰ στρατεύματος, ὑπὸ τοῦτον ὑποδὺς ὁ Κικέρων, καί-
περ οὐκ ὄντα φίλον, ἀλλ' ὕποπτον ἐκ τῶν περὶ Κατιλί-* 876
ναν, ἠξίωσε πρεσβευτὴς αὐτῷ συστρατεύειν. δεξαμένου 4
*δὲ τοῦ Καίσαρος, ὁ Κλώδιος ὁρῶν ἐκφεύγοντα τὴν δη-
μαρχίαν αὐτοῦ τὸν Κικέρωνα, προσεποιεῖτο συμβατικῶς
ἔχειν, καὶ τῇ Τερεντίᾳ τὴν πλείστην ἀνατιθεὶς αἰτίαν,
ἐκείνου δὲ μεμνημένος ἐπιεικῶς ἀεὶ καὶ λόγους εὐγνώ-
μονας ἐνδιδούς, ὡς ἄν τις οὐ μισῶν οὐδὲ χαλεπαίνων, ἀλλ'
ἐγκαλῶν μέτρια καὶ φιλικά, παντάπασιν αὐτοῦ τὸν φόβον
ἀνῆκεν, ὥστ' ἀπειπεῖν τῷ Καίσαρι τὴν πρεσβείαν καὶ
πάλιν ἔχεσθαι τῆς πολιτείας. ἐφ' ᾧ παροξυνθεὶς ὁ Καῖ-* 5
*σαρ, τόν τε Κλώδιον ἐπέρρωσε, καὶ Πομπήιον ἀπέστρεψε
κομιδῇ τοῦ Κικέρωνος, αὐτός τε κατεμαρτύρησεν ἐν τῷ
δήμῳ, μὴ δοκεῖν αὐτῷ καλῶς μηδὲ νομίμως ἄνδρας ἀκρί-* b
τους ἀνῃρῆσθαι τοὺς περὶ Λέντλον καὶ Κέθηγον. αὕτη 6
*γὰρ ἦν ἡ κατηγορία, καὶ ἐπὶ τούτῳ [ὁ] Κικέρων ἐνεκα-
λεῖτο. κινδυνεύων οὖν καὶ διωκόμενος, ἐσθῆτά τε μετήλ-
λαξε καὶ κόμης ἀνάπλεως περιιὼν ἱκέτευε τὸν δῆμον.
πανταχοῦ δ' ὁ Κλώδιος ἀπήντα κατὰ τοὺς στενωπούς,* 7

14 Cass. D. 38, 15, 2 || **24** Cass. D. 38, 14, 4. 7. 17, 1. 2 Vell. Pat. 2, 45, 1 App. civ. 2, 15, 55

[(**N***U* =)**N** (**ABCE** =)Υ] **2** *εἶχε τὰ τοῦ* **N** || **7** *καὶ* om. Υ || **12** *τούτων* **N** || **14** *πρεσβευτὴν* Υ || **17** *αἰτίαν ἀνατιθεὶς* **N** || **27** *ἡ* om. **N** | *ἐπὶ τούτῳ* **N**: *ἐπὶ τοῦθ'* Υ | *ὁ* del. Sint. | *ἐκαλεῖτο* Υ || **28** *τε* om. Υ

ἀνθρώπους ἔχων ὑβριστὰς περὶ αὐτὸν καὶ θρασεῖς, οἳ πολλὰ μὲν χλευάζοντες ἀκολάστως εἰς τὴν μεταβολὴν καὶ τὸ σχῆμα τοῦ Κικέρωνος, πολλαχοῦ δὲ πηλῷ καὶ λίθοις βάλλοντες, ἐνίσταντο ταῖς ἱκεσίαις.

31. Οὐ μὴν ἀλλὰ τῷ Κικέρωνι πρῶτον μὲν ὀλίγου δεῖν
c σύμπαν τὸ τῶν ἱππικῶν πλῆθος συμμετέβαλε τὴν ἐσθῆτα,
καὶ δισμυρίων οὐκ ἐλάττους νέων παρηκολούθουν κομῶν-
τες καὶ συνικετεύοντες· ἔπειτα τῆς βουλῆς συνελθούσης, 391 L
ὅπως ψηφίσαιτο τὸν δῆμον ὡς ἐπὶ πένθει συμμεταβαλεῖν
τὰ ἱμάτια, καὶ τῶν ὑπάτων ἐναντιωθέντων, Κλωδίου
δὲ σιδηροφορουμένου περὶ τὸ βουλευτήριον, ἐξέδραμον
οὐκ ὀλίγοι τῶν συγκλητικῶν καταρρηγνύμενοι τοὺς χιτῶνας
2 καὶ βοῶντες. ὡς δ' ἦν οὔτ' οἶκτος οὔτε τις αἰδὼς πρὸς τὴν 269 S
ὄψιν, ἀλλ' ἔδει τὸν Κικέρωνα φεύγειν ἢ βίᾳ καὶ σιδήρῳ δια-
κριθῆναι πρὸς τὸν Κλώδιον, ἐδεῖτο Πομπηίου βοηθεῖν, ἐπί-
d τηδες ἐκποδὼν γεγονότος καὶ διατρίβοντος ἐν ἀγροῖς περὶ τὸ
Ἀλβανόν, καὶ πρῶτον μὲν ἔπεμψε Πείσωνα τὸν γαμβρὸν δεη-
3 σόμενον, ἔπειτα καὶ αὐτὸς ἀνέβη. πυθόμενος δ' ὁ Πομπήιος
οὐχ ὑπέμεινεν εἰς ὄψιν ἐλθεῖν — δεινὴ γὰρ αὐτὸν αἰδὼς εἶχε
πρὸς τὸν ἄνδρα, μεγάλους ἠγωνισμένον ἀγῶνας ὑπὲρ αὐ-
τοῦ καὶ πολλὰ πρὸς χάριν ἐκείνῳ πεπολιτευμένον —, ἀλλὰ
Καίσαρι γαμβρὸς ὢν δεομένῳ προὔδωκε τὰς παλαιὰς χά-
ριτας, καὶ κατὰ θύρας ἄλλας ὑπεξελθὼν ἀπεδίδρασκε τὴν
4 ἔντευξιν. οὕτω δὴ προδοθεὶς ὁ Κικέρων ὑπ' αὐτοῦ καὶ
γεγονὼς ἔρημος, ἐπὶ τοὺς ὑπάτους κατέφυγε. καὶ Γαβί-
νιος μὲν ἦν χαλεπὸς ἀεί, Πείσων δὲ διελέχθη πρᾳότερον
e αὐτῷ, παραινῶν ἐκστῆναι καὶ ὑποχωρῆσαι τῇ τοῦ Κλω-
δίου ῥύμῃ, καὶ τὴν μεταβολὴν τῶν καιρῶν ἐνεγκεῖν, καὶ

5 Cic. popul. grat. 8 p. Sest. 26 dom. 99 || 15 Cass. D. 38, 17, 3 Cic. Pis. 76. 77 Att. 10, 4, 3 Q. fr. 1, 3, 9. 4, 4 || 25 Cass. D. 38, 16, 5 Cic. Pis. 12

[(N*U* =)N(ABCE =)Υ] **1** καὶ θρασεῖς περὶ αὐτὸν **N** || **8** συνεξελθούσης **N** || **9** ὡς om. **N** | πένθεσι μεταβαλεῖν (-βάλλειν **N**): em. Cor. || **12** συγκλητικῶν **N**: βουλευτικῶν Υ || **14** κριθῆναι Υ || **16** ἐν Υ: ἐπ' **N** | παρὰ **N** | τὸν Υ || **17** ἔπεισε **N** || **25** γεγονὼς Υ: γενόμενος **N**

γενέσθαι πάλιν σωτῆρα τῆς πατρίδος, ἐν στάσεσι καὶ
κακοῖς δι' ἐκεῖνον οὔσης. τοιαύτης τυχὼν ἀποκρίσεως ὁ 5
Κικέρων ἐβουλεύετο σὺν τοῖς φίλοις, καὶ Λεύκολλος μὲν
ἐκέλευε μένειν ὡς περιεσόμενον, ἄλλοι δὲ φεύγειν, ὡς
ταχὺ τοῦ δήμου ποθήσοντος αὐτόν, ὅταν ἐμπλησθῇ τῆς
392 L Κλωδίου μανίας καὶ ἀπονοίας. ταῦτ' ἔδοξε Κικέρωνι, καὶ 6
τὸ μὲν ἄγαλμα τῆς Ἀθηνᾶς, ὃ πολὺν χρόνον ἔχων ἐπὶ τῆς
οἰκίας ἱδρυμένον ἐτίμα διαφερόντως, εἰς Καπιτώλιον κομί- f
σας ἀνέθηκεν, ἐπιγράψας „Ἀθηνᾷ Ῥώμης φύλακι", πομ-
ποὺς δὲ παρὰ τῶν φίλων λαβών, περὶ μέσας νύκτας ὑπ-
εξῆλθε τῆς πόλεως καὶ πεζῇ διὰ Λευκανίας ἐπορεύετο,
λαβέσθαι Σικελίας βουλόμενος.

32. Ὡς δ' ἦν φανερὸς ἤδη πεφευγώς, ἐπήγαγεν αὐτῷ
φυγῆς ψῆφον ὁ Κλώδιος, καὶ διάγραμμα προὔθηκεν εἴρ-
270 S γειν πυρὸς καὶ ὕδατος τὸν ἄνδρα καὶ μὴ παρέχειν στέγην
ἐντὸς μιλίων πεντακοσίων Ἰταλίας. τοῖς μὲν οὖν ἄλλοις 2 877
ἐλάχιστος ἦν τοῦ διαγράμματος τούτου λόγος αἰδουμένοις
τὸν Κικέρωνα, καὶ πᾶσαν ἐνδεικνύμενοι φιλοφροσύνην παρέ-
πεμπον αὐτόν· ἐν δ' Ἱππωνίῳ, πόλει τῆς Λευκανίας ἣν
Οὐιβῶνα νῦν καλοῦσιν, Οὐίβιος Σίκκας, ἀνὴρ ἄλλα τε
πολλὰ τῆς Κικέρωνος φιλίας ἀπολελαυκώς, καὶ γεγονὼς
ὑπατεύοντος αὐτοῦ τεκτόνων ἔπαρχος, οἰκίᾳ μὲν οὐκ ἐδέ-
ξατο, [τὸ] χωρίον δὲ καταγράψειν ἐπηγγέλλετο, καὶ Γάιος
Οὐεργίλιος ὁ τῆς Σικελίας στρατηγός, ἀνὴρ ἐν τοῖς μάλι-
στα Κικέρωνι κεχρημένος, ἔγραψεν ἀπέχεσθαι τῆς Σικε-

3 Plut. Cat. min. 35, 1 Cass. D. 38, 17, 4 Cic. Att. 3, 9, 2. 15, 2. 4. 4, 1, 1 Q. fr. 1, 8 || **6** Cass. D. 38, 17, 5. 45, 17, 3 || **9** Cic. dom. 56 Planc. 73. 95sq. Att. 3, 4, 1 Cass. D. 38, 17, 5 || **25** Cic. Planc. 97

[(**N** *U* =)**N** (**ABCE** =)Υ] **1** *ἐν* Υ: *ἔν τε* **N** || **2** *τοιαύτης δὲ τυχὼν* **N** || **10** *ἐξῆλθε* **N** || **11** *λευκωνίας* **N** || **13** *πεφευγώς* Υ: *ἀποφευγὼς* *U* *ἀπ(πε)οφευγὼς* **N** || **16** supra *πεντακοσίων* scr. *ὀκτακοσίων* **A** || **17** *ἦν διὰ τοῦ γράμματος* Υ *ἦν τοῦ διατάγματος* **N** | *τούτου λόγος* Υ: *τοῦ λόγου* **N** || **19** *λευκωνίας* **N** || **20** *οὐιβῶνα* Υ: *οὐιβιδωνίαν* **N** | *Σίκκας* Münzer RE II A 2186 cl. Cic. Att. 3, 2. 4: *σικελὸς* Υ om. **N** del. Carugno || **23** *τὸ* del. Cor. || **24** *οὐεργίνιος* **N** *οὐεργῖνος* Υ: em. Xy. | *ἀνὴρ* om. Υ || **25** *τῆς* om. **N**

3 λίας. ἐφ' οἷς ἀθυμήσας ὥρμησεν ἐπὶ Βρεντέσιον, κἀκεῖθεν
b εἰς Δυρράχιον ἀνέμῳ φορῷ περαιούμενος, ἀντιπνεύσαντος
πελαγίου μεθ' ἡμέραν ἐπαλινδρόμησεν, εἶτ' αὖθις ἀνήχθη. 393 L
4 λέγεται δὲ καὶ καταπλεύσαντος εἰς Δυρράχιον αὐτοῦ καὶ
μέλλοντος ἀποβαίνειν, σεισμόν τε τῆς γῆς καὶ σπασμὸν ἅμα
γενέσθαι τῆς θαλάσσης. ἀφ' ὧν συνέβαλον οἱ μαντικοὶ μὴ
μόνιμον αὐτῷ τὴν φυγὴν ἔσεσθαι· μεταβολῆς γὰρ εἶναι
5 ταῦτα σημεῖα. πολλῶν δὲ φοιτώντων ἀνδρῶν ὑπ' εὐνοίας
καὶ τῶν Ἑλληνίδων πόλεων διαμιλλωμένων ἀεὶ ταῖς πρε-
σβείαις πρὸς αὐτόν, ὅμως ἀθυμῶν καὶ περίλυπος διῆγε τὰ
c πολλά, πρὸς τὴν Ἰταλίαν ὥσπερ οἱ δυσέρωτες ἀφορῶν, καὶ
τῷ φρονήματι μικρὸς ἄγαν καὶ ταπεινὸς ὑπὸ τῆς συμ-
φορᾶς γεγονὼς καὶ συνεσταλμένος, ὡς οὐκ ἄν τις ἄνδρα
6 παιδείᾳ συμβεβιωκότα τοσαύτῃ προσεδόκησε. καίτοι πολ-
λάκις αὐτὸς ἠξίου τοὺς φίλους μὴ ῥήτορα καλεῖν αὐτόν,
ἀλλὰ φιλόσοφον· φιλοσοφίαν γὰρ ὡς ἔργον ᾑρῆσθαι, ῥητο-
ρικῇ δ' ὀργάνῳ χρῆσθαι πολιτευόμενος ἐπὶ τὰς χρείας.
7 ἀλλ' ἡ δόξα δεινὴ τὸν λόγον ὥσπερ βαφὴν ἀποκλύσαι τῆς
ψυχῆς καὶ τὰ τῶν πολλῶν ἐνομόρξασθαι πάθη δι' ὁμιλίαν
καὶ συνήθειαν τοῖς πολιτευομένοις, ἂν μή τις εὖ μάλα
φυλαττόμενος οὕτω συμφέρηται τοῖς ἐκτός, ὡς τῶν πραγ- 271 S
d μάτων αὐτῶν, οὐ τῶν ἐπὶ τοῖς πράγμασι παθῶν συμμεθέ-
ξων.

33. Ὁ δὲ Κλώδιος ἐξελάσας αὐτὸν κατέπρησε μὲν αὐ-
τοῦ τὰς ἐπαύλεις, κατέπρησε δὲ τὴν οἰκίαν καὶ τῷ τόπῳ
ναὸν Ἐλευθερίας ἐπῳκοδόμησε, τὴν δ' ἄλλην οὐσίαν ἐπώλει
καὶ διεκήρυττε καθ' ἡμέραν, μηδὲν ὠνουμένου μηδενός.

14 Cic. fam. 9, 17, 2 Att. 9, 4, 3 leg. 1, 63 Acad. 1, 11 divin. 2, 5 Cat. m. 2 al. Q. Cic. comm. pet. 46 || 24 Cic. Att. 3, 15, 6. 20, 2, 3. 4, 2 fam. 14, 2, 3 dom. pass. har. resp. 11 in Pis. 26. 30 Sest. 54. 65 Cass. D. 38, 17, 6

[(**N** *U* =)**N** (**ABCE** =)Υ] **1** βρεντήσιον Υ: ῥεντίους **N** || **6** θαλάττης Υ || **8** ταῦτα Υ: τὰ **N** || **9** ἀεὶ om. Υ || **9. 10** ταῖς πρεσβείαις **NA**[m]: om. Υ || **11** πρὸς Steph.: περὶ || **16** ῥητορικὴν **N** || **21** οὕτως ἐμφορῆται **N** || **24** αὐτὸν **N**: τὸν κικέρωνα Υ || **27** μηδὲν Υ: μὴ **N** et ras. *U*

ἐκ δὲ τούτου φοβερὸς ὢν τοῖς ἀριστοκρατικοῖς καὶ τὸν 2
394 L *δῆμον ἀνειμένον εἰς ὕβριν πολλὴν καὶ θρασύτητα συνε-*
φελκόμενος, ἐπεχείρει Πομπηίῳ, τῶν διῳκημένων αὐτῷ
κατὰ τὴν στρατείαν ἔνια σπαράττων. ἐφ' οἷς ὁ Πομπήιος 3
ἀδοξῶν, ἐκάκιζεν αὑτὸς ἑαυτὸν προέμενος τὸν Κικέρωνα,
καὶ πάλιν ἐκ μεταβολῆς παντοῖος ἐγένετο, πράττων κάθο-
δον αὐτῷ μετὰ τῶν φίλων. ἐνισταμένου δὲ τοῦ Κλωδίου, e
συνέδοξε τῇ βουλῇ μηδὲν διὰ μέσου πρᾶγμα κυροῦν μηδὲ
πράττειν δημόσιον, εἰ μὴ Κικέρωνι κάθοδος γένοιτο. τῶν 4 a. 57
δὲ περὶ Λέντλον ὑπατευόντων καὶ τῆς στάσεως πρόσω
βαδιζούσης, ὥστε τρωθῆναι μὲν ἐν ἀγορᾷ δημάρχους,
Κόιντον δὲ τὸν Κικέρωνος ἀδελφὸν ἐν τοῖς νεκροῖς ὡς
τεθνηκότα κείμενον διαλαθεῖν, ὅ τε δῆμος ἤρχετο τρέπε-
σθαι τῇ γνώμῃ, καὶ τῶν δημάρχων Ἄννιος Μίλων πρῶτος
ἐτόλμησε τὸν Κλώδιον εἰς δίκην ὑπάγειν βιαίων, καὶ Πομ-
πηίῳ πολλοὶ συνῆλθον ἔκ τε τοῦ δήμου καὶ τῶν πέριξ
πόλεων. μεθ' ὧν προελθὼν καὶ τὸν Κλώδιον ἀναστείλας 5 f
ἐκ τῆς ἀγορᾶς, ἐπὶ τὴν ψῆφον ἐκάλει τοὺς πολίτας, καὶ
λέγεται μηδέποτε μηδὲν ἐκ τοσαύτης ὁμοφροσύνης ἐπι-
ψηφίσασθαι τὸν δῆμον. ἡ δὲ σύγκλητος ἁμιλλωμένη πρὸς 6
τὸν δῆμον ἔγραψεν ἐπαινεθῆναι τὰς πόλεις, ὅσαι τὸν Κικέ-
ρωνα παρὰ τὴν φυγὴν ἐθεράπευσαν, καὶ τὴν οἰκίαν αὐτῷ
καὶ τὰς ἐπαύλεις, ἃς Κλώδιος διεφθάρκει, τέλεσι δημο-
272 S *σίοις ἀνασταθῆναι.*
Κατῄει δὲ Κικέρων ἑκκαιδεκάτῳ μηνὶ μετὰ τὴν φυγήν, 7 878
395 L *καὶ τοσαύτη τὰς πόλεις χαρὰ καὶ σπουδὴ τοὺς ἀνθρώπους*
περὶ τὴν ἀπάντησιν εἶχεν, ὥστε τὸ ῥηθὲν ὑπὸ τοῦ Κικέ-
ρωνος ὕστερον ἐνδεέστερον εἶναι τῆς ἀληθείας. ἔφη γὰρ 8
(sen. grat. 15, 39) *αὐτὸν ἐπὶ τῶν ὤμων τὴν Ἰταλίαν*

3 Plut. Pomp. 48, 8sq. et ibi l. l. || **9** Cic. Sest. 74sq. Cass. D. 39, 7, 2 || **14** Cic. p. red. in sen. 19 Sest. 89 Mil. 35. 40 Cass. D. 39, 7, 4 || **20** Cic. Sest. 129 al. || **22** Cic. in Pis. 52 al.

[(**N** *U* =)**N** (**ABCE** =)**Υ**] **3** *τῷ πομπηίῳ* **Υ** | *δεδιῳκημένων* **N**, cf. p. 350, 8 | *αὐτῷ* **N**: *ὑπ' αὐτοῦ* **Υ** || **4** *παρατάττων* **N** || **5** *αὐτὸν* **Υ** | *προέμενον* Ri. || **6** *ἐγίνετο* **Υ** || **15** *ἀπάγειν*: em. Madvig | *βιαίως* **Υ** || **17** *ἀναστήσας* **Υ** || **26** *τοὺς* **Υ**: *περὶ τοὺς* **N** || **27** *τοῦ* om. **Υ**

φέρουσαν εἰς τὴν Ῥώμην εἰσενεγκεῖν. ὅπου καὶ Κράσσος, ἐχθρὸς ὢν αὐτῷ πρὸ τῆς φυγῆς, τότε προθύμως ἀπήντα καὶ διελύετο, τῷ παιδὶ Ποπλίῳ χαριζόμενος ὡς ἔλεγε, ζηλωτῇ τοῦ Κικέρωνος ὄντι.

a. 56 **34.** Χρόνον δ' οὐ πολὺν διαλιπὼν καὶ παραφυλάξας
ἀποδημοῦντα τὸν Κλώδιον, ἐπῆλθε μετὰ πολλῶν τῷ Καπι-
b τωλίῳ, καὶ τὰς δημαρχικὰς δέλτους, ἐν αἷς ἀναγραφαὶ τῶν
2 διῳκημένων ἦσαν, ἀπέσπασε καὶ διέφθειρεν. ἐγκαλοῦντος
δὲ περὶ τούτων τοῦ Κλωδίου, τοῦ δὲ Κικέρωνος λέγοντος
ὡς παρανόμως ἐκ πατρικίων εἰς δημαρχίαν παρέλθοι, καὶ
κύριον οὐδὲν εἴη τῶν πεπραγμένων ὑπ' αὐτοῦ, Κάτων
ἠγανάκτησε καὶ ἀντεῖπε, τὸν μὲν Κλώδιον οὐκ ἐπαινῶν,
ἀλλὰ καὶ δυσχεραίνων τοῖς πεπολιτευμένοις, δεινὸν δὲ
καὶ βίαιον ἀποφαίνων ἀναίρεσιν ψηφίσασθαι δογμάτων καὶ
πράξεων τοσούτων τὴν σύγκλητον, ἐν αἷς εἶναι καὶ τὴν
3 ἑαυτοῦ τῶν περὶ Κύπρον καὶ Βυζάντιον διοίκησιν. ἐκ τού-
του προσέκρουσεν ὁ Κικέρων αὐτῷ πρόσκρουσιν εἰς οὐδὲν
c ἐμφανὲς προελθοῦσαν, ἀλλ' ὥστε τῇ φιλοφροσύνῃ χρῆσθαι
πρὸς ἀλλήλους ἀμαυρότερον.

a. 52 **35.** Μετὰ ταῦτα Κλώδιον μὲν ἀποκτίννυσι Μίλων, καὶ
διωκόμενος φόνου Κικέρωνα παρεστήσατο συνήγορον.
ἡ δὲ βουλὴ φοβηθεῖσα, μὴ κινδυνεύοντος ἀνδρὸς ἐνδόξου
καὶ θυμοειδοῦς τοῦ Μίλωνος ταραχὴ γένηται περὶ τὴν 396 L
δίκην, ἐπέτρεψε Πομπηίῳ ταύτην τε καὶ τὰς ἄλλας κρί-
σεις βραβεῦσαι, παρέχοντα τῇ πόλει καὶ τοῖς δικαστηρίοις
2 ἀσφάλειαν. ἐκείνου δὲ τὴν ἀγορὰν ἔτι νυκτὸς ἀπὸ τῶν 273 S
ἄκρων στρατιώταις ἐμπεριλαβόντος, ὁ Μίλων τὸν Κικέρω-

5 Plut. Cat. min. 40 Cass. D. 39, 21. 22 || cap. 35 Cic. Mil. 1 sq. 67. 71. 101 opt. gen. or. 10 Ascon. et schol. Bob. in Mil. pass. Quint. 4, 3, 17 Cass. D. 40, 48. 53. 54

[(**N** *U* =)**N** (**A B C E** =)**Υ**] **8** *διωκημένων* **NΥ**: *διωκομένων* *U* || **9** *περὶ τούτου* **Υ** || **11** *εἴη* **N**: *εἶναι* **Υ** || **20** *ἀποκτείννυσι* **N** *ἀποκτίνυσι* **Υ** || **23** *περὶ* **Υ**: *μετὰ* **N** *κατὰ* Graux *παρὰ* Blass || **24** *δίκην* **N**: *πόλιν* **Υ** || **27** *περιλαβόντος τοῖς στρατιώταις* **Υ**

να, δείσας μὴ πρὸς τὴν ὄψιν ἀηθείᾳ διαταραχθεὶς χεῖρον d
ἀγωνίσηται, συνέπεισεν ἐν φορείῳ κομισθέντα πρὸς τὴν
ἀγορὰν ἡσυχάζειν, ἄχρι οὗ συνίασιν οἱ κριταὶ καὶ πλη-
ροῦται τὸ δικαστήριον. ὁ δ' οὐ μόνον ἦν ὡς ἔοικεν ἐν ὅπλοις 3
ἀθαρσής, ἀλλὰ καὶ τῷ λέγειν μετὰ φόβου προσῄει, καὶ
μόλις ἂν ἐπαύσατο παλλόμενος καὶ τρέμων ἐπὶ πολλῶν
ἀγώνων ἀκμὴν τοῦ λόγου καὶ κατάστασιν λαβόντος. Λικι- 4
νίῳ δὲ Μουρήνᾳ φεύγοντι δίκην ὑπὸ Κάτωνος βοηθῶν, καὶ
φιλοτιμούμενος Ὁρτήσιον ὑπερβαλεῖν εὐημερήσαντα, μέ-
ρος οὐδὲν ἀνεπαύσατο τῆς νυκτός, ὥσθ' ὑπὸ τοῦ σφόδρα
φροντίσαι καὶ διαγρυπνῆσαι κακωθεὶς ἐνδεέστερος αὑτοῦ
φανῆναι. τότε δ' οὖν ἐπὶ τὴν τοῦ Μίλωνος δίκην ἐκ τοῦ 5 e
φορείου προελθών, καὶ θεασάμενος τὸν Πομπήιον ἄνω
καθεζόμενον ὥσπερ ἐν στρατοπέδῳ καὶ κύκλῳ τὰ ὅπλα
περιλάμποντα τὴν ἀγοράν, συνεχύθη καὶ μόλις ἐνήρξατο
τοῦ λόγου, κραδαινόμενος τὸ σῶμα καὶ τὴν φωνὴν ἐπε-
χόμενος, αὐτοῦ τοῦ Μίλωνος εὐθαρσῶς καὶ ἀδεῶς παρι-
σταμένου τῷ ἀγῶνι καὶ κόμην θρέψαι καὶ μεταβαλεῖν
ἐσθῆτα φαιὰν ἀπαξιώσαντος· ὅπερ οὐχ ἥκιστα δοκεῖ
397 L συναίτιον αὐτῷ γενέσθαι τῆς καταδίκης· ἀλλ' ὅ γε Κικέ-
ρων διὰ ταῦτα φιλέταιρος μᾶλλον ἢ δειλὸς ἔδοξεν εἶναι. f

36. Γίνεται δὲ καὶ τῶν ἱερέων, οὓς αὔγουρας Ῥωμαῖοι a. 53
καλοῦσιν, ἀντὶ Κράσσου τοῦ νέου μετὰ τὴν ἐν Πάρθοις
αὐτοῦ τελευτήν. εἶτα κλήρῳ λαχὼν τῶν ἐπαρχιῶν Κιλικίαν
καὶ στρατὸν ὁπλιτῶν μυρίων καὶ δισχιλίων, ἱππέων δὲ
χιλίων καὶ ἑξακοσίων, ἔπλευσε, προσταχθὲν αὐτῷ καὶ a. 51
τὰ περὶ Καππαδοκίαν Ἀριοβαρζάνῃ τῷ βασιλεῖ φίλα καὶ
πειθήνια παρασχεῖν. ταῦτά τε δὴ παρεστήσατο καὶ συνήρ- 2

22 Cic. fam. 15, 4, 13 leg. 2, 31 Brut. 1 Phil. 2, 4 || **24** Cic. Att. 5, 1–7, 2 et fam. 2. 8. 13. 15 pass.

[(N*U* =)N (A B C E =)Υ] **2** διαγωνίσηται Υ | ἐν om. N, cf. p. 365, 4. 366, 16 || **3** συνίασιν Υ: συνέλθωσιν N (συνέλθωσιν ... πληρῶται Graux) || **6** ἀνεπαύσατο NA[m]: ἐπαύσατο Υ ἐπαύετο Cor. || **7** καὶ om. Υ || **10** ὥστε N: ὡς Υ || **16** ἐνισχόμενος Υ || **17** ἀδεῶς N: ἀνδρείως Υ || **22** δὲ om. N || **26** χιλίων N: δισχιλίων Υ | καὶ[1] om. Υ || **28** τε om. N

μοσεν ἀμέμπτως ἄνευ πολέμου, τούς τε Κίλικας ὁρῶν
879 πρὸς τὸ Παρθικὸν πταῖσμα Ῥωμαίων καὶ τὸν ἐν Συρίᾳ 274 S
3 νεωτερισμὸν ἐπηρμένους, κατεπράυνεν ἡμέρως ἄρχων. καὶ
δῶρα μὲν οὐδὲ τῶν βασιλέων διδόντων ἔλαβε, δείπνων δὲ
τοὺς ἐπαρχικοὺς ἀνῆκεν, αὐτὸς δὲ τοὺς χαρίεντας ἀνελάμ-
βανε καθ' ἡμέραν ἑστιάσεσιν, οὐ πολυτελῶς, ἀλλ' ἐλευ-
4 θερίως. ἡ δ' οἰκία θυρωρὸν οὐκ εἶχεν, οὐδ' αὐτὸς ὤφθη
κατακείμενος ὑπ' οὐδενός, ἀλλ' ἕωθεν ἑστὼς ἢ περι-
πατῶν πρὸ τοῦ δωματίου τοὺς ἀσπαζομένους ἐδεξιοῦτο.
5 λέγεται δὲ μήτε ῥάβδοις αἰκίσασθαί τινα, μήτ' ἐσθῆτα
περισχίσαι, μήτε βλασφημίαν ὑπ' ὀργῆς ἢ ζημίαν προσ-
βαλεῖν μεθ' ὕβρεως. ἀνευρὼν δὲ πάμπολλα τῶν δημοσίων
b κεκλεμμένα, τάς τε πόλεις εὐπόρους ἐποίησε, καὶ τοὺς
ἀποτίνοντας οὐδὲν τούτου πλέον παθόντας ἐπιτίμους διε-
6 φύλαξεν. ἥψατο δὲ καὶ πολέμου, λῃστὰς τῶν περὶ τὸν Ἀμα-
νὸν οἰκούντων τρεψάμενος, ἐφ' ᾧ καὶ αὐτοκράτωρ ὑπὸ 398 L
τῶν στρατιωτῶν ἀνηγορεύθη. Καιλίου δὲ τοῦ ῥήτορος δεο-
μένου παρδάλεις αὐτῷ πρός τινα θέαν εἰς Ῥώμην ἐκ Κιλι-
κίας ἀποστεῖλαι, καλλωπιζόμενος ἐπὶ τοῖς πεπραγμένοις
γράφει πρὸς αὐτὸν (fam. 2, 11, 2) οὐκ εἶναι παρδάλεις ἐν
Κιλικίᾳ· πεφευγέναι γὰρ εἰς Καρίαν ἀγανακτούσας ὅτι
μόναι πολεμοῦνται, πάντων εἰρήνην ἐχόντων.

a. 50 7 Πλέων δ' ἀπὸ τῆς ἐπαρχίας τοῦτο μὲν Ῥόδῳ προσέσχε,
c τοῦτο δ' Ἀθήναις ἐνδιέτριψεν, ἄσμενος πόθῳ τῶν πάλαι
διατριβῶν. ἀνδράσι δὲ τοῖς πρώτοις ἀπὸ παιδείας συγ-
γενόμενος, καὶ τούς [τό]τε φίλους καὶ συνήθεις ἀσπασά-

16 Cic. fam. 2, 10, 2. 3. 3, 9, 4 Att. 5, 20, 3 Head HN² 666. 678 || **17** Cic. fam. 8, 4, 5. 8, 10. 9, 3 || **23** Cic. Att. 6, 7, 2. 9, 1. 7, 1, 1 fam. 2, 17, 1. 14, 5, 1 Brut. 1

[(**N** *U* =)**N** (**ABCE** =)Υ] **1** *ἄνευ* **N**: *ἄτερ* Υ || **2** *παρθικὸν* Υ: *πάροικον* *U* *παρρῖκ*^ον **N** || **5** *ἀφῆκεν* Madvig | *αὐτοὺς* **N** || **5. 6** *καθ' ἡμέραν τοὺς χαρίεντας ἀνελάμβανεν* Υ || **11** *ζημίας* Υ || **12** *ὕβρεων* Υ | *δὲ πολλὰ* Υ || **12. 13** *τῶν δημοσίᾳ κεκλεμμένων* Volkmann || **14** *τούτου πλεῖον* Υ *πλέον τούτου* **N** || **15** *Ἀμανὸν* Ald.: *ἀλβανὸν* libri || **16** *οἰκοῦντας* **N** || **17** *Καιλίου* Xy.: *καὶ κιλίου* **N** *κεκιλίου* *U*Υ || **19** *ἐπὶ* Υ: *δὲ ἐπὶ* **N** || **21** *ἀγανακτούσαις* **N** || **26** *τότε*: em. Cor.

μενος, καὶ τὰ πρέποντα θαυμασθεὶς ὑπὸ τῆς Ἑλλάδος,
εἰς τὴν πόλιν ἐπανῆλθεν, ἤδη τῶν πραγμάτων ὥσπερ ὑπὸ 4. Jan. 49
φλεγμονῆς διισταμένων ἐπὶ τὸν ἐμφύλιον πόλεμον.

37. Ἐν μὲν οὖν τῇ βουλῇ ψηφιζομένων αὐτῷ θρίαμβον,
ἥδιον ἂν ἔφη παρακολουθῆσαι Καίσαρι θριαμβεύοντι
συμβάσεων γενομένων· ἰδίᾳ δὲ συνεβούλευε πολλὰ μὲν
275 S Καίσαρι γράφων, πολλὰ δ' αὖ τοῦ Πομπηίου δεόμενος,
πραΰνων ἑκάτερον καὶ παραμυθούμενος. ὡς δ' ἦν ἀνή- 2 d
κεστα, καὶ Καίσαρος ἐπερχομένου Πομπήιος οὐκ ἔμεινεν,
ἀλλὰ μετὰ πολλῶν καὶ ἀγαθῶν ἀνδρῶν τὴν πόλιν ἐξέλιπε,
ταύτης μὲν ἀπελείφθη τῆς φυγῆς ὁ Κικέρων, ἔδοξε δὲ Καί-
σαρι προστίθεσθαι, καὶ δῆλός ἐστι τῇ γνώμῃ πολλὰ ῥιπ-
τασθεὶς ἐπ' ἀμφότερα καὶ διστάσας. γράφει γὰρ ἐν ταῖς 3
ἐπιστολαῖς (Att. 8, 7, 2) διαπορεῖν, ποτέρωσε χρὴ τραπέσθαι,
399 L Πομπηίου μὲν ἔνδοξον καὶ καλὴν ὑπόθεσιν πρὸς τὸ πολε-
μεῖν ἔχοντος, Καίσαρος δ' ἄμεινον τοῖς πράγμασι χρω-
μένου καὶ μᾶλλον ἑαυτὸν καὶ τοὺς φίλους σῴζοντος, ὥστ'
ἔχειν μὲν ὃν φύγῃ, μὴ ἔχειν δὲ πρὸς ὃν φύγῃ. Τρεβατίου 4 e
δέ τινος τῶν Καίσαρος ἑταίρων γράψαντος ἐπιστολήν, ὅτι
Καῖσαρ οἴεται δεῖν μάλιστα μὲν αὐτὸν ἐξετάζεσθαι μεθ'
αὑτοῦ καὶ τῶν ἐλπίδων μετέχειν, εἰ δ' ἀναδύεται διὰ
γῆρας, εἰς τὴν Ἑλλάδα βαδίζειν κἀκεῖ καθήμενον
ἡσυχίαν ἄγειν, ἐκποδὼν ἀμφοτέροις γενόμενον, θαυμάσας
ὁ Κικέρων ὅτι Καῖσαρ αὐτὸς οὐκ ἔγραψεν, ἀπεκρί-
νατο πρὸς ὀργὴν ὡς οὐδὲν ἀνάξιον πράξει τῶν πεπο-
λιτευμένων. τὰ μὲν οὖν ἐν ταῖς ἐπιστολαῖς γεγραμμένα
τοιαῦτ' ἐστι.

2 Cic. fam. 16, 11 Att. 7, 7, 3. 8, 2 || **17** mor. 205c Cic. Att. 8, 7, 2 Macrob. Sat. 2, 3, 7 || **18** Cic. Att. 7, 17, 3sq.

[(**N** *U* =)**N** (**A B C E** =)ϒ] **2** *τὴν πόλιν* ϒ: *ῥώμην* **N**, cf. Cic. fam. 16, 11, 2 || **3** *ἀφισταμένων*: em. Zie. cl. Brut. 4, 1. Ant. 5, 1 *συνισταμένων* Erbse | *ἐπὶ* Cor.: *περὶ* || **6** *συνεβούλευσε* **N** || **7** *αὖ τοῦ* Sol.: *αὐτοῦ* || **13** *διστάσας* Graux: *διστατήσας* **N** *δυσπαθήσας* ϒ || **14** *τρέπεσθαι* ϒ || **15** *πρὸς τὸν πόλεμον* ϒ || **17** *τοῖς φίλοις* ϒ || **18** *τρεβατίου* **C**: *τρεβεντίου* cet. || **20.21** *μετ' αὐτοῦ* **N**

7. Jun. 49 **38.** Τοῦ δὲ Καίσαρος εἰς Ἰβηρίαν ἀπάραντος, εὐθὺς
πρὸς Πομπήιον ἔπλευσε, καὶ τοῖς μὲν ἄλλοις ἀσμένοις
f ὤφθη, Κάτων δ' αὐτὸν ἰδίᾳ πολλὰ κατεμέμψατο
Πομπηίῳ προσθέμενον· αὑτῷ μὲν γὰρ οὐχὶ καλῶς ἔχειν
ἐγκαταλιπεῖν ἣν ἀπ' ἀρχῆς εἵλετο τῆς πολιτείας τάξιν,
ἐκεῖνον δὲ χρησιμώτερον ὄντα τῇ πατρίδι καὶ τοῖς φίλοις,
εἰ μένων ἴσος ἐκεῖ πρὸς τὸ ἀποβαῖνον ἡρμόζετο, κατ' οὐ-
δένα λογισμὸν οὐδ' ἐξ ἀνάγκης πολέμιον γεγονέναι Καί-
2 σαρι καὶ τοσούτου μεθέξοντα κινδύνου δεῦρ' ἥκειν. οὗτοί
τε δὴ τοῦ Κικέρωνος ἀνέστρεφον οἱ λόγοι τὴν γνώμην, καὶ
880 τὸ μέγα μηδὲν αὐτῷ χρῆσθαι Πομπήιον. αἴτιος δ' ἦν αὐ-
τός, οὐκ ἀρνούμενος μεταμέλεσθαι, φλαυρίζων δὲ τοῦ 276 S 400 L
Πομπηίου τὴν παρασκευήν, καὶ πρὸς τὰ βουλεύματα
δυσχεραίνων ὑπούλως, καὶ τοῦ παρασκώπτειν τι καὶ λέγειν
ἀεὶ χαρίεν εἰς τοὺς συμμάχους οὐκ ἀπεχόμενος, ἀλλ' αὐτὸς
μὲν ἀγέλαστος ἀεὶ περιιὼν ἐν τῷ στρατοπέδῳ καὶ σκυθρω-
3 πός, ἑτέροις δὲ παρέχων γέλωτα μηδὲν δεομένοις. βέλτιον
δὲ καὶ τούτων ὀλίγα παραθέσθαι. Δομιτίου τοίνυν ἄνθρω-
πον εἰς τάξιν ἡγεμονικὴν ἄγοντος οὐ πολεμικόν, καὶ λέγον-
b τος ὡς ἐπιεικὴς τὸν τρόπον ἐστὶ καὶ σώφρων, „τί οὖν"
εἶπεν „οὐκ ἐπίτροπον αὐτὸν τοῖς τέκνοις φυλάσσεις;"
4 ἐπαινούντων δέ τινων Θεοφάνην τὸν Λέσβιον, ὃς ἦν ἐν τῷ
στρατοπέδῳ τεκτόνων ἔπαρχος, ὡς εὖ παραμυθήσαιτο
Ῥοδίους τὸν στόλον ἀποβαλόντας, „ἡλίκον" εἶπεν „ἀγα-
5 θόν ἐστι Γραικὸν ἔχειν ἔπαρχον". Καίσαρος δὲ κατορ-
θοῦντος τὰ πλεῖστα καὶ τρόπον τινὰ πολιορκοῦντος
αὐτούς, Λέντλῳ μὲν εἰπόντι πυνθάνεσθαι στυγνοὺς
εἶναι τοὺς Καίσαρος φίλους ἀπεκρίνατο „λέγεις αὐτοὺς

27 mor. 205d

[(N *U* =)N (ABCE =)Υ] **1** *ἀπαίροντος* N || **2** *πρὸς* N: *ὡς* Υ | *ἄσμενος*: em. Wytt. || **3** *ἰδὼν ἰδίᾳ* Υ | *κατεμέμφετο* Υ || **4** *πομπήιον* (supra *ον* scr. *ω* *U*) N | *οὐχὶ* Υ: *οὐ* N || **6** *⟨ἂν⟩ ὄντα* Ri. || **7** *ἴσως*: em. Anon.; an praestat transponere ante *χρησιμώτερον*? | *ἐκεῖ*] *οἴκοι* Toup *ἑκατέρῳ* Ha. || **10** *τε δὴ* Cor.: *δὲ δὴ* Υ *δὲ* N || **11** *κεχρῆσθαι* N || **12** *δὲ*] *τε* Cor. || **14** *δυσκολαίνων* Υ | *τοῦ* Υ: *τὸ* N || **15** *ἀεὶ* om. Υ || **16** *περιὼν* N || **18** *δομετίου* N || **25** *ἐστι* N: *ἔστι τὸ* Υ || **27** *στυγνοὺς*] *σκυθρωποὺς* mor. *σύννους* Wytt.

δυσνοεῖν Καίσαρι". †Μορίκκου δέ τινος ἥκοντος ἐξ Ἰταλίας 6
νεωστὶ καὶ λέγοντος ἐν Ῥώμῃ φήμην ἐπικρατεῖν, ὡς πο-
λιορκοῖτο Πομπήιος, „εἶτ' ἐξέπλευσας" εἶπεν „ἵνα τοῦτο c
πιστεύσῃς αὐτὸς θεασάμενος;" μετὰ δὲ τὴν ἧτταν Νωνίου 7
μὲν εἰπόντος ὅτι δεῖ χρηστὰς ἐλπίδας ἔχειν, ἑπτὰ γὰρ
ἀετοὺς ἐν τῷ στρατοπέδῳ τοῦ Πομπηίου λελεῖφθαι, „κα-
λῶς ἄν" ἔφη „παρῄνεις, εἰ κολοιοῖς ἐπολεμοῦμεν". Λα- 8
βιηνοῦ δὲ μαντείαις τισὶν ἰσχυριζομένου καὶ λέγοντος, ὡς
401 L δεῖ περιγενέσθαι Πομπήιον, „οὐκοῦν" ἔφη „στρατηγή-
ματι τούτῳ χρώμενοι νῦν ἀποβεβλήκαμεν τὸ στρατόπε-
δον".

39. Ἀλλὰ γὰρ γενομένης τῆς κατὰ Φάρσαλον μάχης, 9. Aug. 48
ἧς οὐ μετέσχε δι' ἀρρωστίαν, καὶ Πομπηίου φυγόντος,
ὁ μὲν Κάτων καὶ στράτευμα συχνὸν ἐν Δυρραχίῳ καὶ
277 S στόλον ἔχων μέγαν ἐκεῖνον ἠξίου στρατηγεῖν κατὰ νόμον, d
ὡς τῷ τῆς ὑπατείας ἀξιώματι προὔχοντα. διωθούμενος 2
δὲ τὴν ἀρχὴν ὁ Κικέρων καὶ ὅλως φεύγων τὸ συστρατεύε-
σθαι, παρ' οὐδὲν ἦλθεν ἀναιρεθῆναι, Πομπηίου τοῦ νέου
καὶ τῶν φίλων προδότην ἀποκαλούντων καὶ τὰ ξίφη
σπασαμένων, εἰ μὴ Κάτων ἐνστὰς μόλις ἀφείλετο καὶ
διῆκεν αὐτὸν ἐκ τοῦ στρατοπέδου. καταχθεὶς δ' εἰς Βρεν- 3
τέσιον ἐνταῦθα διέτριβε, Καίσαρα περιμένων βραδύνοντα
διὰ τὰς ἐν Ἀσίᾳ καὶ περὶ Αἴγυπτον ἀσχολίας. ἐπεὶ δ' εἰς 4 a. 47
Τάραντα καθωρμισμένος ἀπηγγέλλετο καὶ πεζῇ παριὼν
ἐκεῖθεν εἰς Βρεντέσιον, ὥρμησε πρὸς αὐτόν, οὐ πάνυ μὲν e
ὢν δύσελπις, αἰδούμενος δὲ πολλῶν παρόντων ἀνδρὸς
ἐχθροῦ καὶ κρατοῦντος λαμβάνειν πεῖραν. οὐ μὴν ἐδέησεν 5

4 mor. 205d || 16 Plut. Cat. min. 55, 5sq.

[(N *U* =)N (A B C E =)Υ] **1** δυσνοεῖν] εὐνοεῖν Xy. συννοεῖν Wytt. | μορίκκου *U* μο+ρίκκου **N** μαρίκου Υ Μαρκίου Am. || **4** νωνίου **N** mor.: νοννίου Υ || **10** τούτῳ om. **N** | ἀποβεβήκαμεν **N** || **13** οὐ Υ: οὐδὲ **N** || **16** ὡς Emp.: καὶ | τὸ τῆς ὑπατείας ἀξίωμα Υ || **20** μόλις om. **N** || **21** κατασχὼν Υ || **22** προσμένων **N** || **24** περιιὼν: em. Cor.

αὐτῷ πρᾶξαί τι παρ' ἀξίαν ἢ εἰπεῖν· ὁ γὰρ Καῖσαρ ὡς
εἶδεν αὐτὸν πολὺ πρὸ τῶν ἄλλων ἀπαντῶντα, κατέβη καὶ
ἠσπάσατο καὶ διαλεγόμενος μόνῳ συχνῶν σταδίων ὁδὸν
προῆλθεν. ἐκ δὲ τούτου διετέλει τιμῶν καὶ φιλοφρονού-
μενος, ὥστε καὶ γράψαντι λόγον ἐγκώμιον Κάτωνος ἀντι-
γράφων τόν τε λόγον αὐτοῦ καὶ τὸν βίον ὡς μάλιστα τῷ
6 Περικλέους ἐοικότα καὶ Θηραμένους ἐπαινεῖν. ὁ μὲν οὖν
f Κικέρωνος λόγος Κάτων, ὁ δὲ Καίσαρος Ἀντικάτων ἐπι- 402 L
a. 46 γέγραπται. λέγεται δὲ καὶ Κοΐντου Λιγαρίου δίκην φεύ-
γοντος, ὅτι τῶν Καίσαρος πολεμίων εἷς ἐγεγόνει, καὶ Κι-
κέρωνος αὐτῷ βοηθοῦντος, εἰπεῖν τὸν Καίσαρα πρὸς τοὺς
φίλους· „τί κωλύει διὰ χρόνου Κικέρωνος ἀκοῦσαι λέγον-
τος, ἐπεὶ πάλαι γε κέκριται πονηρὸς ἄνθρωπος καὶ πολέ-
7 μιος;“ ἐπεὶ δ' ἀρξάμενος λέγειν ὁ Κικέρων ὑπερφυῶς
881 ἐκίνει, καὶ προὔβαινεν αὐτῷ πάθει τε ποικίλος καὶ χάριτι
θαυμαστὸς ὁ λόγος, πολλὰς μὲν ἱέναι χρόας ἐπὶ τοῦ προσ-
ώπου τὸν Καίσαρα, πάσας δὲ τῆς ψυχῆς τρεπόμενον
τροπὰς κατάδηλον εἶναι, τέλος δὲ τῶν κατὰ Φάρσαλον
ἁψαμένου τοῦ ῥήτορος ἀγώνων, ἐκπαθῆ γενόμενον τινα-
χθῆναι τῷ σώματι καὶ τῆς χειρὸς ἐκβαλεῖν ἔνια τῶν γραμ- 278 S
ματείων. τὸν δ' οὖν ἄνθρωπον ἀπέλυσε τῆς αἰτίας βεβια-
σμένος.

40. Ἐκ τούτου Κικέρων, εἰς μοναρχίαν τῆς πολιτείας
μεθεστώσης, ἀφέμενος τοῦ τὰ κοινὰ πράττειν ἐσχόλαζε
τοῖς βουλομένοις φιλοσοφεῖν τῶν νέων, καὶ σχεδὸν ἐκ τῆς
πρὸς τούτους συνηθείας, εὐγενεστάτους καὶ πρώτους
b 2 ὄντας, αὖθις ἴσχυεν ἐν τῇ πόλει μέγιστον. αὐτῷ δ' ἔργον
μὲν ἦν τότε τοὺς φιλοσόφους συντελεῖν διαλόγους καὶ
μεταφράζειν, καὶ τῶν διαλεκτικῶν ἢ φυσικῶν ὀνομάτων

5 Plut. Caes. 54, 3 et ibi l. l.

[(**N** *U* =)**N** (**A B C E** =)Υ] **2** *ἀπαντῶντα* Υ: *ἀπάντων* **N** || **3** ⟨*μόνος*⟩ *μόνῳ* Naber || **13** *γε* om. Υ | *ἄνθρωπος* **N** (*ἅνθρωπος* Graux): *ἀνὴρ* Υ (*ὁ ἀνὴρ* Sch.) || **17** *τῇ ψυχῇ* **N** || **20** *γραμματίων* **BCE** et s. s. **A** || **21** *δ' οὖν* **N**: *γοῦν* Υ || **24** *ἀφελόμενος* **N** || **27** *ἴσχυσεν* **N** || **28** *τότε* **N**: *τὸ* Υ || **29** post *μεταφράζειν* add. *πλάτωνος* **NA**[m] (unde *τοὺς Πλάτωνος* Graux Hude)

ἕκαστον εἰς τὴν Ῥωμαϊκὴν μεταβάλλειν διάλεκτον· ἐκεῖ-
νος γάρ ἐστιν ὥς φασιν ὁ καὶ τὴν φαντασίαν καὶ τὴν ἐπο-
403 L χὴν καὶ τὴν συγκατάθεσιν καὶ τὴν κατάληψιν, ἔτι δὲ τὴν
ἄτομον, τὸ ἀμερές, τὸ κενὸν καὶ ἄλλα πολλὰ τῶν τοιού-
των ἐξονομάσας πρῶτος ἢ μάλιστα Ῥωμαίοις, τὰ μὲν
μεταφοραῖς, τὰ δ' οἰκειότησιν ἄλλαις γνώριμα καὶ προσ-
ήγορα μηχανησάμενος. τῇ δὲ πρὸς τὴν ποίησιν εὐκολίᾳ 3 c
παίζων ἐχρῆτο· λέγεται γάρ, ὁπηνίκα ῥυείη πρὸς τὸ
τοιοῦτον, τῆς νυκτὸς ἔπη ποιεῖν πεντακόσια.

Τὸν μὲν οὖν πλεῖστον τοῦ χρόνου τούτου περὶ Τοῦσκλον
ἐν χωρίοις αὐτοῦ διάγων, ἔγραφε πρὸς τοὺς φίλους Λαέρ-
του βίον ζῆν, εἴτε παίζων ὡς ἔθος εἶχεν, εἴθ' ὑπὸ φιλοτι-
μίας σπαργῶν πρὸς τὴν πολιτείαν καὶ ἀδημονῶν τοῖς
καθεστῶσι. σπάνιον δ' εἰς ἄστυ θεραπείας ἕνεκα τοῦ 4
Καίσαρος κατῄει, καὶ πρῶτος ἦν τῶν συναγορευόντων
ταῖς τιμαῖς καὶ λέγειν ἀεί τι καινὸν εἰς τὸν ἄνδρα καὶ τὰ
πραττόμενα φιλοτιμουμένων. οἷόν ἐστι καὶ τὸ περὶ τῶν
Πομπηίου λεχθὲν εἰκόνων, ἃς ἀνῃρημένας καὶ καταβε-
βλημένας ὁ Καῖσαρ ἐκέλευσεν ἀνασταθῆναι, καὶ ἀνεστά- d
θησαν. ἔφη γὰρ ὁ Κικέρων, ὅτι ταύτῃ τῇ φιλανθρωπίᾳ 5
Καῖσαρ τοὺς μὲν Πομπηίου ἵστησι, τοὺς δ' αὑτοῦ πή-
γνυσιν ἀνδριάντας.

279 S **41.** Διανοούμενος δ' ὡς λέγεται τὴν πάτριον ἱστορίαν
γραφῇ περιλαβεῖν, καὶ πολλὰ συμμεῖξαι τῶν Ἑλληνικῶν,
καὶ ὅλως τοὺς συνηγμένους λόγους αὐτῷ καὶ μύθους ἐν-

17 Plut. Caes. 57, 6 mor. 91a 205e Suet. Caes. 75, 4 Cass. Dio 43, 49, 1 Polyaen. 8, 23, 31

[(**N** *U* =)**N** (**ABCE** =) Γ] **1** *τὴν* om. Υ | *μεταβαλεῖν* **N** ‖ **2. 3** *καὶ τὴν συγκατάθεσιν καὶ τὴν ἐποχὴν* Υ ‖ **3** *δὲ τὴν* **N**: *δὲ τὸ* Υ ‖ **4** *κενὸν* *U*, s. s. **A**: *καινὸν* **N**Υ | *καὶ ἄλλα* **N**: *ἄλλα τε* Υ ‖ **5** *καὶ τὰ μὲν* **N** ‖ **8** *ἐρρύη* **N** ‖ **8. 9** *τῷ τοιούτῳ* **N** ‖ **10** *τὸν* **N**: *τὸ* Υ ‖ **13** *ἀδημονῶν* **NA**m: *ἀθυμῶν* Υ ‖ **14** *σπανίως* Υ ‖ **17** *τὸ* Υ: *τῶν* **N** ‖ **17. 18** *τῶν πομπηίου* Υ: *πομπήιον* **N** *πομπήϊον*, s. s. *ου*, *U* ‖ **19** *καὶ ἀνεστάθησαν* del. Cob., sed cf. Sulla 32, 3 ‖ **25** *ὅλους* **N** | *συνηγμένους* **N**: *εἰρημένους* Υ

ταῦθα τρέψαι, πολλοῖς μὲν δημοσίοις, πολλοῖς δὲ ἰδίοις
κατελήφθη πράγμασιν ἀβουλήτοις καὶ πάθεσιν, ὧν αὐθαί-
a. 46 2 ρετα δοκεῖ τὰ πλεῖστα συμβῆναι. πρῶτον μὲν γὰρ ἀπεπέμ- 404 L
ψατο τὴν γυναῖκα Τερεντίαν, ἀμεληθεὶς ὑπ' αὐτῆς παρὰ
e τὸν πόλεμον, ὥστε καὶ τῶν ἀναγκαίων ἐφοδίων ἐνδεὴς
ἀποσταλῆναι, καὶ μηδ' ὅτε κατῆρεν αὖθις εἰς Ἰταλίαν
3 τυχεῖν εὐγνώμονος. αὐτὴ μὲν γὰρ οὐκ ἦλθεν, ἐν Βρεντε-
σίῳ διατρίβοντος αὐτοῦ πολὺν χρόνον, ἐρχομένῃ δὲ τῇ
θυγατρί, παιδίσκῃ νέᾳ, τοσαύτην ὁδὸν οὐ πομπὴν πρέ-
πουσαν, οὐ χορηγίαν παρέσχεν, ἀλλὰ καὶ τὴν οἰκίαν τῷ
Κικέρωνι πάντων ἔρημον καὶ κενὴν ἀπέδειξεν ἐπὶ πολλοῖς
ὀφλήμασι καὶ μεγάλοις. αὗται γάρ εἰσιν αἱ λεγόμεναι τῆς
4 διαστάσεως εὐπρεπέσταται προφάσεις. τῇ δὲ Τερεντίᾳ
καὶ ταύτας ἀρνουμένῃ λαμπρὰν ἐποίησε τὴν ἀπολογίαν
f αὐτὸς ἐκεῖνος, μετ' οὐ πολὺν χρόνον γήμας παρθένον, ὡς
μὲν ἡ Τερεντία κατεφήμιζεν, ἔρωτι τῆς ὥρας, ὡς δὲ Τί-
ρων ὁ τοῦ Κικέρωνος ἀπελεύθερος γέγραφεν (HRR II 6),
5 εὐπορίας ἕνεκα πρὸς διάλυσιν δανείων. ἦν γὰρ ἡ παῖς
πλουσία σφόδρα, καὶ τὴν οὐσίαν αὐτῆς ὁ Κικέρων ἐν πί-
στει κληρονόμος ἀπολειφθεὶς διεφύλαττεν. ὀφείλων δὲ πολ-
λὰς μυριάδας, ὑπὸ τῶν φίλων καὶ οἰκείων ἐπείσθη τὴν
παῖδα γῆμαι παρ' ἡλικίαν καὶ τοὺς δανειστὰς ἀπαλλάξαι
882 6 τοῖς ἐκείνης χρησάμενος. Ἀντώνιος δὲ τοῦ γάμου μνη-
σθεὶς ἐν ταῖς πρὸς τοὺς Φιλιππικοὺς ἀντιγραφαῖς, ἐκβαλεῖν
φησιν αὐτὸν γυναῖκα παρ' ἣν ἐγήρασε, χαριέντως ἅμα
τὴν οἰκουρίαν ὡς ἀπράκτου καὶ ἀστρατεύτου παρασκώ-
7 πτων τοῦ Κικέρωνος. γήμαντι δ' αὐτῷ μετ' οὐ πολὺν χρό- 280 S
Febr. 45 νον ἡ θυγάτηρ ἀπέθανε τίκτουσα παρὰ Λέντλῳ· τούτῳ 405 L

3 sq. Cass. D. 46, 18, 3 Cic. fam. 4, 14, 3 || 27 Ascon. in Pis. fr. 11

[(**N** *U* =)**N** (**A B C E** =)**Υ**] **1** *τρέψαι* **N**: *γράψαι* **Υ** | *πολλοῖς μὲν ἰδίοις πολλοῖς δὲ δημοσίοις* **N** || **3** *τὰ* **NA**^{m}: om. **Υ** || **7** *αὐτὴ* Wytt.: *αὕτη* || **16** *Τίρων* Sch.: *τήρων*, cf. p. 367, 27 || **18** *ἕνεκεν* **Υ** || **19** *σφόδρα πλουσία* **Υ** || **20** *ἀποδειχθεὶς* Cast. || **21** *ἔπεισε* **N** || **23** *χρησάμενον* **Υ** || **25** *αὐτόν φησι* **Υ** | *καὶ γυναῖκα* **N** | *παρ' ᾗ ἐγήρασε* **Υ**

γὰρ ἐγαμήθη μετὰ τὴν Πείσωνος τοῦ προτέρου ἀνδρὸς
τελευτήν· καὶ συνῆλθον μὲν ἐπὶ τὴν παραμυθίαν τῷ 8
Κικέρωνι πανταχόθεν οἱ φιλόσοφοι, βαρέως δ' ἄγαν ἤνεγ-
κε τὸ συμβεβηκός, ὥστε καὶ τὴν γαμηθεῖσαν ἀποπέμ-
ψασθαι, δόξασαν ἡσθῆναι τῇ τελευτῇ τῆς Τυλλίας.

42. Τὰ μὲν οὖν κατ' οἶκον οὕτως εἶχε τῷ Κικέρωνι. b
τῆς δ' ἐπὶ Καίσαρα συνισταμένης πράξεως οὐ μετέσχε,
καίπερ ὢν ἑταῖρος ἐν τοῖς μάλιστα Βρούτου καὶ βαρύνε-
σθαι τὰ παρόντα καὶ τὰ πάλαι ποθεῖν πράγματα δοκῶν
ὡς ἕτερος οὐδείς. ἀλλ' ἔδεισαν οἱ ἄνδρες αὐτοῦ τήν τε 2
φύσιν ὡς ἐνδεᾶ τόλμης τόν τε χρόνον, ἐν ᾧ καὶ ταῖς ἐρρω-
μενεστάταις φύσεσιν ἐπιλείπει τὸ θαρρεῖν. ὡς δ' οὖν ἐπέ- 3
πρακτο τοῖς περὶ Βροῦτον καὶ Κάσσιον τὸ ἔργον, καὶ Id. Mart. 44
τῶν Καίσαρος φίλων συνισταμένων ἐπὶ τοὺς ἄνδρας αὖ-
θις ἦν δέος ἐμφυλίοις πολέμοις περιπετῆ γενέσθαι τὴν
πόλιν, Ἀντώνιος μὲν ὑπατεύων τὴν βουλὴν συνήγαγε καὶ 16. Mart. 44
βραχέα διελέχθη περὶ ὁμονοίας, Κικέρων δὲ πολλὰ πρὸς c
τὸν καιρὸν οἰκείως διελθών, ἔπεισε τὴν σύγκλητον Ἀθη-
ναίους μιμησαμένην ἀμνηστίαν τῶν ἐπὶ Καίσαρι ψηφί-
σασθαι, νεῖμαι δὲ τοῖς περὶ Κάσσιον καὶ Βροῦτον ἐπαρ-
χίας. ἔσχε δὲ τούτων τέλος οὐδέν. ὁ γὰρ δῆμος αὐτὸς μὲν 4
ἀφ' ἑαυτοῦ πρὸς οἶκτον ἐξαχθείς, ὡς εἶδε τὸν νεκρὸν ἐκ-
κομιζόμενον δι' ἀγορᾶς, Ἀντωνίου δὲ καὶ τὴν ἐσθῆτα δεί-
ξαντος αὐτοῖς αἵματος κατάπλεων καὶ κεκομμένην πάντῃ
406 L τοῖς ξίφεσιν, ἐκμανέντες ὑπ' ὀργῆς ἐν ἀγορᾷ ζήτησιν

7 Plut. Brut. 12, 2 Cic. Phil. 2, 25sq. fam. 12, 2, 1. 3, 1 || **16** Plut. Brut. 19 Caes. 67, 8 Ant. 14, 3. 4 App. civ. 2, 593sq. 3, 55 Cass. D. 44, 22, 3—34, 7 Zon. 10, 12 Nic. Dam. 17, 49 Cic. Phil. 1, 31. 32. 2, 90 Liv. per. 116 Vell. 2, 58, 3 || **21** Plut. Brut. 20 Caes. 68 Ant. 14, 6—8 App. civ. 2, 596—614 Cass. D. 44, 35—50 Zon. 10, 12 Nic. Dam. 17, 48—50 Cic. Phil. 2, 90. 91 Att. 14, 10, 1 Suet. Caes. 83—85

[(**N** *U* =)**N** (**ABCE** =)Υ] **1.2** *τελευτὴν ἀνδρός* Cast. || **3** *φιλόσοφοι*] *φίλοι* Volkmann | *δ'* Υ: *γὰρ* **N** || **4** *ἀποπέμπεσθαι* **N** || **5** *τουλλίας* **N** || **7** *καίσαρι* **N** || **9** *πάλαι* Υ: *παλαιὰ* **N** || **17** *πολλὰ* om. **N** || **23** *καὶ* om. **N** || **25** *ἐμμανέντες* **N**

ἐποιοῦντο τῶν ἀνδρῶν, καὶ πῦρ ἔχοντες ἐπὶ τὰς οἰκίας
5 ἔθεον ὡς ὑφάψοντες. οἱ δὲ τοῦτον μὲν τῷ προπεφυλά-
d χθαι διέφυγον τὸν κίνδυνον, ἑτέρους δὲ πολλοὺς καὶ μεγά-
λους προσδοκῶντες, ἐξέλιπον τὴν πόλιν.

43. Εὐθὺς οὖν ὁ Ἀντώνιος ἐπῆρτο, καὶ πᾶσι μὲν ἦν 281 S
φοβερὸς ὡς μοναρχήσων, τῷ δὲ Κικέρωνι φοβερώτατος.
ἀναρρωννυμένην τε γὰρ αὐτῷ πάλιν ὁρῶν τὴν δύναμιν
ἐν τῇ πολιτείᾳ καὶ τοῖς περὶ Βροῦτον ἐπιτήδειον εἰδώς,
2 ἤχθετο παρόντι. καί πού τι καὶ προϋπῆρχεν ὑποψίας
αὐτοῖς πρὸς ἀλλήλους κατὰ τὴν τῶν βίων ἀνομοιότητα
3 καὶ διαφοράν. ταῦτα δὴ δείσας ὁ Κικέρων πρῶτον μὲν
ὥρμησε πρεσβευτὴς Δολοβέλλᾳ συνεκπλεῦσαι εἰς Συ-
e ρίαν· ἐπεὶ δ' οἱ μέλλοντες ὑπατεύειν μετ' Ἀντώνιον, Ἵρ-
τιος καὶ Πάνσας, ἄνδρες ἀγαθοὶ καὶ ζηλωταὶ τοῦ Κικέ-
ρωνος, ἐδέοντο μὴ σφᾶς ἐγκαταλιπεῖν, ἀναδεχόμενοι κατα-
λύσειν τὸν Ἀντώνιον ἐκείνου παρόντος, ὁ δ' οὔτ' ἀπιστῶν
παντάπασιν οὔτε πιστεύων, Δολοβέλλαν μὲν εἴασε χαί-
ρειν, ὁμολογήσας δὲ τοῖς περὶ τὸν Ἵρτιον τὸ θέρος ἐν
Ἀθήναις διάξειν, ὅταν δ' ἐκεῖνοι παραλάβωσι τὴν ἀρχήν,
4 ἀφίξεσθαι πάλιν, αὐτὸς καθ' ἑαυτὸν ἐξέπλευσε. γενομέ-
νης δὲ περὶ τὸν πλοῦν διατριβῆς, καὶ λόγων ἀπὸ Ῥώμης
οἷα φιλεῖ καινῶν προσπεσόντων, μεταβεβλῆσθαι μὲν Ἀν-
f τώνιον θαυμαστὴν μεταβολὴν καὶ πάντα πράττειν καὶ πο-
λιτεύεσθαι πρὸς τὴν σύγκλητον, ἐνδεῖν δὲ τῆς ἐκείνου
παρουσίας τὰ πράγματα μὴ τὴν ἀρίστην ἔχειν διάθεσιν,
καταμεμψάμενος αὐτὸς αὑτοῦ τὴν πολλὴν εὐλάβειαν ἀνέ-
5 στρεψεν αὖθις εἰς Ῥώμην. καὶ τῶν πρώτων οὐ διήμαρτεν 407 L
ἐλπίδων. τοσοῦτο πλῆθος ἀνθρώπων ὑπὸ χαρᾶς καὶ πό-

11 Cic. Att. 15, 11, 4. 18, 1. 19, 2. 20, 1. 29, 1. Phil. 1, 6 ‖ **18** Cic. Att. 15, 25. 16, 1. 4. 6, 2. 7, 2 Phil. 1, 6–9. 2, 76

[(**N** *U* =)**N** (**A B C E** =)Υ] **6** *φοβερὸς* Υ: *φανερὸς* **N** ‖ **7** *γὰρ* om. **N** ‖ **11** *δὴ* om. Υ ‖ **12** *δολοβέλλῳ* **N** | *συνεκπλεῦσαι δολοβέλλᾳ πρεσβευτὴς* Sint. | *συνεκπλεῖν* Cast. ‖ **13** *ἔπειτα δ'* Erbse ‖ **14** *πάσσας* Υ ‖ **15** *καταλιπεῖν* Υ | *ὑποδεχόμενοι* Υ ‖ **16** *τὸν* om. Υ ‖ **26** *ἀνέστρεφεν* Υ ‖ **27** *διημάρτανεν* Υ ‖ **28** *τοσοῦτον* Υ | *ἀνθρώπων— πόθου* om. Υ

θου πρὸς τὴν ἀπάντησιν ἐξεχύθη, καὶ σχεδὸν ἡμερήσιον ἀνάλωσαν χρόνον αἱ περὶ τὰς πύλας καὶ τὴν εἴσοδον αὐτοῦ
δεξιώσεις καὶ φιλοφροσύναι. τῇ δ' ὑστεραίᾳ βουλὴν συνα- 6 1. Sept.
γαγόντος Ἀντωνίου καὶ καλοῦντος αὐτόν, οὐκ ἦλθεν, ἀλλὰ 883 44
κατέκειτο, μαλακῶς ἔχειν ἐκ τοῦ κόπου σκηπτόμενος. ἐδόκει δὲ τὸ ἀληθὲς ἐπιβουλῆς εἶναι φόβος ἔκ τινος ὑπο-
ψίας καὶ μηνύσεως καθ' ὁδὸν αὐτῷ προσπεσούσης. Ἀν- 7
282 S τώνιος δὲ χαλεπῶς μὲν ἔσχεν ἐπὶ τῇ διαβολῇ καὶ στρατιώτας ἔπεμψεν, ἄγειν αὐτὸν ἢ καταπρῆσαι τὴν οἰκίαν κελεύσας, ἐνστάντων δὲ πολλῶν καὶ δεηθέντων, ἐνέχυρα λαβὼν
μόνον ἐπαύσατο, καὶ τὸ λοιπὸν οὕτως ἀντιπαρεξιόντες 8
ἀτρέμα καὶ φυλαττόμενοι διετέλουν, ἄχρι οὗ Καῖσαρ ὁ νέος ἐξ Ἀπολλωνίας παραγενόμενος τόν τε κλῆρον ἀνε-
δέξατο τοῦ Καίσαρος ἐκείνου καὶ περὶ τῶν δισχιλίων πεν- b
τακοσίων μυριάδων, ἃς ὁ Ἀντώνιος ἐκ τῆς οὐσίας κατεῖχεν, εἰς διαφορὰν κατέστη πρὸς αὐτόν.

44. Ἐκ δὲ τούτου Φίλιππος ὁ τὴν μητέρα τοῦ νέου Καίσαρος ἔχων καὶ Μάρκελλος ὁ τὴν ἀδελφὴν ἀφικόμενοι μετὰ τοῦ νεανίσκου πρὸς τὸν Κικέρωνα συνέθεντο, Κικέρωνα μὲν ἐκείνῳ τὴν ἀπὸ τοῦ λόγου καὶ τῆς πολιτείας δύναμιν ἔν τε τῇ βουλῇ καὶ τῷ δήμῳ παρέχειν, ἐκεῖνον δὲ Κικέρωνι τὴν ἀπὸ τῶν χρημάτων καὶ τῶν ὅπλων ἀσφάλειαν. ἤδη γὰρ οὐκ ὀλίγους τῶν ὑπὸ Καίσαρι στρατευσα-
408 L μένων περὶ αὐτὸν εἶχε τὸ μειράκιον. ἐδόκει δὲ καὶ μείζων 2
τις αἰτία γεγονέναι τοῦ τὸν Κικέρωνα δέξασθαι προθύ-
μως τὴν Καίσαρος φιλίαν. ἔτι γὰρ ὡς ἔοικε Πομπηίου 3 c
ζῶντος καὶ Καίσαρος, ἔδοξε κατὰ τοὺς ὕπνους ὁ Κικέρων καλεῖν τινα τοὺς τῶν συγκλητικῶν παῖδας εἰς τὸ Καπι-

3 Cic. Phil. 1, 11. 12. 27. 5, 18. 19 || **17** Cic. Att. 15, 12, 2 || **24** Cass. D. 45, 2, 2 Suet. Aug. 94, 9 Tertull. de anima 46, 7

[(**N** *U* =)**N** (**ABCE** =)Υ] **2** ἀνήλωσαν Υ || **6** δὲ τἀληθὲς Υ || **8** εἶχεν Υ | στρατιώτας] *fabros* Phil. 5, 19 (1; 12) || **9** αὐτὸν ἄγειν **N** | καταπρῆσαι] *domum meam disturbaturum esse* Phil. 5, 19 || **15** ὁ om. Υ || **19** τὸν om. **N** || **20** καὶ **N**: καὶ τὴν ἀπὸ Υ || **23** ὑπὸ τοῦ καίσαρος **N** || **24** δοκεῖ Ri. cl. Gracch. 8, 5 || **26** πομπηίου Υ: καὶ πομπηίου **N** || **28** τινας Υ

τώλιον, ὡς μέλλοντος ἐξ αὐτῶν ἕνα τοῦ Διὸς ἀποδεικνύ-
ναι τῆς Ῥώμης ἡγεμόνα· τοὺς δὲ πολίτας ὑπὸ σπουδῆς
θέοντας ἵστασθαι περὶ τὸν νεών, καὶ τοὺς παῖδας ἐν ταῖς
4 περιπορφύροις καθέζεσθαι σιωπὴν ἔχοντας. ἐξαίφνης δὲ
τῶν θυρῶν ἀνοιχθεισῶν, καθ᾽ ἕνα τῶν παίδων ἀνιστά-
μενον κύκλῳ περὶ τὸν θεὸν παραπορεύεσθαι, τὸν δὲ πάν-
τας ἐπισκοπεῖν καὶ ἀποπέμπειν ἀχθομένους. ὡς δ᾽ οὗτος
ἦν προσιὼν κατ᾽ αὐτόν, ἐκτεῖναι τὴν δεξιὰν καὶ εἰπεῖν „ὦ
Ῥωμαῖοι, πέρας ὑμῖν ἐμφυλίων πολέμων οὗτος ἡγεμὼν
d 5 γενόμενος.“ τοιοῦτό φασιν ἐνύπνιον ἰδόντα τὸν Κικέρωνα,
τὴν μὲν ἰδέαν τοῦ παιδὸς ἐκμεμάχθαι καὶ κατέχειν ἐναρ-
γῶς, αὐτὸν δ᾽ οὐκ ἐπίστασθαι. μεθ᾽ ἡμέραν δὲ καταβαί- 283 S
νοντος εἰς τὸ πεδίον τὸ Ἄρειον αὐτοῦ, τοὺς παῖδας ἤδη
γεγυμνασμένους ἀπέρχεσθαι, κἀκεῖνον ὀφθῆναι τῷ Κικέ-
ρωνι πρῶτον οἷος ὤφθη καθ᾽ ὕπνον· ἐκπλαγέντα δὲ πυν-
6 θάνεσθαι τίνων εἴη γονέων. ἦν δὲ πατρὸς μὲν Ὀκταουΐου
τῶν οὐκ ἄγαν ἐπιφανῶν, Ἀττίας δὲ μητρός, ἀδελφιδῆς
Καίσαρος. ὅθεν Καῖσαρ αὐτῷ παῖδας οὐκ ἔχων ἰδίους καὶ
τὴν οὐσίαν ἑαυτοῦ καὶ τὸν οἶκον ἐν ταῖς διαθήκαις ἔδωκεν. 409 L
e 7 ἐκ τούτου φασὶ τὸν Κικέρωνα τῷ παιδὶ κατὰ τὰς ἀπαντή-
σεις ἐντυγχάνειν ἐπιμελῶς, κἀκεῖνον οἰκείως δέχεσθαι τὰς
φιλοφροσύνας· καὶ γὰρ ἐκ τύχης αὐτῷ γεγονέναι συμβεβή-
κει Κικέρωνος ὑπατεύοντος.

45. Αὗται μὲν οὖν ἴσως προφάσεις ἦσαν λεγόμεναι· τὸ
δὲ πρὸς Ἀντώνιον μῖσος Κικέρωνα πρῶτον, εἶθ᾽ ἡ φύσις
ἥττων οὖσα τιμῆς προσεποίησε Καίσαρι, νομίζοντα προσ-
2 λαμβάνειν τῇ πολιτείᾳ τὴν ἐκείνου δύναμιν. οὕτω γὰρ
ὑπῄει τὸ μειράκιον αὐτόν, ὥστε καὶ πατέρα προσαγορεύ-
ειν. ἐφ᾽ ᾧ σφόδρα Βροῦτος ἀγανακτῶν ἐν ταῖς πρὸς Ἀττι-

29 Brut. ad Cic. 1, 16, 7

[(N*U* =)N (**ABCE** =)Υ] **1** ἀποδεικνύειν Υ ‖ **3** ἐν τοῖς Υ ‖ **5** ἀνισταμένων Υ ‖ **6** περὶ Υ: παρὰ **N** ‖ **8** δεξιὰν αὐτῷ **N** ‖ **10** τοιοῦτόν Υ ‖ **13** αὐτοῦ που **N** ‖ **15** οἷος Υ: οἷς **N** ‖ **16** μὲν om. Υ ‖ **17** ἀστείας **N** | ἀδελφῆς Υ ‖ **18** καὶ om. Υ ‖ **19** ἑαυτοῦ om. **N** ‖ **22** αὐτὸν **N** ‖ **24** ἴσως om. Υ ‖ **26** ἥττων μὲν **N** | νομίζοντι **N** ‖ **27** τῇ ⟨ἑαυτοῦ⟩ πολιτείᾳ Rei. ‖ **28** τὸ **N**: πρὸς τὸ Υ ‖ **29** σφόδρα καὶ βροῦτος **N** | ἄττιον Υ

κὸν ἐπιστολαῖς (Brut. 1, 17, 5) καθήψατο τοῦ Κικέρωνος,
ὅτι διὰ φόβον Ἀντωνίου θεραπεύων Καίσαρα δῆλός ἐστιν f
οὐκ ἐλευθερίαν τῇ πατρίδι πράττων, ἀλλὰ δεσπότην φιλάν-
θρωπον αὑτῷ μνώμενος. οὐ μὴν ἀλλὰ τόν γε παῖδα τοῦ 3
Κικέρωνος ὁ Βροῦτος ἐν Ἀθήναις διατρίβοντα παρὰ τοῖς
φιλοσόφοις ἀναλαβὼν ἔσχεν ἐφ' ἡγεμονίαις, καὶ πολλὰ
χρώμενος αὐτῷ κατώρθου. τοῦ δὲ Κικέρωνος ἀκμὴν ἔσχεν 4
ἡ δύναμις ἐν τῇ πόλει τότε μεγίστην, καὶ κρατῶν ὅσον
ἐβούλετο τὸν μὲν Ἀντώνιον ἐξέκρουσε καὶ κατεστασίασε, 884
καὶ πολεμήσοντας αὐτῷ τοὺς δύο ὑπάτους, Ἵρτιον καὶ a. 43
Πάνσαν, ἐξέπεμψε, Καίσαρι δὲ ῥαβδούχους καὶ στρατηγι-
κὸν κόσμον, ὡς δὴ προπολεμοῦντι τῆς πατρίδος, ἔπεισε
284 S ψηφίσασθαι τὴν σύγκλητον. ἐπεὶ δ' Ἀντώνιος μὲν ἥττητο,
τῶν δ' ὑπάτων ἀμφοτέρων ἐκ τῆς μάχης ἀποθανόντων
410 L πρὸς Καίσαρα συνέστησαν αἱ δυνάμεις, δείσασα δ' ἡ βουλὴ 5
νέον ἄνδρα καὶ τύχῃ λαμπρᾷ κεχρημένον, ἐπειρᾶτο τιμαῖς
καὶ δωρεαῖς ἀποκαλεῖν αὐτοῦ τὰ στρατεύματα καὶ περι-
σπᾶν τὴν δύναμιν, ὡς μὴ δεομένη τῶν προπολεμούντων
Ἀντωνίου πεφευγότος, οὕτως ὁ Καῖσαρ φοβηθεὶς ὑπέπεμπε b
τῷ Κικέρωνι τοὺς δεομένους καὶ πείθοντας, ὑπατείαν μὲν
ἀμφοτέροις ὁμοῦ πράττειν, χρῆσθαι δὲ τοῖς πράγμασιν
ὅπως αὐτὸς ἔγνωκε παραλαβόντα τὴν ἀρχήν, καὶ τὸ μει-
ράκιον διοικεῖν, ὀνόματος καὶ δόξης γλιχόμενον. ὁμολο- 6
γεῖ δ' οὖν ὁ Καῖσαρ αὐτός (HHR II 56), ὡς δεδιὼς κατάλυ-
σιν καὶ κινδυνεύων ἔρημος γενέσθαι χρήσαιτο τῇ Κικέρω-
νος ἐν δέοντι φιλαρχίᾳ, προτρεψάμενος αὐτὸν ὑπατείαν
μετιέναι συμπράττοντος αὐτοῦ καὶ συναρχαιρεσιάζοντος.

7 Plut. Ant. 17 App. civ. 3, 50, 191 sqq. Cass. D. 46, 29 sqq. al. || 19 Cass. D. 46, 42, 2 App. civ. 3, 336–339

[(N U =)N (A B C E =)Υ] 2 θεραπεύοντος Υ | δῆλόν N || 4 τοῦ om. Υ || 6 ἡγεμονίας: em. Rei. || 8 ὅσων Υ || 14 ἀποθανόντων ἐκ τῆς μάχης Υ || 15 δ' om. Υ || 20 τῷ om. N || 21 ἀμφοτέρους N || 22 παραλαμβάνοντα Υ || 23 ὡμολόγει: em. Madvig || 24 δ' οὖν ὁ Zie.: δὲ ὃν N δὲ ὧν U δὲ Υ δ' ὁ Graux δὲ καὶ Rei.

46. Ἐνταῦθα μέντοι μάλιστα Κικέρων ἐπαρθεὶς ὑπὸ
νέου γέρων καὶ φενακισθεὶς καὶ συναρχαιρεσιάσας καὶ
c παρασχὼν αὐτῷ τὴν σύγκλητον, εὐθὺς μὲν ὑπὸ τῶν φίλων
αἰτίαν ἔσχεν, ὀλίγῳ δ' ὕστερον αὑτὸν ἀπολωλεκὼς ᾔσθετο
2 καὶ τοῦ δήμου προέμενος τὴν ἐλευθερίαν. αὐξηθεὶς γὰρ ὁ
νεανίας καὶ τὴν ὑπατείαν λαβών, Κικέρωνα μὲν εἴασε χαί-
ρειν, Ἀντωνίῳ δὲ καὶ Λεπίδῳ φίλος γενόμενος καὶ τὴν
δύναμιν εἰς τὸ αὐτὸ συνενεγκών, ὥσπερ ἄλλο τι κτῆμα
τὴν ἡγεμονίαν ἐνείματο πρὸς αὐτούς, καὶ κατεγράφησαν
3 ἄνδρες οὓς ἔδει θνῄσκειν ὑπὲρ διακοσίους. πλείστην δὲ
τῶν ἀμφισβητημάτων αὐτοῖς ἔριν ἡ Κικέρωνος προγραφὴ
παρέσχεν, Ἀντωνίου μὲν ἀσυμβάτως ἔχοντος, εἰ μὴ πρῶτος 411 L
d ἐκεῖνος ἀποθνῄσκοι, Λεπίδου δ' Ἀντωνίῳ προστιθεμέ-
4 νου, Καίσαρος δὲ πρὸς ἀμφοτέρους ἀντέχοντος. ἐγίγνοντο
δ' αἱ σύνοδοι μόνοις ἀπόρρητοι περὶ πόλιν Βονωνίαν ἐφ'
ἡμέρας τρεῖς, καὶ συνῄεσαν εἰς τόπον τινὰ πρόσω τῶν 285 S
5 στρατοπέδων, ποταμῷ περιρρεόμενον. λέγεται δὲ τὰς πρώ-
τας ἡμέρας διαγωνισάμενος ὑπὲρ τοῦ Κικέρωνος ὁ Καῖσαρ
ἐνδοῦναι τῇ τρίτῃ καὶ προέσθαι τὸν ἄνδρα. τὰ δὲ τῆς
ἀντιδόσεως οὕτως εἶχεν. ἔδει Κικέρωνος μὲν ἐκστῆναι
Καίσαρα, Παύλου δὲ τἀδελφοῦ Λέπιδον, Λευκίου δὲ
Καίσαρος Ἀντώνιον, ὃς ἦν θεῖος αὐτῷ πρὸς μητρός.
6 οὕτως ἐξέπεσον ὑπὸ θυμοῦ καὶ λύσσης τῶν ἀνθρωπίνων
e λογισμῶν, μᾶλλον δ' ἀπέδειξαν ὡς οὐδὲν ἀνθρώπου θηρίον
ἐστὶν ἀγριώτερον ἐξουσίαν πάθει προσλαβόντος.

47. Πραττομένων δὲ τούτων ὁ Κικέρων ἦν μὲν ἐν ἀγροῖς
ἰδίοις περὶ Τοῦσκλον, ἔχων τὸν ἀδελφὸν σὺν αὐτῷ· πυθό-

5 Plut. Ant. 19 Cass. D. 46, 52. 55sqq. App. civ. 3, 396–398 Mon. Anc. 1 Flor. 2, 16 CIL I p. 440. 466 ‖ **10** Plut. Ant. 19, 2. 3 Cass. D. 47, 6 App. civ. 4, 16 Vell. Pat. 2, 66, 1. 2 Flor. 2, 16 Suet. Aug. 27, 1 de vir. ill. 81, 6 Oros. 6, 18, 11 ‖ **17–25** Phot. bibl. 395a ‖ cap. 47–48 App. civ. 4, 19, 73sq. Sen. suas. 6, 17sq. Vell. Pat. 2, 66, 3–5 Oros. 6, 18, 11 de vir. ill. 81, 6

[(N*U* =)N(ABCE =)Υ] **2** *συναρχαιρεσίας* N ‖ **4** *εἶχεν* Υ ‖ **5** *προέμενος* C: *προιέμενος* NΥ ‖ **8** *ταὐτὸ* Υ ‖ **14** *ἐγίνοντο* Υ ‖ **19** *ἄνδρα*] *φίλον* Phot. ‖ **20** *μὲν* add. Phot. ‖ **21** *δὲ τοῦ ἀδελφιδοῦ* N ‖ **24** *θηρίον ἀνθρώπου* Phot. ‖ **26** *ἐν* om. N ‖ **27** *σὺν αὐτῷ* N: *μεθ' αὑτοῦ* Υ

μενοι δὲ τὰς προγραφάς, ἔγνωσαν εἰς Ἄστυρα μεταβῆναι,
χωρίον παράλιον τοῦ Κικέρωνος, ἐκεῖθεν δὲ πλεῖν εἰς
Μακεδονίαν πρὸς Βροῦτον· ἤδη γὰρ ὑπὲρ αὐτοῦ λόγος
ἐφοίτα κρατοῦντος. ἐκομίζοντο δ' ἐν φορείοις, ἀπειρη- 2
κότες ὑπὸ λύπης, καὶ κατὰ τὴν ὁδὸν ἐφιστάμενοι καὶ τὰ
φορεῖα παραβάλλοντες ἀλλήλοις προσωλοφύροντο. μᾶλ- 3
λον δ' ὁ Κόιντος ἠθύμει, καὶ λογισμὸς αὐτὸν εἰσῄει τῆς f
ἀπορίας· οὐδὲν γὰρ ἔφθη λαβεῖν οἴκοθεν, ἀλλὰ καὶ τῷ
Κικέρωνι γλίσχρον ἦν ἐφόδιον· ἄμεινον οὖν εἶναι τὸν
412 L μὲν Κικέρωνα προλαμβάνειν τῆς φυγῆς, αὐτὸν δὲ μετα-
θεῖν οἴκοθεν συσκευασάμενον. ταῦτ' ἔδοξε, καὶ περιβα- 4
λόντες ἀλλήλους καὶ ἀνακλαυσάμενοι διελύθησαν. ὁ μὲν
οὖν Κόιντος οὐ πολλαῖς ὕστερον ἡμέραις ὑπὸ τῶν οἰκε-
τῶν προδοθεὶς τοῖς ζητοῦσιν, ἀνῃρέθη μετὰ τοῦ παιδός.
ὁ δὲ Κικέρων εἰς Ἄστυρα κομισθεὶς καὶ πλοῖον εὑρών,
εὐθὺς ἐνέβη καὶ παρέπλευσεν ἄχρι Κιρκαίου πνεύματι 885
χρώμενος. ἐκεῖθεν δὲ βουλομένων εὐθὺς αἴρειν τῶν κυβερ- 5
νητῶν, εἴτε δείσας τὴν θάλασσαν, εἴτ' οὔπω παντάπασι
τὴν Καίσαρος ἀπεγνωκὼς πίστιν, ἀπέβη καὶ παρῆλθε
286 S πεζῇ σταδίους ἑκατὸν ὡς εἰς Ῥώμην πορευόμενος. αὖθις 6
δ' ἀλύων καὶ μεταβαλλόμενος, κατῄει πρὸς θάλασσαν εἰς
Ἄστυρα, κἀκεῖ διενυκτέρευσεν ἐπὶ δεινῶν καὶ ἀπόρων
λογισμῶν, ὅς γε καὶ παρελθεῖν εἰς τὴν Καίσαρος οἰκίαν
διενοήθη κρύφα καὶ σφάξας ἑαυτὸν ἐπὶ τῆς ἑστίας ἀλά-
στορα προσβαλεῖν. ἀλλὰ καὶ ταύτης αὐτὸν ἀπέκρουσε τῆς 7
ὁδοῦ δέος βασάνων, καὶ πολλὰ ταραχώδη καὶ παλίντροπα b
βουλεύματα τῇ γνώμῃ μεταλαμβάνων, παρέδωκε τοῖς
οἰκέταις ἑαυτὸν εἰς Καιήτας κατὰ πλοῦν κομίζειν, ἔχων
ἐκεῖ χωρία καὶ καταφυγὴν ὥρᾳ θέρους φιλάνθρωπον,
ὅταν ἥδιστον οἱ ἐτησίαι καταπνέωσιν. ἔχει δ' ὁ τόπος καὶ 8

[(N U =)N (A B C E =) Υ] **8** ἔφθη Br.: ἔφη || **10** προσλαμβάνειν N | τῇ φυγῇ Υ || **11** περιλαβόντες Υ || **15. 16** εὐθὺς εὑρὼν N || **16** κιρκαίρου Υ || **18** θάλατταν N || **20** πορευσόμενος Naber || **23** ὅς γε N: ὥστε Υ | οἰκίαν om. N || **25** ἀπέκρουε N || **26** πολλὰ Cor.: τἆλλα || **26.27** καὶ πάλιν προβουλεύματα Υ || **27** τῆς γνώμης Υ || **28** εἰς καπίτας Υ

ναὸν Ἀπόλλωνος μικρὸν ὑπὲρ τῆς θαλάσσης. ἐντεῦθεν
ἀρθέντες ἀθρόοι κόρακες ὑπὸ κλαγγῆς προσεφέροντο τῷ
πλοίῳ τοῦ Κικέρωνος ἐπὶ γῆν ἐρεσσομένῳ, καὶ κατα-
σχόντες ἐπὶ τὴν κεραίαν ἑκατέρωθεν οἱ μὲν ἐβόων, οἱ δ'
ἔκοπτον τὰς τῶν μηρυμάτων ἀρχάς, καὶ πᾶσιν ἐδόκει τὸ 413 L
9 σημεῖον εἶναι πονηρόν. ἀπέβη δ' οὖν ὁ Κικέρων, καὶ παρελ-
c θὼν εἰς τὴν ἔπαυλιν, ὡς ἀναπαυσόμενος κατεκλίθη. τῶν
δὲ κοράκων οἱ πολλοὶ μὲν ἐπὶ τῆς θυρίδος διεκάθηντο
φθεγγόμενοι θορυβῶδες, εἷς δὲ καταβὰς ἐπὶ τὸ κλινίδιον
ἐγκεκαλυμμένου τοῦ Κικέρωνος ἀπῆγε τῷ στόματι κατὰ
10 μικρὸν ἀπὸ τοῦ προσώπου τὸ ἱμάτιον. οἱ δ' οἰκέται ταῦθ'
ὁρῶντες καὶ κακίσαντες αὑτούς, εἰ περιμένουσι τοῦ δε-
σπότου φονευομένου θεαταὶ γενέσθαι, θηρία δ' αὐτῷ βοη-
θεῖ καὶ προκήδεται παρ' ἀξίαν πράττοντος, αὐτοὶ δ' οὐκ
ἀμύνουσι, τὰ μὲν δεόμενοι, τὰ δὲ βίᾳ λαβόντες ἐκόμιζον
ἐν τῷ φορείῳ πρὸς τὴν θάλασσαν.

48. Ἐν τούτῳ δ' οἱ σφαγεῖς ἐπῆλθον, ἑκατοντάρχης
d Ἑρέννιος καὶ Ποπίλλιος χιλίαρχος, ᾧ πατροκτονίας ποτὲ
δίκην φεύγοντι συνεῖπεν ὁ Κικέρων, ἔχοντες ὑπηρέτας.
2 ἐπεὶ δὲ τὰς θύρας κεκλεισμένας εὑρόντες ἐξέκοψαν, οὐ
φαινομένου τοῦ Κικέρωνος οὐδὲ τῶν ἔνδον εἰδέναι φασκόν- 287 S
των, λέγεται νεανίσκον τινά, τεθραμμένον μὲν ὑπὸ τοῦ
Κικέρωνος ἐν γράμμασιν ἐλευθερίοις καὶ μαθήμασιν, ἀπε-
λεύθερον δὲ Κοΐντου τοῦ ἀδελφοῦ, Φιλόλογον τοὔνομα,
φράσαι τῷ χιλιάρχῳ τὸ φορεῖον κομιζόμενον διὰ τῶν
καταφύτων καὶ συσκίων περιπάτων ἐπὶ τὴν θάλασσαν.

1 Val. Max. 1, 4, 6 App. civ. 4, 74 de vir. ill. 81, 6 || 17 Liv. per. 120 Val. Max. 5, 3, 4 Sen. contr. 7, 2, 8 App. civ. 4, 77 Cass. D. 47, 11

[(N *U*=)N (ABCE=)Υ] 1 θαλάττης Υ || 3 κατασχόντες N: καθίσαντες Υ || 6 πονηρὸν εἶναι N || 9 καταπτὰς Wytt. (κόρακες ἐσπτάντες App.) || 12 ἑαυτοὺς Υ || 12–15 περιμενοῦσι–ἀμυνοῦσι Cob. || 18 ἐρέννιος BCE: ἐρρέννιος A ἐρρένιος N, item infra | πίλλιος N πίλιος Υ: em. Xy. || 20 εὗρον N || 21 φαινομένου δὲ τοῦ N | εἰδέναι] ἰδεῖν Kron. || 22 μὲν om. N || 24 Φιλόλογον] *Philogonus* Cic. ad Quint. fr. 1, 3, 4 videtur alius esse || 26 θάλατταν Υ

ὁ μὲν οὖν χιλίαρχος ὀλίγους ἀναλαβὼν μεθ' ἑαυτοῦ περιέ- 3
θει πρὸς τὴν ἔξοδον, τοῦ δ' Ἑρεννίου δρόμῳ φερομένου διὰ
τῶν περιπάτων ὁ Κικέρων ᾔσθετο, καὶ τοὺς οἰκέτας ἐκέ- e
λευσεν ἐνταῦθα καταθέσθαι τὸ φορεῖον. αὐτὸς δ' ὥσπερ εἰ- 4
414 L ώθει τῇ ἀριστερᾷ χειρὶ τῶν γενείων ἁπτόμενος, ἀτενὲς
⟨ἐν⟩εώρα τοῖς σφαγεῦσιν, αὐχμοῦ καὶ κόμης ἀνάπλεως
καὶ συντετηκὼς ὑπὸ φροντίδων τὸ πρόσωπον, ὥστε τοὺς
πλείστους ἐγκαλύψασθαι τοῦ Ἑρεννίου σφάζοντος αὐτόν. 5
ἐσφάγη δὲ τὸν τράχηλον ἐκ τοῦ φορείου προτείνας, ἔτος 7. Dec.
ἐκεῖνο γεγονὼς ἑξηκοστὸν καὶ τέταρτον. τὴν δὲ κεφαλὴν 6 43
ἀπέκοψαν αὐτοῦ καὶ τὰς χεῖρας, Ἀντωνίου κελεύσαντος,
αἷς τοὺς Φιλιππικοὺς ἔγραψεν. αὐτός τε γὰρ ὁ Κικέρων
τοὺς κατ' Ἀντωνίου λόγους Φιλιππικοὺς ἐπέγραψε, καὶ
μέχρι νῦν [τὰ βιβλία] Φιλιππικοὶ καλοῦνται. f

49. Τῶν δ' ἀκρωτηρίων εἰς Ῥώμην κομισθέντων, ἔτυχε
μὲν ἀρχαιρεσίας συντελῶν ὁ Ἀντώνιος, ἀκούσας δὲ καὶ
ἰδὼν ἀνεβόησεν, ὡς νῦν αἱ προγραφαὶ τέλος ἔχοιεν. τὴν 2
δὲ κεφαλὴν καὶ τὰς χεῖρας ἐκέλευσεν ὑπὲρ τῶν ἐμβόλων
ἐπὶ τοῦ βήματος θεῖναι, θέαμα Ῥωμαίοις φρικτόν, οὐ τὸ
Κικέρωνος ὁρᾶν πρόσωπον οἰομένοις, ἀλλὰ τῆς Ἀντωνίου
ψυχῆς εἰκόνα. πλὴν ἕν γέ τι φρονήσας μέτριον ἐν τού-
τοις, Πομπωνίᾳ τῇ Κοΐντου γυναικὶ τὸν Φιλόλογον παρ- 886
έδωκεν. ἡ δὲ κυρία γενομένη τοῦ σώματος, ἄλλαις τε 3
δειναῖς ἐχρήσατο τιμωρίαις, καὶ τὰς σάρκας ἀποτέμνοντα
τὰς ἑαυτοῦ κατὰ μικρὸν ὀπτᾶν, εἶτ' ἐσθίειν ἠνάγκασεν.
288 S οὕτω γὰρ ἔνιοι τῶν συγγραφέων ἱστορήκασιν· ὁ δ' αὐ- 4
τοῦ τοῦ Κικέρωνος ἀπελεύθερος Τίρων τὸ παράπαν οὐδὲ
μέμνηται τῆς τοῦ Φιλολόγου προδοσίας.

9 Tac. dial. 17 Hieron. chron. et Cassiod. chron. ad a. 43 Aug. c. d. 3, 30 || 10 Plut. Ant. 20, 3sq. App. civ. 4, 20, 77 Cass. D. 47, 8, 3sq. Flor. 2, 16, 5

[(N U =)N (A B C E =)Υ] 1 περιέθεε N || 6 ἑώρα: em. Sol. || 8 σφάξαντος N || 11 ἀπέκοψεν Υ || 12 αὐτός τε γὰρ Υ: οὕτως γὰρ N || 13 Φιλιππικοὺς om. N || 14 τὰ βιβλία del. Herw. | φιλιππικὰ U || 16 τελῶν Υ || 22 πομπονία N πομπηία U || 25 αὐτοῦ Υ || 27 Τίρων Anon.: τήρων cf. p. 358, 16 || 28 τοῦ om. N

5 Πυνθάνομαι δὲ Καίσαρα χρόνοις πολλοῖς ὕστερον εἰσ-
ελθεῖν πρὸς ἕνα τῶν θυγατριδῶν· τὸν δὲ βιβλίον ἔχοντα 415 L
Κικέρωνος ἐν ταῖς χερσίν, ἐκπλαγέντα τῷ ἱματίῳ
περικαλύπτειν· ἰδόντα δὲ τὸν Καίσαρα λαβεῖν καὶ διελ-
θεῖν ἑστῶτα μέρος πολὺ τοῦ βιβλίου, πάλιν δ' ἀποδιδόντα
b τῷ μειρακίῳ φάναι „λόγιος ἀνὴρ ὦ παῖ, λόγιος καὶ φιλό-
πατρις."

6 Ἐπεὶ μέντοι τάχιστα κατεπολέμησεν ὁ Καῖσαρ Ἀντώνιον,
a. 30 ὑπατεύων αὐτὸς εἵλετο συνάρχοντα τοῦ Κικέρωνος τὸν
υἱόν, ἐφ' οὗ τάς τ' εἰκόνας ἡ βουλὴ καθεῖλεν Ἀντωνίου,
καὶ τὰς ἄλλας ἁπάσας ἠκύρωσε τιμάς, καὶ προσεψηφί-
σατο μηδενὶ τῶν Ἀντωνίων ὄνομα Μᾶρκον εἶναι. οὕτω τὸ
δαιμόνιον εἰς τὸν Κικέρωνος οἶκον ἐπανήνεγκε τὸ τέλος
τῆς Ἀντωνίου κολάσεως.

---

50 (1). Ἃ μὲν οὖν ἄξια μνήμης τῶν περὶ Δημοσθέ- [Σύγκρισις]
c νους καὶ Κικέρωνος ἱστορουμένων εἰς τὴν ἡμετέραν ἀφῖ-
2 κται γνῶσιν, ταῦτ' ἐστίν. ἀφεικὼς δὲ τὸ συγκρίνειν τὴν ἐν
τοῖς λόγοις ἕξιν αὐτῶν, ἐκεῖνό μοι δοκῶ μὴ παρήσειν ἄρ-
ρητον, ὅτι Δημοσθένης μὲν εἰς τὸ ῥητορικὸν ἐνέτεινε πᾶν
ὅσον εἶχεν ἐκ φύσεως ἢ ἀσκήσεως λόγιον, ὑπερβαλλόμε-
νος ἐναργείᾳ μὲν καὶ δεινότητι τοὺς ἐπὶ τῶν ἀγώνων καὶ
τῶν δικῶν συνεξεταζομένους, ὄγκῳ δὲ καὶ μεγαλοπρε-
πείᾳ τοὺς ἐπιδεικτικούς, ἀκριβείᾳ δὲ καὶ τέχνῃ τοὺς
3 σοφιστάς· Κικέρων δὲ καὶ πολυμαθὴς καὶ ποικίλος τῇ
περὶ τοὺς λόγους σπουδῇ γενόμενος, συντάξεις μὲν ἰδίας 289 S
d φιλοσόφους ἀπολέλοιπεν οὐκ ὀλίγας εἰς τὸν Ἀκαδημαϊ-
κὸν τρόπον, οὐ μὴν ἀλλὰ καὶ διὰ τῶν πρὸς τὰς δίκας καὶ τοὺς 416 L
ἀγῶνας γραφομένων λόγων δῆλός ἐστιν ἐμπειρίαν τινὰ

8 Cass. D. 51, 19, 4 App. civ. 4, 221 Plin. n. h. 22, 13 Sen. ben. 4, 30, 2 Fast. Venus. CIL I² p. 66 Fast. Amit. CIL I² p. 61

[(N U =)N (ABCE =)Υ] 4 τὸν om. Υ ‖ 6 ἀνὴρ Sch.: ἀνὴρ ‖ 8 ὁ Καῖσαρ om. Υ ‖ 10 καθεῖλεν Sint.: ἀνεῖλεν Υ ἀνεῖλε τοῦ ἀντωνίου ἡ βουλὴ N ‖ 11 ἁπάσας om. Υ ‖ 12 τὸν ἀντώνιον N ‖ 13 ἐπενήνεγκε N ἐπήνεγκε U

γραμμάτων παρενδείκνυσθαι βουλόμενος. ἔστι δέ τις καὶ 4
τοῦ ἤθους ἐν τοῖς λόγοις ἑκατέρου δίοψις. ὁ μὲν γὰρ
Δημοσθενικὸς ἔξω παντὸς ὡραϊσμοῦ καὶ παιδιᾶς εἰς δει-
νότητα καὶ σπουδὴν συνηγμένος οὐκ ἐλλυχνίων ὄδωδεν, ὥσ-
περ ὁ Πυθέας ἔσκωπτεν, ἀλλ' ὑδροποσίας καὶ φροντίδων καὶ
τῆς λεγομένης πικρίας τοῦ τρόπου καὶ στυγνότητος· Κικέ-
ρων δὲ πολλαχοῦ τῷ σκωπτικῷ πρὸς τὸ βωμολόχον ἐκφε-
ρόμενος, καὶ πράγματα σπουδῆς ἄξια γέλωτι καὶ παιδιᾷ e
κατειρωνευόμενος ἐν ταῖς δίκαις εἰς τὸ χρειῶδες, ἠφείδει
τοῦ πρέποντος, ὥσπερ ἐν τῇ Καιλίου συνηγορίᾳ (17, 41)
μηδὲν ἄτοπον ⟨φήσας⟩ ποιεῖν αὐτὸν ἐν τοσαύτῃ τρυφῇ
καὶ πολυτελείᾳ ταῖς ἡδοναῖς χρώμενον· τὸ γὰρ ὧν ἔξεστι
μὴ μετέχειν μανικὸν εἶναι, καὶ ταῦτ' ἐν ἡδονῇ τὸ εὐδαι-
μονοῦν τῶν ἐπιφανεστάτων φιλοσόφων τιθεμένων. λέ- 5
γεται δὲ καὶ Κάτωνος Μουρήναν διώκοντος ὑπατεύων
ἀπολογεῖσθαι καὶ πολλὰ διὰ τὸν Κάτωνα κωμῳδεῖν τὴν
Στωικὴν αἵρεσιν ἐπὶ ταῖς ἀτοπίαις τῶν παραδόξων λεγο-
μένων δογμάτων· γέλωτος δὲ λαμπροῦ κατιόντος ἐκ τῶν
περιεστώτων εἰς τοὺς δικαστάς, ἡσυχῇ διαμειδιάσας ⟨ὁ f
Κάτων⟩ πρὸς τοὺς παρακαθημένους εἰπεῖν· „ὡς γελοῖον
ὦ ἄνδρες ἔχομεν ὕπατον." δοκεῖ δὲ καὶ γέλωτος οἰκεῖος 6
ὁ Κικέρων γεγονέναι καὶ φιλοσκώπτης, τό τε πρόσωπον
αὐτοῦ μειδίαμα καὶ γαλήνη κατεῖχε· τῷ δὲ Δημοσθένους
ἀεί τις ἐπῆν σπουδή, καὶ τὸ πεφροντικὸς τοῦτο καὶ σύν-
417 L νουν οὐ ῥᾳδίως ἀπέλειπεν· ὅθεν καὶ δύσκολον αὐτὸν οἱ

4 Plut. Demosth. 8, 4 || 14 Plut. Cat. min. 21, 7 sq. Cic. de fin. 4, 74 p. Mur. 61. 75

[(NU =)N (ABCE =)Υ] 1 παρεπιδείκνυσθαι Υ || 3 δημοσθένης N Δημοσθένους Zie. || 6 στρυφνότητος Ammon cl. Mar. 2, 1 || 10 Καιλίου Wytt.: κελίου Ald. κεκιλίου libri || 11 φήσας add. Zie. e. g. | τροφῇ N || 13 εὐδαιμονοῦν N: εὔδαιμον Υ || 14 τῶν ἐπιφανεστάτων Υ: ἐμφανέστατα τῶν N || 15 καὶ om. Υ || 19 εἰς N: πρὸς Υ || 19. 20 ὁ Κάτων add. Sol. || 20 καθημένους Υ | εἶπεν N || 23 γαλήνην παρεῖχε (εἶχε N): em. Zie. cl. e. g. mor. 303c. Dion. 23, 3. 39, 2. Brut. 36, 5. Cat. min. 70, 5. Alex. 67, 5 || 24 τὸ φροντιστικὸν N | τούτῳ Υ || 25 ἀπέλιπεν: em. Cor.

ἐχθροὶ καὶ δύστροπον, ὡς αὐτὸς εἴρηκεν (Phil. 2, 30), ἀπεκάλουν προδήλως.

887 **51 (2).** Ἔτι τοίνυν ἐν τοῖς συγγράμμασι κατιδεῖν ἔστι τὸν μὲν ἐμμελῶς καὶ ἀνεπαχθῶς τῶν εἰς ἑαυτὸν ἁπτόμενον ἐγκωμίων, ὅτε τούτου δεήσαι πρὸς ἕτερόν τι μεῖζον, 290 S
τἆλλα δ' εὐλαβῆ καὶ μέτριον· ἡ δὲ Κικέρωνος ἐν τοῖς λόγοις ἀμετρία τῆς περιαυτολογίας ἀκρασίαν τινὰ κατηγόρει πρὸς δόξαν, βοῶντος ὡς τὰ ὅπλα δεῖ τῇ τηβέννῳ καὶ
2 τῇ γλώττῃ τὴν θριαμβικὴν ὑπείκειν δάφνην. τελευτῶν δ' οὐ τὰ ἔργα καὶ τὰς πράξεις μόνον, ἀλλὰ καὶ τοὺς λόγους ἐπήνει τοὺς εἰρημένους ὑφ' αὐτοῦ καὶ γεγραμμένους, ὥσπερ Ἰσοκράτει καὶ Ἀναξιμένει τοῖς σοφισταῖς διαμειρα-
b κιευόμενος, οὐ τὸν Ῥωμαίων δῆμον ἄγειν ἀξιῶν καὶ ὀρθοῦν,

βριθύν, ὁπλιτοπάλαν, δάιον ἀντιπάλοις (Aeschyl. fr. 4 D.).

3 ἰσχύειν μὲν γὰρ διὰ λόγου τὸν πολιτευόμενον ἀναγκαῖον, ἀγαπᾶν δ' ἀγεννὲς καὶ λιχνεύειν τὴν ἀπὸ τοῦ λόγου δόξαν. ὅθεν ἐμβριθέστερος ταύτῃ καὶ μεγαλοπρεπέστερος ὁ Δημοσθένης, τὴν μὲν αὑτοῦ δύναμιν ἐμπειρίαν τινὰ πολλῆς δεομένην τῆς παρὰ τῶν ἀκροωμένων εὐνοίας ἀποφαινόμενος (18, 277), ἀνελευθέρους δὲ καὶ βαναύσους, ὥσπερ εἰσί, τοὺς ἐπὶ τούτῳ φυσωμένους ἡγούμενος.

52 (3). Ἡ μὲν οὖν ἐν τῷ δημηγορεῖν καὶ πολιτεύεσθαι δύναμις ὁμαλῶς ἀμφοτέροις ὑπῆρξεν, ὥστε καὶ τοὺς τῶν 418 L
c ὅπλων καὶ στρατοπέδων κυρίους δεῖσθαι, Δημοσθένους μὲν Χάρητα καὶ Διοπείθη καὶ Λεωσθένην, Κικέρωνος δὲ

6 cf. Cic. Phil. 2, 20 off. 1, 77 in Pis. 72 sq. Ps.-Sall. invect. in Cic. 3. 6 Quint. 11, 1, 24 || 14 mor. 317 e 334 d 640 a Eustath. Il. p. 1395, 55 || 23 mor. 486d

[(N*U* =)N(ABCE =)Υ] 1 εἴρηκεν N: φησιν Υ || 2 προδήλως om. Υ || 4 αὐτὸν Υ || 6 δ' Υ: δὲ καὶ N || 7 κατηγορεῖ N || 8 ἔδει Υ || 9 τῇ γλώττῃ] *laudi* Cic. *linguae* Ps.-Sall., Quint., cf. Plin. n. h. 7, 117 || 11 ἐπαινεῖ Υ | ὑπ' αὐτοῦ Υ || 12 ἀναξιμένει καὶ σωκράτει N | διαμειρακευόμενος: em. Bekker || 13 ῥωμαῖον N || 17 μεγαλοπρεπέστατος Υ || 24 καὶ Υ: καὶ τοὺς τῶν N || 25 διοπείθην A

Πομπήιον καὶ Καίσαρα τὸν νέον, ὡς αὐτὸς ὁ Καῖσαρ ἐν
τοῖς πρὸς Ἀγρίππαν καὶ Μαικήναν ὑπομνήμασιν εἴρηκεν
(HRR II 56). *ὃ δὲ δοκεῖ μάλιστα καὶ λέγεται τρόπον ἀν-* 2
δρὸς ἐπιδεικνύναι καὶ βασανίζειν, ἐξουσία καὶ ἀρχὴ πᾶν
πάθος κινοῦσα καὶ πᾶσαν ἀποκαλύπτουσα κακίαν, Δη-
μοσθένει μὲν οὐχ ὑπῆρξεν, οὐδ' ἔδωκε τοιαύτην διάπειραν
αὑτοῦ, μηδεμίαν ἀρχὴν τῶν ἐπιφανῶν ἄρξας, ὃς οὐδὲ τῆς
ὑφ' αὑτοῦ συντεταγμένης ἐπὶ Φίλιππον ἐστρατήγησε δυ-
291 S *νάμεως· Κικέρων δὲ ταμίας εἰς Σικελίαν καὶ ἀνθύπατος* 3 d
εἰς Κιλικίαν καὶ Καππαδοκίαν ἀποσταλείς, ἐν ᾧ καιρῷ
τῆς φιλοπλουτίας ἀκμαζούσης καὶ τῶν πεμπομένων στρα-
τηγῶν καὶ ἡγεμόνων, ὡς τοῦ κλέπτειν ἀγεννοῦς ὄντος, ἐπὶ
τὸ ἁρπάζειν τρεπομένων, οὐ τὸ λαμβάνειν ἐδόκει δεινόν,
ἀλλ' ὁ μετρίως τοῦτο ποιῶν ἠγαπᾶτο, πολλὴν μὲν ἐπίδει-
ξιν ὑπεροψίας χρημάτων ἐποιήσατο, πολλὴν δὲ φιλαν-
θρωπίας καὶ χρηστότητος. ἐν αὐτῇ δὲ τῇ Ῥώμῃ λόγῳ 4
μὲν ἀποδειχθεὶς ὕπατος, ἐξουσίαν δὲ λαβὼν αὐτοκράτορος
καὶ δικτάτορος ἐπὶ τοὺς περὶ Κατιλίναν, ἐμαρτύρησε τῷ
Πλάτωνι (resp. 473d) *μαντευομένῳ παῦλαν ἕξειν κακῶν* e
τὰς πόλεις, ὅταν εἰς ταὐτὸ δύναμίς τε μεγάλη καὶ φρόνη-
σις ἔκ τινος τύχης χρηστῆς ἀπαντήσῃ μετὰ δικαιοσύνης.
Χρηματίσασθαι τοίνυν ἀπὸ τοῦ λόγου Δημοσθένης μὲν 5
419 L *ἐπιψόγως λέγεται, λογογραφῶν κρύφα τοῖς περὶ Φορ-*
μίωνα καὶ Ἀπολλόδωρον ἀντιδίκοις, καὶ διαβληθεὶς μὲν
ἐπὶ τοῖς βασιλικοῖς χρήμασιν, ὀφλὼν δὲ τῶν Ἁρπαλείων.
εἰ δὲ ταῦτα τοὺς γράφοντας (οὐκ ὀλίγοι δ' εἰσὶν οὗτοι) 6
ψεύδεσθαι φαίημεν, ἀλλ' ὅτι γε πρὸς δωρεὰς βασιλέων
σὺν χάριτι καὶ τιμῇ διδομένας ἀντιβλέψαι Δημοσθένης
οὐκ ἂν ἐτόλμησεν (οὐδ' ἦν τοῦτ' ἔργον ἀνθρώπου f

3 Aristot. eth. Nic. 5, 3, 1130 a 1 Soph. Antig. 175

[(N *U* =)N (ABCE =)Υ] **1** *καὶ* om. N ‖ **2** *μακήναν* N ‖ **7** *ἑαυτοῦ* Υ ‖ **9** *ταμίας* Υ: *ταμιεύσας μὲν* N ‖ **13** *τραπομένων* N ‖ **15** *πολλῆς* **NA** ‖ **18** *περὶ* om. N | *τῷ* N: *ἅμα τῷ* Υ ‖ **22** *ἀπὸ τοῦ λόγου* N A^m: *ἐπὶ τῷ λόγῳ* Υ ‖ **25** *ἁρπαλίων* N ‖ **26** *οὗτοι* om. N; cf. p. 310, 22 ‖ **29** *τοῦτο τὸ* Υ

7 δανείζοντος ἐπὶ ναυτικοῖς), ἀμήχανον ἀντειπεῖν· περὶ δὲ
Κικέρωνος, ὅτι καὶ Σικελιωτῶν ἀγορανομοῦντι καὶ βασι-
λέως τοῦ Καππαδοκῶν ἀνθυπατεύοντι καὶ τῶν ἐν Ῥώμῃ
φίλων, ὅτε τῆς πόλεως ἐξέπιπτε, δωρουμένων πολλὰ καὶ
δεομένων λαβεῖν ἀντέσχεν, εἴρηται.

53 (4). Καὶ μὴν ἥ γε φυγὴ τῷ μὲν αἰσχρὰ κλοπῆς
ἁλόντι συνέπεσε, τῷ δὲ διὰ κάλλιστον ἔργον, ἀνθρώπους
888 2 ἀλιτηρίους τῆς πατρίδος ἐκκόψαντι. διὸ τοῦ μὲν οὐδεὶς
λόγος ἐκπίπτοντος, ἐφ' ᾧ δ' ἡ σύγκλητος ἐσθῆτά τε διήλ-
λαξε καὶ πένθος ἔσχε καὶ γνώμην ὑπὲρ οὐδενὸς εἰπεῖν
ἐπείσθη πρότερον ἢ Κικέρωνι κάθοδον ψηφίσασθαι. τὴν
μέντοι φυγὴν ἀργῶς ὁ Κικέρων διήνεγκεν ἐν Μακεδονίᾳ 292 S
καθήμενος, τῷ δὲ Δημοσθένει καὶ ἡ φυγὴ μέρος μέγα
3 τῆς πολιτείας γέγονε. συναγωνιζόμενος γὰρ ὡς εἴρηται
τοῖς Ἕλλησι καὶ τοὺς Μακεδόνων πρέσβεις ἐξελαύνων
ἐπήρχετο τὰς πόλεις, πολὺ βελτίων Θεμιστοκλέους καὶ
Ἀλκιβιάδου παρὰ τὰς αὐτὰς τύχας διαφανεὶς πολίτης·
καὶ μέντοι καὶ κατελθὼν αὖθις αὑτὸν ἐπέδωκεν εἰς τὴν
b αὐτὴν ταύτην πολιτείαν, καὶ διετέλει πολεμῶν πρὸς
4 Ἀντίπατρον καὶ Μακεδόνας. Κικέρωνα δ' ὠνείδισεν ἐν 420 L
τῇ βουλῇ Λαίλιος, αἰτουμένου Καίσαρος ὑπατείαν μετιέ-
ναι παρὰ νόμον οὔπω γενειῶντος, σιωπῇ καθήμενον. ἔ-
γραφε δὲ καὶ Βροῦτος (Brut. 1, 16) ἐγκαλῶν ὡς μείζονα
καὶ βαρυτέραν πεπαιδοτριβηκότι τυραννίδα τῆς ὑφ' αὐτοῦ
καταλυθείσης.

54 (5). Ἐπὶ πᾶσι δὲ τῆς τελευτῆς τὸν μὲν οἰκτίσαι τις
⟨ἂν⟩, ἄνδρα πρεσβύτην δι' ἀγέννειαν ὑπ' οἰκετῶν ἄνω
καὶ κάτω περιφερόμενον καὶ φεύγοντα τὸν θάνατον καὶ

[(N *U* =)N (A B C E =)Υ] **2** *καὶ*[1] om. N ‖ **4** *ὅτ' ἐξέπιπτε τῆς πόλεως* Υ ‖ **6** *γε* Υ: *τε* N | *αἰσχρᾶς* N ‖ **7** *διὰ* om. Υ ‖ **8** *ἐκκόψαντι τῆς πατρίδος* Υ | *οὐδεὶς ⟨ἦν⟩* Zie. ‖ **11** *κάθοδον* Υ: *τὴν κάθοδον* N ‖ **13** *μέρος μέγα* N A: *μέγα μέρος* B C E ‖ **14** *ὡς* N: *ὥσπερ* Υ ‖ **17** *φανεὶς* Υ ‖ **18** *καὶ*[2] om. Υ | *κατελθεῖν* Υ | *ἑαυτὸν* Υ ‖ **21** *μετιέναι* om. N, delebat iam Wytt. ‖ **24** *βαθυτέραν* N ‖ **26** *οἰκτείραι* Υ ‖ **27** *ἂν* h. l. add. Sint., ante *οἰκτίσαι* Sch. | *εὐγένειαν*: em. Anon. ‖ **28** *περιφεύγοντα* Υ

ἀποκρυπτόμενον τοὺς οὐ πολὺ πρὸ τῆς φύσεως ἥκοντας ἐπ' αὐτόν, εἶτ' ἀποσφαγέντα· τοῦ δ', εἰ καὶ μικρὰ πρὸς 2
τὴν ἱκεσίαν ἐνέδωκεν, ἀγαστὴ μὲν ἡ παρασκευὴ τοῦ φαρ- c
μάκου καὶ τήρησις, ἀγαστὴ δ' ἡ χρῆσις, ὅτι τοῦ θεοῦ μὴ παρέχοντος αὐτῷ τὴν ἀσυλίαν, ὥσπερ ἐπὶ μείζονα βωμὸν καταφυγών, ἐκ τῶν ὅπλων καὶ τῶν δορυφόρων λαβὼν ἑαυτὸν ᾤχετο, τῆς Ἀντιπάτρου καταγελάσας ὠμότητος.

[(N*U* =)N (ABCE =)Υ] 3 *ἱκετείαν* Υ ‖ 5 *παρασχόντος* Υ | *μείζονος* Sch.

Scripturae codicis N per vitas Nic.-Crass., Cor.-Alc. Dem.-Cic. in apparatu critico non commemoratae:

Nic. p. 122, 13 προσήει. — Crass. p. 137, 25 σπαρτακίων. — 143, 23 κατιλλίναν (et 144, 5). — 146, 8 ὑπατίαν (et 13. 19). — 147, 18 καίτι. — 156, 18 δόμος pro δόλος. — 158, 3, κατασκοπῆ. — 174, 12 ἕτεραι.

Coriol. p. 188, 10 ἀνίῶνα (ο supra ω). — 195, 2 καὶ νῦν pro καινὴν. — 198, 8 φρονήσαντος. — 200, 7 ἀφηρησόμεθα. — 206, 6. ἀνδριάν (ει supra ρι). — 206, 15 λαβεῖν. — 218, 12 εἴτις. — 223, 17 αὗται.
Demosth. 286, 7 περιορώμενος — 287, 22 ταῦτα (et *U*). — 290, 29 ἑαυτὸν | τις om. — 296, 13 συμμαχικὸν om. — 299, 5 λαμπρῶς. — 301, 15 τὸ νεμησητὸν καὶ ἀγενὲς. — 19 ἀπολιπόντες γυναιξὶν. — 20 συμφέρει . . . ἐπαινῶν. — 302, 1 ἰδίω πρᾶγμα πρέπειν. — 306, 12 μαλακὸς. — 307, 13 τῶν πυθέων N[1] — 308, 13 αὐτὸν. — 310, 3 ὑπολαβὼν. — 4 προσελθεῖν. — 29 παραυτῇ θεῶ. — 311, 11 παρακαλεῖν.

Cic. 313, 5 αὐτῶν. — 314, 24 σύλλαν. — 316, 7 δὲ] μὲν. — 15 μαγνίτη. — 321, 1 φοιτῶντας. — 324, 18 ταμείου. — 327, 25 ἐπεξελθεῖν. — 328, 3 ἐπιβουλὴν] ἐπιστολὴν. — 15 τοσοῦτον. — 20 ἀσπασαμένους. — 329, 3 ἀπολογισαμένου. — 7 αὐτὸν. — 12 ἐποίει. — 330, 3 τὸ] τῷ. — 13 κατιλλίναν. — 331, 24 σιλλανὸς. — 334, 6 ἐκεῖνος. — 333, 26 ἐμάνθανε. — 338, 20 φιλοσοφεῖν. — 339, 3 τε om. — 341, 2 ἐκέλευσε. — 346, 26 χαλεπῶς. — 347, 5 ἐνεμπλησθῇ. — 348, 4 δὲ om. — 350, 7 δημαρχίας. — 351, 3 οὖν pro οὐ. — 5 τὸ λέγειν. — 352, 24 πάλαι] πάντων. — 353, 10 ἐξέλειπεν. — 354, 28 λέγειν. — 356, 12 φίλους om. — 357, 12 βίον. — 362, 3 τῶν νεῶν. — 366, 20 κεκλειμένας. — 370, 8 τῇ om. — 372, 18 τὴν om. — 373, 1 πρὸς.

Permulta et spurca vitia librarii N (et itacistica et alia eius generis) a me praetermissa invenies apud C. Th. Michaelis, v. p. V.

ADDENDA

p. IX Consp. sigl.	post C = ... adde: D = Parisinus 1674 saec. XIV
p. 1	Ad Romanorum vitas a Plutarcho conscriptas, quae in hoc et in reliquis voluminibus continentur, conferas B. Scardigli, Die Römerbiographien Plutarchs. Ein Forschungsbericht, München 1979. –
	Vitarum par exstat apud R. Flacelière – E. Chambry, Plutarque, Vies. T. III, Paris 1964. –
	Ad vitam Periclis: G. E. J. Mooren, Plutarchus' Leven van Pericles, Diss. Nijmegen 1948. Ph. E. Stadter, A Commentary on Plutarch's Pericles, Chapel Hill/London 1989. – A. B. Breebart, Plutarch and the political development of Pericles, Mnem. 24, 1971, 260 sqq. – Nonnulla loca tractaverunt: I. A. Heikel, Soc. Scient. Fenn., Comm. hum. litt. 1926, 9 sqq. M. Manfredini, SCO 17, 1968, 199 sqq. V. D. Sansone, ICS 13, 1988, 311 sqq.
p. 1,2 et app. crit.	*κυνῶν τέκνα* tuetur Colonna (RFIC 88, 1960, 297)
app. sim.	adde: 2 cf. Athen. 12,518f = FGrH 234 F 8 12 cf. v. Demetr. 1,2
p. 1,4	*Καῖσαρ*] (Aug. fr. append. XXV Malc.)
p. 2,6	*Ἀντισθένης*] (fr. 158 Decleva Caizzi = Socrat. Rell. V A 102 Giann.)
p. 3,14 mg. dextr.	adde: a. 479
26	*Κρατῖνος*] (fr. 240 K. = 258 K.-A.)
27	*Χρόνος* tuentur Emp. Luppe, in text. rec. Kassel-Austin; de metro v. West ad Hes. Theog. 831

ADDENDA

app. sim.	adde: 24 cf. cap. 13,10
p. 4,2	(fr. 111 K. = 118 K.-A.)
4	*Τηλεκλείδης*] (fr. 44 K. = 47 K.-A.)
3–6	verba *μόνον – ἐξανατέλλειν* Teleclidis, reliqua Plutarchi esse monent Stadter Erbse (praeeunte Magnien, RPh 31, 1907, 26)
7	*Εὔπολις*] (fr. 93 K. = 115 K.-A.)
22	*Πλάτων*] (fr. 191 K. = 207 K.-A.)
p. 5, 2	*Τίμων*] (fr. 5,1–2 W. = 45,1–2 Diels = Suppl. Hell. 819,1–2)
p. 6,11	(Diels, Vors. 29 A 17)
p. 8,22	*Κριτόλαος*] (fr. 37 b W.)
30 et app. crit.	*δάκνειν* iure tuentur Flac. Stadter
p. 9 app. sim.	adde: 29 mor. 803f
p. 10, 1	*μηδὲ* tuentur Flac. Stadter
22 et app. crit.	post *ἐθισθέντα* infinitivum (e. g. *μαλακίζεσθαι* vel *καθῆσθαι*) desiderat Sansone
p. 11, 5 sq.	verba *Δάμωνος τοῦ* ignorat Aristoteles; cum Flac. Stadter omittenda esse videntur (*Δάμωνος Δαμωνίδου τοῦ Οἴ.* mal. Wil. ad Aristot. l.c.). – *συμβ. – Οἴηθεν* (*Ἀθπ.* 27,4)
16 mg. dext.	adde: a. 461
23 mg. dext.	adde: a. 457
p. 12,12 et app. crit.	*κατελθεῖν* (Sint.) praeferunt Flac. Stadter, fort. recte
23 " " "	*γραῦς εἶ, ὦ Ἐλπινίκη* trp. mavult Conomis cl. Cim. 14,5; maluerim *γραῦς εἶ, γραῦς* [*εἶ*] *ὦ Ἐλπινίκη*
24 " " "	*πράσσειν* (Vulc.) iure tuetur Erbse
p. 13, 9	*Ἀριστοτέλης*] (*Ἀθπ.* 25,4)
10 mg. dext.	adde: a. 450
13 et app. crit.	*τινα ⟨δυνα⟩τὸν* Sansone, sed non arridet
app. sim.	delendum
p. 14,10 et app. crit.	*ἡμίσεις* sine articulo praestare iure monet Stadter cl. Dion. 29,4 Ant. 50,1
17 u.a. 19,16	v. W. Ameling, Historia 34, 1985, 47 sqq.
24 mg. sin.	adde: a. 454
p. 15,32 et app. crit.	*λιθουλκοὶ* (vel *λιθαγωγοὶ*) tempt. Stadter
p. 17,11	*Κρατῖνος*] (fr. 300 K. = 326 K.-A.)
19	(fr. 71 K. = 73 K.-A.)

20 et app. crit.	ὁ ... ὁδὶ (Meineke) προσέρχεται ⟨ὁ⟩ Π. (Meineke) ... Kassel; similiter Stadter
p. 18,16	τὰ ἔργα tuentur Erbse Stadter
p. 20,20 et app. crit.	καὶ ἐπι⟨τόκια⟩ D. Weissert, Scr. Class. Isr. 2, 1975, 157 sqq., sed valde dubium
21 et app. crit.	ἐκεῖνος del. Li. Stadter
28	Τηλεκλείδης] (fr. 42 K. = 45 K.-A.)
p. 21, 2 et app. crit.	†τὰ δὲ αὐτὰ† πάλιν κ. K.-A.; de sescentis vv. dd. coniecturis v. adn. ad loc.
26–p. 22,3	(Diels, Vors. 59 A 13)
p. 27, 9 et app. crit.	μὲν⟨μόνους⟩ Manfredini (SCO 17, 1968, 200,8) cl. Ael.
app. sim. 7 sq.	adde: Hdt. 5,77,2 sqq. Ael. v. h. 6,1
app. crit. 10	ἱπποβάτας S et Y praebere monet Manfredini (BollClass 1, 1980, 113); ἱπποβότας ed. Iunt.
p. 28,11	Αἰσχίνης] (fr. VIII et X Kr. = 26 Dittm.; v. Socrat. Rell. V A 143 Giann.)
18 sqq.	(Aeschin. fr. 29 et 30 Dittm.)
30	Κρατῖνος] (fr. 241 K. = 259 K.-A.)
p. 29, 4	Εὔπολις] (fr. 98 K. = 110 K.-A.)
7	Πυρωνίδην utique scribendum esse monent Stadter Kassel, cl. POxy 1240 = Eup. fr. 100,1
p. 30,29	Μέλισσος] (Diels, Vors. 30 A 3)
p. 31,11 et app. crit.	ποντοπορεῖν tuetur Stadter
p. 32, 1 et app. crit.	δέ ⟨φησι⟩ Heikel
6	(fr. 16 D. = 27 Page)
22	Ἔφορος] (FGrH 70 F 195)
28	Δοῦρις] (FGrH 76 T 8)
app. sim.	adde: Athen. ... = Chamael. fr. 36 W. schol. Aristoph. Ach. 850 Diphil. fr. 36 K. = 35 K.-A. Zenob. Ath. 1,64 Plin. n. h. 34,56
p. 33,11 et app. crit.	ϑ. ⟨τὰ σά⟩, Περίκλεις Sansone, parum probabiliter; textum traditum tuetur Stadter
16	Ἀρχιλόχου] (fr. 27 D. = 205 W.)
app. sim.	... IG I^2 295 = Syll.^{3} 72; ad c. 29–35 cf. Ph. A. Stadter, GRBS 25, 1984, 351 sqq.
app. crit.	adde: ‖ 17 γρηῦς (Schneidewin) Flac. | ἠλείφευ (Lasserre) Flac.
p. 34,12 et app. crit.	Ἠλεῖος] immo Οὔλιος (PA 11 496), sed cf. Cim. 16,1

ADDENDA

p. 35 app. crit. 28	ἐμβαλοῦσιν Y, cf. 33,3 et 4 (p. 38,27 et 39,6) Thuc. 4,66,1
p. 36, 2	Μεγαρεῖς] (FGrH 487 F 13)
p. 37,12 et app. crit.	τοῦ Περικλέους secl. Sansone, probaverim
22	Ἑρμίππου] (test. 2 K.-A.)
p. 38, 8	Αἰσχίνης] (fr. XI Kr. = 25 Dittm.)
9 sq. et app. crit.	φοβηθεὶς ἐξέπεμψεν [καὶ προύπεμψεν] Stadter
app. sim. 10	… Aristodem. FGrH 104, 16,1
p. 39,12 et app. crit.	τοὺς om. US, secl. Manfredini
p. 40, 4	Ἑρμίππου] (fr. 46 K. = fr. 47 K.-A.)
18 et app. crit.	ὅμως tuentur Flac. Stadter
p. 41,10 et app. crit.	χωριτικοῦ praeferunt Flac. Stadter
26 mg. dext.	adde: 3. Aug. 431
p. 44,23 et app. crit.	ἐπράθησαν tuentur Flac. Stadter
25 et app. crit.	τετρακισχίλιοι ⟨καὶ διακόσιοι⟩ Dobree (Adv. I 143) cl. schol. Aristoph. Vesp. 716
p. 45 app. sim 17	adde: cf. mor. 168 d (= Bion F 30 Kindstr.) D. L. 4,54 (= Favorin. fr. 66 Barig. = 34 Mg.); cf. G. J. de Vries, Mnem. 28, 1975, 193
app. sim. 25	app. V.] intellige: appendix Vatic. ed. Sternbach
p. 46 app. sim.	adde: 18 Hom. Od. 6,42 sqq. Hes. theog. 128 Pind. N. 6,3
p. 47,22 et app. crit.	Ῥουλλ⟨ιαν⟩οῦ Flac., dubitanter
app. sim.	lege: 13 Paul. Fest. 87 M. = 17 L. Ovid. Fast. 2, 237 ex Pont. …
p. 48,23	(ORF 3 fr. 3 Malc.^{3})
app. sim.	adde: 17 cf. Cic. Brut. 57
app. sim. 25	… Elog. (CIL I^2 p. 193 = ILS 96) …
p. 49,20 mg. dext.	adde: a. 223
p. 50, 7 et app. crit.	κατενεχθεὶς ἐπὶ κεφαλὴν] Plut. non perspexisse videtur quae Liv. 22,3,11 verbis 'equus … consulem … super caput effudit' expressit
9 mg. dext.	adde: a. 217
9 et app. crit.	Θρασου⟨με⟩νίαν (Sint.) Flac.
27 et app. crit.	⟨πλασάμενος⟩] praestare videtur verbum finitum: ⟨ἐνέβαλεν⟩ Erbse; possis etiam ⟨ἐπλάσατο⟩

ADDENDA

p. 51,17 et app. crit.	*Μᾶρκον* Anon. (pro *λεύκιον* codd.): 'fortasse Plutarchum corrigens' A. Klotz, RhM 84, 1935, 134
p. 52, 1 mg. sin.	
u. ad p. 64,1	adde: a. 217
22 et app. crit.	*-θύσειν ἅπασαν* Sansone, fort. recte
app. crit. 21	lege: *καὶ ποταμοὶ* del. Ha. | *ποταμοὶ*] *πό(ι)αι* Kron. *νόμοι* Zie., ...
p. 55, 8 et app. crit.	*ὁ Ὄλθορνος ποταμὸς* Klotz cl. Polyb. 3,92,1, ubi *Ἄθυρνον* codd.: *Ὄλθυρνον* Kahrstedt ap. Meltzer, Gesch. d. Karthager III 200,2
28 et app. crit.	*ἢ λύγων καὶ φρυγάνων* Sansone, fort. recte
p. 58, 6 et app. crit.	*πολίτας*] vel *ὁπλίτας* vel ⟨*ἁλόντας*⟩ *πολίτας* Sansone
p. 59,13 et app. crit.	*γενέσθαι* ⟨*δεῖν*⟩, *ὥστ'* Erbse
p. 60,20	*Διογένης*] (Socrat. Rell. V B 430 Giann.)
p. 63, 3	possis *νῦν* ⟨*πᾶς*⟩ *τις*
app. sim.	adde: Apostol. 18,22 Ars. 475
p. 64,19 et app. crit.	*ἡττημένους* Helmbold, Mnem. III 9, 1941, 62
p. 65, 6 sq. et app. sim.	respicit notissimum illud Menandreum (fr. 59,4 K.-Th.); cf. Caes. 32,8 Pomp. 60,4 Paroem. app. I 28 et saepius Apostol. 3,22 Ars. 56
p. 66, 1 mg. sin.	
u. ad p. 71,1	adde: a. 216
14	*Αὐφίδιον*] immo *Αὔφιδον*, sed error Plutarchi videtur esse
p. 69, 8 et app. crit.	⟨*Μάγωνα τὸν*⟩ *Βάρκα*[*ν*] H. A. Sanders (Die Quellenkontamination im 21. u. 22. B. d. Livius, Bln. 1898, 140)
p. 70, 7 et app. crit.	*ἐκφερομένων* (Y) praefert Manfredini
22	(FGrH 809 T 3b)
p. 71,14 sq.	*Ὅμηρος*] e.g. Il. 16,65; 90. 2,654. 3,36. 10,43. Od. 11,286
19 et app. crit.	*ἐπηρεάσειν*] valde dubium; v. Harrison, PCPS 136/8, 1927, 32, qui tempt. *ἐπιβαρήσειν* vel *ἐπερείσειν* (frustra)
23	*Ποσειδώνιός*] (FGrH 87 F 42b = fr. 260 Ed.-K. = 94b Th.)
p. 72,27 et app. crit.	*τῶν στρατευομένων* tempt. Erbse
p. 73, 1 mg. dext.	adde: a. 209

21	ὁδούς, ἑκάστοτε φοιτῶντα disting. Sansone cl. Ages. 71 mor. 543a
app. crit. 31	μένειν libri: em. Anon. (ἔσῃ mor.)
p. 74,17 et app. sim.	αἰσχρὸν – οὐδέν] cf. mor. 111a 117d Stob. 3,29,56; subesse videtur Eur. fr. 757,9 N.^{2} (Hypsipyle fr. 22 + 60,96a Bond) = fr. 1043a Sn.
p. 75, 1 mg. dext. et 76,1 mg. sin.	adde: a. 209
26	ἔχων] ἑλὼν Sansone
p. 76,24 et app. crit.	πρ⟨οσρ⟩άξεις tempt. Sansone
p. 77,28 mg. dext.	adde: a. 322. 310. 308. 297. 295
app. sim. 26	lege: Suda s. v. Φάβιος
p. 78,13	(ORF 3 fr. 4 Malc.^{3})
p. 79, 1 mg. dext.	adde: a. 205
p. 80,13 sq. et app. crit.	ἀεὶ ⟨δι⟩ευτυχεῖν (Kron.) valde arridet
17 mg. sin.	adde: a. 203
p. 81,17 sqq.	cf. Ph. A. Stadter, GRBS 16, 1975, 77 sqq.
p. 82, 5 et app. crit.	στρατοπέδων] στρατιωτῶν Flac.
p. 83,28 et app. crit.	τὸν ⟨ἐκείνου⟩ (Zie.) Flac.
30 et app. crit.	ἐμπεσόντας (Sauppe, Phil. 54, 1895, 575) iure praefert Sansone
p. 85	Vitarum par edd. R. Flacelière – E. Chambry, Plutarque, Vies. T. VII, Paris 1972. – Ad v. Niciae vide F. B. Titchener, A Historical Commentary on Plutarch's Life of Nicias, Diss, Univ. of Texas, Austin 1988
p. 85, 9 (–86,15)	Τιμαίῳ] (FGrH 566 T 18)
10	Φίλιστον] (FGrH 556 T 23b)
17	Δίφιλον] (fr. 119 K. = 118 K.-A.)
19	Ξέναρχον] ad mimographum, Sophronis filium, spectare videtur; cf. Aristot. poet. 1447b 10
p. 86, 2 et app. crit.	στρατείαν (Hude Ha.) Flac.
15 et app. crit.	⟨ἀν⟩αμίλλητα Conomis, sed praestat ἀμίμητα (Ald.); vox enim Plutarchi stilo aptior: cf. mor. 335a v. Lyc. 31,3
p. 87,10 mg. dext.	adde: a. 429
26 et app. crit.	v. l. ὑπερορῶντας tuetur H. Martin Jr., AJPh 85, 1964, 194 sq., in text. rec. Flac., recte, ut opinor
app. sim. 14	… cf. Kock ad locum et Radt ad Soph. fr. 487

ADDENDA

p. 89, 9 et app. crit.	*ἐνέγραψεν* tuetur Flac.
19	*Πασιφῶντος*] (Socrat. Rell. III C 2 Giann.)
p. 90, 3	*Τηλεκλείδης*] (fr. 41 K. = 44 K.-A.)
10	*Εὐπόλιδος*] (fr. 181 K. = 193 K.-A.)
12 et 14	⟨A.⟩] ipse *Μαρικᾶς* loquitur
16 et 18	⟨*Γ.*⟩ pauperum, ⟨*B.*⟩ divitum hemichorio vindicandus est; vide Kassel ad locum
23	*Φρύνιχος*] (fr. 59 K. = 62 K.-A.)
app. crit. 4	... *οὐκ* tuetur Kassel, qui post *βαλλαντίου* (5) signo interrogationis distinguit
app. crit. 15	*μαθὼν* iure restituit Kassel
p. 91,13	*Διονυσίου τοῦ Χαλκοῦ*] (test. 3 Gent.-Pr.)
app. crit. 22	*περὶ πρῶτον ὕπνον*] nil mutandum: vide v. Lys. 28,5 Thuc. 2,2,1 Arist. Vesp. 31
p. 92, 8 mg. sin.	adde: a. 427
18 et app. crit.	*Καλλία*[*δου*] Flac.; possis ⟨*Καλλία τοῦ*⟩ *Καλλιάδου*
p. 94, 1 mg. sin. (et 95,1) mg.	adde: a. 425
app. sim. 22	... schol. Lucian. Tim. 30 = FGrH 115 F 92 (item p. 95)
p. 95,11	(Aristoph. fr. 100 K. = 102 K.-A.)
app. sim.	adde: 29 mor. 15c
p. 97, 4	(Eur. Erechth. fr. 369,1 N.^{2})
12 mg. dext.	adde: a. 421
p. 98,11	praetulerim *ἑστὼς*, cl. v. Alc. 14,4
13 mg. sin.	adde: a. 420
p. 99, 1 mg. dext.	adde: a. 420
p. 100, 7	(Lyr. ad. 4 B. = 8 D. = ad. eleg. 12 W. = ad. 50 G.-P.)
app. sim. 7	adde: Zenob. 3,77 Suda s. v. *ἐν δὲ διχ.*
app. crit. 7	*ἔμμορε* in text. rec. Gent.-Pr.
p. 101, 2	*Πλάτων*] (fr. 187 K. = 203 K.-A.)
18 mg. dext.	adde: a. 416/5
p. 102, 1 mg. sin. u. ad 107,1	adde: a. 415
app. crit. 14	de hapax legomeno ⟨*δια*⟩*πυρότητα* dubitare possis; *θρασύτητα* (Sol.) cum Flac. praetulerim (*προπέτειαν* Dobree, Adv. I 144)
p. 103 app. sim.	adde: 5 mor. 397f Paus. 10,15,4 sq. = Clitodem. FGrH 323 F 10
app. crit.	adde: 11 *ἐκ Κλαζομενῶν*] *ἐξ Ἐρυθρῶν* mor.

ADDENDA

p. 108,23	*Εὐριπίδης*] (fr. 1 D. = 'Eur.' nr. 1 Page = nr. 2 Page, Epigrammata Graeca)
p. 109, 1 mg.	
u. ad 112,1	adde: a. 414
app. crit.	adde: 6 *μέσου* ⟨*τοῦ ἕλους*⟩ Flac. dubitanter, cl. Thuc. 6,101,2
p. 110 app. crit. 12	*καθαράν*] *καθ' ὥραν* Kraner
p. 111 app. sim.	adde: 18 *καθάπερ γλαυκὶ*] cf. Ovid. met. 11,24 sq. Lucian. Harmon. 1
app. crit. 7	*οὐδὲν* M *οὐθὲν* UA sec. Manfredini
p. 113, 1 mg.	
u. ad 116,1	adde: a. 413
p. 114,16 et app. crit.	*ἐπὶ συμβάσεις* tuentur Erbse Flac., sed propter *ἐπ' αὐτὸν* praestare videtur *περὶ* (Zie.)
p. 117 app. sim. 29	... c. schol. = Philoch. FGrH 328 F 135a
p. 118, 1 mg.	
u. ad 123,1	adde: a. 413
6 sq.	*Αὐτοκλείδης*] (FGrH 353 F 7)
11 et app. crit.	*ἔθυέ τε καὶ μαντεύετο* Anon. Flac.
p. 122,16 et app. crit.	*φθόρος* iam Sint. *φόνος* (Zie.) Flac.
p. 124, 7	*Τίμαιος*] (FGrH 566 F 101)
app. sim. 1	adde: cf. mor. 10 b et ibi l. l.
» » 26	pap. Ox. ...; v. etiam H. v. Arnim, Suppl. Eur. p. 8 sq. G. Arrighetti, Satiro, Vita di Eur., Pisa 1964
p. 125,28 et app. crit.	*αὐτὸς* (Naber) Flac.
p. 127, 6 mg. dext.	adde: a. 82
p. 128,10 et app. crit.	*Μα*⟨*νίου Κου*⟩*ρίου* (Zie.) cum Flac. praeferendum, nam Plut. plena nominis forma uti solet: cf. Cat. mai. 2,1. 8,14. 31,4; Pyrrh. 25,2
p. 129,18 mg. dext.	adde: a. 87
22 mg. dext.	adde: a. 85
p. 130, 2 et app. crit.	*Οὐιβίου Πακιαικοῦ* cum Zie. (v. indicem versionis Germ.) legendum esse videtur; cf. Münzer, RE XVIII 2,2061 sq. Hanslik, RE VIII A 1952 sq. ([Caes.] b. Hisp. 3,4 Cic. fam. 6,18,2 Att. 12,2,1)
p. 131,18	*Φενεστέλλας*] (fr. 15, HRR II 82)
21 mg. dext.	adde: a. 84
p. 134,14 mg. sin.	adde: a. 75
18 mg. sin.	adde: a. 61
p. 135 app. sim.	adde: 1 cf. Cass. D. 39,30,2

ADDENDA

p. 136, 1 mg. u. ad 139,1	adde: a. 72
p. 137, 4 et app. crit.	*Βαρίν⟨ι⟩ος* Flac.
p. 138,25	*ἐπανάγω* (Rei.) prob. Flac.
p. 140, 1 mg. u. ad 142,1	adde: a. 71
15 et app. crit.	*Γαννίκος* Flac. cl. Liv. (Gannicus); cf. Münzer, RE VII 708
26 et app. crit.	*Κοΐντ⟨ι⟩ος* (Zie. olim) legendum; idem scribarum error v. Crass. 5,5. 33,6
p. 141 app. crit. 20	*δεήσεται* (Ri.) prob. Flac.
p. 142 mg. sin.	adde: 29. Dec.
p. 143, 1 mg. dext.	adde: a. 70
1 et app. crit.	*ὀνόματι* secl. Flac.
26 et app. crit.	*⟨αὐτὸν⟩ ἀπὸ τῆς* (Cor.) Flac.
p. 144, 1	*λόγῳ*] (Cic. comm. graec. fr. 1, HRR II 3 = FGrH 235 F 1); cf. J. Moles, LCM 7, 1982, 136 sq.
app. crit. 6	*διηγουμένην* Sauppe
p. 146, 1 mg. sin.	adde: a. 56
25 et app. crit.	*⟨εἰς τὸ πεδίον⟩ κατερχομένῳ* Flac., cl. Cat. min. 41,6
p. 147, 1 et 148,1 mg.	adde: a. 55
p. 148,21 mg. sin.	adde: m. Dec. 55/Ian. 54
app. crit. 17	*ἀρᾶσθαι* mavult Flac.
" " 21	*ἐλθὼν ἔτι* praefert Flac., fort. recte
p. 149, 1 mg. dext.	adde: a. 54
19 mg. dext.	adde: a. 54/3
app. sim. 10	Cass. D. 40,13,2 (ubi *Ζηνοδότιον*, sicut ap. Steph. Byz. s. v.)
p. 150, 1 mg. sin.	adde: a. 54/3
17 mg. sin.	adde: a. 53
p. 151, 1 mg. u. ad 157,1	adde: a. 53
app. crit. 5	*Ὀρώδης* semper Flac.
p. 152, 1 et app. crit.	*Ἀρταουάσδης* hic et postea Flac.
app. crit. 25	*πρῶτα* (NSY) Flac., recte
p. 156,16	*διαβλαστάνουσαν* (NSY edd.) Flac.
p. 157,11 et app. crit.	*ἔτι καρτερῆσαι* (SY) Flac., iure
21 mg. dext.	adde: 9. Iun. 53
24 et app. crit.	*προνοήσαντα* (codd.) cum Klaffenbach et Flac. tuendum: cf. v. Ag. Cleom. 57,4

ADDENDA

p. 158, 1 mg.	
u. ad 166,1	adde: 9. Iun. 53
12 et app. crit.	*ἔπειτα δὲ μετέδοξε* (N Flac.) praestare videtur
p. 165,13 et app. crit.	*εἰ δεῖ τι καὶ παθεῖν μεγάλων* Li., prob. Erbse
26 et app. crit.	*οἰκέται καὶ πελάται* cum Gelenio Li. Zie. (in versione Germ.) legendum
p. 166,15 et app. crit.	scribendum *ἀνέκφευκτα* (cf. mor. 166e), nisi cum Flac. praeferas *ἄφυκτα*, qua voce noster multis locis utitur
p. 167, 1 mg. dext.	adde: 9./10. Iun. 53
16 et app. crit.	*Κωπωνίῳ* utique scribendum
p. 168, 1 mg. sin.	adde: 10. Iun. 53
p. 169, 1 mg.	
u. ad 175,1	adde: m. Iun. 53
app. crit. 22	versus Euripideus saepius a Plut. citatur: cf. mor. 863e 1073c 1102c
p. 171,20 et app. crit.	⟨*ἰέναι*⟩ (Zie.) ut superfluum aspernantur Erbse Flac., iure
p. 174,16	*Ἀριστείδου*] (FGrH 495 T 1a)
20 et app. crit.	*πραγμάτων καὶ* cum Li. delenda
p. 175, 1 et app. crit.	in text. recipienda esse *Ἐχίδναις καὶ Σκύλλαις* optimo iure contendit E. Harrison (CR 39, 1925, 55)
2 et app. crit.	*θηριώδη* fort. cum Erbse et Flac. tuendum
15 sq.	*Ἀρταβάζης ... ἱστορίας*] (FGrH 678 T 1)
p. 176, 1 mg. sin.	adde: a. 53
8	(ibid. 1179)
20 mg. sin.	adde: a. 38
21 » »	adde: a. 37
app. sim.	adde: 20 Iustin. 42,4,7 sq. Cass. D. 49, 23,3 sq.
p. 177, 2 et app. crit.	*ἐκκουφισθέντος* (NSY) Flac.
19 et app. crit.	*ὡ*⟨*ς*⟩ Ri., bene
app. sim.	adde: 19 mor. 541f 842ab Ael. v h. 13,24
p. 178,16 sq.	'Lucius Annius' Zie. (in versione Germ.), quod praestare videtur
p. 179 app. sim.	adde: 5 mor. 1125c = Epicur. fr. 556 Us.
p. 180,21 sq.	Cleonymum derideri contendit Chr. Theodoridis, ZPE 26, 1977, 53 sq.
p. 181 app. sim.	adde: 24 mor. 18d 125d (cf. 814e)
app. crit. 13	*ἐπιεικεῖς* (Zie.) Flac.
p. 182,20 et app. crit.	*αὐτῆς* cum Zie. et Flac. secludendum

ADDENDA

app. crit.	3 … Zie. ‖ 3.4 *ἀποκεκϱυμμένους* …
p. 183	Vitarum par invenies ap. R. Flacelière – E. Chambry, Plutarque, Vies. T. III, Paris 1964. – Ad vitam Coriolani cf. D. A. Russell, Plutarch's Life of Coriolanus, JRS 53, 1963, 21 sqq.
p. 183 app. sim. 5	Liv. fr. epit. l. 54,188 sq. (POxy IV 668) …
p. 185, 4 mg. dext.	adde: "a. 499"
21 et app. crit.	*Διοσκούϱους* hic et p. 186,3 secundum usum Plutarchi legendum esse iure monet Conomis
app. sim. 21	adde: cf. Cic. Tusc. 1,28
p. 186 app. sim. 7	Plut. Ag.-Cleom. 2,2.8 = Theophr. fr. 143 W.
p. 188, 7 mg. sin.	adde: "a. 495"
10 et app. crit.	*Ἀνίηνα* Flac. cl. v. l. cod. S Popl. 21,10 et Cam. 41,1
app. sim.	lege: … Fest. p. 318 sq. M. = 422 sq. L. …
p. 189, 9 mg. dext.	adde: "a. 494"
21 " "	adde: "a. 493"
p. 190, 1 mg. u. ad 193,1	adde: "a. 493"
p. 192 app. crit. 27	*λαϱκίου* Barocc. 137 et Anon. (sec. Flac.)
p. 194 app. sim.	adde: 21 *Σύλλας*] cf. Plut. Sulla 2,2 = Varro fr. 367 Fun.
p. 195, 1 mg. u. ad 198,1	adde: "a. 492"
p. 197,20 sq. mg.	*πεϱὶ Πύλου*] a. 409 addendum
p. 198,17	*Πλάτων*] (epist. 4,321c)
app. sim.	adde: mor. 808d
p. 199, 5 mg. u. ad 211,1	adde: "a. 491"
p. 205,26 et app. crit.	*καλὸν* ⟨*ὂν*⟩ Zie. praeeunte Flac.; *ὡς* ⟨*εἰκὸς*⟩ tempt. Kron. (Mnem. III 1, 1934, 164), frustra
p. 206,16	(Heracl. fr. 85 D. = 70 Marcov.)
app. sim.	adde: 16 mor. 457d 755d; plura ap. Marcovich ad Heracl. fr. 70
p. 214, 6 mg. sin.	adde: "a. 488"
p. 215, 1 mg. u. ad 225,1	adde: "a. 488"
p. 216,20 et app. crit.	*ἐκ παλαιῶν* sc. *χϱόνων* interpretatur Erbse, sed ex usu nostri *ἔκπαλαι* magis commendatur

ADDENDA

p. 217,11	(Od. 18,158 = 21,1)
13	(Il. 9,459 sq. + Od. 14,178, ut videtur)
19 et app. crit.	*ἄπιστον* tuetur Erbse, frustra, ut opinor
21	*λέγει … πολλάκις* ad Iliadis versus in verba *πρὸς ὃν μεγαλήτορα θυμόν* exeuntes spectare videtur
22	(Od. 9,299)
app. sim.	adde: 13 mor. 26f
app. crit.	sub. fin. adde: 23 *αὐτὰρ*] *τὸν μὲν* Hom.
p. 218 app. sim.	adde: 2 mor. 32b; cf. mor. 248a b
p. 219,20 sq. et app. crit.	*πράττομεν αὐταὶ κακῶς* Flac., haud absone
p. 220 app. sim.	ad cap. 34–36 adde: Liv. 2,40
p. 222, 3 et app. crit.	*ἤ τὸ ⟨μὲν⟩* Flac.
p. 224,21 et app. crit.	*διαφέρων ⟨ἡμῶν⟩* (Zie.) Flac.
23	*Ἡράκλειτον*] (fr. 86 D. = 12 Marcov.)
p. 226,22 sq.	ad cap 1,3 cf. L. Piccirilli, CCC 7, 1986, 53 sqq.
p. 227, 3	*Ἀντισθένης*] (fr. 31 Decl.-Caizzi = Socrat. Rell. V A 201 Giann.)
17	*Ἄρχιππος*] (fr. 45 K. = 48 K.-A.)
18 et app. crit.	*βαδίζει ⟨ ⟩/ †διακεχ. – εἶναι†* K.-A.
19 et app. crit.	*ὅπως ⟨τ'* Rei.⟩ – *εἶναι* pro Plutarchi verbis acc. et vert. Zie. in versione Germanica, probabiliter (*⟨προσ⟩εμφερὴς μ. δόξει τῷ πατρί* Cob.)
p. 228, 3 et app. crit.	emendationem a Zie. propositam praetulerim
21	[*στόματι*] Ha., iure
p. 230,10	(Phryn. fr. 17 N.^{2} = 3 F [17] Sn., nunc ad. F 408a Sn.)
10	*δοῦλον* (codd. praeter E, mor.) cum Snell utique praeferendum
app. sim.	adde: 12 *θεῶν – σωτηρίαν*] Plut. Rom. 30,6 mor. 780d (Polemoni philosopho adscriptum); inter Andronici *π. παθῶν* definitiones (18,12 Kreutter) errore, ut videtur, inclusum: v. Chrysipp. SVF III 397
app. crit. 7	*φιλημάτων καὶ ψαύσεως ⟨ἀπόλαυσιν⟩* Kron. (Mnem. III 1, 1934, 165)
p. 233, 9 mg. dext.	adde: a. 432
14	(Socrat. Rell. V A 202 Giann.)
app. sim. 4	… Aristodem. FGrH 104,16,4 …

ADDENDA

p. 236,10 Εὐριπίδης] (fr. 3 D. = 1 nr. 755 PMG)
11 et app. crit. ἄγαμαι (Li.) Page | ὅ μήτις Page
13 et app. crit. τρίτα⟨τα⟩ (Bergk) Page Δι⟨ὸ⟩ς (G. Hermann) Page

p. 237,15 Εὔπολις] (fr. 95 K. = 116 K.-A.)

p. 238,11 et app. crit. ἑταιρεία scribas monet Conomis
14 Πλάτων] (fr. 187 K. = 203 K.-A.)
app. sim. adde: 14 Plut. Nic. 11,6 sq.
app. crit. 18 οὕνεκ' et ηὑρέθη Kassel

p. 239, 1 mg. dext. adde: a. 421
30 et app. crit. τὰ ⟨μὲν⟩ Flac.
app. crit. 25 συμβιβαστικὸν tuentur Erbse Flac., sed vox dubia

p. 240, 1 mg. sin. adde: a. 420

p. 241,19 et app. crit. Ἀγραυλίῳ (N) tuetur R. Merkelbach, Krit. Beitr. 41 sq., Flac.
21 sq. et app. sim. de iure iurando titulis servato cf. L. Robert, Et. épigr. et philol., Paris 1938, 302 sq. Tod, Gr. Hist. Inscr. II 204 Chr. Pélékides, Hist. de l'éphébie att., Paris 1962, 113 G. Daux, REG 84, 1971, 370 sqq. R. Merkelbach, ZPE 9, 1972, 277 ff. – cf. Poll. 8,105 sq. Stob. 4,1,48
21 sq. et app. crit. ὅρους [χρ.] … πυροὺς κριθὰς ἀμπέλους συκᾶς ἐλαίας Robert ὅροις ⟨ἴστορσι⟩ χρήσεσθαι tempt. Conomis (Festschr. S. G. Kapsomenos, Thess. 1975)

p. 242,23 et app. crit. καὶ ⟨τὸ⟩ Helmbold

p. 243, 1 mg. dext. adde: a. 416
app. sim. adde: 6 Ael. v. h. 11,7 Athen. 12,535d; cf. Plut. Lys. 19,5 (= Theophr. fr. 135 W.) Snell ad TrGF 75 F 1

p. 244, 1 mg. u. ad 251,1 adde: a. 415
12 et app. crit. τὸν (Rei.) tuentur Erbse Flac., assentior

p. 245 app. sim. 14 … Ἑρμοκοπίδαι mor. 834c d = Cratipp. FGrH 64 F 3 …

p. 247,27 Θουκυδίδης] (6,28)

p. 248, 1 Φρύνιχος] (fr. 58 K. = 61 K.-A.)
4 et app. crit. αὐτὸν (Y) et περικρούσῃ (Meineke) Kassel
5 et app. crit. Διοκλείδῃ (Kock) Kassel
18 Ἑλλάνικος] (FGrH 4 F 170b = 323a F 24b)

ADDENDA

app. crit. 4	*σαυτὸν* iam Meineke
p. 249 app. sim. 25	adde: mor. 822d e
p. 251, 6 mg. dext.	adde: a. 415/4
p. 252,16	(fr. ad. 363 N.[2] = Kann.-Sn.)
18	*Λυκομήδης* E. Harrison (PCPS 136/8, 1927, 32), audacter
p. 253,12 mg. dext.	adde: a. 413
16 " "	adde: a. 412
p. 254, 1 mg. u. ad 256,1	adde: a. 412
p. 257, 3 mg. dext.	adde: a. 411
p. 258, 1 mg. sin.	adde: a. 411
app. crit.	*τὴν κνιδίων καὶ κῴων θ.* (Y) tuetur Erbse cl. Hdt. 7,22,2
p. 260,16 et app. crit.	*⟨συ⟩στρατήγους* (Cob.) Flac., fort. recte
p. 261, 1 mg. dext.	adde: a. 410
6 et app. crit.	*ἀπεσσύα* codd. Xen. plurimi
p. 262, 1 mg. sin.	adde: a. 409
13 et postea	*Σηλυ⟨μ⟩βρι-* Flac. constanter
p. 264, 1 mg. u. ad 268,1	adde: a. 408
p. 265,12 sq.	*Θεόπομπος*] (FGrH 115 F 324)
13	*Ἔφορος*] (FGrH 70 F 200)
p. 266,11	(fr. 3 D. = 5 W. = 3 G.-P. = Diels, Vors. 88 B 5); cf. Zie., RhM 110, 1967, 53 sqq.
12 et app. crit.	*γνώμη* (Y) Gentili-Prato
app. crit. 13	*εἰπὼν* (Zie.) placet eximie
" " 14	*ἡμετέρας* (Cob.) Gentili-Prato
p. 270, 1 mg. sin.	adde: a. 407
p. 271, 1 mg. dext.	adde: a. 405
p. 272, 1 mg. u. ad 274,1	adde: a. 404
p. 273, 3 et app. crit.	*καὶ καλῶς*] *κεὐκόλως* Kron. (Mnem. III 1, 1934, 165 sq.), haud male
p. 276,10 et app. crit.	*ἄνοιαν* (codd.) Flac., recte, ut opinor
app. sim.	adde: 3 Plut. Arist. 8,2 sqq. Them. 12,5
p. 277, 4 et app. crit.	*περιφρόνησιν* (Rei.) Flac., iure
app. sim. 9	adde: mor. 69f
p. 280	Vitarum par invenies ap. R. Flacelière — E. Chambry, Plutarque, Vies. T. XII, Paris 1976.

ADDENDA

p. 280, 3	*Εὐριπίδης*] (fr. 4 B. = test. 3 D. = 2 P. (nr. 756 PMG) = Simon. 135 (nr. 640 PMG); Euripidi vindicat D. M. Lewis, CR 18, 1968, 267
app. sim.	adde: 3 cf. Plut. Alcib. 11,3
p. 281, 1 et app. crit.	malim *ἐπιβεβλημένῳ*
p. 282, 3 sq.	*κἀκῖ⟨κυς ἤ⟩ δ.* v. Blumenthal
4	*Ἴων*] (fr. 58 N.² = 103 v. Bl. = 19 F 58 Sn. = 70a Leurini)
5	*Καικίλιος*] (fr. 153 Of.)
app. sim.	adde: 8 cf. mor. 116d Olympiod. in Plat. Alc. 129a (= Ion fr. 55 N.² = 100 v. Bl. = 19 F 55 Sn.)
p. 283 app. sim. 17	adde: schol. in Aeschin. Harpocr. Suda s. v. *Βάταλος*
" "	adde: 21 cf. Kassel ad Antiph. fabulam q. f. *Αὐλητής* (p. 335)
" " 25	adde: Suda s. v. *Ἀργάς*
p. 284, 2 et app. crit.	*κατὰ Πλάτωνα* frustra tuetur D'Agostino (RSC 8, 1960, 105)
27	*Ἕρμιππος*] (fr. 71 W.)
p. 285, 1	*Κτησιβίου*] (FHG II 631)
2 et app. crit.	*καί τινων ἄλλων* transponenda, post *Ἀλκιδάμαντος* inserenda esse coni. Jacoby (comm. ad FGrH 71 T 1, vol. 2 C p. 103)
app. sim.	adde: 14 idem de Stratone Olympionica tradunt Paus. 5,21,9 sq. Ael. v. h. 4,15
p. 286 app. sim.	adde: 1 mor. 795c
p. 287 app. sim. 20	adde: mor. 802e 803c d
p. 288, 7 mg. sin.	adde: a. 343
9	*Λαμάχου*] (FGrH 116 T 1)
11 mg. sin.	adde: a. 324
29	*Φαληρεὺς*] (FGrH 228 F 16 = fr. 163. 164 W.)
app. sim. 1	adde: mor. 6d
" " 7	mor. 845c ad l. 9 (*Λαμάχου*) referendum est
p. 289, 1 sq.	(Antiph. fr. 296 K. = 288 K.-A.) et (Timocl. fr. 38 K. = 41 K.-A.)
6	(Antiph. fr. 169,2 sq. K. = 167, 2 sq. K.-A.)
app. sim. 24	adde: Philod. Rhet. II p. 102. 202 Sudh.
p. 290, 8	*Δημήτριος*] (FGrH 228 F 17 = fr. 166 W.)
26	"] (FGrH 228 F 18 = fr. 161 W.)

27	*Ἕρμιππος*] (fr. 74 W.)
app. crit. 27	... cf. Suda s. v. *Δημοσθένης* 1
p. 291,18 mg. dext.	adde: a. 356
22 » »	adde: a. 349/8
app. sim.	adde: 6 Theocr. id. 5,23 Plut. mor. 803d Apost. 17,73; cf. Lat. 'sus Minervam' Cic. Acad. 1,18 de or. 2,233 ad fam. 9,18,3 Fest. 310 M. = 408 L.
	adde: 27 mor. 67a
p. 292,22	*Δημάδης*] (fr. 19 De Falco)
p. 293,24	*Δημήτριος*] (FGrH 228 F 19 = fr. 133 W.)
p. 294,12 mg. sin.	adde: a. 344
app. sim.	adde: 16 cf. Demosth. or. 25,79 sq. Harpocr. s. v. *Θεωρίς* = Philoch. FGrH 328 F 60
p. 295, 8	*Δημήτριος*] (F 2 Mejer [Hermes 109, 1981, 447 sqq.])
p. 296, 8 mg. sin.	leg.: a. 341/0
11 mg. sin.	adde: a. 340
app. sim.	adde: 17 et 24 Demosth. 18,237
» »	adde: 22 *Κρωβύλον*] cognomen Hegesippo inditum, cf. mor. 187d Harpocr. Suda s. v. *Ἡγήσιππος*
p. 297, 3 et app. crit.	*τῶν παλαιῶν* coni. Campe
app. sim.	adde: 15 sq. *Δάοχον ... καὶ Θρασυδαῖον*] cf. Syll.³ 250,5 (et Dittenberger ad 274) Demosth. 18,295
p. 298, 1 mg. sin.	adde: a. 338
app. sim.	adde: 6 Demosth. 18,271
» »	adde: 23 *Θερμώδοντα*] cf. D. Magnino, ACD 23, 1987, 63 sqq.
p. 299,12 mg. dext.	leg.: m. Sept. 338
28 et app. crit.	*γράμματα, χρήματα Δ. δ.* (Y) Flac., haud male
app. sim.	adde: 8 Aeschin. 3,130
» »	adde: 17 cf. Diod. 16,87
p. 300, 1 mg. sin.	adde: a. 338
p. 301, 1 mg. dext.	adde: a. 336
app. crit. 4	*παρῆλθεν* Phot. cod. A, *προ-* cod. M
» » 17.18	leg.: *καὶ – ἀνδρ.* om. Phot.
p. 302 app. crit. 7	⟨*πάθη*⟩ *τοῖς βελτίοσιν ἀφαν.* Flac.
p. 303,11 et app. crit.	*ἐν* fort. restituendum
14	*Δημάδης*] (fr. 51 De Falco)
app. sim.	adde: 8 cf. Ael. nat. an. 7,47

ADDENDA

app. sim. 17	adde: cf. Plut. Alex. 13,2
app. crit. 27	*ἔτεσιν ὀκτὼ* Erbse
p. 304 app. sim.	adde: 19 cf. I. Worthington, CPh 80, 1985, 229 sqq.
p. 305, 1 mg. dext.	adde: a. 324
p. 306, 1 mg. sin.	adde: a. 324
app. crit. 3	*καὶ βούλοιτο* Flac.
p. 307, 1 mg. dext.	adde: a. 323
26	*Δημήτριος*] (F 3 Mejer)
app. sim. 19 sq.	leg.: Iustin. 13,5,9–11
p. 308,19 sq.	*Ἕρμιππος*] (fr. 76 W.)
21	*Δημήτριος (ὁ Φαληρεύς?)*] (FGrH 228 F 20 = fr. 134 W.); *(ὁ Μάγνης?)*] (F 5 Mejer)
22	*Ἀναξιμένους*] (FGrH 72 T 21)
app. sim. 11	adde: Arr. success. Al. FGrH 156 F 1,9 F 9,13 sq.
" "	adde: 27 Suda s. v. *Ὑπερίδης*
p. 309, 1 mg. dext.	adde: a. 322
app. crit.	leg.: 2 *ἐν*^{2} – *Ποσ. ... Καλαυρείᾳ* (1) trp. Cast. |
p. 310, 1 mg. sin.	adde: a. 322
8	*Ἕρμιππος*] (fr. 73 W.)
p. 311, 5 sq.	(II p. 331 B.^{4} = I p. 135 D. = nr. 159 Preger = an. nr. 139 Page)
app. sim. 2	leg.: mor. 847a (= Caecil. fr. 134 Of.) d e
" " 6	leg.: schol. Demosth. p. 57 adn. S. (deest ap. Dilts) Zos. p. 302 W. Phot. bibl. 265 p. 494 b 32 sq. Suda s. v. *Δημοσθένης* 2
" " 23	leg.: Arr. success. Al. FGrH 156 F 9,14 sq.
p. 312, 1	*γράμματα*] (Demad. fr. 58 De Falco)
7 et app. crit.	*ἐν* tuetur Flac., fort. recte
app. sim. 13	adde: J. L. Moles, Plutarch: The Life of Cicero, with an Introd., Transl. & Comm., Warminster 1988
21 et app. crit.	*δοκεῖ ⟨μοι⟩* Cast.
p. 314,12	*Φίλωνος*] (T 4 Mette)
25 et app. crit.	⟨*Ῥωσκίου*⟩ (iam Campe) in text. receperim
p. 315,18	*Ἀντιόχου*] (T 5a Mette)
22	*Καρνεάδου*] (T 13 Mette)
app. sim. 25	adde: cf. Philo T 4 Mette
p. 316, 3 mg. sin.	adde: a. 78
13 mg. sin.	adde: a. 77

17	*Ποσειδωνίῳ*] (T 29 Ed.-K. = 10 Th.)
p. 317, 4	*Πυθία*] (nr. 435 P.-W.)
p. 319,23 et app. crit.	*Καικίλιος* hic et postea scribendum esse contendit Conomis
28 " " "	*⟨ἔ⟩δει* Campe
p. 321, 4 et app. crit.	*καὶ ⟨αὐτὸς⟩* Campe, bene
12 et app. crit.	possis *τῇ δ' ἐ⟨κείνου⟩ δυνάμει*
app. sim.	adde: 24 v. E. Kurtz, Philol. 36, 1877, 567 sqq.
p. 322, 1 mg. sin.	adde: a. 66
4 et app. crit.	*αἰτουμένου τέτταρας ἡμέρας* interpretabatur R. G. Böhm, Archaiognosia 3, 1982/84, 41 sqq., sed non mihi persuasit
25 et app. crit.	*τότε δὲ τοῖς πολλοῖς* restituit Moles, recte, ut opinor
p. 323,23 mg. dext.	adde: a. 64
21 et app. crit.	possis *πάν⟨τ'⟩ εἶναι*
p. 325, 1 mg. u. ad 331,1 mg.	adde: a. 63
p. 327,13 et app. crit.	*ταγμάτων* (Erbse) utique in text. recipiendum
p. 328 app. sim.	adde: 21 Sall. Cat. 23,3 sq. 26,3
app. crit. 4	lege: … | *εἰσήγγελλε* edd.: *εἰσήγγειλε* N …
p. 329,18 sq. mg.	adde: a. 70
23	*ταμιεύων*] a. 81
p. 331,25 et app. crit.	*ὑπατ⟨ικ⟩οί* (Holzapfel et Zie. in vers. Germ.) praetulerim
app. crit. 14	lege: … *π. πολλῷ* Zie.
" " 18	lege: *καὶ π. ἔχων* Zie.
p. 332, 1 mg. sin.	adde: 3. Dec. 63
17 et app. crit.	*καὶ γενόμενος* (N) del. Moles cum Y
p. 333, 1 mg. dext.	adde: 3. Dec. 63
p. 334, 1 mg. u. ad 336,1 mg.	adde: 5. Dec. 63
p. 336,14 sq. mg. sin.	adde: Ian. 62
p. 337, 5 mg. dext.	adde: a. 62
p. 338, 4 et app. crit.	*μήκιστον* (Br.) arridet
app. sim. 7	lege: … Quint. 10,1,24. 12,1,22 = Cic. fr. epist. IXa,4
p. 339 app. sim.	adde: 27 Cic. fam. 1,9,20 Plut. Crass. 13,5
p. 340, 9 mg. sin.	adde: a. 59
24 mg. sin.	adde: a. 56
app. sim. 15	adde: Macrob. Sat. 7,3,7

app. crit. 29	... Wytt. *κάστον* mor.
p. 341, 8 mg. dext.	adde: a. 62
12 et app. crit.	*σοφώτερον* revocare vult Moles, vix recte
23 mg. dext.	adde: a. 64
app. crit. 19	*ἐδόκει* iam Campe
p. 342, 1	(fr. ad. 378 N.^{2} = Eur. fr. 539a Sn. (primus 'Oedipodis' versus, partim etiam POxy 2455 servatus))
2 et app. crit.	*τέκνον* Eur., a Cic. numero filiarum accomodatum
25 et app. crit.	lege: *Ἄβραν* cum Flac. et Moles, cl. Plut. Caes. 10,3
p. 343, 5 et app. crit.	⟨*τῶν δημάρχων*⟩] nil addendum esse contendit Moles, fort. recte
9 mg. dext.	adde: a. 61
17 et app. crit.	*Θυΐλλου* Moles, bene: poeta fuit, cf. AP 6,170. 7,223. 10,5 Cic. Att. 1,16,15
app. sim.	adde: 25 Plut. Luc. 34,1. 38,1
p. 344, 1 mg. sin.	adde: a. 61
p. 345,26 et app. crit.	⟨*ὡς*⟩ *τοὺς περὶ* Helmbold *π. Λέντλον* ⟨*λέγων*⟩ *καὶ Κ.* Kron., haud male
p. 346, 1 mg. u. ad 348,1 mg.	adde: a. 58
p. 347 app. crit. 20	*Σίκκας* iam Graux: *σικελὸς* (Y) Flac. Moles; non liquet: cf. Shackleton Bailey ad Cic. Att. 3,2
p. 350 app. sim.	adde: 1 cf. Plut. Crass. 13,5
p. 351, 7 mg. dext.	adde: a. 63
p. 352, 1 mg. sin.	adde: a. 51
p. 353, 3 et app. crit.	*ἀφισταμένων* iure revocat Moles, medicorum linguam subesse contendens
p. 354,22	*Θεοφάνην*] (FGrH 188 T 8c)
app. sim.	adde: 12 cf. Cic. fam. 7,3,1 sq.
p. 355, 1 et app. crit.	*Μαρκίου* (Am.) Flac. Moles Zie. (in vers. Germ.): praeferendum
p. 356, 4–9	(Caes. Antic. fr. 3 Klotz = Tschiedel)
p. 357,13	*ἀθυμῶν* (Y) praefert Flac.
p. 358,17	(fr. 3, HRR II 6)
23	*Ἀντώνιος*] (ORF 159 fr. 17 Malc.^{3})
p. 359, 3 et app. crit.	*οἱ φίλοι* (Volkmann) cum Flac. in text. recipiendum esse videtur
18 et app. crit.	*ἔπειθε* Helmbold
app. sim. 16	... Nic. Dam. FGrH 90 F 130,49 ...
item 21	... F 130,48–50

p. 360, 1 mg. sin.	adde: a. 44
app. crit. 27	*τῶν* ⟨*μὲν*⟩ *πρώτων* Moles
p. 361 app. sim. 24	… Tertull. de anima 46,7 = Aug. fr. 2 (HRR II 54) = XII, XII Malc.
p. 362, 1 et 363, 1 mg.	adde: a. 44
22 mg. sin.	adde: 23. Sept. 63
24 sqq.	cf. J. Moles, Hermes 120, 1992, 240 sqq.
24 et app. crit.	⟨*αἱ*⟩ *λεγόμεναι* Moles
p. 363,24	*Καῖσαρ αὐτός*] (fr. 7, HRR II 56 = XII, IX Malc.)
app. crit. 24	*δὲ* tuetur Erbse, *δ'ὁ* (Graux) Flac. Moles
p. 364, 1 et 365, 1 mg.	adde: a. 43
4 et app. crit.	⟨*αὐτὸς*⟩ *αὐτὸν* Moles, fort. recte
6 mg. sin.	adde: 19. Sext. 43
8 mg. sin.	adde: 27. Nov. 43
app. sim. cap. 47–48	… Sen. suas. 6,17 sq. = Liv. fr. 60
p. 366, 9	*καταπτὰς* (Wytt.) praetulerim
app. sim. 17	adde: Sen. suas. 6,20 = Brutted. Nigr. fr. 1 (HRR II 90)
p. 367 app. sim. 9	Tac. dial. 17 = Tiro fr. 4 (HRR II 6)
app. sim.	adde: 15 Sen. suas. 6,19 = Cremut. Cord. fr. 1 (HRR II 87). 6,21 = Brutted. Nigr. fr. 2 (HRR II 90)
p. 369,10 sq. et app. crit.	*συνηγορίᾳ* (….): *μηδὲν ἄτοπον ποιεῖν* … iure restituunt Erbse Flac.
23 et app. crit.	*γαλήνην παρεῖχε* revocat Erbse cl. mor. 45b, optimo iure; in text. recipit Flac.
app. sim. 14	adde: cf. O. Hiltbrunner, Festschr. J. Fink, Köln/Wien 1984, 85 sqq.
p. 370, 8	*βοῶντος*] (Cic. de cons. suo fr. 16 Traglia)
12	*Ἀναξιμένει*] (FGrH 72 T 24)
14	(Aeschyl. fr. 5 B.[4] = 4 D. = 700c Mette = F 353a Radt)
app. sim. 14	corrige: Eustath. Il. E 4, p. 513,30 sqq. = II 5,30 sqq. v. d. Valk
app. crit.	adde: 14 *ἀντιπάλοισι* mor. *ἀντιμάχοισι* Eustath.
p. 371, 3	(fr. 6, HRR II 56 = XII, VIII Malc.)
19	(resp. 473d 487e; cf. 499b 501e)
app. sim.	adde: 19 cf. Plut. Numa 20,8 et ibi l. l.

CPSIA information can be obtained
at www.ICGtesting.com
Printed in the USA
BVHW042020090819
555240BV00027B/176/P